기출의 파급효과

영어 영역

영어(상)

orbi books

영어(상)
기출의 파급효과

영어(상)

(상)

Chapter 1. 대의 파악_10p

Chapter 1-1. 지문에는 이해해야 하는 중심 문장들이 있다. (주장/요지)_12p

Chapter 1-2. 평가원 오답 선지의 Pattern. (주제/제목)_50p

Chapter 2. 빈칸 추론_102p

Chapter 2-1. Targeting & Paraphrasing. (빈칸 추론)_104p

Chapter 2-2. A/B 치환. (고난도 빈칸 l)_154p

Chapter 2-3. Generalization. (고난도 빈칸 ll)_176p

Chapter 3. 빈칸 파생 유형_201p

Chapter 3-1. 함축의미 추론유형도 결국은 빈칸이다. (함축의미 추론)_202p

Chapter 3-2. 요약은 주제를 알려준 빈칸이다. (요약)_218p

(하)

Chapter 4. 전개상 흐름 파악

Chapter 4-1. 무관하다의 기준을 알아야 한다. (흐름 무관)

Chapter 4-2. 어휘 문제의 정답은 흐름상 반대말이다. (어휘)

Chapter 4-3. 41~42 단문

Chapter 5. 간접 쓰기

Chapter 5-1. 순서는 결국 같은 얘기를 하는 것들이 연결된다. (순서)

Chapter 5-2. 문장삽입은 단절과 근거를 찾아야 한다. (문장삽입)

Chapter 6. 문법

이 책을 펴내며

대학수학능력시험에서 영어는 간접연계로 EBS의 중요성이 떨어지는 과목 중 하나입니다. 물론, EBS는 좋은 지문으로 문제를 만드는 훌륭한 교재이지만 EBS를 직접 연계도 하는 국어에서의 중요성 대비 영어에서의 EBS 중요성은 떨어집니다. 반면, 기출의 가치는 기하급수적으로 상승하여 기출이 매우 중요해졌습니다.

오르비뿐만 아니라 시중에서는 수많은 기출 분석서들이 존재합니다. 하지만 학생들에게 정말 필요한 부분을 해결해주는 교재들은 거의 없었습니다. 시중에 나와 있는 기출 문제집들을 살펴본 결과 문제점들을 발견할 수 있었습니다.

첫 번째로 대부분의 교재들은 구문 분석을 해주지 않습니다. 물론 쉬운 구문같은 경우 분석이 불필요합니다. 하지만 학생들이 정말 필요한 어려운 구문마저 분석해주지 않고 그저 단순히 해석만 제공하고 있는 기출 교재들이 대부분이었습니다. 그래서 저희 교재에서는 모든 해설을 한 문장 한 문장씩 꼼꼼하게 해설해 드리고 각 문장마다 구문 포인트를 정리해드립니다.
여태까지 과외를 하고 문제집 출판을 통해서 받은 질문들과 궁금증들을 모아 그 해법을 보여드리며, 어떤 교재보다도 꼼꼼하게 학생들에게 필요한 부분에 대한 분석을 제시합니다.

두 번째로 어휘 제공에 있어 불친절하다는 것이었습니다. 물론 어휘의 경우 폭넓은 암기를 통해 시험장에서 빠르게 반응할 필요가 있습니다. 저희 교재는 학생들이 단어를 단순히 기계적으로 외우게 하지 않습니다. 단어의 형성에 포함된 접두사, 접미사를 분석해 단어가 구성되는 원리를 제시합니다. "연결하다"라는 뜻의 'connect'라는 동사에 '다시'라는 뜻을 가지고 있는 're-'라는 접두사가 붙어 'reconnect'가 되어 '재연결하다, 다시 연결하다'라는 뜻으로 확장됩니다. 're-'라는 접두사에 대해 아는 순간 're-establish (다시 건설하다)', 'reset (다시 맞추다)', 'redo (다시 하다)' 또한 어렵지 않게 유추할 수 있습니다. 저희 교재에서는 필수 단어들의 뜻만 제시하는 것이 아닌 어떻게 단어가 형성되었는지를 고교 수준에서 제시합니다. 이를 통해서 모르는 단어를 유추할 수 있는 응용력을 길러드립니다.

마지막으로, 해설의 기준이 모호합니다. 같은 유형임에도 불구하고 풀이가 일관되지 않아 수험생들에게 혼란을 줄 뿐만 아니라, 수험생들이 영어가 어렵다는 인식을 갖게 합니다. 어떤 경우에는 해당 풀이가 되는 기출 지문들만 선별해서 제공하기도 합니다. 이러한 접근법만 익힐 경우 풀이법이 적용되지 않는 지문이 수능에서 출제될 시 문제에 대한 접근이 어렵습니다.
저희 교재에서는 옛 기출을 통해서 접근법에 대한 이해를 연습한 후 절대평가가 시행된 2021학년도 6월 평가원부터 2025학년도 수능까지 모든 문제를 일관된 방식으로 풀어드립니다.

영어에서는 혼란이 없으시도록 꼼꼼하고 자세하게 기출문제들을 해설했습니다. 그 누구보다 꼼꼼하게 그 누구보다 양적으로 풍부하게 준비한 교재입니다. 수능 영어의 영감을 얻고 안정적이고 절대적인 수능 영어 1등급을 향해 달려봅시다!

영어 학습방법 소개

1. 가장 중요한 것은 어휘입니다! 기출에서 제시된 어휘들은 반드시 습득하셔야 합니다. 아무리 뛰어난 독해능력을 갖고 있더라고 문장에 사용된 단어를 알지 못한다면 확실한 이해를 할 수 없습니다. 어휘가 구성되는 원리에 대한 이해와 더불어 이 교재로 공부하시면서 모르는 어휘가 나올 때마다 따로 정리하여 외우시길 바랍니다.

2. 평가원 기출의 모든 문장이 해석되셔야 합니다. 어려운 구문들은 분석해드리지만 이해가 잘 안되시거나 다른 문장에서 해석이 안 되시는 경우 질문 게시판을 적극적으로 활용하시길 바랍니다.

3. 풀이법을 체화하시길 바랍니다. 풀어보셨던 문제들이더라도 책에서 보여드리는 풀이법으로 근거를 찾아서 풀어보시길 바랍니다. 책에 제시된 풀이법은 모든 문제들을 풀 수 있는 풀이법으로 수능에서 어떤 문제가 출제되든 간에 풀이하실 수 있습니다. 책에서 제시된 풀이법으로 많이 풀어보셔야 합니다.

책 소개

저희 교재는
'Ⅰ. 설명 듣기 ⇒ Ⅱ. 같이하기 ⇒ Ⅲ. 혼자 하기'의 틀을 반영하여 학습 과정을 구성했습니다.

1. 평가원이 제시한 유형

평가원이 수능 영어에 대해서 제시한 2018학년도 수능 영어 절대평가 학습안내와 2021~2025학년도 대학수학능력 시험 학습 방법안내를 통해서 평가원이 각 유형에 대해서 학생들에게 무엇을 요구하는 지를 같이 확인하고 이를 바탕으로 각 유형에 대한 풀이법을 정립하고 유형별로 학습합니다.

2. 본문

본문에서는 1. 평가원이 제시한 유형을 통해 정립한 풀이법을 구체적으로 학습하는 과정입니다. 절대평가 이전 평가원 기출을 예시로 하여 풀이법을 세부적으로 정립하며 해당 유형을 학습합니다.

3. 체화

2. 본문에서 학습한 풀이법의 중요 사고 과정을 절대평가 이전 평가원 기출에 적용하는 과정입니다. 체화의 과정을 통해서 2.본문에서 배운 풀이법과 각 유형별 접근법을 본인의 것으로 만들게 됩니다.

4. 중. 최. 평. (중요 최신 평가원 기출)

2. 본문에서 배우고 3. 체화에서 본인의 것으로 만든 풀이법과 접근법을 최근 평가원 중요 기출에 적용하여 같이 풀어보는 과정입니다. 중요 기출을 본책에서 같이 풀어보며 해당 유형에 대한 최근 평가원 기조를 파악하고 풀이법을 최근 평가원에도 적용하는 연습을 합니다.

5. 절. 모. 평. (절대평가 이후 모든 평가원 기출)

2. 본문에서 배우고 3. 체화에서 연습하며 4. 중. 최. 평.에서 최근 평가원 기출에 적용한 것을 연습한 방법을 21학년도 6월 평가원부터 2025학년도 수능까지의 모든 평가원 기출 문제에 실현하는 과정입니다.

책 기호

구 문장의 구문 해설과 문장의 해석을 제시합니다.

독 문장에 대한 독해입니다. 지문 속 문장의 역할과 사고과정에 대한 해설입니다.

* - 단어나 주의 사항을 표시합니다.

Q & **A** 학생들이 자주하는 질문을 제시하고 그에 대한 답변을 제시합니다.

문장 부호

S (주어), V (동사), O (목적어), C (보어), O.C (목적격 보어), I.O (간접 목적어), D.O (직접목적어), 관부 (관계부사), 관대 (관계대명사)

파급의 기출효과

cafe.naver.com/spreadeffect
파급의 기출효과 NAVER 카페

기출의 파급효과 시리즈는 기출 분석서입니다. 기출의 파급효과 시리즈는 국어, 수학, 영어, 물리학 1, 화학 1, 생명과학 1, 지구과학 1, 사회·문화가 예정되어 있습니다.

준킬러 이상 기출에서 얻어갈 수 있는 '꼭 필요한 도구와 태도'를 정리합니다.

'꼭 필요한 도구와 태도' 체화를 위해 관련도가 높은 준킬러 이상 기출을 바로바로 보여주며 체화 속도를 높입니다. 단시간 내에 점수를 극대화할 수 있도록 교재가 설계되었습니다.

학습하시다 질문이 생기신다면 '파급의 기출효과' 카페에서 질문을 할 수 있습니다.

교재 인증을 하시면 질문 게시판을 이용하실 수 있습니다.

기출의 파급효과 팀 소속 오르비 저자분들이 올리시는 학습자료를 받아보실 수 있습니다.
위 저자 분들의 컨텐츠 질문 답변도 교재 인증 시 가능합니다.

더 궁금하시다면 https://cafe.naver.com/spreadeffect/15에서 확인하시면 됩니다.

모킹버드

mockingbird.co.kr
수능 대비 온라인 문제은행

모킹버드는 수능 대비에 초점을 맞춘 문제은행 서비스입니다. AI 문항 추천 알고리즘을 통해 이용자의 학습에 최적화된 맞춤형 모의고사를 제공하여 효율적인 수능 성적향상을 목표로 합니다. **수학, 과탐을 서비스 중입니다.**

문항 제작과 검수에 기출의 파급효과 팀뿐만 아니라 지인선 님을 포함한 시대/강대/메가 컨텐츠 팀에서 근무하였고 여러 문항 공모전에서 수상한 이력이 있는 여러 문항 제작자들이 함께 하였습니다.
웹 개발과 알고리즘 개발에는 서울대 컴공, 카이스트 전산학부 출신 개발자들이 참여하였습니다.

모킹버드를 통해 싸고 맛좋은 실모를 온라인으로 뽑아 풀어보고,
AI 문항 추천 알고리즘 기술의 도움을 받아 학습 효율을 극대화해보세요.
가입만 해도 기출은 무제한 무료 이용 가능하고, 자작 실모 1회도 무료로 제공됩니다.

01

대의 파악

01 대의 파악

▌평가원이 제시한 대의 파악

대의 파악 유형을 어떻게 풀어야 할까요?

우리는 어떠한 풀이법보다도 평가원이 제시한 풀이를 기준으로 생각해야 합니다.

[2018학년도 수능 영어 절대평가 학습 안내 6p]

글을 읽고 글의 요지, 즉 글에서 핵심이 되는 중요한 내용을 파악해야 하는 문항입니다.

글의 요지를 파악하기 위해서는 글을 빠르게 읽어 가면서 다양한 방식으로 반복되고 있는 핵심 내용이 무엇인지 살펴보는 것이 필요합니다.

- 평가원이 대의 파악 유형에서 핵심이 반복된다고 합니다. 즉, 주제가 반복되고 재진술된다는 것이므로 우리는 재진술된 문장을 중심 문장, 우리가 이해해야만 하는 문장으로 인식해야 합니다.

[2021학년도 대학 수학능력시험 학습방법 안내 105p]

글의 중심 내용을 파악하기 위해서는 글의 첫 문장과 마지막 문장, 또는 역접의 연결사가 제시된 경우 그 이후 부분을 중심으로 지문에서 제시되는 반복적인 어구 또는 특정 개념과 관련된 표현을 주의 깊게 살펴보아야 한다. 글의 흐름을 따라가며 주제에 대한 필자의 의견이나 글의 중심 내용을 파악한 뒤, 마지막으로 선택지를 분석하여 글의 전반적인 내용을 아우를 수 있는 가장 적절한 제목을 선택해야 한다.

- 평가원이 제시한 중심 내용을 파악하는 것은 글의 마지막 문장만 파악하는 것이 아닌 첫 문장과 역접의 연결사가 제시된 경우에도 글의 흐름을 따라가며 주제를 파악해야 한다고 합니다.
  즉, 우리는 글의 흐름을 의식적으로 따라가야 하며 글의 흐름을 전환하거나 전개하는데 중요한 구조를 파악할 줄 알아야 합니다. 우리는 Chapter 1-1에서 평가원이 제시한 역접의 연결사뿐만 아니라, 글의 흐름을 파악하는데 중요한 인과, 실험, 예시, 명령문등을 인식하고 글의 흐름을 놓치지 않고 따라가는 것을 체화시킬 것입니다.

[2025학년도 대학 수학능력시험 학습방법 안내 110p]

본 문항의 정답을 찾기 위해서는 글의 핵심 내용을 제목으로 가장 잘 표현한 것을 찾을 수 있는 능력이 필요하다. 글의 핵심 내용을 그대로 제목으로 제시하는 경우도 있지만, 함축적이거나 은유적으로 또는 의문문이나 명령문 등이 다양한 형태로 제목을 제시하는 경우도 있기 때문에 너무 지엽적이거나 일반적이지 않으면서 글 전체의 내용을 포괄하는 선택지를 제목으로 고를 수 있어야 한다.

[2021학년도 대학 수학능력시험 학습방법 안내 105p]

마지막으로, 선택지에서 정답을 찾을 때 오답이 가진 특징을 잘 파악해야 한다. 오답의 경우 지문에서 내용이 언급되지 않았거나 지문과 일부 연관성을 가지고 제시되기도 하지만, 중심 소재나 주제를 모두 아우르기에는 지나치게 지엽적이거나 일반적이라는 점을 유념하고 정답을 선택해야 한다. 즉, 오답은 주로 지문의 일부 내용 요소를 다루지만, 지문의 내용과 무관한 것을 언급하거나 중심 소재나 내용 요소를 언급하지 않는 특징을 가졌다는 점에 주목해야 한다.

- 평가원이 주제/제목을 출제할 때 오답 선지를 어떻게 구성하는지 제시하고 있습니다. 우리는 이를 기준으로 Chapter 1-2에서 오답 선지 파악하는 훈련을 하게 됩니다.

1-1 지문에는 이해해야 하는 중심 문장들이 있다.

* Warning * 중심 문장들만 읽으면 안 됩니다! 중심 문장은 지문을 이해하기 위한 방향을
알려주는 문장들이지 정답 문장들이 아닙니다. 수능 영어에서 확실하고 일관된
정답 문장이란 없습니다.

Should, Must, Have to, Need to와 같은 당위 표현 & 명령문[1]

당위 표현과 명령문은 해당 글을 쓴 목적을 직접적으로 제시하는 아주아주 중심 문장입니다.
해석 자체도 ~해야만 한다. ~할 필요가 있다. ~을 해라. 로 해석되기 때문에 주제를 파악해야 하는 대의 파악
유형에서 중요합니다. 우리가 한국말을 할 때도 ~해야만 한다. ~을 해라. 는 단언적이며 강한 어투로 인식
됩니다. 예를 들어 공부해라. 학벌은 있어야만 한다. 라는 말들은 상당히 강한 주장으로 들립니다. 영어에서도
똑같습니다. 다음 기출 문제를 봅시다.

16학년도 수능 20번

An assertive counselor would find a way to call that person's attention to the fact that the joke is racist, explaining how it offended the hearer, and suggesting ways similar jokes could be avoided. Being assertive is a highly developed skill — it **should** fit nicely in the counselor's repertoire of techniques.

* assertive: 적극적인 ** racist: 인종차별주의자

적극적인 것이 상담자의 기술 레퍼토리에 속해 있어야만 한다고 합니다. ~해야만 한다는 글을 쓴 목적이자
주제가 됩니다. 그러므로 중심 문장은 바로 '**it should fit nicely in the counselor's**'가 됩니다. 지시사는
지칭하는 대상을 반드시 찾아야 합니다. 여기서 'it'은 '—' 앞 문장의 'Being assertive'입니다.
다른 기출 문제도 봅시다.

17학년도 9월 평가원 20번

A love note is a piece of paper that is a little piece of your heart. **Teach** your child how to write love notes, and I promise you will have many, many happy returns.

중심 문장은 '**Teach your child how to write love notes, and I promise you will have many, many happy returns.**'가 됩니다. '너의 아이에게 어떻게 love notes를 쓰는 지를 가르쳐라.
그러면 나는 네가 더 많은 행복한 보상을 받을 것이라고 약속한다.' ~해라. 는 본인의 주장을 이야기하며 글의
주제에 해당합니다.

---

[1] 명령문은 S (주어)가 없는 것을 통해서 파악할 수 있습니다. 'Teach your child how to write love notes'에서 'Teach'에 대한
주어가 없는 것을 확인하실 수 있습니다!

역접 신호의 앞과 뒷부분

우리가 어떤 부분에 대해서 독자들에게 깊은 인상을 주기 위한 방법 중 하나가 대조효과입니다.
예를 들어 '나 밥을 먹었는데 아직 배고파.' 이 문장에서 '아직 배고프다.'를 강조하기 위해서 '밥을 먹었는데'
반대되는 의미를 통해 대조효과를 사용한 것입니다. 또한 문맥을 위해서는 '나는 밥을 먹었는데' 역시 이해해야
합니다. 대조된 부분을 확인해야 지문에 대한 이해도가 올라가기 때문입니다.

먼저 역접 신호를 정리하고 갑시다.

But, However	하지만	(Al/Even)though	그럼에도 불구하고
Still	하지만	Despite	그럼에도 불구하고
Yet	하지만	In spite of	그럼에도 불구하고
Conversely	반면에	Even so	그럼에도 불구하고
In contrast	반면에	Nevertheless	그럼에도 불구하고
On the contrary	반면에	Nonetheless	그럼에도 불구하고
On the other hand	반면에	Regardless	상관없이
While[2]	반면에	Even if it is true	비록 사실일지라도

역접 신호들을 정리했으니 기출 문제를 봅시다.

17학년도 수능 21번

Although subjective interpretation goes into the construction of these cartographic elements, the finished map appears to express an authoritative truth about the world, separate from any interests and influences. The very trust that this apparent objectivity inspires is what makes maps such powerful carriers of ideology. **However** unnoticeably, maps do indeed reflect the world views of either their makers or, more probably, the supporters of their makers, in addition to the political and social conditions under which they were made.

* cartographic: 지도 제작상의 ** authoritative: 권위적인

역접 신호 2개가 보입니다. 'Although'의 뒷부분에서 완성된 지도는 어떠한 이익이나 영향과는 분리되어 세계의
권위적인 진실을 표현한다고 합니다. 하지만 뒷 문장에서 'However'을 통해서 전환됩니다.
'However'의 뒷부분에서 알아차릴 수 없게 지도는 사실상 지도를 만든 사람과 지도를 만든 사람을 지원해 주는
사람의 세계 인식, 게다가 지도가 만들어질 때의 정치적 사회적 상황까지 반영된다고 합니다.
그렇다면 이 세 문장을 통해서 글을 쓴 사람이 이야기하고 싶은 주제는 무엇일까요? 바로 마지막 역접 신호인
'However'의 뒷부분이 됩니다. 즉 지도는 다양한 관점들이 반영된다는 것입니다. 하지만 'However' 앞부분
역시 이해해야 문맥을 알 수 있습니다.
이와 같이 역접 신호가 여러 번 나올 수 있기 때문에 중심 문장에서는 해석을 더 꼼꼼히 하시고 이해해야 되지,
중심 문장만 읽으시면 문맥을 이해를 못하게 됩니다. 지문은 처음부터 끝까지 읽어야 합니다!

---

2) While은 '~을 하면서'와 '~인 반면에' 두 가지 뜻을 가지고 있습니다. 두 뜻을 구문적으로 구별할 수 없습니다. 오직 문맥상으로
구별해야 합니다. 예를 들어 'While I go home, I listen to music'이라 하면 '나는 집을 가면서 음악을 들었다'가 됩니다. '~을
하면서'로 해석됩니다. 하지만 'While I go home, my friends study hard in school' '나는 집을 가지만 나의 친구들은 학교에서
공부를 열심히 한다.' 여기서는 '~인 반면에'로 해석됩니다. 그러므로 구문적인 구분은 불가하며 문맥적으로 판단해야 합니다.

▌예시 앞 문장

우리가 글을 쓸 때 예시를 제시하는 이유가 무엇일까요? 첫 번째는 우리가 하는 이야기를 좀 더 쉽게 이해시키기 위해서입니다. 두 번째는 이 개념을 이해 못할 경우 뒷내용을 이해하기 어렵다고 판단되기 때문입니다. 해당 개념을 이해해야만 하고 이를 통해 파악할 수 있는 것이 주제입니다. 또한 앞 문장 중 어떤 부분에 대한 예시인지 파악해야 지문을 이해할 수 있으므로 앞 문장과 예시를 대응하는 훈련이 필요합니다.

예시 신호

For example	예를 들어	In + 연도	처음부터 제시X 갑작스러운 제시
For instance	예를 들어	In + 나라	처음부터 제시X 갑작스러운 제시
Consider	~을 고려하면	Suppose	~을 가정하면
Given	~을 고려하면	To name a few	몇 가지 예를 들면

다음 기출 문제를 봅시다.

17학년도 6월 평가원 20번

Meeting someone when you are extremely stressed can create an inaccurate impression of you. For this reason, recognize that our first impressions of others also may be perceptual errors. To help avoid committing these errors, engage in perception checking, which means that we consider a series of questions to confirm or challenge our perceptions of others and their behaviors.[3] **For example** see if you can provide two possible interpretations for the verbal and nonverbal behavior observed and seek clarification of it in order to determine the accuracy of your evaluation.

* impression: 인상 ** clarification: 분명하게함, 설명

이 지문에서 예시 신호 'For example'이 제시되었습니다. 앞 문장을 봅시다.
'these errors = perceptual errors'를 저지르는 것을 피하는 것을 돕기 위해서 'perception checking'에 참여해야 한다고 합니다. 이것은 우리가 그들의 행동과 그들에 대한 우리의 인식에 도전하고 확인하는 일련의 질문들을 고려해야 한다는 것을 의미한다고 합니다.
그리고 예시를 확인해 봅시다! 'For example' 뒷 문장에서 관찰된 언어적, 비언어적 행동에 대한 두 가지 해석들을 네가 제공할 수 있는지 아닌지를 확인해라, 그리고 너의 평가에 대한 정확성을 결정하기 위해서 'it = behavior'에 대한 분명한 설명을 찾아라. 라고 되어있습니다. 'confirm or challenge our perceptions of others and their behaviors'는 'perception checking'에 대한 예시가 됩니다.
'For example'을 통해서 **'perception checking'**이라는 소재에 대한 구체적인 진술을 하고 있습니다.

---

3) 구문을 확인해 봅시다.
　To help avoid committing these errors (부사적 용법 = ~하기 위해서)
　/ engage (주어가 없으므로 = 명령문) in perception checking,
　/ which (,뒤 관계대명사 = 계속적 용법 = 앞 문장을 수식) means that we consider a series of questions to confirm or challenge our perceptions of others and their behaviors.

인과 관계 & 연구

인과 관계란 원인과 결과를 설명해 주는 것입니다. 원인이 제시되었으면 그에 대한 결과를 제시해주고 결과가 있으면 원인을 제시해 줍니다. 인과 관계에서 파생되는 것이 해당 원인이 끼치는 결과에 대한 연구나 해당 결과의 원인을 찾는 연구입니다. 이러한 관계를 통해 제시하고자 하는 내용을 구체화할 수 있기 때문에 우리는 인과 관계를 파악해야만 합니다.

인과 관계 신호

Because	~ 때문에 (접속사)	As	~ 때문에
Because of	~ 때문에 (전치사)	Since	~ 때문에
Therefore	그러므로	Thus	그러므로
So	그러므로	As a result	결과적으로
In turn	결과적으로	As a consequence	결과적으로
Contribute to	~에 기여하다	Cause	~를 야기하다
Lead to	~를 야기하다	Result from	~로부터 야기되다
In the end	결국	Eventually	결국

다음 기출 문제를 확인해 봅시다.

16학년도 수능 22번

Temporocentrism is the belief that your times are the best of all possible times. All other times are **thus** inferior. Ethnocentrism is the belief that your culture is the best of all possible cultures. All other cultures are **thus** inferior. Temporocentrism and ethnocentrism unite to cause individuals and cultures to judge all other individuals and cultures by the "superior" standards of their current culture. This **leads to** a total lack of perspective when dealing with past and / or foreign cultures and a resultant misunderstanding and misappreciation of them.[4] Temporocentrism and ethnocentrism tempt moderns into unjustified criticisms of the peoples of the past.

* temporocentrism: 현재 중심주의 ** ethnocentrism: 민족 중심주의 *** resultant: 그 결과로 생긴

여기서 중요한 부분은 'Temporocentrism'과 'Ethnocentrism'와 관련된 인과관계들 입니다. 이 두 가지는 **'cause individuals and cultures to judge all other individuals and cultures by the "superior" standards of their current culture.'** 개인과 문화가 현재의 문화의 우수한 표준에 의해서 다른 개인들과 다른 문화들을 판단하게 야기한다고 합니다. 또한 **'This leads to a total lack of perspective when dealing with past and / or foreign cultures and a resultant misunderstanding and misappreciation of them.'** 이러한 우수한 표준에 의해서 다른 개인들과 다른 문화들을 판단하는 것은 과거와 외래문화를 다룰 때 전체적으로 부족한 관점을 야기하고 그 결과로 생긴 잘못된 감상과 오해를 야기한다고 합니다.

---

4) This / leads to (야기하다)
  / a total lack of perspective (lead to의 목적어) when dealing with (다루다)
  past and / or (past와 foreign cultures를 연결) foreign cultures
  / and (a total lack of perspective와 a resultant misunderstanding and misappreciation of them을 연결)
  a resultant misunderstanding and misappreciation of them. (lead to의 목적어)

이 지문의 주제는 최종 결과인 'Temporocentrism'과 'Ethnocentrism'이 과거와 다른 문화에 대한 오해와 잘못된 감상을 야기한다는 것입니다!

연구도 확인해 봅시다.

16학년도 9월 평가원 23번

Effective coaches prioritize. They focus on a single task instead of trying to multitask. They understand that multitasking is another way of saying you are going to complete several tasks, none of which are going to be very good.[5] Yuhong Jiang, professor of psychology at Harvard University, points out that the brain isn't built to concentrate on two things at once. It works more slowly if it tries to.

* priortize: 우선순위를 정하다 ** points out: 주목하다

이 지문에서 'Yuhong Jiang, professor of psychology at Harvard University'가 진행한 연구에서 'the brain isn't built to concentrate on two things at once. It works more slowly if it tries to.' 즉 뇌는 한 번에 두 가지를 집중하도록 만들어지지 않았다. 만약 두 가지를 한 번에 집중하려고 한다면 더욱 느리게 작동할 것이다. 라고 연구의 결과를 제시해줍니다.

이는 첫 문장에서 'Effective coaches prioritize'를 한 이유를 제시해주며 두 번째 문장에서 'They focus on a single task instead of trying to multitask'가 'Effective'한 이유를 설명해 주기도 합니다.

그러므로 'Yuhong Jiang, professor of psychology at Harvard University'의 연구가 지문을 이해하기 위해서는 아주 중요합니다!!

---

5) They understand /
   that multitasking is another way of saying
   (that 생략) you are going to complete several tasks (saying의 목적어),
   / none of which (which = several tasks) are going to be very good.
   (multitasking부터 very good까지 전부 understand의 목적어)
   해석해 보면 그들은 멀티태스킹이 너는 아무것도 잘 되지 않을 여러 가지 일들을 완료해야 한다는 것을 다른 방식으로 얘기한다는 것을 알고 있다.

❘ 재진술 (Paraphrasing)

재진술이란 유사한 표현을 통해 개념을 구체화하거나 반복하는 것입니다. 왜 유사한 표현을 통해 자세히 설명하거나 반복할까요? 당연히 중요하기 때문입니다. 반복을 통해서 해당 내용을 강조하는 것입니다. 그러므로 재진술된 문장을 찾는 것이 매우 중요합니다!

빈칸에서만 재진술이 존재하는 것이라고 생각할 수도 있습니다. 하지만 유형에 한정되지 않고 거의 모든 지문에서 재진술을 찾을 수 있습니다.

재진술 신호

In other words	다시 말해서	That is to say	다시 말해서
In brief	간단히 말해서	To sum up	간단히 말해서
Namely	즉	That is	즉
In essence	즉	In short	요컨대
Indeed	사실상	Put more generally	더 일반적으로

다음 문제는 17학년도 수능 20번 요지 문제입니다.

17학년도 수능 20번

Many present efforts to guard and maintain human progress, to meet human needs, and to realize human ambitions are simply unsustainable — in both the rich and poor nations. They draw too heavily, too quickly, on already overdrawn environmental resource accounts to be affordable far into the future without bankrupting those accounts. They may show profit on the balance sheets of our generation, but our children will inherit the losses. We borrow environmental capital from future generations with no intention or prospect of repaying.

* overdraw: 초과 인출하다 ** bankrupt: 파산하다 *** prospect: 전망

첫 문장에서 인류의 진보를 지키고 유지하고 인류의 욕구를 충족시키고 인류의 열망을 현실화하고자 하는 많은 현재의 노력들은 부자 나라든 가난한 나라든 지속적이지 못하다고 합니다.

They draw too heavily, too quickly, on already overdrawn environmental resource accounts to be affordable far into the future without bankrupting those accounts.
- 그들은 너무 심하게 너무 빠르게 이미 초과 인출된 환경적 자원 계좌에 너무 의존하고 있어서 그 계좌를 파산하는 것 없이는 먼 미래까지 감당할 수 없다고 합니다.

They may show profit on the balance sheets of our generation, but our children will inherit the losses.
- 그들은 우리 세대의 이익을 보여줄지 모르지만 우리의 아이들은 그 손실을 상속하게 된다고 합니다.
- 'the loss'는 앞 문장에서 초과 인출된 환경적 자원을 사용할 수 없다는 내용을 지칭하므로 앞 문장의 내용을 재진술 하고 있습니다.

We borrow environmental capital from future generations with no intention or prospect of repaying.
- 우리는 갚으려는 의도나 전망 없이 미래 세대로부터 환경적 자원을 빌린다고 합니다.
- 초과 인출된 환경적 자원을 미래세대가 사용할 수 없다는 내용을 재진술 합니다.

즉, 우리가 현재 사용하는 환경적 자원의 피해는 미래 세대가 보게 될 것이라고 합니다. 이 내용이 주제가 됩니다.

▎체화

다음 지문들에서 중심 문장들을 찾아봅시다.

17학년도 수능 22번

As a system for transmitting specific factual information without any distortion or ambiguity, the sign system of honey-bees would probably win easily over human language every time. However, language offers something more valuable than mere information exchange. Because the meanings of words are not invariable and because understanding always involves interpretation, the act of communicating is always a joint, creative effort.

17학년도 9월 평가원 21번

The 'unstable' qualities of childhood that Hollindale cites require a writer or translator to have an understanding of the freshness of language to the child's eye and ear, the child's affective concerns and the linguistic and dramatic play of early childhood. Translating sound, for example, whether in the read-aloud qualities of books for the younger child, in animal noises, children's poetry or in nonsense rhymes, demands imaginative solutions — as indeed does working with visual material. Such multi-faceted creativity has, at times, placed children's literature at the forefront of imaginative experimentation.

* multi-faceted: 다면의

17학년도 9월 평가원 22번

And fear can keep you from changing when you don't want to risk a step into unknown territory; for example, some people choose not to leave an unfulfilling job or a failing relationship because they fear the unknown more than the known. On the other hand, fear can also motivate change in order to avoid something you're afraid of, such as dying young — as one of your parents might have.

17학년도 9월 평가원 23번

Communicating the vision to organization members nearly always means putting "where we are going and why" in writing, distributing the statement organizationwide, and having executives personally explain the vision and its justification to as many people as possible. Ideally, executives should present their vision for the company in a manner that reaches out and grabs people's attention. An engaging and convincing strategic vision has enormous motivational value — for the same reason that a stone mason is inspired by building a great cathedral for the ages.

* stone mason: 석공 ** cathedral: 대성당

When a new story appears, we attempt to find a belief of ours that relates to it. When we do, we find a story attached to that belief and compare the story in our memory to the one we are processing. Our understanding of the new story becomes, at that point, a function of the old story. Once we find a belief and connected story, we need no further processing; that is, the search for other beliefs stops.

The negative effects of extrinsic motivators such as grades have been documented with students from different cultures. Although this matter is more complex than simply regarding all extrinsic rewards as controlling or diminishing learning, we agree with Richard Ryan and his colleagues that people across different cultures are likely to express more satisfaction with their lives when their primary goals are intrinsic rather than extrinsic. Another consistent research finding is that when a learning activity is undertaken explicitly to attain some extrinsic reward, people respond by seeking the least demanding way of ensuring the reward.

Although the Internet seems truly global these days, less than half of the world's population has access to it. Some four billion people are still unconnected. This spring, IT engineers will begin to shift to the next phase in a grand plan to bring the Internet to everyone. Their goal is to establish a network of high-altitude balloons that will rain 4G LTE signals down to anyone with a 4G device.

* altitude: 높이

Inflation can be a major life concern for most people. It makes it difficult for households to plan ahead. This is because 'future problems' concerning inflation often make us change our plans for the future. For instance, how much should the parents of a newborn start regularly saving to pay for her college education? If inflation averages two percent, prices roughly double every thirty-six years. But if inflation gets up to eight percent, prices roughly double every nine years. A Harvard education that currently costs $100,000 may therefore end up costing half a million dollars for an infant born today.

❘ 체화 해설

As a system for transmitting specific factual information without any distortion or ambiguity, the sign system of honey-bees would probably win easily over human language every time. **However,** language offers something more valuable than mere information exchange. **Because** the meanings of words are not invariable and because understanding always involves interpretation, the act of communicating is always a joint, creative effort.

⬖ 해설

'However' 앞과 뒤는 중요하다! 사실적 정보를 왜곡없이 전달하는 체계로서 꿀벌의 체계가 더 유용하다고 합니다. 이를 'However'을 통하여 대조하여 언어가 정보 교환보다 더 가치있는 것을 제공한다는 내용을 강조하고 있습니다. 'Because' 역시 중요하다! 이해는 해석을 포함 ⇒ 의사소통 행위는 창의적 노력으로 이해하셔야 합니다.

⬖ 해석

특정한 사실적 정보를 어떠한 왜곡이나 모호함이 없이 전달하는 체계로서, 꿀벌의 신호 체계는 아마 인간의 언어를 언제나 쉽게 이길 것이다. 그러나 언어는 단순한 정보의 교환보다 더 가치 있는 것을 제공한다. 단어들의 의미가 불변이 아니고, 이해는 언제나 해석을 포함하기 때문에, 의사소통 행위는 항상 공동의 창의적 노력이다.

The 'unstable' qualities of childhood that Hollindale cites require a writer or translator to have an understanding of the freshness of language to the child's eye and ear, the child's affective concerns and the linguistic and dramatic play of early childhood. Translating sound, **for example,** whether in the read-aloud qualities of books for the younger child, in animal noises, children's poetry or in nonsense rhymes, demands imaginative solutions — as indeed does working with visual material. Such multi-faceted creativity has, at times, placed children's literature at the forefront of imaginative experimentation.

* multi-faceted: 다면의

⬖ 해설

예시 앞 문장은 중요하다! 'Hollindale'가 언급하는 '불안정한' 특성을 강조하기 위해서 어린 아이들의 예시를 들고 있습니다.

⬖ 해석

Hollindale이 언급하는 어린 시절의 '불안정한' 특성은 작가나 번역가에게, 아이의 눈과 귀에 대한 언어의 신선함, 아이의 정서상의 관심 사항, 그리고 초기 어린 시절의 말놀이와 연극놀이에 대한 이해력을 가질 것을 요구한다. 예를 들어, 더 어린 아이들을 위한 책의 낭독 특성이든, 동물의 소리든, 아동용 시나 무의미한 노래든, 그 안의 소리를 번역한다는 것은, 시각 자료를 가지고 하는 작업이 정말로 그러는 것처럼 상상력이 풍부한 해결책을 요구한다. 그런 다면적인 창의성은 때때로 아동문학을 상상력이 풍부한 실험의 중심에 가져다 놓았다.

And fear can keep you from changing when you don't want to risk a step into unknown territory; **for example,** some people choose not to leave an unfulfilling job or a failing relationship **because** they fear the unknown more than the known. **On the other hand,** fear can also motivate change in order to avoid something you're afraid of, such as dying young — as one of your parents might have.

⚓ 해설

예시의 앞은 중요하다! 두려움은 위험을 무릅쓰고 싶지 않을 때, 변하는 것을 막아준다는 내용을 강조하기 위해서 어떤 사람들이 알려지지 않은 것을 알려진 것보다 두려워하는 예시를 제시했습니다. 또한 'because'를 통해서 인과관계를 제시하고 있습니다.

역접 신호의 앞과 뒤는 중요하다! 위 내용을 두려움은 변화를 자극한다는 내용으로 전개하기 위해 'On the other hand'를 통해서 내용을 전환하고 있습니다.

⚓ 해석

그러나 그것은 굳어버린 행동, 심지어는 더 이상 쓸모도 없고, 건설적이지도 않으며, 건강한 상태를 만들어 내지도 않는 행동마저도 버리는 것을 어렵게 만든다. 그리고 두려움은, 알려지지 않은 영역으로 위험을 무릅쓰고 발걸음을 내딛고 싶지 않을 때, 여러분이 변하는 것을 막아 줄 수도 있다. 예를 들어, 어떤 사람들은 알려진 것보다는 알려지지 않은 것을 두려워하기 때문에 성취감이 없는 일이나 소원해지는 관계라도 저버리지 않기를 바란다. 반면에, 두려움은 또한 여러분의 부모 중 한 분도 그랬을지도 모르듯이, 젊은 나이에 죽는 것과 같은 두려운 것을 피할 수 있도록 변화를 자극할 수 있다.

Communicating the vision to organization members nearly always means putting "where we are going and why" in writing, distributing the statement organizationwide, and having executives personally explain the vision and its justification to as many people as possible. Ideally, executives **should** present their vision for the company in a manner that reaches out and grabs people's attention. An engaging and convincing strategic vision has enormous motivational value — for the same reason that a stone mason is inspired by building a great cathedral for the ages.

* stone mason: 석공 ** cathedral: 대성당

⚓ 해설

Should 당위 표현은 글을 쓴 이유이다! 경영진들이 반드시 해야만 한다고 서술하여 당위 표현을 제시하고 그들의 비전을 제시하는 것을 강조하고 있습니다.

⚓ 해석

비전을 조직의 구성원들에게 전달하는 것은 거의 항상 '우리가 가는 곳과 이유'를 적어 두고, 그 진술을 조직 전체에 퍼뜨리고, 임원들로 하여금 가능한 한 많은 사람들에게 비전과 그것의 정당성을 개인적으로 설명하게 하는 것을 의미한다. 이상적으로는, 사람들의 관심에 도달해 그것을 붙잡는 방식으로 임원들이 회사를 위해 그들의 비전을 제시해야만 한다. 사람의 마음을 끌고 설득력 있는 전략적 비전은 엄청난 동기부여의 가치를 지니는데, 석공이 후세에 길이 남을 훌륭한 대성당을 건설하는 데에 고무되는 것과 동일한 이유로 그러하다.

When a new story appears, we attempt to find a belief of ours that relates to it. When we do, we find a story attached to that belief and compare the story in our memory to the one we are processing. Our understanding of the new story becomes, at that point, a function of the old story. Once we find a belief and connected story, we need no further processing; **that is**, the search for other beliefs stops.

⚓ 해설

That is = 재진술 (즉)의 표현이다. 재진술은 하고 싶은 말을 강조하기 위해서 반복하는 것으로 우리는 더 이상 처리 과정을 필요하지 않게 된 것을 강조하여 다른 신념들에 대한 탐색을 멈추게 된다고 합니다.

⚓ 해석

새로운 이야기가 등장하면, 우리는 그것과 연관된 우리의 신념을 찾으려고 노력한다. 이러한 일을 할 때, 우리는 그 신념과 연관된 이야기를 찾고 우리의 기억 속에 있는 이야기를 우리가 지금 처리하고 있는 이야기와 비교한다. 이러한 단계에 이르면, 새로운 이야기에 대한 우리의 이해는 이미 알고 있는 이야기의 기능이 된다. 일단 신념 및 그와 연관된 이야기를 찾게 되면, 우리는 더 이상의 처리 과정을 필요치 않게 된다. 다시 말해, 다른 신념들에 대한 탐색은 멈추게 된다.

The negative effects of extrinsic motivators such as grades have been documented with students from different cultures. **Although** this matter is more complex than simply regarding all extrinsic rewards as controlling or diminishing learning, we agree with Richard Ryan and his colleagues that people across different cultures are likely to express more satisfaction with their lives when their primary goals are intrinsic rather than extrinsic. Another consistent **research finding** is that when a learning activity is undertaken explicitly to attain some extrinsic reward, people respond by seeking the least demanding way of ensuring the reward.

⚓ 해설

Although 역시 역접의 신호입니다! (Al)though의 특이한 점은 한 문장 안에 대비되는 부분이 모두 존재한다는 것입니다. (Al)though A, B - 비록 A일지라도 B이다로 해석됩니다. 이 지문에서는 이 문제가 복잡하지만 다양한 문화에 걸쳐있는 사람들이 주된 목표가 외적이기보다 내적일 때 더 만족감을 표현한다는 내용을 대조를 통해 제시합니다. 또한 research finding 연구는 항상 중요합니다! 연구를 통해서 본인이 하고자 하는 내용을 구체화하여 강조합니다. 이 지문에서는 연구를 통해 목표가 외적이기보다 내적일 때 더 만족감을 표현한다는 내용을 반복하고 있습니다.

⚓ 해석

성적과 같은 외적인 동기 부여 요인의 부정적인 영향은 다양한 문화권 출신의 학생들에게서 서류로 입증되어 왔다. 비록 이 문제가 단지 모든 외적인 보상을 통제하거나 학습을 감소시키는 것으로 여기는 것보다 더 복잡하지만, 우리는 다양한 문화에 걸쳐있는 사람들은 그들의 주된 목표가 외적이기보다는 내적일 때 그들의 삶에 더 만족감을 표현할 가능성이 있다는 Richard Ryan과 그의 동료들에게 동의한다. 또 다른 일관된 연구 결과는 어떤 외적인 보상을 얻기 위해 명시적으로 어떤 학습 활동을 할 때 사람들은 그 보상을 보장해 주는 가장 덜 힘든 방식을 추구함으로써 반응한다는 것이다.

Although the Internet seems truly global these days, less than half of the world's population has access to it. Some four billion people are still unconnected. This spring, IT engineers will begin to shift to the next phase in a grand plan to bring the Internet to everyone. Their goal is to establish a network of high-altitude balloons that will rain 4G LTE signals down to anyone with a 4G device.

* altitude: 높이

해설

다시 Although 문장입니다. '비록 A일지라도, B이다'는 것은 B가 강조하는 표현이나 A를 알아야 B를 이해하기 쉽습니다. 이 지문에서 인터넷이 세계적인 것처럼 보인다는 내용과 세계 인구의 절반 이하만이 인터넷에 접속할 수 있다는 내용을 대조하여 B를 강조하고 있습니다.

해석

비록 인터넷은 오늘날 진정 세계적인 것처럼 보이지만 세계 인구의 절반 이하만이 인터넷에 접속할 수 있다. 약 40억 명의 사람들은 여전히 인터넷을 연결할 수 없다. 올 봄에 IT 엔지니어들은 인터넷을 모든 사람들에게 가져다주려는 원대한 계획의 다음 단계로 넘어가기 시작할 것이다. 그들은 목표는 4G 장치를 가지고 있는 모든 사람들에게 4G LTE 신호를 내려 보낼 높은 고도의 열기구 네트워크를 만드는 것이다.

Inflation can be a major life concern for most people. It makes it difficult for households to plan ahead. This is **because** 'future problems' concerning inflation often make us change our plans for the future. **For instance,** how much should the parents of a newborn start regularly saving to pay for her college education? If inflation averages two percent, prices roughly double every thirty-six years. **But** if inflation gets up to eight percent, prices roughly double every nine years. A Harvard education that currently costs $100,000 may **therefore** end up costing half a million dollars for an infant born today.

해설

중심 문장이 도배된 지문!
'Because'를 통해서 인플레이션에 관한 '미래의 문제'들이 우리의 계획을 변경하게함
⇒ 가정에서 장래의 계획이 어렵다는 것을 제시합니다. 이는 'For instance'를 통해 신생아 부모들의 대학 학비 계획을 예시로 들며 강조되고 있습니다. 또한 'But'으로 인플레이션이 2%일 때와 8%일 때를 비교하고 'Therefore'을 통해서 인플레이션이 장래 계획에 영향을 끼친다는 것을 제시하고 있습니다.

해석

인플레이션은 대부분의 사람들에게 있어서 주된 삶의 관심사다. 그것은 가정에서 장래의 계획을 세우는 것을 어렵게 만든다. 이것은 인플레이션에 관한 미래의 문제들이 종종 우리 자신의 미래에 대한 계획을 변경하도록 만들기 때문이다. 예를 들어 신생아의 부모들은 그 아이의 대학 학비를 위해 정기적으로 얼마만큼의 저축을 시작해야 할까? 만약 인플레이션이 평균 2퍼센트라면 물가는 대략 36년마다 두 배가 된다. 하지만 만약 인플레이션이 8퍼센트까지 올라간다면 물가는 대략 9년마다 두 배가 된다. 현재 $100,000가 필요한 Harvard에서의 교육은 오늘 태어난 아이에게는 결국 $500,000가 들게 된다.

01 25학년도 수능 20번

다음 글에서 필자가 주장하는 바로 가장 적절한 것은?

We almost universally accept that playing video games is at best a pleasant break from a student's learning and more often what prevents a student from accomplishing their goals. Games catch and hold attention in a way that few things can. And yet once they have our focus, they rarely seem to offer anything meaningful to help students grow in their lives outside the games. While this may be true for many games, we are too easily ignoring a valuable tool that could be used to enhance productivity instead of derailing it. Rather, it is desirable that we develop games that connect to the learning outcomes we want for our students. This will enable educators to take advantage of games' attention-commanding capacities and allow our students to enjoy their games while learning.

① 학습 효과 증진에 활용될 수 있는 게임을 개발해야 한다.
② 교육 현장에서 학습과 게임 활동을 적절하게 분배해야 한다.
③ 학습 활동에 게임이 초래하는 집중력 저하를 경계해야 한다.
④ 여가 시간에 게임을 활용함으로써 학습 효율을 향상해야 한다.
⑤ 게임의 부정적 영향을 줄이기 위해 학습 공동체가 노력해야 한다.

02 24학년도 수능 20번

다음 글에서 필자가 주장하는 바로 가장 적절한 것은?

Values alone do not create and build culture. Living your values only some of the time does not contribute to the creation and maintenance of culture. Changing values into behaviors is only half the battle. Certainly, this is a step in the right direction, but those behaviors must then be shared and distributed widely throughout the organization, along with a clear and concise description of what is expected. It is not enough to simply talk about it. It is critical to have a visual representation of the specific behaviors that leaders and all people managers can use to coach their people. Just like a sports team has a playbook with specific plays designed to help them perform well and win, your company should have a playbook with the key shifts needed to transform your culture into action and turn your values into winning behaviors.

① 조직 문화 혁신을 위해서 모든 구성원이 공유할 핵심 가치를 정립해야 한다.
② 조직 구성원의 행동을 변화시키려면 지도자는 명확한 가치관을 가져야 한다.
③ 조직 내 문화가 공유되기 위해서 구성원의 자발적 행동이 뒷받침되어야 한다.
④ 조직의 핵심 가치 실현을 위해 구성원 간의 지속적인 의사소통이 필수적이다.
⑤ 조직의 문화 형성에는 가치를 반영한 행동의 공유를 위한 명시적 지침이 필요하다.

다음 글의 요지로 가장 적절한 것은?

In both the ancient hunter-gatherer band and our intimate speech communities today, the diffusion of speech shaped values. The fact that everyone was going to be able to speak and listen had to be accommodated ethically, and it was via a rough egalitarianism. In terms of communications, people were equal and therefore it was believed they *should be* equal, or at least relatively so. By this code, ancient Big Men were not allowed to act controllingly and modern office managers are not allowed to silence anyone at will. Moreover, equal access to speech and hearing promoted the notion that property should be held in common, that goods and food in particular should be shared, and that everyone had a duty to take care of everyone else. This was probably more true among hunter-gatherers than it is in the modern family, circle of friends, or workplace. But even in these cases we believe that sharing and mutual aid are right and proper. Remember, if you bring something, you should bring enough for everyone.

* diffusion: 확산 ** egalitarianism: 인류 평등주의

① 수렵인과 현대인은 언어에 대한 유사한 가치를 가지고 있다.
② 인간은 언어를 사용하여 자원을 보다 효율적으로 배분해 왔다.
③ 현대 사회는 고대 수렵 사회보다 평등한 체계에 의해 운영된다.
④ 인간 의사소통의 평등성은 공유와 공조 가치 기반을 형성했다.
⑤ 인간은 의사소통을 통해 자원을 공유하는 평등한 사회를 건설했다.

다음 글의 요지로 가장 적절한 것은?

When it comes to the Internet, it just pays to be a little paranoid (but not a lot). Given the level of anonymity with all that resides on the Internet, it's sensible to question the validity of any data that you may receive. Typically it's to our natural instinct when we meet someone coming down a sidewalk to place yourself in some manner of protective position, especially when they introduce themselves as having known you, much to your surprise. By design, we set up challenges in which the individual must validate how they know us by presenting scenarios, names or acquaintances, or evidence by which to validate (that is, photographs). Once we have received that information and it has gone through a cognitive validation, we accept that person as more trustworthy. All this happens in a matter of minutes but is a natural defense mechanism that we perform in the real world. However, in the virtual world, we have a tendency to be less defensive, as there appears to be no physical threat to our well-being.

* paranoid: 편집성의 ** anonymity: 익명

① 가상 세계 특유의 익명성 때문에 표현의 자유가 남용되기도 한다.
② 인터넷 정보의 신뢰도를 검증하는 기술은 점진적으로 향상되고 있다.
③ 가상 세계에서는 현실 세계와 달리 자유로운 정보 공유가 가능하다.
④ 안전한 인터넷 환경 구축을 위해 보안 프로그램을 설치하는 것이 좋다.
⑤ 방어 기제가 덜 작동하는 가상 세계에서는 신중한 정보 검증이 중요하다

중. 최. 평. 해설

01 25학년도 수능 20번

(정답률 79%)

다음 글에서 필자가 주장하는 바로 가장 적절한 것은?

> We almost universally accept that playing video games is at best a pleasant break from a student's learning and more often what prevents a student from accomplishing their goals. Games catch and hold attention in a way that few things can. And **yet** once they have our focus, they rarely seem to offer anything meaningful to help students grow in their lives outside the games. **While** this may be true for many games, we are too easily ignoring a valuable tool that could be used to enhance productivity instead of derailing it. **Rather**, it is desirable that we develop games that connect to the learning outcomes we want for our students. This will enable educators to take advantage of games' attention-commanding capacities and allow our students to enjoy their games while learning.

해설 | 정답 : ① |

이 지문은 게임의 단점과 관련된 통념을 보여주며 역접을 통해 게임의 장점과 게임을 활용할 수 있는 부분을 제시합니다. 역접의 앞 뒷 문장은 우리가 배운 중심 문장에 해당하며 이 문제는 중심 문장을 잘 파악했다면 매우 쉬운 문제입니다. Ⅴ번 문장의 교육의 결과와 연결된 게임을 개발해야 한다는 내용이 ①번 선지 '학습 효과 증진에 활용될 수 있는 게임을 개발해야 한다'와 완벽히 대응되기 때문입니다. 어렵지 않게 ①번을 고르셔야 합니다.

Ⅰ. We / almost universally accept / that playing video games / is (at best) / a pleasant break (from a student's learning) and more often what prevents / a student / from accomplishing their goals.

> **구** 'prevent A from B'는 'A를 B로부터 막다'를 의미합니다.
> - 우리는 거의 보편적으로 비디오 게임을 하는 것이 기껏해야 학생이 학습에서 잠시 벗어나는 즐거운 휴식이고, 더 흔하게는 그들의 (= 학생들의) 목표를 이루는 것을 막는 것이라고 받아들인다고 합니다.

> **독** 통념이 제시되었습니다. 비디오 게임은 잠깐의 휴식일 뿐이고 비디오 게임을 하는 것이 학생들의 목표를 막는다고 합니다.

* at best - 기껏해야 (아무리 좋아 봐야)

Ⅱ. Games / catch and hold / attention (in a way that few things / can).

> **구** 'few'를 '거의 없는'이라고 해석하는 것보다는 'not'의 느낌으로 해석하시는 것이 이해하는데 편합니다.
> - 게임들은 다른 어떤 것도 할 수 없는 방식으로 주의를 사로잡고 계속해서 유지한다고 합니다.

> **독** 게임들은 다른 것을 할 수 없게 만든다고 합니다. 우리가 게임을 할 때 밥을 먹기보다는 게임에만 빠져 있던 것을 생각하면 쉽게 이해할 수 있습니다.

Ⅲ. And **yet** once they / have / our focus, they / rarely seem to offer / anything (meaningful to help / students / grow (in their lives outside the games).

> 구 'few'와 마찬가지로 'rarely'도 '거의 없는'이라기 보다는 'not'의 느낌으로 해석하시는 것이 이해하는데 편합니다.

- 'help + O + O.C (RV)'가 사용되었으며 'O가 O.C하는 것을 돕다'를 의미합니다.
- 하지만 일단 그것들이 (= 게임들이) 우리의 집중을 얻고 나면, 그것들은 (= 게임들은) 게임의 밖에서 그들의 (= 학생들의) 삶에서 학생들이 성장하는 것을 돕는 의미있는 것을 제공하는 경우는 없는 것 같다라고 합니다.

> 독 'yet'이 '하지만'으로 사용되었으므로 앞 뒤 문장 중심 문장

- 게임들이 학생들의 집중을 다 가져가지만 막상 게임들이 학생들에게 도움이 되지는 않는 것 같다고 합니다.

Ⅳ. **While** this / may be / true (for many games), we / are too easily ignoring / a valuable tool (that could be used to enhance / productivity instead of derailing it).

> 구 많은 게임들에서 그것이 (= 게임들이 학생들에게 도움이 안된다는 것이) 사실일 수도 있지만, 우리는 그것을 (= 생산성을) 저해하는 대신에 생산성을 향상하기 위해 사용될 수 있는 유용한 도구라는 것을 너무 쉽게 무시한다고 합니다.

> 독 'while'이 역접으로 사용되었으므로 중심 문장

- 게임들이 학생들에게 도움이 되지 않을지라도 게임이 학생들의 생산성을 향상시켜줄 수 있는 유용한 도구라고 합니다. 게임의 단점이 제시되었던 앞 내용들과는 다르게 게임의 장점이 소개되고 있습니다.

* de (부정, 벗어난) + rail (길) = derail - 탈선하다, 저해시키다.

Ⅴ. **Rather**, it is desirable that we / develop / games (that connect to / the learning outcomes (we want for our students)).

> 구 'it is + 형용사 + that'은 가주어/진주어를 나타냅니다.

- 오히려, 우리가 학생들에게 원하는 교육의 결과와 연결한 게임을 개발하는 것이 바람직하다고 합니다.

> 독 'Rather'이 사용되었으므로 중심 문장

- 우리는 게임이 학생들의 생산성을 향상시켜줄 수 있다는 것을 무시한다는 앞 문장에 이어 우리가 학생들에게 원하는 교육의 결과 즉, 학생들의 목표와 연결하여 게임을 만드는 것이 바람직하다고 합니다.

Ⅵ. This / will enable / educators / to take advantage of / games' attention-commanding capacities and allow / our students / to enjoy their games while learning.

> 구 'enable A to-V'는 'A가 V하는 것을 가능하게 하다'를 의미합니다.

- 'allow A to-V'는 'A가 V하는 것을 허락하다'를 뜻합니다.
- 그것은 (= 교육의 결과와 연결된 게임을 개발하는 것은) 교육자들이 게임의 주의력 지배능력을 이용하는 것을 가능하게 하고 우리의 학생들이 배우면서 게임을 즐기는 것을 허락하는 것을 가능하게 한다고 합니다.

> 독 교육의 결과와 연결된 게임을 개발하는 것의 장점이 제시되고 있습니다.

다음 글에서 필자가 주장하는 바로 가장 적절한 것은?

Values alone do not create and build culture. Living your values only some of the time does not contribute to the creation and maintenance of culture. Changing values into behaviors is only half the battle. Certainly, this is a step in the right direction, **but** those behaviors **must** then be shared and distributed widely throughout the organization, along with a clear and concise description of what is expected. It is not enough to simply talk about it. It is **critical** to have a visual representation of the specific behaviors that leaders and all people managers can use to coach their people. Just like a sports team has a playbook with specific plays designed to help them perform well and win, your company **should** have a playbook with the key shifts needed to transform your culture into action and turn your values into winning behaviors.

해설 [정답 : ⑤]

'must', 'critical', 'should'가 들어간 세 문장에서 필자의 주장이 드러납니다. 명확하고 간결한 설명과 함께 조직 전체에 공유되고 배포되어야 한다는 것, 특정 행동을 시각적으로 표현해 놓는 것이 중요하다는 것, 핵심적인 변화를 담은 플레이 북을 가지고 있어야 한다는 것 모두, ⑤번 선지의 행동의 공유를 위한 명시적 지침을 의미하는 내용이 됩니다.

Ⅰ. Values alone / do not create and build / culture.

구▶ 가치만으로는 문화가 창조되고 구축되지 않는다고 합니다.

Ⅱ. Living your values only some of the time / does not contribute to the creation and maintenance of culture.

구▶ 일부 시간에만 가치에 따라 생활하는 것은 문화의 창조와 유지에 기여하지 않는다고 합니다.

독▶ Ⅰ번 문장의 연장선상에 있는 문장이며, 일부 시간에만 가치에 기반한 생활로 원인이 확대되고 있습니다.

Ⅲ. Changing values into behaviors / is / only half the battle.

구▶ 가치를 행동으로 바꾸는 것은 전투의 절반에 불과하다고 합니다.

독▶ 전투의 절반에 불과하다는 내용 역시 문화의 창조에 불완전한에 부합하는 내용입니다.

Ⅳ. Certainly, this / is / a step in the right direction, **but** those behaviors / **must** then be shared and distributed widely throughout the organization, along with a clear and concise description of what / is expected.

> 구 물론, 이것은 올바른 방향으로 나아가는 단계이지만, 그다음에 그러한 행동은 기대되는 것에 대한 명확하고 간결한 설명과 함께 조직 전체에 널리 공유되고 배포되어야 한다고 합니다.

> 독 'but', 'must'가 제시되었으므로 중심 문장
> - 문화의 창조와 구축을 위한 남은 조건으로 설명과 함께 조직 전체에 공유되어야 한다는 내용이 언급됩니다.

Ⅴ. It / is not / enough to simply talk about it.

> 구 'It + be동사 + 형용사 + to-V'는 '가주어/진주어'를 의미합니다.
> - 단순히 그것에 관해 이야기하는 것만으로는 충분하지 않다고 합니다.

Ⅵ. It / is / **critical** / to have a visual representation of the specific behaviors / that / leaders and all people managers / can use / to coach their people.

> 구 'It + be동사 + 형용사 + to-V'는 '가주어/진주어'를 의미합니다.
> - 리더와 모든 인력 관리자가 그들의 사람들을 지도하는 데 사용할 수 있는 특정 행동을 시각적으로 표현해 놓는 것이 중요하다고 합니다.

> 독 'critical'로 필자의 강한 주장을 표현하고 있으므로 중심 문장
> - 행동 공유 과정에서 대화를 넘어 시각적인 표현을 사용하여 공유하는 것으로 해결책을 확대하고 있습니다.

Ⅶ. Just like a sports team / has / a playbook (with specific plays designed to help them perform well and win), your company / **should** have / a playbook (with the key shifts needed to transform your culture into action and turn your values into winning behaviors).

> 구 스포츠팀이 좋은 성과를 내고 승리하는 데 도움이 되도록 고안된 특정 플레이를 담고 있는 플레이 북을 갖고 있는 것과 마찬가지로, 여러분의 회사는 여러분의 문화를 행동으로 바꾸고 여러분의 가치를 승리하는 행동으로 바꾸는 데 필요한 핵심적인 변화를 담은 플레이 북을 갖고 있어야 한다고 합니다.

> 독 'should'가 제시되었으므로 중심 문장
> - 예시 문장으로, 기업과 스포츠팀이 가지고 있어야 하는 플레이북은 Ⅵ번 문장의 팀 지도를 위해 사용되는 행동의 시각적인 표현에 대한 예시가 되며, 강한 충고의 표현을 사용해 주장을 강조하고 있습니다.

다음 글의 요지로 가장 적절한 것은?

In both the ancient hunter-gatherer band and our intimate speech communities today, the diffusion of speech shaped values. The fact that everyone was going to be able to speak and listen **had to** be accommodated ethically, and it was via a rough egalitarianism. In terms of communications, people were equal and **therefore** it was believed they should be equal, or at least relatively so. By this code, ancient Big Men were not allowed to act controllingly and modern office managers are not allowed to silence anyone at will. Moreover, equal access to speech and hearing promoted the notion that property **should** be held in common, that goods and food in particular **should** be shared, and that everyone had a duty to take care of everyone else. This was probably more true among hunter-gatherers than it is in the modern family, circle of friends, or workplace. **But** even in these cases we believe that sharing and mutual aid are right and proper. **Remember**, if you bring something, you should bring enough for everyone.

* diffusion: 확산 ** egalitarianism: 인류 평등주의

해설 [정답 : ④]

고대 수렵·채집인 무리와 현대 인간과의 공통점으로 인류 평등주의를 통한 의사소통의 공평함을 언급하고 있는 지문입니다. Ⅳ번 문장에서 'ancient Big Men were not allowed to act controllingly' 고대의 거물이 통제적으로 행동할 수 없었다는 것, 'modern office managers are not allowed to silence anyone' 현대의 사무실 관리자가 누구도 침묵시킬 수 없었다는 것 역시 인류 평등주의에 대한 고대와 현대의 구체적인 사례가 됩니다. 다음 Ⅴ번 문장에서 이 의사소통의 공평함으로 인해 재산의 공동 소유, 물자와 식량의 공유, 다른 사람을 돌보는 이타주의가 발생했다고 했다는 것은 이타주의가 발생했다고 하는 점에서 의사소통의 공평함을 공유하는 사회가 만들어졌다는 글의 주제로 이어지는 문장입니다.

①번 선지 : 수렵인과 현대인은 언어에 대한 유사한 가치를 가지고 있다.
- 내용상으로 좁은 선지입니다. 의사소통의 공평함은 수렵인과 현대인이 모두 가지고 있는 특징이지만, 지문의 핵심은 그로 인해 사회의 자원 공유를 할 수 있었다는 것입니다.

②번 선지 : 인간은 언어를 사용하여 자원을 보다 효율적으로 배분해 왔다.
- 지문의 핵심 주제인 의사소통의 공평함을 언급하고 있지 않으므로 오답 선지입니다.

③번 선지 : 현대 사회는 고대 수렵 사회보다 평등한 체계에 의해 운영된다.
- 평등한 체계는 현대 사회와 고대 사회가 모두 가지고 있다고 했으며, 오히려 Ⅵ번 문장에서는 현대보다 수렵 채집인 사회에서 더 사실이었다고 했으므로 내용적으로도 잘못된 선지입니다.

④번 선지 : 인간 의사소통의 평등성은 공유와 공조 가치 기반을 형성했다.
- 인간 의사소통의 평등성, 그로 인해 자원의 공유와 공조를 중시하는 사회가 만들어졌다는 지문의 내용을 모두 포함하고 있는 정답 선지입니다.

⑤번 선지 : 인간은 의사소통을 통해 자원을 공유하는 평등한 사회를 건설했다.
- 의도적으로 ④번과 비슷하게 만든 매력 오답 선지(선택 비율 31%)입니다. ④번과 ⑤번의 다른 점은 의사소통의 평등성이 ⑤번에는 들어가 있지 않다는 것입니다. 평등한 사회의 원인으로 지문은 의사소통의 평등성을 명확하게 언급하고 있으므로 이 내용이 없는 ⑤번은 답이 될 수 없습니다.

Ⅰ. In both the ancient hunter-gatherer band / and / our intimate speech communities today, the diffusion (of speech) / shaped / values.

* diffusion: 확산

> **구** 'both A and B'는 'A와 B 둘 다'를 의미합니다.
> - 고대의 수렵·채집인 무리와 오늘날 우리의 친밀한 언어 공동체 둘 다에서, 언어의 확산은 가치를 형성했다고 합니다.
>
> **독** 고대의 수렵·채집인과 현대 인간과의 공통점으로 언어의 확산으로 인한 가치 형성을 언급하고 있습니다.

* intimate - 친밀한

Ⅱ. The fact / that / everyone / was going to be able to speak and listen / **had to** be accommodated ethically, and it / was / via a rough egalitarianism.

** egalitarianism: 인류 평등주의

> **구** 모든 사람이 말하고 들을 수 있을 것이라는 사실은 윤리적으로 수용되어야 했는데, 그것은 개략적인 인류 평등주의를 통해서였다고 합니다.
>
> **독** 'had to'가 언급되므로 중심 문장
> - 인류 평등주의 덕분에 사람 간의 대화 평등성이 윤리적으로 받아들여질 수 있었다고 합니다.

* accommodate - 수용하다

** via - ~를 통해서

Ⅲ. In terms of communications, people / were / equal and **therefore** it was believed / they / should be / equal, or at least relatively so.

> **구** 의사소통의 측면에서 사람들은 평등했으므로, 그들은 평등해야 하거나 적어도 비교적 그렇다고 여겨졌다고 합니다.
>
> **독** 'therefore'이 제시되었으므로 중심 문장
> - Ⅱ번 문장을 구체화하는 문장이며, 의사소통의 평등성이 개개인의 평등으로 이어진 배경을 설명하고 있습니다.

Ⅳ. By this code, ancient Big Men / were not allowed / to act controllingly / and / modern office managers / are not allowed / to silence anyone at will.

> **구** 이러한 관례에 따라, 고대의 거물은 통제적으로 행동하도록 허용되지 않았고, 현대의 사무실 관리자는 마음대로 누구도 침묵시키도록 허용되지 않는다고 합니다.
>
> **독** Ⅲ번 문장에서 이어지는 문장입니다. 고대의 거물(지배자)과 현대의 관리자는 Ⅰ번 문장의 구체적 사례이며, 이 둘이 모두 다른 사람을 통제하지 못하는 것은 Ⅲ번 문장의 개개인의 평등함과 관련된 사례임을 알 수 있습니다.

Ⅴ. Moreover, equal access (to speech and hearing) / promoted / the notion / that / property / **should** be held / in common, that goods and food (in particular) **should** be shared, and that everyone / had a duty (to take care of everyone else).

> 구▶ 게다가, 말하기와 듣기에 대한 평등한 접근은 재산은 공동으로 소유되어야 하고, 특히 물자와 식량은 공유되어야 하며, 모든 사람은 다른 사람을 돌볼 의무가 있다는 생각을 촉진했다고 합니다.

> 독▶ 'should'가 제시되었으므로 중심 문장
> - 의사소통의 평등성으로 인해 촉진된 또다른 생각으로 재산의 공동 소유, 물자와 식량의 공유, 타인을 돌볼 의무 등이 나열되고 있습니다.

Ⅵ. This / was / probably more true (among hunter-gatherers) than / it / is in the modern family, circle of friends, or workplace.

> 구▶ 이것은 아마도 현대의 가족, 친구 사이, 또는 직장에서보다 수렵·채집인 사이에서 더 사실이었을 것이라고 합니다.

> 독▶ Ⅴ번 문장에서의 사례들이 현대 인간들보다 고대 수렵·채집인들 간에 더 많이 적용되었다고 말하고 있습니다.

Ⅶ. **But** (even in these cases) we / believe / that / sharing and mutual aid / are / right and proper.

> 구▶ 하지만 이 경우에도, 우리는 공유와 상호 협력이 옳고 적절하다고 믿는다고 합니다.

> 독▶ 'But'이 제시되었으므로 중심 문장
> - Ⅵ번 문장의 현대 인간들과 고대 수렵·채집인들 간의 우위성을 가리는 것이 중요한 것이 아님을 의미하며, 공유와 상호 협력이 더 중요하다고 언급하는 주제 문장입니다.

Ⅷ. **Remember**, if / you / bring / something, you / **should** bring / enough for everyone.

> 구▶ 여러분이 무언가를 가져온다면, 모두를 위해 충분히 가져와야 한다는 것을 기억하라고 합니다.

> 독▶ 'Remember'로 명령문이 제시되었고 'should'가 있으므로 중심 문장
> - Ⅶ번 문장의 상호 협력을 설명하는 문장입니다.

04 24학년도 6월 평가원 22번　　　　　　　　　　　　　　　　(정답률 85%)

다음 글의 요지로 가장 적절한 것은?

> When it comes to the Internet, it just pays to be a little paranoid (but not a lot). Given the level of anonymity with all that resides on the Internet, it's sensible to question the validity of any data that you may receive. Typically it's to our natural instinct when we meet someone coming down a sidewalk to place yourself in some manner of protective position, especially when they introduce themselves as having known you, much to your surprise. By design, we set up challenges in which the individual **must** validate how they know us by presenting scenarios, names or acquaintances, or evidence by which to validate (that is, photographs). Once we have received that information and it has gone through a cognitive validation, we accept that person as more trustworthy. All this happens in a matter of minutes **but** is a natural defense mechanism that we perform in the real world. **However**, in the virtual world, we have a tendency to be less defensive, as there appears to be no physical threat to our well-being.
>
> * paranoid: 편집성의　** anonymity: 익명

해설 | 정답 : ⑤ |

Ⅰ번 문장에서 'pays to be a little paranoid', '편집적인 것이 이득이 된다'라고 했는데, Ⅱ번 문장의 'sensible to question the validity of any data', '자료의 타당성에 대해 의문을 제기하는 것이 합리적'이라고 했으므로, 인터넷과 같은 가상 세계에서 데이터를 편집적으로 확인하는 것이 우리에게 도움이 된다는 내용이 글의 주제로 반복되고 있습니다. Ⅲ번 문장에서 'natural instinct', '방어적 자세를 취하는 것은 우리의 자연스러운 본능'이라는 내용으로 이러한 주장을 뒷받침하고 있습니다.

①번 선지 : 가상 세계 특유의 익명성 때문에 표현의 자유가 남용되기도 한다.
- 표현의 자유는 지문에서 찾아볼 수 없는 내용입니다.

②번 선지 : 인터넷 정보의 신뢰도를 검증하는 기술은 점진적으로 향상되고 있다.
- 신뢰도를 검증하는 것이 이득이 되지만, 이에 대한 검증 기술의 향상은 글의 주제와 동떨어진 내용입니다.

③번 선지 : 가상 세계에서는 현실 세계와 달리 자유로운 정보 공유가 가능하다.
- 역시 정보 공유는 지문의 주제라고 볼 수 없습니다.

④번 선지 : 안전한 인터넷 환경 구축을 위해 보안 프로그램을 설치하는 것이 좋다.
- 보안 프로그램도 지문의 주제가 아닙니다.

⑤번 선지 : 방어 기제가 덜 작동하는 가상 세계에서는 신중한 정보 검증이 중요하다.
- 정답 선지입니다. 정보 검증의 장점을 언급한 후, Ⅶ번 문장에서 가상 세계에서 우리는 덜 방어적인 경향이 있다고 하므로, 가상 세계에서 정보 검증이 필요하다는 주제가 정답이 됩니다.

Ⅰ. When / it / comes / to the Internet, it / just pays / to be / a little paranoid (but not a lot).

* paranoid: 편집성의

구▶ It + 동사 + to-V는 가주어/진주어 의심!
- 'It'이 지칭하는 대상이 없으므로 가주어/진주어
- 인터넷에 관한 한, 약간 편집적인 것이 이득이 될 따름이라고 합니다.

Ⅱ. Given / the level (of anonymity / with all / that / resides (on the Internet)), it's / sensible / to question / the validity (of any data / that / you / may receive).

** anonymity: 익명

구▶ It + be동사 + 형용사 + to-V는 가주어/진주어 의심!
- 'It'이 지칭하는 대상이 없으므로 가주어/진주어
  'Given'이 'S+be동사'없이 사용되면 '~을 고려하면'이라는 뜻을 가집니다.
- 인터넷에 있는 모든 것의 익명성 수준을 고려할 때, 네가 받을지도 모르는 어떤 자료든 그것의 타당성에 대해 의문을 제기하는 것이 합리적이라고 합니다.

독▶ Ⅰ번 문장과 이어지는 내용이며, 자료의 타당성에 대해 의문을 제기하는 것이 Ⅰ번 문장의 편집적인 것이 된다는 것을 알 수 있습니다.

Ⅲ. Typically it's / to our natural instinct / when / we / meet / someone / coming down a sidewalk (to place / yourself (in some manner of protective position), especially when / they / introduce / themselves (as having known you), much to your surprise.

구▶ 일반적으로 우리가 인도를 따라 내려오는 누군가를 만날 때, 특히 너무 놀랍게도 그들이 너를 알고 있었다고 자신을 소개할 때, 네가 스스로 어떤 방식의 방어적인 자세를 취하는 것은 우리의 자연스러운 본능이라고 합니다.

독▶ 누군가가 자신을 아는 것처럼 소개할 경우, 네가 방어적인 자세를 취하는 것은 Ⅱ번 문장에서 자료의 타당성에 의문을 제시하는 것에 대한 예시 문장이 됩니다.

Ⅳ. By design, we / set up / challenges / in which / the individual / must validate / how / they / know / us (by presenting scenarios, names or acquaintances, or evidence / by which to validate) (that is, photographs).

구▶ 'by V-ing'는 'V함으로써'를 뜻합니다.
- 일부러 우리는 시나리오나, 이름이나 친분, 혹은 그것으로 입증할 사진과 같은 증거를 제시함으로써 그 사람이 우리를 어떻게 아는지를 입증해야만 하는 과제를 설정한다고 합니다.

독▶ 'must'가 제시되었으므로 중심 문장
- 증거를 제시하는 것은 의문점을 해소하여 타당성을 입증하는 것을 의미합니다.

Ⅴ. Once ^swe / ^vhave received / ^othat information and it / ^shas ^vgone / through a cognitive validation, ^swe / ^vaccept / ^othat person (as more trustworthy).

> 일단 우리가 그 정보를 받고 그것이 인지적 검증을 통과하면, 우리는 그 사람을 더 신뢰할 수 있다고 받아들인다고 합니다.

> 정보에 대한 의문이 해소될 경우, 그에 대한 결과는 신뢰성의 상승이 된다는 것을 알 수 있습니다.

Ⅵ. All ^sthis / ^{v-1}happens (in a matter of minutes) **but** / ^{v-2}is / a natural defense mechanism ^c / ^{관대}that / ^swe / ^vperform (in the real world).

> 이 모든 것이 몇 분 안에 일어나지만, 우리가 현실 세계에서 수행하는 자연스러운 방어 기제라고 합니다.

> 자연스러운 방어 기제 역시 자료의 타당성을 확인하는 것을 바꿔서 표현한 것입니다.

Ⅶ. **However**, (in the virtual world), ^swe / ^vhave / ^oa tendency (to be less defensive), as ^sthere / ^vappears / to be / no physical threat (to our well-being).

> 하지만, 가상 세계에서는 우리의 행복에 물리적인 위협이 없는 것처럼 보이기 때문에 우리는 덜 방어적인 경향이 있다고 합니다.

> 'However'가 제시되었으므로 중심 문장
- 이것은 가상 세계에서는 위협의 부재 때문에 정보의 검증이 제대로 이뤄지지 않는다는 것을 알 수 있습니다.

절. 모. 평. (절대평가 모든 평가원 기출)

01 24학년도 9월 평가원 20번

[정답과 해설 6page]

다음 글에서 필자가 주장하는 바로 가장 적절한 것은?

Confident is not the same as comfortable. One of the biggest misconceptions about becoming self-confident is that it means living fearlessly. The key to building confidence is quite the opposite. It means we are willing to let fear be present as we do the things that matter to us. When we establish some self-confidence in something, it feels good. We want to stay there and hold on to it. But if we only go where we feel confident, then confidence never expands beyond that. If we only do the things we know we can do well, fear of the new and unknown tends to grow. Building confidence inevitably demands that we make friends with vulnerability because it is the only way to be without confidence for a while. But the only way confidence can grow is when we are willing to be without it. When we can step into fear and sit with the unknown, it is the courage of doing so that builds confidence from the ground up.

* vulnerability: 취약성

① 적성을 파악하기 위해서는 자신 있는 일을 다양하게 시도해야 한다.
② 자신감을 키우기 위해 낯설고 두려운 일에 도전하는 용기를 가져야 한다.
③ 어려운 일을 자신 있게 수행하기 위해 사전에 계획을 철저히 세워야 한다.
④ 과도한 자신감을 갖기보다는 자신의 약점을 객관적으로 분석해야 한다.
⑤ 자신의 경험과 지식을 바탕으로 당면한 문제에 자신 있게 대처해야 한다.

02 25학년도 9월 평가원 20번

[정답과 해설 8page]

다음 글에서 필자가 주장하는 바로 가장 적절한 것은?

Truth is essential for progress and the development of knowledge, as it serves as the foundation upon which reliable and accurate understanding is built. However, one of the greatest threats to the accumulation of knowledge can now be found on social media platforms. As social media becomes a primary source of information for millions, its unregulated nature allows misinformation to spread rapidly. Social media users may unknowingly participate in creating and circulating misinformation, which can influence elections, cause violence, and create widespread panic, as seen in various global incidents. As creators and consumers, it is our responsibility to take on a greater role in the enhancement of fact-checking protocols in order to ensure accuracy. It is critical that participants safeguard the reliability of information, supporting a more informed and rational public community.

① 소셜 미디어 플랫폼을 운영할 때 사용자의 의견을 반영해야 한다.
② 디지털 창작물의 저작권 보호에 관한 사회적 합의를 도출해야 한다.
③ 소셜 미디어 사용자는 정보의 정확성과 신뢰성 확보를 위해 힘써야 한다.
④ 광범위한 지식을 축적하기 위해 다양한 정보의 유통을 촉진해야 한다.
⑤ 소셜 미디어 기업은 개인 정보 보호를 위한 대책을 세워야 한다.

다음 글에서 필자가 주장하는 바로 가장 적절한 것은?

Becoming competent in another culture means looking beyond behavior to see if we can understand the attitudes, beliefs, and values that motivate what we observe. By looking only at the visible aspects of culture — customs, clothing, food, and language — we develop a short-sighted view of intercultural understanding — just the tip of the iceberg, really. If we are to be successful in our business interactions with people who have different values and beliefs about how the world is ordered, then we must go below the surface of what it means to understand culture and attempt to see what Edward Hall calls the "hidden dimensions." Those hidden aspects are the very foundation of culture and are the reason why culture is actually more than meets the eye. We tend not to notice those cultural norms until they violate what we consider to be common sense, good judgment, or the nature of things.

---

① 타 문화 사람들과 교류를 잘하려면 그 문화의 이면을 알아야 한다.
② 문화 배경이 다른 직원과 협업할 때 공정하게 업무를 나눠야 한다.
③ 여러 문화에 대한 이해를 통해 공동체 의식을 길러야 한다.
④ 원만한 대인 관계를 위해서는 서로의 공통점을 우선 파악해야 한다.
⑤ 문화적 갈등을 줄이려면 구성원 간의 소통을 활성화해야 한다.

다음 글의 요지로 가장 적절한 것은?

Historically, drafters of tax legislation are attentive to questions of economics and history, and less attentive to moral questions. Questions of morality are often pushed to the side in legislative debate, labeled too controversial, too difficult to answer, or, worst of all, irrelevant to the project. But, in fact, the moral questions of taxation are at the very heart of the creation of tax laws. Rather than irrelevant, moral questions are fundamental to the imposition of tax. Tax is the application of a society's theories of distributive justice. Economics can go a long way towards helping a legislature determine whether or not a particular tax law will help achieve a particular goal, but economics cannot, in a vacuum, identify the goal. Creating tax policy requires identifying a moral goal, which is a task that must involve ethics and moral analysis.

* legislation: 입법 ** imposition: 부과

---

① 분배 정의를 실현하려면 시민 단체의 역할이 필요하다.
② 사회적 합의는 민주적인 정책 수립의 선행 조건이다.
③ 성실한 납세는 안정적인 정부 예산 확보의 기반이 된다.
④ 경제학은 세법을 개정할 때 이론적 근거를 제공한다.
⑤ 세법을 만들 때 도덕적 목표를 설정하는 것이 중요하다.

다음 글의 요지로 가장 적절한 것은?

Music is a human art form, an inseparable part of the human experience everywhere in the world. Music is social, and tightly woven into the tapestry of life, and young children are very much a part of this multifaceted fabric. The musical experiences they have provide opportunities for them to know language, behaviors, customs, traditions, beliefs, values, stories, and other cultural nuances. As they become musically skilled through experiences in song and instrumental music, young children can also grow cultural knowledge and sensitivity. Music is an extremely important aspect of culture, shaping and transmitting the above-mentioned aspects that characterize groups of people. Exposing young children to the world's musical cultures brings them into the cultural conversation, allowing them to learn about self and others in an artistically meaningful and engaging way. Prior to the development of social biases and cultural preferences that all too easily turn into prejudices, the opportunity to know people through song, dance, and instrument play is a gift to all who work for the well-balanced development of young children into the responsible citizens they will one day become.

* tapestry: 색색의 실로 수놓은 장식 걸개 ** multifaceted: 다면의

① 아이들의 균형 잡힌 성장을 위해서는 다양한 경험이 중요하다.
② 사회적 편견과 문화적 선호도는 서로 밀접하게 관련되어 있다.
③ 어린 나이에 다양한 음악에 노출되면 예술적 감각이 향상된다.
④ 음악을 포함한 예술은 특정 문화에 대한 당대의 사회적 시각을 반영한다.
⑤ 음악은 아이들을 사회·문화적으로 균형 잡힌 시민으로 성장하게 해준다.

다음 글의 요지로 가장 적절한 것은?

Environmental hazards include biological, physical, and chemical ones, along with the human behaviors that promote or allow exposure. Some environmental contaminants are difficult to avoid (the breathing of polluted air, the drinking of chemically contaminated public drinking water, noise in open public spaces); in these circumstances, exposure is largely involuntary. Reduction or elimination of these factors may require societal action, such as public awareness and public health measures. In many countries, the fact that some environmental hazards are difficult to avoid at the individual level is felt to be more morally egregious than those hazards that can be avoided. Having no choice but to drink water contaminated with very high levels of arsenic, or being forced to passively breathe in tobacco smoke in restaurants, outrages people more than the personal choice of whether an individual smokes tobacco. These factors are important when one considers how change (risk reduction) happens.

* contaminate: 오염시키다 ** egregious: 매우 나쁜

① 개인이 피하기 어려운 유해 환경 요인에 대해서는 사회적 대응이 필요하다.
② 환경오염으로 인한 피해자들에게 적절한 보상을 하는 것이 바람직하다.
③ 다수의 건강을 해치는 행위에 대해 도덕적 비난 이상의 조치가 요구된다.
④ 환경오염 문제를 해결하기 위해서는 사후 대응보다 예방이 중요하다.
⑤ 대기오염 문제는 인접 국가들과의 긴밀한 협력을 통해 해결할 수 있다.

다음 글의 요지로 가장 적절한 것은?

The ability to understand emotions — to have a diverse emotion vocabulary and to understand the causes and consequences of emotion — is particularly relevant in group settings. Individuals who are skilled in this domain are able to express emotions, feelings, and moods accurately and thus, may facilitate clear communication between co-workers. Furthermore, they may be more likely to act in ways that accommodate their own needs as well as the needs of others (i.e., cooperate). In a group conflict situation, for example, a member with a strong ability to understand emotion will be able to express how he feels about the problem and why he feels this way. He also should be able to take the perspective of the other group members and understand why they are reacting in a certain manner. Appreciation of differences creates an arena for open communication and promotes constructive conflict resolution and improved group functioning.

① 집단 구성원 간 갈등 해소를 위해 감정 조절이 중요하다.
② 감정 이해 능력은 집단 내 원활한 소통과 협력을 촉진한다.
③ 타인에 대한 공감 능력은 자신의 감정 표현 능력을 향상한다.
④ 감정 관련 어휘에 대한 지식은 공감 능력 발달의 기반이 된다.
⑤ 자신의 감정 상태에 대한 이해는 사회성 함양에 필수적 요소이다.

다음 글에서 필자가 주장하는 바로 가장 적절한 것은?

New ideas, such as those inspired by scientific developments, are often aired and critiqued in our popular culture as part of a healthy process of public debate, and scientists sometimes deserve the criticism they get. But the popularization of science would be greatly enhanced by improving the widespread images of the scientist. Part of the problem may be that the majority of the people who are most likely to write novels, plays, and film scripts were educated in the humanities, not in the sciences. Furthermore, the few scientists-turned-writers have used their scientific training as the source material for thrillers that further damage the image of science and scientists. We need more screenplays and novels that present scientists in a positive light. In our contemporary world, television and film are particularly influential media, and it is likely that the introduction of more scientist-heroes would help to make science more attractive.

① 과학의 대중화를 위해 여러 매체에서 과학자를 긍정적으로 묘사해야 한다.
② 작가로 전업한 과학자는 전공 지식을 작품에 사실적으로 반영해야 한다.
③ 공상 과학 작가로 성공하려면 과학과 인문학을 깊이 이해해야 한다.
④ 과학의 저변 확대를 위해 영화 주인공으로 과학자가 등장해야 한다.
⑤ 과학 정책 논의에 과학자뿐만 아니라 인문학자도 참여해야 한다.

다음 글의 요지로 가장 적절한 것은?

Contractors that will construct a project may place more weight on the planning process. Proper planning forces detailed thinking about the project. It allows the project manager (or team) to "build the project in his or her head." The project manager (or team) can consider different methodologies thereby deciding what works best or what does not work at all. This detailed thinking may be the only way to discover restrictions or risks that were not addressed in the estimating process. It would be far better to discover in the planning phase that a particular technology or material will not work than in the execution process. The goal of the planning process for the contractor is to produce a workable scheme that uses the resources efficiently within the allowable time and given budget. A well-developed plan does not guarantee that the executing process will proceed flawlessly or that the project will even succeed in meeting its objectives. It does, however, greatly improve its chances.

* execute: 실행하다

① 계획 수립 절차를 간소화하면 일의 진행 속도가 빨라진다.
② 안정적인 예산 확보는 일의 원활한 진행을 위해 필수적이다.
③ 사업 계획은 급변하는 상황에 따라 유연하게 변경될 수 있다.
④ 면밀한 계획 수립은 일의 효율성을 증대시키고 성공 가능성을 높인다.
⑤ 대규모 사업에서는 지속적인 성장을 목표로 하는 세부 계획이 중요하다.

다음 글에서 필자가 주장하는 바로 가장 적절한 것은?

Being able to prioritize your responses allows you to connect more deeply with individual customers, be it a one-off interaction around a particularly delightful or upsetting experience, or the development of a longer-term relationship with a significantly influential individual within your customer base. If you've ever posted a favorable comment — or any comment, for that matter — about a brand, product or service, think about what it would feel like if you were personally acknowledged by the brand manager, for example, as a result. In general, people post because they have something to say — and because they want to be recognized for having said it. In particular, when people post positive comments they are expressions of appreciation for the experience that led to the post. While a compliment to the person standing next to you is typically answered with a response like "Thank You," the sad fact is that most brand compliments go unanswered. These are lost opportunities to understand what drove the compliments and create a solid fan based on them.

* compliment: 칭찬

① 고객과의 관계 증진을 위해 고객의 브랜드 칭찬에 응답하는 것은 중요하다.
② 고객의 피드백을 면밀히 분석함으로써 브랜드의 성공 가능성을 높일 수 있다.
③ 신속한 고객 응대를 통해서 고객의 긍정적인 반응을 이끌어 낼 수 있다.
④ 브랜드 매니저에게는 고객의 부정적인 의견을 수용하는 태도가 요구된다.
⑤ 고객의 의견을 경청하는 것은 브랜드의 새로운 이미지 창출에 도움이 된다.

다음 글의 요지로 가장 적절한 것은?

Even though there is good reason to consider a dog a sentient being capable of making choices and plans — so that we might suppose 'it could have conceived of acting otherwise' — we're unlikely to think it is wicked and immoral for attacking a child. Moral responsibility is not some universal concept like entropy or temperature — something that applies equally, and can be measured similarly, everywhere in the cosmos. It is a notion developed specifically for human use, no more or less than languages are. While sentience and volition are aspects of mind and agency, morals are cultural tools developed to influence social behaviour: to cultivate the desirable and discourage the harmful. They are learnt, not given at birth. It's possible, indeed likely, that we are born with a predisposition to cooperate with others — but only within human society do we come to understand this as *moral* behaviour.

* sentient: 지각력이 있는 ** volition: 의지

① 도덕성은 자신의 선택에 대해 책임을 진다는 개념이다.
② 동물과 인간을 구별하는 중요한 특징은 분별력과 언어이다.
③ 도덕성은 학습되는 문화적 도구로서 인간 사회에만 나타난다.
④ 동물과 인간은 공통적으로 다른 개체와 협력하는 경향이 있다.
⑤ 문화적 도구로서의 도덕성은 개체의 의사 결정에 영향을 미친다.

다음 글의 요지로 가장 적절한 것은?

Prior to file-sharing services, music albums landed exclusively in the hands of music critics before their release. These critics would listen to them well before the general public could and preview them for the rest of the world in their reviews. Once the internet made music easily accessible and allowed even advanced releases to spread through online social networks, availability of new music became democratized, which meant critics no longer had unique access. That is, critics and laypeople alike could obtain new music simultaneously. Social media services also enabled people to publicize their views on new songs, list their new favorite bands in their social media bios, and argue over new music endlessly on message boards. The result was that critics now could access the opinions of the masses on a particular album before writing their reviews. Thus, instead of music reviews guiding popular opinion toward art (as they did in preinternet times), music reviews began to reflect — consciously or subconsciously — public opinion.

* laypeople: 비전문가

① 미디어 환경의 변화로 음악 비평이 대중의 영향을 받게 되었다.
② 인터넷의 발달로 다양한 장르의 음악을 접하는 것이 가능해졌다.
③ 비평가의 음악 비평은 자신의 주관적인 경험을 기반으로 한다.
④ 오늘날 새로운 음악은 대중의 기호를 확인한 후에 공개된다.
⑤ 온라인 환경의 대두로 음악 비평의 질이 전반적으로 상승하였다.

13 22학년도 9월 평가원 20번

다음 글에서 필자가 주장하는 바로 가장 적절한 것은?

> We live in a time when everyone seems to be looking for quick and sure solutions. Computer companies have even begun to advertise ways in which computers can replace parents. They are too late — television has already done that. Seriously, however, in every branch of education, including moral education, we make a mistake when we suppose that a particular batch of content or a particular teaching method or a particular configuration of students and space will accomplish our ends. The answer is both harder and simpler. We, parents and teachers, have to live with our children, talk to them, listen to them, enjoy their company, and show them by what we do and how we talk that it is possible to live appreciatively or, at least, nonviolently with most other people.

① 교육은 일상에서 아이들과의 상호 작용을 통해 이루어져야 한다.
② 도덕 교육을 강화하여 타인을 배려하는 공동체 의식을 높여야 한다.
③ 텔레비전의 부정적 영향을 줄이려는 사회적 노력이 있어야 한다.
④ 다양한 매체를 활용하여 학교와 가정 교육의 한계를 보완해야 한다.
⑤ 아이들의 온라인 예절 교육을 위해 적절한 콘텐츠를 개발해야 한다.

14 22학년도 수능 20번

다음 글에서 필자가 주장하는 바로 가장 적절한 것은?

> One of the most common mistakes made by organizations when they first consider experimenting with social media is that they focus too much on social media tools and platforms and not enough on their business objectives. The reality of success in the social web for businesses is that creating a social media program begins not with insight into the latest social media tools and channels but with a thorough understanding of the organization's own goals and objectives. A social media program is not merely the fulfillment of a vague need to manage a "presence" on popular social networks because "everyone else is doing it." "Being in social media" serves no purpose in and of itself. In order to serve any purpose at all, a social media presence must either solve a problem for the organization and its customers or result in an improvement of some sort (preferably a measurable one). In all things, purpose drives success. The world of social media is no different.

① 기업 이미지에 부합하는 소셜 미디어를 직접 개발하여 운영해야 한다.
② 기업은 사회적 가치와 요구를 반영하여 사업 목표를 수립해야 한다.
③ 기업은 소셜 미디어를 활용할 때 사업 목표를 토대로 해야 한다.
④ 소셜 미디어로 제품을 홍보할 때는 구체적인 정보를 제공해야 한다.
⑤ 소비자의 의견을 수렴하기 위해 소셜 미디어를 적극 활용해야 한다.

다음 글에서 필자가 주장하는 바로 가장 적절한 것은?

Certain hindrances to multifaceted creative activity may lie in premature specialization, i.e., having to choose the direction of education or to focus on developing one ability too early in life. However, development of creative ability in one domain may enhance effectiveness in other domains that require similar skills, and flexible switching between generality and specificity is helpful to productivity in many domains. Excessive specificity may result in information from outside the domain being underestimated and unavailable, which leads to fixedness of thinking, whereas excessive generality causes chaos, vagueness, and shallowness. Both tendencies pose a threat to the transfer of knowledge and skills between domains. What should therefore be optimal for the development of cross-domain creativity is support for young people in taking up creative challenges in a specific domain and coupling it with encouragement to apply knowledge and skills in, as well as from, other domains, disciplines, and tasks.

① 창의성을 개발하기 위해서는 도전과 실패를 두려워하지 말아야 한다.
② 전문 지식과 기술을 전수하려면 집중적인 투자가 선행되어야 한다.
③ 창의적인 인재를 육성하기 위해 다양한 교육과정을 준비해야 한다.
④ 특정 영역에서 개발된 창의성이 영역 간 활용되도록 장려해야 한다.
⑤ 조기 교육을 통해 특정 분야의 전문가를 지속적으로 양성해야 한다.

다음 글에서 필자가 주장하는 바로 가장 적절한 것은?

Occasionally individuals do not merely come out as well as clearly state what is troubling them and instead select more indirect means of expressing their annoyance. One companion might talk to the various other in a way that is condescending and also indicates underlying hostility. Numerous other times, partners may mope and even frown without genuinely dealing with an issue. Companions may likewise merely prevent discussing an issue by swiftly switching over topics when the subject turns up or by being incredibly vague. Such indirect ways of expressing temper are not useful since they don't provide the individual that is the target of the behaviors, an idea of exactly how to react. They understand their companion is irritated, but the absence of directness leaves them without advice regarding what they can do to solve the issue.

* condescend: 거들먹거리다 ** mope: 울적해하다

① 이성보다 감정에 호소하여 상대방을 설득해야 한다.
② 상대방의 기분을 상하게 하는 행동을 자제해야 한다.
③ 문제 해결을 위해서는 문제를 직접적으로 언급해야 한다.
④ 타인의 입장을 이해하려면 경청하는 자세를 가져야 한다.
⑤ 목표 달성을 방해하는 문제점을 지속적으로 파악해야 한다.

[정답과 해설 45page]

다음 글에서 필자가 주장하는 바로 가장 적절한 것은?

Developing expertise carries costs of its own. We can become experts in some areas, like speaking a language or knowing our favorite foods, simply by living our lives, but in many other domains expertise requires considerable training and effort. What's more, expertise is domain specific. The expertise that we work hard to acquire in one domain will carry over only imperfectly to related ones, and not at all to unrelated ones. In the end, as much as we may want to become experts on everything in our lives, there simply isn't enough time to do so. Even in areas where we could, it won't necessarily be worth the effort. It's clear that we should concentrate our own expertise on those domains of choice that are most common and/or important to our lives, and those we actively enjoy learning about and choosing from.

① 자신에게 의미 있는 영역을 정해서 전문성을 키워야 한다.
② 전문성 함양에는 타고난 재능보다 노력과 훈련이 중요하다.
③ 전문가가 되기 위해서는 다양한 분야에 관심을 가져야 한다.
④ 전문성을 기르기 위해서는 구체적인 계획과 실천이 필수적이다.
⑤ 전문가는 일의 우선순위를 결정해서 업무를 수행해야 한다.

[정답과 해설 47page]

다음 글에서 필자가 주장하는 바로 가장 적절한 것은?

At every step in our journey through life we encounter junctions with many different pathways leading into the distance. Each choice involves uncertainty about which path will get you to your destination. Trusting our intuition to make the choice often ends up with us making a suboptimal choice. Turning the uncertainty into numbers has proved a potent way of analyzing the paths and finding the shortcut to your destination. The mathematical theory of probability hasn't eliminated risk, but it allows us to manage that risk more effectively. The strategy is to analyze all the possible scenarios that the future holds and then to see what proportion of them lead to success or failure. This gives you a much better map of the future on which to base your decisions about which path to choose.

* junction: 분기점 ** suboptimal: 차선의

① 성공적인 삶을 위해 미래에 대한 구체적인 계획을 세워야 한다.
② 중요한 결정을 내릴 때에는 자신의 직관에 따라 판단해야 한다.
③ 더 나은 선택을 위해 성공 가능성을 확률적으로 분석해야 한다.
④ 빠른 목표 달성을 위해 지름길로 가고자 할 때 신중해야 한다.
⑤ 인생의 여정에서 선택에 따른 결과를 스스로 책임져야 한다.

19 21학년도 6월 평가원 22번   [정답과 해설 50page]

다음 글의 요지로 가장 적절한 것은?

Official definitions of sport have important implications. When a definition emphasizes rules, competition, and high performance, many people will be excluded from participation or avoid other physical activities that are defined as "second class." For example, when a 12-year-old is cut from an exclusive club soccer team, she may not want to play in the local league because she sees it as "recreational activity" rather than a real sport. This can create a situation in which most people are physically inactive at the same time that a small number of people perform at relatively high levels for large numbers of fans—a situation that negatively impacts health and increases health-care costs in a society or community. When sport is defined to include a wide range of physical activities that are played for pleasure and integrated into local expressions of social life, physical activity rates will be high and overall health benefits are likely.

---

① 운동선수의 기량은 경기 자체를 즐길 때 향상된다.
② 공정한 승부를 위해 합리적인 경기 규칙이 필요하다.
③ 스포츠의 대중화는 스포츠 산업의 정의를 바꾸고 있다.
④ 스포츠의 정의는 신체 활동 참여와 건강에 영향을 미친다.
⑤ 활발한 여가 활동은 원만한 대인 관계 유지에 도움이 된다.

20 23학년도 수능 22번   [정답과 해설 52page]

다음 글의 요지로 가장 적절한 것은?

Urban delivery vehicles can be adapted to better suit the density of urban distribution, which often involves smaller vehicles such as vans, including bicycles. The latter have the potential to become a preferred 'last-mile' vehicle, particularly in high-density and congested areas. In locations where bicycle use is high, such as the Netherlands, delivery bicycles are also used to carry personal cargo (e.g. groceries). Due to their low acquisition and maintenance costs, cargo bicycles convey much potential in developed and developing countries alike, such as the *becak* (a three-wheeled bicycle) in Indonesia. Services using electrically assisted delivery tricycles have been successfully implemented in France and are gradually being adopted across Europe for services as varied as parcel and catering deliveries. Using bicycles as cargo vehicles is particularly encouraged when combined with policies that restrict motor vehicle access to specific areas of a city, such as downtown or commercial districts, or with the extension of dedicated bike lanes.

---

① 도시에서 자전거는 효율적인 배송 수단으로 사용될 수 있다.
② 자전거는 출퇴근 시간을 줄이기 위한 대안으로 선호되고 있다.
③ 자전거는 배송 수단으로의 경제적 장단점을 모두 가질 수 있다.
④ 수요자의 요구에 부합하는 다양한 용도의 자전거가 개발되고 있다.
⑤ 세계 각국에서는 전기 자전거 사용을 장려하는 정책을 추진하고 있다.

다음 글에서 필자가 주장하는 바로 가장 적절한 것은?

> As the world seems to be increasingly affected by the ever-expanding influence of machines in general and artificial intelligence (AI) specifically, many begin to imagine, with either fear or anticipation, a future with a diminished role for human decision making. Whether it be due to the growing presence of AI assistants or the emergence of self-driving cars, the necessity of the role of humans as the decision makers would appear to be in decline. After all, our capacity for making mistakes is well documented. However, perhaps the saving grace of human determination is to be found here as well. Little evidence exists that suggests modern AI's infallibility or predicts it in the future. It is crucial that, in light of humanity's acceptance of our own fallibility, we utilize our capacity to overcome such failures to position ourselves as the overseers of AI's own growth and applications for the foreseeable future.

① 인간은 AI의 발전 가능성과 불안정성을 동시에 고려해야 한다.
② 인간은 창의력을 향상시키기 위해 AI에 의존하지 말아야 한다.
③ 실수를 보완하기 위해 인간은 AI의 활용 방안을 모색해야 한다.
④ AI에 대한 학습을 통해 인간은 미래 사회 변화에 대비해야 한다.
⑤ AI의 영향력 확산에 대비하여 인간은 오류 극복 능력을 활용해야 한다.

다음 글의 요지로 가장 적절한 것은?

> The need to assimilate values and lifestyle of the host culture has become a growing conflict. Multiculturalists suggest that there should be a model of partial assimilation in which immigrants retain some of their customs, beliefs, and language. There is pressure to conform rather than to maintain their cultural identities, however, and these conflicts are greatly determined by the community to which one migrates. These experiences are not new; many Europeans experienced exclusion and poverty during the first two waves of immigration in the 19th and 20th centuries. Eventually, these immigrants transformed this country with significant changes that included enlightenment and acceptance of diversity. People of color, however, continue to struggle for acceptance. Once again, the challenge is to recognize that other cultures think and act differently and that they have the right to do so. Perhaps, in the not too distant future, immigrants will no longer be strangers among us.

① 이민자 고유의 정체성을 유지할 권리에 대한 공동체의 인식이 필요하다.
② 이민자의 적응을 돕기 위해 그들의 요구를 반영한 정책 수립이 중요하다.
③ 이민자는 미래 사회의 긍정적 변화에 핵심적 역할을 수행할 수 있다.
④ 다문화사회의 안정을 위해서는 국제적 차원의 지속적인 협력이 요구된다.
⑤ 문화적 동화는 장기적이고 체계적인 과정을 통해 점진적으로 이루어진다.

23 23학년도 6월 평가원 20번

[정답과 해설 59page]

다음 글에서 필자가 주장하는 바로 가장 적절한 것은?

Consider two athletes who both want to play in college. One says she has to work very hard and the other uses goal setting to create a plan to stay on track and work on specific skills where she is lacking. Both are working hard but only the latter is working smart. It can be frustrating for athletes to work extremely hard but not make the progress they wanted. What can make the difference is drive — utilizing the mental gear to maximize gains made in the technical and physical areas. Drive provides direction (goals), sustains effort (motivation), and creates a training mindset that goes beyond simply working hard. Drive applies direct force on your physical and technical gears, strengthening and polishing them so they can spin with vigor and purpose. While desire might make you spin those gears faster and harder as you work out or practice, drive is what built them in the first place.

* vigor: 활력, 활기

① 선수들의 훈련 방식은 장점을 극대화하는 방향으로 이루어져야 한다.
② 선수들은 최고의 성과를 얻기 위해 정신적 추진력을 잘 활용해야 한다.
③ 선수들은 단기적 훈련 성과보다 장기적 목표 달성에 힘써야 한다.
④ 선수들은 육체적 훈련과 정신적 훈련을 균형 있게 병행해야 한다.
⑤ 선수들은 수립한 계획을 실행하면서 꾸준히 수정하여야 한다.

24 21학년도 9월 평가원 20번

[정답과 해설 62page]

다음 글에서 필자가 주장하는 바로 가장 적절한 것은?

Given the right conditions, entrepreneurship can be fully woven into the fabric of campus life, greatly expanding its educational reach. One study showed that, within the workplace, peers influence each other to spot opportunities and act on them: the more entrepreneurs you have working together in an office, the more likely their colleagues will catch the bug. A study of Stanford University alumni found that those "who have varied work and educational backgrounds are much more likely to start their own businesses than those who have focused on one role at work or concentrated in one subject at school." To cultivate an entrepreneurial culture, colleges and universities need to offer students a broad choice of experiences and wide exposure to different ideas. They are uniquely positioned to do this by combining the resources of academic programming, residential life, student groups, and alumni networks.

* entrepreneur: 기업가 ** alumni: 졸업생

① 훌륭한 기업가가 되기 위해서 관심 있는 한 분야에 집중해야 한다.
② 대학은 학생들이 기업가 정신을 함양하도록 환경을 조성해야 한다.
③ 좋은 직장을 얻기 위해서 학업과 대외 활동에 충실해야 한다.
④ 기업은 대학생들의 다양한 소모임 활동을 적극 지원해야 한다.
⑤ 대학생은 학업 성취를 위하여 경험과 생각의 폭을 넓혀야 한다.

다음 글의 요지로 가장 적절한 것은?

Often overlooked, but just as important a stakeholder, is the consumer who plays a large role in the notion of the privacy paradox. Consumer engagement levels in all manner of digital experiences and communities have simply exploded — and they show little or no signs of slowing. There is an awareness among consumers, not only that their personal data helps to drive the rich experiences that these companies provide, but also that sharing this data is the price you pay for these experiences, in whole or in part. Without a better understanding of the what, when, and why of data collection and use, the consumer is often left feeling vulnerable and conflicted. "I love this restaurant-finder app on my phone, but what happens to my data if I press 'ok' when asked if that app can use my current location?" Armed with tools that can provide them options, the consumer moves from passive bystander to active participant.

* stakeholder: 이해관계자 ** vulnerable: 상처를 입기 쉬운

① 개인정보 제공의 속성을 심층적으로 이해하면 주체적 소비자가 된다.
② 소비자는 디지털 시대에 유용한 앱을 적극 활용하는 자세가 필요하다.
③ 현명한 소비자가 되려면 다양한 디지털 데이터를 활용해야 한다.
④ 기업의 디지털 서비스를 이용하면 상응하는 대가가 뒤따른다.
⑤ 타인과의 정보 공유로 인해 개인정보가 유출되기도 한다.

다음 글의 요지로 가장 적절한 것은?

Historically, the professions and society have engaged in a negotiating process intended to define the terms of their relationship. At the heart of this process is the tension between the professions' pursuit of autonomy and the public's demand for accountability. Society's granting of power and privilege to the professions is premised on their willingness and ability to contribute to social well-being and to conduct their affairs in a manner consistent with broader social values. It has long been recognized that the expertise and privileged position of professionals confer authority and power that could readily be used to advance their own interests at the expense of those they serve. As Edmund Burke observed two centuries ago, "Men are qualified for civil liberty in exact proportion to their disposition to put moral chains upon their own appetites." Autonomy has never been a one-way street and is never granted absolutely and irreversibly.

* autonomy: 자율성 ** privilege: 특권 *** premise: 전제로 말하다

① 전문직에 부여되는 자율성은 그에 상응하는 사회적 책임을 수반한다.
② 전문직의 권위는 해당 집단의 이익을 추구하는 데 이용되어 왔다.
③ 전문직의 사회적 책임을 규정할 수 있는 제도 정비가 필요하다.
④ 전문직이 되기 위한 자격 요건은 사회 경제적 요구에 따라 변화해 왔다.
⑤ 전문직의 업무 성과는 일정 수준의 자율성과 특권이 부여될 때 높아진다.

1-2 평가원 오답 선지의 Pattern.

▌모호한 선지

주제/제목 문제에서 비유적 표현이나 질문선지를 통해서 선지에서 혼동을 주는 경우 존재합니다.
다음 기출 문제를 풀어 봅시다. 두 개의 선지 중 하나는 왜 답이 되고 하나는 답이 안 되는지 이유도 적어
봅시다.

17학년도 수능 22번

As a system for transmitting specific factual information without any distortion or ambiguity, the sign system of honey-bees would probably win easily over human language every time. However, language offers something more valuable than mere information exchange. Because the meanings of words are not invariable and because understanding always involves interpretation, the act of communicating is always a joint, creative effort. Words can carry meanings beyond those consciously intended by speakers or writers because listeners or readers bring their own perspectives to the language they encounter. Ideas expressed imprecisely may be more intellectually stimulating for listeners or readers than simple facts. The fact that language is not always reliable for causing precise meanings to be generated in someone else's mind is a reflection of its powerful strength as a medium for creating new understanding. It is the inherent ambiguity and adaptability of language as a meaning-making system that makes the relationship between language and thinking so special.

* distortion: 왜곡, 곡해

---

④ What in Language Creates Varied Understanding?
⑤ Language: A Crystal-Clear Looking Glass

정답 :

정답인 이유 :

오답 :

오답인 이유 :

As a system for transmitting specific factual information without any distortion or ambiguity, the sign system of honey-bees would probably win easily over human language every time. **However**, language offers something more valuable than mere information exchange. Because the meanings of words are not invariable and **because** understanding always involves interpretation, the act of communicating is always a joint, creative effort. Words can carry meanings beyond those consciously intended by speakers or writers **because** listeners or readers bring their own perspectives to the language they encounter. Ideas expressed imprecisely may be more intellectually stimulating for listeners or readers than simple facts. The fact that language is not always reliable for causing precise meanings to be generated in someone else's mind is a reflection of its powerful strength as a medium for creating new understanding. It is the inherent ambiguity and adaptability of language as a meaning-making system that makes the relationship between language and thinking so special.

* distortion: 왜곡, 곡해

Ⅰ. As a system (for transmitting specific factual information) (without any distortion or ambiguity), / the sign system (of honey-bees) / would probably win easily / over human language every time.

* distortion: 왜곡, 곡해

구▶ 어떠한 왜곡이나 모호함 없이 구체적 실제 정보를 전송하는 시스템으로서 'honey-bees'의 신호시스템은 쉽게 모든 인간의 언어를 이길 것이라고 합니다.

Ⅱ. **However**, language / offers / something (more valuable than mere information exchange).

구▶ 'However'을 통해서 전환되며 언어는 단순한 정보 교환보다 더 귀중한 것을 제공한다고 합니다.

Ⅲ. **Because** / the meanings (of words) / are not / invariable / and because understanding / always involves / interpretation, the act of communicating / is / always a joint, creative effort.

구▶ 단어의 의미가 불변하는 것은 아니고 이해는 항상 해석을 수반하기 때문에 의사소통하는 행위가 창의적인 노력이라고 합니다. 즉 언어가 정보를 전달하는 것뿐만 아니라 창의성도 있다고 합니다.

Ⅳ. Words / can carry / meanings (beyond those consciously intended by speakers or writers) / **because** / listeners or readers / bring / their own perspectives / to the language (they encounter).

구▶ 듣는 사람이나 읽는 사람이 그들의 관점을 그들이 마주하는 언어에 가져오기 때문에 단어들은 말하는 사람이나 글을 쓴 사람의 의식적으로 의도한 것을 넘어서서 의미를 전달할 수 있다고 합니다. 앞 문장을 재진술하기 때문에 중심 문장!

* bring A to B - A를 B로 가져오다.

Ⅴ. Ideas / (expressed imprecisely) / may be / more intellectually stimulating (for listeners or readers) than simple facts.

부정확하게 표현되는 의견들은 단순한 사실보다 듣는 사람이나 읽는 사람을 더 지적으로 자극시킨다고 합니다. Ⅰ번 문장과는 달리 모호함이 주는 효과를 제시해주고 있습니다.

Ⅵ. The fact (that language / is not always / reliable / for causing precise meanings / to be generated in someone else's mind) / is / a reflection (of its powerful strength) (as a medium for creating new understanding).

to-V 앞 for은 의미상 주어!!
- for A to-V로 의미상 주어가 제시될 때는 'A가 V하는 것'이라고 진짜 주어처럼 해석하시면 됩니다.
- 언어가 항상 어떤 사람의 마음에서 정확한 의미를 야기하는 것에 신뢰할 수 없다는 사실은 새로운 이해를 만들어내는 매개체로서 강력한 힘의 반영이라고 합니다.
- Ⅳ번 문장을 다시 재진술하고 있습니다!

Ⅶ. It is / the inherent ambiguity and adaptability of language (as a meaning-making system) / that makes / the relationship (between language and thinking) / so special.

'It'이 지칭하는 대상이 있나요?? 없습니다! 먼저 가주어/진주어를 의심해봅시다.
- 근데 'that'절에 주어가 없습니다!!! It that 가주어/진주어가 되기 위해서는 that절이 완전한 문장이여야 합니다.
- 바로 It that 강조 구문입니다. 해석하는 법은 It be동사 that을 제거하고 해석하시면 됩니다. 여기서는 'It is that'을 제거하고 해석하면 됩니다. 또한 강조 구문이니 지문에서 가장 중요한 부분입니다!
- 의미를 만들어내는 시스템으로서 고유한 언어의 모호함과 적용 가능성이 언어와 생각의 관계를 특별하게 만든다고 합니다.

즉 필자가 하고 싶은 말은 Ⅶ번 문장 언어의 모호함과 적용 가능성이 언어와 생각의 관계를 특별하게 만든다!

이제 선지를 봅시다.

④ What in Language Creates Varied Understanding?

- 언어 안에서 무엇이 다양한 이해를 만드는가?

- 질문이 제시되었습니다. 제목으로 질문이 제시되었을 때는 답을 지문에서 찾을 수 있고 지문과 관련된
질문이어야 합니다. 언어가 만드는 다양한 이해는 지문에서 Ⅰ번 문장을 제외하고 계속 재진술 되었던
내용입니다. 무엇이 다양한 이해를 만든다고 했죠? 바로 Ⅶ번 문장을 통해서 언어의 모호함과 적용
가능성이 만들 수 있다고 했습니다.
그러므로 정답은 ④번이 됩니다.

⑤ Language: A Crystal-Clear Looking Glass

- 언어 : 매우 투명한 거울

- 비유적 표현이 제시되었습니다. 비유적 표현이 제시될 때는 직관적으로 이해할 수 있게 출제됩니다.
지문 내용과 끼워 맞추지 말고 선지 그 자체로 주는 의미에 집중하셔야 합니다.

- 매우 투명한 거울은 무슨 의미이죠? 분명하게 보이는 것을 의미합니다. 즉 지문과는 반대되는 선지이므로
오답이 됩니다.

언급되지 않은 선지

선지는 반드시 지문의 내용을 포함하고 있어야 합니다. 하지만 평가원은 언급되지는 않았지만 소재가 같은 선지를 통해서 오답 선지를 만듭니다. 이러한 함정에 빠지지 않도록 조심해야 합니다.
다음 기출문제를 풀어보시면서 답인 선지 오답인 선지를 판별해보시고 그 이유도 적어 봅시다.

17학년도 수능 21번

The precision of the lines on the map, the consistency with which symbols are used, the grid and/or projection system, the apparent certainty with which place names are written and placed, and the legend and scale information all give the map an aura of scientific accuracy and objectivity. Although subjective interpretation goes into the construction of these cartographic elements, the finished map appears to express an authoritative truth about the world, separate from any interests and influences. The very trust that this apparent objectivity inspires is what makes maps such powerful carriers of ideology. However unnoticeably, maps do indeed reflect the world views of either their makers or, more probably, the supporters of their makers, in addition to the political and social conditions under which they were made. Some of the simple ideological messages that maps can convey include: This land is and has long been ours; here is the center of the universe; if we do not claim this land, the enemies you most fear will.

* aura: 기운, 분위기 ** cartographic: 지도 제작(법)의

③ ideologies lying beneath the objectivity of maps
⑤ subjectivity defining the creativity of map-making

정답 :

정답인 이유 :

오답 :

오답인 이유 :

The precision of the lines on the map, the consistency with which symbols are used, the grid and/or projection system, the apparent certainty with which place names are written and placed, and the legend and scale information all give the map an aura of scientific accuracy and objectivity. **Although** subjective interpretation goes into the construction of these cartographic elements, the finished map appears to express an authoritative truth about the world, separate from any interests and influences. The very trust that this apparent objectivity inspires is what makes maps such powerful carriers of ideology. **However** unnoticeably, maps do indeed reflect the world views of either their makers or, more probably, the supporters of their makers, in addition to the political and social conditions under which they were made. Some of the simple ideological messages that maps can convey include: This land is and has long been ours; here is the center of the universe; if we do not claim this land, the enemies you most fear will.

* aura: 기운, 분위기 ** cartographic: 지도 제작(법)의

Ⅰ. The precision of the lines on the map (A), the consistency (with which symbols are used) (B), the grid and/or projection system (C), the apparent certainty (with which place names are written and placed) (D), and the legend and scale information (E) all give / the map / an aura of scientific accuracy and objectivity.

* aura: 기운, 분위기

구 A, B, C, D, and E 병렬 구조
   - 지도에서 선의 정확성, 사용되는 상징의 일관성, 격자판 (기준 선망) 그리고 투영법, 쓰이고 위치한 장소의 정확성, 그리고 범례와 축적의 정보들 모두 지도에 과학적 정확성과 객관성의 분위기를 준다고 합니다.
* grid - 격자무늬, 격자판, 기준 선망
** projection system - 투영법
*** legend - 전설, 범례
**** give + I.O + D.O - I.O(간접 목적어)에게 D.O(직접 목적어)를 주다

Ⅱ. **Although** subjective interpretation / goes into the construction of these cartographic elements, / the finished map / appears to express / an authoritative truth (about the world), (separate from any interests and influences).

** cartographic: 지도 제작(법)의

구 비록 주관적인 해석이 지도 제작 요소의 구성에서 들어가지만, 완성된 지도는 어떠한 흥미나 영향에서 분리된 세계에 대한 권위적인 진실을 표현하는 것처럼 보인다고 합니다.
* authoritative - 권위적인
** separate from - ~로부터 분리된
*** appear - ~인 것처럼 보이다 (= seem)

III. The very trust (that this apparent objectivity inspires) is (what / makes / maps / such powerful carriers of ideology).

구▶ The very + N (명사)는 명사를 강조하는 표현입니다! 해석하실 때는 '바로 그 N'로 해석하시면 됩니다.
- 'make + O + O.C'는 'O를 O.C하게 만들다'를 의미합니다.
- what절은 어렵게 생각하지 마시고 what + V + O + O.C 가 제시되었을 때 'O가 O.C하도록 V하는 것'으로 간단하게 해석하시면 됩니다.
- 정리하면 그런 외관상 객관성이 불러일으키는 바로 그 진실이 지도를 이데올로기의 강력한 운반자로 만드는 것이라고 합니다.
* apparent - 명백한, 외관상의

Q 다의어 모두 외워야 하나요? 해석은 어떻게 해야 되나요?

A 외우셔야 합니다. 해석은 당연히 문맥적으로 하셔야 합니다!! III번 문장을 다시 봅시다. III번 문장에서 apparent의 1번 뜻인 '명백한'으로 해석한다면 명백한 객관성이 됩니다. 하지만 이는 II번 문장에서 권위적인 진실인 것처럼 보인다는 부정적 문맥과는 반대되는 내용이므로 문맥상 반대말이 역접의 접속사 없이 연결됩니다. 그러므로 apparent의 2번 뜻인 '외관상의'로 해석하셔야 합니다. 만약 내가 알고 있는 뜻이 있는 데 문맥으로는 반대로 해석된다고 하신다면, **문맥상의 뜻으로 해석하셔야 합니다!!**

IV. **However** unnoticeably, maps / do (indeed) reflect / the world views of either their makers **or (their makers 와 the supporters 연결)**, (more probably), the supporters of their makers, (in addition to the political and social conditions (under which they / were made)).

구▶ V 앞에 존재하는 아무 의미 없는 'do'는 강조의 조동사 'do'입니다. 즉 reflect를 강조하는 겁니다!
- 하지만 알지 못하게, 사실상 지도들은 만들어진 정치적 사회적 상황과 함께 만든 사람들 혹은 만든 사람을 도와준 사람들의 세계 관점이 반영되어 있다고 합니다.

독▶ However 앞과 뒤는 중심 문장입니다!

* either A or B - A 혹은 B

V. Some of the simple ideological messages (that / maps / can convey) include: (=) / This land / is and has long been / ours; (,) / here / is / the center (of the universe); (,) / if we / do not claim / this land, the enemies (you most fear) / will.

구▶ : 는 '.'입니다!! (=)로 처리
- ; 는 ','+'.'입니다! (=) 혹은 (,)로 처리
- 'the enemies you most fear will'의 뒷부분에 V가 생략되었다면 앞부분 동사와 동일합니다! 여기서는 'claim this land'가 됩니다!
- 지도가 전달하는 몇몇의 간단한 이데올로기 메시지들은 그 땅이 오랫동안 우리의 것이었고 여기가 세계의 중심이며 우리가 그 땅을 주장하지 않는다면 네가 가장 두려워하는 적이 그 땅을 주장할 것이라는 것을 포함한다고 합니다. 필자가 하고 싶은 말은 IV번 문장 지도에는 많은 사람들의 관점이 반영된다! 가 됩니다. 이제 선지를 봅시다!

③ ideologies lying beneath the objectivity of maps

　　- 지도들의 객관성 밑에 존재하는 이데올로기들

　　- 지문에서 Ⅰ번 Ⅱ번 문장에서 지도가 객관적인 것처럼 보인다고 했고 Ⅲ번 문장에서 지도는 이데올로기의 운반자이며 Ⅳ번 문장에서는 지도에 많은 사람들의 관점이 반영된다고 했으므로 정답은 ③번이 됩니다.

⑤ subjectivity defining the creativity of map-making

　　- 지도를 만드는 창의성을 정의하는 주관성

　　- 주관성은 지문에서 제시하는 이데올로기와 여러 사람들의 관점과 같은 말이라고 볼 수 있습니다!

　　- 하지만 지도를 만드는데 있어서 창의성? 언급된 적 없습니다. 그러므로 ⑤번은 오답이 됩니다.

Q　지도를 만드는 것이 창의적인 활동이 아닌가요?

A　지도를 만드는 것이 창의적인 활동이라고 생각할 수 있습니다. 저도 그렇게 생각하기도 합니다. 하지만 우리는 지문에서 제시된 정보만 가지고 판단해야 합니다. 본인의 주관적인 생각이 판단에 개입하면 안 됩니다. 수능에서는 우리의 생각을 물어보지 않습니다. 객관적인 사실이나 어떠한 주장에 대한 글을 읽고 객관적이고 논리적인 판단을 할 수 있느냐고 묻습니다. 그렇기 때문에 영어뿐만 아니라 다른 과목을 공부하실 때도 본인의 주관적인 생각 없이 공부하셔야 빨리 성적이 오릅니다.

▌지문을 포괄하지 않는 선지

포괄하지 않은 선지는 지문 전체를 포괄하지 않는 경우에 해당합니다. 지문을 포괄하지 않는다는 것은 지문이 주장 – 예시 1 – 예시 2일 경우 예시 1에 대해서만 선지를 구성할 경우 혹은 주장 A와 주장 B가 제시되었는데 주장 A에 대해서만 선지를 구성한 경우 등 다양한 경우가 존재합니다. 다음 기출 문제를 풀어보면서 왜 해당 오답 선지가 지문 전체를 포괄하지 않는지 판단해 봅시다.

17학년도 9월 평가원 22번

From an evolutionary perspective, fear has contributed to both fostering and limiting change, and to preserving the species. We are programmed to be afraid. It is a survival need, as is stability, which is another force of nature that can limit the capacity to change. Stable patterns are necessary lest we live in chaos; however, they make it difficult to abandon entrenched behaviors, even those that are no longer useful, constructive, or health creating. And fear can keep you from changing when you don't want to risk a step into unknown territory; for example, some people choose not to leave an unfulfilling job or a failing relationship because they fear the unknown more than the known. On the other hand, fear can also motivate change in order to avoid something you're afraid of, such as dying young — as one of your parents might have.

* entrenched: 굳어버린

---

① fear's negative roles in cases of chaos
③ fear and its dual functions in terms of change

정답 :

정답인 이유 :

오답 :

오답인 이유 :

From an evolutionary perspective, fear has contributed to both fostering and limiting change, and to preserving the species. We are programmed to be afraid. It is a survival need, as is stability, which is another force of nature that can limit the capacity to change. Stable patterns are necessary lest we live in chaos; **however**, they make it difficult to abandon entrenched behaviors, even those that are no longer useful, constructive, or health creating. And fear can keep you from changing when you don't want to risk a step into unknown territory; **for example**, some people choose not to leave an unfulfilling job or a failing relationship **because** they fear the unknown more than the known. On the other hand, fear can also motivate change in order to avoid something you're afraid of, such as dying young — as one of your parents might have.

* entrenched: 굳어버린

Ⅰ. From an evolutionary perspective, fear / has contributed to / both fostering / and (fostering과 limiting 연결) limiting change, and (to fostering and limiting과 to preserving 연결) to preserving the species.

> **구** 진화론적 관점으로부터 공포는 변화를 조장하고 제한하는데 그리고 종족을 보존하는데 기여해왔다고 합니다.

* both A and B - A와 B 둘 다 (either A or B - A와 B중 하나)
** contribute to A - A에 기여하다.

Ⅱ. We / are programmed to be / afraid.

> **구** 우리는 두려움을 느끼게 프로그램 되었다고 합니다.

Ⅲ. It / is / a survival need, (as is stability), (which (계속적 용법)) / is / another force of nature that (the force of nature 수식) / can limit / the capacity to change).

> **구** 여기서 'It'은 Ⅱ번 문장을 지칭합니다.
> - 'as' 뒤에 불완전한 문장이 연결될 경우, '그러하듯이', '~처럼'으로 해석해야 합니다.
> - ',' 뒤 which는 계속적 용법. 계속적 용법은 앞 문장을 수식합니다!
> - 우리가 두려움이 내재되어 있는 것은 안정성이 그러하듯이, 생존 욕구인데, 그것은 변화의 역량을 제한시킬 수 있는 다른 자연의 또 다른 힘이라고 합니다.

Ⅳ. Stable patterns / are / necessary / lest (접속사 ~하지 않도록) / we / live / in chaos; **however**, they / make / it / difficult / to abandon entrenched behaviors, even those (that / are / no longer useful, constructive, **or** (useful, constructive, health creating을 연결) health creating).

* entrenched: 굳어버린

> **구** 'make it difficult to~'는 make를 5형식으로 사용한 문장이며 it이 가목적어 difficult가 목적격 보어 'to-V ~'가 진목적어에 해당합니다. make + it + 형용사 + to-V꼴을 기억해 둡시다.
> - A, B, or C 병렬 구조
> - 안정적인 패턴들은 우리가 혼란 속에서 살지 않도록 필수적인데, 하지만 그들은 (=안정적인 패턴들은) 굳어버린 행동들과 심지어 더 이상 유용하지 않거나 건설적이지 않는, 또는 건강을 만들지 않는 것들을 버리는 것을 어렵게 만든다고 합니다.

> **독** 'however'이 있으니 Ⅲ번, Ⅳ번 문장 모두 중심 문장!

* lest - ~하지 않도록

Ⅴ. And fear / can keep / you / from changing (when you / don't want to risk / a step (into unknown territory)); **for example**, some people / choose not to leave / an unfulfilling job or a failing relationship (**because** / they / fear / the unknown more than the known).

구▶ 그리고 공포는 네가 알지 못하는 영역에서 위험을 무릅쓰며 발걸음을 내딛고 싶지 않을 때 네가 변화하는 것을 막는다. 예를 들어, 몇몇 사람들은 아는 것들 보다 모르는 것에 두려움을 느끼기 때문에 성취감이 없는 일이나 실패한 관계를 떠나지 않는 것을 선택하기도 한다고 합니다.

독▶ 'for example' 앞 문장은 중심 문장! because 중심 문장!
- 예시는 'for example'과 대응시키며 읽는다!
- 성취감이 없는 일과 틀어진 관계를 떠나지 않는다 = 성취감이 없는 일이나 틀어진 관계를 선택한다는 뜻이 됩니다. 그렇다면 성취감이 없는 일이나 틀어진 관계 = the known에 해당하며 예시 앞에서 'keep you from changing'에 해당합니다!
* keep A from V-ing - 'A가 V-ing하는 것을 막다.'
** unfulfill - 성취하지 못하다. (⇔fulfill - 성취하다.)

Ⅵ. **On the other hand**, fear / can also motivate / change / in order to avoid / something (you're afraid of, such as dying young — as one of your parents might have).

구▶ as 불완전한 문장에서 as는 ~하듯이로 해석해야 합니다.
- 반면에 공포는 너의 부모 중 한사람이 그러하듯이, 네가 어릴 때 죽는 것과 같이 무서워하는 것을 피하기 위해서 변화를 야기할 수도 있다고 합니다.

독▶ 'On the other hand'는 '반면에' 역접 신호! 중심 문장!

정리하면 Ⅰ번 문장에서 공포의 두 가지 기능에 대해서 제시하였고 Ⅲ, Ⅳ, Ⅴ번 문장에서는 공포가 변화를 막는 것에 대해서 설명했습니다. 반면 Ⅵ번 문장에서는 공포가 변화를 야기하는 것에 대해서 설명했습니다. 이제 선지를 봅시다.

① fear's negative roles in cases of chaos

- 혼란의 경우들에서 공포의 부정적인 역할들

- Ⅲ, Ⅳ, Ⅴ번 혼란의 상황을 피하기 위해서는 공포가 아닌 안정적인 패턴이 필요하다고 했습니다. 또한 공포가 변화를 막는 기능이 있다고 합니다. 하지만 이 선지는 Ⅰ번 문장과 Ⅵ번 문장에서 제시된 변화를 야기하는 공포의 긍정적인 기능에 대한 내용이 포함되어 있지 않습니다. 그러므로 포괄적이지 않은 선지에 해당합니다.

③ fear and its dual functions in terms of change

- 공포와 공포의 변화에 관한 두 가지 기능들

- Ⅲ, Ⅳ, Ⅴ번 문장과 Ⅵ번 문장에서 제시된 변화에 대한 공포의 기능을 포괄하는 선지입니다.
그러므로 정답은 ③번이 됩니다.

방향 바꾸기

우리는 21학년도 6월 평가원 22번 (Chapter 1-1 절. 모. 평. 19번)에서 ③번 선지를 통해서 조금 경험해 봤습니다! 바로 지문에서 A ⇒ B라고 제시되었을 때 B ⇒ A로 혹은 B ⇒ C 등을 통해서 오답 선지를 구성하는 것입니다. 다음 기출 문제를 봅시다!

17학년도 6월 평가원 22번

When we hear a story, we look for beliefs that are being commented upon. Any story has many possible beliefs inherent in it. But how does someone listening to a story find those beliefs? We find them by looking through the beliefs we already have. We are not as concerned with what we are hearing as we are with finding what we already know that is relevant. Picture it in this way. As understanders, we have a list of beliefs, indexed by subject area. When a new story appears, we attempt to find a belief of ours that relates to it. When we do, we find a story attached to that belief and compare the story in our memory to the one we are processing. Our understanding of the new story becomes, at that point, a function of the old story. Once we find a belief and connected story, we need no further processing; that is, the search for other beliefs stops.

① the use of a new story in understanding an old story
⑤ the role of our existing beliefs in comprehending a new story

정답 :

정답인 이유 :

오답 :

오답인 이유 :

When we hear a story, we look for beliefs that are being commented upon. Any story has many possible beliefs inherent in it. **But** how does someone listening to a story find those beliefs? We find them by looking through the beliefs we already have. We are not as concerned with what we are hearing as we are with finding what we already know that is relevant. **Picture** it in this way. As understanders, we have a list of beliefs, indexed by subject area. When a new story appears, we attempt to find a belief of ours that relates to it. When we do, we find a story attached to that belief and compare the story in our memory to the one we are processing. Our understanding of the new story becomes, at that point, a function of the old story. Once we find a belief and connected story, we need no further processing; **that is**, the search for other beliefs stops.

Ⅰ. When / we / hear / a story, / we / look for / beliefs (that / are being commented upon).

구▶ 우리가 이야기를 들을 때, 우리는 논평되고 있는 믿음을 찾는다고 합니다.

* look for - ~를 찾다.
** comment - 논평하다.

Ⅱ. Any story / has / many possible beliefs (inherent in it).

구▶ 모든 이야기는 그 안에 내재된 많은 신념들을 가지고 있다고 합니다.

Ⅲ. **But** how does someone (listening to a story) find / those beliefs?

구▶ 그러나, 어떻게 이야기를 듣는 사람들은 그들의 신념들을 찾을까?

독▶ 'But' 앞 뒤는 중심 문장!

Ⅳ. We / find / them / by looking / through the beliefs (we / already have).

구▶ 우리는 우리가 이미 가지고 있는 신념들을 통해서 봄으로써 그것들을 찾을 수 있다고 합니다.

* by V-ing - ~함으로써

Ⅴ. We / are not as concerned with what we / are hearing) as / we are with finding (what we / already know / that / is / relevant).

구▶ 'as A as B'는 'B 만큼 A하다' 'not as A as B'는 'B만큼 A하지 않다'
 - 우리는 우리가 듣고 있는 것을 우리가 연관된 것을 이미 아는 것을 발견하는 것만큼 관심이 있지 않다고 합니다. 즉 우리는 이미 아는 것을 발견하는데 더 많은 관심이 있다고 합니다.

Ⅵ. **Picture** / it in this way.

구▶ 'picture'가 명사로 쓰이면 '그림' 동사로 쓰이면 '그림을 하다' = '그림을 그리다'
 - 다음 방식으로 묘사해보자고 합니다. 지문을 이해하기 위한 구체적인 방향을 알려줍니다!
   그러므로 다음 방식인 'this way'를 잘 이해해야 합니다!

독▶ 주어 없이 V만 제시되었다면 명령문 중심 문장!

Ⅶ. As understanders, / we / have / a list of beliefs, (indexed by subject area).

> 이해하는 사람으로서, 우리는 주제에 의해 분류된 신념의 목록을 가지고 있다고 합니다.

* index - 색인, 색인을 만들다 (같은 뜻인 목록, 목록을 만들다, 분류하다로 외웁시다.)

Ⅷ. When a new story / appears, / we / attempt to find / a belief of ours (that relates to it).

> 새로운 이야기가 나타날 때, 우리는 그것과 관련된 우리의 신념들을 찾는 것을 시도한다고 합니다.

* attempt to V - V하려고 시도하다, 노력하다

Ⅸ. When / we / do, / we / find / a story (attached to that belief) and (find와 compare 연결) compare the story (in our memory) / to the one (we are processing).

> 여기서 'do'는 대동사로 Ⅷ번 문장의 'attempt to find ~'을 지칭합니다.
> - 우리가 그렇게 할 때, 우리는 그 신념과 붙어있는 (=연관된) 이야기를 찾고 우리 기억 안에 있는 그 이야기를 우리가 처리하는 것 (= 새로운 이야기)과 비교한다고 합니다.

* attach - 붙이다. (⇔ detach - 떼다)
** compare A to B - A와 B를 비교하다.

Ⅹ. Our understanding / (of the new story) / becomes, (at that point), a function (of the old story).

> 그 지점에서 새로운 이야기에 대한 우리의 이해는 옛날이야기의 기능이 된다고 합니다.

ⅩⅠ. Once / we / find / a belief and connected story, we / need / no further processing; that is, the search (for other beliefs) / stops.

> 우리가 신념과 연결된 이야기를 찾을 때, 우리는 더 이상 진행이 필요 없다; 즉 다른 신념에 대한 연구는 멈춘다고 합니다. 새로운 이야기와 연결된 옛날이야기를 찾으면 다른 옛날이야기를 찾는 것을 멈춘다고 합니다.

> 'that is'는 '즉' 재진술 문장입니다! 그러므로 중심 문장!

정리하면 Ⅳ번 문장에서 우리는 이미 가지고 있는 신념을 통해서 새로운 이야기를 이해할 수 있다는 것입니다. 이 새로운 이야기를 이해하는 과정이 Ⅵ, Ⅶ, Ⅷ, Ⅸ, Ⅹ, ⅩⅠ번 문장을 통해서 제시되었습니다.

이제 선지를 확인해 봅시다.

① the use (of a new story) (in understanding an old story)

- 옛날이야기를 이해함에 있어서 새로운 이야기의 이용

- 즉 새로운 이야기 ⇒ 옛날이야기를 이해한다고 합니다.

- 하지만 지문에서는 옛날이야기 (현재 신념) ⇒ 새로운 이야기를 이해한다고 했으므로 방향을 바꾼 선지에 해당합니다. 그러므로 오답 선지!

* in V-ing - ~함에 있어서

⑤ the role (of our existing beliefs) (in comprehending a new story)

- 새로운 이야기를 이해함에 있어서 현재 신념들의 역할

- 지문에서 옛날이야기 (= 현재 신념)을 통해서 새로운 이야기를 이해한다고 했으므로 정답 선지!

* comprehend - 이해하다

Q 중심 문장 말고도 해석할 필요가 있나요??

A 당연히 해석해야 합니다. 중심 문장은 지문을 이해하기 위해서 꼼꼼히 해석해야 하는 문장들입니다. 지문을 이해하기 위한 방향을 알려줄 수 있고 그 문장 자체가 지문의 핵심 문장일 수도 있습니다. 하지만 선지에서 좀 더 면밀한 판단을 하기 위해서는 모든 문장을 해석하셔야 합니다. 또한 이번 수능부터 EBS 50% 간접연계로 변경되었습니다. 내신 영어와 얼마나 EBS를 많이 봤고 적중했냐가 아닌 기출과 기본적인 실력이 중요해졌습니다. 그리고 현재 기출에서 중요하지 않았던 문장들의 구문들이 이번 수능에서는 중심 문장의 구문으로 출제될 수도 있기 때문에 꼼꼼하게 해석하셔야 합니다.

Road Map

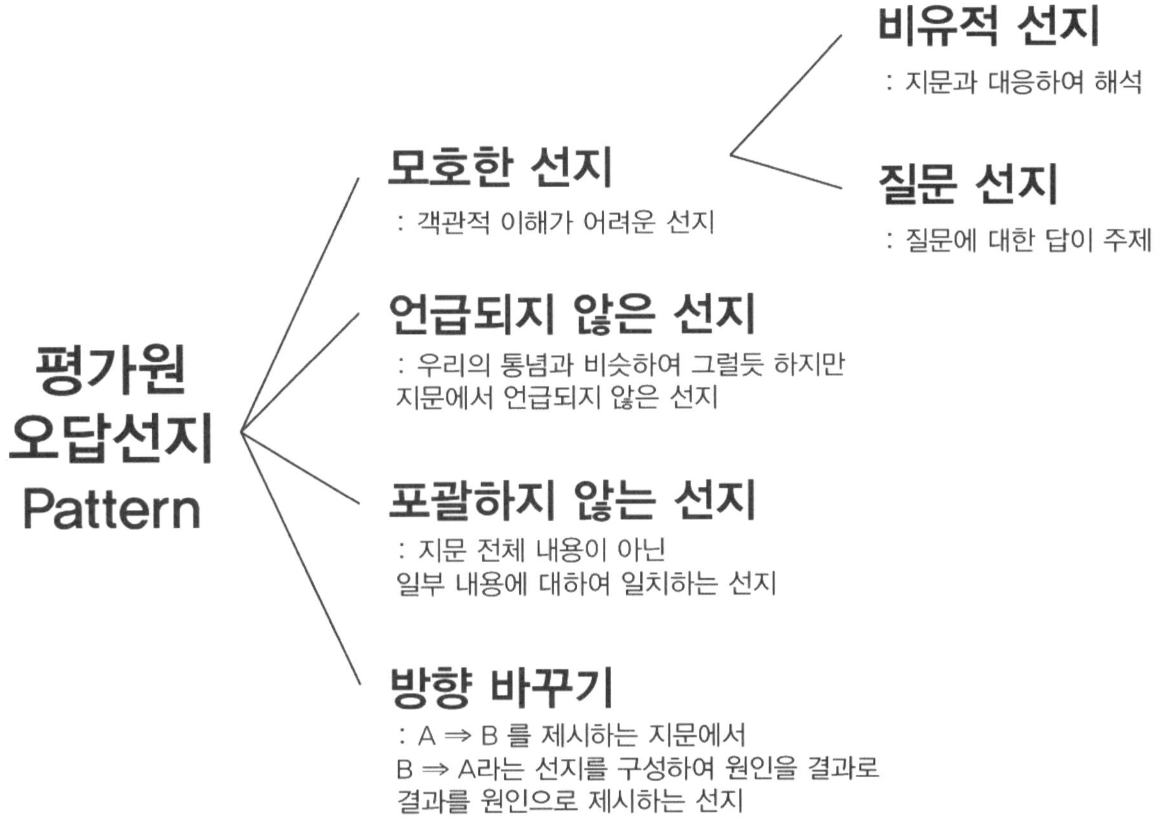
평가원
오답선지
Pattern
모호한 선지
: 객관적 이해가 어려운 선지
비유적 선지
: 지문과 대응하여 해석
질문 선지
: 질문에 대한 답이 주제
언급되지 않은 선지
: 우리의 통념과 비슷하여 그럴듯 하지만
지문에서 언급되지 않은 선지
포괄하지 않는 선지
: 지문 전체 내용이 아닌
일부 내용에 대하여 일치하는 선지
방향 바꾸기
: A ⇒ B 를 제시하는 지문에서
B ⇒ A라는 선지를 구성하여 원인을 결과로
결과를 원인으로 제시하는 선지

▌체화

다음 지문을 읽고 오답 선지와 정답 선지를 고르고 그 이유를 적어 봅시다.

01

A strategic vision has little value to the organization unless it's effectively communicated down the line to lower-level managers and employees. It would be difficult for a vision statement to provide direction to decision makers and energize employees toward achieving long-term strategic intent unless they know of the vision and observe management's commitment to that vision. Communicating the vision to organization members nearly always means putting "where we are going and why" in writing, distributing the statement organizationwide, and having executives personally explain the vision and its justification to as many people as possible. Ideally, executives should present their vision for the company in a manner that reaches out and grabs people's attention. An engaging and convincing strategic vision has enormous motivational value — for the same reason that a stone mason is inspired by building a great cathedral for the ages.

* stone mason: 석공 ** cathedral: 대성당

① What Makes a Strategic Vision Successful?
② Why Is Creating a Vision Statement Difficult?

정답 :

정답인 이유 :

오답 :

오답인 이유 :

02

Savannas pose a bit of a problem for ecologists. There is an axiom in ecology that 'complete competitors cannot coexist': in other words, where two populations of organisms use exactly the same resources, one would be expected to do so slightly more efficiently than the other and therefore come to dominate in the long term. In temperate parts of the world, either trees dominate (in forests) or grasses dominate (in grasslands). Yet, in savannas grasses and trees coexist. The classic explanation proposes that trees have deep roots while grasses have shallow roots. The two plant types are therefore able to coexist because they are not in fact competitors: the trees increase in wetter climates and on sandier soils because more water is able to penetrate to the deep roots. Trees do indeed have a few small roots which penetrate to great depth, but most of their roots are in the top half-metre of the soil, just where the grass roots are.

* axiom: 원리, 공리

④ Cyclic Dominance of Trees over Grasses in Savannas

⑤ Strange Companions: Savanna Plants Confuse Ecologists

정답 :

정답인 이유 :

오답 :

오답인 이유 :

03

Twin sirens hide in the sea of history, tempting those seeking to understand and appreciate the past onto the reefs of misunderstanding and misinterpretation. These twin dangers are temporocentrism and ethnocentrism. Temporocentrism is the belief that your times are the best of all possible times. All other times are thus inferior. Ethnocentrism is the belief that your culture is the best of all possible cultures. All other cultures are thus inferior. Temporocentrism and ethnocentrism unite to cause individuals and cultures to judge all other individuals and cultures by the "superior" standards of their current culture. This leads to a total lack of perspective when dealing with past and / or foreign cultures and a resultant misunderstanding and misappreciation of them. Temporocentrism and ethnocentrism tempt moderns into unjustified criticisms of the peoples of the past.

③ historians' efforts to advocate their own culture

⑤ beliefs that cause biased interpretations of the past

정답 :

정답인 이유 :

오답 :

오답인 이유 :

04

When we remark with surprise that someone "looks young" for his or her chronological age, we are observing that we all age biologically at different rates. Scientists have good evidence that this apparent difference is real. It is likely that age changes begin in different parts of the body at different times and that the rate of annual change varies among various cells, tissues, and organs, as well as from person to person. Unlike the passage of time, biological aging resists easy measurement. What we would like to have is one or a few measurable biological changes that mirror all other biological age changes without reference to the passage of time, so that we could say, for example, that someone who is chronologically eighty years old is biologically sixty years old. This kind of measurement would help explain why one eighty-year-old has so many more youthful qualities than does another eighty-year-old, who may be biologically eighty or even ninety years old.

① In Search of a Mirror Reflecting Biological Aging
④ Secrets of Biological Aging Disclosed

정답 :

정답인 이유 :

오답 :

오답인 이유 :

┃ 체화 해설

01

A strategic vision has little value to the organization unless it's effectively communicated down the line to lower-level managers and employees.[6] It would be difficult for a vision statement to provide direction to decision makers and energize employees toward achieving long-term strategic intent unless they know of the vision and observe management's commitment to that vision.[7] Communicating the vision to organization members nearly always means putting "where we are going and why" in writing, distributing the statement organizationwide, and having executives personally explain the vision and its justification to as many people as possible. Ideally, executives **should** present their vision for the company in a manner that reaches out and grabs people's attention. An engaging and convincing strategic vision has enormous motivational value — for the same reason that a stone mason is inspired by building a great cathedral for the ages.

* stone mason: 석공 ** cathedral: 대성당

① **What Makes a Strategic Vision Successful?**

② **Why Is Creating a Vision Statement Difficult?**

⅛ 해설

처음 두 문장의 구문이 어렵고 선지로 질문들로 구성되어 있기 때문에 모호합니다. 그래서 두 번째 문장의 'difficult'로 인해서 ②번을 고르실 수 있다고 생각합니다. 처음 두 문장은 이렇게 해서는 안 된다는 뜻을 가지고 있기도 합니다. ②번 선지 왜 비전 전략을 만드는 것은 어려운가?는 지문과 무관합니다. 처음 두 문장은 '효과적이지 못한 전략적 비전'에 대해서 설명하고 있습니다. '비전 전략을 만드는 것'에 대해서 설명하고 있지 않습니다. 또한 'should'라는 중심 문장의 힌트와 세 번째 문장, 마지막 문장을 통해서 비전에 대해 조직에서 의사소통하는 것이 비전을 가치 있게 한다는 것을 파악할 수 있습니다. 이는 ①번 선지의 무엇이 전략적 비전을 성공적으로 만드는가? 에 대한 답이 되므로 정답은 ①번이 됩니다.

⅛ 해석

전략적 비전은 그것이 효과적으로 하층의 관리자와 직원들에게 완전하게 전달되지 않으면 조직에 거의 가치를 지니지 못한다. 만일 의사결정자들과 직원들이 비전에 대해 알고서 그 비전에 대한 경영진의 헌신을 주시하지 않는다면, 비전의 진술이 장기적인 전략적 의도를 성취하는 쪽으로 의사결정자들에게 방향을 제공하고 직원들의 열정을 돋우기가 어려울 것이다. 비전을 조직의 구성원들에게 전달하는 것은 거의 항상 '우리가 가는 곳과 이유'를 적어 두고, 그 진술을 조직 전체에 퍼뜨리고, 임원들로 하여금 가능한 한 많은 사람에게 비전과 그것의 정당성을 개인적으로 설명하게 하는 것을 의미한다. 이상적으로는, 사람들의 관심에 도달해 그것을 붙잡는 방식으로 임원들이 회사를 위해 그들의 비전을 제시해야만 한다. 사람의 마음을 끌고 설득력 있는 전략적 비전은 엄청난 동기부여의 가치를 지니는데, 석공이 후세에 길이 남을 훌륭한 대성당을 건설하는 데에 고무되는 것과 동일한 이유로 그러하다.

---

6) A strategic vision has / little value (to the organization) / unless it's effectively communicated down / the line (to lower-level managers and employees).
   - 이중 부정이 제시될 경우 부정을 모두 지우고 해석하시는 것이 이해하기 쉽습니다.
   - 즉, 하층의 관리자와 직원들에게 완전하게 전달된다면 전략적 비전은 조직에 가치를 가진다.로 이해하셔야 합니다.

7) It (가주어) would be difficult / for (의미상 주어) a vision statement / to (진주어) provide direction to
   decision makers (provide A to B A에게 B를 제공하다) and (provide와 energize 연결) energize employees (toward
   achieving long-term strategic intent) unless they know of the vision and (know와 observe 연결)
   observe management's commitment (to that vision.)

02

Savannas pose a bit of a problem for ecologists. There is an axiom in ecology that 'complete competitors cannot coexist': **in other words**, where two populations of organisms use exactly the same resources, one would be expected to do so slightly more efficiently than the other and therefore come to dominate in the long term. In temperate parts of the world, either trees dominate (in forests) or grasses dominate (in grasslands). **Yet**, in savannas grasses and trees coexist. The classic explanation proposes that trees have deep roots while grasses have shallow roots. The two plant types are **therefore** able to coexist **because** they are not in fact competitors: the trees increase in wetter climates and on sandier soils **because** more water is able to penetrate to the deep roots. Trees do indeed have a few small roots which penetrate to great depth, **but** most of their roots are in the top half-metre of the soil, just where the grass roots are.

* axiom: 원리, 공리

④ Cyclic Dominance of Trees over Grasses in Savannas
⑤ **Strange Companions: Savanna Plants Confuse Ecologists**

⑧ 해설

상당히 중심 문장이 많습니다. 그래서 주제가 무엇일까요? 바로 'Yet' 앞과 뒷 문장에서 제시해주었습니다. 경쟁자들은 공존할 수 없고 그래서 나무와 풀이 각각 다른 곳에서 지배적인 위치를 차지한다고 했습니다. 하지만 사실 나무와 풀은 경쟁관계가 아니었고 사바나에서 초원들과 나무들이 공존한다는 것이 바로 주제입니다. ④번 선지 '사바나에서 풀들을 넘어서는 나무들의 순환적인 지배'는

1. 사실 관계가 잘못되었습니다. 지문에서 사바나에서는 풀과 나무가 공존한다고 합니다.
2. 'Yet' 앞부분 경쟁자들은 서로 공존할 수 없다는 내용만 포함하고 'Yet' 뒷부분 사바나에서 나무와 풀이 공존한다는 내용을 포함하지 않습니다. 반면 ⑤번 선지 '이상한 친구들: 사바나 식물들이 생태학자를 혼란스럽게 하다.'는 'Yet' 앞과 뒷 내용을 'Strange'와 'confuse ecologist'와 'companion'을 통해서 생태학과는 다른 사바나의 상황을 포괄하고 있습니다. 그러므로 정답은 ⑤번이 됩니다.

⑧ 해석

사바나 지역은 생태학자들에게 약간의 문제를 야기한다. 생태학에는 '완전한 경쟁자들은 공존할 수 없다'라는 공리가 있다. 다시 말해 유기체의 두 개체들이 정확하게 똑같은 자원을 사용하는 곳에서, 한 개체는 다른 개체보다 약간이라도 더 효율적으로 자원을 이용하여 장기적으로 지배적인 위치에 이르게 된다. 세계의 온화한 지역에서 나무가 (숲에서) 지배적인 위치를 차지하거나 풀이 (초원지대에서) 지배적 위치를 차지한다. 하지만, 사바나 지역에서 나무와 풀이 공존한다. (이 공존 현상을 설명하는) 고전적인 설명에 따르면 나무는 깊은 뿌리를 갖는 반면 풀은 얕은 뿌리를 갖는다는 것이다. 따라서 이 두 식물의 형태는 사실, 서로 경쟁자가 아니므로 서로 공존할 수 있다. 다시 말해 나무는 많은 수분이 깊은 뿌리까지 침투할 수 있으므로 습도가 높은 기후와 모래가 많은 토양에서 성장한다. 사실, 나무는 깊은 곳까지 침투할 수 있는 몇 개의 작은 뿌리를 갖고 있지만, 나무뿌리의 대부분은 풀뿌리가 있는, 토양 상층의 0.5미터 안쪽에 존재한다.

03

Twin sirens hide in the sea of history, tempting those seeking to understand and appreciate the past onto the reefs of misunderstanding and misinterpretation. These twin dangers are temporocentrism and ethnocentrism. Temporocentrism is the belief that your times are the best of all possible times. All other times are **thus** inferior. Ethnocentrism is the belief that your culture is the best of all possible cultures. All other cultures are **thus** inferior. Temporocentrism and ethnocentrism unite to **cause** individuals and cultures to judge all other individuals and cultures by the "superior" standards of their current culture. This **leads to** a total lack of perspective when dealing with past and / or foreign cultures and a resultant misunderstanding and misappreciation of them. Temporocentrism and ethnocentrism tempt moderns into unjustified criticisms of the peoples of the past.

③ historians' efforts to advocate their own culture

⑤ **beliefs that cause biased interpretations of the past**

해설

역사를 오해와 잘못된 해석을 하는 것에는 'Temporocentrism'과 'Ethnocentrism' 두 가지가 있다고 합니다. 'Temporocentrism'은 다른 시간들은 열등하며 우리의 시간만이 가치가 있다는 입장이고 'Ethnocentrism'은 본인의 문화만 우월하며 다른 문화들은 열등하다는 입장입니다. 지문에서는 이 두 입장이 과거와 외국 문화를 다룰 때 전체적으로 부족한 관점과 결과적인 오해와 잘못된 해석을 야기한다고 합니다. 여기까지는 많은 학생들이 잘 파악했을 거라고 생각합니다. 하지만 ③번 선지 '그들의 문화를 옹호하는 역사가들의 노력'이 왜 틀린 선지일까요? 바로 'Temporocentrism'과 'Ethnocentrism' 두 가지를 모두 포괄하지 않았기 때문입니다. ③번 선지는 본인의 문화가 우월하고 다른 문화들은 열등하다고 생각하는 'Ethnocentrism'에 대한 설명이지 'Temporocentrism'에 대해서는 설명하고 있지 않습니다. 반면 ⑤번 선지 '과거의 편향된 해석들을 야기하는 신념들'이 정답이 됩니다. 'Temporocentrism'과 'Ethnocentrism' 모두 편향된 해석을 야기한다고 지문에서 제시되었습니다. 'biased'는 '편향된'이라는 뜻을 가집니다. 외웁시다.

해석

역사의 바다에는 두 개의 사이렌이 숨어 있는데, 그것들은 과거를 이해하고 제대로 인식하려고 하는 사람들을 유혹해 오해와 오역의 암초 위에 올려놓는다. 이 두 가지 위험은 자기 시대 중심주의(temporocentrism)와 자기 민족 중심주의(ethnocentrism)이다. 자기 시대 중심주의는 자신의 시대가 모든 가능한 시대 중에 최고라는 믿음이다. 모든 다른 시대는 그리하여 열등하다. 자기 민족 중심주의는 자신의 문화가 모든 가능한 문화 중에 최고라는 믿음이다. 모든 다른 문화는 그리하여 열등하다. 자기 시대 중심주의와 자기 민족 중심주의는 결합하여 모든 다른 개인들과 문화를 자신들의 현재 문화의 '우월한' 기준에 의해 판단하는 개인들과 문화를 만들어 낸다. 이것은 과거와/과거나 외국의 문화를 다를 때 총체적인 관점의 결핍과 그에 따른 그것들에 대한 오해와 잘못된 평가를 초래한다. 자기 시대 중심주의와 자기 민족 중심주의는 현대인들을 유혹해 과거의 민족들에 대한 정당하지 않은 비판에 빠지게 한다.

04

When we remark with surprise that someone "looks young" for his or her chronological age, we are observing that we all age biologically at different rates. <u>Scientists</u> have good evidence that this apparent difference is real. It is likely that age changes begin in different parts of the body at different times and that the rate of annual change varies among various cells, tissues, and organs, as well as from person to person.[8] Unlike the passage of time, biological aging resists easy measurement. What we would like to have is one or a few measurable biological changes that mirror all other biological age changes without reference to the passage of time, so that we could say, <u>**for example**</u>, that someone who is chronologically eighty years old is biologically sixty years old. This kind of measurement would help explain why one eighty-year-old has so many more youthful qualities than does another eighty-year-old, who may be biologically eighty or even ninety years old.

① **In Search of a Mirror Reflecting Biological Aging**

④ Secrets of Biological Aging Disclosed

해설

지문에서 과학자들은 노화가 서로 다양한 시기에 신체의 서로 다른 부위에서 시작되고 매년 변화 속도는 사람마다 다를 가능성이 있다고 합니다. 또한 'for example' 앞에서 우리가 가지고 싶어 하는 것은 시간 경과에 대한 언급 없이 다른 생물학적 나이를 반영할 수 있는 측정 가능한 생물학적 변화들이라고 합니다. 즉 시간의 경과에 따른 나이 '~세'가 아닌 생물학적으로 몇 살인지 측정하고 싶어 한다고 합니다. 그러므로 ①번 '생물학적 노화를 반영하는 거울에 대한 연구'는 생물학적 노화와 시간의 경과에 따른 나이가 다르고 생물학적 나이를 알고 싶어 한다는 주제와 일치하는 선지이므로 정답입니다. ④번 선지 '생물학적 노화의 비밀이 밝혀지다'는 매력적인 오답 선지라고 생각합니다. 왜냐하면 세 번째 문장에서 생물학적 노화가 서로 다른 부위에서 사람마다 다르게 진행된다고 했기 때문입니다. 하지만 지문에서 이 내용이 노화의 비밀이라고 언급하지 않습니다. 그리고 ④번 선지가 정답이기 위해서는 A ⇒ 노화라는 내용이 제시되고 A가 제시되어야 합니다. 하지만 지문에서는 A를 찾을 수 없습니다. 세 번째 문장도 노화가 서로 다르게 진행된다는 결과를 제시할 뿐이지 왜 노화가 진행되는 지는 제시하지 않습니다. 그러므로 ④번 선지는 오답 선지가 됩니다.

해석

우리가 어떤 사람이 그의 생활 연령에 비해 '젊어 보인다'고 놀라면서 말할 때 우리는 우리 모두가 생물학적으로 서로 다른 속도로 나이가 든다는 것을 말하고 있는 것이다. 과학자들은 이 겉으로 보이는 차이가 진짜라는 좋은 증거를 갖고 있다. 나이 변화는 서로 다른 시기에 신체의 서로 다른 부위에서 시작되고 매년의 변화 속도는 사람마다 다른 것은 물론 다양한 세포, 조직 그리고 기관마다 다를 가능성이 있다. 시간의 경과와 달리 생물학적 노화는 쉬운 측정을 방해한다. 우리가 갖고 싶은 것은 예를 들어, 생활 연령으로 80세인 어떤 사람이 생물학적으로 60세라고 말할 수 있도록 시간의 경과와는 관계없이 모든 다른 생물학적 나이 변화를 반영하는 하나 또는 몇 개의 측정 가능한 생물학적 변화이다. 이런 종류의 측정은 80세인 한 사람이 생물학적으로 80 또는 심지어 90세인 또 다른 80세인 사람보다 그렇게 훨씬 더 많은 젊음의 특징을 가진 이유를 설명하는 데 도움을 줄 것이다.

---

8) <u>It (가주어)</u> is / likely /
<u>that (진주어)</u> age changes begin (in different parts) (of the body) (at different times)
<u>and (that과 that을 연결)</u> <u>that (진주어)</u> the rate of annual change / varies / (among various cells, tissues, and organs),
<u>as well as (A as well as B - B뿐만 아니라 A도)</u>
<u>from person to person (from A to B - A부터 B까지) = 사람부터 사람까지 = 사람마다.</u>

┃중. 최. 평. (중요 최신 평가원 기출)

01 25학년도 수능 23번

다음 글의 주제로 가장 적절한 것은?

> The arrival of the Industrial Age changed the relationship among time, labor, and capital. Factories could produce around the clock, and they could do so with greater speed and volume than ever before. A machine that runs twelve hours a day will produce more widgets than one that runs for only eight hours per day — and a machine that runs twenty-four hours per day will produce the most widgets of all. As such, at many factories, the workday is divided into eight-hour shifts, so that there will always be people on hand to keep the widget machines humming. Industrialization raised the potential value of every single work hour — the more hours you worked, the more widgets you produced, and the more money you made — and thus wages became tied to effort and production. Labor, previously guided by harvest cycles, became clock-oriented, and society started to reorganize around new principles of productivity.
>
> * widget: 제품

① shift in the work-time paradigm brought about by industrialization

② effects of standardizing production procedures on labor markets

③ influence of industrialization on the machine-human relationship

④ efficient ways to increase the value of time in the Industrial Age

⑤ problems that excessive work hours have caused for laborers

02 24학년도 9월 평가원 23번

다음 글의 주제로 가장 적절한 것은?

> The primary purpose of commercial music radio broadcasting is to deliver an audience to a group of advertisers and sponsors. To achieve commercial success, that audience must be as large as possible. More than any other characteristics (such as demographic or psychographic profile, purchasing power, level of interest, degree of satisfaction, quality of attention or emotional state), the quantity of an audience aggregated as a mass is the most significant metric for broadcasters seeking to make music radio for profitable ends. As a result, broadcasters attempt to maximise their audience size by playing music that is popular, or — at the very least — music that can be relied upon not to cause audiences to switch off their radio or change the station. Audience retention is a key value (if not the key value) for many music programmers and for radio station management. In consequence, a high degree of risk aversion frequently marks out the 'successful' radio music programmer. Playlists are restricted, and often very small.
>
> * aggregate: 모으다 ** aversion: 싫어함

① features of music playlists appealing to international audiences

② influence of advertisers on radio audiences' musical preferences

③ difficulties of increasing audience size in radio music programmes

④ necessity of satisfying listeners' diverse needs in the radio business

⑤ outcome of music radio businesses' attempts to attract large audiences

다음 글의 제목으로 가장 적절한 것은?

There are good reasons why open-office plans have gained currency, but open offices may not be the plan of choice for *all* times. Instead, the right plan seems to be building a culture of change. Overly rigid habits and conventions, no matter how well-considered or well-intentioned, threaten innovation. The crucial take-away from analyzing office plans over time is that the answers keep changing. It might seem that there is a straight line of progress, but it's a myth. Surveying office spaces from the past eighty years, one can see a cycle that repeats. Comparing the offices of the 1940s with contemporary office spaces shows that they have circled back around to essentially the same style, via a period in the 1980s when partitions and cubicles were more the norm. The technologies and colors may differ, but the 1940s and 2000s plans are alike, right down to the pillars running down the middle.

* rigid: 굳은 ** pillar: 기둥

① Why Are Open-office Plans So Cost-efficient?
② How to Incorporate Retro Styles into Office Spaces
③ An Office Divided: Why Partitions Limit Productivity
④ Office Designs: What Goes Around Comes Around
⑤ Tips for Managing Contemporary Office Spaces

다음 글의 제목으로 가장 적절한 것은?

The concept of overtourism rests on a particular assumption about people and places common in tourism studies and the social sciences in general. Both are seen as clearly defined and demarcated. People are framed as bounded social actors either playing the role of hosts or guests. Places, in a similar way, are treated as stable containers with clear boundaries. Hence, places can be full of tourists and thus suffer from overtourism. But what does it mean for a place to be full of people? Indeed, there are examples of particular attractions that have limited capacity and where there is actually no room for more visitors. This is not least the case with some man-made constructions such as the Eiffel Tower. However, with places such as cities, regions or even whole countries being promoted as destinations and described as victims of overtourism, things become more complex. What is excessive or out of proportion is highly relative and might be more related to other aspects than physical capacity, such as natural degradation and economic leakages (not to mention politics and local power dynamics).

* demarcate: 경계를 정하다

① The Solutions to Overtourism: From Complex to Simple
② What Makes Popular Destinations Attractive to Visitors?
③ Are Tourist Attractions Winners or Losers of Overtourism?
④ The Severity of Overtourism: Much Worse than Imagined
⑤ Overtourism: Not Simply a Matter of People and Places?

중. 최. 평. 해설

01 25학년도 수능 23번 (정답률 65%)

다음 글의 주제로 가장 적절한 것은?

> The arrival of the Industrial Age changed the relationship among time, labor, and capital. Factories could produce around the clock, and they could do so with greater speed and volume than ever before. A machine that runs twelve hours a day will produce more widgets than one that runs for only eight hours per day — and a machine that runs twenty-four hours per day will produce the most widgets of all. As such, at many factories, the workday is divided into eight-hour shifts, **so that** there will always be people on hand to keep the widget machines humming. Industrialization raised the potential value of every single work hour — the more hours you worked, the more widgets you produced, and the more money you made — and **thus** wages became tied to effort and production. Labor, previously guided by harvest cycles, became clock-oriented, and society started to reorganize around new principles of productivity.
>
> * widget: 제품

해설 | 정답 : ① |

이 지문은 산업화에 의한 급료와 노동의 변화를 주제로 급료와 노동이 변하는 과정을 제시하고 있습니다. II번 문장과 IV번 문장에서 산업화를 통해 기계가 하루 종일 작동할 수 있게 되면서 사람들의 노동 시간이 8시간씩 나누어지는 변화 양상을 보여주며, 이는 V번 문장에서 더 많은 시간을 일을 할수록 더 많은 제품을 생산하게 되고 더 많은 돈을 벌게 되며, 따라서 급료는 노력과 생산성에 연계되었다는 내용으로 연결됩니다. VI번 문장에서는 산업화 이전과는 달리 산업화 이후 노동이 변화했다는 내용을 통해 산업화로 인한 노동의 변화를 확인할 수 있습니다.

①번 선지 : 산업화로 인해 야기된 일과 시간의 패러다임 변화
   - 정답 선지입니다.

②번 선지 : 생산 절차의 표준화가 노동 시장에 미친 영향
   - 생산 절차가 일관화되게 표준화되었다는 내용은 지문에서 제시되지 않았습니다.

③번 선지 : 산업화가 기계와 인간의 관계에 미친 영향
   - 15%가 고른 오답 선지입니다. 산업화가 기계에는 24시간 동안 작동을 할 수 있게 하고 인간에게는 더 많은 시간을 일을 할수록 더 많은 급료를 받게 되는 영향을 끼쳤지만 기계와 인간의 관계 즉, 인간이 기계를 좀 더 소중히 여기는 등의 내용은 제시되지 않았습니다. 언급되지 않은 선지에 해당합니다.

④번 선지 : 산업 시대에 시간의 가치를 높이는 효율적인 방법
   - 지문에서 시간의 가치를 높이는 방법이 제시되지 않았습니다.

⑤번 선지 : 과도한 업무 시간이 노동자에게 초래한 문제
   - 무관한 선지입니다.

Ⅰ. The arrival of the Industrial Age / changed / the relationship (among time, labor, and capital).

> **구▶** 산업 시대의 도래는 시간, 노동, 자본 사이의 관계를 변화시켰다고 합니다.

> **독▶** 산업 시대가 되면서 시간, 노동, 자본의 관계가 달라졌다고 합니다.

Ⅱ. Factories / could produce (around the clock), and they / could do so (with greater speed and volume than ever before).

> **구▶** 대동사 'do'가 사용되었습니다. 여기서 'do'는 'produce around the clock'을 지칭합니다.
> - 공장은 24시간 내내 생산할 수 있었고, 이전 어느 때보다 더 빠른 속도와 더 많은 양을 그렇게 할 수 있었다고 합니다.

> **독▶** 산업 시대가 되면서 공장들이 어느 때보다 빠르고 많은 양을 24시간 내내 생산할 수 있게 되었다고 합니다.
> * around (회전하는 이미지) + the clock = 시간이 한 바퀴 회전하는 = 24시간 내내

Ⅲ. A machine (that runs twelve hours a day) / will produce / more widgets than one (that runs for only eight hours per day) ― and a machine (that runs twenty-four hours per day) / will produce / the most widgets of all.

* widget: 제품

> **구▶** 하루 12시간 가동되는 기계는 하루 8시간만 가동되는 기계보다 더 많은 제품을 생산할 것이고, 하루 24시간 가동되는 기계는 모든 기계들 중 가장 많은 제품을 생산할 것이라고 합니다.

> **독▶** 하루 중 가장 오랫동안 가동되는 기계가 가장 많은 제품을 생산하게 된다고 합니다.

Ⅳ. As such, at many factories, the workday / is divided into eight-hour shifts, <u>**so that**</u> there / will always be / people (on hand) (to keep / the widget machines / humming).

> **구▶** 'divide A into B'는 'A를 B로 나누다'를 의미합니다. 이 문장에서는 수동태로 사용되어 'A be divided into B'로 제시되었습니다.
> - 'keep + O + O.C'는 'O가 O.C하도록 유지시키다'를 뜻합니다.
> - 그러하듯이, 많은 공장에서 작업일은 8시간 교대로 나누어져서 제품 기계가 잘 돌아가도록 항상 사람이 있었을 것이라고 합니다.

> **독▶** 'so that'이 제시되었으므로 중심 문장.
> - 기계가 지속적으로 작동할 수 있도록 사람이 8시간씩 나누어 배치되었을 것이라고 합니다.

Ⅴ. Industrialization / raised / the potential value of every single work hour ― the more hours you / worked, the more widgets you / produced, and the more money you / made ― and **thus** wages / became tied to / effort and production.

> 구▶ 'The more A, The more B'는 'A하면 할수록 B하다'를 의미합니다.
> - 'become'과 같은 2형식 동사 (seem, appear 등)은 be동사를 대신하여 수동태의 역할을 할 수 있습니다.
> - 산업화는 모든 개별 근무 시간의 잠재적 가치를 올렸는데, 더 많은 시간을 일했을수록, 더 많은 제품을 생산했고, 더 많은 돈을 벌었으며, 따라서 급료는 노력과 생산량과 연계되었다고 합니다.

> 독▶ 'thus'가 제시되었으므로 중심 문장.
> - 산업화로 인해 급료는 더 많은 시간을 일할수록, 더 많은 제품을 생산할수록 상승했다고 합니다.

Ⅵ. Labor, (previously guided by harvest cycles), / became clock-oriented, and society / started to reorganize (around new principles of productivity).

> 구▶ 이전에는 수확 주기를 따르던 노동이 시간 중심이 되었고, 사회는 새로운 생산성의 원칙으로 재조직화되기 시작했다고 합니다.

> 독▶ 산업화 이전에는 수확 시기에 노동이 집중되었지만, 산업화 이후에는 수확 주기에 집중되지 않고 더 많은 시간을 투자하는 방향으로 바뀌었으며, 사회는 더 많은 시간의 일을 할수록 더 많은 생산이 가능해지는 새로운 생산성의 원칙으로 재조직화되었다고 합니다.

다음 글의 주제로 가장 적절한 것은?

The primary purpose of commercial music radio broadcasting is to deliver an audience to a group of advertisers and sponsors. To achieve commercial success, that audience **must** be as large as possible. More than any other characteristics (such as demographic or psychographic profile, purchasing power, level of interest, degree of satisfaction, quality of attention or emotional state), the quantity of an audience aggregated as a mass is the most significant metric for broadcasters seeking to make music radio for profitable ends. **As a result**, broadcasters attempt to maximise their audience size by playing music that is popular, or — at the very least — music that can be relied upon not to cause audiences to switch off their radio or change the station. Audience retention is a key value (if not the key value) for many music programmers and for radio station management. **In consequence**, a high degree of risk aversion frequently marks out the 'successful' radio music programmer. Playlists are restricted, and often very small.

* aggregate: 모으다 ** aversion: 싫어함

해설 | 정답 : ⑤ |

Ⅰ번 문장에서 '상업 음악 라디오 방송'의 목적이 나오고 이는 광고주와 스폰서 그룹에게 청취자를 제공하는 것이다. 그리고 Ⅱ문장에서 Ⅰ번 문장에서 나온 내용에 대한 설명이 나오고 부가적인 필요성이 나오는데, 이는 상업적인 성공을 달성하기 위함이고 여기서 부가적인 필요성은 최대한 많은 청중들에게 음악 라디오 방송이 도달해야 한다는 것이다. 여기서 마음속에 주제로 언급된 내용을 인식하고 Ⅲ번 문장, Ⅳ번 문장을 보면 라디오 방송국이 어떻게 청중을 최대화하는지에 대한 설명으로 인기있는 음악을 방송하거나, 최소한 방송을 끄지 않을 정도의 음악만을 방송하게 되고 그 결과 Ⅴ, Ⅵ번 문장에서 방송하게 되는 음악의 재생목록이 작아진다는 결과가 나옵니다.

①번 선지 : 국제적인 청중들에게 매력적인 음악 재생 목록의 특징들
  - 상업적 주제가 언급되지 않았으므로 오답 선지입니다.

②번 선지 : 라디오 청취자들의 음악적 선호도에 대한 광고주들의 영향력
  - 지문의 핵심 주제와 관련된 선지라 볼 수 없습니다.

③번 선지 : 라디오 음악 프로그램에서 청취자 수 증가의 어려움
  - 청취자 수가 많은 것이 상업적 성공을 의미하는 것이지, 청중 수의 증가의 어려움에 대해 토로하는 지문이라 볼 수 없습니다.

④번 선지 : 라디오 사업에 있어서 청취자의 다양한 요구를 충족시킬 필요성
  - Ⅲ번 문장의 괄호 안에서 만족도는 중요한 특성이 아니라고 언급하므로 오답 선지입니다.

⑤번 선지 : 음악 라디오 사업체들이 많은 청중을 끌어들이려는 시도의 결과
  - 정답 선지입니다. 사업체 - 상업, 청중을 끌어들임 - 구체적 결과로 이어지는 선지입니다.

Ⅰ. The primary purpose (of commercial music radio broadcasting) / is / to deliver / an audience (to a group of advertisers and sponsors).

구▶ 상업 음악 라디오 방송의 주요 목적은 광고주와 스폰서 그룹에게 청취자를 제공하는 것이라고 합니다.

독▶ 상업 음악 라디오 방송이 글을 시작하는 주제어입니다.

Ⅱ. To achieve commercial success, that audience / **must** be / (as) large (as possible).

구▶ 상업적 성공을 달성하기 위해서는 그 청취자가 가능한 한 크게 모여야 한다고 합니다.

독▶ Ⅰ번 문장에서의 '상업 음악 라디오 방송'의 목표와 그 목표를 위한 필요를 설명하고 있습니다.

Ⅲ. (More than any other characteristics) (such as demographic or psychographic profile, purchasing power, level of interest, degree of satisfaction, quality of attention or emotional state), the quantity (of an audience aggregated as a mass) / is / the most significant metric (for broadcasters) seeking to make music radio for profitable ends.

구▶ (인구통계학적 또는 심리통계학적 프로필, 구매력, 관심도, 만족도, 주의의 질 또는 감정 상태와 같은) (다른 특성들보다), 대량으로 모인 청취자의 수는 / 이익을 위한 음악 라디오를 만들려는 방송사들에게 가장 중요한 지표라고 합니다.

독▶ 'More than ~보다 더'라는 표현을 사용하여 '이분법(이항대립)' 논리를 나타내고 있으며, 이를 통해 다른 특성들보다, 청중의 수가 제일 중요하다는 논리를 강조하여 Ⅱ번 문장을 설명하고 있습니다.

Ⅳ. **As a result**, broadcasters / attempt / to maximise their audience size (by playing music) (that / is popular, or — at the very least — music) (that / can be / relied upon (not to cause audiences to switch off their radio or change the station)).

구▶ 그 결과, 방송사들은 인기 있는 음악을 방송하거나, -최소한- 청취자들이 라디오를 끄거나 채널을 바꾸지 않게 의존할 수 있는 음악을 방송함으로써 청취자 수를 최대화한다고 합니다.

독▶ 'As a result 그 결과로'라는 표현을 사용하여 '인과관계'의 논리를 설명하고 있으며, 이는 상업적 성공을 위한 지표 중 가장 중요한 청중의 수의 확보를 위해 라디오 방송국이 행하는 결과론적인 행동을 설명하고 있습니다.

Ⅴ. Audience retention / is / a key value (if not the key value) (for many music programmers and for radio station management).

구▶ 청취자 유지는 많은 음악 방송 제작자와 라디오 방송국 경영진에게 핵심 가치(가장 중요한 가치까지는 아니지만)라고 합니다.

독▶ 다시 한번, 청취자 수의 중요성을 강조하고 있습니다.

Ⅵ. **In consequence**, a high degree of risk aversion frequently / marks out / the 'successful' radio music programmer. Playlists / are / restricted, and often very small.

구▶ 따라서, 높은 위험 회피도는 종종 '성공적인' 라디오 음악 제작자의 특징으로 나타난다고 합니다.

독▶ 'in consequence 따라서'는 '인과관계'의 논리를 나타내고, 이는 청중 수를 중요하게 생각하는 방송국의 현실에서 그에 대한 결과로써 청중의 수를 줄일 위험이 있는 음악을 회피하는 것을 성공한 라디오 제작자로 특징으로 인식하게 하는 결과를 설명하고 있습니다.

다음 글의 제목으로 가장 적절한 것은?

There are good reasons why open-office plans have gained currency, **but** open offices may not be the plan of choice for all times. **Instead,** the right plan seems to be building a culture of change. Overly rigid habits and conventions, no matter how well-considered or well-intentioned, threaten innovation. The crucial take-away from analyzing office plans over time is that the answers keep changing. It might seem that there is a straight line of progress, **but** it's a myth. Surveying office spaces from the past eighty years, one can see a cycle that repeats. Comparing the offices of the 1940s with contemporary office spaces shows that they have circled back around to essentially the same style, via a period in the 1980s when partitions and cubicles were more the norm. The technologies and colors may differ, **but** the 1940s and 2000s plans are alike, right down to the pillars running down the middle.

* rigid: 굳은 ** pillar: 기둥

해설 [정답 : ④]

개방형 사무실 계획을 제시하며, Ⅵ번 문장에서 지난 80년의 사무실 공간을 조사하면 반복되는 주기를 확인할 수 있다고 합니다. 이후 이를 구체화한 Ⅶ, Ⅷ번 문장에서 1940년대의 사무실 스타일과 현대의 사무실 스타일이 비슷하다는 내용을 통해 스타일이 돌고 돈다는 것을 파악할 수 있습니다.

①번 선지 : 왜 개방형 사무실 계획이 매우 비용 효율적인가?
- 질문으로 제시된 선지는 그에 대한 답이 지문에 있어야 합니다. 하지만 지문에서는 개방형 사무실이 비용 효율적이라는 내용이 제시되지 않았습니다. 언급되지 않은 선지에 해당합니다.

②번 선지 : 복고 스타일을 사무실 공간에 섞어 넣는 방법
- 과거의 스타일과 동일하다고 했지 현대와 과거의 융합적인 스타일이 아닙니다.

③번 선지 : 분할된 사무실: 칸막이 벽이 생산성을 제한하는 이유
- 칸막이벽은 1980년대 사무실 스타일의 예시에 해당합니다. 그러므로 포괄적이지 못한 선지에 해당합니다.

④번 선지 : 사무실 디자인: 유행은 돌고 돈다.
- 정답 선지입니다.

⑤번 선지 : 현대의 사무실 공간 관리를 위한 요령
- 공간 관리에 대해서는 제시되지 않았습니다. 언급되지 않은 선지입니다.

Ⅰ. There are / good reasons (why open-office plans / have gained / currency), **but** open offices / may not be / the plan of choice for all times.

> 구▶ 개방형 사무실 계획이 유행하는 데 좋은 이유들이 있지만, 개방형 사무실은 항상 선택할 수 있는 계획은 아닐 수도 있다고 합니다.

> 독▶ 'but'이 제시되었으므로 중심 문장
> - 개방형 사무실이 유행하는 이유들이 있지만 개방형 사무실을 계획하는 것이 항상 선택된 것은 아니라고 합니다.

Ⅱ. **Instead**, the right plan / seems to be building / a culture of change.

> 구▶ 대신에, 올바른 계획은 변화의 문화를 만드는 것처럼 보인다고 합니다.

> 독▶ 'Instead'가 제시되었으므로 앞 뒷 문장 중심 문장
> - 올바른 계획이 변화의 문화를 만드는 것 같다고 합니다.

Ⅲ. Overly rigid habits and conventions, (no matter how well-considered or well-intentioned), / threaten / innovation.

* rigid: 굳은

> 구▶ 지나치게 굳은 습관과 관습은, 아무리 잘 생각되어지고 잘 의도했다고 하더라도, 혁신을 위협한다고 합니다.

> 독▶ 지나치게 굳은 오래된 습관과 관습은 혁신을 위협한다고 합니다.

Ⅳ. The crucial take-away (from analyzing office plans over time) / is / that the answers / keep / changing.

> 구▶ 시간이 지나면서 사무실 계획을 분석할 때 매우 중요한 핵심은 답이 계속 바뀐다는 것이라고 합니다.

> 독▶ 사무실 계획의 트렌드는 시간이 지나면서 계속 바뀌어 왔다고 합니다.

Ⅴ. It might seem that there is / a straight line of progress, **but** it's a myth.

> 구▶ 일직선의 발전이 있는 것처럼 보이지만, 그것은 미신이라고 합니다.

> 독▶ 'but'이 제시되었으므로 중심 문장
> - 사무실 계획의 발전이 일직선인 것처럼 보이지만, 사실은 일직선의 발전이 아니라고 합니다.

Ⅵ. Surveying office spaces (from the past eighty years), one / can see / a cycle (that repeats).

> 구▶ 지난 80년의 사무실 공간을 조사하면, 누군가는 반복되는 주기를 확인할 수 있다고 합니다.

> 독▶ 사무실 계획에 대하여, 80년 정도를 조사한다면 사무실 계획의 트렌드가 반복되는 것을 확인할 수 있다고 합니다.

Ⅶ. Comparing / the offices of the 1940s / with contemporary office spaces / shows / that they / have circled back around to essentially the same style, (via a period in the 1980s when partitions and cubicles / were more / the norm).

구▶ 'Compare A with B'는 'A와 B를 비교하다'를 의미합니다.

- 1940년대의 사무실과 현대의 사무실 공간을 비교하는 것은 칸막이 벽과 작은 개인 방이 훨씬 더 일반적이었던 1980년대를 거쳐, 다시 본질적으로 같은 스타일로 한 바퀴 돌았음을 알 수 있다고 합니다.

독▶ 현대의 사무실 공간의 스타일은 1940년대의 스타일과 동일하다고 합니다. 이는 1980년대에 다른 스타일이 있었음을 언급하며 스타일이 돌고 도는 모습을 보여주고 있습니다.

Ⅷ. The technologies and colors / may differ, **but** the 1940s and 2000s plans / are alike, right down to the pillars running down the middle.

** pillar: 기둥

구▶ 기술과 색상은 다를 수 있지만, 1940년대와 2000년대의 계획은 비슷한데, 바로 중앙을 따라 내려오는 기둥까지 비슷하다고 합니다.

독▶ 'but'이 제시되었으므로 중심 문장
- 현대의 사무실 공간의 스타일은 1940년대의 스타일과 비슷하다는 내용을 구체화하고 있습니다.

다음 글의 제목으로 가장 적절한 것은?

　The concept of overtourism rests on a particular assumption about people and places common in tourism studies and the social sciences in general. Both are seen as clearly defined and demarcated. People are framed as bounded social actors either playing the role of hosts or guests. Places, in a similar way, are treated as stable containers with clear boundaries. **Hence**, places can be full of tourists and **thus** suffer from overtourism. **But** what does it mean for a place to be full of people? **Indeed**, there are examples of particular attractions that have limited capacity and where there is actually no room for more visitors. This is not least the case with some man-made constructions such as the Eiffel Tower. **However**, with places such as cities, regions or even whole countries being promoted as destinations and described as victims of overtourism, things become more complex. What is excessive or out of proportion is highly relative and might be more related to other aspects than physical capacity, such as natural degradation and economic leakages (not to mention politics and local power dynamics).

* demarcate: 경계를 정하다

해설 | 정답 : ⑤ |

과잉 관광에 대한 지문이라는 것은 지문 Ⅰ번 문장에서부터 노골적으로 언급하고 있으나, 과잉 관광에 대한 어떤 내용을 주제로 삼고 있는지를 알아내야 하는 지문입니다. Ⅶ번 문장에서 'have limited capacity and where there is actually no room for more visitors', 제한된 수용력을 가지고, 더 많은 방문객을 수용할 공간이 없는 명소가 있다고 하며, 그에 대한 예시로 에펠탑과 같은 인공 건축물을 언급합니다. 이것은 단순히 사람과 장소의 문제가 아닌, 정치 및 지방 권력 역학, 자연의 질적 저하, 경제적 유출 등 다양한 요인이 과잉 관광의 원인이 될 수 있으므로 단순히 사람과 장소 문제가 아니며, 명소의 제한된 인구 수용력을 지적하는 내용입니다. 이에 대한 예시가 계속해서 나열되는 것으로 보아 이와 관련된 내용이 제목으로 가장 적절합니다.

①번 선지 : 과잉 관광의 해결책: 복잡한 것에서 단순한 것으로
　　- 과잉 관광의 해결책을 언급하는 지문이 아니므로 오답 선지입니다.

②번 선지 : 무엇이 인기 있는 목적지를 방문객에게 매력적으로 만드는가
　　- 과잉 관광에 대한 내용조차 아니므로 오답 선지입니다.

③번 선지 : 관광 명소는 과잉 관광의 승자인가 아니면 패자인가?
　　- 그럴듯한 선지지만, 과잉 관광으로 인한 관광 명소의 이득과 손실을 비교하는 내용이라고 볼 수 없습니다.

④번 선지 : 과잉 관광의 심각성: 상상했던 것보다 훨씬 더 나쁘다
　　- 과잉 관광의 심각성을 분석하여 단점을 노골적으로 부각하는 내용의 지문이라고 볼 수 없습니다.

⑤번 선지 : 과잉 관광: 단순히 사람과 장소의 문제가 아니다
　　- 정답 선지입니다. 지문에서는 과잉 관광의 원인으로 관광 명소의 정해진 수용량을 넘어선 인구를 수용할 공간이 없다는 점을 말하고 있으며, 이것은 사람과 장소가 아닌 다른 원인을 언급하는 내용의 선지입니다.

Ⅰ. The concept (of overtourism) / rests on a particular assumption about people and places (common in tourism studies and the social sciences in general).

　구▶ 과잉 관광의 개념은 관광학과 사회 과학 전반에서 흔히 볼 수 있는 사람과 장소에 관한 특정한 가정에 기초한다고 합니다.

　독▶ 과잉 관광은 사람과 장소에 대한 가정이 중심이 된다는 내용으로 요약할 수 있습니다.

Ⅱ. Both / are seen / as clearly defined and demarcated.

* demarcate: 경계를 정하다

　구▶ be seen as A – A로 간주되다
　　- 둘(사람과 장소)은 모두 명확하게 정의되고 경계가 정해진 것으로 간주된다고 합니다.

　독▶ 사람과 장소의 특징을 먼저 설명합니다.

Ⅲ. People / are framed / as bounded social actors either playing the role of hosts or guests.

　구▶ either A or B – A 또는 B
　　- be framed as A – A로 구성되다.
　　- 사람들은 주인이나 손님의 역할을 하는 경계가 확실한 사회적 행위자로 구성된다고 합니다.

　독▶ 사람에 대한 특징 문장입니다.

Ⅳ. Places, in a similar way, / are treated as stable containers with clear boundaries.

　구▶ 장소는 비슷한 방식으로, 명확한 경계가 있는 안정적인 용기로 취급된다고 합니다.

　독▶ 다음으로 장소에 관한 특징 문장입니다.

Ⅴ. **Hence**, places / can be full of tourists and thus / suffer from overtourism.

　구▶ 그러므로 장소는 관광객으로 가득 찰 수 있고, 따라서 과잉 관광으로 고통받을 수 있다고 합니다.

　독▶ 'hence', 'thus'로 결과를 제시하므로 중심 문장
　　- 장소가 관람객(사람)으로 가득 차는 내용을 통해 과잉 관광의 원인인 Ⅰ번 문장의 내용을 재설명합니다.

Ⅵ. **But** what does it mean (for a place to be full of people)?

　구▶ 하지만 어떤 장소가 사람으로 가득 차 있다는 것은 무엇을 의미하는가?

　독▶ 'but'이 제시되었으므로 중심 문장
　　- 과잉 관광의 원인으로 초점을 전환하고 있습니다.

Ⅶ. **Indeed**, there / are / examples (of particular attractions / that / have limited / capacity and where / there / is / actually no room for more visitors).

구▶ 사실, 제한된 수용력을 가지고 있고 더 많은 방문객을 수용할 공간이 실제로 없는 특정 명소의 예가 있다고 합니다.

독▶ 'indeed'가 제시되었으므로 중심 문장
- 장소 자체적으로 수용력이 문제가 있어 과잉 관광이 되는 내용이 언급됩니다.

Ⅷ. This / is not / least the case with some man-made constructions such as the Eiffel Tower.

구▶ 이것은 특히 에펠탑과 같은 일부 인공 건축물의 경우라고 합니다.

독▶ Ⅶ번 문장의 예시 문장입니다.

Ⅸ. **However**, with places such as cities, regions or even whole countries (being promoted as destinations and described as victims of overtourism), things / become / more complex.

구▶ 그러나 장소가 목적지로 홍보되고 과잉 관광의 피해지로 묘사되는 도시, 지역 또는 심지어 국가 전체와 같은 장소에서는 상황이 더 복잡해진다고 합니다.

독▶ 'however'로 주제를 전환하므로 중심 문장
- 과잉 관광의 원인으로 다른 점을 언급하고 있습니다.

Ⅹ. (What / is / excessive or out of proportion) / is / highly relative / and might be more related to other aspects than physical capacity, such as natural degradation and economic leakages (not to mention politics and local power dynamics).

구▶ 과도하거나 균형이 안 맞는 것은 매우 상대적이며 자연적 (질적) 저하와 경제적 유출(정치 및 지방 권력 역학은 말할 것도 없이)과 같은, 물리적 수용력 이외의 다른 측면과 더 관련이 있을 수도 있다고 합니다.

독▶ 상대적이라는 것은, 사람과 장소 사이의 관계로 이해해야 합니다.
장소가 수용력이 낮다 – 사람이 적어도 과잉 관광이 될 수 있다.
장소가 수용력이 크다 – 사람이 충분히 많아야 과잉 관광이 된다.
사람의 수, 장소의 크기와 같은 절대적인 요소가 아닌, 사람과 장소에 상황에 따라 상대적으로 과잉 관광이 발생한다는 것을 의미하며(Ⅶ번 문장), 수용력 이외의 측면(질적 저하, 경제적 유출)으로도 과잉 관광이 발생할 수 있다는 점(Ⅸ번 문장)을 언급하고 있습니다.

01 23학년도 9월 평가원 24번 [정답과 해설 70page]

다음 글의 제목으로 가장 적절한 것은?

Not only musicians and psychologists, but also committed music enthusiasts and experts often voice the opinion that the beauty of music lies in an expressive deviation from the exactly defined score. Concert performances become interesting and gain in attraction from the fact that they go far beyond the information printed in the score. In his early studies on musical performance, Carl Seashore discovered that musicians only rarely play two equal notes in exactly the same way. Within the same metric structure, there is a wide potential of variations in tempo, volume, tonal quality and intonation. Such variation is based on the composition but diverges from it individually. We generally call this 'expressivity'. This explains why we do not lose interest when we hear different artists perform the same piece of music. It also explains why it is worthwhile for following generations to repeat the same repertoire. New, inspiring interpretations help us to expand our understanding, which serves to enrich and animate the music scene.

* deviation: 벗어남

① How to Build a Successful Career in Music Criticism
② Never the Same: The Value of Variation in Music Performance
③ The Importance of Personal Expression in Music Therapy
④ Keep Your Cool: Overcoming Stage Fright When Playing Music
⑤ What's New in the Classical Music Industry?

02 22학년도 수능 23번 [정답과 해설 73page]

다음 글의 주제로 가장 적절한 것은?

Scientists *use* paradigms rather than believing them. The use of a paradigm in research typically addresses related problems by employing shared concepts, symbolic expressions, experimental and mathematical tools and procedures, and even some of the same theoretical statements. Scientists need only understand *how* to use these various elements in ways that others would accept. These elements of shared practice thus need not presuppose any comparable unity in scientists'beliefs about what they are doing when they use them. Indeed, one role of a paradigm is to enable scientists to work successfully without having to provide a detailed account of what they are doing or what they believe about it. Thomas Kuhn noted that scientists "can agree in their *identification* of a paradigm without agreeing on, or even attempting to produce, a full *interpretation* or *rationalization* of it. Lack of a standard interpretation or of an agreed reduction to rules will not prevent a paradigm from guiding research."

① difficulty in drawing novel theories from existing paradigms
② significant influence of personal beliefs in scientific fields
③ key factors that promote the rise of innovative paradigms
④ roles of a paradigm in grouping like-minded researchers
⑤ functional aspects of a paradigm in scientific research

다음 글의 제목으로 가장 적절한 것은?

> The approach, *joint cognitive systems*, treats a robot as part of a human-machine team where the intelligence is synergistic, arising from the contributions of each agent. The team consists of at least one robot and one human and is often called a *mixed team* because it is a mixture of human and robot agents. Self-driving cars, where a person turns on and off the driving, is an example of a joint cognitive system. Entertainment robots are examples of mixed teams as are robots for telecommuting. The design process concentrates on how the agents will cooperate and coordinate with each other to accomplish the team goals. Rather than treating robots as peer agents with their own completely independent agenda, joint cognitive systems approaches treat robots as helpers such as service animals or sheep dogs. In joint cognitive system designs, artificial intelligence is used along with human-robot interaction principles to create robots that can be intelligent enough to be good team members.

① Better Together: Human and Machine Collaboration

② Can Robots Join Forces to Outperform Human Teams?

③ Loss of Humanity in the Human and Machine Conflict

④ Power Off: When and How to Say No to Robot Partners

⑤ Shifting from Service Animals to Robot Assistants of Humans

04 23학년도 수능 24번　　　　　　　　　　　　　　　　[정답과 해설 79page]

다음 글의 제목으로 가장 적절한 것은?

> Different parts of the brain's visual system get information on a need-to-know basis. Cells that help your hand muscles reach out to an object need to know the size and location of the object, but they don't need to know about color. They need to know a little about shape, but not in great detail. Cells that help you recognize people's faces need to be extremely sensitive to details of shape, but they can pay less attention to location. It is natural to assume that anyone who sees an object sees everything about it — the shape, color, location, and movement. However, one part of your brain sees its shape, another sees color, another detects location, and another perceives movement. Consequently, after localized brain damage, it is possible to see certain aspects of an object and not others. Centuries ago, people found it difficult to imagine how someone could see an object without seeing what color it is. Even today, you might find it surprising to learn about people who see an object without seeing where it is, or see it without seeing whether it is moving.

① Visual Systems Never Betray Our Trust!

② Secret Missions of Color-Sensitive Brain Cells

③ Blind Spots: What Is Still Unknown About the Brain

④ Why Brain Cells Exemplify Nature's Recovery Process

⑤ Separate and Independent: Brain Cells' Visual Perceptions

다음 글의 제목으로 가장 적절한 것은?

Hyper-mobility — the notion that more travel at faster speeds covering longer distances generates greater economic success — seems to be a distinguishing feature of urban areas, where more than half of the world's population currently reside. By 2005, approximately 7.5 billion trips were made each day in cities worldwide. In 2050, there may be three to four times as many passenger-kilometres travelled as in the year 2000, infrastructure and energy prices permitting. Freight movement could also rise more than threefold during the same period. Mobility flows have become a key dynamic of urbanization, with the associated infrastructure invariably constituting the backbone of urban form. Yet, despite the increasing level of urban mobility worldwide, access to places, activities and services has become increasingly difficult. Not only is it less convenient — in terms of time, cost and comfort — to access locations in cities, but the very process of moving around in cities generates a number of negative externalities. Accordingly, many of the world's cities face an unprecedented accessibility crisis, and are characterized by unsustainable mobility systems.

* freight: 화물

① Is Hyper-mobility Always Good for Cities?
② Accessibility: A Guide to a Web of Urban Areas
③ A Long and Winding Road to Economic Success
④ Inevitable Regional Conflicts from Hyper-mobility
⑤ Infrastructure: An Essential Element of Hyper-mobility

다음 글의 주제로 가장 적절한 것은?

Environmental learning occurs when farmers base decisions on observations of "payoff" information. They may observe their own or neighbors' farms, but it is the empirical results they are using as a guide, not the neighbors themselves. They are looking at farming activities as experiments and assessing such factors as relative advantage, compatibility with existing resources, difficulty of use, and "trialability" — how well can it be experimented with. But that criterion of "trialability" turns out to be a real problem; it's true that farmers are always experimenting, but working farms are very flawed laboratories. Farmers cannot set up the controlled conditions of professional test plots in research facilities. Farmers also often confront complex and difficult-to-observe phenomena that would be hard to manage even if they could run controlled experiments. Moreover farmers can rarely acquire payoff information on more than a few of the production methods they might use, which makes the criterion of "relative advantage" hard to measure.

* empirical: 경험적인 ** compatibility: 양립성 *** criterion: 기준

① limitations of using empirical observations in farming
② challenges in modernizing traditional farming equipment
③ necessity of prioritizing trialability in agricultural innovation
④ importance of making instinctive decisions in agriculture
⑤ ways to control unpredictable agricultural phenomena

07 21학년도 6월 평가원 23번

다음 글의 주제로 가장 적절한 것은?

Problem framing amounts to defining *what* problem you are proposing to solve. This is a critical activity because the frame you choose strongly influences your understanding of the problem, thereby conditioning your approach to solving it. For an illustration, consider Thibodeau and Broditsky's series of experiments in which they asked people for ways to reduce crime in a community. They found that the respondents' suggestions changed significantly depending on whether the metaphor used to describe crime was as a virus or as a beast. People presented with a metaphor comparing crime to a virus invading their city emphasized prevention and addressing the root causes of the problem, such as eliminating poverty and improving education. On the other hand, people presented with the beast metaphor focused on remediations: increasing the size of the police force and prisons.

① importance of asking the right questions for better solutions

② difficulty of using a metaphor to find solutions to a problem

③ reasons why problem framing prevents solutions from appearing

④ usefulness of preventive measures in reducing community crime

⑤ effect of problem framing on approaching and solving problems

08 22학년도 6월 평가원 23번

다음 글의 주제로 가장 적절한 것은?

Children can move effortlessly between play and absorption in a story, as if both are forms of the same activity. The taking of roles in a narratively structured game of pirates is not very different than the taking of roles in identifying with characters as one watches a movie. It might be thought that, as they grow towards adolescence, people give up childhood play, but this is not so. Instead, the bases and interests of this activity change and develop to playing and watching sports, to the fiction of plays, novels, and movies, and nowadays to video games. In fiction, one can enter possible worlds. When we experience emotions in such worlds, this is not a sign that we are being incoherent or regressed. It derives from trying out metaphorical transformations of our selves in new ways, in new worlds, in ways that can be moving and important to us.

* pirate: 해적 ** incoherent: 일관되지 않은

① relationship between play types and emotional stability

② reasons for identifying with imaginary characters in childhood

③ ways of helping adolescents develop good reading habits

④ continued engagement in altered forms of play after childhood

⑤ effects of narrative structures on readers' imaginations

다음 글의 제목으로 가장 적절한 것은?

　　Although cognitive and neuropsychological approaches emphasize the losses with age that might impair social perception, motivational theories indicate that there may be some gains or qualitative changes. Charles and Carstensen review a considerable body of evidence indicating that, as people get older, they tend to prioritize close social relationships, focus more on achieving emotional well-being, and attend more to positive emotional information while ignoring negative information. These changing motivational goals in old age have implications for attention to and processing of social cues from the environment. Of particular importance in considering emotional changes in old age is the presence of a positivity bias: that is, a tendency to notice, attend to, and remember more positive compared to negative information. The role of life experience in social skills also indicates that older adults might show gains in some aspects of social perception.

* cognitive: 인식의 ** impair: 해치다

① Social Perception in Old Age: It's Not All Bad News!

② Blocking Out the Negative Sharpens Social Skills

③ Lessons on Life-long Goals from Senior Achievers

④ Getting Old: A Road to Maturity and Objectivity

⑤ Positive Mind and Behavior: Tips for Reversing Aging

다음 글의 주제로 가장 적절한 것은?

　　An important advantage of disclosure, as opposed to more aggressive forms of regulation, is its flexibility and respect for the operation of free markets. Regulatory mandates are blunt swords; they tend to neglect diversity and may have serious unintended adverse effects. For example, energy efficiency requirements for appliances may produce goods that work less well or that have characteristics that consumers do not want. Information provision, by contrast, respects freedom of choice. If automobile manufacturers are required to measure and publicize the safety characteristics of cars, potential car purchasers can trade safety concerns against other attributes, such as price and styling. If restaurant customers are informed of the calories in their meals, those who want to lose weight can make use of the information, leaving those who are unconcerned about calories unaffected. Disclosure does not interfere with, and should even promote, the autonomy (and quality) of individual decision-making.

* mandate: 명령 ** adverse: 거스르는 *** autonomy: 자율성

① steps to make public information accessible to customers

② benefits of publicizing information to ensure free choices

③ strategies for companies to increase profits in a free market

④ necessities of identifying and analyzing current industry trends

⑤ effects of diversified markets on reasonable customer choices

11 25학년도 9월 평가원 23번

다음 글의 주제로 가장 적절한 것은?

It is much more natural to be surprised by unusual phenomena like eclipses than ordinary phenomena like falling bodies or the succession of night into day and day into night. Many cultures invented gods to explain these eclipses that shocked, frightened, or surprised them; but very few imagined a god of falling bodies — to which they were so accustomed that they did not even notice them. But the reason for eclipses is ultimately the same as that of the succession of night and day: the movement of celestial bodies, which itself is based on the Newtonian law of attraction and how it explains why things fall when we let them go. For the physicist, understanding the ordinary, the habitual, and the frequent thus allows us to account for the frightening and the singular. As such, it was thus necessary to ask "Why do things fall?" and to have Newton's response to understand a broad range of much more bizarre phenomena occurring at every level of the universe.

* eclipse: 일식, 월식 ** celestial: 천체의 *** bizarre: 이상한

① widespread preference for mythical explanations over scientific ones

② limitations of Newtonian law in explaining eclipse phenomena

③ influence of scientific interpretations on perceptions of reality

④ need to pose questions about the usual to understand the unusual

⑤ difficulty of drawing general conclusions from unusual phenomena

12 21학년도 9월 평가원 23번

다음 글의 주제로 가장 적절한 것은?

Conventional wisdom in the West, influenced by philosophers from Plato to Descartes, credits individuals and especially geniuses with creativity and originality. Social and cultural influences and causes are minimized, ignored, or eliminated from consideration at all. Thoughts, original and conventional, are identified with individuals, and the special things that individuals are and do are traced to their genes and their brains. The "trick" here is to recognize that individual humans are social constructions themselves, embodying and reflecting the variety of social and cultural influences they have been exposed to during their lives. Our individuality is not denied, but it is viewed as a product of specific social and cultural experiences. The brain itself is a social thing, influenced structurally and at the level of its connectivities by social environments. The "individual" is a legal, religious, and political fiction just as the "I" is a grammatical illusion.

① recognition of the social nature inherent in individuality

② ways of filling the gap between individuality and collectivity

③ issues with separating original thoughts from conventional ones

④ acknowledgment of the true individuality embodied in human genes

⑤ necessity of shifting from individualism to interdependence

다음 글의 제목으로 가장 적절한 것은?

　The world has become a nation of laws and governance that has introduced a system of public administration and management to keep order. With this administrative management system, urban institutions of government have evolved to offer increasing levels of services to their citizenry, provided through a taxation process and/or fee for services (e.g., police and fire, street maintenance, utilities, waste management, etc.). Frequently this has displaced citizen involvement. Money for services is not a replacement for citizen responsibility and public participation. Responsibility of the citizen is slowly being supplanted by government being the substitute provider. Consequentially, there is a philosophical and social change in attitude and sense of responsibility of our urban-based society to become involved. The sense of community and associated responsibility of all citizens to be active participants is therefore diminishing. Governmental substitution for citizen duty and involvement can have serious implications. This impedes the nations of the world to be responsive to natural and man-made disasters as part of global preparedness.

* supplant: 대신하다 ** impede: 방해하다

---

① A Sound Citizen Responsibility in a Sound Government

② Always Better than Nothing: The Roles of Modern Government

③ Decreased Citizen Involvement: A Cost of Governmental Services

④ Why Does Global Citizenship Matter in Contemporary Society?

⑤ How to Maximize Public Benefits of Urban-Based Society

다음 글의 주제로 가장 적절한 것은?

　In Kant's view, geometrical shapes are too perfect to induce an aesthetic experience. Insofar as they agree with the underlying concept or idea — thus possessing the precision that the ancient Greeks sought and celebrated — geometrical shapes can be grasped, but they do not give rise to emotion, and, most importantly, they do not move the imagination to free and new (mental) lengths. Forms or phenomena, on the contrary, that possess a degree of immeasurability, or that do not appear constrained, stimulate the human imagination — hence their ability to induce a sublime aesthetic experience. The pleasure associated with experiencing immeasurable objects — indefinable or formless objects — can be defined as enjoying one's own emotional and mental activity. Namely, the pleasure consists of being challenged and struggling to understand and decode the phenomenon present to view. Furthermore, part of the pleasure comes from having one's comfort zone (momentarily) violated.

* geometrical: 기하학의 ** aesthetic: 심미적인 *** sublime: 숭고한

---

① diversity of aesthetic experiences in different eras

② inherent beauty in geometrically perfect shapes

③ concepts of imperfection in modern aesthetics

④ natural inclination towards aesthetic precision

⑤ aesthetic pleasure from things unconstrained

다음 글의 주제로 가장 적절한 것은?

Considerable work by cultural psychologists and anthropologists has shown that there are indeed large and sometimes surprising differences in the words and concepts that different cultures have for describing emotions, as well as in the social circumstances that draw out the expression of particular emotions. However, those data do not actually show that different cultures have different emotions, if we think of emotions as central, neurally implemented states. As for, say, color vision, they just say that, despite the same internal processing architecture, how we interpret, categorize, and name emotions varies according to culture and that we learn in a particular culture the social context in which it is appropriate to express emotions. However, the emotional states themselves are likely to be quite invariant across cultures. In a sense, we can think of a basic, culturally universal emotion set that is shaped by evolution and implemented in the brain, but the links between such emotional states and stimuli, behavior, and other cognitive states are plastic and can be modified by learning in a specific cultural context.

* anthropologist: 인류학자 ** stimuli: 자극 *** cognitive: 인지적인

① essential links between emotions and behaviors
② culturally constructed representation of emotions
③ falsely described emotions through global languages
④ universally defined emotions across academic disciplines
⑤ wider influence of cognition on learning cultural contexts

다음 글의 제목으로 가장 적절한 것은?

A common error in current Darwinian thinking is the assumption that "selfish genes" are the prime mover in evolution. In strict Darwinism the prime mover is environmental threat. In the absence of threat, natural selection tends to *resist* change. It is un-biological to "explain" behavioural change as *resulting from* genetic change or the *ex vacuo* emergence of domain-specific brain modules. Evolutionary psychologists surely know why brains evolved: as Cosmides and Tooby point out, brains are found only in animals that move. Brains are behavioural organs, and behavioural adaptation, being immediate and non-random, is vastly more efficient than genetic adaptation. So, in animals with brains, behavioural change is the usual first response to environmental threat. If the change is successful, genetic adaptation to the new behaviour will follow more gradually. Animals do not evolve carnivore teeth and then decide it might be a good idea to eat meat.

* ex vacuo: 무(無)에서의 ** carnivore: 육식 동물

① Which Adapts First, Behaviour or Genes?
② The Brain Under Control of Selfish Genes
③ Why Animals Eat Meat: A Story of Survival
④ Genes Always Win the Battle Against Nature!
⑤ The Superior Efficiency of Genetic Adaptation

다음 글의 주제로 가장 적절한 것은?

> While many city shoppers were clearly drawn to the notion of buying and eating foods associated with nature, the nature claimed by the ads was no longer the nature that created the foods. Indeed, the nature claimed by many ads was associated with food products *only* by the ads' attachment. This is clearly a case of what French sociologist Henri Lefebvre has called "the decline of the referentials," or the tendency of words under the influence of capitalism to become separated from meaningful associations. Increasingly, food ads helped shoppers become accustomed to new definitions of words such as "fresh" and "natural," definitions that could well be considered opposite of their traditional meanings. The new definitions better served the needs of the emerging industrial food system, which could not supply foods that matched customary meanings and expectations. And they better met shoppers' desires, although with pretense.

① decline of reliability in the ads of natural foods
② changes in the senses of words linked to food ads
③ influence of capitalism on the industrial food system
④ various ways to attract customers in the food industry
⑤ necessity of meaningful word associations in commercials

다음 글의 주제로 가장 적절한 것은?

> There are pressures *within* the museum that cause it to emphasise what happens in the galleries over the activities that take place in its unseen zones. In an era when museums are forced to increase their earnings, they often focus their energies on modernising their galleries or mounting temporary exhibitions to bring more and more audiences through the door. In other words, as museums struggle to survive in a competitive economy, their budgets often prioritise those parts of themselves that are consumable: infotainment in the galleries, goods and services in the cafes and the shops. The unlit, unglamorous storerooms, if they are ever discussed, are at best presented as service areas that process objects for the exhibition halls. And at worst, as museums pour more and more resources into their publicly visible faces, the spaces of storage may even suffer, their modernisation being kept on hold or being given less and less space to house the expanding collections and serve their complex conservation needs.

① importance of prioritising museums' exhibition spaces
② benefits of diverse activities in museums for audiences
③ necessity of expanding storerooms for displaying objects
④ consequences of profit-oriented management of museums
⑤ ways to increase museums' commitment to the public good

다음 글의 주제로 가장 적절한 것은?

Managers of natural resources typically face market incentives that provide financial rewards for exploitation. For example, owners of forest lands have a market incentive to cut down trees rather than manage the forest for carbon capture, wildlife habitat, flood protection, and other ecosystem services. These services provide the owner with no financial benefits, and thus are unlikely to influence management decisions. But the economic benefits provided by these services, based on their non-market values, may exceed the economic value of the timber. For example, a United Nations initiative has estimated that the economic benefits of ecosystem services provided by tropical forests, including climate regulation, water purification, and erosion prevention, are over three times greater per hectare than the market benefits. Thus cutting down the trees is economically inefficient, and markets are not sending the correct "signal" to favor ecosystem services over extractive uses.

* exploitation: 이용 ** timber: 목재

① necessity of calculating the market values of ecosystem services
② significance of weighing forest resources' non-market values
③ impact of using forest resources to maximize financial benefits
④ merits of balancing forests' market and non-market values
⑤ ways of increasing the efficiency of managing natural resources

다음 글의 제목으로 가장 적절한 것은?

As far back as 32,000 years ago, prehistoric cave artists skillfully used modeling shadows to give their horses and bison volume. A few thousand years ago ancient Egyptian and then ancient Greek art presented human forms in shadow-style silhouette. But cast shadows do not appear in Western art until about 400 BCE in Athens. It was only after shadows had become an established, if controversial, part of representation that classical writers claimed that art itself had begun with the tracing of a human shadow. Greeks and Romans were the first to make the transition from modeling shadows to cast shadows, a practice that implied a consistent light source, a fixed point of view, and an understanding of geometric projection. In fact, what we might now call "shadow studies" — the exploration of shadows in their various artistic representations — has its roots in ancient Athens. Ever since, the practice of portraying shadows has evolved along with critical analysis of them, as artists and theoreticians have engaged in an ongoing debate about the significance of shadow representation.

* geometric: 기하학의

① The Journey of Shadows in Art from Prehistoric Caves Onward
② Portrayals of Human Shadows from the Artistic Perspective
③ Representing Shadows as a Key Part of Contemporary Art
④ What Are the Primary Challenges for Shadow Painters?
⑤ Unique Views on Shadows: From Cave Artists to Romans

21 24학년도 9월 평가원 24번 [정답과 해설 128page]

다음 글의 제목으로 가장 적절한 것은?

Before the web, newspaper archives were largely the musty domain of professional researchers and journalism students. Journalism was, by definition, current. The general accessibility of archives has greatly extended the shelf life of journalism, with older stories now regularly cited to provide context for more current ones. With regard to how meaning is made of complex issues encountered in the news, this departure can be understood as a readiness by online news consumers to engage with the underlying issues and contexts of the news that was not apparent in, or even possible for, print consumers. One of the emergent qualities of online news, determined in part by the depth of readily accessible online archives, seems to be the possibility of understanding news stories as the manifest outcomes of larger economic, social and cultural issues rather than short-lived and unconnected media spectacles.

* archive: 기록 보관소 ** musty: 곰팡내 나는 *** manifest: 분명한

① Web-based Journalism: Lasting Longer and Contextually Wider

② With the Latest Content, Online News Beats Daily Newspapers!

③ How Online Media Journalists Reveal Hidden Stories Behind News

④ Let's Begin a Journey to the Past with Printed Newspapers!

⑤ Present and Future of Journalism in the Web World

22 22학년도 수능 24번 [정답과 해설 131page]

다음 글의 제목으로 가장 적절한 것은?

Mending and restoring objects often require even more creativity than original production. The preindustrial blacksmith made things to order for people in his immediate community; customizing the product, modifying or transforming it according to the user, was routine. Customers would bring things back if something went wrong; repair was thus an extension of fabrication. With industrialization and eventually with mass production, making things became the province of machine tenders with limited knowledge. But repair continued to require a larger grasp of design and materials, an understanding of the whole and a comprehension of the designer's intentions. "Manufacturers all work by machinery or by vast subdivision of labour and not, so to speak, by hand," an 1896 *Manual of Mending and Repairing* explained. "But all repairing *must* be done by hand. We can make every detail of a watch or of a gun by machinery, but the machine cannot mend it when broken, much less a clock or a pistol!"

① Still Left to the Modern Blacksmith: The Art of Repair

② A Historical Survey of How Repairing Skills Evolved

③ How to Be a Creative Repairperson: Tips and Ideas

④ A Process of Repair: Create, Modify, Transform!

⑤ Can Industrialization Mend Our Broken Past?

23

다음 글의 주제로 가장 적절한 것은?

Difficulties arise when we do not think of people and machines as collaborative systems, but assign whatever tasks can be automated to the machines and leave the rest to people. This ends up requiring people to behave in machine-like fashion, in ways that differ from human capabilities. We expect people to monitor machines, which means keeping alert for long periods, something we are bad at. We require people to do repeated operations with the extreme precision and accuracy required by machines, again something we are not good at. When we divide up the machine and human components of a task in this way, we fail to take advantage of human strengths and capabilities but instead rely upon areas where we are genetically, biologically unsuited. Yet, when people fail, they are blamed.

① difficulties of overcoming human weaknesses to avoid failure
② benefits of allowing machines and humans to work together
③ issues of allocating unfit tasks to humans in automated systems
④ reasons why humans continue to pursue machine automation
⑤ influences of human actions on a machine's performance

24

다음 글의 제목으로 가장 적절한 것은?

The discovery that man's knowledge is not, *and never has been*, perfectly accurate has had a humbling and perhaps a calming effect upon the soul of modern man. The nineteenth century, as we have observed, was the last to believe that the world, as a whole as well as in its parts, could ever be perfectly known. We realize now that this is, and always was, impossible. We know within limits, not absolutely, even if the limits can usually be adjusted to satisfy our needs. Curiously, from this new level of uncertainty even greater goals emerge and appear to be attainable. Even if we cannot know the world with absolute precision, we can still control it. Even our inherently incomplete knowledge seems to work as powerfully as ever. In short, we may never know precisely how high is the highest mountain, but we continue to be certain that we can get to the top nevertheless.

① Summits Yet to Be Reached: An Onward Journey to Knowledge
② Over the Mountain: A Single But Giant Step to Success
③ Integrating Parts into a Whole: The Road to Perfection
④ How to Live Together in an Age of Uncertainty
⑤ The Two Faces of a Knowledge-Based Society

25 21학년도 수능 24번

다음 글의 제목으로 가장 적절한 것은?

People don't usually think of touch as a temporal phenomenon, but it is every bit as time-based as it is spatial. You can carry out an experiment to see for yourself. Ask a friend to cup his hand, palm face up, and close his eyes. Place a small ordinary object in his palm — a ring, an eraser, anything will do — and ask him to identify it without moving any part of his hand. He won't have a clue other than weight and maybe overall size. Then tell him to keep his eyes closed and move his fingers over the object. He'll most likely identify it at once. By allowing the fingers to move, you've added time to the sensory perception of touch. There's a direct analogy between the fovea at the center of your retina and your fingertips, both of which have high acuity. Your ability to make complex use of touch, such as buttoning your shirt or unlocking your front door in the dark, depends on continuous time-varying patterns of touch sensation.

* analogy: 유사 ** fovea: (망막의) 중심와(窩) *** retina: 망막

① Touch and Movement: Two Major Elements of Humanity
② Time Does Matter: A Hidden Essence of Touch
③ How to Use the Five Senses in a Timely Manner
④ The Role of Touch in Forming the Concept of Time
⑤ The Surprising Function of Touch as a Booster of Knowledge

26 25학년도 수능 24번

다음 글의 제목으로 가장 적절한 것은?

The selfie resonates not because it is new, but because it expresses, develops, expands, and intensifies the long history of the self-portrait. The self-portrait showed to others the status of the person depicted. In this sense, what we have come to call our own "image" — the interface of the way we think we look and the way others see us — is the first and fundamental object of global visual culture. The selfie depicts the drama of our own daily performance of ourselves in tension with our inner emotions that may or may not be expressed as we wish. At each stage of the self-portrait's expansion, more and more people have been able to depict themselves. Today's young, urban, networked majority has reworked the history of the self-portrait to make the selfie into the first visual signature of the new era.

* resonate: 공명(共鳴)하다 ** depict: 그리다

① Are Selfies Just a Temporary Trend in Art History?
② Fantasy or Reality: Your Selfie Is Not the Real You
③ The Selfie: A Symbol of Self-oriented Global Culture
④ The End of Self-portraits: How Selfies Are Taking Over
⑤ Selfies, the Latest Innovation in Representing Ourselves

Chapter

02

빈칸 추론

▍평가원이 제시한 빈칸 추론

빈칸이 지문의 앞부분 나왔을 때 중간 부분에서 나왔을 때 뒷부분에서 나왔을 때 풀이법이 다른 것이 아닙니다. 만약 다르다면 다 같은 빈칸 유형이 아니라 각자 다른 유형으로 평가원은 출제 했을 겁니다. 즉 어떤 부분에서 빈칸이 출제되었든 간에 일관되게 풀이할 수 있는 풀이법이 필요합니다. 평가원은 어떻게 제시하는 지 2023학년도 대학수학능력시험 학습방법 안내에서 같이 파악해 봅시다.

[2025학년도 대학수학능력시험 학습방법 안내 118p]

이 유형은 글의 핵심적인 내용 (주제문이나 주요 세부 내용)과 글의 논리적 흐름을 고려하여 문맥상 빈칸에 들어갈 가장 적절한 표현을 추론하는 능력을 측정하는 문항이다. 빈칸은 글의 핵심 내용에 해당하는 부분이나 핵심 내용과 밀접한 관련이 있는 세부 사항 부분에 주로 제시된다. 빈칸의 대상은 글에서 핵심적인 부분에 해당되는 한 단어가 될 수도 있고, 구나 절 또는 문장 전체가 될 수도 있다.

- 빈칸은 주제문이나 주요 세부 내용에서 출제한다고 하니 우리가 Chapter 1에서 배운 대의 파악 유형의 심화 유형이 빈칸 추론임을 알 수 있습니다.

빈칸 추론 문항은 일반적으로 학술적 지문이 주로 사용되므로 단순하고 기계적인 문제 풀이 요령만으로는 정답을 찾기 어려우며, 평상시 지문 전체의 내용을 빠르고 정확하게 읽어 나가면서 지문의 핵심 소재와 그와 관련된 주제 및 요지를 파악하는 연습을 충실히 해야만 해결할 수 있다.

• 평가원도 글 전체를 읽으라고 합니다. 일부만 읽고 빈칸을 가는 풀이를 지양하고 글 전체를 읽고 빈칸을 판단해야 합니다.

더불어 빈칸 추론 문항은 해당 지문에서 정답과 밀접하게 관련된 단서 또는 근거가 되는 부분이 존재하는 것이 일반적이다. 글을 읽어 나가면서 빈칸의 단서 또는 근거가 되는 부분을 찾아 표시하고, 이를 바탕으로 빈칸에 들어갈 말을 추론해 보는 연습도 효과적이다.

• 빈칸 유형은 글에 빈칸에 들어갈 말에 대한 근거가 존재하며 그 근거를 찾아서 표시하고 빈칸에 들어갈 말을 추론하라고 합니다. 평가원이 제시한 빈칸 추론 방식을 다음과 같이 정리합니다.

Ⅰ. 빈칸에 어떤 내용이 들어가야 할지 파악 (Targeting)
Ⅱ. 빈칸에 들어갈 근거 찾기 (A/B 비교/대조, Generalization, Paraphrasing)
Ⅲ. 근거를 바탕으로 선지 판단하기 (Paraphrasing)

이를 좀 더 실용화하여 체화하는 것을 Chapter 2의 목표로 합니다.

빈칸 추론 문제를 접근하는 데 있어서 우리는 먼저 빈칸 문장을 읽어서 빈칸에 들어가야 할 내용을 파악해야 합니다. 왜 빈칸 문장을 먼저 읽어야 할까요? 다음 기출 문제를 풀어봅시다.

15학년도 수능 31번

The concept of humans doing multiple things at a time has been studied by psychologists since the 1920s, but the term "multitasking" didn't exist until the 1960s. It was used to describe computers, not people. Back then, ten megahertz was so fast that a new word was needed to describe a computer's ability to quickly perform many tasks. In retrospect, they probably made a poor choice, for the expression "multitasking" is inherently deceptive. Multitasking is about multiple tasks alternately sharing one resource (the CPU), but in time the context was flipped and it became interpreted to mean multiple tasks being done simultaneously by one resource (a person). It was a clever turn of phrase that's misleading, for even computers can process only one piece of code at a time. When they "multitask," they switch back and forth, alternating their attention until both tasks are done. The speed with which computers tackle multiple tasks _______________________ that everything happens at the same time, so comparing computers to humans can be confusing.

① expels the myth
② feeds the illusion
③ conceals the fact
④ proves the hypothesis
⑤ blurs the conviction

한 번만 읽어서 빈칸에 들어갈 내용을 바로 파악했다면 안정적인 1등급 학생이거나 이해력이 아주 좋아서 해석만 보충하면 1등급에 쉽게 진입할 수 있는 학생입니다. 하지만 대부분의 학생들은 빈칸이 뒤에 출제되었기 때문에 이 문제를 2번 이상 읽게 됩니다. 빈칸 문장을 읽지 않고 지문을 읽게 되면 빈칸에 들어갈 내용을 늦게 파악하거나 파악하지 못하게 됩니다. 결국 빈칸에 들어갈 근거를 찾기 위해서 다시 읽어야합니다. 70분. 듣기를 제외하고는 실질적으로 50분인 영어 독해 시험에서 시간을 낭비하게 됩니다. 하지만 만약 빈칸 문장을 먼저 읽을 경우 처음부터 빈칸에 들어갈 내용을 생각하고 읽기 때문에 그 내용만 찾으면 됩니다.

Ⅰ. The speed (with which computers tackle multiple tasks) ___________________ / that everything happens at the same time, / so comparing computers to humans can be confusing.

빈칸 문장을 먼저 읽고 풀어봅시다. 빈칸 문장에서 컴퓨터들이 다수의 일들을 처리하는 그 속도는 모든 것이 동시에 일어난다는 ________으로 인해서 컴퓨터들과 사람들을 비교하는데 혼란을 줄 수 있다고 합니다. 즉 다수의 일들을 처리하는 속도가 모든 것이 동시에 일어난다는 무엇을 어떻게 하는지를 찾으면 됩니다.

처음부터 읽어봅시다.

> The concept of humans doing multiple things at a time has been studied by psychologists since the 1920s, but the term "multitasking" didn't exist until the 1960s. It was used to describe computers, not people. Back then, ten megahertz was so fast that a new word was needed to describe a computer's ability to quickly perform many tasks. In retrospect, they probably made **a poor choice**, **for** the expression "multitasking" is inherently **deceptive**. Multitasking is about multiple tasks alternately sharing one resource (the CPU), **but** in time the context was flipped and it **became interpreted to mean multiple tasks being done simultaneously** by one resource (a person). It was a clever turn of phrase that's **misleading**, **for** even computers can process only one piece of code at a time. When they "multitask," they switch back and forth, alternating their attention until both tasks are done.

모든 것이 동시에 일어난다는 무엇이 어떻게 판단되는 지만 찾으면 됩니다. 간략히 해설하면
In retrospect, they probably made a poor choice, for the expression "multitasking" is inherently deceptive.

멀티태스킹이란 표현이 내재적으로 현혹적(=속이는)이기 때문에 그들은 아마도 최악의 선택을 했다고 합니다.
* for S + V - S가 V하기 때문에

> Multitasking is (about multiple tasks) alternately sharing one resource (the CPU), **but** (in time) the context / was flipped and it **became interpreted to mean multiple tasks being done simultaneously** by one resource (a person).

멀티태스킹이 다수의 업무에 대해서 하나의 원천을 번갈아 공유하는 것이지만 그 맥락은 뒤바뀌어졌고 멀티태스킹은 하나의 원천에 의해서 다수의 업무가 동시에 완료되는 것을 의미하는 것으로 해석하게 됐다고 합니다.

즉 앞 문장과 동일하게 멀티태스킹 ≠ 하나의 일을 동시에 처리하는 것이라고 합니다.

> It was / a clever turn of phrase / that's **misleading**, **for** even computers / can process only one piece of code at a time.

심지어 컴퓨터들도 오직 한 번에 하나의 코드 조각만 처리 가능하기 때문에 이것은 오해하는 어구의 전환이 되었다고 합니다.

앞 두 문장의 내용이 재진술되고 그 재진술의 내용이 멀티태스킹 ≠ 하나의 일을 동시에 처리하는 것이라고 합니다.

우리가 찾아야 하는 것은 동시에 일어난다는 것이 무엇 인지를 찾는 것입니다. 이 세 문장을 통해서 우리는 동시에 일어난다는 것은 'a poor choice'이고 'deceptive'이며 'misleading' 이라는 것을 바로 파악하여 근거를 찾을 수 있습니다. 그러므로 정답은 ② feeds the illusion '착각을 먹이다' = '착각을 하게 하다'가 됩니다!

문제가 어렵지 않기 때문에 다시 읽는다면 근거를 찾을 수 있지만 우리는 50분이라는 시간 안에 듣기를 제외한 28문제를 풀어야 하기 때문에 최대한 한 번만 읽고 풀어야 합니다. 그러므로 빈칸 문제는 빈칸 문장을 먼저 읽고 'Targeting'을 한 후 근거를 찾아가며 읽어야 합니다.

또한 우리는 이 문제를 풀면서 동시에 'Paraphrasing'을 했습니다. 바로 재진술입니다.

feeds the illusion과 'deceptive', 'misleading'을 같은 말이라고 판단했습니다. 왜죠? 이 지문 문맥 안에서 같은 '오해'라는 뜻을 가지기 때문입니다. 재진술이 많은 학생들이 어렵다고 판단하지만 해석하면서 같은 말을 찾으면 되는 간단한 겁니다.

   Ⅰ. 빈칸 문장을 먼저 읽으며 찾아야 할 근거를 Targeting 한다.
   Ⅱ. 처음부터 읽으며 빈칸에 들어가야 할 말을 찾는다.
   Ⅲ. 찾은 근거와 Paraphrasing될 수 있는 선지를 찾는다.

한 문제를 더 풀어보면서 이해해 봅시다.

My friend was disappointed that scientific progress has not cured the world's ills by abolishing wars and starvation; that gross human inequality is still widespread; that happiness is not universal. My friend made a common mistake — a basic misunderstanding in the nature of knowledge. Knowledge is amoral — not immoral but morality neutral. It can be used for any purpose, but many people assume it will be used to further their favorite hopes for society — and this is the fundamental flaw. Knowledge of the world is one thing; its uses create a separate issue. To be disappointed that our progress in understanding has not remedied the social ills of the world is a legitimate view, but ____. To argue that knowledge is not progressing because of the African or Middle Eastern conflicts misses the point. There is nothing inherent in knowledge that dictates any specific social or moral application.

① to confuse this with the progress of knowledge is absurd

② to know the nature of knowledge is to practice its moral value

③ to remove social inequality is the inherent purpose of knowledge

④ to accumulate knowledge is to enhance its social application

⑤ to make science progress is to make it cure social ills

My friend was disappointed that scientific progress has not cured the world's ills by abolishing wars and starvation; that gross human inequality is still widespread; that happiness is not universal. My friend made a common mistake — a basic misunderstanding in the nature of knowledge. Knowledge is amoral — not immoral **but morality neutral.** It can be used for any purpose, but many people assume it will be used to further their favorite hopes for society — and this is the fundamental flaw. Knowledge of the world is one thing; its uses create **a separate issue.** To be disappointed that our progress in understanding has not remedied the social ills of the world is a legitimate view, but ________________________. To argue that knowledge is not progressing because of the African or Middle Eastern conflicts misses the point. There is nothing inherent in knowledge that dictates any specific social or moral application.

Ⅰ. 빈칸 문장을 먼저 읽으며 찾아야 할 근거를 'Targeting' 한다.

> To be disappointed / that our progress (in understanding) / has not remedied / the social ills of the world / is a legitimate view, but ________________________.

이해에 있어서 우리의 진보가 세계의 사회적 아픔을 치료해오지 못했다는 것은 합리적인 견해이지만 __________ 하다고 합니다. 우리는 지문 안에서 우리의 진보가 세계의 사회적 아픔을 치료해오지 못했다는 것과 반대로 서술되는 것을 근거로 찾으면 됩니다.

Ⅱ. 처음부터 읽으며 빈칸에 들어가야 할 말을 찾는다.

> Knowledge is amoral — not immoral **but morality neutral.**

지식은 부도덕적인 것이 아닌 도덕성이 중립인 도덕이 없는 상태라고 합니다. 지문에서 지식이 우리의 진보로 재진술 되는 것을 파악할 수 있으며 지식은 도덕 중립적이라는 것을 알 수 있습니다.

> It can be used for any purpose, **but** many people assume / it will be used to further their favorite hopes for society — and this is the fundamental flaw.

지식은 어떤 목적으로도 사용될 수 있지만 많은 사람들은 지식이 사회에서 그들이 선호하는 희망을 증가하는데 사용된다고 가정하고 이는 근본적으로 잘못된 것이라고 합니다. 지식이 사회에서 그들이 선호하는 희망을 증가시키는 것 = 빈칸 문장의 세계의 사회적 아픔을 치료하는 것으로 재진술되는 것을 판단할 수 있습니다. 이와 반대되는 내용은 지식은 어떠한 목적으로도 사용될 수 있다는 것입니다.

> Knowledge of the world / is one thing; its uses create **a separate issue.**

세상의 지식은 한 가지이고 이것의 사용은 별개의 문제라고 합니다. 즉 세상의 지식 = 우리의 진보와 이것의 사용 = 어떤 목적으로 사용되는 지는 별개의 문제라고 합니다.

Ⅲ. 찾은 근거와 Paraphrasing될 수 있는 선지를 찾는다.

종합해 봅시다. 우리의 진보가 사회적 아픔을 치료해 오지 못했다는 관점과 반대로 서술되었기 때문에 빈칸에 들어가야 할 말은 무엇일까요?

바로 '**morality neutral**' 그리고 우리의 진보와 그것의 사용은 '**a separate issue**'가 들어가야 합니다.

그러므로 정답은 ① to confuse this with the progress of knowledge is absurd 그것을 지식의 진보와 혼동하는 것은 어리석다. 즉 지식의 진보와 지식이 사용되는 것은 별개의 문제이며 도덕 중립적이라는 말로 재진술 될 수 있습니다. 그러므로 정답 ①번이 됩니다.

다시 정리하면

Ⅰ. 빈칸 문장을 먼저 읽어서 빈칸에 들어가야 할 말을 Targeting한다.
Ⅱ. 지문을 처음부터 읽으며 빈칸에 들어가야 할 말을 찾는다.
Ⅲ. 찾은 빈칸에 들어가야 할 말을 기준으로 paraphrasing 될 수 있는 선지를 찾는다.

여러분이 중점적으로 연습해야 할 것은 본인의 주관 개입 없이 Targeting 후 빈칸에 들어가야 할 말을 찾는 것입니다.

체화에서 연습해 봅시다.

▎체화 (1)

다음 문제를 풀어봅시다.

01

The true champion recognizes that excellence often flows most smoothly from __________, a fact that can get lost in these high-tech days. I used to train with a world-class runner who was constantly hooking himself up to pulse meters and pace keepers. He spent hours collecting data that he thought would help him improve. In fact, a good 25 percent of his athletic time was devoted to externals other than working out. Sports became so complex for him that he forgot how to enjoy himself. Contrast his approach with that of the late Abebe Bikila, the Ethiopian who won the 1960 Olympic Marathon running barefoot. High-tech clothing and digital watches were not part of his world. Abebe Bikila simply ran. Many times in running, and in other areas of life, less is more.

02

Not all interesting discoveries have an obvious application. If you believe you have something, but you're not sure what exactly it's going to be good for, don't give up. Many innovations languished in labs for years until they were __________________. Teflon, an extremely slippery synthetic substance employed as a coating on cooking utensils, was invented in 1938, but it didn't coat its first pan till 1954. The Post-it note was built on the back of some not-very-good glue. Its inventor believed it might have value, but it took him five years to find a potentially profitable use for it. HP had a breakthrough with a super-accurate thermometer that was created in the HP Labs. Despite its accuracy, there was no clear use for the device until it was used to measure fluctuations in ocean temperature.

* languish: 시들해지다

03

I would like to compare the shift from analog to digital film-making to the shift from fresco and tempera to oil painting in the early Renaissance. A painter making a fresco has limited time before the paint dries, and once it has dried, no further changes to the image are possible. Similarly, a traditional filmmaker has limited means of modifying images once they are recorded on film. Medieval tempera painting can be compared to the practice of special effects during the analog period of cinema. A painter working with tempera could modify and rework the image, but the process was painstaking and slow. The switch to oils greatly liberated painters by allowing them to quickly create much larger compositions as well as to modify them as long as necessary. Similarly, __________________ digital technology redefines what can be done with cinema.

04

The origins of contemporary Western thought can be traced back to the golden age of ancient Greece, when Greek thinkers laid the foundations for modern Western politics, philosophy, science, and law. Their novel approach was to pursue rational inquiry through adversarial discussion: The best way to evaluate one set of ideas, they decided, was by __________________. In the political sphere, the result was democracy, in which supporters of rival policies vied for rhetorical supremacy; in philosophy, it led to reasoned arguments and dialogues about the nature of the world; in science, it prompted the construction of competing theories to try to explain natural phenomena; in the field of law, the result was the adversarial legal system. This approach is the foundation for the modern Western way of life, in which politics, commerce, science, and law are all rooted in orderly competition.

* adversarial: 대립 관계의
** vie: 다투다, 경쟁하다

05

Empathy is a character trait that we value in ourselves and in our friends, colleagues, and the professionals who serve us. The know-how to be empathetic is central to practical wisdom: unless we can understand how others think and feel, it's difficult to know the right thing to do. But empathy has its dark side: too much understanding and sensitivity, too much seeing things from the other's perspective, can __________________. Edmund Pellegrino, a scholar of bioethics, explains it like this: "If a physician identifies too closely as co-sufferer with the patient, she loses the objectivity essential to the most precise assessment of what is wrong, of what can be done, and of what should be done to meet those needs. Excessive co-suffering also impedes and may even paralyze the physician into a state of inaction."

* impede: 방해하다

06

Bees have their choice of flora according to color. Lord Avenbury once made an experiment to see if the color of flowers attracted bees. Placing honey on slips of paper of different shades, he found that the insects which visited them seemed to have a marked preference for blue, after which came white, yellow, red, green and orange. This finding should be considered for our beekeeping planning. If pollination is the prime consideration of taming bees and if the crop is identified, __________________ while planning. Let us consider beekeeping near a mustard field. Mustard gives tiny yellow flowers full of nectar and pollen. For better yield of mustard seeds, pollination is necessary. But if there is plenty of blue-colored wild flora nearby, bees may prefer the blue flowers to mustard. Although we shall get honey and other products, the objective for pollination of mustard may be defeated.

* flora: 식물군

① patience

② simplicity

③ generosity

④ forcing it upon the opponents

⑤ replaced by new ones

⑥ matched to a product

⑦ cloud judgment and paralyze choice

⑧ lead to a hasty but correct diagnosis

⑨ testing it against another set of ideas

⑩ promoting a consensus among supporters

⑪ by equating oil painting with analog film-making

⑫ by allowing a filmmaker to treat a film image as an oil painting

⑬ with the shift from oil painting styles to fresco ones in making films

⑭ the quality of honey should be taken into account

⑮ the color of other floras nearby should be considered

체화 (2)

다음 문제를 풀어봅시다.

01

We tend to assume that the way to get more time is to speed up. But speeding up can actually slow us down. Anyone who has ever rushed out of the house only to realize that their keys and wallet are sitting on the kitchen table knows this only too well. And it's not just our efficiency that is reduced. The quality of the experience suffers too, as we become less aware or 'mindful.' Have you ever eaten an entire meal without tasting any of it? Hurrying up doesn't just give us less time, it can also steal the pleasure and benefit from the time that we do have. For many of us, hurrying is a way of life. Some of us enjoy the thrill that it gives us while others are driven crazy by the constant pressure and feel that their lives are speeding up to an unacceptable degree. Either way, there are almost certainly areas of our life that could be ________________.

02

According to a renowned French scholar, the growth in the size and complexity of human populations was the driving force in the evolution of science. Early, small communities had to concentrate all their physical and mental effort on survival; their thoughts were focused on food and religion. As communities became larger, some people had time to reflect and debate. They found that they could understand and predict events better if they reduced passion and prejudice, replacing these with observation and inference. But while a large population may have been necessary, in itself it was not sufficient for science to germinate. Some empires were big, but the rigid social control required to hold an empire together was not beneficial to science, just as it was not beneficial to reason. The early nurturing and later flowering of science ________________ to support original thought and freewheeling incentive. The rise in commerce and the decline of authoritarian religion allowed science to follow reason in seventeenth-century Europe.

* germinate: 싹트다, 발아하다

03

In an increasingly globalized world, literature in translation has an especially important role. Increasingly, writers, readers, and publishers are turning to literature as a bridge between cultures, particularly Western and Arab societies. This growing interest is, in turn, driving a boom in translation. However, not surprisingly perhaps, most translations are from English into other languages, not from another language, such as Arabic, into English. Hence, the huge American market is seen as driving the ________________. Bookstores in the United States, for example, rarely stock more than Nobel Prize winner Naguib Mahfouz's Cairo Trilogy, a masterful, realistic account of life in Cairo and of a merchant family in the mid-20th century. Western readers likely know little of Mahfouz's more experimental work, his political and religious allegories, or his historical dramas. The result is a kind of one-way mirror between America and the rest of the world.

* allegory: 우화, 풍자

04

In the mid-1900s, John Kenneth Galbraith shocked the field of economics when he insisted that consumers do not merely participate in the marketplace, they are also the product of the systematic deployment of power throughout society. Within this deployment of power, commercial media ensures that consumers adopt values and beliefs that match the general requirements of the economy. The individual's participation in mass behavior patterns is ________________. Consumers engage in shared patterns of consumption because they live within an economic system that operates as a belief system. It exercises considerable control over the meaning and value of things. When the economy functions as a belief system, it establishes severe limits on a consumer's free choice. As consumers, our choices are not entirely our own. Our beliefs, values, thoughts, and emotions are highly conditioned to match the needs of the marketplace.

* deployment: 배치

05

Early human societies were nomadic, based on hunting and gathering, and, in a shifting pattern of life in search of new sources of food, qualities such as lightness, portability, and adaptability were dominant criteria. With the evolution of more settled rural societies based on agriculture, other characteristics, other traditions of form appropriate to the new patterns of life, rapidly emerged. It must be emphasized, however, that tradition was not static, but constantly subject to minute variations appropriate to people and their circumstances. Although traditional forms reflected the experience of social groups, specific manifestations could be adapted in various minute and subtle ways to suit individual users' needs. A chair could keep its basic, accepted characteristics while still being closely shaped in detail to the physique and proportions of a specific person. This basic principle of ____________ allowed a constant stream of incremental modifications to be introduced, which, if demonstrated by experience to be advantageous, could be integrated back into the mainstream of tradition.

* manifestation: 외적 형태, 표시
** physique: 체격 *** incremental: 증가하는

06

Investigators as a personality type place a high value on science, process, and learning. They excel at research, using logic and the information gained through their senses to conquer complex problems. Nothing thrills them more than a "big find." Intellectual, introspective, and exceedingly detail-oriented, investigators are happiest when they're using their brain power to pursue what they deem as a worthy outcome. They ______ and they dislike overly structured environments that necessitate a set response to challenges. Investigators are not interested in leadership, and developing the interpersonal skills necessary to fuel collaboration is a hurdle for many of them. They may feel insecure in their ability to "keep up" in their fields and can react badly when forced to put more important work on hold to complete a task that doesn't intrigue them.

* introspective: 자기 성찰적인
** deem: 여기다, 생각하다

① equality

② imbalance

③ uncertainty

④ customization

⑤ generalization

⑥ attempt to go with the flow

⑦ prefer to march to their own beat

⑧ enhanced by a little go-slow behavior

⑨ complicated by slow-but-steady actions

⑩ not driven by commercial media's agenda

⑪ a product of unconditioned personal choice

⑫ not a spontaneous reaction to random forces

⑬ occurred in large communities with strict hierarchical structures

⑭ were solely attributed to efforts of survival in a small community

⑮ required a large and loosely structured, competitive community

체화 (1) 해설

01

The true champion recognizes that excellence often flows most smoothly from __________, a fact that can get lost in these high-tech days. I used to train with a world-class runner who was constantly hooking himself up to pulse meters and pace keepers. He spent hours collecting data that he thought would help him improve. In fact, a good 25 percent of his athletic time was devoted to externals other than working out. Sports became so complex for him that he forgot how to enjoy himself. <u>Contrast</u> his approach with that of the late Abebe Bikila, the Ethiopian who won the 1960 Olympic Marathon running barefoot. High-tech clothing and digital watches were not part of his world. Abebe Bikila <u>simply ran.</u> Many times in running, and in other areas of life, less is more.

⑧ 해석

진정한 챔피언은 탁월함은 흔히 단순함에서부터 가장 부드럽게 흘러나온다는 것을 인식하고 있는데, 이는 요즘과 같은 최첨단 시대에는 놓쳐질 수 있는 사실이다. 나는 맥박 측정기와 평균 속도 계측기에 끊임없이 자신을 연결하는 어떤 세계 일류 선수와 훈련을 하곤 했었다. 그는 자신이 향상되는 데 도움이 되리라 생각되는 자료를 수집하며 여러 시간을 보냈다. 사실 그의 운동시간 중 상당 부분인 25%가 운동이 아닌 외적인 것에 바쳐졌다. 스포츠가 그에게는 너무나 복잡해져서 그는 자신을 즐기는 법을 잊었다. 그의 접근 방식을 1960년 올림픽 마라톤에서 맨발로 달려 우승한 에티오피아 사람, 고 Abebe Bikila의 접근 방식과 대조해보라. 최첨단 옷과 디지털 시계는 그의 세계의 일부가 아니었다. Abebe Bikila는 그냥 달렸다. 달리기에서 그리고 삶의 다른 영역에서도 흔히 더 모자라는 것이 더 넘치는 것이다.

⑧ 해설 ｜ 정답 : ② ｜

Ⅰ. Targeting

진정한 챔피언은 훌륭함은 흔히 _____으로부터 가장 부드럽게 흘러나온다는 것은 인식하고 있는데, 이는 최첨단 시대에는 놓칠 수 있는 사실이라고 합니다. 우리는 무엇으로부터 훌륭함이 나오는지를 찾아야 합니다.

Ⅱ. 빈칸에 들어갈 말 찾기

지문에서 최첨단 기술을 이용하는 어떤 세계적인 선수와 훈련을 했는데 그는 스포츠가 너무 복잡해져서 자신을 즐기는 법을 잊었다고 합니다. 그래서 올림픽 마라톤에서 맨발로 달려 우승한 에티오피아 사람과 대조해보라고 합니다. 대조를 구체화하여 그는 최첨단 기술이 그의 세계의 일부가 아니었으며 그냥 달렸다고 합니다. 훌륭함은 어디서부터 나왔나요? 바로 단순히 달리는 것으로 부터 왔습니다. 그러므로 빈칸에 들어갈 말은 '단순히 달린다'입니다.

Ⅲ. 근거를 기준으로 선지 판단하기

'단순히 달린다'와 같은 말은 'simplicity'가 됩니다.

02

Not all interesting discoveries have an obvious application. If you believe you have something, but you're not sure what exactly it's going to be good for, don't give up. Many innovations languished in labs for years until they were _________________. Teflon, an extremely slippery synthetic substance employed as a coating on cooking utensils, was invented in 1938, **but** it didn't **coat its first pan** till 1954. The Post-it note was built on the back of some not-very-good glue. **Its inventor** believed it might have value, **but** it took him five years to find **a potentially profitable use** for it. HP had a breakthrough with a super-accurate thermometer that was created in the HP Labs. Despite its accuracy, there was no clear use for the device until **it was used to measure fluctuations in ocean temperature**.

* languish: 시들해지다

⊹ 해석

흥미로운 발견이 모두 다 명백한 적용성을 가지고 있는 것은 아니다. 무언가를 가지고 있다고 확신하지만, 그것이 정확히 무엇에 유용할지 잘 모른다 해도, 포기하지 마라. 많은 혁신 제품들이 수년 동안 실험실에서 시들해져 있다가 상품으로 연결되었다. 조리 기구의 코팅 막으로 쓰이는 매우 미끈거리는 합성 물질인 Teflon은 1938년에 발명되었지만 1954년이 되어서야 첫 번째 (프라이)팬에 코팅 막을 씌웠다. Post-it 메모장은 성능이 별로 좋지 않은 어떤 풀의 결과를 바탕으로 만들어졌다. 그것의 발명가는 그것이 가치가 있을 수 있다고 믿었지만, 그것의 잠재적 수익 용도를 찾는 데 5년이 걸렸다. HP는 HP 실험실에서 만들어진 초정밀 온도계로 획기적 발전을 이룩했다. 정확성에도 불구하고 해수 온도의 변화를 측정하는 데 사용될 때까지 그 장비에 대한 분명한 용도가 없었다.

⊹ 해설 ㅣ 정답 : ⑥ ㅣ

Ⅰ. Targeting

_____때 까지 많은 혁신들은 수년 동안 실험실에서 시들해진다고 합니다. 어떨 때까지 혁신들이 실험실에서 시들해 지는지를 찾으면 됩니다.

Ⅱ. 빈칸에 들어갈 말 찾기

지문에서 모든 흥미로운 발견이 모두 명백한 적용을 가지고 있지는 않다고 합니다. 이에 대한 예시로 'Teflon'과 'Post-it', 그리고 'HP'를 들며 'Teflon'은 발견된 후 나중에 처음 팬에 쓰였고 'Post-it'은 잠재적으로 이익이 될 수 있는 사용에 5년이 걸렸으며 'HP'는 해수 온도의 변화를 측정하는데 사용될 때까지 분명한 이용이 없었다고 합니다. 즉 빈칸에 들어갈 말은 'use'가 됩니다.

Ⅲ. 근거를 기준으로 선지 판단하기

'use'와 같은 말을 하는 선지는 'matched to a product' '상품으로 연결되었다'가 됩니다.

03

I would like to compare the shift from analog to digital film-making to the shift from fresco and tempera to oil painting in the early Renaissance. A painter making a fresco has limited time before the paint dries, and once it has dried, no further changes to the image are possible. Similarly, a traditional filmmaker has limited means of modifying images once they are recorded on film. Medieval tempera painting can be compared to the practice of special effects during the analog period of cinema. A painter working with tempera could modify and rework the image, **but** the process was painstaking and slow. The switch to oils greatly liberated painters **by allowing them to quickly create much larger compositions as well as to modify them as long as necessary**. Similarly, ___________________________ digital technology redefines what can be done with cinema.

⊗ 해석

나는 아날로그에서 디지털로의 영화 제작 방식의 변화를 초기 르네상스 시대에 프레스코 화법(새로 석회를 바른 벽에 그것이 마르기 전에 그림을 그리는 것)과 템페라 화법(안료에 달걀노른자와 물을 섞어 그린 그림)에서 유화 화법으로의 변화에 비유하고 싶다. 프레스코화를 그리는 화가는 물감이 마르기 전에 한정된 시간을 가지게 되어, 일단 물감이 마르고 나면, 그림에 더 이상의 변화를 주는 것은 가능하지 않다. 마찬가지로, 전통적인 영화 제작자는 일단 영상이 필름에 기록되고 나면 그것을 수정할 수 있는 제한적인 수단을 가진다. 중세의 템페라 화법은 영화를 아날로그 방식으로 제작하던 시기의 특수효과 실행에 비유될 수 있다. 템페라화를 그리는 화가는 그림을 수정하고 다시 그릴 수 있었지만, 그 과정은 고생스럽고 느렸다. 유화로의 전환은 화가들이 필요한 만큼 오랫동안 작품을 수정하는 것뿐만 아니라 빠르게 훨씬 더 큰 작품을 그리는 것을 가능하게 함으로써 그들을 대단히 자유롭게 해주었다. 마찬가지로, 영화 제작자가 유화 화법처럼 영화 영상을 다루는 것을 가능하게 함으로써, 디지털 기술은 영화로 할 수 있는 일을 재정립한다.

⊗ 해설 [정답 : ⑫]

Ⅰ. Targeting

마찬가지로 ________ 전자 기술은 영화로 할 수 있는 일을 재정의한다고 합니다. 우리는 전자 기술이 영화를 재정의할 때 어떤 내용이 전개되는지를 찾으면 됩니다.

Ⅱ. 빈칸에 들어갈 말 찾기

지문에서 프레스코 화법과 템페라 화법과 마찬가지로 아날로그 방식 영화 제작에서는 이미지를 수정하는 데 있어서 한계가 존재했다고 합니다. 하지만 프레스코 화법과 템페라 화법에서 유화로 변화하면서 작품을 수정할 뿐만 아니라 더 큰 작품을 그릴 수 있었다고 합니다. 이는 빈칸 문장과 'Similarly'로 연결되므로 빈칸에 들어갈 말은 '유화처럼 작품을 수정할 수 있고 더 큰 작품을 그릴 수 있다'가 됩니다.

Ⅲ. 근거를 기준으로 선지 판단하기

'유화처럼 작품을 수정할 수 있고 더 큰 작품을 그릴 수 있다'와 같은 말을 하는 선지는 'by allowing a filmmaker to treat a film image as an oil painting' '영화 제작자가 유화처럼 영화 영상을 다루는 것을 가능하게 함으로써'가 됩니다.

04

The origins of contemporary Western thought can be traced back to the golden age of ancient Greece, when Greek thinkers laid the foundations for modern Western politics, philosophy, science, and law. Their novel approach was to pursue rational inquiry through **adversarial discussion**: The best way to evaluate one set of ideas, they decided, was by ______________________. In the political sphcrc, the result was democracy, in which supporters of rival policies vied for rhetorical supremacy; in philosophy, it led to reasoned arguments and dialogues about the nature of the world; in science, it prompted the construction of competing theories to try to explain natural phenomena; in the field of law, the result was the adversarial legal system. This approach is the foundation for the modern Western way of life, in which politics, commerce, science, and law are all rooted in **orderly competition**.

* adversarial: 대립 관계의 ** vie: 다투다, 경쟁하다

⬐ 해석

현대 서양 사고의 기원은 고대 그리스의 전성기로 거슬러 올라갈 수 있는데, 그때 그리스의 사상가들은 현대 서양의 정치, 철학, 과학 및 법의 토대를 마련하였다. 그들의 새로운 접근법은 대립 관계의 토의를 통해 합리적인 탐구를 추구하는 것이었다. 즉, 일련의 생각을 평가하는 가장 좋은 방법은 그것을 다른 일련의 생각에 비추어 검사해 보는 것에 의해서라고 그들은 결론을 내렸다. 정치적 영역에서 그 결과는 민주주의였는데, 민주주의에서 경쟁 상대 정책의 지지자들은 수사적인 우위를 차지하려고 다투었다. 철학에서 그것은 세계의 본질에 대한 조리 정연한 주장과 대화를 유발했다. 과학에서 그것은 자연 현상을 설명하려고 노력하는 대립하는 이론들의 구축을 촉발했다. 법 분야에서 그 결과는 대립 관계의 법 체계였다. 이 접근법이 현대 서양의 생활 방식의 토대인데, 그 생활 방식에서 정치, 상업, 과학 및 법은 모두 질서 있는 경쟁에 뿌리를 두고 있다.

⬐ 해설 | 정답 : ⑨ |

Ⅰ. Targeting

생각을 평가하는 가장 좋은 방법은 ________이라고 그들은 결론을 내렸다고 합니다. 우리는 생각을 평가하는 가장 좋은 방법을 찾으면 됩니다.

Ⅱ. 빈칸에 들어갈 말 찾기

지문에서 그들의 새로운 접근법은 대립 관계의 토론을 통해 합리적인 탐구를 추구하는 것이라고 합니다. 또한 정치, 철학, 과학과 법을 예시로 들고 마지막 문장에서 정리하며 이 접근법은 질서 있는 경쟁에 뿌리를 두고 있다고 합니다. 즉 빈칸에 들어갈 말은 '대립 관계의 토론' 그리고 '질서 있는 경쟁'입니다.

Ⅲ. 근거를 기준으로 선지 판단하기

'대립 관계의 토론' 그리고 '질서 있는 경쟁'과 같은 말은 'testing it against another set of ideas' '반대되는 생각들에 대해서 이것을 실험해보다'가 됩니다.

05

Empathy is a character trait that we value in ourselves and in our friends, colleagues, and the professionals who serve us. The know-how to be empathetic is central to practical wisdom: unless we can understand how others think and feel, it's difficult to know the right thing to do. **But** empathy has its dark side: too much understanding and sensitivity, too much seeing things from the other's perspective, can ___________________. Edmund Pellegrino, a scholar of bioethics, explains it like this: "If a physician identifies too closely as co-sufferer with the patient, she **loses the objectivity** essential to the most precise assessment of what is wrong, of what can be done, and of what should be done to meet those needs. Excessive co-suffering also **impedes and may even paralyze the physician into a state of inaction.**"

* impede: 방해하다

해석

공감은 우리 자신과 친구, 동료, 그리고 우리를 돌보는 전문가에게서 우리가 소중하게 여기는 성격적 특성이다. 공감적이 되기 위한 비결은 실천적 지혜에 있어 가장 중요하다. 만약 우리가 다른 사람들이 어떻게 생각하고 느끼는지 이해할 수 없다면, 해야 할 올바른 일을 알기는 어렵다. 그러나 공감은 어두운 면이 있다. 너무 지나친 이해와 세심함, 과도하게 다른 사람의 관점에서 상황을 보는 것은 판단을 흐리고 선택을 마비시킬 수 있다. 생명윤리학자인 Edmund Pellegrino는 그것을 다음처럼 설명한다. "만약 의사가 고통을 함께하는 사람으로서 환자와 너무 긴밀하게 공감하면, 그녀는 무엇이 잘못되는지, 무엇이 행해질 수 있는지, 그리고 그런 요구를 충족하기 위해 무엇이 행 해져야 하는지를 가장 정확하게 판단하는 데 필수적인 객관성을 잃는다. 과도하게 고통을 함께하는 것은 또한 의사를 방해하고 심지어 의사를 무력하게 하여 어떤 행동도 하지 못하는 상태로 만들지도 모른다."

해설 | 정답 : ⑦ |

I. Targeting

그러나 공감은 어두운 면이 있다. 너무 지나친 이해와 세심함, 과도하게 다른 사람의 관점에서 상황을 보는 것은 ________하다고 합니다. 지나친 공감으로 인한 영향을 찾으면 됩니다.

II. 빈칸에 들어갈 말 찾기

지문에서 'But' 이후 'Edmund Pellegrino'의 말을 인용합니다. "만약 의사가 고통을 함께하는 사람으로서 환자와 너무 밀접하면 그녀는 객관성을 잃게 된다"고 합니다. 또한 "과도하게 고통을 함께하는 것은 그 의사를 방해하고 마비시켜서 어떤 행동도 하지 못하는 상태로 만든다"고 합니다. 그러므로 빈칸에 들어갈 말은 '객관성을 잃는다'와 '방해하고 마비시켜 어떤 행동도 하지 못하는 상태로 만든다'가 됩니다.

III. 근거를 기준으로 선지 판단하기

'객관성을 잃는다', '방해하고 마비시켜 어떤 행동도 하지 못하는 상태로 만든다'와 같은 내용인 선지는 'cloud judgment and paralyze choice' '판단을 흐리고 선택을 마비시킨다'가 됩니다.

06

Bees have their choice of flora according to color. Lord Avenbury once made an experiment to see if the color of flowers attracted bees. Placing honey on slips of paper of different shades, he found that the insects which visited them seemed to **have a marked preference for blue, after which came white, yellow, red, green and orange**. This finding **should** be considered for our beekeeping planning. If pollination is the prime consideration of taming bees and if the crop is identified, ________________________ while planning. Let us consider beekeeping near a mustard field. Mustard gives tiny yellow flowers full of nectar and pollen. For better yield of mustard seeds, pollination is necessary. **But** if there is plenty of blue-colored wild flora nearby, bees may prefer the blue flowers to mustard. **Although** we shall get honey and other products, the objective for pollination of mustard may be defeated.

* flora: 식물군

• 해석

벌들에게는 색깔에 따라 선호하는 식물군이 있다. 한번은 Avenbury 경이 꽃의 색깔이 벌들을 유인하는지 알아보기 위해 실험을 했다. 다양한 색조의 종이쪽지에 꿀을 발라 놓았을 때, 그것들을 찾아온 그 곤충들이 청색을 두드러지게 더 좋아하는 것처럼 보였으며, 그다음으로 흰색, 노란색, 빨간색, 녹색, 주황색이 뒤따른다는 것을 그는 발견했다. 이 발견이 우리의 양봉 계획을 위해 고려되어야 한다. 벌을 길들이는 데 있어 서 주된 고려 사항이 꽃가루받이이고 그 농작물이 확인되면, 계획을 세울 때에 근처에 있는 다른 식물군들의 색깔이 고려되어야 한다. 겨자밭 근처에서 양봉을 한다고 생각 해 보자. 겨자는 화밀과 꽃가루가 가득 찬 아주 작은 노란 꽃을 피운다. 더 많은 겨자 씨 수확을 위해서는 꽃가루받이가 필수적이다. 하지만 근처에 청색 야생 식물군이 많이 있다면, 벌들은 겨자보다 청색 꽃들을 더 좋아할 수 있다. 비록 우리는 꿀과 다른 생산품들을 얻기는 하겠지만, 겨자 꽃가루받이의 목적은 좌절될 수 있다.

• 해설 | 정답 : ⑮ |

Ⅰ. Targeting

벌들을 길들이는 데 있어서 수분이 주된 고려사항이고 작물이 확인된다면 계획을 세울 때 ________하다고 합니다. 우리는 계획을 세울 때 무엇을 더 알아야 하는지 찾으면 됩니다.

Ⅱ. 빈칸에 들어갈 말 찾기

지문에서 실험을 통해 벌들이 파랑, 흰색, 노란색, 빨간색, 녹색, 주황색 순으로 색을 좋아한다는 것을 발견했다고 합니다. 그리고 이러한 발견은 양봉 계획에 있어서 반드시 고려되어야 한다고 합니다. 그러므로 빈칸에 들어갈 말은 '벌들의 색깔 선호'가 됩니다.

Ⅲ. 근거를 기준으로 선지 판단하기

'벌들의 색깔 선호'와 같은 내용인 선지는 'the color of other floras nearby should be considered' '근처 다른 식물군들의 색깔이 고려되어야 한다'가 됩니다.

❙ 체화 (2) 해설

01

We tend to assume that the way to get more time is to speed up. **But speeding up can actually slow us down.** Anyone who has ever rushed out of the house only to realize that their keys and wallet are sitting on the kitchen table knows this only too well. And it's not just our efficiency that is reduced. The quality of the experience suffers too, as we **become** less aware or 'mindful.' Have you ever eaten an entire meal without tasting any of it? **Hurrying up doesn't just give us less time, it can also steal the pleasure and benefit from the time that we do have.** For many of us, hurrying is a way of life. Some of us enjoy the thrill that it gives us while others are driven crazy by the constant pressure and feel that their lives are speeding up to an unacceptable degree. Either way, there are almost certainly areas of our life that could be _______________________.

⚓ 해석

우리는 더 많은 시간을 확보하는 방법이 속도를 높이는 것이라고 생각하는 경향이 있다. 그러나 속도를 높이는 것은 실제로는 속도를 느리게 하는 것이다. 집 밖으로 급히 뛰쳐나와서 열쇠와 지갑을 부엌 테이블에 두고 나왔다는 것을 깨달은 사람은 누구나 이러한 사실을 너무나 잘 알 것이다. 그리고 줄어든 것은 우리의 효율성만이 아니다. 일의 질 또한 우리가 덜 의식하고 신경쓰지 않음으로 떨어진다. 당신은 식사의 맛을 전혀 느끼지 못하고 식사를 해 보신 적이 있나요? 서두르는 것은 우리에게 시간을 줄여주지 못하고 또한 우리가 가진 시간에서 즐거움과 혜택을 빼앗는다. 우리 중 많은 사람들에게 서두르는 것은 삶의 방식이다. 몇몇은 서두르는 것이 우리에게 주는 스릴을 즐기고 반면에 다른 사람들은 지속적인 압박으로부터 미쳐가며 그들의 삶이 수용할 수 없는 정도까지 속도를 내고 있다고 생각한다. 어느 쪽이든, 분명히 천천히 하는 행동에 의해 좋아지는 삶의 영역이 있다.

⚓ 해설 ❙ 정답 : ⑧ ❙

Ⅰ. Targeting

어느 쪽이든, 거의 확실하게 ________할 수 있는 우리의 삶의 영역이 있다고 합니다. 어떤 영역이 있는지 찾으면 됩니다.

Ⅱ. 빈칸에 들어갈 말 찾기

지문에서 우리는 더 많은 시간을 확보하는 방법이 속도를 높이는 것이라고 생각하지만 속도를 높이는 것은 실제로 속도를 느리게 하는 것이라고 합니다. 이 내용은 재진술되어 서두르는 것은 우리에게 시간을 줄여주지 못할 뿐만 아니라 우리가 가진 시간에서 즐거움과 혜택을 빼앗는다고 합니다. 즉 빈칸에는 '서두르는 것으로 인해서 손해를 보는' 혹은 '천천히 하는 것이 이득을 보는' 들어가야 합니다.

Ⅲ. 근거를 기준으로 선지 판단하기

'서두르는 것으로 인해서 손해를 보는' 혹은 '천천히 하는 것이 이득을 보는'과 같은 내용을 제시하는 선지는 'enhanced by a little go-slow behavior' '조금 느리게 행동함으로써 향상될 수 있는'이 됩니다.

02

According to a renowned French scholar, the growth in the size and complexity of human populations was the driving force in the evolution of science. Early, small communities had to concentrate all their physical and mental effort on survival; their thoughts were focused on food and religion. As communities became larger, some people had time to reflect and debate. They found that they could understand and predict events better if they reduced passion and prejudice, replacing these with observation and inference. **But while** a large population may have been necessary, in itself it was not sufficient for science to germinate. Some empires were big, **but the rigid social control** required to hold an empire together was not beneficial to science, just as it was not beneficial to reason. The early nurturing and later flowering of science _____________ to support original thought and freewheeling incentive. **The rise in commerce and the decline of authoritarian religion** allowed science to follow reason in seventeenth-century Europe.

* germinate: 싹트다, 발아하다

해석

한 유명한 프랑스 학자에 따르면, 인구의 규모와 복잡성의 증가가 과학 발전의 추진력이었다고 한다. 초기에 소규모 공동체들은 모든 물리적, 정신적 노력을 생존에 집중해야만 했다. 그들의 생각은 음식과 종교에 집중되었다. 공동체가 더 커짐에 따라, 어떤 사람들은 숙고하고 토론할 시간을 가졌다. 격정과 편견을 줄이고 이것들을 관찰과 추론으로 바꾸면 사건을 더 잘 이해하고 예측할 수 있다는 것을 그들은 알아냈다. 그러나 많은 인구가 필요했을 수도 있었지만, 그것 자체만으로 과학이 싹트는 데는 충분하지 않았다. 일부 제국들은 컸지만, 제국을 하나로 뭉치게 하는 데 필요한 엄격한 사회적 통제는 그것이 이성에 이롭지 못했던 것처럼 과학에도 이롭지 못했다. 초기에 과학을 육성하고 나중에 꽃피우는 데는, 독창적인 생각과 자유분방한 동기를 지지하는 크고, 느슨하게 조직되며, 경쟁에 기반 공동체가 필요했다. 상업의 융성과 권위주의적인 종교의 쇠락이 17세기 유럽에서 과학이 이성을 따르는 것을 가능하게 했다.

해설 | 정답 : ⑮ |

Ⅰ. Targeting

초기의 과학을 육성하고 나중에 과학이 꽃피우는 것은 독창적인 생각과 자유로운 동기를 지지하는 _______________하다고 합니다. 우리는 과학을 육성하고 과학이 꽃피우는 데 무엇이 있었는지를 찾으면 됩니다.

Ⅱ. 빈칸에 들어갈 말 찾기

지문에서 인구가 증가하면서 사람들은 열정과 편견을 줄이고 관찰과 추론으로 바꾸면 사건을 더 잘 이해하고 예측할 수 있다는 것을 알았다고 합니다. 하지만 이성과 과학에 이롭지 않은 엄격한 사회 통제로 인해 인구가 증가하는 것은 과학이 싹트는 데 충분하지 않았다고 합니다. 그러므로 빈칸에는 '엄격한 사회 통제'와 반대되는 내용이 들어가야 하며, '상업의 성장과 권위주의적인 종교의 쇠락이 과학이 이성을 따르는 것을 허락했다'고 하므로 '상업의 성장과 권위주의적인 종교의 쇠락'이 빈칸에 들어가야 합니다.

Ⅲ. 근거를 기준으로 선지 판단하기

엄격한 사회 통제'와 반대되는 내용이며 '상업의 성장과 권위주의적인 종교의 쇠락'와 같은 내용인 선지는 'required a large and loosely structured, competitive community' '크고 느슨하게 조직되며 경쟁적인 사회'가 됩니다.

03

In an increasingly globalized world, literature in translation has an especially important role. Increasingly, writers, readers, and publishers are turning to literature as a bridge between cultures, particularly Western and Arab societies. This growing interest is, **in turn**, driving a boom in translation. **However**, not surprisingly perhaps, **most translations are from English into other languages, not from another language, such as Arabic, into English. Hence**, the huge American market is seen as driving the ______________. Bookstores in the United States, for example, rarely stock more than Nobel Prize winner Naguib Mahfouz's *Cairo Trilogy*, a masterful, realistic account of life in Cairo and of a merchant family in the mid-20th century. Western readers likely know little of Mahfouz's more experimental work, his political and religious allegories, or his historical dramas. **The result** is **a kind of one-way mirror between America and the rest of the world**.

* allegory: 우화, 풍자

ⓐ 해석

점차 세계화되는 세상에서 번역에 있어 문학은 특히 중요한 역할을 해왔다. 작가들, 독자들, 출판업자들은 특히 서구 사회와 아랍사회간의 문화사이의 가교로서 문학에 점차 의존해 오고 있다. 이러한 증가하는 관심은 결국 번역에 있어 붐을 일으키고 있다. 그러나, 놀랍지 않게도 대부분은 아라비아어 같은 언어에서 영어로의 번역이 아니라 영어에서 다른 언어로의 번역이다. 그러므로, 미국의 거대 시장은 불균형을 초래하고 있는 것으로 보여진다. 예를들어, 미국의 서점은 20세기 중반의 상인 가정의 모습과 카이로에서의 삶을 꽤 사실적으로 잘 묘사한 노벨상 수상 작가 Naguib Mahfouz의 Cairo Trilogy 작품의 재고를 확보해두지 않는다. 서양의 독자들은 Mahfouz의 실험적 작품과 그의 정치적 종교적 풍자, 또는 그의 역사적인 드라마에 대해 거의 잘 알지 못한다. 이의 결과는 미국과 나머지 국가들 사이의 한 쪽만 보는 거울이 되어버렸다.

ⓐ 해설 [정답 : ②]

Ⅰ. Targeting

그러므로, 미국의 거대 시장은 ________을 유발하는 것으로 보인다고 합니다. 미국의 거대 시장이 무엇을 유발하는 지를 찾으면 됩니다.

Ⅱ. 빈칸에 들어갈 말 찾기

지문에서 서양 사회와 아랍 사회 간 문화 교환이 문학에 의존해 오고 있고 이로 인해서 번역에 있어 붐이 일어났다고 합니다. 하지만 대부분은 아랍어 같은 언어에서 영어로의 번역이 아니라 영어에서 다른 언어로의 번역이라고 합니다. 'Hence'를 통해 빈칸 문장과 연결되므로 빈칸에 들어갈 내용은 '대부분은 아랍어에서 영어로의 번역이 아니라 영어에서 다른 언어로의 번역이다'가 됩니다. 또한 예시를 보여주고 그 결과로 미국과 나머지 국가들 간 한 쪽 방향만 있는 거울이 된다고 합니다. 즉 이러한 한 쪽 방향만 있는 거울은 서양 사회와 아랍 사회 간 문화 교화에서의 결과이므로 빈칸에는 '미국과 나머지 국가들 간 한 쪽 방향만 있는 거울'이 들어가야 합니다.

Ⅲ. 근거를 기준으로 선지 판단하기

'대부분은 아랍어에서 영어로의 번역이 아니라 영어에서 다른 언어로의 번역이다'와 미국과 나머지 국가들 간 한 쪽 방향만 있는 거울'과 같은 내용의 선지는 'imbalance'가 됩니다.

04

In the mid-1900s, John Kenneth Galbraith shocked the field of economics when he insisted that consumers do not merely participate in the marketplace, they are also the product of the systematic deployment of power throughout society. Within this deployment of power, commercial media ensures that consumers adopt values and beliefs that match the general requirements of the economy. The individual's participation in mass behavior patterns is ________________. Consumers engage in shared patterns of consumption **because** they live within an economic system that operates as a belief system. It exercises considerable **control over the meaning and value of things.** When the economy functions as a belief system, **it establishes severe limits on a consumer's free choice.** As consumers, our choices **are not entirely our own.** Our beliefs, values, thoughts, and emotions are highly **conditioned to match the needs of the marketplace.**

* deployment: 배치

해석

1900년대 중반에, John Kenneth Galbraith는 소비자는 시장에 참여하고 있을 뿐만 아니라, 사회 전반에 걸친 권력의 체계적 배치의 '산물'이라고 주장하여 경제학 분야를 깜짝 놀라게 했다. 이러한 권력의 배치 내에서, 상업 매체는 반드시 소비자가 경제의 일반 요건에 부응하는 가치와 신념을 채택하게 한다. 대중 행동 패턴에 개인이 참여하는 것은 임의의 힘에 대한 자발적인 반응이 아니다. 신념 체계로 작동하는 경제 체계 내에 살고 있기 때문에 소비자들은 공동의 소비 패턴에 참여한다. 그것(신념 체계로 작동하는 경제 체계)은 일의 의미와 가치에 상당한 통제력을 행사한다. 경제가 신념 체계로 기능할 때, 그것은 소비자의 자유로운 선택에 엄격한 제한을 둔다. 소비자로서, 우리의 선택은 전적으로 우리 자신의 것이 아니다. 우리의 신념, 가치, 생각, 그리고 감정은 시장의 요구에 맞추도록 크게 조절된다.

해설 | 정답 : ⑫ |

Ⅰ. Targeting

대중 행동 패턴들에 대한 개인들의 참여는 ________하다고 합니다. 개인들이 대중 행동 패턴에 참여할 때 가지는 특징을 찾으면 됩니다.

Ⅱ. 빈칸에 들어갈 말 찾기

지문에서 소비자들은 신뢰 체계로서 작동하는 경제 시스템 안에서 살고 있기 때문에 공유된 소비 패턴들에 참여한다고 합니다. 경제 시스템은 '그것의 의미와 가치에 상당한 영향력을 끼치며' '소비자들의 자유로운 선택에 제한을 설립'하고 '우리의 선택은 전체적으로 우리의 것이 아니게'되며 '시장의 요구에 맞추게 된다'고 합니다. 즉 '경제 시스템이 소비자의 선택을 제한하고 영향력을 끼친다'가 빈칸에 들어가야 합니다.

Ⅲ. 근거를 기준으로 선지 판단하기

'경제 시스템이 소비자의 선택을 제한하고 영향력을 끼친다'와 같은 내용의 선지는 'not a spontaneous reaction to random forces' '임의의 힘(= 경제)에 대한 자발적 반응이 아닌'이 됩니다.

05

  Early human societies were nomadic, based on hunting and gathering, and, in a shifting pattern of life in search of new sources of food, qualities such as lightness, portability, and adaptability were dominant criteria. With the evolution of more settled rural societies based on agriculture, other characteristics, other traditions of form appropriate to the new patterns of life, rapidly emerged. It **must** be emphasized, **however**, that tradition **was not static, but constantly subject to minute variations appropriate to people and their circumstances. Although** traditional forms reflected the experience of social groups, specific manifestations could **be adapted in various minute and subtle ways to suit individual users' needs**. A chair could keep its basic, accepted characteristics while still being closely shaped in detail to the physique and proportions of a specific person. This basic principle of ___________ allowed a constant stream of incremental modifications to be introduced, which, if demonstrated by experience to be advantageous, could be integrated back into the mainstream of tradition.

* manifestation: 외적 형태, 표시 ** physique: 체격 *** incremental: 증가하는

⑧ 해석

초기 인간 사회는 수렵과 채집을 기반으로 한 유목 생활이었고, 새로운 식량원을 찾아 이동하는 생활양식에서는 경량성, 휴대성, 그리고 적응성과 같은 특징이 지배적인 기준이었다. 농업을 기반으로 한 더 정착된 농촌 사회의 발전과 더불어, 다른 특징, 즉 새로운 생활양식에 적합한 다른 형태의 전통이 빠르게 등장했다. 그러나 전통은 정적인 것이 아니라 사람들과 그들의 환경에 적절한, 아주 작은 변화를 끊임없이 겪었다는 것은 강조되어야 한다. 전통적 형태가 사회 집단의 경험을 반영하더라도, 개개의 사용자의 요구를 충족시키기 위해 특정한 외적 형태가 각양각색의 미세하고 미묘한 방식으로 조정될 수 있었다. 의자는 여전히 특정 개인의 체격과 (신체) 비율에 맞게 세부적으로 면밀히 모양이 만들어지는 와중에도 그것의 기본적이고 일반적으로 용인되는 특징을 유지할 수 있었다. 맞춤제작의 이러한 기본적 원리에 의해 일련의 끊임없이 증가하는 변형이 도입될 수 있었고, 그것들이 경험에 의해 유익하다고 입증되면 전통의 주류 속으로 다시 통합될 수 있었다.

⑧ 해설 [정답 : ④]

Ⅰ. Targeting

  ________의 기본적인 원리는 끊임없이 증가하는 변형이 도입될 수 있으며, 이는 만약 이득이 되는 경험들로 인해서 입증이 된다면 전통의 중심으로 다시 통합될 수 있다고 합니다. 우리는 어떤 것이 끊임없이 증가하는 변형을 도입시키고 전통의 중심으로 다시 통합될 수 있는 지를 찾으면 됩니다.

Ⅱ. 빈칸에 들어갈 말 찾기

  지문에서 'however' 이후에 전통은 정적인 것이 아니라 사람들과 그들의 환경에 적절한 사소한 변화에 종속되었다는 것이 강조되어야 한다고 합니다. 또한 전통적 형태가 사회 집단의 경험을 반영하지만, 개개인의 사용자의 요구를 충족시키기 위해 특정한 외적 형태가 미세하고 미묘한 방식으로 각색될 수 있다고 합니다. 전통의 중심은 '사람들과 그들의 환경에 적절하고 사소한 변화에 종속된 것'이고 '개개인의 사용자의 요구를 충족시키는 것'이 끊임없는 변형을 도입시키므로 빈칸에 들어갈 말은 '사람들과 그들의 환경에 적절하고 사소한 변화에 종속된 것'과 '개개인의 사용자의 요구를 충족시키는 것'이 됩니다.

Ⅲ. 근거를 기준으로 선지 판단하기

  '사람들과 그들의 환경에 적절하고 사소한 변화에 종속된 것'과 '개개인의 사용자의 요구를 충족시키는 것'과 같은 말을 하는 선지는 'customization' '맞춤제작'이 됩니다.

06

Investigators as a personality type place a high value on science, process, and learning. They excel at research, using logic and the information gained through their senses to conquer complex problems. Nothing thrills them more than a "big find." Intellectual, introspective, and exceedingly detail-oriented, **investigators are happiest when they're using their brain power to pursue what they deem as a worthy outcome.** They ______ and they dislike overly structured environments that necessitate a set response to challenges. Investigators **are not interested in leadership, and developing the interpersonal skills necessary to fuel collaboration is a hurdle for many of them.** They may feel insecure in their ability to "keep up" in their fields and can react badly when forced to put more important work on hold to complete a task that doesn't intrigue them.

* introspective: 자기 성찰적인 ** deem: 여기다, 생각하다

해석

성격 유형으로서의 조사자는 과학, 절차, 그리고 학습에 높은 가치를 둔다. 그들은 연구에 뛰어난데, 복잡한 문제를 극복하기 위하여 논리와 감각을 통해 얻은 정보를 이용한다. '거대한 발견'보다 더 그들을 열광시키는 것은 없다. 조사자는 지적이고, 자기 성찰적이며, 대단히 꼼꼼하며, 자신이 가치 있는 결과로 여기는 것을 추구하기 위해 지적 능력을 사용하고 있을 때 가장 행복하다. 그들은 자신의 박자에 맞추어 나아가는 것을 선호하고, 도전에 대한 고정된 반응을 필요로 하는 너무 구조화된 환경을 싫어한다. 조사자는 리더십에는 관심이 없으며 공동 작업을 촉진하는 데 필요한 대인 관계 기술을 발전시키는 것은 그들 중 많은 사람에게 난관이다. 그들은 자기 분야에서 '따라가는' 능력에 있어서 자신이 없다고 느낄 수도 있고 그들의 흥미를 자극하지 않는 과제를 완수하기 위해 더 중요한 일을 보류할 수밖에 없을 때 좋지 않은 반응을 보일 수 있다.

해설 | 정답 : ⑦ |

Ⅰ. Targeting

그들은 ________하고 그들은 도전에 대한 고정된 반응을 필요로 하는 지나치게 경직된 환경을 싫어한다고 합니다. 우리는 지나치게 경직된 환경을 싫어하는 것 외에 그들에게 어떤 특징이 있는지 찾으면 됩니다.

Ⅱ. 빈칸에 들어갈 말 찾기

지문에서 조사자들은 자신이 가치 있는 결과로 여기는 것을 추구하기 위해 지적 능력을 사용할 때 가장 기쁘다고 합니다. 또한 조사자들은 리더십에 관심이 없으며 공동 작업을 촉진하는데 필요한 대인 관계 스킬들을 발전시키는 것은 그들의 대다수에게 난관이라고 합니다. 즉, 조사자들이 지나치게 경직된 환경을 싫어하는 것 외에 지문에서 제시하는 특징은 '그들은 자신이 가치 있는 결과로 여기는 것을 추구할 때 기쁘다'와 '그들이 대인 관계 스킬을 발전시키는 것은 어렵다'입니다.

Ⅲ. 근거를 기준으로 선지 판단하기

'그들은 자신이 가치 있는 결과로 여기는 것을 추구할 때 기쁘다', '그들이 대인 관계 스킬을 발전시키는 것은 어렵다'와 같은 내용의 선지는 'prefer to march to their own beat' '그들 자신의 박자에 맞춰 행진하는 것을 선호한다'가 됩니다.

중. 최. 평. (중요 최신 평가원 기출)

01 25학년도 9월 평가원 33번

다음 빈칸에 들어갈 말로 가장 적절한 것을 고르시오.

City quality is so crucial for optional activities that the extent of staying activities can often be used as a measuring stick for the quality of the city as well as of its space. Many pedestrians in a city are not necessarily an indication of good city quality — many people walking around can often be a sign of insufficient transit options or long distances between the various functions in the city. Conversely, it can be claimed that a city in which many people are not walking often indicates good city quality. In a city like Rome, it is the large number of people standing or sitting in squares rather than walking that is conspicuous. And it's not due to necessity but rather that ________________. It is hard to keep moving in city space with so many temptations to stay. In contrast are many new quarters and complexes that many people walk through but rarely stop or stay in.

* pedestrian: 보행자 ** conspicuous: 눈에 띄는

① the city quality is so inviting

② public spaces are already occupied

③ public transportation is not available

④ major tourist spots are within walking distance

⑤ the city's administrative buildings are concentrated

02 25학년도 수능 33번

다음 빈칸에 들어갈 말로 가장 적절한 것을 고르시오.

We are famously living in the era of the attention economy, where the largest and most profitable businesses in the world are those that *consume* my attention. The advertising industry is literally dedicated to capturing the conscious hours of my life and selling them to someone else. It might seem magical that so many exciting and useful software systems are available to use for free, but it is now conventional wisdom that if you can't see who is paying for something that appears to be free, then ____________________. Our creative engagement with other people is mediated by AI-based recommendation systems that are designed to trap our attention through the process that Nick Seaver calls *captology*, keeping us attending to work sold by one company rather than another, replacing the freedom of personal exploration with algorithm-generated playlists or even algorithm-generated art.

① all of your attention has already been spent

② the real product being sold is you

③ your privacy is being violated

④ the public may be sponsoring you

⑤ you owe the benefits to your friend AI

03 24학년도 수능 31번

다음 빈칸에 들어갈 말로 가장 적절한 것을 고르시오.

Over the last decade the attention given to how children learn to read has foregrounded the nature of *textuality*, and of the different, interrelated ways in which readers of all ages make texts mean. 'Reading' now applies to a greater number of representational forms than at any time in the past: pictures, maps, screens, design graphics and photographs are all regarded as text. In addition to the innovations made possible in picture books by new printing processes, design features also predominate in other kinds, such as books of poetry and information texts. Thus, reading becomes a more complicated kind of interpretation than it was when children's attention was focused on the printed text, with sketches or pictures as an adjunct. Children now learn from a picture book that words and illustrations complement and enhance each other. Reading is not simply _______________. Even in the easiest texts, what a sentence 'says' is often not what it means.

* adjunct: 부속물

① knowledge acquisition ② word recognition

③ imaginative play ④ subjective interpretation

⑤ image mapping

04 23학년도 수능 33번

다음 빈칸에 들어갈 말로 가장 적절한 것을 고르시오.

The entrance to a honeybee colony, often referred to as the dancefloor, is a market place for information about the state of the colony and the environment outside the hive. Studying interactions on the dancefloor provides us with a number of illustrative examples of how individuals changing their own behavior in response to local information _______________. For example, upon returning to their hive honeybees that have collected water search out a receiver bee to unload their water to within the hive. If this search time is short then the returning bee is more likely to perform a waggle dance to recruit others to the water source. Conversely, if this search time is long then the bee is more likely to give up collecting water. Since receiver bees will only accept water if they require it, either for themselves or to pass on to other bees and brood, this unloading time is correlated with the colony's overall need of water. Thus the individual water forager's response to unloading time (up or down) regulates water collection in response to the colony's need.

* brood: 애벌레 ** forager: 조달자

① allow the colony to regulate its workforce
② search for water sources by measuring distance
③ decrease the colony's workload when necessary
④ divide tasks according to their respective talents
⑤ train workers to acquire basic communication patterns

┃중. 최. 평. 해설

01 25학년도 9월 평가원 33번

(정답률 44%)

다음 빈칸에 들어갈 말로 가장 적절한 것을 고르시오

City quality is so crucial for optional activities that the extent of staying activities can often be used as a measuring stick for the quality of the city as well as of its space. Many pedestrians in a city are not necessarily an indication of good city quality — many people walking around can often be a sign of insufficient transit options or long distances between the various functions in the city. **Conversely**, it can be claimed that a city in which many people are not walking often indicates good city quality. In a city like Rome, it is the large number of people standing or sitting in squares rather than walking that is conspicuous. And it's not **due to** necessity **but** rather that ＿＿＿＿＿＿＿＿＿＿＿＿＿＿. It is hard to keep moving in city space with so many temptations to stay. **In contrast** are many new quarters and complexes that many people walk through **but** rarely stop or stay in.

* pedestrian: 보행자 ** conspicuous: 눈에 띄는

해설 ┃ 정답 : ① ┃

Ⅰ. 빈칸 문장에서 그리고 이것은 필요성이 아니라 오히려 ＿＿＿＿＿ 때문이라고 합니다. 우리는 지문에서 이것이 무엇인지와 이것이 어떤 이유 때문인지를 찾으면 됩니다.

Ⅱ. 지문에서 빈칸 문장의 이것은 Ⅳ번 문장을 통해 로마에서 많은 사람들이 걸어 다니기보다는 광장에 앉아 있거나 서 있는 내용을 지칭한다는 것을 알 수 있습니다. 많은 사람들이 걸어 다니기보다는 서 있는 것은 Ⅰ번 문장과 Ⅲ번 문장에서 좋은 도시 질의 지표가 될 수 있다고 하며, Ⅵ번 문장에서는 서 있게 하는 많은 유혹들이 있다고 하므로, 빈칸에 들어갈 말은 좋은 도시 질 혹은 유혹들이 됩니다.

Ⅲ. 좋은 도시 질 혹은 유혹과 같은 내용의 선지는 ①번 선지 'the city quality is so inviting', '도시의 질이 매우 매력적이다'가 됩니다.

* 24%의 수험생이 고른 ②번 선지 'public spaces are already occupied', '공공장소가 이미 차지되었다'는 공공장소에 사람들이 많아 기다리려고 서 있다는 뜻으로, 지문에서 많은 사람들이 서 있는 이유와 관련이 없는 선지입니다.

Ⅰ. City quality / is so crucial for optional activities that the extent of staying activities / can often be used as a measuring stick for the quality of the city as well as of its space.

> 구▶ 'so + 형용사 + that S + V'는 '너무 형용사해서 S가 V하다'를 의미합니다.
> - 'A as well as B'는 'B뿐만 아니라 A도'를 뜻합니다.
> - 도시의 질은 선택적 활동들이 너무 중요해서, 머무는 활동의 정도가 흔히 도시의 공간뿐만 아니라 도시의 질을 측정하는 데 사용될 수 있다고 합니다.
>
> 독▶ 도시에서 서 있는 활동의 정도가 도시의 질을 측정하는 데 사용될 수 있다고 합니다.

II. Many pedestrians (in a city) / are not necessarily / an indication of good city quality — many people (walking around) / can often be / a sign of insufficient transit options or long distances (between the various functions in the city).

* pedestrian: 보행자

구▶ 도시의 많은 보행자가 반드시 도시의 질이 좋다는 지표가 되지는 않으며, 걸어서 돌아다니는 많은 사람들은 흔히 부족한 교통 선택권 또는 도시 내 다양한 기능 간의 긴 거리의 징표일 수 있다고 합니다.

독▶ 걸어 다니는 사람이 많은 것이 좋은 도시의 질을 반드시 의미하는 것은 아니며, 오히려 부족한 교통 수단이나 도시 내 다양한 기능 사이 긴 거리를 의미할 수도 있다고 합니다.

III. **Conversely**, it can be claimed that a city (in which many people / are not walking) / often indicates / good city quality.

구▶ 반대로, 많은 사람이 걷지 않는 도시는 흔히 좋은 도시의 질을 나타낸다고 주장될 수 있다고 합니다.

독▶ 'Conversely'가 제시되었으므로 앞 뒷 문장 중심 문장

- II번 문장에서 걸어다니는 사람이 많은 것이 반드시 좋은 도시 질의 지표가 될 수 있는 것은 아닌 반면 I번 문장에서 제시된 것처럼 걸어다니지 않는 사람 즉, 서 있는 사람이 많은 것은 좋은 도시 질의 지표가 될 수 있다고 합니다.

IV. In a city like Rome, it is / the large number of people (standing or sitting in squares rather than walking) that is conspicuous.

** conspicuous: 눈에 띄는

구▶ 'It is + 명사 + that'은 가주어/진주어 혹은 강조 구문을 의미합니다. 이 문장에서는 강조 구문으로 사용되었습니다.
- 로마와 같은 도시에서 걷기보다는 광장에 서 있거나 앉아 있는 많은 사람이 눈에 띄는 것이라고 합니다.

독▶ 로마와 같이 도시의 질이 좋은 공간에서는 많은 사람들이 걷기보다는 광장에 서 있거나 앉아 있다고 합니다.

V. And it's not **due to** necessity **but** rather that ________________.

구▶ 'not A but B'는 'A가 아니라 B'를 의미합니다.
- 그리고 이것은 (= 많은 사람들이 걸어 다니기보다는 광장에 앉아 있거나 서 있는 것은) 필요성이 아니라 오히려 __________ 때문이라고 합니다.

독▶ 'due to'와 'but'이 제시되었으므로 중심 문장
- 로마에서 사람들이 걷지 않고 광장에서 서 있거나 앉는 것은 힘들어서 앉는 등의 필요성이 아니라 ____________ 때문이라고 합니다.

VI. It is / hard / to keep moving (in city space with so many temptations to stay).
_{가주어} _{형용사} _{진주어}

> **구** 'It is + 형용사 + to-V'는 가주어/진주어를 의미합니다.
> - 도시 공간에는 머무르게 하는 유혹이 너무 많아서 계속 움직이기 어렵다고 합니다.

> **녹** 도시 공간에 머무르게, 서 있게 하는 유혹들이 많아서 움직이지 않는다고 합니다.

VII. **In contrast** are / many new quarters and complexes (that many people / walk through **but** rarely stop or stay in).

> **구** 반대로 많은 사람이 걸어 지나가지만 거의 멈추거나 머무르지 않는 많은 새로운 구역과 복합물이 있다고 합니다.

> **독** 'In contrast'가 제시되었으므로 앞 뒷 문장 중심 문장, 'but'이 제시되었으므로 중심 문장
> - 많은 사람이 걸어 지나가지만 멈추거나 서 있지 않는 매력없는 많은 구역과 복합물들이 (= 단지들이) 있다고 합니다.

다음 빈칸에 들어갈 말로 가장 적절한 것을 고르시오

> We are famously living in the era of the attention economy, where the largest and most profitable businesses in the world are those that *consume* my attention. The advertising industry is literally dedicated to <u>capturing the conscious hours of my life and selling them to someone else</u>. It might seem magical that so many exciting and useful software systems are available to use for free, **but** it is now conventional wisdom that if you can't see who is paying for something that appears to be free, then __________________. Our creative engagement with other people is mediated by AI-based recommendation systems that are designed to trap our attention through the process that Nick Seaver calls *captology*, <u>keeping us attending to work sold by one company rather than another</u>, replacing the freedom of personal exploration with algorithm-generated playlists or even algorithm-generated art.

해설 | 정답 : ② |

Ⅰ. 빈칸 문장에서는 너무나 많은 흥미롭고 유용한 소프트웨어 시스템을 무료로 사용할 수 있는 것이 마법처럼 보일 수 있지만, 만약 무료로 보이는 것에 대해 누가 지불하는 지 네가 알 수 없다면, _________하는 것이 일반적인 통념이라고 합니다. 우리는 무료로 보이는 것에 대해 누가 지불하는지 우리가 알지 못한다면 어떤 상황이 발생하는지를 찾으면 됩니다.

Ⅱ. 이 문제는 단 4문장으로 이루어져 각 문장이 깁니다. 문장이 길때는 침착하게 구문을 분석하며 천천히 해석하시면 어렵지 않게 이해할 수 있습니다. Ⅰ번 문장에서 우리는 우리의 관심을 소비하는 경제에 살고 있다고 합니다. 이 문장에서 우리의 관심은 사고 팔 수 있는 물질적인 느낌이라는 것을 잡아야 합니다. Ⅱ번 문장에서 광고 산업은 우리의 관심을 다른 누군가에게 판매하는 데 전념한다고 합니다. 즉, 우리의 관심을 다른 사람에게도 팔 수 있는 시대인 것입니다. 또한 Ⅳ번 문장에서는 딴 회사가 아닌 어떤 한 회사의 제품에 우리의 관심을 유지시킨다고 하므로 빈칸에는 우리의 관심을 유지시키는 것이 중요하다 혹은 독해력이 좋은 학생들은 우리의 관심이 팔린다가 들어가야 된다는 것을 알 수 있습니다.

Ⅲ. 우리의 관심을 유지시키는 것이 중요하다 혹은 우리의 관심이 팔린다와 같은 내용의 선지는 '②번 선지 the real product being sold is you', '팔리고 있는 진짜 제품은 바로 너'가 됩니다.

* 34%의 수험생이 고른 ①번 선지 'all of your attention has already been spent', '너의 모든 관심은 이미 사용되었다'는 관심이 이미 없어진 것이므로 빈칸에 들어갈 내용과 반대 내용의 선지에 해당합니다. 정확히 어떠한 내용이 들어가야할지 지문에서 찾아야 합니다.

Ⅰ. We / are famously living (in the era of the attention economy), where the largest and most profitable

businesses (in the world) / are / those (that *consume* my attention).

> **구** 우리는 잘 알려진 관심 경제의 시대에 살고 있는데, 이러한 세계에서 가장 크고 수익성이 가장 높은 사업은 (= 관심 경제는) 나의 관심을 '소비하는' 사업이라고 합니다.

> **독** 우리는 우리의 관심을 소비하는 관심 경제의 시대에 살고 있다고 합니다.

Ⅱ. The advertising industry / is literally dedicated to / capturing the conscious hours of my life and selling / them (to someone else).

> 구▶ 'dedicate A to B'는 'A를 B에 전념시키다 / 헌신시키다'를 의미합니다. 여기서는 수동태로 사용되었으므로 'A be dedicated B'로 'A가 B에 전념하다 / 헌신하다'를 뜻합니다.
> - 광고 산업은 말 그대로 내 삶의 의식적인 시간을 포착하여 다른 누군가에게 그것을 (= 관심을) 판매하는 데 전념한다고 합니다.

> 독▶ 광고는 우리의 관심을 포착하고 누군가에게 관심을 판매하는 것에 노력한다고 합니다.

Ⅲ. It might seem / magical / that so many exciting and useful software systems / are available to use (for free), **but** it is / now conventional wisdom / that if you can't see / who is paying for something (that appears to be / free), then ____________________________.

> 구▶ 'It seems / appears 형용사 that'은 가주어/진주어로 사용될 수 있습니다.
> - 'It is 명사/형용사 that'은 가주어/진주어를 의미할 수 있습니다. 다만 'It is 명사 that'은 가주어/진주어 뿐만 아니라 강조 구문일 수도 있다는 것을 생각해야 합니다.
> - 너무나 많은 흥미롭고 유용한 소프트웨어 시스템을 무료로 사용할 수 있는 것이 마법처럼 보일 수 있지만, 만약 무료로 보이는 것에 대해 누가 지불하는지 너가 알 수 없다면, ____________하는 것이 일반적인 통념이라고 합니다.

> 독▶ 'but'이 제시되었으므로 중심 문장
> - 우리가 무료라고 생각하는 것에 대해서 누가 대신 비용을 지불하는지 우리가 모른다면 ______하는 것이라고 합니다.

Ⅳ. Our creative engagement (with other people) / is mediated by AI-based recommendation systems (that are designed to trap / our attention through the process (that Nick Seaver / calls / *captology*,) (keeping / us / attending to work sold by one company rather than another, replacing / the freedom of personal exploration / with algorithm-generated playlists or even algorithm-generated art)).

> 구▶ 'call + O + O.C'는 'O를 O.C라고 부르다'를 의미합니다. 이 문장에서는 관계 대명사 'that'이 사용되어 '관대 (O) + S + call + O.C'로 제시되었습니다.
> - 'keep + O + O.C'는 'O가 O.C하도록 유지시키다'를 나타냅니다.
> - 'replace A with B'는 'A를 B로 대체시키다'를 뜻합니다.
> - 다른 사람들과 함께하는 우리의 창의적인 참여는 우리의 관심을 붙잡도록 고안된 AI기반 추천 시스템에 의해서 매개되는데, 이는 Nick Seaver가 '*captology*'라고 부르는 딴 회사가 아니라 어떤 한 회사에 의해 판매되는 제품에 우리가 계속 관심을 유지시키도록 하고, 개인적 탐색의 자유를 알고리즘이 생성한 재생 목록이나 심지어 알고리즘이 생성한 예술로 대체하도록 하는 과정에 의해 진행된다.

> 독▶ 우리의 관심을 한 회사의 것으로 유지시키고 우리가 다른 것을 선택하고자 하는 개인적 탐색의 자유를 알고리즘으로 대체하는 'captology'이란 것을 통해 우리의 관심을 AI기반 추천 시스템이 잡을 수 있다고 합니다. 유튜브를 생각하시면 쉽게 이해할 수 있습니다.

다음 빈칸에 들어갈 말로 가장 적절한 것을 고르시오

Over the last decade the attention given to how children learn to read has foregrounded the nature of textuality, and of the different, interrelated ways in which readers of all ages make texts mean. 'Reading' now applies to a greater number of representational forms than at any time in the past: pictures, maps, screens, design graphics and photographs are all regarded as text. In addition to the innovations made possible in picture books by new printing processes, design features also predominate in other kinds, such as books of poetry and information texts. **Thus**, reading becomes a more complicated kind of interpretation than it was when children's attention was <u>focused on the printed text</u>, with sketches or pictures as an adjunct. Children now learn from a picture book that words and illustrations complement and enhance each other. Reading is not simply ______________. Even in the easiest texts, what a sentence 'says' is often not what it means.

* adjunct: 부속물

해설 [정답 : ②]

Ⅰ. 빈칸 문장에서는 읽기는 단순한 ___________가 아니라고 합니다.

Ⅱ. 읽기의 특징과 관련이 없는 내용은 빈칸 앞 문장에서 바로 찾아볼 수 있습니다. Ⅳ번 문장에서는 'reading becomes a more complicated kind of interpretation than it was when children's attention was focused on the printed text' 읽기는 어린이들의 주의가 인쇄된 텍스트에 집중되고 스케치나 그림이 부속물일 때보다 더 복잡한 종류의 해석이 된다고 했습니다. 이것은 읽을 때, 텍스트가 단순히 책에 인쇄된 텍스트만을 의미하는 것에서 그림, 스케치와 같은 다른 디자인적 특징이 텍스트에 범주에 포함되는 것으로 변화하는 것을 의미하므로, 빈칸에는 범주가 바뀌기 이전인 인쇄된 텍스트만을 포함하는 내용이 들어가야 합니다.

Ⅲ. 이와 관련된 선지는 ②번 'word recognition', 단어 인식이 됩니다. 그러므로 정답은 ②번이 됩니다.

Ⅰ. Over the last decade / the attention given to (how / children / learn to read) has foregrounded / the nature of textuality, and of the different, interrelated ways / in which / readers of all ages / make / texts / mean.

▶ 지난 10년 동안 어린이가 읽는 법을 배우는 방법에 관한 관심은 '텍스트성'의 본질과 모든 나이의 독자가 텍스트를 의미하게 하는 다양하고 상호 연관된 방식의 본질을 전면으로 불러왔다고 합니다.

▶ 복잡하게 풀어 쓴 문장일수록 단순하게 접근합시다. 읽는 방법은 '텍스트성'에 있다. 이렇게 요약하고 넘어갑니다.

Ⅱ. 'Reading' / now applies to a greater number of representational forms than at any time in the past:
pictures, maps, screens, design graphics and photographs / are all regarded as text.

> 구 이제 '읽기'는 과거 어느 시대보다 훨씬 더 많은 표현 형식에 적용되는데, 그림, 지도, 화면, 디자인 그래픽, 사진이 모두 텍스트로 여겨진다고 합니다.

> 독 Ⅰ번 문장과 대비되므로 묶어서 이해해야 하는 문장입니다.
> 지난 10년 ↔ 지금
> 읽기는 텍스트('글' 그 자체) ↔ 읽기는 텍스트('글' 자체 + 그림, 지도, 화면, 디자인, 그래픽, 사진)
> 즉 과거의 텍스트 중심의 읽기와 글 외에도 다른 요소가 포함된 현재의 읽기 간의 차이점을 설명하는 문장임을 알 수 있습니다.

Ⅲ. In addition to the innovations / made / possible in picture books (by new printing processes),
design features / also predominate in other kinds, such as books of poetry and information texts.

> 구 새로운 인쇄 공정에 의해 그림책에서 가능해진 혁신에 더해, 시집이나 정보 텍스트와 같은 다른 종류에서도 디자인적 특징이 두드러진다고 합니다.

> 독 이러한 디자인적 특징에 Ⅱ번 문장의 텍스트 이외의 요소들이 포함된다는 것을 알 수 있습니다.

Ⅳ. **Thus**, reading / becomes / a more complicated kind of interpretation than it was when children's
attention / was <u>focused on the printed text</u>, with sketches or pictures as an adjunct.

* adjunct: 부속물

> 구 이처럼, 읽기는 어린이들의 주의가 인쇄된 텍스트에 집중되고 스케치나 그림이 부속물일 때보다 더 복잡한 종류의 해석이 된다고 합니다.

> 독 'thus'가 제시되었으므로 중심 문장
> - 이제 지문은 과거의 읽기와 현재의 읽기를 비교하면서 전개됩니다. 인쇄된 텍스트 이외의 다른 요소가 읽기에 포함된 현재에는 해석이 더 복잡해진다고 합니다.

Ⅴ. Children / now learn (from a picture book) / that / words and illustrations / complement and
enhance each other.

> 구 이제 어린이들은 그림책을 통해 글과 삽화가 서로를 보완하여 향상한다는 것을 배운다고 합니다.

> 독 현재 읽기의 특징을 언급하는 문장입니다.

Ⅵ. Reading / is not simply ＿＿＿＿＿＿＿.

> 구 읽기는 단순히 ＿＿＿＿＿＿이 아니라고 합니다.

> 독 현재 읽기의 특징이 아니라고 했으므로, 과거 읽기에 관한 내용이 언급된다는 것을 알 수 있습니다.

Ⅶ. Even in the easiest texts, what / a sentence / 'says' / is often not / what / it / means.

> 구 아무리 쉬운 텍스트에서도 흔히 문장이 '말하는 것'이 그 문장이 의미하는 것이 아니라고 합니다.

> 독 '말하는 것'은 글 그 자체를 말하며, 글자 외에도 삽화 등의 요소가 현대 읽기에 포함되므로 Ⅵ번 문장의 재진술 문장입니다.

다음 빈칸에 들어갈 말로 가장 적절한 것을 고르시오.

The entrance to a honeybee colony, often referred to as the dancefloor, is a market place for information about the state of the colony and the environment outside the hive. Studying interactions on the dancefloor provides us with a number of illustrative examples of how individuals changing their own behavior in response to local information ____________. **For example**, upon returning to their hive honeybees that have collected water search out a receiver bee to unload their water to within the hive. If this search time is short then the returning bee is more likely to perform a waggle dance to recruit others to the water source. **Conversely**, if this search time is long then the bee is more likely to give up collecting water. **Since** receiver bees will only accept water if they require it, either for themselves or to pass on to other bees and brood, this unloading time is correlated with the colony's overall need of water. **Thus** the individual water forager's response to unloading time (up or down) <u>regulates water collection</u> in response to the colony's need.

* brood: 애벌레 ** forager: 조달자

해설 | 정답 : ①

Ⅰ. 댄스 플로어에서의 상호 작용을 연구하는 것은 우리에게 어떻게 지엽적인 정보에 반응하여 개인 스스로의 행동이 변화한 개인들이 ________하는 지에 대한 수 많은 예시들을 제공한다고 합니다. 지문에서 어떠한 정보들에 개인들이 어떻게 반응 하는지를 찾으면 됩니다.

Ⅱ. 빈칸 문장 이후부터 꿀벌이 물을 나르는 것에 대한 예시가 제시됩니다. 예시를 통해 물을 받는 꿀벌이 집단의 물에 대한 필요에 따라 물을 나르는 꿀벌로부터 물을 받을지 받지 않을지를 결정한다고 하며, 만약 물을 받는다면 물을 나르는 꿀벌은 다시 물을 가지러 가고 물을 받지 않는다면 다시 물을 가지러 가지 않는다고 합니다. 이러한 과정은 Ⅶ번 문장에서 집단의 필요에 반응하여 물 수집을 조절하는 것이라고 합니다. 빈칸 문장의 개인 스스로의 행동이 변화한 개인들은 물을 다시 가지러 가거나 물을 다시 가지러 가는 것을 포기하는 꿀벌들과 대응하고 지엽적인 정보는 물을 내려놓는 시간에 대응하므로 빈칸에 들어갈 말은 '물 수집을 조절하는 것'이 됩니다.

Ⅲ. '물 수집을 조절하는 것'과 관련된 선지는 ①번 'allow the colony to regulate its workforce', '집단이 집단의 노동력을 통제할 수 있도록 허락하는'이 됩니다.

Ⅰ. The entrance (to a honeybee colony, often referred to as the dancefloor), is / a market place (for information) (about the state (of the colony and the environment (outside the hive))).

구▶ 댄스 플로어라고 불리는 꿀벌 집단의 입구는 군집과 벌집 밖 환경의 상태에 대한 정보를 위한 시장이라고 합니다.

독▶ 꿀벌 집단의 입구에서 집단과 벌집 밖에 환경에 대한 정보를 교환한다고 합니다.

Ⅱ. Studying interactions (on the dancefloor) / provides / us with a number of illustrative examples of how individuals changing their own behavior (in response to local information) ____________.

구▶ 'provide A with B'는 'A에게 B를 제공하다'를 의미합니다.
   - 댄스 플로어에서의 상호 작용을 연구하는 것은 우리에게 어떻게 지엽적인 정보에 반응하여 개인 스스로의 행동을 변화시키는 개인들이 __________하는 지에 대한 수 많은 예시들을 제공한다고 합니다.

Ⅲ. **For example**, (upon returning to their hive) honeybees (that have collected / water) / search out / a receiver bee (to unload / their water to within the hive).

구▶ '(up)on V-ing'는 'V하자마자'를 의미합니다.
   - 예를 들어, 그들의 (= 꿀벌들의) 벌집으로 돌아가자마자, 물을 모아왔던 꿀벌들은 벌집 안으로 물을 내려놓기 위해서 받는 꿀벌들을 찾는다고 합니다.

독▶ 'For example'이 제시되었으므로 앞 문장 중심 문장

Ⅳ. If this search time / is / short / then the returning bee / is more likely to perform / a waggle dance (to recruit others to the water source).

구▶ 만약 이 찾는 시간이 (= 물을 받을 꿀벌을 찾는 시간이) 짧다면, 돌아온 꿀벌은 물이 있는 곳으로 갈 다른 꿀벌들을 모집하기 위해서 와글 댄스를 수행할 것이라고 합니다.

독▶ 찾는 시간이 짧다는 것은 물을 받아줄 꿀벌을 금방 찾았다는 뜻으로 다시 물에 있는 곳으로 가 물을 옮길 수 있다고 합니다.

Ⅴ. **Conversely**, if this search time / is / long / then the bee / is more likely to give up / collecting water.

구▶ 만약 이 찾는 시간이 (= 물을 받을 꿀벌을 찾는 시간이) 길다면, 그 벌은 물을 모으러 가는 것을 포기할 것이라고 합니다.

독▶ 'Conversely'를 통해서 전환이 되므로 앞 뒷 문장 중심 문장
   - 찾는 시간이 길다는 것을 물을 받아줄 꿀벌을 찾지 못했다는 뜻으로 물을 가져온 꿀벌은 다시 물을 모으러 가는 것을 포기하게 된다고 합니다.

Ⅵ. **<u>Since</u>** receiver bees / will only accept / water (if they require it), either for themselves or to pass on to other bees and brood, this unloading time / is correlated with / the colony's overall need of water.

* brood: 애벌레

구▶ 'either A or B'는 'A혹은 B'로 해석하시면 됩니다.
- 받는 꿀벌은 그들 스스로를 위해서든 혹은 다른 꿀벌과 애벌레에게 전달하든, 물이 필요할 때만 오직 물을 받기 때문에, 그 내려놓는 시간은 (= 물을 벌집에 내려놓는 시간은) 집단의 전체적인 물의 필요성과 일치한다고 합니다.

독▶ 'Since'가 제시되었으므로 중심 문장
- 집단이 물이 필요해야 받는 꿀벌들이 물을 받는다고 합니다.

Ⅶ. **<u>Thus</u>** the individual water forager's response (to unloading time) (up or down) / regulates / water collection (in response to the colony's need).

** forager: 조달자

구▶ 그러므로 물을 넘겨주는 시간에 대한 개별적인 물 조달자의 반응은 집단의 필요에 맞춰 물의 수집을 조절한다고 합니다.

독▶ 'Thus'가 제시되었으므로 중심 문장
- 물을 받는 꿀벌들이 집단의 물 필요에 따라 물을 받을지 받지 않을지 결정하므로 물을 수집하는 꿀벌들이 물을 수집하러 갈지 가지 않을지를 결정할 수 있다고 합니다.

절. 모. 평. (절대평가 모든 평가원 기출)

01 23학년도 9월 평가원 31번

[정답과 해설 148page]

다음 빈칸에 들어갈 말로 가장 적절한 것을 고르시오.

> More than just having territories, animals also partition them. And this insight turned out to be particularly useful for zoo husbandry. An animal's territory has an internal arrangement that Heini Hediger compared to the inside of a person's house. Most of us assign separate functions to separate rooms, but even if you look at a one-room house you will find the same internal specialization. In a cabin or a mud hut, or even a Mesolithic cave from 30,000 years ago, this part is for cooking, that part is for sleeping; this part is for making tools and weaving, that part is for waste. We keep ______________. To a varying extent, other animals do the same. A part of an animal's territory is for eating, a part for sleeping, a part for swimming or wallowing, a part may be set aside for waste, depending on the species of animal.
>
> * husbandry: 관리

① an interest in close neighbors

② a neat functional organization

③ a stock of emergency supplies

④ a distance from potential rivals

⑤ a strictly observed daily routine

02 22학년도 수능 31번

[정답과 해설 150page]

다음 빈칸에 들어갈 말로 가장 적절한 것을 고르시오.

> Humour involves not just practical disengagement but cognitive disengagement. As long as something is funny, we are for the moment not concerned with whether it is real or fictional, true or false. This is why we give considerable leeway to people telling funny stories. If they are getting extra laughs by exaggerating the silliness of a situation or even by making up a few details, we are happy to grant them comic licence, a kind of poetic licence. Indeed, someone listening to a funny story who tries to correct the teller — 'No, he didn't spill the spaghetti on the keyboard and the monitor, just on the keyboard' — will probably be told by the other listeners to stop interrupting. The creator of humour is putting ideas into people's heads for the pleasure those ideas will bring, not to provide ______________ information.
>
> * cognitive: 인식의 ** leeway: 여지

① accurate

② detailed

③ useful

④ additional

⑤ alternative

다음 빈칸에 들어갈 말로 가장 적절한 것을 고르시오.

People have always wanted to be around other people and to learn from them. Cities have long been dynamos of social possibility, foundries of art, music, and fashion. Slang, or, if you prefer, "lexical innovation," has always started in cities — an outgrowth of all those different people so frequently exposed to one another. It spreads outward, in a manner not unlike transmissible disease, which itself typically "takes off" in cities. If, as the noted linguist Leonard Bloomfield argued, the way a person talks is a "composite result of what he has heard before," then language innovation would happen where the most people heard and talked to the most other people. Cities drive taste change because they ________________, who not surprisingly are often the creative people cities seem to attract. Media, ever more global, ever more far-reaching, spread language faster to more people.

* foundry: 주물 공장 ** lexical: 어휘의

① provide rich source materials for artists
② offer the greatest exposure to other people
③ cause cultural conflicts among users of slang
④ present ideal research environments to linguists
⑤ reduce the social mobility of ambitious outsiders

다음 빈칸에 들어갈 말로 가장 적절한 것을 고르시오.

Fans feel for feeling's own sake. They make meanings beyond what seems to be on offer. They build identities and experiences, and make artistic creations of their own to share with others. A person can be an individual fan, feeling an "idealized connection with a star, strong feelings of memory and nostalgia," and engaging in activities like "collecting to develop a sense of self." But, more often, individual experiences are embedded in social contexts where other people with shared attachments socialize around the object of their affections. Much of the pleasure of fandom ________________. In their diaries, Bostonians of the 1800s described being part of the crowds at concerts as part of the pleasure of attendance. A compelling argument can be made that what fans love is less the object of their fandom than the attachments to (and differentiations from) one another that those affections afford.

* embed: 끼워 넣다 ** compelling: 강력한

① is enhanced by collaborations between global stars
② results from frequent personal contact with a star
③ deepens as fans age together with their idols
④ comes from being connected to other fans
⑤ is heightened by stars' media appearances

[정답과 해설 157page]

다음 빈칸에 들어갈 말로 가장 적절한 것을 고르시오.

In labor-sharing groups, people contribute labor to other people on a regular basis (for seasonal agricultural work such as harvesting) or on an irregular basis (in the event of a crisis such as the need to rebuild a barn damaged by fire). Labor sharing groups are part of what has been called a "moral economy" sinceno one keeps formal records on how much any family puts in or takes out. Instead, accounting is __________. The group has a sense of moral community based on years of trust and sharing. In a certain community of North America, labor sharing is a major economic factor of social cohesion. When a family needs a new barn or faces repair work that requires group labor, a barn-raising party is called. Many families show up to help. Adult men provide manual labor, and adult women provide food for the event. Later, when another family needs help, they call on the same people.

* cohesion: 응집성

① legally established
② regularly reported
③ socially regulated
④ manually calculated
⑤ carefully documented

[정답과 해설 160page]

다음 빈칸에 들어갈 말로 가장 적절한 것을 고르시오.

Many people create and share pictures and videos on the Internet. The difficulty is finding what you want. Typically, people want to search using words (rather than, say, example sketches). Because most pictures don't come with words attached, it is natural to try and build tagging systems that tag images with relevant words. The underlying machinery is straightforward — we apply image classification and object detection methods and tag the image with the output words. But tags aren't __________________. It matters who is doing what, and tags don't capture this. For example, tagging a picture of a cat in the street with the object categories "cat", "street", "trash can" and "fish bones" leaves out the information that the cat is pulling the fish bones out of an open trash can on the street.

① a set of words that allow users to identify an individual object
② a comprehensive description of what is happening in an image
③ a reliable resource for categorizing information by pictures
④ a primary means of organizing a sequential order of words
⑤ a useful filter for sorting similar but not identical images

다음 빈칸에 들어갈 말로 가장 적절한 것을 고르시오.

Some of the most insightful work on information seeking emphasizes "strategic self-ignorance," understood as "the use of ignorance as an excuse to engage excessively in pleasurable activities that may be harmful to one's future self." The idea here is that if people are present-biased, they might avoid information that would ＿＿＿＿＿＿＿＿ — perhaps because it would produce guilt or shame, perhaps because it would suggest an aggregate trade-off that would counsel against engaging in such activities. St. Augustine famously said, "God give me chastity — tomorrow." Present-biased agents think: "Please let me know the risks — tomorrow." Whenever people are thinking about engaging in an activity with short-term benefits but long-term costs, they might prefer to delay receipt of important information. The same point might hold about information that could make people sad or mad: "Please tell me what I need to know — tomorrow."

* aggregate: 합계의 ** chastity: 정결

① highlight the value of preferred activities

② make current activities less attractive

③ cut their attachment to past activities

④ enable them to enjoy more activities

⑤ potentially become known to others

다음 빈칸에 들어갈 말로 가장 적절한 것을 고르시오.

Even as mundane a behavior as watching TV may be a way for some people to ＿＿＿＿＿＿. To test this idea, Sophia Moskalenko and Steven Heine gave participants false feedback about their test performance, and then seated each one in front of a TV set to watch a video as the next part of the study. When the video came on, showing nature scenes with a musical soundtrack, the experimenter exclaimed that this was the wrong video and went supposedly to get the correct one, leaving the participant alone as the video played. The participants who had received failure feedback watched the video much longer than those who thought they had succeeded. The researchers concluded that distraction through television viewing can effectively relieve the discomfort associated with painful failures or mismatches between the self and self-guides. In contrast, successful participants had little wish to be distracted from their self-related thoughts!

* mundane: 보통의

① ignore uncomfortable comments from their close peers

② escape painful self-awareness through distraction

③ receive constructive feedback from the media

④ refocus their divided attention to a given task

⑤ engage themselves in intense self-reflection

09 24학년도 6월 평가원 31번

다음 빈칸에 들어갈 말로 가장 적절한 것을 고르시오.

People have always needed to eat, and they always will. Rising emphasis on self-expression values does not put an end to material desires. But prevailing economic orientations are gradually being reshaped. People who work in the knowledge sector continue to seek high salaries, but they place equal or greater emphasis on doing stimulating work and being able to follow their own time schedules. Consumption is becoming progressively less determined by the need for sustenance and the practical use of the goods consumed. People still eat, but a growing component of food's value is determined by its ________ aspects. People pay a premium to eat exotic cuisines that provide an interesting experience or that symbolize a distinctive life-style. The publics of postindustrial societies place growing emphasis on "political consumerism," such as boycotting goods whose production violates ecological or ethical standards. Consumption is less and less a matter of sustenance and more and more a question of life-style — and choice.

* prevail: 우세하다 ** cuisine: 요리

① quantitative

② nonmaterial

③ nutritional

④ invariable

⑤ economic

10 23학년도 수능 31번

다음 빈칸에 들어갈 말로 가장 적절한 것을 고르시오.

There is something deeply paradoxical about the professional status of sports journalism, especially in the medium of print. In discharging their usual responsibilities of description and commentary, reporters' accounts of sports events are eagerly consulted by sports fans, while in their broader journalistic role of covering sport in its many forms, sports journalists are among the most visible of all contemporary writers. The ruminations of the elite class of 'celebrity' sports journalists are much sought after by the major newspapers, their lucrative contracts being the envy of colleagues in other 'disciplines' of journalism. Yet sports journalists do not have a standing in their profession that corresponds to the size of their readerships or of their pay packets, with the old saying (now reaching the status of cliché) that sport is the 'toy department of the news media' still readily to hand as a dismissal of the worth of what sports journalists do. This reluctance to take sports journalism seriously produces the paradoxical outcome that sports newspaper writers are much read but little ___________.

* discharge: 이행하다 ** rumination: 생각 *** lucrative: 돈을 많이 버는

① paid

② admired

③ censored

④ challenged

⑤ discussed

11 21학년도 수능 32번

다음 빈칸에 들어갈 말로 가장 적절한 것을 고르시오.

Choosing similar friends can have a rationale. Assessing the survivability of an environment can be risky (if an environment turns out to be deadly, for instance, it might be too late by the time you found out), so humans have evolved the desire to associate with similar individuals as a way to perform this function efficiently. This is especially useful to a species that lives in so many different sorts of environments. However, the carrying capacity of a given environment ______________. If resources are very limited, the individuals who live in a particular place cannot all do the exact same thing (for example, if there are few trees, people cannot all live in tree houses, or if mangoes are in short supply, people cannot all live solely on a diet of mangoes). A rational strategy would therefore sometimes be to *avoid* similar members of one's species.

① exceeds the expected demands of a community

② is decreased by diverse means of survival

③ places a limit on this strategy

④ makes the world suitable for individuals

⑤ prevents social ties to dissimilar members

12 23학년도 9월 평가원 33번

다음 빈칸에 들어갈 말로 가장 적절한 것을 고르시오.

There was nothing modern about the idea of men making women's clothes — we saw them doing it for centuries in the past. In the old days, however, the client was always primary and her tailor was an obscure craftsman, perhaps talented but perhaps not. She had her own ideas like any patron, there were no fashion plates, and the tailor was simply at her service, perhaps with helpful suggestions about what others were wearing. Beginning in the late nineteenth century, with the hugely successful rise of the artistic male couturier, it was the designer who became celebrated, and the client elevated by his inspired attention. In a climate of admiration for male artists and their female creations, the dress-designer first flourished as the same sort of creator. Instead of the old rule that dressmaking is a craft, ____________________ was invented that had not been there before.

* obscure: 무명의 ** patron: 후원자
*** couturier: 고급 여성복 디자이너

① a profitable industry driving fast fashion

② a widespread respect for marketing skills

③ a public institution preserving traditional designs

④ a modern connection between dress-design and art

⑤ an efficient system for producing affordable clothing

다음 빈칸에 들어갈 말로 가장 적절한 것을 고르시오.

A musical score within any film can add an additional layer to the film text, which goes beyond simply imitating the action viewed. In films that tell of futuristic worlds, composers, much like sound designers, have added freedom to create a world that is unknown and new to the viewer. However, unlike sound designers, composers often shy away from creating unique pieces that reflect these new worlds and often present musical scores that possess familiar structures and cadences. While it is possible that this may interfere with creativity and a sense of space and time, it in fact _______________. Through recognizable scores, visions of the future or a galaxy far, far away can be placed within a recognizable context. Such familiarity allows the viewer to be placed in a comfortable space so that the film may then lead the viewer to what is an unfamiliar, but acceptable vision of a world different from their own.

* score: 악보 ** cadence: (율동적인) 박자

① frees the plot of its familiarity

② aids in viewer access to the film

③ adds to an exotic musical experience

④ orients audiences to the film's theme

⑤ inspires viewers to think more deeply?

다음 빈칸에 들어갈 말로 가장 적절한 것을 고르시오.

The critic who wants to write about literature from a formalist perspective must first be a close and careful reader who examines all the elements of a text individually and questions how they come together to create a work of art. Such a reader, who respects the autonomy of a work, achieves an understanding of it by _______________. Instead of examining historical periods, author biographies, or literary styles, for example, he or she will approach a text with the assumption that it is a self-contained entity and that he or she is looking for the governing principles that allow the text to reveal itself. For example, the correspondences between the characters in James Joyce's short story "Araby" and the people he knew personally may be interesting, but for the formalist they are less relevant to understanding how the story creates meaning than are other kinds of information that the story contains within itself.

* entity: 실체

① putting himself or herself both inside and outside it

② finding a middle ground between it and the world

③ searching for historical realities revealed within it

④ looking inside it, not outside it or beyond it

⑤ exploring its characters' cultural relevance

15 25학년도 6월 평가원 32번 [정답과 해설 183page]

다음 빈칸에 들어갈 말로 가장 적절한 것을 고르시오.

Creativity is commonly defined as the production of ideas that are both novel (original, new) and useful (appropriate, feasible). Ideas that are original but not useful are irrelevant, and ideas that are useful but not original are unremarkable. While this definition is widely used in research, an important aspect of creativity is often ignored: Generating creative ideas rarely is the final goal. Rather, to successfully solve problems or innovate requires one or a few good ideas that really work, and work better than previous approaches. This requires that people evaluate the products of their own or each other's imagination, and choose those ideas that seem promising enough to develop further, and abandon those that are unlikely to be successful. Thus, being creative _________________. In fact, the ability to generate creative ideas is essentially useless if these ideas subsequently die a silent death.

① does not stop with idea generation

② rarely originates from practical ideas

③ is often regarded as a shortcut to innovation

④ frequently gives way to unanticipated success

⑤ brings out tension between novelty and relevancy

16 25학년도 6월 평가원 33번 [정답과 해설 186page]

다음 빈칸에 들어갈 말로 가장 적절한 것을 고르시오.

Because the environment plays a significant role in aiding meaningful internal processes, subjective experience and the environment act as a 'coupled system.' This coupled system can be seen as a complete cognitive system of its own. In this manner, subjective experience is extended into the external environment and vice versa; the external environment with its disciplinary objects such as institutional laws and equipment becomes mental institutions that _________________. A subjectively held belief attains the status of objectivity when the belief is socially shared. That is, even if we are trained as hard-nosed health care rationalists, or no-nonsense bureaucrats, or data-driven scientists, research has shown that our decisions are influenced by various institutional practices. They include bureaucratic structures and procedures, the architectural design of health care institutions, the rules of evidence and the structure of allowable questions in a courtroom trial, the spatial arrangement of kindergartens and supermarkets, and a variety of conventions and practices designed to manipulate our emotions.

* vice versa: 역으로 ** bureaucrat: 관료

① affect our subjective experience and solutions

② serve as advocates for independent decision-making

③ position social experience within the cognitive system

④ comprise subjective interpretations of the environment

⑤ facilitate the construction of our concept of subjectivity

17 21학년도 6월 평가원 34번

[정답과 해설 189page]

다음 빈칸에 들어갈 말로 가장 적절한 것을 고르시오.

A large part of what we see is what we expect to see. This explains why we "see" faces and figures in a flickering campfire, or in moving clouds. This is why Leonardo da Vinci advised artists to discover their motifs by staring at patches on a blank wall. A fire provides a constant flickering change in visual information that never integrates into anything solid and thereby allows the brain to engage in a play of hypotheses. On the other hand, the wall does not present us with very much in the way of visual clues, and so the brain begins to make more and more hypotheses and desperately searches for confirmation. A crack in the wall looks a little like the profile of a nose and suddenly a whole face appears, or a leaping horse, or a dancing figure. In cases like these the brain's visual strategies are ________________________________.

* flicker: 흔들리다

① ignoring distracting information unrelated to visual clues

② projecting images from within the mind out onto the world

③ categorizing objects into groups either real or imagined

④ strengthening connections between objects in the real world

⑤ removing the broken or missing parts of an original image

18 25학년도 9월 평가원 32번

[정답과 해설 192page]

다음 빈칸에 들어갈 말로 가장 적절한 것을 고르시오.

One of the factors determining the use of technologies of communication will be the kinds of investments made in equipment and personnel; who makes them, and what they expect in return. There is no guarantee that the investment will necessarily be in forms of communication that ________________________. Because the ownership of investment funds tends to be in the hands of commercial organisations, the modernisation of communications infrastructure only takes place on the basis of potential profitability. Take, for example, the installation of fibre-optic communications cable across the African continent. A number of African nations are involved in the development but its operational structures will be oriented to those who can pay for access. Many states that might wish to use it for education and information may not only find it too expensive but also simply unavailable to them. There can be no doubt that the development has been led by investment opportunity rather than community demand.

* fibre-optic: 광섬유의

① require minimal cost and effort to maintain

② are most appropriate for the majority of people

③ are in line with current standards and global norms

④ employ some of the most advanced technologies

⑤ promote the commercial interests of companies

19 22학년도 9월 평가원 31번

다음 빈칸에 들어갈 말로 가장 적절한 것을 고르시오.

When examining the archaeological record of human culture, one has to consider that it is vastly ______________. Many aspects of human culture have what archaeologists describe as low archaeological visibility, meaning they are difficult to identify archaeologically. Archaeologists tend to focus on tangible (or material) aspects of culture: things that can be handled and photographed, such as tools, food, and structures. Reconstructing intangible aspects of culture is more difficult, requiring that one draw more inferences from the tangible. It is relatively easy, for example, for archaeologists to identify and draw inferences about technology and diet from stone tools and food remains. Using the same kinds of physical remains to draw inferences about social systems and what people were thinking about is more difficult. Archaeologists do it, but there are necessarily more inferences involved in getting from physical remains recognized as trash to making interpretations about belief systems.

* archaeological: 고고학의

① outdated
② factual
③ incomplete
④ organized
⑤ detailed

20 22학년도 9월 평가원 34번

다음 빈칸에 들어갈 말로 가장 적절한 것을 고르시오.

Enabling animals to ______________ is an almost universal function of learning. Most animals innately avoid objects they have not previously encountered. Unfamiliar objects may be dangerous; treating them with caution has survival value. If persisted in, however, such careful behavior could interfere with feeding and other necessary activities to the extent that the benefit of caution would be lost. A turtle that withdraws into its shell at every puff of wind or whenever a cloud casts a shadow would never win races, not even with a lazy rabbit. To overcome this problem, almost all animals habituate to safe stimuli that occur frequently. Confronted by a strange object, an inexperienced animal may freeze or attempt to hide, but if nothing unpleasant happens, sooner or later it will continue its activity. The possibility also exists that an unfamiliar object may be useful, so if it poses no immediate threat, a closer inspection may be worthwhile.

* innately: 선천적으로

① weigh the benefits of treating familiar things with care
② plan escape routes after predicting possible attacks
③ overcome repeated feeding failures for survival
④ operate in the presence of harmless stimuli
⑤ monitor the surrounding area regularly

21 25학년도 수능 31번

다음 빈칸에 들어갈 말로 가장 적절한 것을 고르시오.

Literature can be helpful in the language learning process because of the __________ it fosters in readers. Core language teaching materials must concentrate on how a language operates both as a rule-based system and as a sociosemantic system. Very often, the process of learning is essentially analytic, piecemeal, and, at the level of the personality, fairly superficial. Engaging imaginatively with literature enables learners to shift the focus of their attention beyond the more mechanical aspects of the foreign language system. When a novel, play or short story is explored over a period of time, the result is that the reader begins to 'inhabit' the text. He or she is drawn into the book. Pinpointing what individual words or phrases may mean becomes less important than pursuing the development of the story. The reader is eager to find out what happens as events unfold; he or she feels close to certain characters and shares their emotional responses. The language becomes 'transparent' — the fiction draws the whole person into its own world.

* sociosemantic: 사회의미론적인 ** transparent: 투명한

① linguistic insight

② artistic imagination

③ literary sensibility

④ alternative perspective

⑤ personal involvement

22 22학년도 9월 평가원 33번

다음 빈칸에 들어갈 말로 가장 적절한 것을 고르시오.

It is important to recognise the interdependence between individual, culturally formed actions and the state of cultural integration. People work within the forms provided by the cultural patterns that they have internalised, however contradictory these may be. Ideas are worked out as logical implications or consequences of other accepted ideas, and it is in this way that cultural innovations and discoveries are possible. New ideas are discovered through logical reasoning, but such discoveries are inherent in and integral to the conceptual system and are made possible only because of the acceptance of its premises. For example, the discoveries of new prime numbers are 'real' consequences of the particular number system employed. Thus, cultural ideas show 'advances' and 'developments' because they __________________. The cumulative work of many individuals produces a corpus of knowledge within which certain 'discoveries' become possible or more likely. Such discoveries are 'ripe' and could not have occurred earlier and are also likely to be made simultaneously by numbers of individuals.

* corpus: 집적(集積) ** simultaneously: 동시에

① are outgrowths of previous ideas

② stem from abstract reasoning ability

③ form the basis of cultural universalism

④ emerge between people of the same age

⑤ promote individuals' innovative thinking

다음 빈칸에 들어갈 말로 가장 적절한 것을 고르시오.

Young contemporary artists who employ digital technologies in their practice rarely make reference to computers. For example, Wade Guyton, an abstractionist who uses a word processing program and inkjet printers, does not call himself a computer artist. Moreover, some critics, who admire his work, are little concerned about his extensive use of computers in the art-making process. This is a marked contrast from three decades ago when artists who utilized computers were labeled by critics — often disapprovingly — as computer artists. For the present generation of artists, the computer, or more appropriately, the laptop, is one in a collection of integrated, portable digital technologies that link their social and working life. With tablets and cell phones surpassing personal computers in Internet usage, and as slim digital devices resemble nothing like the room-sized mainframes and bulky desktop computers of previous decades, it now appears that the computer artist is finally __________.

① awake   ② influential

③ distinct   ④ troublesome

⑤ extinct

다음 빈칸에 들어갈 말로 가장 적절한 것을 고르시오.

One of the great risks of writing is that even the simplest of choices regarding wording or punctuation can sometimes _______________________ in ways that may seem unfair. For example, look again at the old grammar rule forbidding the splitting of infinitives. After decades of telling students to never split an infinitive (something just done in this sentence), most composition experts now acknowledge that a split infinitive is *not* a grammar crime. Suppose you have written a position paper trying to convince your city council of the need to hire security personnel for the library, and half of the council members — the people you wish to convince — remember their eighth-grade grammar teacher's warning about splitting infinitives. How will they respond when you tell them, in your introduction, that librarians are compelled "to always accompany" visitors to the rare book room because of the threat of damage? How much of their attention have you suddenly lost because of their automatic recollection of what is now a non rule? It is possible, in other words, to write correctly and still offend your readers' notions of your language competence.

* punctuation: 구두점 ** infinitive: 부정사(不定詞)

① reveal your hidden intention

② distort the meaning of the sentence

③ prejudice your audience against you

④ test your audience's reading comprehension

⑤ create fierce debates about your writing topic

다음 빈칸에 들어갈 말로 가장 적절한 것을 고르시오.

Protopia is a state of becoming, rather than a destination. It is a process. In the protopian mode, things are better today than they were yesterday, although only a little better. It is incremental improvement or mild progress. The "pro" in protopian stems from the notions of process and progress. This subtle progress is not dramatic, not exciting. It is easy to miss because a protopia generates almost as many new problems as new benefits. The problems of today were caused by yesterday's technological successes, and the technological solutions to today's problems will cause the problems of tomorrow. This circular expansion of both problems and solutions ________________________. Ever since the Enlightenment and the invention of science, we've managed to create a tiny bit more than we've destroyed each year. But that few percent positive difference is compounded over decades into what we might call civilization. Its benefits never star in movies.

* incremental: 증가의 ** compound: 조합하다

① conceals the limits of innovations at the present time

② makes it difficult to predict the future with confidence

③ motivates us to quickly achieve a protopian civilization

④ hides a steady accumulation of small net benefits over time

⑤ produces a considerable change in technological successes

다음 빈칸에 들어갈 말로 가장 적절한 것을 고르시오.

That people need other people is hardly news, but for Rousseau this dependence extended far beyond companionship or even love, into the very process of becoming human. Rousseau believed that people are not born but made, every individual a bundle of potentials whose realization requires the active involvement of other people. Self-development is a social process. Self-sufficiency is an impossible fantasy. Much of the time Rousseau wished passionately that it were not: *Robinson Crusoe* was a favorite book, and he yearned to be free from the pains and uncertainties of social life. But his writings document with extraordinary clarity ________________________________. "Our sweetest existence is relative and collective, and our true self is not entirely within us." And it is kindness — which Rousseau analyzed under the rubric of *pitié*, which translates as "pity" but is much closer to "sympathy" as Hume and Smith defined it — that is the key to this collective existence.

* yearn: 갈망하다 ** rubric: 항목

① the necessity of philosophical study to understand human nature

② the development of self-sufficiency through literary works

③ the shaping of the individual by his emotional attachments

④ the making of the self-reliant man through his struggles

⑤ the difficulty of trusting other people wholeheartedly

다음 빈칸에 들어갈 말로 가장 적절한 것을 고르시오.

Everyone who drives, walks, or swipes a transit card in a city views herself as a transportation expert from the moment she walks out the front door. And how she views the street ________________________. That's why we find so many well-intentioned and civic-minded citizens arguing past one another. At neighborhood meetings in school auditoriums, and in back rooms at libraries and churches, local residents across the nation gather for often-contentious discussions about transportation proposals that would change a city's streets. And like all politics, all transportation is local and intensely personal. A transit project that could speed travel for tens of thousands of people can be stopped by objections to the loss of a few parking spaces or by the simple fear that the project won't work. It's not a challenge of the data or the traffic engineering or the planning. Public debates about streets are typically rooted in emotional assumptions about how a change will affect a person's commute, ability to park, belief about what is safe and what isn't, or the bottom line of a local business.

* swipe: 판독기에 통과시키다 ** contentious: 논쟁적인 *** commute: 통근

① relies heavily on how others see her city's streets

② updates itself with each new public transit policy

③ arises independently of the streets she travels on

④ tracks pretty closely with how she gets around

⑤ ties firmly in with how her city operates

다음 빈칸에 들어갈 말로 가장 적절한 것을 고르시오.

An invention or discovery that is too far ahead of its time is worthless; no one can follow. Ideally, an innovation opens up only the next step from what is known and invites the culture to move forward one hop. An overly futuristic, unconventional, or visionary invention can fail initially (it may lack essential not-yet-invented materials or a critical market or proper understanding) yet succeed later, when the ecology of supporting ideas catches up. Gregor Mendel's 1865 theories of genetic heredity were correct but ignored for 35 years. His sharp insights were not accepted because they did not explain the problems biologists had at the time, nor did his explanation operate by known mechanisms, so his discoveries were out of reach even for the early adopters. Decades later science faced the urgent questions that Mendel's discoveries could answer. Now his insights ________________. Within a few years of one another, three different scientists each independently rediscovered Mendel's forgotten work, which of course had been there all along.

* ecology: 생태 환경 ** heredity: 유전

① caught up to modern problems

② raised even more questions

③ addressed past and current topics alike

④ were only one step away

⑤ regained acceptance of the public

다음 빈칸에 들어갈 말로 가장 적절한 것을 고르시오.

Any attempt to model musical behavior or perception in a general way is filled with difficulties. With regard to models of perception, the question arises of whose perception we are trying to model — even if we confine ourselves to a particular culture and historical environment. Surely the perception of music varies greatly between listeners of different levels of training; indeed, a large part of music education is devoted to developing and enriching (and therefore likely changing) these listening processes. While this may be true, I am concerned here with fairly basic aspects of perception — particularly meter and key — which I believe are relatively consistent across listeners. Anecdotal evidence suggests, for example, that most people are able to "find the beat" in a typical folk song or classical piece. This is not to say that there is complete uniformity in this regard — there may be occasional disagreements, even among experts, as to how we hear the tonality or meter of a piece. But I believe ＿＿＿＿＿＿＿.

* anecdotal: 일화의

① our devotion to narrowing these differences will emerge

② fundamental musical behaviors evolve within communities

③ these varied perceptions enrich shared musical experiences

④ the commonalities between us far outweigh the differences

⑤ diversity rather than uniformity in musical processes counts

다음 빈칸에 들어갈 말로 가장 적절한 것을 고르시오.

We understand that the segregation of our consciousness into present, past, and future is both a fiction and an oddly self-referential framework; your present was part of your mother's future, and your children's past will be in part your present. Nothing is generally wrong with structuring our consciousness of time in this conventional manner, and it often works well enough. In the case of climate change, however, the sharp division of time into past, present, and future has been desperately misleading and has, most importantly, hidden from view the extent of the responsibility of those of us alive now. The narrowing of our consciousness of time smooths the way to divorcing ourselves from responsibility for developments in the past and the future with which our lives are in fact deeply intertwined. In the climate case, it is not that ＿＿＿＿＿＿. It is that the realities are obscured from view by the partitioning of time, and so questions of responsibility toward the past and future do not arise naturally.

* segregation: 분리 ** intertwine: 뒤얽히게 하다
*** obscure: 흐릿하게 하다

① all our efforts prove to be effective and are thus encouraged

② sufficient scientific evidence has been provided to us

③ future concerns are more urgent than present needs

④ our ancestors maintained a different frame of time

⑤ we face the facts but then deny our responsibility

다음 빈칸에 들어갈 말로 가장 적절한 것을 고르시오.

When trying to establish what is meant by digital preservation, the first question that must be addressed is: what are you actually trying to preserve? This is clear in the analog environment where the information content is inextricably fixed to the physical medium. In the digital environment, the medium is not part of the ______________. A bit stream looks the same to a computer regardless of the media it is read from. A physical carrier is necessary, but as long as the source media can be read, bit-perfect copies can be made cheaply and easily on other devices, making the preservation of the original carrier of diminishing importance. As the physical media that carry digital information are quite delicate relative to most analog media, it is expected that digital information will necessarily need to be migrated from one physical carrier to another as part of the ongoing preservation process. It is not the media itself but the information on the media that needs to be preserved.

* inextricably: 풀 수 없게

---

① platform

② storage

③ message

④ challenge

⑤ transformation

2-2 A/B 치환

A/B 자리 찾기는 지문이 해석은 되지만 이해가 되지 않을 때 사용하는 방법입니다. 모든 빈칸 추론 문제는 'Targeting'과 'Paraphrasing'으로 풀 수 있지만 지문이 이해가 되지 않는다면 'Targeting'과 'Paraphrasing'으로 문제를 푸는 것이 어려울 수 있습니다. 이때 반복되는 것, 빈칸과 관련된 것 같은 지문의 내용을 A와 B로 치환하여 빈칸에 들어갈 말이 A인지 B인지 판단하는 것이 A/B 치환입니다.

이 방법을 적용할 수 있는 이유는 수능 영어 문제에서 한 지문당 하나의 주제를 제시하기 때문입니다. 즉 주제가 하나이기 때문에 모든 문장이 주제를 재진술한다고 가정하고 A/B로 치환할 수 있습니다. (단, 예시를 A/B로 치환하시면 안 됩니다. 무조건 오류가 발생합니다.)

A/B로 치환하는 방법은 많지만 대표적인 것은 다음과 같습니다.

   (1) 두 가지를 대조하는 지문에서 한 가지를 (A) 다른 것을 (B) = (not A)로 설정

   (2) 인과관계를 재진술로 제시하는 지문에서 원인을 (A), 결과를 (B)로 설정

   (3) '(가)는 (나)이다'와 같이 정의된 문장에서 (가)를 (A), (나)를 (B)로 설정

우리가 Chapter 2-1에서 풀었던 문제를 A/B로 치환하여 풀어 봅시다.

다음 빈칸에 들어갈 말로 가장 적절한 것을 고르시오.

 A large part of what we see is what we expect to see. This explains why we "see" faces and figures in a flickering campfire, or in moving clouds. This is why Leonardo da Vinci advised artists to discover their motifs by staring at patches on a blank wall. A fire provides a constant flickering change in visual information that never integrates into anything solid and thereby allows the brain to engage in a play of hypotheses. On the other hand, the wall does not present us with very much in the way of visual clues, and so the brain begins to make more and more hypotheses and desperately searches for confirmation. A crack in the wall looks a little like the profile of a nose and suddenly a whole face appears, or a leaping horse, or a dancing figure. In cases like these the brain's visual strategies are ________________________.

* flicker: 흔들리다

---

① ignoring distracting information unrelated to visual clues

② projecting images from within the mind out onto the world

③ categorizing objects into groups either real or imagined

④ strengthening connections between objects in the real world

⑤ removing the broken or missing parts of an original image

> A large part of what we see is what we expect to see.

- '우리가 보는 것의 대부분은 우리가 보는 것을 기대하는 것이다'로 정의하고 있기 때문에 'what we see'를 (A)로 'what we expect to see'를 (B)로 치환합시다.

> This explains why we "see" faces and figures in a flickering campfire, or in moving clouds. This is why Leonardo da Vinci advised artists to discover their motifs by staring at patches on a blank wall. A fire (A) provides a constant flickering change in visual information that never integrates into anything solid and thereby allows the brain to engage in a play of hypotheses (B).
>
>   * flicker: 흔들리다

- 불은 '우리가 보는 것'이므로 (A)가 되고 뇌가 가설 놀이에 참여하는 것은 '우리가 보는 것을 기대하는 것'과 같은 맥락이므로 (B)로 설정할 수 있습니다.

> On the other hand, the wall (A) does not present us with very much in the way of visual clues, and so the brain begins to make more and more hypotheses and desperately searches for confirmation (B).

- 벽은 '우리가 보는 것'이므로 (A), 뇌가 가설을 만드는 것은 '우리가 보는 것을 기대하는 것'이므로 (B)가 됩니다.

> A crack in the wall (A) looks a little like the profile of a nose and suddenly a whole face appears, or a leaping horse, or a dancing figure (B).

- 벽의 금은 '우리가 보는 것'이므로 (A), '코와 닮아 보여서 갑자기 전체 얼굴이 나타나거나 도약하는 말 또는 춤추는 사람이 나타나는 것'은 (B)가 됩니다.

> In cases like these the brain's visual strategies are ______________.

뇌가 참여하는 것이 (A)였나요? (B)였나요?

(B)였습니다! 그러므로 빈칸에 들어갈 말은 (B) '우리가 보길 기대하는 것'이므로 정답은 ②번 'projecting images from within the mind out onto the world'가 됩니다.

Q 치환하는 것이 더 쉬운 것 같은데, 모든 빈칸 문제를 치환으로 풀면 안 되나요?

A 네. 안됩니다. 왜냐하면 우리는 치환을 통해서 지문의 내용을 '간단화'했기 때문입니다. 지문의 내용을 간단화할 경우 구체적 내용을 파악할 수 없으므로 오류가 생길 가능성이 매우 높습니다. 그러므로 우리가 어떻게 내용이 제시되었고 빈칸이 출제되었는지 알지 못하는 상황에서 치환하는 것은 매우 위험합니다. 어떻게 내용이 제시되든 빈칸이 출제되든 풀 수 있는 'Targeting'과 'Paraphrasing'를 기본으로 하셔야 합니다. 치환은 내용이 이해가 되지 않는데 내용을 이해하기 위해서 제한된 시간을 소모할 수는 없으므로 내용이 이해가 되지 않을 때만 사용하는 것을 추천합니다.

Q 치환이 이해가 되지 않는데, 치환을 사용하지 않고 Chapter 2-1의 Targeting과 Paraphrasing으로 풀어도 되나요?

A 네 괜찮습니다. Targeting과 Paraphrasing은 어떠한 지문에서도 통하여 가장 정답률이 높은 방법입니다. 치환은 지문이 이해가 되지 않을 때 사용하는 방법으로 반드시 치환으로만 빈칸 문제를 푸실 필요는 없습니다.

새로운 문제를 A/B로 치환하여 풀어봅시다.

19학년도 9월 평가원 33번

다음 빈칸에 들어갈 말로 가장 적절한 것을 고르시오.

Food unites as well as distinguishes eaters because what and how one eats forms much of one's emotional tie to a group identity, be it a nation or an ethnicity. The famous twentieth-century Chinese poet and scholar Lin Yutang remarks, "Our love for fatherland is largely a matter of recollection of the keen sensual pleasure of our childhood. The loyalty to Uncle Sam is the loyalty to American doughnuts, and the loyalty to the *Vaterland* is the loyalty to *Pfannkuchen* and *Stollen*." Such keen connection between food and national or ethnic identification clearly indicates the truth that cuisine and table narrative occupy a significant place in the training grounds of a community and its civilization, and thus, eating, cooking, and talking about one's cuisine are vital to ________________________. In other words, the destiny of a community depends on how well it nourishes its members.

* nourish: 기르다

① an individual's dietary choices
② one's diverse cultural experiences
③ one's unique personality and taste
④ a community's wholeness and continuation
⑤ a community's dominance over other cultures

Food unites as well as distinguishes eaters **because** what and how one eats forms much of one's emotional tie to a group identity, be it a nation or an ethnicity. The famous twentieth-century Chinese poet and scholar Lin Yutang remarks, "Our love for fatherland is largely a matter of recollection of the keen sensual pleasure of our childhood. The loyalty to Uncle Sam is the loyalty to American doughnuts, and the loyalty to the Vaterland is the loyalty to Pfannkuchen and Stollen." Such keen connection between food and national or ethnic identification clearly indicates the truth that cuisine and table narrative occupy a significant place in the training grounds of a community and its civilization, and **thus**, eating, cooking, and talking about one's cuisine are vital to ___________________________.
In other words, the destiny of a community depends on how well it nourishes its members.

* nourish: 기르다

Food (A) unites as well as distinguishes eaters (B) because what and how one eats (A) forms much of one's emotional tie to a group identity, be it a nation or an ethnicity (B).

- 음식이 먹는 사람을 구별할 뿐만 아니라 통합한다 했으므로 '음식 ⇒ 사람 통합'의 관계로 파악할 수 있습니다. 그러므로 음식과 관련된 것은 (A), 먹는 사람과 관련된 것은 (B)로 치환.

The famous twentieth-century Chinese poet and scholar Lin Yutang remarks, "Our love for fatherland is largely a matter of recollection of the keen sensual pleasure of our childhood. The loyalty to Uncle Sam (B) is the loyalty to American doughnuts (A), and the loyalty to the *Vaterland* (B) is the loyalty to *Pfannkuchen and Stollen.* (A)"

- 'The loyalty to Uncle Sam'은 윤리이니 (B)와 관련되었고 'the loyalty to American dougnuts'는 음식이니 (A)와 관련되어 있습니다. '*Vaterland*'와 '*Pfannkuchen and Stollen.*'은 앞 문장과 같은 내용일 것이므로 '*Vaterland*'는 (B)고 '*Pfannkuchen and Stollen.*'는 (A)로 추정합시다. 실제로 해석하면 '*Vaterland*'는 '조국' '*Pfannkuchen and Stollen.*'는 각각 '도넛과 빵'을 이야기합니다.

Such keen connection between food (A) and national or ethnic identification (B) clearly indicates the truth that cuisine and table narrative (A) occupy a significant place in the training grounds of a community and its civilization (B), and thus, eating, cooking, and talking about one's cuisine (A) are vital to ___________________________.

- 음식과 관련된 것은 전부 (A), 집단, 정체성, 사람과 관련된 것은 전부 (B)로 치환합시다. 빈칸 문장에서 '따라서 (A)는 __________ 에 중요하다'고 하므로 빈칸에 들어갈 말은 (B)입니다. (B)는 먹는 사람, 집단 정체성, 국가, 윤리, 시민화를 치환한 것이므로 정답은 ④번이 됩니다.

In other words, the destiny of a community (B) depends on how well it nourishes its members (A).

- 'the destiny of a community'는 집단이므로 (B) 'how well it nourishes its members'는 'A ⇒ B' 이고 앞이 (B)이니 자동 (A)가 됩니다.

▎체화

각 지문에서 반복되는 것 혹은 빈칸과 관련된 것 같은 것을 A/B를 설정하여 빈칸에 어떤 말이 들어가야 하는지 찾아봅시다.

01

13학년도 6월 평가원 27번

다음 빈칸에 들어갈 말로 가장 적절한 것을 고르시오.

Lifeline infrastructures are vital systems that support a nation's economy and quality of life. Modern economies rely on the ability to move goods, people, and information safely and reliably. Adding to their importance is that many of the lifeline systems serve vital roles in disaster recovery. Consequently, it is of the utmost importance to government, business, and the public at large that the flow of services provided by a nation's infrastructure continues unimpeded in the face of a broad range of natural and technological hazards. The linkage between systems and services is critical to any discussion of infrastructure. Although it is the performance of the hardware (i.e., the highways, pipes, and transmission lines) that is of immediate concern following an earthquake, it is actually the loss of services that these systems provide that is the real loss to the public. Therefore, a high priority in protecting these systems from hazards is ensuring ________________________.

① an early alarm system for economic crises
② the durability and stability of transmission lines
③ the continuity, or at least the rapid restoration, of service
④ a prompt mobilization of experts for disaster control
⑤ the maintenance and expansion of lifeline systems

02

다음 빈칸에 들어갈 말로 가장 적절한 것을 고르시오.

Suppose a survivor from an airplane crash with severe injuries struggles for days through the jungle but dies just before reaching a village. It is tempting to think "if only he had managed to walk to the village, he would have been rescued." But suppose you must try to console the victim's relatives. What might you say? Or suppose you wish to defend the rescue team who got as far as the village but no further. Your motivation to console or defend may influence the alternative you imagine. You may decide to emphasize the severity of the victim's injuries and suggest "even if he had managed to walk to the village, he still would have died." Sometimes thoughts about what might have been change an antecedent event (the victim walked to the village) but leave the outcome unchanged (he still died). "Even if..." conditionals have been called "semifactual" because they combine a counterfactual antecedent and a factual consequence. Imagined semifactual alternatives are intriguing because, unlike other thoughts about what might have been, they suggest that ___________________ .

① the consequence is unimaginable

② the antecedent is inevitable

③ the outcome is inevitable

④ the antecedent is unpredictable

⑤ the consequence is unpredictable

03

다음 빈칸에 들어갈 말로 가장 적절한 것을 고르시오.

The audience receives a sound signal entirely through the vibrations generated in the air, whereas in a singer some of the auditory stimulus is conducted to the ear through the singer's own bones. Since these two ways of transferring sound have quite different relative efficiencies at various frequencies, the overall quality of the sound will be quite different. You have probably experienced this when you have listened to your own voice, as on tape or through a public address system. It is easy to blame the 'sound of a stranger' on 'poor electronics,' but this is only partly justified. The major effect comes from the fact that you hear yourself differently from the way others hear you. This is one of the main reasons why even the most accomplished singers have to listen to the opinion of coaches and voice teachers as to 'how they sound,' whereas no concert violinist would have to do such a thing. To the violinist ___________________ to someone else standing nearby.

* frequency: 주파수

① the coaches are more helpful than they are

② sounds spread a lot more widely than they do

③ the audience response is just as important as it is

④ playing sounds almost exactly the same as it does

⑤ the 'sound of a stranger' matters more than it does

▌체화 해설

01

다음 빈칸에 들어갈 말로 가장 적절한 것을 고르시오.

Lifeline infrastructures (A) are vital systems (A) that support a nation's economy and quality of life (B). Modern economies (B) rely on the ability to move goods, people, and information safely and reliably (A). Adding to their importance is that many of the lifeline systems (A) serve vital roles in disaster recovery. **Consequently**, it is of the utmost importance to government, business, and the public at large that the flow of services (B) provided by a nation's infrastructure (A) continues unimpeded in the face of a broad range of natural and technological hazards. The linkage between systems (A) and services (B) is critical to any discussion of infrastructure. **Although** it is the performance of the hardware (i.e., the highways, pipes, and transmission lines) (A) that is of immediate concern following an earthquake, it is actually the loss of services (B) that these systems (A) provide that is the real loss to the public. **Therefore**, a high priority in protecting these systems (A) from hazards is ensuring __________.

🔖 해설 | 정답 : ③번 |

'system'과 관련된 것을 (A), 'service' 혹은 'nation's economy'와 관련된 것을 (B)로 치환하시면 어렵지 않은 문제입니다.

Lifeline infrastructures (A) are vital systems (A) that support a nation's economy and quality of life (B).

- 'Lifeline infrastructures'가 중요한 'system'이라 하므로 (A)가 되고,

  'a nation's economy and quality of life'는 (A)가 아니므로 (B)라고 합시다.

Modern economies (B) rely on the ability to move goods, people, and information safely and reliably (A).

- 'Modern economies'는 (B)이고 (B)가 의존하는 것은 (A)이므로 'the ability to move goods ~'는 (A)가 됩니다.

that the flow of services (B) provided by a nation's infrastructure (A) continues unimpeded in the face of a broad range of natural and technological hazards.

- (A)가 제공하는 것은 (B)이므로 'the flow of services'는 (B)가 됩니다.

Although it is the performance of the hardware (i.e., the highways, pipes, and transmission lines) (A) that is of immediate concern following an earthquake, it is actually the loss of services (B) that these systems (A) provide that is the real loss to the public.

- 'these systems'가 지칭하는 것이 'the highways, pipes, and transmission lines'이므로 'the performance of the hardware'은 (A)가 됩니다.

Therefore, a high priority in protecting these systems (A) from hazards is ensuring __________.

- (A)가 보증하는 것은 (B)이므로 빈칸에 들어갈 말은 (B)가 됩니다. 그러므로 정답은 ③번

  'the continuity, or at least the rapid restoration, of service', '서비스의 연속성, 혹은 최소한 빠른 복구'가 됩니다.

14학년도 6월 평가원 33번

다음 빈칸에 들어갈 말로 가장 적절한 것을 고르시오.

 Suppose a survivor from an airplane crash with severe injuries struggles for days through the jungle **but** dies just before reaching a village. It is tempting to think "if only he had managed to walk to the village, he would have been rescued." **But** suppose you must try to console the victim's relatives. What might you say? Or suppose you wish to defend the rescue team who got as far as the village **but** no further. Your motivation to console or defend may influence the alternative you imagine. You may decide to emphasize the severity of the victim's injuries and suggest "even if he had managed to walk to the village (A), he still would have died (B)." Sometimes thoughts about what might have been change an antecedent event (A) (the victim walked to the village) but leave the outcome unchanged (B) (he still died). "Even if..." conditionals have been called "semifactual" **because** they combine a counterfactual antecedent (A) and a factual consequence (B). Imagined semifactual alternatives are intriguing **because**, unlike other thoughts about what might have been, they suggest that ____________.

☝ 해설 [정답 : ③]

앞에서 봤던 문제와 달리 첫 문장이 예시와 가정으로 시작하기 때문에 (A), (B)를 잡기 쉽지 않습니다. 빈칸 문장 앞 문장 'a counterfactual antecedent'를 (A), 'a factual consequence'를 (B)로 잡고 치환하셔야 합니다.

"even if he had managed to walk to the village (A), he still would have died (B)."
- 전제조건은 (A), 결과는 (B)로 치환합시다.

Sometimes thoughts about what might have been change an antecedent event (A) (the victim walked to the village) but leave the outcome unchanged (B) (he still died).
- 전제조건이 변하는 것이므로 (A), 결과는 변하지 않는 것이므로 (B)가 됩니다.

Imagined semifactual alternatives are intriguing because, unlike other thoughts about what might have been (A), they suggest that ____________.
- 'what might have been'은 앞에서 전제조건과 관련이 있었으므로 (A), 변하는 (A)와 다른 것이므로 빈칸에 들어갈 말은 (B)가 됩니다. 그러므로 정답은 ③번 'the outcome is inevitable' '결과는 불가피하다'가 됩니다.

03

다음 빈칸에 들어갈 말로 가장 적절한 것을 고르시오.

The audience receives a sound signal entirely through the vibrations generated in the air (A), **whereas** in a singer some of the auditory stimulus is conducted to the ear through the singer's own bones (B). **Since** these two ways of transferring sound have quite different relative efficiencies at various frequencies, the overall quality of the sound will be quite different. You have probably experienced this when you have listened to your own voice, as on tape or through a public address system (A). It is easy to blame the 'sound of a stranger' on 'poor electronics,' **but** this is only partly justified. The major effect comes from the fact that you hear yourself (B) differently from the way others hear you (A). This is one of the main reasons why even the most accomplished singers (B) **have to** listen to the opinion of coaches and voice teachers as to 'how they sound,' (A) **whereas** no concert violinist (A) would have to do such a thing. To the violinist (A) _______________ to someone else standing nearby.

* frequency: 주파수

▼ 해설 ㅣ정답 : ④ ㅣ

'The audience', '청중이 듣는 소리'를 (A), 'through the singer's own bones', '스스로 내는 소리'를 (B)로 치환합니다.

You have probably experienced this when you have listened to your own voice, as on tape or through a public address system (A).
- 테이프로 듣거나 대중 연설 체계는 본인이 스스로 소리를 내면서 듣는 것이 아니므로 (A)가 됩니다.

The major effect comes from the fact that you hear yourself (B) differently from the way others hear you (A).
- 스스로의 소리를 듣는 것은 (B), 다른 사람이 듣는 방식은 (A)가 됩니다.

This is one of the main reasons why even the most accomplished singers (B) have to listen to the opinion of coaches and voice teachers as to 'how they sound,' (A) whereas no concert violinist (A) would have to do such a thing.
- 'singer'은 (B)이었으므로 'the most accomplished singers'역시 (B)가 됩니다. 'the opinion of coaches~'는 (A)이므로 (B)는 (A)가 필요하다는 것을 알 수 있습니다. 'whereas', '반면에'로 (B)와 역접을 이루는 것은 (A)이므로 'concert violinist'는 (A)가 됩니다.

To the violinist (A) _______________ to someone else standing nearby.
- 'the vioinsit'는 (A)이므로 빈칸에 들어갈 말은 (A)가 됩니다. 그러므로 정답은 ④번 'playing sounds almost exactly the same as it does' '연주 소리가 거의 같다'가 됩니다.

01 25학년도 수능 32번

다음 빈칸에 들어갈 말로 가장 적절한 것을 고르시오.

Education, at its best, teaches more than just knowledge. It teaches critical thinking: the ability to stop and think before acting, to avoid succumbing to emotional pressures. This is not thought control. It is the very reverse: mental liberation. Even the most advanced intellectual will be imperfect at this skill. But even imperfect possession of it ______________ of being 'stimulus-driven', constantly reacting to the immediate environment, the brightest colors or loudest sounds. Being driven by heuristic responses, living by instinct and emotion all the time, is a very easy way to live, in many ways: thought is effortful, especially for the inexperienced. But emotions are also exhausting, and short-term reactions may not, in the long term, be the most beneficial for health and survival. Just as we reach for burgers for the sake of convenience, storing up the arterial fat which may one day kill us, so our reliance on feelings can do us great harm.

* succumb: 굴복하다 ** arterial: 동맥의

① intensifies people's danger

② enhances our understanding

③ frees a person from the burden

④ allows us to accept the inevitability

⑤ requires one to have the experience

02 24학년도 6월 평가원 33번

다음 빈칸에 들어갈 말로 가장 적절한 것을 고르시오.

Whatever their differences, scientists and artists begin with the same question: *can you and I see the same thing the same way?* If so, how? The scientific thinker looks for features of the thing that can be stripped of subjectivity — ideally, those aspects that can be quantified and whose values will thus never change from one observer to the next. In this way, he arrives at a reality independent of all observers. The artist, on the other hand, relies on the strength of her artistry to effect a marriage between her own subjectivity and that of her readers. To a scientific thinker, this must sound like magical thinking: *you're saying you will imagine something so hard it'll pop into someone else's head exactly the way you envision it?* The artist has sought the opposite of the scientist's observer-independent reality. She creates a reality dependent upon observers, indeed a reality in which ______________ in order for it to exist at all.

① human beings must participate

② objectivity should be maintained

③ science and art need to harmonize

④ readers remain distanced from the arts

⑤ she is disengaged from her own subjectivity

01 25학년도 수능 32번

(정답률 22%)

다음 빈칸에 들어갈 말로 가장 적절한 것을 고르시오

> Education, at its best, teaches more than just knowledge. It teaches critical thinking (A): the ability to stop and think before acting, (A) to avoid succumbing to emotional pressures (A). This is not thought control. It is the very reverse: mental liberation (A). Even the most advanced intellectual will be imperfect at this skill. **But** even imperfect possession of it (A) __________ of being 'stimulus-driven', constantly reacting to the immediate environment, the brightest colors or loudest sounds (B). Being driven by heuristic responses, living by instinct and emotion all the time (B), is a very easy way to live, in many ways: thought is effortful, especially for the inexperienced. **But** emotions (B) are also exhausting, and short-term reactions may not, in the long term, be the most beneficial for health and survival. Just as we reach for burgers for the sake of convenience, storing up the arterial fat which may one day kill us, **so** our reliance on feelings can do us great harm (B).
>
> * succumb: 굴복하다 ** arterial: 동맥의

해설 | 정답 : ③ |

Ⅰ. 빈칸 문장에서 하지만 그것을 불완전하게나마 소유하는 것은 인접한 환경, 가장 밝은 색이나 가장 큰 소리에 끊임없이 반응하면서 '자극의 유도'되는 것에 대한 __________ 하다고 합니다. 우리는 불완전한 그것이 무엇인지를 찾고 불완전한 그것이 자극의 유도를 어떻게 하는지를 찾으면 됩니다.

Ⅱ. 빈칸 문장의 'it'은 비판적 사고라는 것을 어렵지 않게 찾으실 수 있으실 겁니다. 그럼에도 불구하고 빈칸에 들어갈 말을 모르시겠다면 가장 많이 보인 critical thinking과 emotion을 각각 A와 B로 치환하여 판단하시면 됩니다. 그러면 'it'은 critical thinking인 (A)가 되고 (A)에 해당하는 내용이 빈칸에 들어가야 합니다.

Ⅲ. (A)에 해당하는 감정적인 압박을 피하고, 정신적 해방과 관련된 선지는 ③번 'frees a person from the burden', '사람을 그 짐으로부터 자유롭게 하다'입니다.

* 'free A from B'는 A를 B로부터 자유롭게 하다. 즉 A를 B로부터 벗어나게 하다를 의미합니다. 이와 비슷한 구문으로 'protect / keep A from v-ing', 'A를 V-ing하는 것으로부터 막다'가 있습니다.

** 25%의 학생들이 고른 ②번 선지 'enhances our understanding', '우리의 이해를 증진시킨다'는 빈칸 문장 뒷 부분의 내용을 생각하지 않고 고른 경우에 해당합니다. 빈칸 문장의 뒷 내용은 자극의 유도 즉, 감정에 의존하는 것에 대한 설명이므로 ②번 선지가 빈칸에 들어가게 된다면 '비판적 사고가 우리의 감정적 이해를 증진시킨다'는 내용이 되므로 지문의 내용과 맞지 않게 됩니다. 우리는 빈칸을 풀 때 이러한 실수를 막기 위해 빈칸 문장을 먼저 꼼꼼히 읽고 찾아야할 부분을 확실히 파악한 후 찾아야 합니다.

Ⅰ. Education, at its best, / teaches / more than just knowledge.

> **구** 교육은 최고의 모습에서 단순한 지식 이상을 가르친다고 합니다.
>
> **독** 최고의 교육은 단순한 지식 이상을 가르치는 것이라고 합니다.

Ⅱ. It / teaches / critical thinking: the ability (to stop and think before acting, to avoid succumbing to emotional pressures).

* succumb: 굴복하다

- 구▶ 그것은 (= 단순한 지식 이상을 가르치는 것은) 비판적 사고, 즉 행동하기 전에 멈추어 생각할 수 있는, 감정적 압박에 굴복하는 것을 피하는 능력을 가르치는 것이라고 합니다.

- 독▶ Ⅰ번 문장에서 단순한 지식 이상을 가르치는 것이 Ⅱ번 문장에서 구체화되어 비판적 사고를 가르치는 것이라고 제시되었습니다.

Ⅲ. This / is not / thought control. It / is / the very reverse: mental liberation.

- 구▶ 이것은 (= 비판적 사고는) 사고 통제가 아니다. 그것은 (= 비판적 사고는) 바로 정반대인 정신적 해방이라고 합니다.

- 독▶ 비판적 사고는 사고를 통제하는 것이 아닌 정신적 해방이라고 합니다.

Ⅳ. Even the most advanced intellectual / will be imperfect at / this skill.

- 구▶ 심지어 가장 지적으로 발달한 사람조차도 이 기능은 (= 비판적 사고는) 불완전하다고 합니다.

- 독▶ 가장 지적으로 발달하더라도 비판적 사고, 즉 정신적 해방은 불완전하다고 합니다.

Ⅴ. **But** even imperfect possession of it / ______________ · of being 'stimulus-driven', (constantly reacting to the immediate environment, the brightest colors or loudest sounds).

- 구▶ 하지만 그것을 (= 비판적 사고를) 불완전하게나마 소유하는 것은 인접한 환경, 가장 밝은 색이나 가장 큰 소리에 끊임없이 반응하면서 '자극의 유도'되는 것에 대한 __________ 하다고 합니다.

- 독▶ 'But'이 제시되었으므로 앞 뒷 문장 중심 문장
  - 비판적 사고를 불완전하게라도 가지고 있는 것이 다양한 자극 유도에 대해 어떻게 반응하는지를 찾아야 합니다.

Ⅵ. Being driven (by heuristic responses), (living (by instinct and emotion) all the time), / is / a very easy way to live, in many ways: thought / is / effortful, especially for the inexperienced.

- 구▶ 휴리스틱 반응에 의해 유도되는 것, 즉 항상 본능과 감정에 따라 사는 것은 여러 부분에서 가장 쉬운 삶의 방식인데, 사고는 특히 경험이 없는 사람들에게는 노력을 필요로 한다고 합니다.

- 독▶ 'heuristic'이란 단어를 주지 않았습니다. 그래도 항상 본능과 감정에 따라 사는 것이라는 뒷 내용을 통해서 추론할 수 있습니다. 평가원은 일부러 어려운 단어를 주지 않고 내용을 통해 추론시키는 출제를 과거 기출부터 해오고 있습니다. 난생 처음 보는 단어가 나오더라도 시험장에서 당황하지 말고 내용을 통해 쉽게 추론할 수 있습니다. (참고로 heuristic은 발견적, 학생이 스스로 발견하게 하는 방법을 뜻합니다.)
  - 감정에 의해서만 사는 것은 가장 쉬운 방법이고, 사고를 경험하지 않은 사람에게는 사고는 노력이 필요한 즉, 어려운 것이라고 합니다.

Ⅶ. **But** emotions / are also exhausting, and short-term reactions / may not, (in the long term), be / the most beneficial for health and survival.

 그러나 감정도 또한 지치게 하고, 단기적인 반응은 장기적에서는 건강과 생존에 가장 유익하지 않을 수도 있다고 합니다.

 'But'이 제시되었으므로 앞 뒷 문장 중심 문장
- 비판적 사고없이 단기적으로 행동하는 것 역시 사람을 지치게 하며, 장기적으로는 건강과 생존에 가장 유익하지 않을 수도 있다고 합니다. 수험생들이 단기적 반응으로 학원을 땡땡이치고 놀러가는 것이 수능 성적에 도움이 되지 않는다와 비슷하게 이해하시면 됩니다.

Ⅷ. Just as we / reach for / burgers for the sake of convenience, storing up the arterial fat (which may one day kill us), **so** our reliance (on feelings) / can do us great harm.

** arterial: 동맥의

 우리가 편리함을 얻으려고 햄버거에 손을 뻗어 언젠가 우리를 죽일지도 모르는 동맥 지방을 축적하는 것처럼, 우리가 감정에 의존하는 것은 우리에게 큰 해를 끼칠 수 있다고 합니다.

 'so'가 제시되었으므로 중심 문장
- 감정인 편리함만을 위해 햄버거를 먹어 동맥 지방을 축적하는 것처럼 감정에 의존하는 것은 우리에게 큰 해를 끼칠 수 있다고 합니다.

다음 빈칸에 들어갈 말로 가장 적절한 것을 고르시오

Whatever their differences, <u>scientists (A)</u> and <u>artists (B)</u> begin with the same question: *can you and I see the same thing the same way? If so, how?* The scientific thinker looks for features of the thing that <u>can be stripped of subjectivity (A)</u> — ideally, those aspects that <u>can be quantified and whose values will **thus** never change (A)</u> from one observer to the next. In this way, he <u>arrives at a reality independent (A)</u> of all observers. The artist, **on the other hand**, relies on the strength of her artistry to <u>effect a marriage between her own subjectivity and that of her readers (B)</u>. To a <u>scientific thinker (A)</u>, this **must** sound like magical thinking: *you're saying you will imagine something so hard it'll <u>pop into someone else's head exactly the way you envision (B)</u> it?* The artist has sought the opposite of the scientist's <u>observer-independent reality (A)</u>. She <u>creates a reality dependent upon observers</u>, indeed a reality in which ________________ in order for it to exist at all.

해설 [정답 : ①]

Ⅰ. 빈칸 문장에서는 그녀는 관찰자에게 의존하는 현실, 즉 그것이 존재하려면 __________ 한 현실을 만들어 낸다고 합니다.

Ⅱ. 빈칸 문장의 'She'가 누군지 알아내야 합니다. 지문에서 비교되는 과학자와 예술가를 각각 (A), (B)로 치환하고, 그 특징을 정리하면,

과학자 (A): 'can be stripped of subjectivity', 주관성이 박탈될 수 있는 측면을 찾는다.

'values will thus never change', 가치가 관찰자마다 전혀 변하지 않는다.

'arrives at a reality independent', 관찰자로부터 독립적인 현실에 도달한다.

예술가 (B): 'her own subjectivity and that of her readers', 자신의 주관성과 독자들의 주관성 간의 결합.

'creates a reality dependent upon observers', 관찰자에 의존적인 현실을 만들어낸다.

예술가와 과학자의 핵심 차이는 주관성과 관찰자와의 관계입니다. 과학자는 객관적이고 관찰자로부터 독립적이지만, 예술가는 주관적이고 관찰자 의존적입니다. 빈칸 이전 문장에서 예술가들이 과학자의 정반대를 추구했다고 했고, 빈칸 문장의 'dependent upon observers'도 예술가의 특징이므로, 빈칸에는 이러한 예술가의 특징 중 하나가 들어가야 합니다.

Ⅲ. 예술가의 특징과 관련된 선지는 ①번 'human beings must participate', '인간들이 참여해야만 하는'이 됩니다. 인간은 관찰자이며, 그들이 참여하는 것은 관찰자 의존적인 예술가의 특징입니다.

Ⅰ. Whatever their differences, <u>scientists (A)</u> and <u>artists (B)</u> / begin with the same question: *can you and I / see / the same thing / the same way? If so, how?*

> 구 ▸ 'whatever'은 '무엇이든지 간에'를 의미합니다.
>   - 과학자와 예술가의 차이점이 무엇이든, 그들은 똑같은 질문, '당신과 내가 똑같은 것을 똑같은 방식으로 볼 수 있을까? 만약 그렇다면 어떻게?'라는 질문으로 시작한다고 합니다.

> 독 ▸ 노골적으로 과학자와 예술가를 비교하고 있으며, 둘의 공통점으로 같은 것을 보는 방식에 대한 질문에 관해서 언급하고 있습니다.

Ⅱ. The scientific thinker / looks for features (of the thing / that / <u>can be stripped of subjectivity (A)</u>) — ideally, those aspects / that / <u>can be quantified / and whose / values / will thus never change (A)</u> from / one observer to the next.

> 구 ▸ 과학적 사고를 하는 사람은 주관성이 박탈될 수 있는 사물의 특징, 즉 이상적으로는 정량화될 수 있고 그래서 그것의 가치가 관찰자마다 전혀 달라지지 않을 그런 측면을 찾는다고 합니다.

> 독 ▸ 'thus'가 언급되므로 중심 문장
>   - 과학자들의 특징으로는 주관성의 배제와 객관성의 추구를 언급합니다.

Ⅲ. In this way, he / <u>arrives at a reality independent (A)</u> of all observers.

> 구 ▸ 이런 식으로, 그 사람은 모든 관찰자로부터 독립적인 현실에 도달한다고 합니다.

Ⅳ. The artist, **on the other hand**, / relies on the strength (of her artistry) to <u>effect a marriage between her own subjectivity and that of her readers (B)</u>.

> 구 ▸ between A and B - A와 B사이에
>   - 반면에, 예술가는 자기 자신의 주관성과 자기 독자의 주관성 간의 결합을 이루기 위해 자신의 예술가적 솜씨의 힘에 의지한다고 합니다.

> 독 ▸ 'on the other hand'로 내용이 전환되므로 중심 문장
>   - 예술가의 특징으로는 예술가와 독자의 주관성을 결합하며, 이는 주관성을 배제하는 과학자들과 반대되는 특징입니다.

Ⅴ. To a <u>scientific thinker (A)</u>, this / **must** sound like magical thinking: *you're saying / you / will imagine / something so hard it'll <u>pop into someone else's head exactly the way / you envision (B)</u> it?*

> 구 ▸ 'so A that B' 구조에서 that이 생략되었습니다.
>   - 과학적 사고를 하는 사람에게, 이것은 틀림없이 마술적인 사고처럼 들릴 것이라고 합니다. '네가 원가를 매우 열심히 상상해서 그것에 대해 네가 마음속으로 그리는 바로 그대로 다른 누군가의 머릿속에 그것이 떠오를 것이라고 너는 말하고 있는 것인가?'

> 독 ▸ 'must'가 제시되었으므로 중심 문장
>   - 과학자와 예술가를 대비하여 보여 주고 있습니다. 네(예술가)가 그리는 것이 다른 누군가(독자)의 머릿속에 그대로 떠오른다(Ⅳ번 문장 내용)는 예술가의 특징은, 과학자들이 동감할 수 없다는 것입니다.

Ⅵ. The artist / has sought / the opposite of the scientist's <u>observer-independent reality (A)</u>.

구▶ 예술가는 과학자의 관찰자로부터 독립적인 현실과 정반대인 것을 추구해 왔다고 합니다.

독▶ 과학자는 관찰자로부터 독립적이며, 객관성을 추구하고, 예술가는 이와 정반대로 관찰자와 결합하며, 주관성을 추구하는 것임을 알 수 있습니다.

Ⅶ. She / <u>creates</u> / <u>a reality dependent upon observers</u>, indeed a reality / in which ______________ in order for it to exist at all.

구▶ 'in order to-V' 사이에 있는 'for N'은 'to-V'에 대한 의미상 주어에 해당합니다.
- 예술가는 관찰자에게 의존하는 현실, 다시 말하면, 그것이 존재하기 위해서는 _______ 현실을 만들어 낸다고 합니다.

독▶ 독자와 주관성을 결합하는 예술가의 특성상, 그들이 존재하기 위해서는 반드시 관찰자가 존재해야 한다는 것을 보여주고 있습니다.

▮ 절. 모. 평. (절대평가 모든 평가원 기출)

01 23학년도 9월 평가원 34번 [정답과 해설 234page]

다음 빈칸에 들어갈 말로 가장 적절한 것을 고르시오.

In trying to explain how different disciplines attempt to understand autobiographical memory the literary critic Daniel Albright said, "Psychology is a garden, literature is a wilderness." He meant, I believe, that psychology seeks to make patterns, find regularity, and ultimately impose order on human experience and behavior. Writers, by contrast, dive into the unruly, untamed depths of human experiences. What he said about understanding memory can be extended to our questions about young children's minds. If we psychologists are too bent on identifying the orderly pattern, the regularities of children's minds, we may miss an essential and pervasive characteristic of our topic: the child's more unruly and imaginative ways of talking and thinking. It is not only the developed writer or literary scholar who seems drawn toward a somewhat wild and idiosyncratic way of thinking; young children are as well. The psychologist interested in young children may have to ______________________ in order to get a good picture of how children think.

* unruly: 제멋대로 구는 ** pervasive: 널리 퍼져 있는 *** idiosyncratic: 색다른

① venture a little more often into the wilderness
② help them recall their most precious memories
③ better understand the challenges of parental duty
④ disregard the key characteristics of children's fiction
⑤ standardize the paths of their psychological development

02 21학년도 9월 평가원 33번 [정답과 해설 237page]

다음 빈칸에 들어갈 말로 가장 적절한 것을 고르시오.

Since human beings are at once both similar and different, they should be treated equally because of both. Such a view, which grounds equality not in human uniformity but in the interplay of uniformity and difference, builds difference into the very concept of equality, breaks the traditional equation of equality with similarity, and is immune to monist distortion. Once the basis of equality changes so does its content. Equality involves equal freedom or opportunity to be different, and treating human beings equally requires us to take into account both their similarities and differences. When the latter are not relevant, equality entails uniform or identical treatment; when they are, it requires differential treatment. Equal rights do not mean identical rights, for individuals with different cultural backgrounds and needs might ______________________ in respect of whatever happens to be the content of their rights. Equality involves not just rejection of irrelevant differences as is commonly argued, but also full recognition of legitimate and relevant ones.

* monist: 일원론의 ** entail: 내포하다

① require different rights to enjoy equality
② abandon their own freedom for equality
③ welcome the identical perception of inequality
④ accept their place in the social structure more easily
⑤ reject relevant differences to gain full understanding

03 21학년도 수능 31번

다음 빈칸에 들어갈 말로 가장 적절한 것을 고르시오.

In the classic model of the Sumerian economy, the temple functioned as an administrative authority governing commodity production, collection, and redistribution. The discovery of administrative tablets from the temple complexes at Uruk suggests that token use and consequently writing evolved as a tool of centralized economic governance. Given the lack of archaeological evidence from Uruk-period domestic sites, it is not clear whether individuals also used the system for ___________. For that matter, it is not clear how widespread literacy was at its beginnings. The use of identifiable symbols and pictograms on the early tablets is consistent with administrators needing a lexicon that was mutually intelligible by literate and nonliterate parties. As cuneiform script became more abstract, literacy must have become increasingly important to ensure one understood what he or she had agreed to.

* archaeological: 고고학적인 ** lexicon: 어휘 목록
*** cuneiform script: 쐐기 문자

① religious events
② personal agreements
③ communal responsibilities
④ historical records
⑤ power shifts

04 22학년도 6월 평가원 33번

다음 빈칸에 들어갈 말로 가장 적절한 것을 고르시오.

Concepts of nature are always cultural statements. This may not strike Europeans as much of an insight, for Europe's landscape is so much of a blend. But in the new worlds — 'new' at least to Europeans — the distinction appeared much clearer not only to European settlers and visitors but also to their descendants. For that reason, they had the fond conceit of primeval nature uncontrolled by human associations which could later find expression in an admiration for wilderness. Ecological relationships certainly have their own logic and in this sense 'nature' can be seen to have a self-regulating but not necessarily stable dynamic independent of human intervention. But the context for ecological interactions _____________________. We may not determine how or what a lion eats but we certainly can regulate where the lion feeds.

* conceit: 생각 ** primeval: 원시(시대)의
*** ecological: 생태학의

① has supported new environment-friendly policies
② has increasingly been set by humanity
③ inspires creative cultural practices
④ changes too frequently to be regulated
⑤ has been affected by various natural conditions

05 21학년도 수능 34번

다음 빈칸에 들어갈 말로 가장 적절한 것을 고르시오.

Successful integration of an educational technology is marked by that technology being regarded by users as an unobtrusive facilitator of learning, instruction, or performance. When the focus shifts from the technology being used to the educational purpose that technology serves, then that technology is becoming a comfortable and trusted element, and can be regarded as being successfully integrated. Few people give a second thought to the use of a ball-point pen although the mechanisms involved vary — some use a twist mechanism and some use a push button on top, and there are other variations as well. Personal computers have reached a similar level of familiarity for a great many users, but certainly not for all. New and emerging technologies often introduce both fascination and frustration with users. As long as ___________________ in promoting learning, instruction, or performance, then one ought not to conclude that the technology has been successfully integrated — at least for that user.

* unobtrusive: 눈에 띄지 않는

① the user successfully achieves familiarity with the technology
② the user's focus is on the technology itself rather than its use
③ the user continues to employ outdated educational techniques
④ the user involuntarily gets used to the misuse of the technology
⑤ the user's preference for interaction with other users persists

06 23학년도 6월 평가원 33번

다음 빈칸에 들어갈 말로 가장 적절한 것을 고르시오.

Manufacturers design their innovation processes around the way they think the process works. The vast majority of manufacturers still think that product development and service development are always done by manufacturers, and that their job is always to find a need and fill it rather than to sometimes find and commercialize an innovation that __________. Accordingly, manufacturers have set up market-research departments to explore the needs of users in the target market, product-development groups to think up suitable products to address those needs, and so forth. The needs and prototype solutions of lead users — if encountered at all — are typically rejected as outliers of no interest. Indeed, when lead users' innovations do enter a firm's product line — and they have been shown to be the actual source of many major innovations for many firms — they typically arrive with a lag and by an unusual and unsystematic route.

* lag: 지연

① lead users tended to overlook
② lead users have already developed
③ lead users encountered in the market
④ other firms frequently put into use
⑤ both users and firms have valued

다음 빈칸에 들어갈 말로 가장 적절한 것을 고르시오.

Genetic engineering followed by cloning to distribute many identical animals or plants is sometimes seen as a threat to the diversity of nature. However, humans have been replacing diverse natural habitats with artificial monoculture for millennia. Most natural habitats in the advanced nations have already been replaced with some form of artificial environment based on mass production or repetition. The real threat to biodiversity is surely the need to convert ever more of our planet into production zones to feed the ever-increasing human population. The cloning and transgenic alteration of domestic animals makes little difference to the overall situation. Conversely, the renewed interest in genetics has led to a growing awareness that there are many wild plants and animals with interesting or useful genetic properties that could be used for a variety of as-yet-unknown purposes. This has led in turn to a realization that ________________ because they may harbor tomorrow's drugs against cancer, malaria, or obesity.

* monoculture: 단일 경작

① ecological systems are genetically programmed

② we should avoid destroying natural ecosystems

③ we need to stop creating genetically modified organisms

④ artificial organisms can survive in natural environments

⑤ living things adapt themselves to their physical environments

다음 빈칸에 들어갈 말로 가장 적절한 것을 고르시오.

One of the common themes of the Western philosophical tradition is the distinction between sensual perceptions and rational knowledge. Since Plato, the supremacy of rational reason is based on the assertion that it is able to extract true knowledge from experience. As the discussion in the *Republic* helps to explain, perceptions are inherently unreliable and misleading because the senses are subject to errors and illusions. Only the rational discourse has the tools to overcome illusions and to point towards true knowledge. For instance, perception suggests that a figure in the distance is smaller than it really is. Yet, the application of logical reasoning will reveal that the figure only appears small because it obeys the laws of geometrical perspective. Nevertheless, even after the perspectival correction is applied and reason concludes that perception is misleading, the figure still *appears* small, and the truth of the matter is revealed ________________.

* discourse: 담화 ** geometrical: 기하학의

① as the outcome of blindly following sensual experience

② by moving away from the idea of perfect representation

③ beyond the limit of where rational knowledge can approach

④ through a variety of experiences rather than logical reasoning

⑤ not in the perception of the figure but in its rational representation

다음 빈칸에 들어갈 말로 가장 적절한 것을 고르시오.

Precision and determinacy are a necessary requirement for all meaningful scientific debate, and progress in the sciences is, to a large extent, the ongoing process of achieving ever greater precision. But historical representation puts a premium on a proliferation of representations, hence not on the refinement of one representation but on the production of an ever more varied set of representations. Historical insight is not a matter of a continuous "narrowing down" of previous options, not of an approximation of the truth, but, on the contrary, is an "explosion" of possible points of view. It therefore aims at the unmasking of previous illusions of determinacy and precision by the production of new and alternative representations, rather than at achieving truth by a careful analysis of what was right and wrong in those previous representations. And from this perspective, the development of historical insight may indeed be regarded by the outsider as a process of creating ever more confusion, a continuous questioning of _________________, rather than, as in the sciences, an ever greater approximation to the truth.

* proliferation: 증식

① criteria for evaluating historical representations
② certainty and precision seemingly achieved already
③ possibilities of alternative interpretations of an event
④ coexistence of multiple viewpoints in historical writing
⑤ correctness and reliability of historical evidence collected

다음 빈칸에 들어갈 말로 가장 적절한 것을 고르시오.

Prior to photography, _________________. While painters have always lifted particular places out of their 'dwelling' and transported them elsewhere, paintings were time-consuming to produce, relatively difficult to transport and one-of-a-kind. The multiplication of photographs especially took place with the introduction of the half-tone plate in the 1880s that made possible the mechanical reproduction of photographs in newspapers, periodicals, books and advertisements. Photography became coupled to consumer capitalism and the globe was now offered 'in limitless quantities, figures, landscapes, events which had not previously been utilised either at all, or only as pictures for one customer'. With capitalism's arrangement of the world as a 'department store', 'the proliferation and circulation of representations ... achieved a spectacular and virtually inescapable global magnitude'. Gradually photographs became cheap massproduced objects that made the world visible, aesthetic and desirable. Experiences were 'democratised' by translating them into cheap images. Light, small and mass-produced photographs became dynamic vehicles for the spatiotemporal circulation of places.

* proliferation: 확산 ** magnitude: (큰) 규모 *** aesthetic: 미적인

① paintings alone connected with nature
② painting was the major form of art
③ art held up a mirror to the world
④ desire for travel was not strong
⑤ places did not travel well

모든 빈칸이 'Targeting'과 'Paraphrasing'으로 풀이할 수 있습니다. 하지만 지문이 이해는 되지만 'Paraphrasing'이 보이지 않을 때 쓰는 방법이 'Generalization'입니다. 'Generalization'이란 '일반화'를 의미합니다. 영어 지문에서는 'General' 일반적인 것을 제시한 후 'General'을 이해시키기 위해 'Specific' 구체적인 것을 제시하거나 'Specific'을 보여준 후 종합하여 'General'을 보여줍니다. 빈칸 추론에서는 'General'을 빈칸으로 주로 출제합니다. 그러므로 빈칸과 관련된 내용을 'Specific'이라고 간주하고 일반화하여 'General'과 같은 내용을 선지에서 찾는 것입니다.

'Generalization'을 하는 방법은 지문에서 나와서 'Specific'으로 제시되는 예시나 구체화를 정리하고 이들의 공통점이나 관계를 파악하여 빈칸에 들어갈 말을 쓰는 것입니다. 한 마디로 나무가 아닌 숲을 보는 방법입니다.

이 문제를 통해서 이해해 봅시다.

19학년도 9월 평가원 32번

　Although most people, including Europe's Muslims, have numerous identities, few of these are politically salient at any moment. It is only when a political issue affects the welfare of those in a particular group that ______________. For instance, when issues arise that touch on women's rights, women start to think of gender as their principal identity. Whether such women are American or Iranian or whether they are Catholic or Protestant matters less than the fact that they are women. Similarly, when famine and civil war threaten people in sub-Saharan Africa, many African-Americans are reminded of their kinship with the continent in which their ancestors originated centuries earlier, and they lobby their leaders to provide humanitarian relief.

* salient: 두드러진

① identity assumes importance
② religion precedes identity
③ society loses stability
④ society supports diversity
⑤ nationality bears significance

빈칸을 재진술한 'In other words, each issue calls forth somewhat different identities that help explain the political preferences people have regarding those issues'을 제외한 지문입니다. 하지만 'Generalization'을 통해서 빈칸에 들어갈 말을 찾을 수 있습니다.

Although most people, including Europe's Muslims, have numerous identities, few of these are politically salient at any moment. It is only when a political issue affects the welfare of those in a particular group that ____________. **For instance**, when issues arise that touch on women's rights, women start to think of gender as their principal identity. Whether such women are American or Iranian or whether they are Catholic or Protestant matters less than the fact that they are women. Similarly, when famine and civil war threaten people in sub-Saharan Africa, many African-Americans are reminded of their kinship with the continent in which their ancestors originated centuries earlier, and they lobby their leaders to provide humanitarian relief.

* salient: 두드러진

빈칸 이후 예시 2개가 제시됩니다.

하나는 'when issues arise that touch on women's rights, women start to think of gender as their principal identity. Whether such women are American or Iranian or whether they are Catholic or Protestant matters less than the fact that they are women.'로 '여성 인권과 관련된 문제가 발생할 때 국적 종교의 문제는 여성이라는 문제보다 덜 중요하다'는 예시가 제시되었습니다.

다른 하나는 'when famine and civil war threaten people in sub-Saharan Africa, many African-Americans are reminded of their kinship with the continent in which their ancestors originated centuries earlier, and they lobby their leaders to provide humanitarian relief.'로 '기아나 내전이 사하라 이남 아프리카의 사람들을 위협할 때 아프리카계 미국인들은 그들의 핏줄을 상기하게 된다'는 예시가 제시되었습니다.

두 예시 모두 같은 'General'에서 'Specific'으로 제시되었으므로 두 예시의 공통점이 빈칸에 들어갈 말이 됩니다.

두 예시의 공통점은 '문제점에 따라서 인식하는 정체성이 다르다'는 것이므로 ①번 선지 '정체성이 중요성을 띤다'가 정답이 됩니다.

• 'Generalization'은 사람마다 다를 수 있으므로 저와 완전히 똑같이 일반화하지 않으셔도 괜찮습니다.
  단, 뜻은 같아야 합니다.

ex) '커피를 엄청 마신다.'로 일반화되었다면
  '커피를 사러 편의점을 많이 간다.' 혹은 '커피를 많이 구매한다.'는 괜찮고 정답이기도 합니다.
  하지만 '물을 엄청 마신다.' 혹은 '카페를 아예 가지 않는다.'와 같이 소재가 다르거나 반대의 내용이면
  안 됩니다.

이 문제를 'Generalization'으로 풀어봅시다.

Among the most fascinating natural temperature-regulating behaviors are those of social insects such as bees and ants. These insects are able to maintain a nearly constant temperature in their hives or mounds throughout the year. The constancy of these microclimates depends not just on the location and insulation of the habitat, but on ________________________. When the surrounding temperature increases, the activity in the hive decreases, which decreases the amount of heat generated by insect metabolism. In fact, many animals decrease their activity in the heat and increase it in the cold, and people who are allowed to choose levels of physical activity in hot or cold environments adjust their workload precisely to body temperature. This behavior serves to avoid both hypothermia and hyperthermia.

* insulation: 단열 ** hypothermia: 저체온(증) *** hyperthermia: 고체온(증)

① the activity of the insects in the colony
② the interaction with other species
③ the change in colony population
④ the building materials of the habitat
⑤ the physical development of the inhabitants

Among the most fascinating natural temperature-regulating behaviors are those of social insects such as bees and ants. These insects are able to maintain a nearly constant temperature in their hives or mounds throughout the year. The constancy of these microclimates depends not just on the location and insulation of the habitat, **but** on ________________. When the surrounding temperature increases, the activity in the hive decreases, which decreases the amount of heat generated by insect metabolism. **In fact**, many animals decrease their activity in the heat and increase it in the cold, and people who are allowed to choose levels of physical activity in hot or cold environments adjust their workload precisely to body temperature. This behavior serves to avoid both hypothermia and hyperthermia.

* insulation: 단열 ** hypothermia: 저체온(증) *** hyperthermia: 고체온(증)

'Generalization'을 어려워하실 필요는 없습니다. 어쩌면 이미 여러분들이 하고 있는 것일 수도 있습니다.

우리가 이 문제를 풀 때 **'When the surrounding temperature increases, the activity in the hive decreases, which decreases the amount of heat generated by insect metabolism.'**에서 'surrounding temperature'이 빈칸 문장의 'the location and insulation of the habitat'을 재진술하는 것을 통해서 빈칸에 들어갈 말이 'activity in the hive'라는 것을 알 수 있었습니다.

'Targeting'과 'Paraphrasing'이 아닌 'Generalization'을 통해서는 'In fact, many animals decrease their activity in the heat and increase it in the cold, and people who are allowed to choose levels of physical activity in hot or cold environments adjust their workload precisely to body temperature.', '많은 동물들은 뜨거운 곳에서는 활동이 줄어들고 추운 곳에서는 활동이 늘어나며, 사람들 역시 추운 곳이나 뜨거운 곳에서 활동의 정도를 선택함으로써 체온을 조절한다'는 내용을 통해 사람과 동물들의 공통점을 파악하여 ①번 선지 the activity of the insects in the colony를 정답으로 고를 수 있었습니다.

구체화들의 관계를 파악해서 'Generalization'을 적용해 봅시다.

What story could be harsher than that of the Great Auk, the large black-and-white seabird that in northern oceans took the ecological place of a penguin? Its tale rises and falls like a Greek tragedy, with island populations savagely destroyed by humans until almost all were gone. Then the very last colony found safety on a special island, one protected from the destruction of humankind by vicious and unpredictable ocean currents. These waters presented no problem to perfectly adapted seagoing birds, but they prevented humans from making any kind of safe landing. After enjoying a few years of comparative safety, disaster of a different kind struck the Great Auk. Volcanic activity caused the island refuge to sink completely beneath the waves, and surviving individuals were forced to find shelter elsewhere. The new island home they chose ________________________ in one terrible way. Humans could access it with comparative ease, and they did! Within just a few years the last of this once-plentiful species was entirely eliminated.

* savagely: 잔혹하게

① lacked the benefits of the old
② denied other colonies easy access
③ faced unexpected natural disasters
④ caused conflicts among the refugees
⑤ had a similar disadvantage to the last island

What story could be harsher than that of the Great Auk, the large black-and-white seabird that in northern oceans took the ecological place of a penguin? Its tale rises and falls like a Greek tragedy, with island populations savagely destroyed by humans until almost all were gone. Then the very last colony found safety on a special island, one protected from the destruction of humankind by vicious and unpredictable ocean currents. These waters presented no problem to perfectly adapted seagoing birds, but they prevented humans from making any kind of safe landing. After enjoying a few years of comparative safety, disaster of a different kind struck the Great Auk. Volcanic activity caused the island refuge to sink completely beneath the waves, and surviving individuals were forced to find shelter elsewhere. The new island home they chose ________________________ in one terrible way. **Humans could access it with comparative ease, and they did!** Within just a few years the last of this once-plentiful species was entirely eliminated.

* savagely: 잔혹하게

이 지문에서 'Then the very last colony found safety on a special island, one protected from the destruction of humankind by vicious and unpredictable ocean currents. These waters presented no problem to perfectly adapted seagoing birds, but they prevented humans from making any kind of safe landing.'를 통해 '사악하고 예측할 수 없는 파도가 인류의 파괴로부터 그들을 지켜주었고 그 파도가 새들에게는 문제가 되지 않았지만 인간의 어떠한 형태의 안전한 착륙을 막아주었다'는 내용을 파악할 수 있습니다.

하지만 빈칸 문장 이후 'Humans could access it with comparative ease, and they did!', '새로운 섬은 인간이 상대적으로 쉽게 접근할 수 있었다'는 내용을 제시합니다.

각각 원래 새들이 살았던 섬과 새롭게 선택한 섬을 구체화하며 빈칸에 들어갈 말은 이 둘의 관계입니다. 즉 '인간의 접근을 막아준 섬 ⇒ 인간이 상대적으로 접근하기 쉬운 섬'으로의 변화를 'Generalization' 해야 합니다.

'인간의 접근을 막지 못하게 되었다'로 'Generalization' 되므로 정답은 ①번 선지 'lacked the benefits of the old', '옛날의 이점이 부족하다'가 정답이 됩니다.

체화를 통해서 좀 더 연습해 봅시다.

▍체화

빈칸과 관련된 'Specific'을 표시하고 'Generalization'을 통해서 빈칸에 들어갈 말을 찾아봅시다.

01

다음 빈칸에 들어갈 말로 가장 적절한 것을 고르시오.

A good deal of the information stored in working memory is encoded in an auditory form, especially when the information is language based. For example, in an early study by Conrad, adults were shown six-letter sequences, with letters being presented visually, one at a time, at intervals of three-fourths of a second. As soon as the last letter of a sequence had been presented, participants in the study wrote down all six of the letters they had seen, guessing at any letters they couldn't easily recall. When people recalled letters incorrectly, the letters they said they had seen were more likely to resemble the actual stimuli in terms of ________________________.
For example, the letter F was "remembered" as the auditorially similar letter S 131 times but as the visually similar letter P only 14 times. Similarly, the letter V was remembered as B 56 times but as X only 5 times.

① how the letters were visually represented
② how the letters sounded than how they looked
③ how the length of the letter sequence was recognized
④ how the letters were ordered than how they were pronounced
⑤ how often the letters appeared than how long they were shown

02

다음 빈칸에 들어갈 말로 가장 적절한 것을 고르시오.

Even if it is correct to say that we express and represent our thoughts in language, it may be a big mistake to suppose that there are structural similarities between what is doing the representing and what is represented. Robert Stalnaker, in his book Inquiry, suggests an analogy with the representation of *numbers*: The number 9 can be *represented* as '12-3' but it does not follow that 12, 3, or *subtraction* are constituents of the number 9. We could compare a thought and its verbal expression with toothpaste and its 'expression' from a tube. That the result of expressing toothpaste is a long, thin, cylinder does not entail that toothpaste itself is long, thin, or cylindrical. Similarly, a thought might get expressed out loud in a statement with a particular linguistic structure. It does not follow that ________________________. Suppose, for example, that I look at a fruit bowl, and think that there is an apple and an orange in that bowl. The objects in front of my eyes include some pieces of fruit and a bowl, but no object corresponding to the word 'and' exists either in the world or in my visual image.

* subtraction: 빼기 ** entail: 의미(함의)하다

① the thought itself has such a structure
② linguistic analysis of a thought is unlikely
③ the language in mind lacks a logical structure
④ a thought and its verbal expression are distinct
⑤ the sentence structurally differs from the thought

03

다음 빈칸에 들어갈 말로 가장 적절한 것을 고르시오.

Temporal resolution is particularly interesting in the context of satellite remote sensing. The temporal density of remotely sensed imagery is large, impressive, and growing. Satellites are collecting a great deal of imagery as you read this sentence. However, most applications in geography and environmental studies do not require extremely fine-grained temporal resolution. Meteorologists may require visible, infrared, and radar information at sub-hourly temporal resolution; urban planners might require imagery at monthly or annual resolution; and transportation planners may not need any time series information at all for some applications. Again, the temporal resolution of imagery used should _______________. Sometimes researchers have to search archives of aerial photographs to get information from that past that pre-date the collection of satellite imagery.

* meteorologist: 기상학자 ** infrared: 적외선의

① be selected for general purposes

② meet the requirements of your inquiry

③ be as high as possible for any occasion

④ be applied to new technology by experts

⑤ rely exclusively upon satellite information

체화 해설

01

다음 빈칸에 들어갈 말로 가장 적절한 것을 고르시오.

A good deal of the information stored in working memory is encoded in an auditory form, especially when the information is language based. **For example**, in an early study by Conrad, adults were shown six-letter sequences, with letters being presented visually, one at a time, at intervals of three-fourths of a second. As soon as the last letter of a sequence had been presented, participants in the study wrote down all six of the letters they had seen, guessing at any letters they couldn't easily recall. When people recalled letters incorrectly, the letters they said they had seen were more likely to resemble the actual stimuli in terms of ________________________.
For example, the letter F was "remembered" as the auditorially similar letter S 131 times but as the visually similar letter P only 14 times. Similarly, the letter V was remembered as B 56 times but as X only 5 times.

🔹 해설 (정답 ②번)

빈칸 문장 뒤 'For example'가 빈칸을 구체화하고 있습니다.

Specific 1 - F라는 글자를 S와 소리가 비슷하여 사람들이 131번 기억했고 (= 헷갈렸고), 반면 시각적으로 비슷한 P는 오직 14번 헷갈렸다.

Specific 2 - V라는 글자가 B와 56번 헷갈렸지만 X와는 오직 5번 헷갈렸다. 위 두 예시의 공통점은 '소리가 비슷한 글자를 시각적으로 비슷한 글자보다 더 헷갈렸다'는 것입니다.

그러므로 정답은 ②번 'how the letters sounded than how they looked'가 됩니다.

🔹 해석

작동 기억 내에 저장된 많은 정보는, 특히 그 정보가 언어를 기반으로 할 때, 청각형태로 암호화된다. 예를 들어 Conrad의 초창기 한 연구에서, 성인들에게 한 번에 하나씩 3/4초의 간격으로 여섯 개의 글자를 시각적으로 연속으로 보여줬다. 연속된 글자들의 마지막 글자가 제시되자마자, 그 연구 참가자들은 쉽게 기억해 낼 수 없는 글자들이더라도 (그것을) 짐작해 보면서, 자신들이 봤던 여섯 개의 글자들 모두를 적었다. 사람들이 글자들을 부정확하게 기억해 냈을 때, 그들이 봤다고 말한 그 글자들은 그것들이 어떻게 보였는가보다는 어떻게 들렸는가의 관점에서 실제 자극과 유사한 경향이 더 컸다. 예를 들면 연구 참가자들은 글자 'F'를 청각적으로 유사한 글자 'S'로 131번 기억해 냈지만, 시각적으로 유사한 글자 'P'로는 14번 기억해 냈을 뿐이었다. 마찬가지로 참가자들은 글자 'V'를 'B'로 56번 기억해 냈지만, 'X'로는 5번만 기억해 냈다.

02

다음 빈칸에 들어갈 말로 가장 적절한 것을 고르시오.

Even if it is correct to say that we express and represent our thoughts in language, it may be a big mistake to suppose that there are structural similarities between what is doing the representing and what is represented. Robert Stalnaker, in his book Inquiry, suggests an analogy with the representation of numbers: The number 9 can be *represented* as '12-3' **but** it does not follow that 12, 3, or *subtraction* are *constituents* of the number 9. We could compare a thought and its verbal expression with toothpaste and its 'expression' from a tube. That the result of expressing toothpaste is a long, thin, cylinder does not entail that toothpaste itself is long, thin, or cylindrical. **Similarly**, a thought might get expressed out loud in a statement with a particular linguistic structure. It does not follow that ________________________________. Suppose, **for example**, that I look at a fruit bowl, and think that there is an apple and an orange in that bowl. The objects in front of my eyes include some pieces of fruit and a bowl, **but** no object corresponding to the word 'and' exists either in the world or in my visual image.

* subtraction: 빼기   ** entail: 의미(함의)하다

[illegible] 해설 | 정답 : ① |

Specific 1 - 9가 12-3으로 표현될 수 있지만 12, 3, -가 9의 구성요소가 아니다.

Specific 2 - 치약을 표현하는 결과가 길고, 얇은 원통형 물건이라는 것은 치약 그 자체가 길고, 얇고, 원통형이라는 것을 수반하지 않는다.

Specific 3 - 눈앞에 사과와 오렌지가 그릇 안에 있다고 생각해보라. 그 물체는 과일의 몇몇 조각과 그릇을 포함하지만 'and'라는 단어와 대응하는 어떠한 물체도 세계와 나의 시각 이미지 안에 존재하지 않는다.

Specific들의 공통점은 '물건이 표현되는 것과 물건 그 자체는 다르다'가 됩니다. 빈칸 문장에 'not'이 존재하므로 빈칸에 들어갈 말은 '물건이 표현되는 것과 물건 그 자체가 같다'가 됩니다. 그러므로 정답은 ①번 'the thought itself has such a structure' '생각 그 자체가 구조 (이 지문에서 표현을 언어적 구조라고 재진술)를 가진다'가 됩니다.

☗ 해석

우리가 우리의 생각을 언어로 '표현하고' '나타낸다'고 말하는 것이 옳지만, 표현을 하고 있는 것(언어)과 표현되고 있는 것(생각) 사이에 구조적 유사성이 있다고 가정하는 것은 큰 실수일지 모른다. Robert Stalnaker는 자신의 책 'Inquiry'에서 '숫자들'의 표현으로 한 가지 비유를 보여 준다. 숫자 9는 '12-3'으로 '표현될' 수 있지만, 결과적으로 12, 3, 또는 '빼기'가 숫자 9의 '구성 요소들'은 아니다. 우리는 생각과 그것의 언어적 표현을 치약과 튜브에서 그것이 '나오는 것'과 비교할 수 있다. 치약을 표현한 결과가 길고 가는 원통형의 물건이라는 것이 치약 그 자체가 길거나, 가늘거나, 아니면 원통형이라는 것을 의미하지는 않는다. 마찬가지로 생각은 특정 언어 구조를 지닌 진술로 소리 내어 표현될지 모른다. (하지만) 결과적으로 생각 그 자체가 그러한 구조로 되어 있다는 것은 아니다. 예를 들어 내가 과일 그릇을 보면서 그 그릇 안에 사과와 오렌지가 들어 있다고 생각한다고 가정해 보라. 내 눈앞에 있는 물체들에는 과일 몇 조각과 그릇이 포함되지만, '~와'라는 단어에 상응하는 어떤 물체도 세계나 나의 시각 이미지에 존재하지 않는다.

17학년도 수능 32번

다음 빈칸에 들어갈 말로 가장 적절한 것을 고르시오.

Temporal resolution is particularly interesting in the context of satellite remote sensing. The temporal density of remotely sensed imagery is large, impressive, and growing. Satellites are collecting a great deal of imagery as you read this sentence. **However**, most applications in geography and environmental studies do not require extremely fine-grained temporal resolution. Meteorologists may require visible, infrared, and radar information at sub-hourly temporal resolution; urban planners might require imagery at monthly or annual resolution; and transportation planners may not **need** any time series information at all for some applications. Again, the temporal resolution of imagery used **should** ______________. Sometimes researchers **have to** search archives of aerial photographs to get information from that past that pre-date the collection of satellite imagery.

* meteorologist: 기상학자 ** infrared: 적외선의

⚓ 해설 | 정답 : ② |

대부분의 지리적 환경적 연구에서는 미세한 시간적 해상도를 요구하지 않는다고 합니다.

Specific 1 - 기상학자들은 가시적인 정보와 적외선 정보, 레이더 정보를 한 시간 이내에 시간적 해상도로 요구할 것이다.

Specific 2 - 도시 계획자들은 한 달에 한 번 혹은 일 년에 한 번의 해상도를 가진 이미지를 요구한다.

Specific 3 - 교통 계획자들은 어떤 시간적 일련의 정보를 요구하지 필요로 하지 않는다.

Specific 4 - 연구자들은 과거에 수집된 위성 자료들 보다 과거의 정보를 얻기 위해서 기록 보관소를 탐색해야 한다.

Specific들을 종합하면 '각각 연구에 따라서 필요한 자료가 다르다'를 파악할 수 있습니다.

그러므로 정답은 ②번 'meet the requirements of your inquiry', '연구의 필요를 충족시키다'가 됩니다.

⚓ 해석

시간적 해상도는 위성의 원격 감지의 맥락에서 특히 흥미롭다. 원격으로 감지된 사진의 시간적인 밀도는 크고, 인상적이고, 성장하고 있다. 여러분이 이 문장을 읽을 때에도 위성들은 많은 양의 사진을 모으고 있다. 그렇지만, 지리학과 환경 과학 분야에서의 대부분의 응용 프로그램들은 극단적으로 결이 고운 시간적 해상도를 필요로 하지 않는다. 기상학자들은 눈에 보이는, 적외선, 레이더 정보를 한 시간 이내의 주기로 찍은 시간 해상도로 필요로 할 것이다. 그리고 도시 계획자들은 한 달에 한 번 혹은 일 년에 한 번씩 찍는 해상도의 사진을 필요로 할 것이다. 그리고 교통 계획자들은 어떤 응용 프로그램을 위해서는 어떤 시간적 시차를 두는 일련의 정보를 전혀 필요로 하지 않을 수도 있다. 거기에다가, 사용되는 사진의 시간적 해상도는 여러분이 탐구하는 것의 필요를 충족시켜야 한다. 때로 연구자들은 수집된 위성사진들보다 앞서는 과거의 정보를 얻기 위해서 항공사진의 기록 보관소를 뒤져야만 한다.

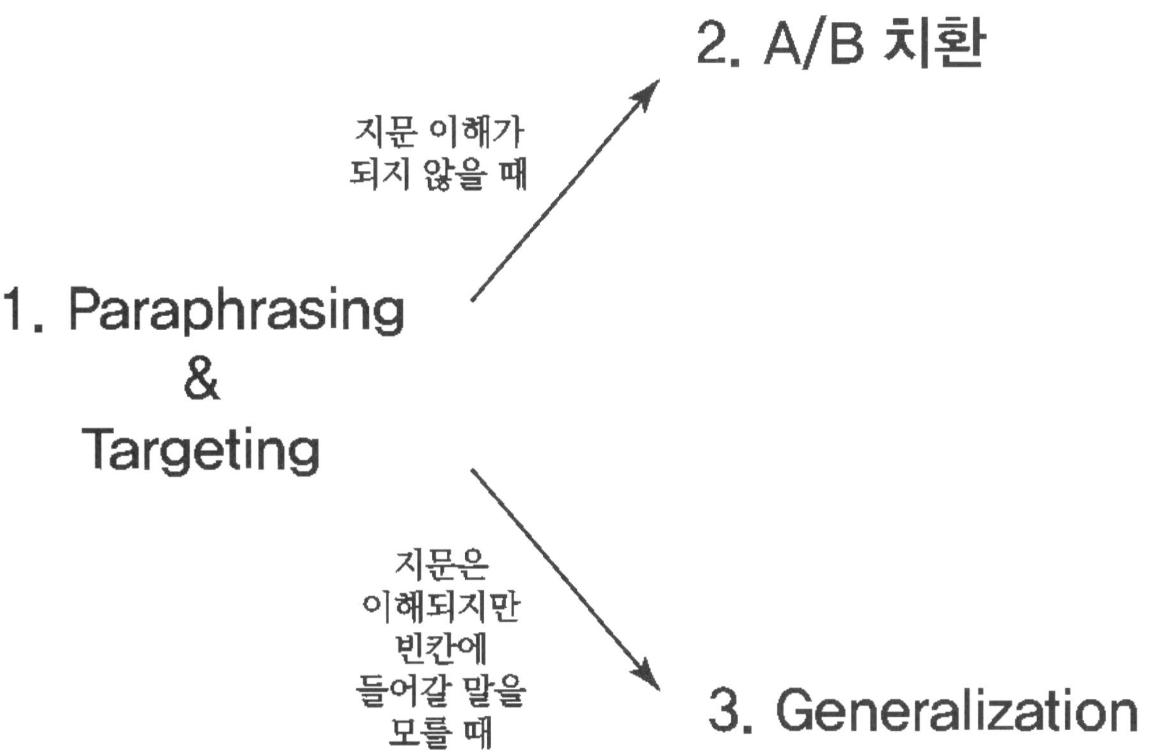
2. A/B 치환
지문 이해가
되지 않을 때
1. Paraphrasing
&
Targeting
지문은
이해되지만
빈칸에
들어갈 말을
모를 때
3. Generalization

중. 최. 평. (중요 최신 평가원 기출)

01 25학년도 9월 평가원 31번

다음 빈칸에 들어갈 말로 가장 적절한 것을 고르시오.

> There has been a lot of discussion on why moths are attracted to light. The consensus seems to hold that moths are not so much attracted to lights as they are __________ by them. The light becomes a sensory overload that disorients the insects and sends them into a holding pattern. A hypothesis called the Mach band theory suggests that moths see a dark area around a light source and head for it to escape the light. Another theory suggests that moths perceive the light coming from a source as a diffuse halo with a dark spot in the center. The moths, attempting to escape the light, fly toward that imagined "portal," bringing them closer to the source. As they approach the light, their reference point changes and they circle the light hopelessly trying to reach the portal. Everyone is familiar with moths circling their porch lights. Their flight appears to have no purpose, but they are, it is believed, trying to escape the pull of the light.
>
> * moth: 나방 ** consensus: 합의 *** diffuse: 널리 퍼진

① warmed
② trapped
③ targeted
④ protected
⑤ rejected

02 24학년도 9월 평가원 31번

다음 빈칸에 들어갈 말로 가장 적절한 것을 고르시오.

> In the post-World War II years after 1945, unparalleled economic growth fueled a building boom and a massive migration from the central cities to the new suburban areas. The suburbs were far more dependent on the automobile, signaling the shift from primary dependence on public transportation to private cars. Soon this led to the construction of better highways and freeways and the decline and even loss of public transportation. With all of these changes came a ____________ of leisure. As more people owned their own homes, with more space inside and lovely yards outside, their recreation and leisure time was increasingly centered around the home or, at most, the neighborhood. One major activity of this home-based leisure was watching television. No longer did one have to ride the trolly to the theater to watch a movie; similar entertainment was available for free and more conveniently from television.
>
> * unparalleled: 유례없는

① downfall
② uniformity
③ restoration
④ privatization
⑤ customization

❙ 중. 최. 평. 해설

01 25학년도 9월 평가원 31번

(정답률 64%)

다음 빈칸에 들어갈 말로 가장 적절한 것을 고르시오.

> There has been a lot of discussion on why moths are attracted to light. The consensus seems to hold that moths are not so much attracted to lights as they are __________ by them. The light becomes a sensory overload that disorients the insects and sends them into a holding pattern. A hypothesis called the Mach band theory suggests that moths see a dark area around a light source and head for it to escape the light. Another theory suggests that moths perceive the light coming from a source as a diffuse halo with a dark spot in the center. The moths, attempting to escape the light, fly toward that imagined "portal," bringing them closer to the source. As they approach the light, their reference point changes and they circle the light hopelessly trying to reach the portal. Everyone is familiar with moths circling their porch lights. Their flight appears to have no purpose, **but** they are, it is believed, trying to escape the pull of the light.
>
> * moth: 나방 ** consensus: 합의 *** diffuse: 널리 퍼진

해설 ❙ 정답 : ② ❙

Ⅰ. 빈칸 문장은 합의들은 나방들이 빛들에 이끌리는 것이 아니라 그들이 (= 나방들이) 그들에 (= 빛들에) 의해 ____ 하는 것으로 결정된 것처럼 보인다고 합니다. 우리는 나방들이 빛에 이끌리는 것이 아닌 빛에 의해서 무엇을 하는지를 찾으면 됩니다.

Ⅱ. 두 가지의 이론이 제시되므로 Generalization을 통해서 풀어보겠습니다.
 Specific 1 - Mach band 이론은 나방들이 빛을 탈출하기 위해서 어두운 지역으로 향한다고 합니다.
 Specific 2 - 다른 이론에서는 빛을 탈출하고자 하는 나방들은 빛에 가까워지게 된다고 합니다.
 제시된 이론들을 통해 나방들이 빛을 탈출하고자 하는 것을 알 수 있습니다. Generalization이 아니더라도 지문에 도배된 '빛을 탈출한다'가 빈칸 안에 들어가야 함을 알 수 있습니다.

Ⅲ. 빛을 탈출한다와 같은 말은 ②번 선지 'trapped', '갇힌'이 됩니다.

* 10%의 수험생들이 ③번 선지 'targeted', '겨냥된, 목표로 된'을 골랐습니다. 이는 나방이 빛을 목표로 하여 달려간다는 내용으로 지문에서 빛을 탈출한다는 내용과 반대되는 내용의 선지에 해당합니다. 단어를 외우실 때 뜻만 외우시는 것보다는 예문을 통해서 해당 단어의 뜻이 가지는 어감에도 익숙해지는 것이 중요합니다.

Ⅰ. There / has been / a lot of discussion on (why moths / are attracted (to light)).

* moth: 나방

구 나방이 왜 빛에 끌리는지에 관한 많은 논의가 있어 왔다고 합니다.

독 나방이 빛에 이끌리는 이유에 대한 많은 논의가 있었다고 합니다.

Ⅱ. The consensus / seems to hold / that moths / are not so much attracted (to lights) as they / are
__________ by them.

* moth: 나방 ** consensus: 합의

구▶ 합의들은 나방들이 빛들에 이끌리는 것이 아니라 그들이 (= 나방들이) 그들에 (= 빛들에) 의해
__________하는 것으로 결정된 것처럼 보인다고 합니다.

독▶ 나방이 빛에 이끌리는 것이 아니라 __________하는 것이라고 합니다.

Ⅲ. The light / becomes / a sensory overload that disorients / the insects and sends / them / into
a holding pattern.

구▶ 'send A into B'는 'A에게 B를 보내다'를 의미합니다.

- 빛은 곤충이 방향을 잃게 하고 그들에게 (= 곤충들에게) 패턴을 고정시키도록 보내는 감각 과부하가
되다고 합니다.

독▶ 빛은 곤충들이 방향을 못 잡게하고 제자리를 맴돌게하는 감각 과부하를 일으킨다고 합니다.

* dis (부정) + orient (방향, 방향을 잡다) = disorient - 방향을 잡지 못하다

Ⅳ. A hypothesis (called the Mach band theory) / suggests that moths / see / a dark area (around a
light source) and head for it (to escape the light).

* moth: 나방

구▶ Mach band 이론이라고 불리는 가설은 나방이 빛 원천 주위에 있는 어두운 지역을 보고 빛을 탈출하기
위해서 그것으로 (= 어두운 지역으로) 향하는 것을 시사한다고 합니다.

독▶ Mach band 이론은 나방들이 빛을 탈출하기 위해서 어두운 지역으로 향한다고 합니다.

Ⅴ. Another theory / suggests / that moths / perceive / the light (coming from a source) as
a diffuse halo (with a dark spot in the center).

* moth: 나방 *** diffuse: 널리 퍼진

구▶ 'perceive A as B'는 'A를 B로써 인식하다'를 의미합니다.

- 다른 이론은 나방들이 원천으로부터 오는 빛을 중앙에 어두운 점이 있는, 널리 퍼진 후광으로
인식한다는 것을 시사한다고 합니다.

독▶ 다른 이론에서는 빛을 중앙에 어두운 점이 있는 후광으로 인식한다고 합니다.

Ⅵ. The moths, (attempting to escape the light), / fly toward / that imagined "portal," (bringing / them
/ closer to the source).

* moth: 나방

구▶ 'bring A to B'는 'A를 B로 가져오다'를 의미합니다.

- 빛을 피하기 위한 시도를 하는 나방들은 그들을 원천에 (= 빛에) 가까이 가져오는 상상 속의 "입구"를
향해 날아간다고 합니다.

독▶ 빛을 탈출하고자 하는 나방들은 오히려 빛의 원천에 가까워지게 된다고 합니다.

Ⅶ. As they / approach / the light, their reference point / changes and they / circle / the light (hopelessly trying to reach the portal).

구▶ 그들은 (= 나방들은) 빛에 접근하면서, 그들의 (= 나방들의) 기준점이 바뀌고 그들은 (= 나방들은) 입구에 도달하기 위해 희망없이 빛을 맴돈다고 합니다.

독▶ 나방들은 입구에 도달하기 위해서 빛에 접근하지만 기준점이 바뀌게 되어 빛을 맴돌게 된다고 합니다.

Ⅷ. Everyone / is familiar with / moths (circling their porch lights).

* moth: 나방

구▶ 모든 사람은 그들의 (= 사람들의) 불빛을 맴도는 나방에 친숙하다고 합니다.

독▶ 모든 사람들이 나방이 불빛을 맴도는 것에 익숙하다고 합니다.

Ⅸ. Their flight / appears to have / no purpose, **but** they / are, (it is believed), trying to escape / the pull of the light.

구▶ 그들의 (= 나방들의) 비행은 어떠한 목적도 없는 것처럼 보이지만, 그들은 (= 나방들은) 빛의 끌어당김에서 벗어나려고 노력하고 있는 것으로 여겨진다고 합니다.

독▶ 'but'이 제시되었으므로 중심 문장
 - 나방들의 비행은 목적이 없어 보이지만 실제로는 빛의 끌어 당김으로부터 탈출하기 위해 노력하고 있다고 합니다.

다음 빈칸에 들어갈 말로 가장 적절한 것을 고르시오.

In the post-World War II years after 1945, unparalleled economic growth fueled a building boom and a massive migration from the central cities to the new suburban areas. The suburbs were far more dependent on the automobile, signaling the shift from primary dependence on public transportation to private cars. Soon this **led to** the construction of better highways and freeways and the decline and even loss of public transportation. With all of these changes came a ___________ of leisure. As more people owned their own homes, with more space inside and lovely yards outside, their recreation and leisure time was increasingly centered around the home or, at most, the neighborhood. One major activity of this home-based leisure was watching television. No longer did one **have to** ride the trolly to the theater to watch a movie; similar entertainment was available for free and more conveniently from television.

* unparalleled: 유례없는

해설 | 정답 : ④ |

I. 빈칸 문장에서는 이러한 모든 변화와 함께 여가의 ___________ 가 이루어졌다고 합니다.

II. 변화한 여가의 특징은 빈칸 뒷 문장에서 언급된 내용들에서 확인할 수 있습니다.

    Specific 1 - Ⅶ번 문장에서는 'leisure time was increasingly centered around the home' 여가 시간은 점점 더 가정을 중심으로 이루어졌다고 했습니다.

    Specific 2 - Ⅷ번 문장에서는 'One major activity of this home-based leisure was watching television', 가정에 기반한 여가 활동으로 TV를 시청하는 것이 예시로 등장합니다.

    Specific 3 - Ⅸ번 문장에서는 'No longer did one have to ride the trolly to the theater to watch a movie' 사람들은 더 이상 영화를 보기 위해 극장까지 갈 필요가 없었다고 합니다.

이 예시를 종합해 보면, 사람들은 여가(영화)를 밖(극장)에서 즐기지 않고, 집(TV)에서 즐기는 것으로 변화하고 있는 것을 알 수 있으며, 이 여가의 가정적인 특징이 빈칸 내용에 들어가야 합니다.

III. 이와 관련된 선지는 ④번 'privatization', 사유화가 됩니다. 그러므로 정답은 ④번이 됩니다.

Ⅰ. (In the post-World War Ⅱ years after 1945), unparalleled economic growth / fueled / a building boom and a massive migration (from the central cities to the new suburban areas).

* unparalleled: 유례없는

> 📖 1945년 이후의 제2차 세계대전 후의 연도들에서는 전례 없는 경제 성장이 건물 붐과 중앙 도시에서 새로운 교외 지역으로의 대규모 이주를 촉진했다고 합니다.

> 📖 '세계 2차 대전' 등 구체적 내용이 나오는 것으로 보아 구체적 내용을 모아서 하나의 포괄적인 일반적인 내용을 만들어야 하는 지문입니다.

Ⅱ. The suburbs / were / far more dependent (on the automobile), (signaling the shift) (from primary dependence) (on public transportation) (to private cars).

> 📖 교외 지역은 자동차에 훨씬 더 의존적이었으며, 이는 대중교통에 대한 주요 의존성에서 개인용 차량으로의 전환을 나타냈다고 합니다.

> 📖 'dependent on ~에 의존적인'과 'public transportation to private cars'의 표현으로 볼 때, 각각 '인과관계'와 '이분법'의 논리로 글을 설명하고 있습니다. 이는 Ⅰ번 문장에서 설정한 하나의 포괄적이고 일반적인 내용을 설정하는 빌드업입니다.

Ⅲ. Soon this / **led to** / the construction of better highways and freeways and the decline and even loss of public transportation.

> 📖 곧 이것은 더 나은 고속도로와 자동차 전용 도로의 건설, 그리고 대중교통의 감소 및 심지어 손실로 이어졌다고 합니다.

> 📖 'led to'가 제시되었으므로 중심 문장
> - Ⅱ번 문장에서 나왔던, '개인 교통'의 대조 개념인 '대중교통'이 계속 감소하는 것으로 보아 개인 교통이 계속 증가한다는 것을 알 수 있습니다.

Ⅳ. (With all of these changes) came a ＿＿＿＿＿＿＿ of leisure.

> 📖 이러한 모든 변화와 함께 여가의 ＿＿＿＿＿가 이루어졌다고 합니다.

> 📖 이러한 개인적 교통의 증가의 결과로 여가도 개인화(사유화)가 된다는 것을 알 수 있습니다.

Ⅴ. As more people / owned / their own homes, (with more space inside and lovely yards outside), their recreation and leisure time / was / increasingly centered (around the home or, at most, the neighborhood).

> 📖 더 많은 사람들이 자신의 집을 소유하게 되면서, 내부에 더 많은 공간과 외부에 아름다운 마당이 있게 되면서 그들의 여가와 여가 시간은 점점 집 주변 또는 최대한 이웃 주변을 중심으로 이루어졌다고 합니다.

> 📖 Ⅳ번 문장 빈칸에서 나왔던 '여가의 사유화'를 설명해주는 내용으로 여가 시간을 집 주변 또는 최대한 이웃 주변으로 보내는 것을 알 수 있습니다.

Ⅵ. One major activity (of this home-based leisure) was watching television.

구▶ 이러한 가정 기반의 여가의 주요 활동 중 하나는 텔레비전 시청이었다고 합니다.

독▶ 집 주변에서 할 수 있는 여가의 구체적 내용으로 텔레비전 시청을 설명하고 있습니다.

Ⅶ. No longer did one / **have to** ride / the trolly (to the theater) to watch / a movie; similar entertainment / was / available (for free and more conveniently from television).

구▶ '부정부사 + 조동사 + 주어 + 동사원형'은 의미를 강조합니다.
 - 더 이상 영화를 보기 위해 이동해 극장에 가야 할 필요가 없어졌고 비슷한 즐길 거리가 티비에서 무료로, 그리고 더 편리하게 이용할 수 있게 되었다고 합니다.

독▶ 'have to'가 제시되었으므로 중심 문장
 - Ⅵ번 문장에서 언급한 집 주변에서 할 수 있는 구체적 내용의 티비 시청이 집 주변을 벗어난 극장으로의 이동을 줄였는지에 대해 설명합니다.

▌절. 모. 평. (절대평가 모든 평가원 기출)

01 22학년도 수능 33번 [정답과 해설 264page]

다음 빈칸에 들어갈 말로 가장 적절한 것을 고르시오.

> Elinor Ostrom found that there are several factors critical to bringing about stable institutional solutions to the problem of the commons. She pointed out, for instance, that the actors affected by the rules for the use and care of resources must have the right to ________________. For that reason, the people who monitor and control the behavior of users should also be users and/or have been given a mandate by all users. This is a significant insight, as it shows that prospects are poor for a centrally directed solution to the problem of the commons coming from a state power in comparison with a local solution for which users assume personal responsibility. Ostrom also emphasizes the importance of democratic decision processes and that all users must be given access to local forums for solving problems and conflicts among themselves. Political institutions at central, regional, and local levels must allow users to devise their own regulations and independently ensure observance.
>
> * commons: 공유지 ** mandate: 위임

① participate in decisions to change the rules
② claim individual ownership of the resources
③ use those resources to maximize their profits
④ demand free access to the communal resources
⑤ request proper distribution based on their merits

02 22학년도 수능 32번 [정답과 해설 267page]

다음 빈칸에 들어갈 말로 가장 적절한 것을 고르시오.

> News, especially in its televised form, is constituted not only by its choice of topics and stories but by its ________________. Presentational styles have been subject to a tension between an informational-educational purpose and the need to engage us entertainingly. While current affairs programmes are often 'serious' in tone sticking to the 'rules' of balance, more popular programmes adopt a friendly, lighter, idiom in which we are invited to consider the impact of particular news items from the perspective of the 'average person in the street'. Indeed, contemporary news construction has come to rely on an increased use of faster editing tempos and 'flashier' presentational styles including the use of logos, sound-bites, rapid visual cuts and the 'star quality' of news readers. Popular formats can be said to enhance understanding by engaging an audience unwilling to endure the longer verbal orientation of older news formats. However, they arguably work to reduce understanding by failing to provide the structural contexts for news events.

① coordination with traditional display techniques
② prompt and full coverage of the latest issues
③ educational media contents favoured by producers
④ commitment to long-lasting news standards
⑤ verbal and visual idioms or modes of address

다음 빈칸에 들어갈 말로 가장 적절한 것을 고르시오.

Thanks to newly developed neuroimaging technology, we now have access to the specific brain changes that occur during learning. Even though all of our brains contain the same basic structures, our neural networks are as unique as our fingerprints. The latest developmental neuroscience research has shown that the brain is much more malleable throughout life than previously assumed; it develops in response to its own processes, to its immediate and distant "environments," and to its past and current situations. The brain seeks to create meaning through establishing or refining existing neural networks. When we learn a new fact or skill, our neurons communicate to form networks of connected information. Using this knowledge or skill results in structural changes to allow similar future impulses to travel more quickly and efficiently than others. High-activity synaptic connections are stabilized and strengthened, while connections with relatively low use are weakened and eventually pruned. In this way, our brains are ___________________________.

* malleable: 순응성이 있는 ** prune: 잘라내다

① sculpted by our own history of experiences
② designed to maintain their initial structures
③ geared toward strengthening recent memories
④ twinned with the development of other organs
⑤ portrayed as the seat of logical and creative thinking

다음 빈칸에 들어갈 말로 가장 적절한 것을 고르시오.

"What's in a name? That which we call a rose, by any other name would smell as sweet." This thought of Shakespeare's points up a difference between roses and, say, paintings. Natural objects, such as roses, are not __________. They are not taken as vehicles of meanings and messages. They belong to no tradition, strictly speaking have no style, and are not understood within a framework of culture and convention. Rather, they are sensed and savored relatively directly, without intellectual mediation, and so what they are called, either individually or collectively, has little bearing on our experience of them. What a work of art is titled, on the other hand, has a significant effect on the aesthetic face it presents and on the qualities we correctly perceive in it. A painting of a rose, by a name other than the one it has, might very well smell different, aesthetically speaking. The painting titled *Rose of Summer* and an indiscernible painting titled *Vermillion Womanhood* are physically, but also semantically and aesthetically, distinct objects of art.

* savor: 음미하다 ** indiscernible: 식별하기 어려운 *** semantically: 의미적으로

① changed   ② classified
③ preserved   ④ controlled
⑤ interpreted

다음 빈칸에 들어갈 말로 가장 적절한 것을 고르시오.

Even when we do something as apparently simple as picking up a screwdriver, our brain automatically ＿＿＿＿＿＿＿＿. We can literally feel things with the end of the screwdriver. When we extend a hand, holding the screwdriver, we automatically take the length of the latter into account. We can probe difficult-to-reach places with its extended end, and comprehend what we are exploring. Furthermore, we instantly regard the screwdriver we are holding as "our" screwdriver, and get possessive about it. We do the same with the much more complex tools we use, in much more complex situations. The cars we pilot instantaneously and automatically become ourselves. Because of this, when someone bangs his fist on our car's hood after we have irritated him at a crosswalk, we take it personally. This is not always reasonable. Nonetheless, without the extension of self into machine, it would be impossible to drive.

* probe: 탐색하다

① recalls past experiences of utilizing the tool

② recognizes what it can do best without the tool

③ judges which part of our body can best be used

④ perceives what limits the tool's functional utility

⑤ adjusts what it considers body to include the tool

다음 빈칸에 들어갈 말로 가장 적절한 것을 고르시오.

Development can get very complicated and fanciful. A fugue by Johann Sebastian Bach illustrates how far this process could go, when a single melodic line, sometimes just a handful of notes, was all that the composer needed to create a brilliant work containing lots of intricate development within a coherent structure. Ludwig van Beethoven's famous Fifth Symphony provides an exceptional example of how much mileage a classical composer can get out of a few notes and a simple rhythmic tapping. The opening da-da-da-DUM that everyone has heard somewhere or another ＿＿＿＿＿＿＿＿＿＿ throughout not only the opening movement, but the remaining three movements, like a kind of motto or a connective thread. Just as we don't always see the intricate brushwork that goes into the creation of a painting, we may not always notice how Beethoven keeps finding fresh uses for his motto or how he develops his material into a large, cohesive statement. But a lot of the enjoyment we get from that mighty symphony stems from the inventiveness behind it, the impressive development of musical ideas.

* intricate: 복잡한 ** coherent: 통일성 있는

① makes the composer's musical ideas contradictory

② appears in an incredible variety of ways

③ provides extensive musical knowledge creatively

④ remains fairly calm within the structure

⑤ becomes deeply associated with one's own enjoyment

다음 빈칸에 들어갈 말로 가장 적절한 것을 고르시오.

　Emma Brindley has investigated the responses of European robins to the songs of neighbors and strangers. Despite the large and complex song repertoire of European robins, they were able to discriminate between the songs of neighbors and strangers. When they heard a tape recording of a stranger, they began to sing sooner, sang more songs, and overlapped their songs with the playback more often than they did on hearing a neighbor's song. As Brindley suggests, the overlapping of song may be an aggressive response. However, this difference in responding to neighbor versus stranger occurred only when the neighbor's song was played by a loudspeaker placed at the boundary between that neighbor's territory and the territory of the bird being tested. If the same neighbor's song was played at another boundary, one separating the territory of the test subject from another neighbor, it was treated as the call of a stranger. Not only does this result demonstrate that _______________________________, but it also shows that the choice of songs used in playback experiments is highly important.

　　　　　　　　　　　　　　　　　　　　　　　　* robin: 울새 ** territory: 영역

---

① variety and complexity characterize the robins' songs
② song volume affects the robins' aggressive behavior
③ the robins' poor territorial sense is a key to survival
④ the robins associate locality with familiar songs
⑤ the robins are less responsive to recorded songs

다음 빈칸에 들어갈 말로 가장 적절한 것을 고르시오.

　Research with human runners challenged conventional wisdom and found that the ground-reaction forces at the foot and the shock transmitted up the leg and through the body after impact with the ground ____________ as runners moved from extremely compliant to extremely hard running surfaces. As a result, researchers gradually began to believe that runners are subconsciously able to adjust leg stiffness prior to foot strike based on their perceptions of the hardness or stiffness of the surface on which they are running. This view suggests that runners create soft legs that soak up impact forces when they are running on very hard surfaces and stiff legs when they are moving along on yielding terrain. As a result, impact forces passing through the legs are strikingly similar over a wide range of running surface types. Contrary to popular belief, running on concrete is not more damaging to the legs than running on soft sand.

　　　　　　　　　　　　　　　　　　　　* compliant: 말랑말랑한 ** terrain: 지형

---

① varied little　　　　　　　　　② decreased a lot
③ suddenly peaked　　　　　　　④ gradually appeared
⑤ were hardly generated

09 22학년도 6월 평가원 31번

다음 빈칸에 들어갈 말로 가장 적절한 것을 고르시오.

The growth of academic disciplines and sub-disciplines, such as art history or palaeontology, and of particular figures such as the art critic, helped produce principles and practices for selecting and organizing what was worthy of keeping, though it remained a struggle. Moreover, as museums and universities drew further apart toward the end of the nineteenth century, and as the idea of objects as a highly valued route to knowing the world went into decline, collecting began to lose its status as a worthy intellectual pursuit, especially in the sciences. The really interesting and important aspects of science were increasingly those invisible to the naked eye, and the classification of things collected no longer promised to produce cutting-edge knowledge. The term "butterfly collecting" could come to be used with the adjective "mere" to indicate a pursuit of ___________ academic status.

* palaeontology: 고생물학 ** adjective: 형용사

① competitive

② novel

③ secondary

④ reliable

⑤ unconditional

10 25학년도 수능 34번

다음 빈칸에 들어갈 말로 가장 적절한 것을 고르시오.

Centralized, formal rules can _____________. The rules of baseball don't just regulate the behavior of the players; they determine the behavior that constitutes playing the game. Rules do not prevent people from playing baseball; they create the very practice that allows people to play baseball. A score of music imposes rules, but it also creates a pattern of conduct that enables people to produce music. Legal rules that enable the formation of corporations, that enable the use of wills and trusts, that create negotiable instruments, and that establish the practice of contracting all make practices that create new opportunities for individuals. And we have legal rules that establish roles individuals play within the legal system, such as judges, trustees, partners, and guardians. True, the legal rules that establish these roles constrain the behavior of individuals who occupy them, but rules also create the roles themselves. Without them an individual would not have the opportunity to occupy the role.

* constrain: 속박하다

① categorize one's patterns of conduct in legal and productive ways

② lead people to reevaluate their roles and practices in a society

③ encourage new ways of thinking which promote creative ideas

④ reinforce one's behavior within legal and established contexts

⑤ facilitate productive activity by establishing roles and practices

다음 빈칸에 들어갈 말로 가장 적절한 것을 고르시오.

There have been psychological studies in which subjects were shown photographs of people's faces and asked to identify the expression or state of mind evinced. The results are invariably very mixed. In the 17th century the French painter and theorist Charles Le Brun drew a series of faces illustrating the various emotions that painters could be called upon to represent. What is striking about them is that ___________________________. What is missing in all this is any setting or context to make the emotion determinate. We must know who this person is, who these other people are, what their relationship is, what is at stake in the scene, and the like. In real life as well as in painting we do not come across just faces; we encounter people in particular situations and our understanding of people cannot somehow be precipitated and held isolated from the social and human circumstances in which they, and we, live and breathe and have our being.

* evince: (감정 따위를) 분명히 나타내다 ** precipitate: 촉발하다

① all of them could be matched consistently with their intended emotions

② every one of them was illustrated with photographic precision

③ each of them definitively displayed its own social narrative

④ most of them would be seen as representing unique characteristics

⑤ any number of them could be substituted for one another without loss

빈칸 파생 유형

함축의미 추론 유형이 21번으로 배치되어 주장, 요지, 주제, 제목과 같은 유형이라고 판단하는 학생이 많다고 생각합니다. 주제와 관련된 선지가 정답이기도 합니다. 하지만 저는 함축의미 추론 유형의 번호와는 상관없이 결국에는 빈칸처럼 풀어야 된다고 생각합니다. 왜냐하면 평가원이 함축의미 추론 유형에 대한 정의를 대의파악 유형이 아닌 빈칸처럼 서술했기 때문입니다.

다음은 평가원이 정의한 함축의미 추론 유형입니다.

[2021학년도 대학수학능력시험 학습방법 안내 98p]

함축적 의미 추론 능력이란 글의 행간의 의미를 이해하는 능력으로서, 문맥 속 낱말, 어구, 문장의 의미나 글의 숨겨진 의미를 추론할 수 있는 능력을 의미한다.

다음은 평가원이 제시한 빈칸 추론 유형입니다.

[2021학년도 대학수학능력시험 학습방법 안내 116p]

이 유형 (빈칸 추론 유형)은 글의 핵심적인 내용 (주제문이나 주요 세부 내용)과 글의 논리적 흐름을 고려하여 문맥상 빈칸에 들어갈 가장 적절한 표현을 추론하는 능력을 측정하는 문항이다.

함축적 의미 추론 능력을 요구하는 함축의미 추론 유형에서 문맥 속 낱말, 어구, 문장의 의미나 글의 숨겨진 의미를 추론하라고 합니다. 한편, 빈칸 추론 유형에서는 글의 논리적 흐름을 고려하여 문맥상 빈칸에 들어갈 말을 추론하라고 합니다. 두 유형 모두 논리적 흐름을 고려하여 문맥을 통해서 낱말, 어구, 문장의 의미 의 숨겨진 의미, 빈칸을 추론하라고 합니다. 즉, 우리는 함축의미 추론 유형과 빈칸 추론 유형이 비슷한 사고 과정을 통해서 답을 찾아야 한다는 것을 알 수 있습니다.

There is an African proverb that says, 'Till the lions have their historians, tales of hunting will always glorify the hunter'. The proverb is about power, control and law making. Environmental journalists have to play **the role of the 'lion's historians'.**

'the role of the 'lion's historians', '사자의 역사학자가 가지는 역할'은 무슨 말일까요?

That's why you shouldn't even attempt to consider all your options and possibilities. You can't. If you tried to, then you'd never get anything done. So **don't knock the box**. Ironically, although it limits your thinking, it also makes you smart. It helps you to stay one step ahead of reality.

'don't knock the box', '박스를 두드리지 마라'는 무슨 말일까요?

Many ancillary businesses that today seem almost core at one time started out as **journey edges**.

* ancillary: 보조의, 부차적인

'journey edges', '여정의 가장자리'는 무슨 말일까요?

해석을 해도 무슨 말인지 알 수 없습니다. 실질적으로 없는 어휘, 어구, 문장인 것입니다. 문맥을 통해서 저 밑줄 친 어휘, 어구, 문장을 파악해야 합니다. 즉 지문에서 근거를 찾아서 밑줄 친 어휘, 어구, 문장을 이해해야 합니다. 지문에서 근거를 찾아서 이해한다는 것은 지문에서 근거를 찾아서 밑줄 친 내용을 대신할 수 있는 내용으로 이해한다는 말과 같습니다. 결국 지문에서 빈칸에 들어갈 말을 찾는 것과 지문에서 밑줄 친 내용을 대신할 수 있는 내용을 찾는 것은 같은 과정일 수밖에 없습니다.

그러므로 우리는 함축의미 추론 유형을 풀 때

Ⅰ. 밑줄 친 어휘, 어구, 문장을 없다고 간주하여 빈칸이라고 생각한다.

> **2021학년도 9월 평가원 21번**
>
> That's why you shouldn't even attempt to consider all your options and possibilities. You can't. If you tried to, then you'd never get anything done. So __________. Ironically, although it limits your thinking, it also makes you smart. It helps you to stay one step ahead of reality.

Ⅱ. 빈칸 문제를 풀듯이 빈칸에 들어갈 말을 지문에서 찾는다.

> **2021학년도 9월 평가원 21번**
>
> That's why you <u>shouldn't even attempt to consider all your options and possibilities</u>. You can't. If you tried to, then you'd never get anything done. So __________. Ironically, although it limits your thinking, it also makes you smart. It helps you to stay one step ahead of reality.

Ⅲ. 지문에서 찾은 근거를 가지고 같은 내용의 선지를 찾는다.

'shouldn't even attempt to consider all your options and possibilities'와 같은 내용의 선지를 찾는다.

으로 함축의미 추론 유형을 풀면 됩니다.

중. 최. 평. 에서 바로 적용해 봅시다.

중. 최. 평. (중요 최신 평가원 기출)

01 25학년도 수능 21번

밑줄 친 **hunting the shadow, not the substance**가 다음 글에서 의미하는 바로 가장 적절한 것은?

The position of the architect rose during the Roman Empire, as architecture symbolically became a particularly important political statement. Cicero classed the architect with the physician and the teacher, and Vitruvius spoke of "so great a profession as this." Marcus Vitruvius Pollio, a practicing architect during the rule of Augustus Caesar, recognized that architecture requires both practical and theoretical knowledge, and he listed the disciplines he felt the aspiring architect should master: literature and writing, draftsmanship, mathematics, history, philosophy, music, medicine, law, and astronomy — a curriculum that still has much to recommend it. All of this study was necessary, he argued, because architects who have aimed at acquiring manual skill without scholarship have never been able to reach a position of authority to correspond to their plans, while those who have relied only upon theories and scholarship were obviously "**hunting the shadow, not the substance**."

① seeking abstract knowledge emphasized by architectural tradition

② discounting the subjects necessary to achieve architectural goals

③ pursuing the ideals of architecture without the practical skills

④ prioritizing architecture's material aspects over its artistic ones

⑤ following historical precedents without regard to current standards

02 24학년도 6월 평가원 21번

밑줄 친 **a stick in the bundle**가 다음 글에서 의미하는 바로 가장 적절한 것은?

Lawyers sometimes describe ownership as a *bundle of sticks*. This metaphor was introduced about a century ago, and it has dramatically transformed the teaching and practice of law. The metaphor is useful because it helps us see ownership as a grouping of interpersonal rights that can be separated and put back together. When you say *It's mine* in reference to a resource, often that means you own a lot of the sticks that make up the full bundle: the sell stick, the rent stick, the right to mortgage, license, give away, even destroy the thing. Often, though, we split the sticks up, as for a piece of land: there may be a landowner, a bank with a mortgage, a tenant with a lease, a plumber with a license to enter the land, an oil company with mineral rights. Each of these parties owns **a stick in the bundle**.

* mortgage: 저당잡히다 ** tenant: 임차인

① a legal obligation to develop the resource

② a priority to legally claim the real estate

③ a right to use one aspect of the property

④ a building to be shared equally by tenants

⑤ a piece of land nobody can claim as their own

01 25학년도 수능 21번

(정답률 50%)

밑줄 친 <u>**hunting the shadow, not the substance**</u>가 다음 글에서 의미하는 바로 가장 적절한 것은?

The position of the architect rose during the Roman Empire, <u>**as**</u> architecture symbolically became a particularly important political statement. Cicero classed the architect with the physician and the teacher, and Vitruvius spoke of "so great a profession as this." Marcus Vitruvius Pollio, a practicing architect during the rule of Augustus Caesar, recognized that architecture <u>requires both practical and theoretical knowledge</u>, and he listed the disciplines he felt the aspiring architect <u>**should**</u> master: literature and writing, draftsmanship, mathematics, history, philosophy, music, medicine, law, and astronomy — a curriculum that still <u>**has**</u> much <u>**to**</u> recommend it. All of this study was necessary, he argued, <u>**because**</u> architects who have aimed at acquiring manual skill without scholarship <u>have never been able to reach a position of authority to correspond to their plans,</u> <u>**while**</u> those who have relied only upon theories and scholarship were obviously " _______ ."

해설 [정답 : ③]

Ⅰ. 밑줄 친 부분을 삭제하여 빈칸으로 인식해야 합니다. 그래서 "hunting the shadow, not the substance"를 지우고 빈칸으로 인식합니다. 오로지 이론과 학문에만 의존한 건축가는 명백히 _______ 이라고 합니다.

Ⅱ. 지문에서 건축가는 실용적 지식과 이론적 지식을 모두 가지고 있어야 합니다. 하지만 빈칸의 내용은 오로지 이론적 지식에만 몰두한 경우를 의미하므로 빈칸에 들어갈 말은 "실용적 지식이 없다"가 되어야 합니다.

Ⅲ. "실용적 지식이 없다"와 대응되는 선지는 ③번 "pursuing the ideals of architecture without the practical skills", "실용적인 기술 없이 건축의 이상을 추구함"이 됩니다.

* ②번 선지 "discounting the subjects necessary to achieve architectural goals", "건축 목표를 달성하는 데 필요한 학과들을 무시함"은 학과들 즉, 이론적 지식을 무시한다는 내용으로 빈칸 문장과 반대 내용이 되어 정답이 될 수 없습니다.

Ⅰ. The position (of the architect) / rose during the Roman Empire, as architecture / symbolically became / a particularly important political statement.

> **구** 건축가의 위치는 로마 제국 시대에 상승했는데, 이는 건축이 상징적으로 특히 중요한 정치적 성명이 되었기 때문이라고 합니다.

> **독** 'as'가 '때문에'를 의미하므로 중심 문장
> - 건축이 중요한 정치적 성명이 되었으므로 건축가의 위치 즉 지위가 상승했다고 합니다.

II. Cicero / classed / the architect with the physician and the teacher, and Vitruvius / spoke of / "so great a profession as this."

구 Cicero는 건축가를 의사와 교사와 같이 분류했으며 (= 같은 지위의 직업으로 보았으며) Vitruvius는 "위대한 직업"에 대해 말했다고 합니다.

독 I 번 문장에서 제시된 건축가의 지위가 상승된 내용에 대해 부가 설명을 하고 있습니다.

III. Marcus Vitruvius Pollio, (a practicing architect during the rule of Augustus Caesar), / recognized / that architecture / requires / both practical and theoretical knowledge, and he / listed / the disciplines (he felt) (the aspiring architect / **should** master: literature and writing, draftsmanship, mathematics, history, philosophy, music, medicine, law, and astronomy) — a curriculum (that still **has** much **to** recommend / it).

구 'both A and B'는 'A와 B 둘다'를 의미합니다.
- 'he felt'라는 삽입절이 제시되었습니다. '그가 느끼기에'로 해석하시면 됩니다.
- Augustus Caesar 통치 시기에 활동하던 건축가인 Marcus Virtuvius Polio는 건축이 실용적 지식과 이론적 지식을 모두 요구한다는 것을 인정했고, 그는 그가 생각하기에 건축가를 열망하는 사람들이 (= 건축가가 되고자 하는 사람들이) 숙달해야만 한다는 학문 분야를 나열했는데, 이는 문학과 작문, 제도, 수학, 역사, 철학, 음악, 의학, 법 그리고 천문학이었고, 이는 (= 이러한 학문 분야들을 숙달하는 것은) 여전히 많이 추천받아야 하는 교육과정이라고 합니다.

독 'should'와 'has to'가 제시되었으므로 중심 문장
- 문장이 상당히 깁니다. 하지만 어려운 구문은 없기 때문에 천천히 해석한다면 쉽게 해석할 수 있습니다. Polio라는 사람의 견해를 제시하며 건축가가 되기 위해서는 실용적 지식과 이론적 지식을 모두 가져야 하며, 위와 같이 많은 학문들을 잘 알고 있어야 한다고 합니다.

IV. All of this study / was / necessary, (he argued), **because** architects (who have aimed at acquiring / manual skill (without scholarship)) / have never been able to reach / a position of authority (to correspond to their plans), **while** those (who have relied only upon / theories and scholarship) were obviously **"hunting the shadow, not the substance."**

구 그는 이 모든 학문들이 필요하다고 주장했는데, 왜냐하면 학문 없이 손기술을 습득하려 한 건축가는 절대 자신의 계획에 상응하는 권위있는 위치에 도달할 수 없었던 반면, 오로지 이론과 학문에만 의존한 건축가는 명백히 "실체가 아닌 그림자를 쫓고 있었기" 때문이라고 합니다.

독 'while'이 제시되었으므로 중심 문장
- 이 문장도 상당히 깁니다. 그가 주장하기에 학문없이 (= 이론적 지식없이) 손기술만 (= 실용적 지식만) 추구하는 건축가는 권위있는 위치에 도달할 수 없고 오로지 이론과 학문에만 의존한 건축가는 (= 이론적 지식에만 의존한 건축가는) "실체가 아닌 그림자를 쫓고 있었다", 즉, 실용적 지식을 가지지 못했다고 합니다.

밑줄 친 **a stick in the bundle**이 다음 글에서 의미하는 바로 가장 적절한 것은?

Lawyers sometimes describe ownership as a *bundle of sticks*. This metaphor was introduced about a century ago, and it has dramatically transformed the teaching and practice of law. The metaphor is useful **because** it helps us see ownership as a grouping of interpersonal rights that can be separated and put back together. When you say It's mine in reference to a resource, often that means you own a lot of the sticks that make up the full bundle: the sell stick, the rent stick, the right to mortgage, license, give away, even destroy the thing. Often, **though**, we split the sticks up, as for a piece of land: there may be a landowner, a bank with a mortgage, a tenant with a lease, a plumber with a license to enter the land, an oil company with mineral rights. Each of these parties owns ＿＿＿＿＿＿＿＿＿＿.

　　　　　　　　　　　　　　　　　　　　　* mortgage: 저당잡히다 ** tenant: 임차인

해설 ┃ 정답 : ③ ┃

Ⅰ. 빈칸 문장에서는 이러한 각 당사자는 ＿＿＿＿＿＿＿＿＿를 소유한다고 합니다.

Ⅱ. 지문 Ⅰ번 문장에서는 'ownership as a bundle of sticks', 소유권을 막대들의 다발로 묘사한다고 했습니다. Ⅲ번 문장에서 이 소유권에 대한 설명이 언급되는데, 'grouping of interpersonal rights', 대인 관계적인 권리들의 모음이라고 했습니다. 이 비유를 정리하면,

stick-interpersonal right - 개별적 권리

bundle-grouping-ownership - 권리들의 집합인 소유권

그러므로 'stick'은 개별적인 대인 권리, 'bundle'은 이러한 권리들이 모여 소유권을 구성하는 것을 비유적으로 표현한 것임을 알 수 있습니다.

Ⅲ. 빈칸 문장에서 당사자들이 소유하는 것은 stick에 관한 설명이므로 이와 비슷한 내용의 선지는 ③번 'a right to use one aspect of the property', '그 재산의 한 측면을 사용할 수 있는 권리'가 됩니다.

* 함축의미 추론 문제의 핵심은 비유입니다. stick에 대한 설명을 지문에서 여러 차례 언급해주므로 이것을 파악한다면 정답 선지를 수월하게 고를 수 있습니다.

Ⅰ. Lawyers / sometimes describe / ownership (*as a bundle (of sticks)*).

　[구] 'describe A as B'는 'A를 B로 묘사한다'를 의미합니다/

　　- 변호사들은 때로는 소유권을 '막대 다발'로 묘사한다고 합니다.

　[독] 소유권을 막대 다발로 비유했으므로, 문제풀이를 위해선 이 비유를 이해해야 합니다.

Ⅱ. This metaphor / was introduced (about a century ago), and it / has dramatically transformed / the teaching and practice (of law).

　　구▶ 이 비유는 약 1세기 전에 도입되었고, 법학 교육과 실무를 극적으로 변화시켰다고 합니다.

Ⅲ. The metaphor / is / useful / __because__ it / helps / us / see / ownership (as a grouping (of interpersonal rights / that / can be separated and / put back together).

　　구▶ 'help + O + O.C'로 'help'는 5형식으로 사용될 수 있습니다. 이때 'O (목적어)'나 'O.C (목적격 보어)'자리에 'to-V'가 쓰이면 'to'를 생략하여 'RV (동사원형)'으로 사용될 수 있습니다. 뜻은 'O가 O.C하는 것을 돕다'입니다
　　　- 'see A as B'는 'A를 B로 보다'를 의미합니다.
　　　- 그 비유는 그것이 우리가 소유권을 분리될 수 있고 다시 합쳐질 수 있는 대인 관계적인 권리의 모음으로 보는 것을 도와주기 때문에 유용하다고 합니다.

　　독▶ 'because'가 존재하므로 중심 문장
　　　- 소유권은 대인 관계적인 권리들의 모음이라고 했으므로, 비유에서의 막대는 대인 관계적 권리를 의미합니다.

Ⅳ. When / you / say / It's mine (in reference to a resource), often that / means / you / own / a lot of the sticks / that / make up / the full bundle: the sell stick, the rent stick, the right to mortgage, license, give away, even destroy the thing.

* mortgage: 저당잡히다

　　구▶ 어떤 자원에 관해 그것이 내 것이라고 말할 때, 흔히 그것은 전체 다발을 구성하는 많은 막대, 즉 판매 막대, 임대 막대, 저당잡히고, 허가하고, 증여하며, 심지어 그것을 파괴할 권리를 네가 소유한다는 것을 의미한다고 합니다.

　　독▶ 내 것이라고 말하는 것은 소유권을 주장하는 것이며, 판매, 임대, 저당, 허가, 증여하는 막대를 소유하는 것은 Ⅲ번 문장의 대인 관계적 권리의 사례가 됩니다.

Ⅴ. Often, __though__, we / split / the sticks up, as (for a piece of land): there / may be / a landowner, a bank (with a mortgage), a tenant (with a lease), a plumber (with a license (to enter the land)), an oil company (with mineral rights).

** tenant: 임차인

　　구▶ 그러나 우리는 흔히 토지 한 면에 대해서처럼 그 막대들을 분할하며, 즉 땅 주인, 저당권을 가진 은행, 임대차 계약을 맺은 세입자, 토지 진입 면허를 가진 배관공, 광물에 대한 권리를 가진 석유 회사가 있을 수 있다고 합니다.

　　독▶ 'though'가 제시되었으므로 중심 문장
　　　- 막대들을 분할하는 것은 Ⅲ번 문장의 소유권이 분리되는 것을 의미합니다.

Ⅵ. Each (of these parties) / owns / __a stick in the bundle__.

　　구▶ 이러한 각 당사자는 꾸러기 속에 막대기를 소유한다고 합니다.

　　독▶ Ⅴ번 문장에서 이어지는 내용이며, 당사자들은 분리된 대인 관계적인 권리들을 소유하게 됩니다.

01 23학년도 수능 21번 [정답과 해설 296page]

밑줄 친 **make oneself public to oneself**가 다음 글에서 의미하는 바로 가장 적절한 것은?

Coming of age in the 18th and 19th centuries, the personal diary became a centerpiece in the construction of a modern subjectivity, at the heart of which is the application of reason and critique to the understanding of world and self, which allowed the creation of a new kind of knowledge. Diaries were central media through which enlightened and free subjects could be constructed. They provided a space where one could write daily about her whereabouts, feelings, and thoughts. Over time and with rereading, disparate entries, events, and happenstances could be rendered into insights and narratives about the self, and allowed for the formation of subjectivity. It is in that context that the idea of "the self [as] both made and explored with words" emerges. Diaries were personal and private; one would write for oneself, or, in Habermas's formulation, one would **make oneself public to oneself**. By making the self public in a private sphere, the self also became an object for self-inspection and self-critique.

* disparate: 이질적인 ** render: 만들다

① use writing as a means of reflecting on oneself

② build one's identity by reading others' diaries

③ exchange feedback in the process of writing

④ create an alternate ego to present to others

⑤ develop topics for writing about selfhood

02 24학년도 수능 21번 [정답과 해설 299page]

밑줄 친 **a nonstick frying pan**가 다음 글에서 의미하는 바로 가장 적절한 것은?

How you focus your attention plays a critical role in how you deal with stress. Scattered attention harms your ability to let go of stress, because even though your attention is scattered, it is narrowly focused, for you are able to fixate only on the stressful parts of your experience. When your attentional spotlight is widened, you can more easily let go of stress. You can put in perspective many more aspects of any situation and not get locked into one part that ties you down to superficial and anxiety-provoking levels of attention. A narrow focus heightens the stress level of each experience, but a widened focus turns down the stress level because you're better able to put each situation into a broader perspective. One anxiety-provoking detail is less important than the bigger picture. It's like transforming yourself into **a nonstick frying pan**. You can still fry an egg, but the egg won't stick to the pan.

* provoke: 유발시키다

① never being confronted with any stressful experiences in daily life

② broadening one's perspective to identify the cause of stress

③ rarely confining one's attention to positive aspects of an experience

④ having a larger view of an experience beyond its stressful aspects

⑤ taking stress into account as the source of developing a wide view

밑줄 친 **an empty inbox**가 다음 글에서 의미하는 바로 가장 적절한 것은?

　　The single most important change you can make in your working habits is to switch to creative work first, reactive work second. This means blocking off a large chunk of time every day for creative work on your own priorities, with the phone and e-mail off. I used to be a frustrated writer. Making this switch turned me into a productive writer. Yet there wasn't a single day when I sat down to write an article, blog post, or book chapter without a string of people waiting for me to get back to them. It wasn't easy, and it still isn't, particularly when I get phone messages beginning "I sent you an e-mail two hours ago...!" By definition, this approach goes against the grain of others' expectations and the pressures they put on you. It takes willpower to switch off the world, even for an hour. It feels uncomfortable, and sometimes people get upset. But it's better to disappoint a few people over small things, than to abandon your dreams for **an empty inbox**. Otherwise, you're sacrificing your potential for the illusion of professionalism.

① following an innovative course of action

② attempting to satisfy other people's demands

③ completing challenging work without mistakes

④ removing social ties to maintain a mental balance

⑤ securing enough opportunities for social networking

밑줄 친 **journey edges**가 다음 글에서 의미하는 바로 가장 적절한 것은?

　　Many ancillary businesses that today seem almost core at one time started out as **journey edges**. For example, retailers often boost sales with accompanying support such as assembly or installation services. Think of a home goods retailer selling an unassembled outdoor grill as a box of parts and leaving its customer's mission incomplete. When that retailer also sells assembly and delivery, it takes another step in the journey to the customer's true mission of cooking in his backyard. Another example is the business-to-business service contracts that are layered on top of software sales. Maintenance, installation, training, delivery, anything at all that turns do-it-yourself into a do-it-for-me solution originally resulted from exploring the edge of where core products intersect with customer journeys.

　　　　　　　　　　　　　　　* ancillary: 보조의, 부차적인 ** intersect: 교차하다

① requiring customers to purchase unnecessary goods

② decreasing customers' dependence on business services

③ focusing more on selling end products than components

④ adding a technological breakthrough to their core products

⑤ providing extra services beyond customers' primary purchase

밑줄 친 "**view from nowhere**"가 다음 글에서 의미하는 바로 가장 적절한 것은?

Our view of the world is not given to us from the outside in a pure, objective form; it is shaped by our mental abilities, our shared cultural perspectives and our unique values and beliefs. This is not to say that there is no reality outside our minds or that the world is just an illusion. It is to say that our version of reality is precisely that: *our* version, not *the* version. There is no single, universal or authoritative version that makes sense, other than as a theoretical construct. We can see the world only as it appears to us, not "as it truly is," because there is no "as it truly is" without a perspective to give it form. Philosopher Thomas Nagel argued that there is no "**view from nowhere**," since we cannot see the world except from a particular perspective, and that perspective influences what we see. We can experience the world only through the human lenses that make it intelligible to us.

* illusion: 환영

① perception of reality affected by subjective views

② valuable perspective most people have in mind

③ particular view adopted by very few people

④ critical insight that defeats our prejudices

⑤ unbiased and objective view of the world

밑줄 친 **the role of the 'lion's historians**가 다음 글에서 의미하는 바로 가장 적절한 것은?

There is an African proverb that says, 'Till the lions have their historians, tales of hunting will always glorify the hunter'. The proverb is about power, control and law making. Environmental journalists have to play **the role of the 'lion's historians**. They have to put across the point of view of the environment to people who make the laws. They have to be the voice of wild India. The present rate of human consumption is completely unsustainable. Forest, wetlands, wastelands, coastal zones, eco-sensitive zones, they are all seen as disposable for the accelerating demands of human population. But to ask for any change in human behaviour — whether it be to cut down on consumption, alter lifestyles or decrease population growth — is seen as a violation of human rights. But at some point human rights become 'wrongs'. It's time we changed our thinking so that there is no difference between the rights of humans and the rights of the rest of the environment.

① uncovering the history of a species' biological evolution

② urging a shift to sustainable human behaviour for nature

③ fighting against widespread violations of human rights

④ rewriting history for more underrepresented people

⑤ restricting the power of environmental lawmakers

밑줄 친 **send us off into different far corners of the library**가 다음 글에서 의미하는 바로 가장 적절한 것은?

You may feel there is something scary about an algorithm deciding what you might like. Could it mean that, if computers conclude you won't like something, you will never get the chance to see it? Personally, I really enjoy being directed toward new music that I might not have found by myself. I can quickly get stuck in a rut where I put on the same songs over and over. That's why I've always enjoyed the radio. But the algorithms that are now pushing and pulling me through the music library are perfectly suited to finding gems that I'll like. My worry originally about such algorithms was that they might drive everyone into certain parts of the library, leaving others lacking listeners. Would they cause a convergence of tastes? But thanks to the nonlinear and chaotic mathematics usually behind them, this doesn't happen. A small divergence in my likes compared to yours can **send us off into different far corners of the library**.

* rut: 관습, 틀 ** gem: 보석 *** divergence: 갈라짐

① lead us to music selected to suit our respective tastes
② enable us to build connections with other listeners
③ encourage us to request frequent updates for algorithms
④ motivate us to search for talented but unknown musicians
⑤ make us ignore our preferences for particular music genres

밑줄 친 "**from their *verandas***"가 다음 글에서 의미하는 바로 가장 적절한 것은?

Around the turn of the twentieth century, anthropologists trained in the natural sciences began to reimagine what a science of humanity should look like and how social scientists ought to go about studying cultural groups. Some of those anthropologists insisted that one should at least spend significant time actually observing and talking to the people studied. Early ethnographers such as Franz Boas and Alfred Cort Haddon typically traveled to the remote locations where the people in question lived and spent a few weeks to a few months there. They sought out a local Western host who was familiar with the people and the area (such as a colonial official, missionary, or businessman) and found accommodations through them. Although they did at times venture into the community without a guide, they generally did not spend significant time with the local people. Thus, their observations were primarily conducted **from their *verandas***.

* anthropologist: 인류학자 ** ethnographer: 민족지학자

① seeking to build long-lasting relationships with the natives
② participating in collaborative research with natural scientists
③ engaging in little direct contact with the people being studied
④ cooperating actively with Western hosts in the local community
⑤ struggling to take a wider view of the native culture examined

밑줄 친 **don't knock the box**가 다음 글에서 의미하는 바로 가장 적절한 것은?

By expecting what's likely to happen next, you prepare for the few most likely scenarios so that you don't have to figure things out while they're happening. It's therefore not a surprise when a restaurant server offers you a menu. When she brings you a glass with a clear fluid in it, you don't have to ask if it's water. After you eat, you don't have to figure out why you aren't hungry anymore. All these things are expected and are therefore not problems to solve. Furthermore, imagine how demanding it would be to always consider all the possible uses for all the familiar objects with which you interact. *Should I use my hammer or my telephone to pound in that nail?* On a daily basis, functional fixedness is a relief, not a curse. That's why you shouldn't even attempt to consider all your options and possibilities. You can't. If you tried to, then you'd never get anything done. So **don't knock the box**. Ironically, although it limits your thinking, it also makes you smart. It helps you to stay one step ahead of reality.

① Deal with a matter based on your habitual expectations.

② Question what you expect from a familiar object.

③ Replace predetermined routines with fresh ones.

④ Think over all possible outcomes of a given situation.

⑤ Extend all the boundaries that guide your thinking to insight.

밑줄 친 "**The best is the enemy of the good.**"이 다음 글에서 의미하는 바로 가장 적절한 것은?

Gold plating in the project means needlessly enhancing the expected results, namely, adding characteristics that are costly, not required, and that have low added value with respect to the targets — in other words, giving more with no real justification other than to demonstrate one's own talent. Gold plating is especially interesting for project team members, as it is typical of projects with a marked professional component — in other words, projects that involve specialists with proven experience and extensive professional autonomy. In these environments specialists often see the project as an opportunity to test and enrich their skill sets. There is therefore a strong temptation, in all good faith, to engage in gold plating, namely, to achieve more or higher-quality work that gratifies the professional but does not add value to the client's requests, and at the same time removes valuable resources from the project. As the saying goes, "**The best is the enemy of the good.**"

* autonomy: 자율성 ** gratify: 만족시키다

① Pursuing perfection at work causes conflicts among team members.

② Raising work quality only to prove oneself is not desirable.

③ Inviting overqualified specialists to a project leads to bad ends.

④ Responding to the changing needs of clients is unnecessary.

⑤ Acquiring a range of skills for a project does not ensure success.

밑줄 친 **Burnout hasn't had the last word**가 다음 글에서 의미하는 바로 가장 적절한 것은?

To balance the need for breadth (everyone feels a bit burned out) and depth (some are so burned out, they can no longer do their jobs), we ought to think of burnout not as a *state* but as a *spectrum*. In most public discussion of burnout, we talk about workers who "are burned out," as if that status were black and white. A black-and-white view cannot account for the variety of burnout experience, though. If there is a clear line between burned out and not, as there is with a lightbulb, then we have no good way to categorize people who say they are burned out but still manage to do their work competently. Thinking about burnout as a spectrum solves this problem; those who claim burnout but are not debilitated by it are simply dealing with a partial or less-severe form of it. They are experiencing burnout without being burned out. **Burnout hasn't had the last word.**

* debilitate: 쇠약하게 하다

---

① Public discussion of burnout has not reached an end.
② There still exists room for a greater degree of exhaustion.
③ All-or-nothing criteria are applicable to burnout symptoms.
④ Exhaustion is overcome in different ways based on its severity.
⑤ Degrees of exhaustion are shaped by individuals' perceptions.

12 22학년도 수능 21번   [정답과 해설 327page]

밑줄 친 **whether to make ready for the morning commute or not**이 다음 글에서 의미하는 바로 가장 적절한 것은?

Scientists have no special purchase on moral or ethical decisions; a climate scientist is no more qualified to comment on health care reform than a physicist is to judge the causes of bee colony collapse. The very features that create expertise in a specialized domain lead to ignorance in many others. In some case slay people — farmers, fishermen, patients, native peoples — may have relevant experiences that scientists can learn from. Indeed, in recent years, scientists have begun to recognize this: the Arctic Climate Impact Assessment includes observations gathered from local native groups. So our trust needs to be limited, and focused. It needs to be very *particular*. Blind trust will get us into at least as much trouble as no trust at all. But without some degree of trust in our designated experts — the men and women who have devoted their lives to sorting out tough questions about the natural world we live in — we are paralyzed, in effect not knowing **whether to make ready for the morning commute or not**.

* lay: 전문가가 아닌 ** paralyze: 마비시키다 *** commute: 통근

---

① questionable facts that have been popularized by non-experts
② readily applicable information offered by specialized experts
③ common knowledge that hardly influences crucial decisions
④ practical information produced by both specialists and lay people
⑤ biased knowledge that is widespread in the local community

밑줄 친 **Flicking the collaboration light switch**가 다음 글에서 의미하는 바로 가장 적절한 것은?

Flicking the collaboration light switch is something that leaders are uniquely positioned to do, because several obstacles stand in the way of people voluntarily working alone. For one thing, the fear of being left out of the loop can keep them glued to their enterprise social media. Individuals don't want to be — or appear to be — isolated. For another, knowing what their teammates are doing provides a sense of comfort and security, because people can adjust their own behavior to be in harmony with the group. It's risky to go off on their own to try something new that will probably not be successful right from the start. But even though it feels reassuring for individuals to be hyperconnected, it's better for the organization if they periodically go off and think for themselves and generate diverse — if not quite mature — ideas. Thus, it becomes the leader's job to create conditions that are good for the whole by enforcing intermittent interaction even when people wouldn't choose it for themselves, without making it seem like a punishment.

* intermittent: 간헐적인

① breaking physical barriers and group norms that prohibit cooperation
② having people stop working together and start working individually
③ encouraging people to devote more time to online collaboration
④ shaping environments where higher productivity is required
⑤ requiring workers to focus their attention on group projects

3-2 요약은 주제를 알려준 빈칸이다.

어떤 난이도의 요약이 출제되어도 풀 수 있는 방법은 빈칸처럼 푸는 것입니다.

   Ⅰ. 요약문을 먼저 읽고 빈칸 (A), (B)에 들어갈 말을 파악한다.
   Ⅱ. 지문을 처음부터 읽으며 빈칸 (A), (B)에 들어갈 근거를 찾는다.
   Ⅲ. 근거를 가지고 선지를 판단한다.

우리가 빈칸에서 배운 풀이법인

   Ⅰ. Targeting
   Ⅱ. 지문에서 근거 찾기
   Ⅲ. 근거와 Paraphrasing될 수 있는 선지 찾기

와 똑같습니다.

당연히 빈칸으로 푸는 것이니 지문이 이해가 되지 않는다면 빈칸에서 배운 A/B 치환 혹은 Generalization을 적용해도 됩니다.

단, 빈칸에서와 마찬가지로 A/B는 이해가 되지 않을 때, Generalization은 이해가 되었는데, 빈칸에 들어가야 할 말을 파악하지 못할 때만 적용하셔야 합니다.

그런데, 왜 요약문을 먼저 읽어야 할까요?

왜냐하면 요약문은 주제를 알려주기 때문입니다.

우리가 어떤 지문을 요약하거나 수능 국어에서 문단을 요약하고 지문을 요약할 때 제일 고려하는 사항은 중요하다고 생각하는 부분을 요약문에 포함하는 것입니다. 수능 영어에서 가장 중요한 것은 무엇이죠? 바로 주제입니다. 수능 영어에서 요약문은 주제를 보여줍니다.

한 지문에는 무조건 하나의 주제가 있으므로 요약문은 이 하나의 주제를 알려준 것입니다. 주제를 알고 지문을 읽게 되면, 읽는 속도가 높아지는 것뿐만 아니라 지문 이해도가 주제를 읽지 않았을 때보다 빨라 정답률도 올라가게 됩니다.

다음 문제를 풀어봅시다.

 Unlike lawyers, who utilize information ____(A)____ to support their arguments, scientists must include all information even if some of it is unlikely to ____(B)____ their arguments.

 Lawyers and scientists use argument to mean a summary of evidence and principles leading to a conclusion; however, a scientific argument is different from a legal argument. A prosecuting attorney constructs an argument to persuade the judge or a jury that the accused is guilty; a defense attorney in the same trial constructs an argument to persuade the same judge or jury toward the opposite conclusion. Neither prosecutor nor defender is obliged to consider anything that weakens their respective cases. On the contrary, scientists construct arguments because they want to test their own ideas and give an accurate explanation of some aspect of nature. Scientists can include any evidence or hypothesis that supports their claim, but they must observe one fundamental rule of professional science. They must include all of the known evidence and all of the hypotheses previously proposed. Unlike lawyers, scientists must explicitly account for the possibility that they might be wrong.

	(A)		(B)
①	objectively	……	weaken
②	objectively	……	support
③	accurately	……	clarify
④	selectively	……	strengthen
⑤	selectively	……	disprove

Unlike lawyers, who utilize information _____(A)_____ to support their arguments, scientists must include all information even if some of it is unlikely to _____(B)_____ their arguments.

Ⅰ. 요약문을 보니 지문의 구조가 변호사와 과학자를 대조하는 지문임을 알 수 있습니다. 또한 변호사는 (A)하게 그들의 주장을 지지하기 위해서 정보를 사용하고 과학자들은 심지어 그들의 주장을 (B)할 가능성이 낮다고 하더라도 모든 정보를 포함해야만 한다고 합니다. 우리는 변호사들은 주장을 지지하기 위해서 정보를 어떻게 사용하는지와 과학자들이 어떠한 가능성이 낮아도 모든 정보를 포함하는지를 찾아야 합니다.

Lawyers and scientists use argument to mean a summary of evidence and principles **leading to** a conclusion; **however**, a scientific argument is different from a legal argument. A prosecuting attorney constructs an argument to persuade the judge or a jury that the accused is guilty; a defense attorney in the same trial constructs an argument to persuade the same judge or jury toward the opposite conclusion. Neither prosecutor nor defender is obliged to consider anything that weakens their respective cases. **On the contrary**, scientists construct arguments **because** they want to test their own ideas and give an accurate explanation of some aspect of nature. Scientists can include any evidence or hypothesis that supports their claim, **but** they **must** observe one fundamental rule of professional science. They **must** include all of the known evidence and all of the hypotheses previously proposed. Unlike lawyers, scientists **must** explicitly account for the possibility that they might be wrong.

Ⅱ. 'Neither prosecutor not defender / is obliged to consider / anything (that wakens their respective cases)', '기소자나 변호인 모두 그들의 각각의 경우 (=주장)을 약화시킬 수 있는 것을 의무적으로 고려해야 하는 것은 아니다'를 통해서 변호사들은 주장을 약화시키는 것을 고려하지 않아도 되는 것을 알 수 있습니다. 반면 'scientists must explicitly account for the possibility that they might be wrong', '과학자들은 반드시 명백하게 그들이 잘못되었다는 가능성을 고려해야 한다'를 통해 과학자들은 그들의 주장을 약화시킬 수 있는 것들도 고려해야만 하는 것을 알 수 있습니다. 그러므로 (A)에는 그들의 주장을 지지하는 정보만 고려하는 것이 들어가야 하고 (B)에는 그들이 잘못되었다는 가능성도 반드시 고려해야 한다는 내용이 들어가야 합니다.

Ⅲ. (A)에서 그들의 주장을 지지하는 정보만 고려하는 것은 'selectively', '선택적으로' 고려하는 것과 대응하고 (B)에 지지할 가능성이 낮은데도 고려해야 하므로 (B)에는 '지지하다'와 같은 말은 'strengthen', '강화시키다'가 들어가야 합니다.

최근 평가원 기출 문제를 풀어보기 전 예전 평가원 기출 문제를 통해 풀이법을 적용해 봅시다.

▌체화

다음 문제를 요약문을 먼저 읽고 풀어봅시다.

01

다음 글의 내용을 한 문장으로 요약하고자 한다. 빈칸 (A), (B)에 들어갈 말로 가장 적절한 것은?

> While scientific knowledge is believed to progress through ____(A)____ experiments, an artistic work tends to be ____(B)____ to its creator with no limitless sequence implied.

In science one experiment, whether it succeeds or fails, is logically followed by another in a theoretically infinite progression. According to the underlying myth of modern science, this progression is always replacing the smaller knowledge of the past with the larger knowledge of the present, which will be replaced by the yet larger knowledge of the future. In the arts, by contrast, no limitless sequence of works is ever implied or looked for. No work of art is necessarily followed by a second work that is necessarily better. Given the methodologies of science, the law of gravity and the genome were bound to be discovered by somebody; the identity of the discoverer is incidental to the fact. But it appears that in the arts there are no second chances. We must assume that we had one chance each for The Divine Comedy and King Lear. If Dante and Shakespeare had died before they wrote those works, nobody ever would have written them.

	(A)		(B)
①	successive	⋯⋯	unique
②	successive	⋯⋯	valuable
③	controlled	⋯⋯	valuable
④	incidental	⋯⋯	influential
⑤	incidental	⋯⋯	unique

17학년도 수능 40번

다음 글의 내용을 한 문장으로 요약하고자 한다. 빈칸 (A), (B)에 들어갈 말로 가장 적절한 것은?

> Residents do not _____(A)_____ tourism's environmental influences identically since they take _____(B)_____ postures based on factors such as the type of tourism, opinions on the degree of protection, and their distance from an attraction.

The impacts of tourism on the environment are evident to scientists, but not all residents attribute environmental damage to tourism. Residents commonly have positive views on the economic and some sociocultural influences of tourism on quality of life, but their reactions to environmental impacts are mixed. Some residents feel tourism provides more parks and recreation areas, improves the quality of the roads and public facilities, and does not contribute to ecological decline. Many do not blame tourism for traffic problems, overcrowded outdoor recreation, or the disturbance of peace and tranquility of parks. Alternatively, some residents express concern that tourists overcrowd the local fishing, hunting, and other recreation areas or may cause traffic and pedestrian congestion. Some studies suggest that variations in residents' feelings about tourism's relationship to environmental damage are related to the type of tourism, the extent to which residents feel the natural environment needs to be protected, and the distance residents live from the tourist attractions.

* tranquility: 고요함 ** congestion: 혼잡

	(A)		(B)
①	weigh	......	dissimilar
②	weigh	......	common
③	weigh	......	balanced
④	control	......	favorable
⑤	control	......	conflicting

01

17학년도 9월 평가원 40번

다음 글의 내용을 한 문장으로 요약하고자 한다. 빈칸 (A), (B)에 들어갈 말로 가장 적절한 것은?

> While scientific knowledge is believed to progress through ___(A)___ experiments, an artistic work tends to be ___(B)___ to its creator with no limitless sequence implied.

Ⅰ. 과학적 지식이 (A)한 실험을 통해서 발전한다고 믿지만, 예술적인 활동들은 무한한 연속성이 암시되지 않은 것과 함께 그 창작자에게 (B)한 경향이 있다고 합니다. 지문은 과학적 지식과 예술을 대조하며 서술될 것이라는 것을 알 수 있고 과학적 지식이 어떤 실험을 통해서 발전하고 예술 활동은 어떤 특징이 있는 지를 찾으면 됩니다.

In science **one experiment**, whether it succeeds or fails, is logically followed by another in a theoretically infinite progression. According to the underlying myth of modern science, this progression is always replacing the smaller knowledge of the past with the larger knowledge of the present, which will be replaced by the yet larger knowledge of the future. In the arts, **by contrast**, no limitless sequence of works is ever implied or looked for. No work of art is necessarily followed by a second work that is necessarily better. Given the methodologies of science, the law of gravity and the genome were bound to be discovered by somebody; the identity of the discoverer is incidental to the fact. **But** it appears that in the arts there are no second chances. **We must** assume that we had one chance each for The Divine Comedy and King Lear. If Dante and Shakespeare had died before they wrote those works, nobody ever would have written them.

Ⅱ. 과학적 지식은 과거의 작은 지식을 현재의 큰 지식으로 대체하며 현재의 큰 지식은 미래의 더 큰 지식으로 대체되는 것으로 발전한다고 합니다. 즉 (A)에는 시간이 지나면서 지식이 대체되는 것이 들어가야 합니다. 반면 예술은 단테와 셰익스피어가 그 작품을 쓰기 전에 사망했다면 아무도 작품을 쓰지 않았을 것이라고 합니다. 그러므로 (B)에는 예술 작품과 작가가 동일시되어 있다는 내용이 들어가야 합니다.

Ⅲ. 시간이 지나면서 지식이 대체되는 것은 'successive', '연속적인'에 대응하고 예술 작품과 작가가 동일시되는 것은 'unique', '고유한'에 대응합니다. 그러므로 정답은 ①번이 됩니다.

02

다음 글의 내용을 한 문장으로 요약하고자 한다. 빈칸 (A), (B)에 들어갈 말로 가장 적절한 것은?

> Residents do not ___(A)___ tourism's environmental influences identically since they take ___(B)___ postures based on factors such as the type of tourism, opinions on the degree of protection, and their distance from an attraction.

Ⅰ. 주민들은 관광산업의 환경에 대한 영향을 동일하게 (A)하지 않는데, 왜냐하면 그들이 관광 산업의 유형, 보호 정도에 관한 의견, 그리고 매력 (=관광 명소)로 부터의 거리에 기반을 두어 (B)한 자세를 취하기 때문이라고 합니다. 주민들이 관광산업의 환경에 대한 영향을 어떻게 판단하지 않는지, 그리고 어떤 자세를 취하는 지를 찾으면 됩니다.

The impacts of tourism on the environment are evident to scientists, **but** not all residents attribute environmental damage to tourism. Residents commonly have positive views on the economic and some sociocultural influences of tourism on quality of life, **but** their reactions to environmental impacts are mixed. Some residents feel tourism provides more parks and recreation areas, improves the quality of the roads and public facilities, and does not contribute to ecological decline. Many do not blame tourism for traffic problems, overcrowded outdoor recreation, or the disturbance of peace and tranquility of parks. **Alternatively ('그 대신에'를 의미하므로 다른 내용을 제시)**, some residents express concern that tourists overcrowd the local fishing, hunting, and other recreation areas or may cause traffic and pedestrian congestion. **Some studies** suggest that variations in residents' feelings about tourism's relationship to environmental damage are related to the type of tourism, the extent to which residents feel the natural environment **needs to** be protected, and the distance residents live from the tourist attractions.

* tranquility: 고요함 ** congestion: 혼잡

Ⅱ. 모든 주민들이 환경의 피해를 관광산업의 탓으로 돌리지 않는다는 것을 통해 주민들이 관광산업의 환경에 대한 영향을 동일하게 보지 않는 것을 알 수 있습니다. 그러므로 (A)에는 동일하게 탓하지 않는다는 것이 들어가야 합니다. 또한 몇몇의 연구에서는 주민들의 관광과 환경의 피해의 관계에 대한 느낌 차이가 환경이 보호될 필요가 있다고 느끼는 정도, 그리고 관광 명소에서 주민이 사는 곳까지의 거리와 관련되어 있다고 하므로 (B)에는 차이가 들어가야 합니다.

Ⅲ. (A)에서 탓하다와 같은 내용의 선지는 'weigh', '무게를 재다, 평가하다'이고 (B)에서 차이와 같은 내용의 선지는 'dissimilar', '같지 않은'이 됩니다. 그러므로 정답은 ①번이 됩니다.

01 25학년도 수능 40번

다음 글의 내용을 한 문장으로 요약하고자 한다. 빈칸 (A), (B)에 들어갈 말로 가장 적절한 것은?

People often assume that synthetic food ingredients are more harmful than natural ones, but this is not always the case. Typically, synthetic ingredients can be made in a precisely controlled fashion and have well-defined compositions and properties, allowing careful evaluation of their potential toxicity. On the other hand, natural ingredients often vary appreciably in their composition and properties depending on their origin, the time of year they were harvested, the climate they experienced throughout their lifetime, the soil quality, and how they were isolated and stored. These variations can make testing their safety extremely difficult — one is never sure about the potential toxicity of minor components that may vary from time to time. In some cases, a natural food component has been consumed for hundreds or thousands of years without causing any obvious health problems and can, therefore, be assumed to be safe. However, one must still be very careful.

* synthetic: 합성의

⬇

The ___(A)___ of the production process for synthetic food ingredients and the variability of natural food ingredients may ___(B)___ people's commonly held assumption that the natural ingredients are more secure.

	(A)	(B)
①	controllability	challenge
②	predictability	support
③	manageability	intensify
④	affordability	reverse
⑤	accessibility	question

다음 글의 내용을 한 문장으로 요약하고자 한다. 빈칸 (A), (B)에 들어갈 말로 가장 적절한 것은?

Even those with average talent can produce notable work in the various sciences, so long as they do not try to embrace all of them at once. Instead, they should concentrate attention on one subject after another (that is, in different periods of time), although later work will weaken earlier attainments in the other spheres. This amounts to saying that the brain adapts to universal science in *time* but not in *space*. In fact, even those with great abilities proceed in this way. Thus, when we are astonished by someone with publications in different scientific fields, realize that each topic was explored during a specific period of time. Knowledge gained earlier certainly will not have disappeared from the mind of the author, but it will have become simplified by condensing into formulas or greatly abbreviated symbols. Thus, sufficient space remains for the perception and learning of new images on the cerebral blackboard.

* condense: 응축하다 ** cerebral: 대뇌의

↓

Exploring one scientific subject after another ___(A)___ remarkable work across the sciences, as the previously gained knowledge is retained in simplified forms within the brain, which ___(B)___ room for new learning.

	(A)		(B)
①	enables	……	leaves
②	challenges	……	spares
③	delays	……	creates
④	requires	……	removes
⑤	invites	……	diminishes

중. 최. 평. 해설

01 25학년도 수능 40번 (정답률 67%)

다음 글의 내용을 한 문장으로 요약하고자 한다. 빈칸 (A), (B)에 들어갈 말로 가장 적절한 것은?

> The ___(A)___ of the production process for synthetic food ingredients and the variability of natural food ingredients may ___(B)___ people's commonly held assumption that the natural ingredients are more secure.

> People often assume that synthetic food ingredients are more harmful than natural ones, **but** this is not always the case. Typically, synthetic ingredients can be made in a precisely controlled fashion and have well-defined compositions and properties, allowing careful evaluation of their potential toxicity. **On the other hand**, natural ingredients often vary appreciably in their composition and properties depending on their origin, the time of year they were harvested, the climate they experienced throughout their lifetime, the soil quality, and how they were isolated and stored. These variations can make testing their safety extremely difficult — one is never sure about the potential toxicity of minor components that may vary from time to time. In some cases, a natural food component has been consumed for hundreds or thousands of years without causing any obvious health problems and can, **therefore**, be assumed to be safe. **However**, one **must** still be very careful.
>
> * synthetic: 합성의

해설 | 정답 : ① |

Ⅰ. 요약문에서 합성 식품 생산 과정의 (A)와 자연 식품의 변동성은 자연 식품이 더 안전하다는 사람들의 흔한 가정에 (B)할 수 있다고 합니다. 합성 식품 생산 과정이 어떠한 특징을 가지는지와 이러한 특성이 자연 식품이 더 안전하다는 사람들의 통념을 어떻게 하는지를 찾으면 됩니다.

Ⅱ. Ⅱ번 문장에서 일반적으로 합성 성분은 정밀하게 통제된 방식으로 만들어지고 잘 정의된 성분과 특성이 있어 잠재된 독성에 대한 주의 깊은 평가를 가능하게 한다고 합니다. 즉 합성 식품 성분은 통제되고 잘 정의된 성분과 특성이 있으므로 (A)에는 통제되고 잘 정의된이 들어가야 합니다. Ⅰ번 문장에서 사람들은 흔히 합성 식품은 자연 식품보다 더 해롭다고 가정하지만, 그것은 항상 사실인 것은 아니라고 하며, 사람들이 가지는 자연식품이 더 안전하다는 생각에 대해서 지문은 부정하고 있고, Ⅵ번 문장에서는 Ⅴ번 문장에서 제시된 오랫동안 사용되어 왔기 때문에 자연 식품 성분이 안전하다는 사람들의 통념 또한 반론을 제기하고 있으므로 사람들의 통념을 반박하고 부정하고 있습니다. 그러므로 (B)에는 반박하다 혹은 부정하다가 들어가면 됩니다.

Ⅲ. (A)에는 통제되고 잘 정의된이 들어가므로 'controllability', '통제 가능성' (B)에는 반박하다 혹은 부정하다가 들어가므로 'challenge', '이의를 제기하다'가 들어가야합니다. 그래서 정답은 ①번이 됩니다.

요 The ___(A)___ (of the production process for synthetic food ingredients) and the variability (of natural food ingredients) / may ___(B)___ / people's commonly held assumption (that the natural ingredients / are / more secure).

* synthetic: 합성의

구 합성 식품 생산 과정의 (A)와 자연 식품의 변동성은 자연 식품이 더 안전하다는 사람들의 흔한 가정에 (B)할 수 있다고 합니다.

독 합성 식품의 (A)와 자연 식품의 변동성이 자연 식품이 더 안전하다는 사람들의 통념을 (B)한다고 합니다.

Ⅰ. People / often assume that synthetic food ingredients / are / more harmful than natural ones, **but** this / is not always / the case.

* synthetic: 합성의

구 사람들은 흔히 합성 식품은 자연 식품보다 더 해롭다고 가정하지만, 그것은 항상 사실인 것은 아니라고 합니다.

독 'but'이 제시되었으므로 중심 문장
 - 사람들이 합성 식품보다 자연 식품이 더 안전하다고 생각하지만 항상 사실은 아니라고 합니다.

Ⅱ. Typically, synthetic ingredients / can be made (in a precisely controlled fashion) and have / well-defined compositions and properties, (allowing careful evaluation of their potential toxicity).

* synthetic: 합성의

구 일반적으로 합성 성분은 정밀하게 통제된 방식으로 만들어지고 잘 정의된 성분과 특성이 있어 잠재된 독성에 대한 주의 깊은 평가를 가능하게 한다고 합니다.

독 합성 성분은 정해진 방식이 있고 구성 성분과 특성이 이미 정해져 있기 때문에 잠재된 독성에 대해서 확실하게 평가할 수 있다고 합니다.

Ⅲ. **On the other hand**, natural ingredients / often vary appreciably (in their composition and properties) (depending on their origin, the time of year (they / were harvested), the climate (they / experienced throughout their lifetime), the soil quality, and how they / were isolated and stored).

구 반면에 자연 성분은 원산지, 그것들이 (= 자연 성분들이) 수확된 시기, 그것들이 (= 자연 성분들이) 살아 있을 때 경험한 기후, 토양의 질, 그리고 분리되고 저장된 방식에 따라 성분의 조합과 특성이 상당한 차이를 보일 수 있다고 합니다.

독 'On the other hand'가 제시되었으므로 앞 뒷 문장 중심 문장
 - 자연 성분은 원산지나 수확된 시기, 기후 등으로 인해 성분과 조합이 잘 정의된 합성 성분과는 달리 성분의 조합과 특성이 상당한 차이를 보일 수 있다고 합니다.

Ⅳ. These variations / can make / testing their safety / extremely difficult — one / is never / sure (about the potential toxicity of minor components (that may vary from time to time)).

구▶ 'make + O + O.C'는 'O를 O.C하게 만들다'를 의미합니다.
- 그러한 변화들은 (= 성분의 조합과 특성이 차이를 보이는 것은) 안정성 시험을 매우 어렵게 만드는데, 그때그때 달라질 수 있는 미세 성분의 잠재적인 독성에 대해서 결코 확신할 수 없을 것이라고 합니다.

독▶ 잠재적인 독성을 잘 파악할 수 있었던 합성 성분과는 달리 자연 성분은 성분의 조합과 특성의 차이들로 인해서 안정성 시험을 매우 어렵게 만들며, 계속 변화하는 미세 성분의 잠재적인 독성에 대해서 안정성을 확신할 수 없을 것이라고 합니다.

Ⅴ. In some cases, a natural food component / has been consumed (for hundreds or thousands of years) (without causing any obvious health problems) and can, **therefore**, be assumed to be safe.

구▶ 어떤 경우에는 자연 식품 구성요소가 명백한 건강적 문제를 일으키지 않고 수 백년 혹은 수 천년 동안 소비되어 왔으므로, 따라서 안전하다고 가정할 수 있다고 합니다.

독▶ 'therefore'이 제시되었으므로 중심 문장
- Ⅲ번 문장과 Ⅳ번 문장에서는 자연 식품에 대해서 안정성을 확정할 수 없다고 합니다. 하지만 Ⅲ번, Ⅳ번 문장의 내용과 별개로 어떤 자연 식품 성분은 명백한 건강 문제없이 오랫동안 소비되어 왔기 때문에 안전하다고 가정할 수 있다고 하며, 우리의 통념을 제시합니다. 즉, 우리가 국어 시간에 배운 예상되는 반론에 대해서 제시하고 있습니다.

Ⅵ. **However**, one / **must** still be / very careful.

구▶ 하지만 여전히 매우 주의해야 한다고 합니다.

독▶ 'However'와 'must'가 제시되었으므로 앞 뒷 문장 중심 문장
- Ⅱ번~Ⅳ번 문장의 자연 성분은 안전한지 확신할 수 없다는 내용을 근거로 Ⅴ번 문장에서 제시된 예상된 반론에 대한 이의 제기로 자연 성분에 대하여 여전히 주의를 해야한다고 합니다.

다음 글의 내용을 한 문장으로 요약하고자 한다. 빈칸 (A), (B)에 들어갈 말로 가장 적절한 것은?

> Exploring one scientific subject after another ____(A)____ remarkable work across the sciences, as the previously gained knowledge is retained in simplified forms within the brain, which ____(B)____ room for new learning.

> Even those with average talent can produce notable work in the various sciences, so long as they do not try to embrace all of them at once. **Instead,** they **should** concentrate attention on one subject after another (that is, in different periods of time), although later work will weaken earlier attainments in the other spheres. This amounts to saying that the brain adapts to universal science in *time* **but** not in *space*. **In fact,** even those with great abilities proceed in this way. **Thus,** when we are astonished by someone with publications in different scientific fields, realize that each topic was explored during a specific period of time. Knowledge gained earlier certainly will not have disappeared from the mind of the author, **but** it will have become simplified by condensing into formulas or greatly abbreviated symbols. **Thus,** sufficient space remains for the perception and learning of new images on the cerebral blackboard.
>
> * condense: 응축하다 ** cerebral: 대뇌의

해설 [정답 : ①]

Ⅰ. 요약 문장에서는 하나의 과학 주제를 탐구한 다음에 다른 주제를 탐구하는 것은 과학 전반에 걸친 주목할 만한 작업을 (A) 하는데, 이전에 습득된 지식은 뇌 안에서 단순화된 형태로 유지되며 이는 새로운 학습을 위한 공간을 (B) 하기 때문이라고 합니다. 과학 주제를 연이어 탐구하는 것의 결과가 (A), 그 원인이 (B)와 관련된 내용이 됩니다.

Ⅱ. Ⅰ번 문장에서는 'can produce notable work in the various sciences, so long as they do not try to embrace all of them at once', 과학 분야에서 주목할 만한 성과를 낼 수 있는데, 이를 위해서는 한 번에 그것들 모두를 수용하려고 하지 않아야 한다고 했습니다. 곧바로 Ⅱ번 문장에서 'they should concentrate attention on one subject after another' 그들은 한 주제 다음에 다른 주제에 집중해야 하는데, 이것은 한 번에 수용하는 것이 아닌, 과학 주제의 순차적인 탐구가 과학 분야의 성과를 가능하게 하므로 (A)에는 가능하게 하는 것과 관련된 단어가 들어가야 합니다.

Ⅶ번 문장에서는 'sufficient space remains for the perception and learning of new images' 새로운 이미지를 인식하고 학습할 수 있는 공간이 남아있다고 합니다. 그러므로 (B)에는 남아있다는 것과 관련된 단어가 들어가야 합니다.

Ⅲ. 그러므로 (A)에는 가능하게 한다는 뜻의 'enables'가, (B)에는 남겨두다는 뜻의 'leaves'가 들어가야 합니다. 그러므로 정답은 ①번이 됩니다.

요▶ Exploring one scientific subject (after another) ____(A)____ remarkable work across the sciences, as the previously gain knowledge / is retained in simplified forms within the brain, which ___(B)___ room for new learning.

구▶ 하나의 과학 주제를 탐구한 다음에 다른 주제를 탐구하는 것은 과학 전반에 걸친 주목할 만한 작업을 (A) 하게 하는데, 이전에 습득한 지식은 뇌 안에서 단순화된 형태로 유지되며, 이는 새로운 학습을 위한 공간을 (B) 하기 때문이라고 합니다.

Ⅰ. Even those (with average talent) / <u>can produce</u> / notable work (in the various sciences), so long as they / do not try to embrace all of them at once.

구▶ 평균적인 재능을 가진 사람이라도 다양한 과학 분야에서 주목할 만한 성과를 낼 수 있는데, 한 번에 그것들 모두를 수용하려고 하지 않는 한 그렇다고 합니다.

독▶ 과학에서 성과를 내는 방법으로 한꺼번에 내용을 수용하지 않는 것을 언급하고 있습니다.

Ⅱ. **Instead**, they / **should** concentrate / attention on one subject after another (that is, in different periods of time), although later work / will weaken / earlier attainments (in the other spheres).

구▶ 비록 나중의 작업은 다른 영역에서의 더 이전의 성취를 약화시킬 수 있지만, 대신에 그들은 한 주제 다음에 다른 주제로 (즉, 다른 기간에) 집중해야 한다고 합니다.

독▶ 'instead', 'should'로 주장을 제시하므로 중심 문장
　- 순차적인 학습의 단점(이전 학습의 내용을 약화시킨다는 것)에도 불구하고, 순차적으로 학습을 해야 한다는 것으로, 필자의 강한 주장이 들어가 있는 문장입니다.

Ⅲ. This / amounts to saying / that / the brain / adapts to universal science in *time* **but** not in *space*.

구▶ 이것은 뇌가 보편적인 과학에 '시간' 속에서 적응하는 것이지 '공간' 속에서 적응하는 것이 아니라고 말하는 것과 마찬가지라고 합니다.

독▶ 'but'이 제시되었으므로 중심 문장
　- 시간 속에서 적응하는 것은 시간 순으로 이어지는 순차적인 학습이 가능하다는 것을 말해주는 반면, 공간 속에서 적응하지 못하는 것은, 같은 공간에서 모든 정보를 수용하는 것이 가능하지 않다는 것을 비유적으로 표현한 문장입니다.

Ⅳ. **In fact**, even those (with great abilities) / proceed in this way.

구▶ 사실, 뛰어난 능력을 가진 사람들도 이런 식으로 나아간다고 합니다.

독▶ 'In fact'가 제시되었으므로 중심 문장
　- Ⅰ번 문장과 엮여, 능력의 유무와 상관없이 모든 사람들은 순차적으로 성취해 나간다는 것을 보여 줍니다.

Ⅴ. **Thus**, when / we / are astonished by someone with publications (in different scientific fields),
realize / that / each topic / was explored during a specific period of time.

구▶ 따라서, 우리가 서로 다른 과학 분야에 출판물을 가진 사람에게 놀랄 때, 각 주제가 특정 기간 동안 탐구되었다는 것을 인식하라고 합니다.

독▶ 'thus'가 제시되었으므로 중심 문장
- 순차적으로(과학 분야 A 탐구한 후 과학 분야 B 탐구) 탐구한다면 과학 분야가 서로 다르더라도, 학습이 가능하다는 것을 보여주는 문장입니다.

Ⅵ. Knowledge (gained earlier) / certainly will not have disappeared (from the mind of the author), **but**
/ it / will have become simplified by condensing into formulas or greatly abbreviated symbols.

* condense: 응축하다

구▶ 더 이전에 얻은 지식은 확실히 저자의 마음에서 사라지지 않았을 것이지만 그것은 공식이나 크게 축약된 기호로 응축되어 단순화되었을 것이라고 합니다.

독▶ 'but'이 제시되었으므로 숭심 문장
- 순차적인 탐구가 가능한 이유에 관해서 설명하고 있는 문장입니다.

Ⅶ. **Thus**, sufficient space / remains for the perception and learning of new images (on the cerebral
blackboard).

** cerebral: 대뇌의

구▶ 따라서 대뇌 칠판에 새로운 이미지를 인식하고 학습할 수 있는 충분한 공간이 남아 있다고 합니다.

독▶ 'thus'가 제시되었으므로 중심 문장
- Ⅵ번 문장에서 이전에 얻은 지식이 단순화되었고, 이는 본 문장에 설명한 것처럼 순차적인 탐구가 가능하다는 것을 알 수 있습니다.

01 23학년도 수능 40번

[정답과 해설 334page]

다음 글의 내용을 한 문장으로 요약하고자 한다. 빈칸 (A), (B)에 들어갈 말로 가장 적절한 것은?

"Craftsmanship" may suggest a way of life that declined with the arrival of industrial society — but this is misleading. Craftsmanship names an enduring, basic human impulse, the desire to do a job well for its own sake. Craftsmanship cuts a far wider swath than skilled manual labor; it serves the computer programmer, the doctor, and the artist; parenting improves when it is practiced as a skilled craft, as does citizenship. In all these domains, craftsmanship focuses on objective standards, on the thing in itself. Social and economic conditions, however, often stand in the way of the craftsman's discipline and commitment: schools may fail to provide the tools to do good work, and workplaces may not truly value the aspiration for quality. And though craftsmanship can reward an individual with a sense of pride in work, this reward is not simple. The craftsman often faces conflicting objective standards of excellence; the desire to do something well for its own sake can be weakened by competitive pressure, by frustration, or by obsession.

* swath: 구획

⬇

Craftsmanship, a human desire that has ___(A)___ over time in diverse contexts, often encounters factors that ___(B)___ its full development.

    (A)   (B)

① persisted ····· limit

② persisted ····· cultivate

③ evolved ····· accelerate

④ diminished ····· shape

⑤ diminished ····· restrict

다음 글의 내용을 한 문장으로 요약하고자 한다. 빈칸 (A), (B)에 들어갈 말로 가장 적절한 것은?

Philip Kitcher and Wesley Salmon have suggested that there are two possible alternatives among philosophical theories of explanation. One is the view that scientific explanation consists in the *unification* of broad bodies of phenomena under a minimal number of generalizations. According to this view, the (or perhaps, a) goal of science is to construct an economical framework of laws or generalizations that are capable of subsuming all observable phenomena. Scientific explanations organize and systematize our knowledge of the empirical world; the more economical the systematization, the deeper our understanding of what is explained. The other view is the *causal/mechanical* approach. According to it, a scientific explanation of a phenomenon consists of uncovering the mechanisms that produced the phenomenon of interest. This view sees the explanation of individual events as primary, with the explanation of generalizations flowing from them. That is, the explanation of scientific generalizations comes from the causal mechanisms that produce the regularities.

* subsume: 포섭(포함)하다 ** empirical: 경험석인

↓

Scientific explanations can be made either by seeking the ___(A)___ number of principles covering all observations or by finding general ___(B)___ drawn from individual phenomena.

	(A)		(B)
①	least	······	patterns
②	fixed	······	features
③	limited	······	functions
④	fixed	······	rules
⑤	least	······	assumptions

다음 글의 내용을 한 문장으로 요약하고자 한다. 빈칸 (A), (B)에 들어갈 말로 가장 적절한 것은?

A striving to demonstrate individual personality through designs should not be surprising. Most designers are educated to work as individuals, and design literature contains countless references to 'the designer'. Personal flair is without doubt an absolute necessity in some product categories, particularly relatively small objects, with a low degree of technological complexity, such as furniture, lighting, small appliances, and housewares. In larger-scale projects, however, even where a strong personality exercises powerful influence, the fact that substantial numbers of designers are employed in implementing a concept can easily be overlooked. The emphasis on individuality is therefore problematic — rather than actually designing, many successful designer 'personalities' function more as creative managers. A distinction needs to be made between designers working truly alone and those working in a group. In the latter case, management organization and processes can be equally as relevant as designers' creativity.

* strive: 애쓰다 ** flair: 재능

Depending on the ___(A)___ of a project, the capacity of designers to ___(B)___ team-based working environments can be just as important as their personal qualities.

　　(A)　　　　(B)
① size ······ coordinate
② cost ······ systematize
③ size ······ identify
④ cost ······ innovate
⑤ goal ······ investigate

다음 글의 내용을 한 문장으로 요약하고자 한다. 빈칸 (A), (B)에 들어갈 말로 가장 적절한 것은?

Mobilities in transit offer a broad field to be explored by different disciplines in all faculties, in addition to the humanities. In spite of increasing acceleration, for example in travelling through geographical or virtual space, our body becomes more and more a passive non-moving container, which is transported by artefacts or loaded up with inner feelings of being mobile in the so-called information society. Technical mobilities turn human beings into some kind of terminal creatures, who spend most of their time at rest and who need to participate in sports in order to balance their daily disproportion of motion and rest. Have we come closer to Aristotle's image of God as the immobile mover, when elites exercise their power to move money, things and people, while they themselves do not need to move at all? Others, at the bottom of this power, are victims of mobility-structured social exclusion. They cannot decide how and where to move, but are just moved around or locked out or even locked in without either the right to move or the right to stay.

In a technology and information society, human beings, whose bodily movement is less ___(A)___, appear to have gained increased mobility and power, and such a mobility-related human condition raises the issue of social ___(B)___.

　　　　　(A)　　　　　　　(B)
① necessary ······ inequality
② necessary ······ growth
③ limited 　 ······ consciousness
④ desirable ······ service
⑤ desirable ······ divide

다음 글의 내용을 한 문장으로 요약하고자 한다. 빈칸 (A), (B)에 들어갈 말로 가장 적절한 것은?

The idea that *planting* trees could have a social or political significance appears to have been invented by the English, though it has since spread widely. According to Keith Thomas's history *Man and the Natural World*, seventeenth- and eighteenth-century aristocrats began planting hardwood trees, usually in lines, to declare the extent of their property and the permanence of their claim to it. "What can be more pleasant," the editor of a magazine for gentlemen asked his readers, "than to have the bounds and limits of your own property preserved and continued from age to age by the testimony of such living and growing witnesses?" Planting trees had the additional advantage of being regarded as a patriotic act, for the Crown had declared a severe shortage of the hardwood on which the Royal Navy depended.

* aristocrat: 귀족 ** patriotic: 애국적인

↓

For English aristocrats, planting trees served as statements to mark the ___(A)___ ownership of their land, and it was also considered to be a(n) ___(B)___ of their loyalty to the nation.

	(A)		(B)
①	unstable	……	confirmation
②	unstable	……	exaggeration
③	lasting	……	exhibition
④	lasting	……	manipulation
⑤	official	……	justification

다음 글의 내용을 한 문장으로 요약하고자 한다. 빈칸 (A), (B)에 들어갈 말로 가장 적절한 것은?

Some environments are more likely to lead to fossilization and subsequent discovery than others. Thus, we cannot assume that more fossil evidence from a particular period or place means that more individuals were present at that time, or in that place. It may just be that the circumstances at one period of time, or at one location, were more favourable for fossilization than they were at other times, or in other places. Likewise, the absence of hominin fossil evidence at a particular time or place does not have the same implication as its presence. As the saying goes, 'absence of evidence is not evidence of absence'. Similar logic suggests that taxa are likely to have arisen before they first appear in the fossil record, and they are likely to have survived beyond the time of their most recent appearance in the fossil record. Thus, the first appearance datum, and the last appearance datum of taxa in the hominin fossil record are likely to be conservative statements about the times of origin and extinction of a taxon.

* subsequent: 다음의   ** hominin fossil: 인류 화석

*** taxa: taxon(분류군)의 복수형

⬇

Since fossilization and fossil discovery are affected by ____(A)____ conditions, the fossil evidence of a taxon cannot definitely ____(B)____ its population size or the times of its appearance and extinction.

	(A)		(B)
①	experimental	……	confirm
②	experimental	……	reveal
③	environmental	……	clarify
④	environmental	……	conceal
⑤	accidental	……	mask

다음 글의 내용을 한 문장으로 요약하고자 한다. 빈칸 (A), (B)에 들어갈 말로 가장 적절한 것은?

Research for historical fiction may focus on under-documented ordinary people, events, or sites. Fiction helps portray everyday situations, feelings, and atmosphere that recreate the historical context. Historical fiction adds "flesh to the bare bones that historians are able to uncover and by doing so provides an account that while not necessarily true provides a clearer indication of past events, circumstances and cultures." Fiction adds color, sound, drama to the past, as much as it invents parts of the past. And Robert Rosenstone argues that invention is not the weakness of films, it is their strength. Fiction can allow users to see parts of the past that have never — for lack of archives — been represented. In fact, Gilden Seavey explains that if producers of historical fiction had strongly held the strict academic standards, many historical subjects would remain unexplored for lack of appropriate evidence. Historical fiction should, therefore, not be seen as the opposite of professional history, but rather as a challenging representation of the past from which both public historians and popular audiences may learn.

⬇

While historical fiction reconstructs the past using ___(A)___ evidence, it provides an inviting description, which may ___(B)___ people's understanding of historical events.

	(A)		(B)
①	insignificant	······	delay
②	insufficient	······	enrich
③	concrete	······	enhance
④	outdated	······	improve
⑤	limited	······	disturb

다음 글의 내용을 한 문장으로 요약하고자 한다. 빈칸 (A), (B)에 들어갈 말로 가장 적절한 것은?

Human speech differs from the cries of other species in many ways. One very important distinction is that all other animals use one call for one message as the general principle of communication. This means that the number of possible messages is very restricted. If a new message is to be included in the system, a new sound has to be introduced, too. After the first few tens of sounds it becomes difficult to invent new distinctive sounds, and also to remember them for the next time they are needed. Human speech builds on the principle of combining a restricted number of sounds into an unlimited number of messages. In a typical human language there are something like thirty or forty distinctive speech sounds. These sounds can be combined into chains to form a literally unlimited number of words. Even a small child, who can communicate by only one word at a time, uses a system for communication that is infinitely superior to any system utilized by any other animal.

In animal cries, each call ___(A)___ a different message, which limits the number of possible messages, whereas human language creates an unlimited number of messages using a ___(B)___ set of distinctive sounds.

	(A)		(B)
①	represents	······	finite
②	symbolizes	······	universal
③	distorts	······	fixed
④	expresses	······	novel
⑤	records	······	complex

다음 글의 내용을 한 문장으로 요약하고자 한다. 빈칸 (A), (B)에 들어갈 말로 가장 적절한 것은?

The evolutionary process works on the genetic variation that is available. It follows that natural selection is unlikely to lead to the evolution of perfect, 'maximally fit' individuals. Rather, organisms come to match their environments by being 'the fittest available' or 'the fittest yet': they are not 'the best imaginable'. Part of the lack of fit arises because the present properties of an organism have not all originated in an environment similar in every respect to the one in which it now lives. Over the course of its evolutionary history, an organism's remote ancestors may have evolved a set of characteristics — evolutionary 'baggage' — that subsequently constrain future evolution. For many millions of years, the evolution of vertebrates has been limited to what can be achieved by organisms with a vertebral column. Moreover, much of what we now see as precise matches between an organism and its environment may equally be seen as constraints: koala bears live successfully on *Eucalyptus* foliage, but, from another perspective, koala bears cannot live without *Eucalyptus* foliage.

* vertebrate: 척추동물

⬇

The survival characteristics that an organism currently carries may act as a(n) ___(A)___ to its adaptability when the organism finds itself coping with changes that arise in its ___(B)___.

	(A)		(B)
①	improvement	⋯⋯	diet
②	obstacle	⋯⋯	surroundings
③	advantage	⋯⋯	genes
④	regulator	⋯⋯	mechanisms
⑤	guide	⋯⋯	traits

다음 글의 내용을 한 문장으로 요약하고자 한다. 빈칸 (A), (B)에 들어갈 말로 가장 적절한 것은?

Research from the Harwood Institute for Public Innovation in the USA shows that people feel that 'materialism' somehow comes between them and the satisfaction of their social needs. A report entitled *Yearning for Balance*, based on a nationwide survey of Americans, concluded that they were 'deeply ambivalent about wealth and material gain'. A large majority of people wanted society to 'move away from greed and excess toward a way of life more centred on values, community, and family'. But they also felt that these priorities were not shared by most of their fellow Americans, who, they believed, had become 'increasingly atomized, selfish, and irresponsible'. As a result they often felt isolated. However, the report says, that when brought together in focus groups to discuss these issues, people were 'surprised and excited to find that others share[d] their views'. Rather than uniting us with others in a common cause, the unease we feel about the loss of social values and the way we are drawn into the pursuit of material gain is often experienced as if it were a purely private ambivalence which cuts us off from others.

* ambivalent: 양면 가치의

↓

Many Americans, believing that materialism keeps them from ____(A)____ social values, feel detached from most others, but this is actually a fairly ____(B)____ concern.

　　　　(A)　　　　　　　(B)
① pursuing　······　unnecessary
② pursuing　······　common
③ holding　······　personal
④ denying　······　ethical
⑤ denying　······　primary

다음 글의 내용을 한 문장으로 요약하고자 한다. 빈칸 (A), (B)에 들어갈 말로 가장 적절한 것은?

From a cross-cultral perspective the equation between public leadership and dominance is questionable. What does one mean by 'dominance'? Does it indicate coercion? Or control over 'the most valued'? 'Political' systems may be about both, either, or conceivably neither. The idea of 'control' would be a bothersome one for many peoples, as for instance among many native peoples of Amazonia where all members of a community are fond of their personal autonomy and notably allergic to any obvious expression of control or coercion. The conception of political power as a coercive force, while it may be a Western fixation, is not a universal. It is very unusual for an Amazonian leader to give an order. If many peoples do not view political power as a coercive force, nor as the most valued domain, then the leap from 'the political' to 'domination'(as coercion), and from there to 'domination of women', is a shaky one. As Marilyn Strathern has remarked, the notions of 'the political' and 'political personhood' are cultural obsessions of our own, a bias long reflected in anthropological constructs.

* coercion: 강제 ** autonomy: 자율
*** anthropological: 인류학의

↓

It is _____(A)_____ to understand political power in other cultures through our own notion of it because ideas of political power are not _____(B)_____ across cultures.

	(A)		(B)
①	rational	······	flexible
②	appropriate	······	commonplace
③	misguided	······	uniform
④	unreasonable	······	varied
⑤	effective	······	objective

다음 글의 내용을 한 문장으로 요약하고자 한다. 빈칸 (A), (B)에 들어갈 말로 가장 적절한 것은?

The computer has, to a considerable extent, solved the problem of acquiring, preserving, and retrieving information. Data can be stored in effectively unlimited quantities and in manageable form. The computer makes available a range of data unattainable in the age of books. It packages it effectively; style is no longer needed to make it accessible, nor is memorization. In dealing with a single decision separated from its context, the computer supplies tools unimaginable even a decade ago. But it also diminishes perspective. Because information is so accessible and communication instantaneous, there is a diminution of focus on its significance, or even on the definition of what is significant. This dynamic may encourage policymakers to wait for an issue to arise rather than anticipate it, and to regard moments of decision as a series of isolated events rather than part of a historical continuum. When this happens, manipulation of information replaces reflection as the principal policy tool.

* retrieve: (정보를) 추출하다 ** diminution: 감소

Although the computer is clearly ___(A)___ at handling information in a decontextualized way, it interferes with our making ___(B)___ judgments related to the broader context, as can be seen in policymaking processes.

(A) (B)

① competent ······ comprehensive
② dominant ······ biased
③ imperfect ······ informed
④ impressive ······ legal
⑤ inefficient ······ timely

다음 글의 내용을 한 문장으로 요약하고자 한다. 빈칸 (A), (B)에 들어갈 말로 가장 적절한 것은?

There is a tendency, once the dust of an emergency has settled down, to seek the reduction of famine vulnerability primarily in enhanced economic growth, or the revival of the rural economy, or the diversification of economic activities. The potential contribution of greater economic success, if it involves vulnerable groups, cannot be denied. At the same time, it is important to recognize that, no matter how fast they grow, countries where a large part of the population derive their livelihood from uncertain sources cannot hope to prevent famines without specialized entitlement protection mechanisms involving direct public intervention. Rapid growth of the economy in Botswana, or of the agricultural sector in Kenya, or of food production in Zimbabwe, explains at best only a small part of their success in preventing recurrent threats of famine. The real achievements of these countries lie in having provided direct public support to their populations in times of crisis.

* famine: 기아 ** vulnerability: 취약

Although economic growth can be somewhat ___(A)___ in diminishing a country's risk of famine, direct approaches to helping the affected people play a(n) ___(B)___ role in this process.

	(A)		(B)
①	productive	······	complicated
②	fruitful	······	critical
③	dominant	······	comprehensive
④	restrictive	······	appropriate
⑤	desirable	······	cost-effective

기출의 파급효과

영어 영역

영어(상)

해설

orbibooks

영어(상)
해설

빠른 정답

Chapter 1-1
절. 모. 평.

문항번호	정답	문항번호	정답	문항번호	정답	문항번호	정답	문항번호	정답
1	②	2	③	3	①	4	⑤	5	⑤
6	①	7	②	8	①	9	④	10	①
11	③	12	①	13	①	14	③	15	④
16	③	17	①	18	③	19	④	20	①
21	⑤	22	①	23	②	24	②	25	①
26	①								

Chapter 1-2
절. 모. 평.

문항번호	정답	문항번호	정답	문항번호	정답	문항번호	정답	문항번호	정답
1	②	2	⑤	3	①	4	⑤	5	①
6	①	7	⑤	8	④	9	①	10	②
11	④	12	①	13	③	14	⑤	15	②
16	①	17	②	18	④	19	②	20	①
21	①	22	①	23	③	24	①	25	②
26	⑤								

Chapter 2-1
절. 모. 평.

문항번호	정답	문항번호	정답	문항번호	정답	문항번호	정답	문항번호	정답
1	②	2	①	3	②	4	④	5	③
6	②	7	②	8	②	9	②	10	②
11	③	12	④	13	②	14	④	15	①
16	①	17	②	18	②	19	③	20	④
21	⑤	22	①	23	⑤	24	③	25	④
26	③	27	④	28	④	29	④	30	⑤
31	③								

절. 모. 평.

문항번호	정 답	문항번호	정 답	문항번호	정 답	문항번호	정 답	문항번호	정 답
1	①	2	①	3	②	4	②	5	②
6	②	7	②	8	⑤	9	②	10	⑤

Chapter 2-3

절. 모. 평.

문항번호	정 답	문항번호	정 답	문항번호	정 답	문항번호	정 답	문항번호	정 답
1	①	2	⑤	3	①	4	⑤	5	⑤
6	②	7	④	8	①	9	③	10	⑤
11	⑤								

Chapter 3-1

절. 모. 평.

문항번호	정 답	문항번호	정 답	문항번호	정 답	문항번호	정 답	문항번호	정 답
1	①	2	④	3	②	4	⑤	5	⑤
6	②	7	①	8	③	9	①	10	②
11	②	12	②	13	②				

Chapter 3-2

절. 모. 평.

문항번호	정 답	문항번호	정 답	문항번호	정 답	문항번호	정 답	문항번호	정 답
1	①	2	①	3	①	4	①	5	③
6	③	7	②	8	①	9	②	10	②
11	③	12	①	13	②				

Chapter
01

대의 파악

01 24학년도 9월 평가원 20번 (정답률 96%)

다음 글에서 필자가 주장하는 바로 가장 적절한 것은?

> Confident is not the same as comfortable. One of the biggest misconceptions about becoming self-confident is that it means living fearlessly. The key to building confidence is quite the opposite. It means we are willing to let fear be present as we do the things that matter to us. When we establish some self-confidence in something, it feels good. We want to stay there and hold on to it. **But** if we only go where we feel confident, then confidence never expands beyond that. **If we only do the things we know we can do well, fear of the new and unknown tends to grow.** Building confidence inevitably demands that we make friends with vulnerability **because** it is the only way to be without confidence for a while. **But** the only way confidence can grow is when we are willing to be without it. When we can step into fear and sit with the unknown, it is the courage of doing so that builds confidence from the ground up.
>
> * vulnerability: 취약성

해설 [**정답 : ②**]

Ⅰ번 문장에서 자신감 있는 상태는 편안함이 있는 상태와 같지 않다고 합니다. Ⅱ번 문장에서 '자신감 있는 상태'를 '두려움을 느끼지 않고 살아가는 것'과 같다고 생각하는 것은 오해라고 합니다. 여기서 편안함과 두려움 없이 살아가는 것을 같은 논리로 보고 자신감 있는 상태와 두려움은 공존한다는 것을 알아내야 합니다. 그 후 왜 자신감 있는 상태와 두려움이 공존해야 하는지에 대한 설명이 나오고 Ⅷ번 문장에서 역접의 'But'을 이용해 내용을 강조한 뒤 Ⅹ번 문장에서 우리가 알 수 없는 것에 직면할 때 그렇게 하는 것이 바로 자신감을 바닥부터 구축하는 것이라 명확하게 설명합니다.

Ⅰ. Confident / is not / the same as comfortable.

   구 'A is the same as B'는 'A는 B와 같다'라는 표현이라고 합니다.
     - 자신감 있는 (상태)는 편안한 (상태)와 같지 않다고 합니다.

Ⅱ. One (of the biggest misconceptions (about becoming self-confident)) / is (that it / means / living fearlessly).

   구 자신감 있게 되는 것에 대한 가장 큰 오해 중 하나는 자신감의 의미가 두려움 없이 산다고 같다고 보는 것이라고 합니다.

   독 Ⅰ번 문장에 대한 설명의 시작으로 Ⅰ번 문장과 연계하여 이해해야 합니다.

Ⅲ. The key (to building confidence) / is / quite the opposite.

   구 'opposite'에 정관사 'the'가 붙으면 '정반대의'라는 뜻이라고 합니다.
     - 자신감을 구축하는 핵심은 Ⅱ번 문장에서 언급한 것과 많이 정반대라고 합니다.

Ⅳ. It / means (that) we / (are willing to) / let / fear / be present as we / do / the things that / matter (to us).

   구 Ⅲ번 문장이 의미하는 바는 우리는 기꺼이 우리가 무언가를 할 때 두려움을 허용하는 것이고 이는 우리에게 중요하다고 합니다.

   독 Ⅲ번 문장의 'the opposite'에 대한 설명입니다.

Ⅴ. When we / establish / some self-confidence (in something), it / feels / good.

> 구▶ 우리가 무언가에 자신감을 가지게 되면, 기분이 좋다고 합니다.

> 독▶ Ⅳ번 문장에 대한 부연 설명이며 곧 나올 역접의 'but'에 대한 빌드업입니다.

Ⅵ. We / want / to stay there and hold on (to it).

> 구▶ 우리는 자신감을 가진 것에 머무르고 싶고, 그것을 계속 붙잡고 싶어 한다고 합니다.

> 독▶ Ⅴ번 문장에 대한 부연 설명이며 곧 나올 역접의 'but'에 대한 빌드업입니다.

Ⅶ. **But** if we / only / go / where we / feel / confident, then confidence / never / expands / (beyond that).

> 구▶ 그러나 만약 우리가 자신감을 가지고 있는 곳에만 간다면, 그러면 (우리의) 자신감은 그 이상으로 확장되지 못한다고 합니다.

> 독▶ '역접'의 논리로 Ⅴ, Ⅵ번 문장들에 대한 빌드업을 완성하며 필자의 주장을 완성합니다.

Ⅷ. If we / only / do / the things that (we / know) / we / can do / well, fear (of the new and unknown) / tends / to grow.

> 구▶ 만약 우리는 우리가 잘할 수 있다고 아는 것만 한다면, 새롭고 알려지지 않은 것에 대한 두려움은 커진다고 합니다.

Ⅸ. Building confidence inevitably / demands that we / make / friends (with vulnerability) **because** it / is / the only way (to be (without confidence) (for a while)).

> 구▶ 자신감을 구축하는 것은 불가피하게 우리가 (우리의) 취약성과 친구가 되기를 요구하는데, 왜냐하면 그것이 얼마간 자신감이 없이 지내게 하는 유일한 방법이라고 합니다.

Ⅹ. **But** the only way (how confidence / can grow) / is / (when we / are willing to / be / without it).

> 구▶ 그러나, 자신감이 자라날 수 있는 유일한 방식은 우리가 자신감이 없이 기꺼이 지낼 때입니다.

> 독▶ 'But'이 나왔기 때문에 'But' 이전의 내용을 중심으로 주제를 다른 범주로 전환해서 즉, 자신감을 구축하려면 취약성과 친구가 되어야 하고 이때 자신감이 없어진다는 내용에서 'But' 이후에 자신감이 없어야 자신감이 자라날 수 있다는 내용으로 전환해서 주제를 강화하고 있습니다.

Ⅹ. When we / can step (into fear) and sit (with the unknown), it is the courage (of doing so) that builds / confidence (from the ground up).

> 구▶ 'it is 강조어 that' 구문입니다. 해석은 '그것은 바로 강조어가 that 이하 하는 것이다.'라고 합니다.
> - 우리가 두려움 안으로 걸어 들어가고 알려지지 않은 것과 함께 있을 때, 그렇게 할 용기가 바로 우리의 자신감을 바닥부터 구축해준다고 합니다.

> 독▶ 이 글의 주제를 명확하게 제시하며 글을 마무리합니다.

다음 글에서 필자가 주장하는 바로 가장 적절한 것은?

> Truth is essential for progress and the development of knowledge, as it serves as the foundation upon which reliable and accurate understanding is built. **However**, one of the greatest threats to the accumulation of knowledge can now be found on social media platforms. As social media becomes a primary source of information for millions, its unregulated nature allows misinformation to spread rapidly. Social media users may unknowingly participate in creating and circulating misinformation, which can influence elections, cause violence, and create widespread panic, as seen in various global incidents. As creators and consumers, it is our responsibility to take on a greater role in the enhancement of fact-checking protocols in order to ensure accuracy. It is critical that participants safeguard the reliability of information, supporting a more informed and rational public community.

해설 [정답 : ③]

진실이 진보와 지식의 발전에 상당히 중요한 영향을 끼치는데, 요즘 소셜 미디어가 대중에게 보급되면서 잘못된 정보가 쉽게 퍼지고 있다고 합니다. 그래서 Ⅴ번 문장에서 정확성을 확보하기 위해 사실 확인을 하는 것이 중요하다고 하며, Ⅵ번 문장에서는 정보 참여자들은 정보의 신뢰성을 보호해야 한다고 합니다. 이를 통해 정답이 ③번 선지 '소셜 미디어 사용자는 정보의 정확성과 신뢰성 확보를 위해 힘써야 한다'임을 알 수 있습니다.

Ⅰ. Truth / is / essential (for progress and the development of knowledge), as it / serves as / the foundation (upon which reliable and accurate understanding / is built).

> 구▶ 진실은 진보와 지식의 발전에 필수적인데, 그것이 (= 진실이) 신뢰할 수 있고 정확한 이해가 만들어지는 토대의 역할을 하기 때문이라고 합니다.

> 독▶ 진실이 신뢰할 수 있고 정확한 이해를 만들기 때문에 진보와 지식의 발전에 필수적이라고 합니다.

Ⅱ. **However**, one of the greatest threats (to the accumulation of knowledge) / can now be found (on social media platforms).

> 구▶ 그러나 지식의 축적에 가장 큰 위협은 소셜 미디어 플랫폼에서 발견된다고 합니다.

> 독▶ 'However'가 제시되었으므로 앞 뒤 문장 중심 문장
> - 지식의 축적, 즉 지식의 발전에 가장 큰 위협은 소셜 미디어라고 합니다.

Ⅲ. As social media / becomes / a primary source of information (for millions), its unregulated nature /
allows / misinformation / to spread rapidly.

> 구▶ 'allow A to-V'는 'A가 V하는 것을 허락하다'를 의미합니다.

- 소셜 미디어가 수백만 명에게 주 정보원이 되면서, 그것의 (= 소셜 미디어의) 규제받지 않는 특성으로
인해 잘못된 정보가 빠르게 퍼지는 것을 허락한다고 합니다.

> 독▶ 소셜 미디어의 규제 받지 않는 특성으로 인해 잘못된 정보가 빠르게 퍼진다고 합니다. 즉 Ⅰ번
문장에서 진실이 진보와 지식의 발전에 필수적인 것과 반대로 현재는 잘못된 정보, 즉 거짓이
빠르게 퍼지게하는 소셜미디어로 인해 지식의 축적에 큰 위협을 끼치고 있다고 합니다.

* un (부정) + regulated (규제된) = unregulated - 규제되지 않는, 규제받지 않는

Ⅳ. Social media users / may unknowingly participate in / creating and circulating misinformation,
(which can influence / elections, cause / violence, and create / widespread panic), (as seen in
various global incidents).

> 구▶ 소셜 미디어 사용자는 모르게 잘못된 정보를 만들고 퍼뜨리는 것에 참여할 수 있는데, 이는 다양한 세
계적 사건에서 보이듯이, 선거에 영향을 끼칠 수 있고, 폭력을 야기할 수 있으며, 광범위한 패닉을 만들
수 있다고 합니다.

> 독▶ 소셜 미디어 사용자들은 자신도 모르게 잘못된 정보들을 퍼뜨리고 만들어 내며, 그 잘못된 정보가
선거에 영향을 주고 폭력을 야기하는 등 부정적인 결과를 낳는다고 합니다.

Ⅴ. (As creators and consumers), it is / our responsibility / to take on a greater role (in the
enhancement of fact-checking protocols in order to ensure accuracy).

> 구▶ 'it is 명사 to-V'는 가주어/진주어를 나타냅니다.

- 제작자이자 소비자로서, 정확성을 확보하기 위해 사실 확인 프로토콜을 향상하는 것에 더 큰 역할을
맡는 것이 우리의 책임이라고 합니다.

> 독▶ 정보의 제작자이자 소비자로서, 사실 확인을 통해 정보가 사실인지 아닌지 판단하는 것을 우리의
책임이라고 합니다.

Ⅵ. It is critical that participants / safeguard / the reliability of information, (supporting a more
informed and rational public community).

> 구▶ 'it is 형용사 that'은 가주어/진주어를 나타냅니다.

- 참여자들이 더 알리고 합리적인 대중 커뮤니티를 지원하면서 정보의 신뢰성을 보호하는 것이
중요하다고 합니다.

> 독▶ Ⅴ번 문장에서 사실 확인 등을 통해 정보의 신뢰성을 보호하는 것이 더 합리적인 대중 커뮤니티를
만들 수 있다고 합니다.

다음 글에서 필자가 주장하는 바로 가장 적절한 것은?

Becoming competent in another culture means looking beyond behavior to see if we can understand the attitudes, beliefs, and values that motivate what we observe. By looking only at the visible aspects of culture — customs, clothing, food, and language — we develop a short-sighted view of intercultural understanding — just the tip of the iceberg, really. If we are to be successful in our business interactions with people who have different values and beliefs about how the world is ordered, then we **must** go below the surface of what it means to understand culture and attempt to see what Edward Hall calls the "hidden dimensions." Those hidden aspects are the very foundation of culture and are **the reason** why culture is actually more than meets the eye. We tend not to notice those cultural norms until they violate what we consider to be common sense, good judgment, or the nature of things.

해설 [정답 : ①]

'must'로 필자의 주장이 직접적으로 언급되는 Ⅲ번 문장에서는 'must go below the surface of what it means to understand culture', 문화를 이해한다는 것의 그 이면을 들여다 볼 수 있어야 한다고 했습니다. 이것은 문화의 눈에 보이는 점들뿐만이 아닌, 그 내면의 숨겨진 점들을 알아봐야 한다는 것을 의미하므로 정답은 ①번이 됩니다.

Ⅰ. Becoming competent / (in another culture) means / looking beyond behavior / to see if we / can understand / the attitudes, beliefs, and values (that motivate / what we / observe).

> **구** 'if'가 목적절로 사용될 경우 '~인지 아닌지'로 해석하시면 됩니다.
> - 타 문화에 유능해진다는 것은 우리가 관찰하는 것의 이유가 되는 태도, 신념, 가치를 이해할 수 있는지 알아보기 위해 행동 그 이상의 것을 살펴보는 것을 의미한다고 합니다.

> **독** 문화를 이해하기 위해선 행동 이상의 것을 파악해야 한다는 것을 의미합니다.

Ⅱ. By looking only (at the visible aspects of culture) — customs, clothing, food, and language — we / develop / a short-sighted view (of intercultural understanding) — just the tip (of the iceberg), really.

> **구** 'By V-ing'는 'V 함으로써'를 의미합니다.
> - 문화의 눈에 보이는 면, — 관습, 의복, 음식, 언어만을 — 봄으로써, 우리는 타문화 이해에 있어 정말로 빙산의 일각에 불과한 근시안적 시각을 키운다고 합니다.

> **독** 문화의 겉모습만을 보고 이해하려는 것에 대한 부정적 의견이 언급되고 있으며, Ⅰ번 문장의 'looking beyond behavior'과 반대되는 내용임을 알 수 있습니다.

Ⅲ. If we / are / to be successful (in our business interactions) (with people / who have / different values and beliefs (about how the world / is ordered)), then we / **must** go below the surface (of what it / means / to understand / culture) and / attempt / to see what Edward Hall / calls / the "hidden dimensions."

> 구▶ 'It + means + to 부정사'는 가주어/진주어입니다.
> - 세상에 어떻게 질서가 세워지는 지에 대한 다른 가치와 신념을 가진 사람들과의 사업상의 교류에서 성공하고자 한다면, 문화를 이해한다는 것이 의미하는 것보다 그 이면의 것을 들여다볼 수 있어야 하고 Edward Hall이 '숨겨진 차원'이라고 부른 것을 보려고 시도해야 한다고 합니다.

> 독▶ 'must'가 제시되었으므로 중심 문장.
> - 문장의 'below the surface', 'hidden dimensions'는 모두 문화 이면의 숨겨진 측면들을 살펴봐야 하는 것을 의미하며, 필자의 주장이 됩니다.

Ⅳ. Those hidden aspects / are / the very foundation (of culture) and / are / **the reason** / why culture / is actually more than meets the eye.

> 구▶ 그런 숨겨진 측면이 바로 문화의 근간이며 문화가 실제로는 눈에 보이는 것 이상인 이유라고 합니다.

> 독▶ 'reason'이 제시되었으므로 중심 문장
> - 'hidden aspects'는 Ⅲ번 문장의 'go below the surface'의 반복이며, 그 중요성이 반복되고 있습니다.

Ⅴ. We / tend not to notice / those cultural norms (until they / violate / what / we / consider to be / common sense, good judgment, or the nature (of things)).

> 구▶ 우리는 그런 문화적 규범들이 우리가 상식, 올바른 판단 또는 사물의 본질이라고 여기는 것을 어기고 나서야 비로소 그것들을 알아차리는 경향이 있다고 합니다.

다음 글의 요지로 가장 적절한 것은?

Historically, drafters of tax legislation are attentive to questions of economics and history, and less attentive to moral questions. Questions of morality are often pushed to the side in legislative debate, labeled too controversial, too difficult to answer, or, worst of all, irrelevant to the project. **But**, in fact, the moral questions of taxation are at the very heart of the creation of tax laws. Rather than irrelevant, moral questions are fundamental to the imposition of tax. Tax is the application of a society's theories of distributive justice. Economics can go a long way towards helping a legislature determine whether or not a particular tax law will help achieve a particular goal, **but** economics cannot, in a vacuum, identify the goal. Creating tax policy requires identifying a moral goal, which is a task that **must** involve ethics and moral analysis.

* legislation: 입법 ** imposition: 부과

해설 [정답 : ⑤]

지문의 요지는 직접적으로 언급됩니다. I번 문장에서는 'less attentive to moral questions', 조세 입법 입안자들은 도덕적 질문에는 주의를 덜 기울인다고 했지만, 이것은 III번 문장에서 'moral questions of taxation are at the very heart of the creation of tax laws', 도덕적 문제는 세법을 만드는 핵심에 있다는 내용으로 역접의 접속사 But을 통해 전환됩니다. 이후 IV번 문장의 'moral questions are fundamental to the imposition of tax' VII번 문장의 'Creating tax policy requires identifying a moral goal' 내용들을 통해 반복되고 있음을 알 수 있습니다. 그러므로 글의 요지는 세법을 만들 때 도덕적 목표를 설정하는 것이 중요하다는 것이며, 정답은 ⑤번이 됩니다.

①번 선지 : 분배 정의를 실현하려면 시민 단체의 역할이 필요하다
  - 분배 정의 이론이 언급되기는 하지만, 이것을 시민 단체와 연결시키는 내용은 등장하지 않았습니다.
②번 선지 : 사회적 합의는 민주적인 정책 수립의 선행 조건이다.
  - 글의 핵심 주제인 세법과 도덕성이 모두 언급되지 않았습니다.
③번 선지 : 성실한 납세는 안정적인 정부 예산 확보의 기반이 된다.
  - 납세와 관련된 지문이 아닙니다.
④번 선지 : 경제학은 세법을 개정할 때 이론적 근거를 제공한다.
  - 글의 핵심 내용은 경제학이 아닌, 도덕성이 세법 개정에 중요하다는 내용의 지문입니다.
⑤번 선지 : 세법을 만들 때 도덕적 목표를 설정하는 것이 중요하다.
  - 정답 선지입니다.

Ⅰ. Historically, drafters (of tax legislation) / are / attentive (to questions (of economics and history)), and less attentive (to moral questions).

* legislation: 입법

구▶ 역사적으로, 조세 입법 입안자들은 경제학과 역사 문제에 주의를 기울이고 도덕적 질문에는 주의를 덜 기울인다고 합니다.

Ⅱ. Questions (of morality) / are often pushed / (to the side / in legislative debate), labeled / too controversial, too difficult / to answer, or, worst of all, irrelevant (to the project).

구▶ 'too 형용사 to-V'는 '너무 형용사해서 V할 수 없다'로 해석하시면 됩니다.
  - 도덕성에 관한 질문은 종종 입법 토론에서 옆으로 밀려나고, 답변하기에 너무 논란이 많고 어렵거나, 또는 최악의 경우 계획과 무관한 것으로 분류된다고 합니다.

독▶ Ⅰ번 문장의 도덕적 질문에 주의를 기울이지 않는다는 내용의 반복입니다.

Ⅲ. **But**, in fact, the moral questions (of taxation) / are / at the very heart (of the creation (of tax laws)).

구▶ 하지만, 사실, 조세의 도덕적 문제는 세법을 만드는 핵심에 있다고 합니다.

독▶ 'But'이 제시되었으니 앞 뒷 문장 중심 문장
  - Ⅰ, Ⅱ번 문장의 내용이 전환됩니다.

Ⅳ. Rather than irrelevant, moral questions / are / fundamental (to the imposition (of tax)).

** imposition: 부과

구▶ 무관한 것이 아니라, 도덕적 질문은 세금 부과에 근본적이라고 합니다.

독▶ Ⅲ번 문장의 재진술입니다.

Ⅴ. Tax / is / the application (of a society's theories (of distributive justice)).

구▶ 세금은 사회의 분배 정의 이론을 적용한 것이라고 합니다.

독▶ 'distributive justice', 세금이 분배 정의 이론은 도덕적 질문과 관련이 있다는 것을 의미합니다.

VI. Economics / can go / a long way (towards helping / a legislature determine (whether or not a particular tax law / will help / achieve a particular goal)), but economics / cannot, (in a vacuum), identify / the goal.

> 구 'whether or not'는 '~일지 아닐지'를 의미합니다.
> - 경제학은 입법부가 특정 세법이 특정 목표를 달성하는데 도움이 될지를 결정하는 것에 큰 도움이 될 수 있지만, 경제학만으로는 목표를 규명할 수 없다고 합니다.

> 독 'but'이 제시되었으니 중심 문장
> - 경제학은 도덕과 대조되며, 경제학에 대한 부정적 사례를 통해 도덕적 질문에 대한 중요성을 강조하고 있습니다.

VII. Creating tax policy / requires / identifying / a moral goal, which / is / a task / that **must** involve ethics and moral analysis.

> 구 ', which'가 제시된 경우 계속적 용법으로 사용될 수 있습니다.
> 계속적 용법은 '그것은 ~하다'로 해석하시면 됩니다.
> - 조세 정책을 만드는 것은 도덕적 목표를 규명하는 것을 요구하는데, 그것은 윤리학과 도덕적 분석을 수반해야 하는 과업이라고 합니다.

> 독 'must'가 제시되었으니 중심 문장
> - 조세 정책의 도덕적 분석이 중요하다는 필자의 주장이 언급되고 있습니다.

다음 글의 요지로 가장 적절한 것은?

Music is a human art form, an inseparable part of the human experience everywhere in the world. Music is social, and tightly woven into the tapestry of life, and young children are very much a part of this multifaceted fabric. The musical experiences they have provide opportunities for them to know language, behaviors, customs, traditions, beliefs, values, stories, and other cultural nuances. As they become musically skilled through experiences in song and instrumental music, young children can also grow cultural knowledge and sensitivity. Music is an extremely important aspect of culture, shaping and transmitting the above-mentioned aspects that characterize groups of people. Exposing young children to the world's musical cultures **brings** them into the cultural conversation, allowing them to learn about self and others in an artistically meaningful and engaging way. Prior to the development of social biases and cultural preferences that all too easily turn into prejudices, the opportunity to know people through song, dance, and instrument play is a gift to all who work for the well-balanced development of young children into the responsible citizens they will one day become.

* tapestry: 색색의 실로 수놓은 장식 걸개   ** multifaceted: 다면의

해설 [**정답 : ⑤**]

음악이 어린 아이들에게 끼치는 영향을 처음부터 끝까지 제시하고 있는 지문입니다. ③번 선지에서는 어린 나이에 다양한 음악에 노출되면 예술적 감각이 향상된다. 는 '다양한' 음악에 어린 아이들이 노출되어야 한다는 내용이 지문에서 언급되어 있지 않기 때문에 오답이 됩니다. 정답은 마지막 문장을 그대로 제시하고 있는 ⑤번이 됩니다.

Ⅰ. Music / is / a human art form, an inseparable part (of the human experience) (everywhere in the world).

구 음악은 인류 예술 형식이자 세계 어디에서도 인간의 경험의 분리할 수 없는 일부분이라고 합니다.

Ⅱ. Music / is / social, and (social과 woven을 연결) tightly woven (into the tapestry of life), and / young children / are / very much a part (of this multifaceted fabric).

* tapestry: 색색의 실로 수놓은 장식 걸개   ** multifaceted: 다면의

구 음악은 사회적이고 삶의 장식 걸개로 촘촘히 짜여있으며 어린 아이들은 그 다면의 작물의 중요한 부분을 이룬다고 합니다.

독 비유적인 표현이 나왔다고 당황하지 말고 앞 문장과 연결해 봅시다.
 - 삶의 장식 걸개로 촘촘히 짜여 있다는 것은 Ⅰ번 문장에서 인간의 경험과 분리할 수 없다는 부분과 대응됩니다.

* weave - wove - woven - 짜다, 엮어서 만들다
** fabric - 작물(천, 면화 같은 것)

Ⅲ. The musical experiences (they have) / provide opportunities / for them / to know /

language, behaviors, customs, traditions, beliefs, values, stories, and other cultural nuances.

> 구 to-V 앞 for N(명사)는 의미상의 주어입니다!
> - 그들이 가지는 음악적 경험들은 그들이 언어, 행동들, 관습들, 전통들, 신념들, 가치들, 이야기들, 그리고 다른 문화적 억양을 아는 기회를 제공한다고 합니다.

> 독 음악이 아이들에게 끼치는 영향을 제시하고 있습니다!

Ⅳ. As they / become / musically skilled (through experiences in song and instrumental music),

/ young children / can also grow / cultural knowledge and sensitivity.

> 구 여기서 'they' 역시 'young children'을 지칭합니다.
> - 그들이 노래와 악기 음악에서의 경험을 통해서 음악적으로 능숙하게 될 때 어린 학생들은 또한 문화적 지식과 감수성이 증가할 수 있게 된다고 합니다.

> 독 Ⅲ번 문장에서 음악이 아이들에게 끼치는 영향에 이어서 Ⅳ번 문장에서는 영향 (2)를 제시하고 있습니다.

Ⅴ. Music is / an extremely important aspect of culture, (shaping and transmitting / the

above-mentioned aspects (that characterize groups of people).

> 구 'above'는 '위에' 'mentioned'는 '언급된'이라는 뜻을 가집니다. 합치면 '위에서 언급된'
> - 음악은 사람의 그룹들을 특징짓는 위에서 언급된 측면들을 형성하고 전달하는 문화의 극도로 중요한 측면이라고 합니다.

Ⅵ. Exposing young children (to the world's musical cultures) / brings / them (into the cultural

conversation), (allowing / them / to learn (about self and others) (in an artistically meaningful and

engaging way).

> 구 bring - ~을 가져오다, 야기하다 (야기하다는 bring about으로 주로 쓰임)
> - allow A to-V - A가 to-V하는 것을 허락하다.
> - 세계의 음악적 문화들에 어린 아이들이 노출되는 것은 그들에게 예술가적으로 의미 있고 참여하는 방식으로 자신과 다른 사람에 대해 배우는 것을 허락하는 문화적 의사소통을 가져온다고 합니다.

> 독 'bring'을 통해서 음악적 문화
> ⇒ 어린 아이들이 문화적 의사소통을 하는 것이라는 인과관계를 알 수 있습니다. 그러므로 중심 문장!!

VII. Prior to / the development of social biases and cultural preferences (that all too easily turn into prejudices), / the opportunity (to know / people) (through song, dance, and instrument play) / is / a gift to all (who work for / the well-balanced development (of young children) (into the responsible citizens) (they / will / (one day) become).

구▶ 'Prior to'는 '~이전에'라는 전치사입니다.
- 'one day'가 N(명사)로 사용되면 '하루' 부사로 사용되면 '어느 날, 언젠가'로 뜻이 됩니다.
- 너무 쉽게 편견으로 변하는 사회적 편향과 문화적 선호의 발전 이전에 노래, 춤, 악기 연주를 통해서 사람들을 알 수 있는 기회는 어린 아이들의 언젠가 책임감 있는 시민들이 되는 균형 잡힌 발전을 위한 모두에게 선물이 될 것이라고 합니다.

독▶ 음악 ⇒ 어린 아이들에게 균현 잡힌 발전을 제시함으로써 Ⅲ번, Ⅳ번 문장을 재진술하고 있습니다.

(정답률 90%)

다음 글의 요지로 가장 적절한 것은?

Environmental hazards include biological, physical, and chemical ones, along with the human behaviors that promote or allow exposure. Some environmental contaminants are difficult to avoid (the breathing of polluted air, the drinking of chemically contaminated public drinking water, noise in open public spaces); in these circumstances, exposure is largely involuntary. Reduction or elimination of these factors may **require** societal action, such as public awareness and public health measures. In many countries, the fact that some environmental hazards are difficult to avoid at the individual level is felt to be more morally egregious than those hazards that can be avoided. Having no choice **but** to drink water contaminated with very high levels of arsenic, or being forced to passively breathe in tobacco smoke in restaurants, outrages people more than the personal choice of whether an individual smokes tobacco. These factors are important when one considers how change (risk reduction) happens.

* contaminate: 오염시키다 ** egregious: 매우 나쁜

해설 [정답 : ①]

피할 수 없는 위험은 사람들에게 피할 수 있는 위험보다 더욱 도덕적으로 매우 나쁘다고 느껴지고 이를 해결하기 위해서 Ⅲ번 문장에서 사회적 행동이 필요하다고 합니다. 그러므로 정답은 ①번 선지 '개인이 피하기 어려운 유해 환경 요인에 대해서는 사회적 대응이 필요하다.'가 됩니다.

Ⅰ. Environmental hazards / include / biological, physical, and chemical ones, (along with the human behaviors (that promote or allow / exposure)).

구 'along with'는 '~와 함께'를 의미합니다.
- 환경적 위험들은 노출을 증가시키거나 허락하는 인간의 행동들과 함께 생물학적, 물리적, 화학적 위험을 포함한다고 합니다.

독 환경적 위험에는 무엇이 있는 지 소개하고 있습니다.

Ⅱ. Some environmental contaminants / are / difficult / to avoid (the breathing of polluted air, the drinking of chemically contaminated public drinking water, noise in open public spaces); (in these circumstances), exposure / is (largely) / involuntary.

* contaminate: 오염시키다

구 'be difficult to-V'는 'V하기 어렵다'를 의미합니다.
- 몇몇 환경적 오염물질은 피하기 어렵다. (오염된 공기의 호흡, 화학적으로 오염된 식수를 마시는 것, 개방된 공공장소에서의 소음처럼) 그러한 상황에서, 노출은 대개 비자발적이라고 합니다.

독 비자발적으로 오염물질에 노출되는 상황을 제시하고 있습니다.

Ⅲ. Reduction or elimination (of these factors) / may **require** / societal action, (such as public awareness and public health measures).

> 구▶ 그러한 요인들의 (= 오염물질들의) 감소 혹은 제거는 공공의 인식과 공중 보건 조치와 같은 사회적인 행동을 요구한다고 합니다.

> 독▶ 'require'을 통해서 해결책을 제시하므로 중심 문장
> - 오염물질에 대한 해결책으로 사회적 행동을 제시하고 있습니다.

Ⅳ. In many countries, the fact (that some environmental hazards / are difficult to avoid (at the individual level)) / is felt to be / more morally egregious / than those hazards (that / can be avoided).

** egregious: 매우 나쁜

> 구▶ 'be difficult to-V'는 'V하기 어렵다'를 의미합니다.
> - 많은 국가들에서, 몇몇 환경적 위험들이 개인적인 수준에서 피하기 어렵다는 사실은 피할 수 있는 위험들보다 더 도덕적으로 매우 나쁘게 느껴진다고 합니다.

> 독▶ 비자발적인 노출이 발생하는 피할 수 없는 환경적 위험에 대한 심각성을 제시하고 있습니다.

Ⅴ. Having no choice (**but** to drink / water (contaminated with very high levels of arsenic), or being forced to passively breathe / (in tobacco smoke in restaurants)), outrages / people (more than the personal choice of whether an individual / smokes / tobacco).

> 구▶ 'Having no choice but to-V'는 'V하는 것을 제외하고 선택할 것이 없다', 즉 'V만 할 수 있을 뿐이다'를 의미합니다.
> - 높은 수준의 비소로 오염된 물을 마시고, 식당에서 담배 연기를 수동적으로 들이마시도록 강요당하는 것을 제외하고 선택할 것이 없다는 것은 개인들이 담배를 피울지 말지 선택하는 것보다 사람들을 더욱 화나게 한다고 합니다.

> 독▶ 'but'이 제시되었으니 중심 문장.
> - 자발적으로 선택할 수 있는 개인들이 담배를 피울지 말지를 선택하는 것보다 비자발적으로 선택을 강요당하는 상황들이 사람들을 더욱 화나게 한다고 합니다. 즉, Ⅳ번 문장에서 제시된 개인적인 수준에서 피하기 어려운 환경적 위험들이 피할 수 있는 위험들보다 더욱 나쁘게 느껴지는 것을 구체화하여 설명하고 있습니다.

* arsenic - 비소

Ⅵ. These factors / are / important / when one / considers / how change (risk reduction) / happens.

> 구▶ 'how + S + V'는 '어떻게 S가 V하는지'로 해석하시면 됩니다.
> - 그러한 요인들은 (= 피할 수 없는 위험들은) 우리가 어떻게 (위험을 감소하는) 변화가 발생할지 고려할 때 중요하다고 합니다.

07 25학년도 수능 22번

(정답률 90%)

다음 글의 요지로 가장 적절한 것은?

The ability to understand emotions — to have a diverse emotion vocabulary and to understand the causes and consequences of emotion — is particularly relevant in group settings. Individuals who are skilled in this domain are able to express emotions, feelings, and moods accurately and **thus**, may facilitate clear communication between co-workers. Furthermore, they may be more likely to act in ways that accommodate their own needs as well as the needs of others (i.e., cooperate). In a group conflict situation, **for example**, a member with a strong ability to understand emotion will be able to express how he feels about the problem and why he feels this way. He also **should** be able to take the perspective of the other group members and understand why they are reacting in a certain manner. Appreciation of differences creates an arena for open communication and promotes constructive conflict resolution and improved group functioning.

해설 [정답 : ②]

감정을 잘 이해하는 것에 대한 장점이 제시된 지문입니다. 감정을 잘 이해하면 감정에 대한 표현이 가능해지고 이를 통해 동료들과 분명한 의사소통을 하게 되며 자신의 필요뿐만 아니라 다른 사람의 필요를 통해 타인을 이해하게 된다는 지문입니다.

①번 선지 : 집단 구성원 간 갈등 해소를 위해 감정 조절이 중요하다.
- 집단 구성원 간 갈등에 대해서는 제시되었으나 이를 위해 감정 조절이 필요하다는 내용은 제시되지 않았습니다.

②번 선지 : 감정 이해 능력은 집단 내 원활한 소통과 협력을 촉진한다.

- 정답 선지에 해당합니다.

③번 선지 : 타인에 대한 공감 능력은 자신의 감정 표현 능력을 향상한다.

- 타인에 대한 감정을 잘 이해하는 것이, 타인에 대한 공감 능력으로 해석될 수 있으니, 이를 통해서 자신의 감정 표현 능력이 향상된다는 내용은 제시되지 않았습니다.

④번 선지 : 감정 관련 어휘에 대한 지식은 공감 능력 발달의 기반이 된다.

- 감정 관련 어휘에 대해서는 제시되었으니 어휘가 중요한 것이 아닌 감정을 표현하는 것이 중요하다고 하므로 일부 내용에 해당합니다.

⑤번 선지 : 자신의 감정 상태에 대한 이해는 사회성 함양에 필수적 요소이다.

- 사회성 함양에 필수적이라는 내용은 지문에서 제시되지 않았습니다.

Ⅰ. The ability (to understand / emotions) — (to have / a diverse emotion vocabulary and to understand / the causes and consequences of emotion) — / is / particularly relevant (in group settings).

구 감정을 이해하는 능력, 즉 다양한 감정 어휘를 가지고 감정의 원인과 결과를 이해하는 것은 집단 환경에서 중요하다고 합니다.

독 감정을 이해하는 능력이 중요하다고 합니다.

Ⅱ. Individuals (who are skilled in this domain) / are able to express / emotions, feelings, and moods accurately and **thus**, may facilitate / clear communication (between co-workers).

구 이 분야에 (= 감정을 이해하는 것에) 능숙한 개인들은 감정, 느낌, 그리고 기분을 정확하게 표현할 수 있고, 따라서 동료들 간의 명확한 의사소통을 촉진할 수 있다고 합니다.

독 'thus'가 제시되어 인과관계를 나타내므로 중심 문장
  - 감정을 이해하는 능력이 있는 사람들이 감정을 잘 표현하고 동료들과 명확한 의사소통을 할 수 있다고 합니다.

Ⅲ. Furthermore, they / may be more likely to act (in ways that accommodate / their own needs as well as the needs of others) (i.e., cooperate).

구 'B as well as A'는 'A뿐만 아니라 B도'를 의미합니다.
  - 게다가, 그들은 (= 감정을 잘 이해하는 사람들은) 자신의 필요뿐만 아니라 타인의 필요도 수용하는 방식으로 행동할 가능성이 더 높을 수 있다고 합니다.

독 감정을 잘 이해하는 사람들은 자신의 필요뿐만 아니라 타인이 원하는 것도 잘 수용한다고 합니다.

Ⅳ. In a group conflict situation, **for example,** a member (with a strong ability to understand emotion) / will be able to express / how he feels about the problem and why he feels this way.

구 예를 들어, 집단 갈등 상황에서 감정을 이해하는 강력한 능력이 있는 사람은 어떻게 그가 (= 감정을 잘 이해하는 사람이) 그 문제에 대해서 느꼈는지와 왜 그렇게 느끼는지를 표현할 수 있을 것이다.

독 'for example'이 제시되었으므로 앞 문장인 Ⅲ번 문장 중심 문장
  - 감정을 잘 이해하는 사람들은 본인이 문제에 대해 어떻게 느끼는지와 왜 그 감정을 느끼는지를 잘 표현한다고 합니다. 이는 Ⅱ번 문장에서 감정을 잘 이해하는 사람들이 감정을 잘 표현하는 것에 대한 예시에 해당합니다.

Ⅴ He also / **should** be able to take / the perspective (of the other group members) and understand /
why they are reacting (in a ccrtain manner).

구▶ 또한 그는 (= 감정을 잘 이해하는 사람은) 다른 집단 구성원들의 관점을 가지게 되고 왜 그들이 (=
다른 집단 구성원들이) 특정한 방식으로 행동하는지를 이해할 수 있게 된다고 합니다.

독▶ 'should'가 제시되었으므로 중심 문장
　- 감정을 잘 이해하는 사람이 다른 사람들이 왜 그러한 방식으로 행동하는지를 잘 이해한다는 내용으로
　이는 Ⅲ번 문장의 감정을 잘 이해하는 사람들이 타인이 원하는 것도 잘 수용하는 것에 대한 예시에
　해당합니다.

Ⅵ. Appreciation of differences / creates / an arena (for open communication) and promotes /
constructive conflict resolution and improved group functioning.

구▶ 다름에 대한 이해는 열린 의사소통을 위한 장을 만들고 건설적인 갈등 해결과 집단 기능의 향상을
촉진한다고 합니다.

독▶ 다름에 대한 이해 즉, 감정을 잘 이해하는 것에 대한 장점이 제시되고 있습니다.

08 22학년도 6월 평가원 20번   (정답률 88%)

다음 글에서 필자가 주장하는 바로 가장 적절한 것은?

> New ideas, such as those inspired by scientific developments, are often aired and critiqued in our popular culture as part of a healthy process of public debate, and scientists sometimes deserve the criticism they get. **But** the popularization of science would be greatly enhanced by improving the widespread images of the scientist. Part of the problem may be that the majority of the people who are most likely to write novels, plays, and film scripts were educated in the humanities, not in the sciences. Furthermore, the few scientists-turned-writers have used their scientific training as the source material for thrillers that further damage the image of science and scientists. We **need** more screenplays and novels that present scientists in a positive light. In our contemporary world, television and film are particularly influential media, and it is likely that the introduction of more scientist-heroes would help to make science more attractive.

해설 [정답 : ①]

중심 문장을 잘 파악했을 경우 쉽게 정답을 고를 문제입니다. V번 문장에서 우리는 과학자의 긍정적인 측면을 보여주는 더 많은 영화와 소설이 필요하다고 합니다. 이 부분이 정답입니다.

* ②번 선지 : 작가로 전업한 과학자는 전공 지식을 작품에 사실적으로 반영해야 한다.
- 함정 선지입니다. 작가로 전업한 과학자들이 과학 교육을 스릴러의 원천으로 사용함으로써 과학과 과학자들의 이미지를 손상시키는 것은 제시되었으나, 이러한 이미지의 손상은 과학의 사실적인 반영에 기여한다는 내용은 제시되지 않았습니다. 그러므로 언급되지 않은 선지에 해당합니다.

** ④번 선지 : 과학의 저변 확대를 위해 영화 주인공으로 과학자가 등장해야 한다.
- 역시 함정 선지입니다. 지문 마지막 문장에서 더 많은 과학자 영웅이 등장하는 것이 과학을 매력있게 만든다고 합니다. 하지만 이는 과학의 대중화, 즉, 과학을 대중에게 친숙하게 만들기 위해서이지 저변 확대, 즉 과학의 환경을 개선한다는 내용이 아닙니다. 그러므로 언급되지 않은 선지에 해당합니다.

Ⅰ. New ideas, (such as those (inspired by scientific developments)), / are often aired and critiqued (in our popular culture) (as part of a healthy process of public debate), / and scientists / sometimes deserve / the criticism (they / get).

> **구** 'air'은 '공기'로 동사로 사용될 경우 '공기하다' ⇒ '방송되다'로 해석됩니다.
- 과학 발전에 영감을 받는 아이디어들과 같은 새로운 아이디어들은 종종 건강한 공개 토론 과정의 일부로 우리의 대중 문화에서 방송하고 비판되는데, 과학자들은 때때로 그들이 (= 과학자들이) 비판받는 것이 마땅하다고 합니다.

* critique - 비판하다
** deserve - ~할 만한 가치가 있다, ~하는 것이 마땅하다

Ⅱ. **But** the popularization (of science) / would be greatly enhanced (by improving / the widespread images of the scientist).

> 구▶ 'by + V-ing'는 'V함으로써'를 의미합니다.
> - 그러나 과학의 대중화는 널리 퍼진 과학자의 이미지를 개선함으로써 향상될 것이라고 합니다.

> 독▶ 'But'이 제시되었으므로 앞 뒷 문장 중심 문장
> - 과학자들이 대중에 의해서 비판 받아 마땅하기도 하지만 과학의 대중화는 과학자들의 이미지를 개선함으로써 향상된다고 합니다.

Ⅲ. Part of the problem / may be / that the majority of the people (who / are / most likely to write / novels, plays, and film scripts) / were educated (in the humanities), (not in the sciences).

> 구▶ 문제는 소설, 연극, 그리고 영화 대본을 쓸 가능성이 있는 대다수의 사람들은 과학이 아닌 인문학에서 교육을 받았다고 합니다.

> 독▶ 문제는 과학을 배우지 않고 인문학을 배운 사람이 있다는 것이라고 합니다.

Ⅳ. Furthermore, the few scientists-turned-writers / have used / their scientific training (as the source material for thrillers (that further damage / the image of science and scientists).

> 구▶ 게다가, 과학자에서 작가로 전업한 몇몇 작가들은 그들의 과학 교육을 과학과 과학자들의 이미지를 더욱 손상시키는 스릴러의 자료로써 사용해왔다고 합니다.

> 독▶ 또한 작가를 전업한 과학자들이 과학 교육을 스릴러에 적용함으로써 과학과 과학자들의 이미지를 손상시켰다고 합니다.

Ⅴ. We / **need** / more screenplays and novels (that present / scientists (in a positive light)).

> 구▶ 우리는 과학자의 긍정적인 부분을 보여주는 더 많은 영화와 소설이 필요하다고 합니다.

> 독▶ Ⅱ번 문장에 따르면 과학의 대중화를 위해서는 과학자의 이미지 개선이 필요하므로 우리는 과학자의 긍정적인 부분을 보여주는 영화와 소설이 필요하다고 합니다.

Ⅵ. (In our contemporary world), television and film / are particularly / influential media, / and it / is likely / that the introduction of more scientist-heroes / would help / to make / science / more attractive.

> 구▶ 'it'이 지칭하는 대상이 없으므로 가주어/진주어입니다.
> - 'make + O + O.C'는 'O를 O.C하게 만들다'를 의미합니다.
> - 현재 세계에서 텔레비전과 영화는 특히 영향력있는 매체이고, 더 많은 과학자 영웅들의 도입은 과학을 더 매력적으로 만드는 것에 도움을 준다고 합니다.

* It is likely that S + V - 'S가 V할 가능성이 높다'로 암기 하시는 것을 추천 드립니다.

다음 글의 요지로 가장 적절한 것은?

Contractors that will construct a project may place more weight on the planning process. Proper planning forces detailed thinking about the project. It allows the project manager (or team) to "build the project in his or her head." The project manager (or team) can consider different methodologies **thereby** deciding what works best or what does not work at all. This detailed thinking may be the only way to discover restrictions or risks that were not addressed in the estimating process. It would be far better to discover in the planning phase that a particular technology or material will not work than in the execution process. The goal of the planning process for the contractor is to produce a workable scheme that uses the resources efficiently within the allowable time and given budget. A well-developed plan does not guarantee that the executing process will proceed flawlessly or that the project will even succeed in meeting its objectives. It does, **however**, greatly improve its chances.

* execute: 실행하다

해설 [정답 : ④]

지문에서 계획을 수립하는 것이 결점이 없고 성공할 가능성을 높인다고 하므로 이 내용을 찾으시면 됩니다. ④번 선지의 면밀한 계획 수립은 일의 효율성을 증대시키고 성공 가능성을 높인다가 정답 선지입니다.

* ③번 선지 : 사업 계획은 급변하는 상황에 따라 유연하게 변경될 수 있다.
   - 사업 계획에 대해 지문에서 제시되어 있지만 계획이 유동적이라는 내용은 없습니다.
   그러므로 언급되지 않은 선지에 해당합니다.
** ⑤번 선지 : 대규모 사업에서는 지속적인 성장을 목표로 하는 세부 계획이 중요하다
   - 지문에서 세부 계획이 중요하다고 합니다.
   하지만 지속적인 성장을 목표로 한다는 내용이 제시되지 않았으므로 언급되지 않은 선지에 해당합니다.

Ⅰ. Contractors (that will construct / a project) may place / more weight / on the planning process.

   구 프로젝트를 구성하는 계약자들은 계획 과정에 더 많은 중점을 둔다고 합니다.

   * contract (계약하다) + -or (~하는 사람) = contractor - 계약자

Ⅱ. Proper planning / forces / detailed thinking about the project.

   구 적절한 계획은 프로젝트에 대한 상세한 생각을 요구한다고 합니다.

Ⅲ. It / allows / the project manager (or team) / to "build the project (in his or her head)."

   구 'allow A to-V'는 'A가 V하는 것을 허락하다'를 의미합니다.
   - 그것은 (= 적절한 계획은) 프로젝트 경영자가 (혹은 팀이) "자신의 머릿속에서 그 프로젝트를 계획하도록" 한다고 합니다.

Ⅳ. The project manager (or team) / can consider / different methodologies **thereby** deciding / what /
works best or what / does not work (at all).

> 구▶ 그 프로젝트 경영자는 (혹은 팀은) 다른 방법론들을 고려하고, 그러므로 어떤 것이 가장 잘 작동되고
> 어떤 것이 전혀 작동되지 않는지를 결정할 수 있다고 합니다.

> 독▶ 'thereby'가 제시되었으니 중심 문장
> - 경영자가 프로젝트를 계획하며 다양한 방법을 고려함으로써 최선의 방법을 결정할 수 있다고 합니다.

* methodology - 방법론

Ⅴ. This detailed thinking / may be / the only way (to discover / restrictions or risks (that
were not addressed in the estimating process)).

> 구▶ 그러한 상세한 생각은 (= 다른 방법을 고려하여 어떤 것이 작동되고 어떤 것이 작동되지 않는 지를
> 결정하는 것은) 추정 과정에서 다루어지지 않은 제한이나 위험들을 발견하는 유일한 방법이라고 합니다.

> 독▶ Ⅳ번 문장에서 제시된 다양한 방법을 생각함으로써 얻는 이득을 제시하고 있습니다.

Ⅵ. It / would be / far better / to discover (in the planning phase) (that a particular technology or material
/ will not work / than in the execution process).

* execute: 실행하다

> 구▶ 'It + be 동사 + 형용사 + to-V'는 가주어/진주어입니다.
> - 실행 과정보다는 계획 단계에서 특정 기술이나 재료가 작동하지 않을 것을 발견하는 것이 훨씬 더
> 낫다고 합니다.

Ⅶ. The goal of the planning process (for the contractor) / is / to produce / a workable scheme (that /
uses / the resources efficiently (within the allowable time and given budget)).

> 구▶ 계약자에게 계획 과정의 목표는 허용되는 시간과 주어진 예산 안에서 자원을 효율적으로 사용하는
> 작동 가능한 계획을 만드는 것이라고 합니다.

* work (작동하다) + -able (가능한) = workable - 작동 가능한
** allow (허락하다) + -able (가능한) = allowable - 허용한
*** budget - 예산

Ⅷ. A well-developed plan / does not guarantee / that the executing process / will proceed flawlessly or
that / the project / will even succeed (in meeting its objectives). It / does, **however**, greatly
improve / its chances.

> 구▶ 'in + V-ing'는 'V함에 있어서'를 의미합니다.
> - 잘 만들어진 계획은 실행 과정이 결점 없이 진행되거나 프로젝트가 그 목표를 충족함에 있어서
> 성공적이라는 것을 보장하지는 않는다. 하지만 그것의 (= 실행 과정이 결점 없이 진행되거나 목표를
> 충족하는 것의) 가능성을 증가시킨다고 합니다.

> 독▶ 'however'이 제시되었으니 중심 문장
> - 계획이 결점이 없거나 성공을 보장하지는 않지만 결점이 없고 성공할 가능성을 높인다고 합니다.

* flaw (결점) + less (부정) = flawless - 결점 없는
** objective - 목적

다음 글의 요지로 가장 적절한 것은?

Being able to prioritize your responses allows you to connect more deeply with individual customers, be it a one-off interaction around a particularly delightful or upsetting experience, or the development of a longer-term relationship with a significantly influential individual within your customer base. If you've ever posted a favorable comment — or any comment, for that matter — about a brand, product or service, think about what it would feel like if you were personally acknowledged by the brand manager, for example, **as a result**. In general, people post because they have something to say — and **because** they want to be recognized for having said it. In particular, when people post positive comments they are expressions of appreciation for the experience that led to the post. **While** a compliment to the person standing next to you is typically answered with a response like "Thank You," the sad fact is that most brand compliments go unanswered. These are lost opportunities to understand what drove the compliments and create a solid fan based on them.

* compliment: 칭찬

해설 [정답 : ①]

주제가 직접적으로 언급되기보다는 여러 내용을 종합한 후 정리하는 지문입니다. 고객들이 기업에 대해서 긍정적인 의견을 제시하는 것은 인정받기를 원하기 위해서라는 내용, 대부분의 브랜드 칭찬은 응답받지 못하며, 이것이 칭찬을 통해 팬을 만들어 낼 기회를 놓쳤다는 지문의 내용들은 모두 한 가지 결론으로 도달하게 됩니다.

①번 선지 : 고객과의 관계 증진을 위해 고객의 브랜드 칭찬에 응답하는 것은 중요하다.
     - 정답 선지입니다.

②번 선지 : 고객의 피드백을 면밀히 분석함으로써 브랜드의 성공 가능성을 높일 수 있다.

     - 고객의 피드백을 분석하는 것은 고객의 브랜드 칭찬에 응답하는 것과는 관련이 없습니다.

③번 선지 : 신속한 고객 응대를 통해서 고객의 긍정적인 반응을 이끌어 낼 수 있다

     - 신속한 고객 응대 역시 고객의 칭찬에 응답하는 것과 관련이 없는 선지입니다.

④번 선지 : 브랜드 매니저에게는 고객의 부정적인 의견을 수용하는 태도가 요구된다.

     - 부정적 의견을 수용하는 것 역시 지문의 주제와 관련이 없습니다.

⑤번 선지 : 고객의 의견을 경청하는 것은 브랜드의 새로운 이미지 창출에 도움이 된다.

     - 고객의 의견을 경청하는 것이 아니라, 의견에 대해 응답하는 것이 도움이 된다는 것이며,
       그로 인해 새로운 기업의 이미지를 창출하는 것 역시 지문에 나오지 않습니다.

Ⅰ. Being able to prioritize your responses / allows / you / to connect more deeply with individual customers, be it a one-off interaction (around a particularly delightful or upsetting experience), or the development (of a longer-term relationship with a significantly influential individual within your customer base).

> **구** allow A to-V - A가 to-V하는 것을 허락하다.
> - 너의 응답에 우선순위를 매길 수 있는 것은, 그것이 특별히 즐겁거나 화가 나는 경험에 대한 일회성 상호 작용이든, 너의 고객 기반 내에서 상당히 영향력 있는 개인과의 장기적 관계의 발전이든 간에, 네가 개별 고객들과 더 깊은 관계를 맺을 수 있게 해 준다고 합니다.

> **독** 응답의 우선순위를 매기는 것을 통해 고객들과 관계가 깊어진다고 하며, 글의 주제와 가장 가까운 문장이라 볼 수 있습니다.

Ⅱ. If / you've ever posted / a favorable comment — or any comment, for that matter — about a brand, product or service, think about / what / it would feel like if / you / were personally acknowledged by the brand manager, <u>for example</u>, **as a result**.

> **구** if + S + V 과거형 - 만약 ~한다면
> - 만약 네가 어떤 브랜드, 제품 또는 서비스에 관해 호의적인 의견이나 혹은 그 문제에 대해서 어떠한 의견이라도 올려 본 적이 있다면, 그 결과, 예를 들어, 그 브랜드 관리자로부터 개인적으로 인정의 반응을 얻는다면 기분이 어떨지 생각해 보라고 합니다.

> **독** 'for example'로 예시를 제시하므로 앞 문장이 중심 문장
> - 독자를 고객의 입장으로 바꾸어, 의견에 대한 반응으로 유발되는 감상을 가정하고 있습니다.

Ⅲ. In general, people / post / **because** they / have / something to say — and **because** they / want to be recognized for having said it.

> **구** 일반적으로, 사람들은 할 말이 있기 때문에, 그리고 그것을 말한 것에 대해 인정받기를 원하기 때문에 글을 올린다고 합니다.

> **독** 'because'가 제시되었으므로 중심 문장
> - 의견을 제시하는 것에 대한 원인을 언급하고 있습니다.

Ⅳ. In particular, when / people / post / positive comments / they / are / expressions of appreciation for the experience / that / led to the post.

> **구** 특히, 사람들이 긍정적인 의견을 게시할 때 그것은 그 게시물을 작성하게 만든 경험에 대한 감사의 표현이라고 합니다.

> **독** Ⅲ번 문장에서 언급된 원인으로 감사의 표현을 하기 위한 것이라는 점을 추가적으로 언급하고 있습니다.

Ⅴ. __While__ / a compliment (to the person standing next to you) / is typically answered with a response like "Thank You," the sad fact / is / that most brand compliments / go unanswered.

* compliment: 칭찬

구▶ 너의 옆에 서 있는 사람에 대한 칭찬은 보통 '감사합니다'와 같은 응답을 받지만, 슬픈 사실은 대부분의 브랜드 칭찬은 답을 받지 못한다는 것이라고 합니다.

독▶ 'while'이 대조의 접속사로 사용되었으므로 중심 문장
- 실제로 고객들의 브랜드 칭찬은 응답을 받지 못하며, Ⅰ번 문장의 응답에 대한 결과가 일어나지 않는다는 것을 알 수 있습니다.

Ⅵ. These / are / lost opportunities to understand / what / drove / the compliments / and create / a solid fan based on them.

구▶ 이것은 무엇이 칭찬을 끌어냈는지 이해하고 그 칭찬을 바탕으로 하여 확고한 팬을 만들어 낼 기회를 잃은 것이라고 합니다.

독▶ 의견에 대한 반응이 없는 Ⅴ번 문장의 부정적 결과가 언급되고 있습니다.

다음 글의 요지로 가장 적절한 것은?

Even though there is good reason to consider a dog a sentient being capable of making choices and plans — so that we might suppose 'it could have conceived of acting otherwise' — we're unlikely to think it is wicked and immoral for attacking a child. Moral responsibility is not some universal concept like entropy or temperature — something that applies equally, and can be measured similarly, everywhere in the cosmos. It is a notion developed specifically for human use, no more or less than languages are. **While** sentience and volition are aspects of mind and agency, morals are cultural tools developed to influence social behaviour: to cultivate the desirable and discourage the harmful. They are learnt, not given at birth. It's possible, indeed likely, that we are born with a predisposition to cooperate with others — **but** only within human society do we come to understand this as moral behaviour.

* sentient: 지각력이 있는 ** volition: 의지

해설 [정답 : ③]

동물에게는 도덕성에 대한 생각을 하지 않는 것으로 지문을 시작하여, 지각력이 있는 것과 도덕성의 차이를 제시합니다. 지각력과 달리 도덕성은 가지고 태어나는 것이 아니라 배우는 것으로 후천적이라고 합니다. 또한 동물들과 달리 이러한 도덕성의 특성은 인간에게만 나타난다고 합니다.

①번 선지 : 도덕성은 자신의 선택에 대해 책임을 진다는 개념이다.
  – 일반적인 통념에 해당하는 선지입니다. 언급되지 않은 선지입니다.

②번 선지 : 동물과 인간을 구별하는 중요한 특징은 분별력과 언어이다.

  – 동물과 인간에 대한 구별이 지문의 내용으로 제시되었습니다. 하지만 도덕성에 대한 개념을 가지고 있느냐 가지고 있지 않느냐의 차이이지 분별력과 언어의 차이가 아닙니다. 1번 문장에 따르면 개도 분별력이 있을 수 있다고 하며, 언어는 도덕성처럼 인간이 만든 문화적 도구의 예시로만 제시되었습니다.

③번 선지 : 도덕성은 학습되는 문화적 도구로서 인간 사회에만 나타난다.

  – 정답 선지입니다.

④번 선지 : 동물과 인간은 공통적으로 다른 개체와 협력하는 경향이 있다.

  – 인간이 다른 개체와 협력하는 경향으로 태어날 수도 있다고 합니다. 하지만 인간에서는 이러한 경향이 도덕성으로 이해되는 반면 동물에서는 도덕성으로 이해되지 않는다는 내용으로 지문의 내용을 포괄하지 않는 선지에 해당합니다.

⑤번 선지 : 문화적 도구로서의 도덕성은 개체의 의사 결정에 영향을 미친다.

  – 무관한 내용입니다.

Ⅰ. Even though there is / good reason (to consider / a dog / a sentient being capable of making choices and plans) — so that we / might suppose 'it / could have conceived of / acting otherwise' — we're unlikely to think / it / is / wicked and immoral (for attacking a child).

* sentient: 지각력이 있는

구▶ 'consider + O + O.C'는 'O를 O.C라고 여기다, 생각하다'를 의미합니다.
 - 개를 선택하거나 계획할 수 있는 지각력 있는 존재로 여기는 것은, 우리가 '그것은 (= 개는) 다른 방식으로 행동하는 것을 상상할 수 있었을 것이다'라고 가정하기 위한 타당한 이유임에도 불구하고, 우리는 그것이 (= 개가) 아이를 공격할 정도로 사악하고 부도덕하다고 생각할 가능성이 없다라고 합니다.

독▶ 개가 선택하거나 계획하는 지능이 있는 존재라고 생각한다면, 우리는 개가 사악하고 부도덕하다고 생각하는 대신 개가 다른 방식으로 행동하는 것을 상상할 수 있게 된다고 합니다.

Ⅱ. Moral responsibility / is not / some universal concept (like entropy or temperature) — something (that applies / equally, and can be measured similarly, everywhere in the cosmos).

구▶ 도덕적 책임은 엔트로피나 온도 같은 어떠한 보편적인 개념, 즉 우주에서 어디든 동등하게 적용되고 동일하게 측정되는 것이 아니라고 합니다.

독▶ 도덕적 책임이라는 것은 세계 어디에서든 똑같이 판단되는 것이 아니라고 합니다. 즉, 도덕적 책임이 장소 혹은 시간마다 다르게 적용된다는 것을 추론할 수 있습니다.

Ⅲ. It / is / a notion developed specifically for human use, no more or less than languages are.

구▶ 'no more or less than'은 '더 많지도 더 적지도 않은, 즉, 다르지 않은, 동일한'을 의미합니다.
 - 그것은 (= 도덕적 책임은) 인간이 사용하기 위해 특별히 개발된 개념인데, 언어와 다르지 않다고 합니다.

독▶ 도덕적 책임은 언어처럼 인간이 사용하기 위해 만들어진 개념이라고 합니다.

Ⅳ. **While** sentience and volition / are / aspects of mind and agency, morals / are / cultural tools (developed to influence social behaviour: to cultivate the desirable and discourage the harmful).

* sentient: 지각력이 있는 ** volition: 의지

구▶ 지각력과 의지는 마음과 에이전시의 (= 주체성의) 측면인 반면, 도덕성은 사회적 행동에 영향을 끼치기 위해, 바람직한 것을 키우고, 해로운 것을 낙담시키기 위해 개발된 문화적 도구라고 합니다.

독▶ 'While'이 제시되었으므로 중심 문장
 - 지각력과 의지는 마음과 주체성의 부분이고, 도덕성은 문화적인 부분이라고 합니다. 이를 Ⅰ번 문장의 개에 대한 내용과 연결하면, 우리는 개가 지각력이 있다고 여기면, 마음과 주체성의 부분에서 판단하는 것이지 사악하거나 부도덕과 같은 도덕성은 문화적인 부분이라 개가 단순히 지각력이 있다고 해서 도덕성도 존재한다고 판단할 수 없다고 합니다

Ⅴ. They / are learnt, not given at birth.

구▶ 그것들은 (= 도덕성들은) 태어날 때 주어지는 것이 아니라 학습된다고 합니다.

독▶ 즉, 문화적 도구로서 도덕성은 태어날 때부터 있는 것이 아닌 아이가 커가면서, 사람이 다양한 것을 경험하면서 학습하게 된다고 합니다.

Ⅵ. It's possible, indeed likely, that we / are born with a predisposition (to cooperate with others) —

but only (within human society) do we / come to understand / this as moral behaviour.

구▶ 'It is + 형용사 + that'은 가주어/진주어입니다.
  - 우리는 다른 사람과 협력하기 위한 성향을 가지고 태어날 수 있을 가능성이 있지만, 오직 인간 사회 내에서만 우리는 이것을 (= 다른 사람과 협력하기 위한 성향을) 도덕적 행동으로 이해하게 된다고 합니다.

독▶ 'but'이 제시되었으므로 중심 문장
  - 우리는 다른 사람과 협력하기 위한 성향을 가지고 태어날 수도 있지만 다른 사람과 협력하는 것은 오직 인간 사회에서만 문화적 도구인 도덕적 행동으로 여겨진다고 합니다. 즉, 개들도 다른 개들과 협력하는 성향이 있을 수도 있지만 개들은 문화적 도구가 없으므로, 도덕적 행동으로 여겨지지 않는다고 합니다.

다음 글의 요지로 가장 적절한 것은?

Prior to file-sharing services, music albums landed exclusively in the hands of music critics before their release. These critics would listen to them well before the general public could and preview them for the rest of the world in their reviews. Once the internet made music easily accessible and allowed even advanced releases to spread through online social networks, availability of new music became democratized, which meant critics no longer had unique access. **That is**, critics and laypeople alike could obtain new music simultaneously. Social media services also enabled people to publicize their views on new songs, list their new favorite bands in their social media bios, and argue over new music endlessly on message boards. **The result** was that critics now could access the opinions of the masses on a particular album before writing their reviews. **Thus**, instead of music reviews guiding popular opinion toward art (as they did in preinternet times), music reviews began to reflect — consciously or subconsciously — public opinion.

* laypeople: 비전문가

해설 [정답 : ①]

인터넷이 보급됨에 따라서 달라진 변화를 파악해야 하는 지문입니다. 당연히 처음부터 끝까지 다 읽으셔야 합니다. 앞부분만 읽으셨을 경우 ②번을 고를 수 있으며 뒷부분만 읽을 경우 ④번을 고를 수 있습니다. 최근 수능에서는 부분 발췌독해을 하는 학생들을 겨냥하는 문제들이 많은 만큼 끝까지 다 읽으셔야만 합니다. 끝까지 다 읽으셨다면 해석이 어렵지 않기 때문에 ①번을 쉽게 고르실 수 있다고 생각합니다.

Ⅰ. Prior to / file-sharing services, music albums / landed (exclusively) (in the hands of music critics) (before their release).

> 구▶ 파일 공유 서비스 이전에, 음악 앨범은 배포 전에 배타적으로 음악 비평가들 손에 들어갔다.

* land - N (명사). 땅 V (동사). 땅하다 ⇒ 착륙하다, 들어가다

Ⅱ. These critics / would listen to / them well before the general public could (listen to 생략) / **and** (listen to와 preview를 연결) preview / them (for the rest of the world) (in their reviews).

> 구▶ 'them'은 음악 앨범들을 지칭합니다.
> - 그 비평가들은 일반적인 대중들이 듣기 전에 음악 앨범들을 잘 들을 수 있었고 그들의 비평에서 세계의 나머지 사람들을 위해서 음악 앨범들을 소개할 수 있었다고 합니다.

* pre- (미리) + view (보다, 견해) = preview - 미리보기, 소개하다, 시사평을 쓰다

Ⅲ. Once the internet / made / music / easily accessible / <u>and (made와 allowed를 연결)</u> allowed even advanced releases / to spread (through online social networks), availability (of new music) / became democratized, (which / meant / critics no longer / had / unique access).

> 구▶ 'Once'는 '~할 때'를 뜻합니다.
> - make + O (목적어) + O.C (목적격 보어) - O를 O.C하게 만들다.
> - allow A to-V - A가 to-V하도록 허락하다.
> - 'through'는 '관통하는 이미지' ⇒ '통해서'라는 의미를 가집니다.
> - 인터넷을 음악을 접근하기 쉽게 만들고 심지어 미리 발표된 것을 온라인 소셜네트워크들을
>   통해서 퍼지도록 허락했을 때, 새로운 음악의 이용 가능성은 민주화되는데 이는 전문가들이
>   더 이상 특별한 접근을 못한다는 것을 의미했다고 합니다.

* avail (이용하다) + -able (가능한) + -ity (명사형 접사) = availability - 이용 가능성
** democracy (민주주의) + -ize (~하게 만들다) = democratize - 민주화시키다.

Ⅳ. <u>That is</u>, critics and laypeople (alike) could obtain / new music / simultaneously.

* laypeople: 비전문가

> 구▶ 즉, 비평가들과 비전문가들은 같이 새로운 음악을 동시에 얻을 수 있었다고 합니다.

> 독▶ 'That is'는 '즉'이라는 의미로 재진술의 표현입니다. 그러므로 앞 뒷 문장 중심 문장!

* simultaneously - 동시에

Ⅴ. Social media services / also enabled / people / to publicize their views on new songs, / list their new favorite bands (in their social media bios), / <u>and (publicize, list와 argue를 연결)</u> argue over / new music endlessly (on message boards).

> 구▶ enable A to-V - A가 to-V가 가능하게 하다.
> - 사회 미디어 서비스들은 또한 사람들이 새로운 노래들에 대한 그들의 의견들을 알릴 수 있게 하였고
>   그들의 사회 미디어 약력들에 그들이 좋아하는 밴드들의 리스트를 만들 수 있도록 하고 메시지
>   게시판에서 새로운 음악에 대해 끊임없이 논의할 수 있도록 하게 했다고 합니다.

* public (대중) + -ize (~하게 만들다) = publicize - 대중화하게 만들다 ⇒ 알리다
** bio - 약력

Ⅵ. <u>The result</u> / was / that / critics / now could access / the opinions (of the masses) (on a particular album) (before writing their reviews).

> 구▶ 그 결과 비평가들이 그들의 의견을 쓰기 전에 특정한 앨범에 대해서 대중들의 의견을 접근할 수 있게
>   되었다고 합니다.

> 독▶ 결과가 제시되었으므로 중심 문장! 원인은 무엇일까요? 바로 인터넷 보급으로 인한 높아진 음악의
>   접근성이 됩니다.

Ⅶ. **Thus**, instead of music reviews (guiding popular opinion toward art) (as they / did (in preinternet

times)), / music reviews / began to reflect — consciously or subconsciously — / public opinion.

구▶ 'instead of'는 '~대신에'라는 뜻을 가집니다.
  - 'toward'는 '~을 향하는 이미지'를 가집니다.
  - 그러므로 그들이 인터넷 전에 했던 대중의 의견을 예술로 이끄는 음악 비평 대신에 음악 비평이
    의식적으로 혹은 잠재의식적으로 대중의 의견을 반영하기 시작했다고 합니다.

독▶ 'Thus'는 '그러므로' 결과를 제시해주는 표현이므로 중심 문장!
  - 인터넷 X ⇒ 음악 비평이 예술을 반영함
    인터넷 O ⇒ 음악 비평이 대중의 의견을 반영함으로 이해할 수 있습니다.

* pre- (이전) + internet = preinternet - 인터넷 이전에
** sub- (아래) + conscious (의식의) + -ly (부사형 접사) = subconsciously - 잠재의식적으로

다음 글에서 필자가 주장하는 바로 가장 적절한 것은?

> We live in a time when everyone seems to be looking for quick and sure solutions. Computer companies have even begun to advertise ways in which computers can replace parents. They are too late — television has already done that. Seriously, **however**, in every branch of education, including moral education, we make a mistake when we suppose that a particular batch of content or a particular teaching method or a particular configuration of students and space will accomplish our ends. **The answer is both harder and simpler.** We, parents and teachers, **have to** live with our children, talk to them, listen to them, enjoy their company, and show them by what we do and how we talk that it is possible to live appreciatively or, at least, nonviolently with most other people.

해설 [정답 : ①]

지문의 마지막 문장에서 우리, 부모, 교사들은 자녀들과 함께 살고, 이야기를 하고, 함께 즐기고, 우리가 하는 일과 대화 방식에 따라 자녀들에게 감사하거나 적어도 대부분의 다른 사람들과는 비폭력적으로 살 수 있다는 것을 보여주어야 한다고 했습니다. 지문에서는 이것이 교육 분야의 목적을 달성할 때 저지르는 실수를 해결할 수 있다고 했으므로, 필자의 주장으로는 ① 교육은 일상에서 아이들과의 상호 작용을 통해 이루어져야 한다가 가장 적절합니다.

* 지문에서 문제 상황이 제시하고 되고 있습니다. 이렇게 문제 상황이 제시 ⇒ 해결책 제시가 흐름인 지문에서는 해결책이 주로 주제가 되고 정답이 됩니다.. 지문에서 ‘however’가 문제 상황을 제시하고 ‘have to’ (당위성), ‘answer’가 해결책을 나타내고 있습니다..

Ⅰ. We / live (in a time) when / everyone / seems to be looking for / quick and sure solutions.

    구▶ 우리는 모든 이가 빠르고 확실한 해결책을 찾고 있는 듯 한 시대에 살고 있다고 합니다.

Ⅱ. Computer companies / have even begun to advertise / ways in which computers / can replace / parents.

    구▶ 컴퓨터 회사들은 심지어 컴퓨터가 부모를 대신할 수 있는 방법을 광고하기 시작했다고 합니다.

    독▶ Ⅰ번 문장의 해결책을 찾는 세계에 대한 예시가 됩니다.

Ⅲ. They / are / too late — television / has already done / that.

    구▶ 그들은 너무 늦었는데, 텔레비전이 이미 그것을 해버렸다고 합니다.

Ⅳ. Seriously, **however**, (in every branch of education), (including moral education), we / make / a
mistake / when / we / suppose / that a particular batch (of content) or a particular teaching method
/ or a particular configuration (of students and space) / will accomplish / our ends.

구 하지만 진지하게, 도덕 교육을 포함한 교육의 모든 분야에서, 우리는 우리가 특정한 내용 묶음이나
특정 교육 방법 또는 학생과 공간의 특정 배치가 우리의 목적을 성취할 것이라고 가정할 때 실수를
한다고 합니다.

독 'however'가 등장하므로 앞 뒷 문장 중심 문장

Ⅴ. The answer / is / both harder and simpler.

구 정답은 더 어렵고 더 단순하다고 합니다.

Ⅵ. We, (parents and teachers), **have to** live (A) / with our children, talk (B) / to them, listen (C) / to
them, enjoy (D) / their company, and show (E) / them / by what we / do and how we / talk /
that it / is / possible / to live (appreciatively or, at least, nonviolently) with most other people.

구 A, B, C, D, and E 병렬 구조입니다.
- 우리, 부모와 교사는, 우리의 아이들과 생활하고, 그들과 이야기를 나누고, 그들의 말에 귀 기울이며,
그들과 함께하는 것을 즐기고, 우리가 하는 것과 말하는 방식을 통해 그들에게 감사하며 살거나
최소한 대부분의 다른 사람들과 비폭력적으로 사는 것이 가능하다는 것을 보여주어야 한다고 합니다.

독 'have to'가 등장하므로 중심 문장
- 필자의 주장이 포함된 중심 문장입니다. 진정한 교육을 위해서는 부모나 교사가 학생들과 함께
생활하며 소통하는 것이 필수적이라고 하며 병렬구조로 연결된 A,B,C,D의 내용이 상호 작용과
대응됩니다.

14 22학년도 수능 20번 (정답률 83%)

다음 글에서 필자가 주장하는 바로 가장 적절한 것은?

> One of the most common mistakes made by organizations when they first consider experimenting with social media is that they focus too much on social media tools and platforms and not enough on their business objectives. The reality of success in the social web for businesses is that creating a social media program begins not with insight into the latest social media tools and channels **but** with a thorough understanding of the organization's own goals and objectives. A social media program is not merely the fulfillment of a vague **need to** manage a "presence" on popular social networks **because** "everyone else is doing it." "Being in social media" serves no purpose in and of itself. **In order to** serve any purpose at all, a social media presence **must** either solve a problem for the organization and its customers or **result in** an improvement of some sort (preferably a measurable one). In all things, purpose **drives** success. The world of social media is no different.

해설 [정답 : ③]

Ⅰ번 문장에서 소셜 미디어를 사용함에 있어서 가장 흔한 실수 중 하나는 조직의 목적에는 충분히 집중하지 않으면서 소셜 미디어 도구에 과도하게 중점을 두는 것이라고 합니다. 또한 Ⅱ번 문장에서 소셜 미디어에서의 성공을 위해서는 소셜 미디어 도구와 채널에 대한 통찰력보다는 조직의 목적에 대한 이해와 함께 시작해야 한다고 합니다. 즉, 이 지문은 소셜 미디어를 조직의 목적에 맞게 사용해야 한다는 주제를 가지고 있습니다. 그러므로 정답은 '기업은 소셜 미디어를 활용할 때 사업 목표를 토대로 해야 한다'의 ③번 선지가 됩니다.

* 지문에서 '소셜 미디어'와 '조직'이 비교/대조되고 있습니다. 이러한 내용의 재진술을 주의 깊게 보아야 하며, 조직이 '사업 목표'라는 단어로 재진술 되고 있습니다.

Ⅰ. One of the most common mistakes (made by organizations) (when they first consider experimenting with social media) / is / that they / focus (too much) on / social media tools and (tools와 platforms를 연결) platforms / and (on social media 부분과 on their business 부분을 연결) not enough on / their business objectives.

> 구 'focus on A'는 'A에 집중하다'를 의미합니다.
> - 조직이 소셜 미디어를 실현하는 것을 처음으로 고려할 때 조직이 범하는 가장 흔한 실수 중 하나는 그들이 너무 소셜 미디어의 도구와 플랫폼에 중점을 두고 그들의 사업적 목적에는 중점을 충분히 두지 않는 것이라고 합니다.

> 독 조직이 소셜 미디어를 처음 이용할 때 발생하는 문제점에 대해서 제시해 주고 있습니다.

Ⅱ. The reality of success (in the social web for businesses) / is / that creating a social media program / begins not with / insight (into the latest social media tools and channels) / **but (with insight into 부분과 a with a thorough understanding 부분을 연결)** with a thorough understanding (of the organization's own goals and objectives).

> 구 'not A but B'는 'A가 아니라 B'를 의미합니다.
>   - 소셜 미디어 프로그램을 만드는 것은 최신의 소셜 미디어 도구와 채널에 대한 통찰력과 함께 시작하는 것이 아니라 조직 고유의 목표와 목적들에 대한 철저한 이해와 함께 시작한다는 것이 사업을 위한 소셜 웹에 있어서 성공의 현실이라 합니다.

> 독 'but'이 제시되었으니 중심 문장
>   - Ⅰ번 문장에서 제시된 문제점인 조직이 소셜 미디어를 할 때 소셜 미디어의 도구에 너무 많은 중점을 맞추고 조직의 목표에 대해서는 충분히 중점을 맞추지 않는 것을 재진술하여 성공한 조직의 소셜 미디어 사용은 소셜 미디어의 도구가 아닌 조직 목표에 대한 이해로부터 왔다고 합니다.

Ⅲ. A social media program / is / (not merely) the fulfillment of a vague **need to** manage a "presence" on popular social networks) **because** "everyone else / is doing / it."

> 구 소셜 미디어 프로그램은 단순히 다른 사람들이 모두 하기 때문에 인기있는 소셜 네트워크에서 관리할 막연한 필요를 이행하는 것이 아니라고 합니다.

> 독 'need to'와 'because'가 제시되었으니 중심 문장
>   - 소셜 미디어 프로그램은 단순히 다른 사람들이 소셜 미디어 프로그램을 하기 때문에 해야 하는 단순한 것이 아니라고 합니다.

Ⅳ. "Being in social media" / serves / no purpose (in and of itself).

> 구 소셜 미디어 안에 존재하는 것은 그 자체로 아무 목적을 제공하지 못한다고 합니다.

> 독 Ⅲ번 문장과 연결하면 Ⅳ번 문장은 소셜 미디어 안에서 존재하는 것 자체만으로는 소셜 미디어를 제대로 이용할 수 없다는 내용을 재진술하고 있습니다.

Ⅴ. **In order to** serve / any purpose at all, a social media presence / **must** either solve / a problem (for the organization and its customers) / or **result in** / an improvement (of some sort) (preferably a measurable one).

> 구 'in order to-V'는 'V를 하기 위해서'를 의미합니다.
>   - 'either A or B'는 'A 혹은 B'를 뜻합니다.
>   - 'result in A'는 'A를 야기하다' 입니다.
>   - 어떠한 목적이라도 제공하기 위해서는, 소셜 미디어의 존재는 반드시 조직과 그것의 소비자의 문제점을 해결하거나 어떤 종류의 개선을 (선호적으로 측정할 수 있는 것을) 야기해야만 한다고 합니다.

> 독 'In order to-V', 'must', 'result in'이 제시되었으므로 중심 문장
>   - 소셜 미디어가 의미를 가지기 위해서는, 소셜 미디어의 존재가 조직과 소비자의 문제를 해결해 주거나 개선을 야기해야만 한다고 합니다.

Ⅵ. In all things, purpose / **drives** / success. The world of social media / is / no different.

구▸ 모든 것에서, 목적은 성공을 이끈다. 소셜 미디어의 세계에서도 다르지 않다.

독▸ 'drive'가 제시되었으므로 중심 문장

　- 목적이 성공을 이끈다고 합니다. 즉, 분명한 목적이 있어야 소셜 미디어를 사용하는 것에 있어서 성공을
　　할 수 있다고 합니다.

15 24학년도 6월 평가원 20번   (정답률 83%)

다음 글에서 필자가 주장하는 바로 가장 적절한 것은?

> Certain hindrances to multifaceted creative activity may lie in premature specialization, i.e., having to choose the direction of education or to focus on developing one ability too early in life. **However**, development of creative ability in one domain may enhance effectiveness in other domains that require similar skills, and flexible switching between generality and specificity is helpful to productivity in many domains. Excessive specificity may **result in** information from outside the domain being underestimated and unavailable, which **leads to** fixedness of thinking, **whereas** excessive generality causes chaos, vagueness, and shallowness. Both tendencies pose a threat to the transfer of knowledge and skills between domains. What **should therefore** be optimal for the development of cross-domain creativity is support for young people in taking up creative challenges in a specific domain and coupling it with encouragement to apply knowledge and skills in, as well as from, other domains, disciplines, and tasks.

해설 [정답 : ④]

지문은 문제 배경을 설명하는 초중반과 그에 대한 해결책을 제시하는 후반으로 나뉘며, 필자의 주장은 당연히 해결책 부분에서 언급됩니다. Ⅴ번 문장에서는 'should'와 같은 강한 충고의 의미가 섞인 단어로 문장을 구성하고 있으며, 이는 자연히 필자의 주장이 됩니다.

Ⅰ. Certain hindrances (to multifaceted creative activity) / may lie / in premature specialization, i.e., having / to choose the direction (of education) or to focus (on developing one ability too early (in life)).

> 구▶ 다면적인 창의적 활동에 대한 어떤 방해 요인은 너무 이른 전문화, 즉 인생의 너무 이른 시기에 교육 방향을 선택하거나 한 가지 능력 개발에 집중해야 하는 것에 있을 수 있다고 합니다.

> 독▶ 지나치게 빨리 교육 방향을 정하는 이른 전문화를 창의적 활동의 방해 요인으로 언급하고 있습니다.

Ⅱ. **However**, development (of creative ability (in one domain)) / may enhance / effectiveness (in other domains (that / require / similar skills), and flexible switching (between generality and specificity) / is / helpful to productivity (in many domains).

> 구▶ 그러나 한 영역에서의 창의적 능력 개발은 비슷한 기술을 필요로 하는 다른 영역에서도 효과를 높일 수 있으며, 일반성과 특수성 사이의 유연한 전환은 많은 영역에서 생산성에 도움이 된다고 합니다.

> 독▶ 'However'가 제시되었으므로 중심 문장
> - Ⅰ번 문장에서 언급되는 다면적인 창의적 활동의 단점과는 대조되는 한 영역의 창의적 활동의 장점에 대해서 언급하고 있습니다.

Ⅲ. Excessive specificity / may **result in** / information (from outside the domain) being underestimated and unavailable, which / **leads to** / fixedness (of thinking), **whereas** excessive generality / causes / chaos, vagueness, and shallowness.

> [구] 지나친 특수성은 해당 영역 외부로부터 오는 정보가 과소평가 되고 활용할 수 없게 되는 결과를 낳을 수 있어 사고의 고정성으로 이어지는 반면, 지나친 일반성은 혼돈, 모호함, 얕음을 초래한다고 합니다.

> [독] 'result in'으로 결과를 제시하고, 'whereas'로 역접의 표현이 들어가 있으며, 또한 'lead to'가 제시되었으므로 중심 문장
> - 지나친 특수성과 일반성의 단점을 언급하고 있으며, 이는 Ⅱ번 문장의 둘 사이의 유연한 전환이 필요한 이유가 됩니다.

Ⅳ. Both tendencies / pose / a threat (to the transfer (of knowledge and skills (between domains))).

> [구] 두 경향 모두 영역 간 지식과 기술 이전에 대한 위협이 된다고 합니다.

> [독] Ⅲ번 문장의 연장선상이 되는 문장입니다.

Ⅴ. What **should therefore** be optimal (for the development (of cross-domain creativity)) / is / support (for young people (in taking up / creative challenges (in a specific domain))) and coupling / it (with encouragement (to apply / knowledge and skills (in, as well as from, other domains, disciplines, and tasks))).

> [구] 'in V-ing'는 'V함에 있어서'를 의미합니다.
> - 그러므로 영역 간 창의성 개발을 위해 응당 최선인 것은 특정한 영역에서 창의적인 도전을 하기 시작할 때 젊은이들을 지원하고 그것을 다른 영역, 분야, 과업으로부터 나온 지식과 기술을 적용할 뿐만 아니라, 다른 영역, 분야, 과업에 지식과 기술을 적용하도록 장려하는 것과 결합하는 것이라고 합니다.

> [독] 'should'와 'therefore'이 제시되었으므로 중심 문장
> - 이전 내용의 해결책으로,
>   Ⅰ. 젊은이들을 지원하라.
>   Ⅱ. 창의성을 다른 영역의 지식과 기술에 연결하라.
>   는 것을 언급하고 있습니다.

16 21학년도 6월 평가원 20번 (정답률 76%)

다음 글에서 필자가 주장하는 바로 가장 적절한 것은?

Occasionally individuals do not merely come out as well as clearly state what is troubling them and instead select more indirect means of expressing their annoyance. One companion might talk to the various other in a way that is condescending and also indicates underlying hostility. Numerous other times, partners may mope and even frown without genuinely dealing with an issue. Companions may likewise merely prevent discussing an issue by swiftly switching over topics when the subject turns up or by being incredibly vague. Such indirect ways of expressing temper are not useful **since** they don't provide the individual that is the target of the behaviors, an idea of exactly how to react. They understand their companion is irritated, **but** the absence of directness leaves them without advice regarding what they can do to solve the issue.

* condescend: 거들먹거리다 ** mope: 울적해하다

해설 [정답 : ③]

간접적으로 짜증을 표현하는 방식을 소개하고 이러한 방식은 비효율적이라고 합니다. 마지막 두 문장을 통해서 직접성이 없으면 (-)라는 것을 알 수 있으므로 정답은 ③번이 됩니다. ②번을 고르셨다면 Ⅳ번 문장만 보고 주관적으로 해석하셔서 고르신 경우입니다. 문맥상 Ⅳ번 문장은 짜증을 간접적으로 표현하는 방법 중 하나이며 상대방의 기분을 상하게 하는 행동을 막는 것이 아닙니다.

Ⅰ. (Occasionally) individuals / do not merely come out / as well as / clearly state / what

is troubling / them and (come out, state와 select 연결) instead select / more indirect means

(of expressing their annoyance).

> **구** B as well as A - A 뿐만 아니라 B도
> - means - 수단, 방법 (mean - 의미하다, 비열한)
> - 때때로 개인들은 무엇이 그들을 괴롭게 하는지 분명하게 언급하지 않을 뿐만 아니라 드러내지도 않고 대신에 그들의 짜증을 표현하는 간접적인 방식들을 선택한다고 합니다.

> **독** 개인들은 그들의 짜증을 간접적인 방식으로 표현한다고 합니다.

Ⅱ. One companion / might talk to / the various other (in a way / that / is condescending and (is와

indicates 연결) also indicates / underlying hostility.

* condescend: 거들먹거리다

> **구** 한 동료가 거들먹거리고 또한 근본적인 적개심을 나타내는 방식으로 다양한 사람들과 이야기를 나눌 수 있다고 합니다.

> **독** 간접적으로 짜증을 표현하는 것을 제시합니다.

* under (아래) + lie (놓다) = underlying - 근본적인, 안에 있는

Ⅲ. Numerous other times, partners / may mope and even frown (without genuinely dealing with / an issue).

** mope: 울적해 하다

> [구] 다른 수많은 경우에도, 동료들은 그 문제에 대해서 진정히 다루지 않고 울적해할 수 있고 눈살을 찌푸릴 수 있다고 합니다.

> [독] 마찬가지로 간접적으로 짜증을 표현하는 것을 보여줍니다.

* frown - 눈살을 찌푸리다
** deal with - 다루다

Ⅳ. Companions / may (likewise) (merely) prevent / discussing an issue (by swiftly / switching over topics) / when the subject / turns up / or (by switching과 by being 연결) (by being / incredibly vague).

> [구] 마찬가지로 동료들은 그 주제가 등장하면 거의 신속하게 주제를 바꿈으로써 또는 매우 모호하게 함으로써 주제를 논의하는 것을 막을 수 있다고 합니다.

> [독] 얘기하기 싫은 주제를 바꾸거나 모호하게 함으로써 간접적으로 짜증을 표현한다고 합니다.

* swiftly - 신속하게
** switch over - ~를 바꾸다

Ⅴ. Such indirect ways (of expressing temper) / are / not useful / **since** they / don't provide / the individual (that / is / the target of the behaviors), / an idea of exactly how to react.

> [구] provide A B - A에게 B를 제공하다.
> - 'since'는 '~이래로'뿐만 아니라 '~ 때문에'로도 사용됩니다.
> - 'how to-V'는 '어떻게 V하는지'로 해석하시면 됩니다.
> - 그들은 행동의 목표가 되는 개인들에게 정확하게 어떻게 반응해야 할지에 대한 생각을 제공하지 않기 때문에 이러한 짜증을 표현하는 간접적인 방식은 유용하지 못하다고 합니다.

> [독] 인과관계를 설명해주므로 중심 문장!

Ⅵ. They / understand / their companion / is irritated, **but** the absence (of directness) leaves / them / (without advice) (regarding / what / they / can do) (to solve the issue).

> [구] 그들은 그들의 동료가 화가 난 것을 이해하지만 직접성의 부재는 그 문제를 해결하기 위해서 그들이 무엇을 할 수 있는 지에 관한 충고 없이 그들을 내버려 둔다고 합니다.

> [독] 'but'이 존재하므로 중심 문장!
> - 'absence'와 'without'으로 이중 부정 문장입니다. 이중 부정이 제시되었을 때 간단하게 이해할 수 있는 방법은 부정을 지우는 것입니다. 즉 직접성의 존재는 그 문제를 해결하기 위해서 그들이 무엇을 할 수 있는지에 관한 충고와 함께한다는 것을 생각하셔서 직접성의 존재가 그들이 문제를 해결하기 위해서 무엇을 할 수 있을 지에 대한 충고와 함께 있다고 이해하시면 됩니다.

다음 글에서 필자가 주장하는 바로 가장 적절한 것은?

> Developing expertise carries costs of its own. We can become experts in some areas, like speaking a language or knowing our favorite foods, simply by living our lives, **but** in many other domains expertise requires considerable training and effort. What's more, expertise is domain specific. The expertise that we work hard to acquire in one domain will carry over only imperfectly to related ones, and not at all to unrelated ones. **In the end**, as much as we may want to become experts on everything in our lives, there simply isn't enough time to do so. Even in areas where we could, it won't necessarily be worth the effort. It's clear that we **should** concentrate our own expertise on those domains of choice that are most common and/or important to our lives, and those we actively enjoy learning about and choosing from.

해설 [정답 : ①]

마지막 문장에서 'should' 부분이 확 눈에 들어왔다면 아주 훌륭하게 정답을 맞히신 겁니다. 마지막 문장에서 'concentrate our own expertise on those domains of choice that are most common and/or important to our lives, and those we actively enjoy learning about and choosing from.'로 인해서 정답은 ①번 자신에게 의미 있는 영역을 정해서 전문성을 키워야 한다. 가 되어야 합니다.

* ②번 선지인 전문성 함양에는 타고난 재능보다 노력과 훈련이 중요하다.를 골랐다면 지문을 다 안 읽으신 겁니다. 전문성은 노력과 훈련을 요구한다는 부분이 있습니다!! 하지만 타고난 재능에 관한 것은 지문에서 언급되지 않았습니다. 'but' 앞 문장에서 다양한 분야에서 전문가가 될 수 있다고 할 뿐 재능에 관한 내용은 없습니다!! 그래서 'but'의 앞부분도 읽으셔야 합니다!

Ⅰ. Developing expertise / carries / costs of its own.

> 🔲 전문성을 개발하는 것은 그 자체의 비용이 수반된다고 합니다.

* expertise - 전문성
** its own - 그 자체의

Ⅱ. We / can become / experts (in some areas), (like / speaking a language or knowing our favorite foods), (simply / **by** living our lives), **but** (in many other domains) expertise / requires / considerable training and effort.

> 🔲 우리는 언어를 말하고 좋아하는 음식들을 아는 것처럼 간단히 우리의 삶을 삶으로써 여러 분야에서 전문가가 될 수 있지만 많은 영역에서 전문성은 상당한 훈련과 노력을 요구한다고 합니다. 즉 하고 싶은 말은 'but' 뒷 문장입니다. 하지만 이해를 위해서는 'but' 앞에도 주목하셔야 합니다.

> 🔲 'but'이 보입니다! 중심 문장!!

* by V-ing - ~함으로써
** considerable - 상당한 considerate - 사려 깊은

Ⅲ. What's more, expertise / is / domain specific.

> 구 게다가, 전문성은 구체적인 영역이라고 합니다.

* 'What's more'은 '게다가'라는 뜻입니다. 나열할 때 사용되는 연결어!

Ⅳ. The expertise / (that we / work hard / to acquire / in one domain) / will carry over / only imperfectly to related ones, <u>and (to related ones와 to unrelated ones 연결) /</u> not at all / to unrelated ones.

> 구 한 분야에서 얻기 위해서 우리가 노력하는 전문성은 관련된 영역에서 불완전하게 이어질 것이고 관련 없는 영역에서는 전혀 이어지지 않는다고 합니다.

* carry over - 이어지다

Ⅴ. <u>In the end</u>, (as much as we / may want to become / experts (on everything in our lives)), there / simply isn't / enough time (to do so).

> 구 'as much as'는 '~하는 만큼'
> - 'to do so'에서 'do'는 대동사입니다. 여기서는 'to become experts on everything in our lives'를 지칭합니다.
> - 정리하면 우리가 우리의 삶에서 모든 것에 대한 전문가가 되는 것을 원하는 만큼, 간단하게 그것을 하기 위한 충분한 시간이 없을 것이라고 합니다. 즉 우리는 모든 것에 대해서 전문가가 될 수 없다는 것입니다.

> 독 'In the end'는 '결국에는'이라는 뜻을 가집니다. 즉 결론이므로 중심 문장!

Ⅵ. Even / in areas (where we / could), it / won't necessarily be worth / the effort.

> 구 여기서 'could' 뒷부분이 생략되어 있습니다. 뒷부분이 생략되어 있을 때는 앞 문장과 같을 경우만 생략 가능하므로 문맥상으로 파악해야 합니다. 이를 통해 'be enough time to do so'가 생략되었음을 알 수 있습니다.
> - 심지어 가능한 곳이라도 해도, 이것이 반드시 노력할 가치가 있는 것은 아니라고 합니다.

* be worth - ~할 가치가 있다.

Ⅶ. It's / clear (that / we / <u>should</u> concentrate / our own expertise on those domains of choice (that are / most common <u>and/or (common과 important 연결)</u> important to our lives, <u>and (those domains of choice와 those를 연결)</u> those (we / actively enjoy / learning about and choosing from).

> 구 It be동사 + 형용사 + that 은 가주어/진주어를 의심해야 합니다. 'It'이 지칭하는 대상이 앞 문장에 존재하지 않습니다. 그러므로 가주어/진주어로 해석해야 합니다.
> - 'concentrate A on B'는 'A를 B에 집중시키다'를 뜻합니다.
> - 우리는 우리가 가지는 전문성을 우리의 삶에서 중요하고 흔한 것과 우리가 배우고 선택하는 것을 적극적으로 즐거워하는 것에 집중해야만 하는 것은 분명하다고 합니다. 즉, 여러 분야에서 전문가가 되려고 하는 것이 아닌 일부에만 집중해서 전문가 되려고 해야 한다는 것입니다.

> 독 'should'가 존재하므로 중심 문장!!

18 23학년도 수능 20번 (정답률 76%)

다음 글에서 필자가 주장하는 바로 가장 적절한 것은?

> At every step in our journey through life we encounter junctions with many different pathways **leading into** the distance. Each choice involves uncertainty about which path will get you to your destination. Trusting our intuition to make the choice often **ends up** with us making a suboptimal choice. Turning the uncertainty into numbers has proved a potent way of analyzing the paths and finding the shortcut to your destination. The mathematical theory of probability hasn't eliminated risk, **but** it allows us to manage that risk more effectively. The strategy is to analyze all the possible scenarios that the future holds and then to see what proportion of them **lead to** success or failure. This gives you a much better map of the future on which to base your decisions about which path to choose.
>
> * junction: 분기점 ** suboptimal: 차선의

해설 [정답 : ③]

불확실성을 숫자로 표현하는 확률을 통해서 우리는 위험을 보다 더 효율적으로 관리할 수 있으며, 우리가 어떠한 길을 선택할 때 근거가 될 수 있는 것을 우리에게 준다고 합니다. 그러므로 정답은 ③번 '더 나은 선택을 위해 성공 가능성을 확률적으로 분석해야 한다.'가 정답이 됩니다.

Ⅰ. (At every step in our journey through life) we / encounter / junctions (with many different pathways **leading into** the distance).

* junction: 분기점

- 구▶ 평생동안 우리의 여정의 모든 단계에서 우리는 먼 곳으로 이끄는 다양한 길들이 있는 분기점을 만나게 된다고 합니다.

- 독▶ 'lead into'가 제시되었으므로 중심 문장
  - 우리는 살면서 많은 분기점 즉, 선택을 하는 순간을 만나게 된다고 합니다.
  (예를 들어, 국어에서 화법과 작문과 언어와 매체 중 무엇을 선택할지 고민하는 순간을 생각하시면 됩니다.)

Ⅱ. Each choice / involves / uncertainty (about which path / will get / you (to your destination)).

- 구▶ 'which + N'로 제시되어 'which'가 뒷 명사를 수식하는 경우 의문형용사로 사용된 것이며 '어떤 N'으로 해석하시면 됩니다.
  - 각각의 선택은 어떤 길이 너를 너의 목적지로 데려다줄지에 대한 불확실성을 포함한다고 합니다.

- 독▶ 분기점에서의 선택은 불확실성을 포함한다고 합니다.

Ⅲ. Trusting our intuition (to make the choice) / often **ends up** (with us) making / a suboptimal choice.

** suboptimal: 차선의

구 'end up'은 '결국 ~하게 되다'를 의미합니다.
- 선택을 하게 만든 우리의 직관을 믿는 것은 종종 결국 차선의 선택을 하게 만든다고 합니다.

독 'end up'을 통해 결과를 제시하므로 중심 문장
- 우리의 직관을 믿고 선택을 할 때 종종 우리는 최선의 선택이 아닌 차선의 선택을 한다고 합니다.

Ⅳ. Turning the uncertainty into numbers / has proved / a potent way (of analyzing the paths and finding the shortcut to your destination).

구 'turn A into B'는 'A를 B로 바꾸다'를 의미합니다.
- 불확실성을 숫자로 바꾸는 것은 너의 목적지로 가는 길을 분석하고 지름길을 찾는 잠재력이 있는 방법으로 입증되었다고 합니다.

독 불확실성을 숫자로 바꾸는 것이 좋은 방법이라고 합니다.

Ⅴ. The mathematical theory (of probability) / hasn't eliminated / risk, **but** it / allows / us / to manage / that risk more effectively.

구 'allow A to-V'는 'A가 V하는 것을 허락하다'를 의미합니다.
- 확률의 수학적 이론은 위험을 제거하는 것은 아니지만 그것은 (= 확률은) 우리가 효율적으로 그 위험을 관리하도록 허락한다고 합니다.

독 'but'이 제시되었으므로 중심 문장
- 불확실성을 숫자로 바꾼 확률이 위험을 제거하지는 않지만 위험을 보다 효율적으로 관리하도록 도와준다고 합니다.

Ⅵ. The strategy / is / to analyze / all the possible scenarios (that the future holds) and then to see what proportion of them / **lead to** / success or failure.

구 그 전략은 (= 확률을 통해 위험을 관리하는 전략은) 미래가 가질 수 있는 모든 시나리오를 분석하고 그것들의 (= 모든 가능한 시나리오들의) 성공 혹은 실패를 야기하는 비율을 관찰하는 것이라고 합니다.

독 'lead to'가 제시되었으므로 중심 문장
- 확률로 위험을 관리하는 방법에 대한 구체적인 내용이 제시되고 있습니다.

Ⅶ. This / gives / you / a much better map of the future on which (to base / your decisions (about which path to choose).

- S, V, I.O, D.O, 의문사, 의문형용사 (markers above the English sentence)

구 ▸ 'give + I.O + D.O'는 'I.O에게 D.O를 주다'를 의미합니다.
- 'which to-V'는 'V하는 것'을 뜻합니다.
- 'which + N'로 제시되어 'which'가 뒷 명사를 수식하는 경우 의문형용사로 사용된 것이며 '어떤 N'으로 해석하시면 됩니다.
- 그것은 (= 확률로 위험을 관리하는 것은) 너에게 어떠한 길을 선택하는 것에 관한 너의 결정에 근거가 될 수 있는 미래에 대한 훨씬 더 좋은 지도를 준다고 합니다.

독 ▸ 확률로 위험을 관리하는 전략은 더 좋은 결정을 할 수 있도록 도와준다고 합니다.

다음 글의 요지로 가장 적절한 것은?

Official definitions of sport have important implications. When a definition emphasizes rules, competition, and high performance, many people will be excluded from participation or avoid other physical activities that are defined as "second class." **For example**, when a 12-year-old is cut from an exclusive club soccer team, she may not want to play in the local league because she sees it as "recreational activity" rather than a real sport. This can **create** a situation in which most people are physically inactive at the same time that a small number of people perform at relatively high levels for large numbers of fans—a situation that negatively impacts health and increases health-care costs in a society or community. When sport is defined to include a wide range of physical activities that are played for pleasure and integrated into local expressions of social life, physical activity rates will be high and overall health benefits are likely.

해설 [정답 : ④]

스포츠의 정의가 어떻게 되냐에 따라서 공동체의 건강과 참여에 영향을 받는 내용인 것을 쉽게 찾으셔서 정답 선지인 ④번 스포츠의 정의는 신체 활동 참여와 건강에 영향을 미친다.를 고르셔야 합니다.

* ③번 선지를 고르셨다면

1. 사실관계 파악이 되지 않으셨습니다. 스포츠의 대중화라는 것은 지문에서 제시되어 있지 않습니다. 아마 지문을 중간까지만 읽으시고 가장 비슷한 선지를 고르시는 경향이 있다면 이 이유로 고르셨다고 생각합니다. 지문은 끝까지 읽으셔야 합니다.

2. 인과관계의 방향을 신경 쓰지 않으셨습니다. 이 지문에서 스포츠의 정의는 결과가 아닌 원인에 해당합니다. 즉 ③번 선지처럼 A ⇒ 스포츠의 정의가 아닌 스포츠의 정의 ⇒ A입니다. 인과관계를 이해하는 부분이 아직은 미숙하셔서 ③번을 고르셨다고 생각합니다. 이 부분은 이 책에 계속 나오는 부분이니 천천히 극복해봅시다.

Ⅰ. Official definitions of sport / have / important implications.

구▶ 스포츠의 공식적인 정의는 중요한 함축을 가진다고 합니다.

Ⅱ. When a definition / emphasizes / rules, competition, and high performance, many people / will be excluded from participation or (be와 avoid를 연결) avoid / other physical activities (that are defined as "second class.")

구▶ 정의가 규칙, 경쟁, 그리고 높은 기량을 강조할 때, 많은 사람들은 참가로부터 제외되며 "second class" 로 정의된 다른 신체적인 활동을 피하게 된다고 합니다.

독▶ 'For example' 예시 앞 문장이므로 이해해야 하는 중심 문장입니다.

* be excluded from A - A로부터 제외되다.
** be defined as A - A로 정의되다.

Ⅲ. <u>For example</u>, when / a 12-year-old / is cut from / an exclusive club soccer team, / she / may not want / to play / in the local league / because / she / sees / it / as "recreational activity" rather than a real sport.

> **구** 예를 들어, 12세의 아이가 상위 축구팀에서 잘리게 된다면 그녀가 지역리그를 진짜 스포츠보다는 레크리에이션 활동으로 간주할 것이기 때문에 지역 리그에서 뛰는 것을 원하지 않을 것이라고 합니다.

> **독** 예시더라도 꼼꼼하게 원 개념 (= 앞문장)과 연결하며 이해하셔야 합니다.
> - Ⅱ번 문장과 연결해보면 'be excluded from participation'은 Ⅲ번 문장의 'is cut from an exclusive club soccer team'과 대응이 되고 Ⅱ번 문장의 'other physical activities'는 Ⅲ번 문장의 local league'와 Ⅱ번 문장의 "second class"는 Ⅲ번 문장의 "recreational activity"와 대응이 됩니다.

* see A as B - A를 B로 간주하다. (= regard A as B = view A as B)

Ⅳ. This / can <u>**create**</u> / a situation / (in which / most people / are / physically inactive / at the same time) (that a small number of people / perform / at relatively high levels for large numbers of fans)—a situation (that negatively / impacts / health / and / increases / health-care costs / in a society or community).

> **구** '一'는 (=)로 구체적으로 진술해 줍니다.
> - 'This'는 Ⅱ번, Ⅲ번 문장에서 제시한 참가에서 제외되고 다른 신체적인 활동을 피하는 것을 지칭합니다.
> - 그것은 소수의 사람들이 많은 팬들을 위해서 상대적으로 높은 수준으로 수행하는 것과 동시에 대부분의 사람들이 신체적으로 비활동적인 상황, 즉 부정적으로 건강에 영향을 끼치며 사회와 공동체의 건강관리 비용을 증가시키는 상황을 야기할 수 있다고 합니다.

> **독** 'This'가 야기하는 결과가 제시됩니다! 중심 문장!

Ⅴ. When / sport / is defined / to include / a wide range of physical activities (that are played for pleasure <u>and (played와 integrated 연결)</u> integrated into / local expressions of social life), / physical activity rates / will be / high and overall health benefits / are / likely.

> **구** 스포츠가 행복을 위해서 활동하고 사회적 삶의 지역적 표현과 융합하는 신체적 활동을 포함하여 정의된다면 신체적 활동 지표가 높아질 것이고 전체적인 건강 이익이 가능할 것이라고 합니다.
> - 이 내용은 Ⅳ번 문장을 재진술하고 있습니다. 왜냐하면 좁은 스포츠의 의미 ⇒ 건강에 안 좋음. 이라는 내용이 Ⅳ번 문장에서 제시되었고 Ⅴ번 문장에서는 넓은 스포츠의 의미 ⇒ 건강에 좋음. 이라는 내용이 제시되었기 때문입니다.

Q Ⅳ번 문장과 Ⅴ번 문장이 대우 관계도 아니고 동치도 아닌데 재진술되었다고 볼 수 있나요?

A 물론 논리학적 관점에서는 A ⇒ B와 대우/동치되는 관계는 A ⇒ B와 not B ⇒ not A만 존재합니다. 하지만 영어 지문에서는 수학과 같은 구체적인 명제의 논리 관계를 묻지 않으므로 A ⇒ B와 not A ⇒ not B가 동일하다고 보시는 것이 이해하는데 오히려 더 편하실 겁니다. 단, A ⇒ B와 B ⇒ A는 인과관계가 뒤바뀌었으므로 다른 의미이며 A ⇒ not B는 사실관계가 다르므로 틀린 의미입니다.

글을 쓴 사람이 하고 싶은 말은 결과이자 재진술하고 있는 Ⅳ번 Ⅴ번 문장입니다.
그러므로 정답은 ④번이 됩니다.

다음 글의 요지로 가장 적절한 것은?

> Urban delivery vehicles can be adapted to better suit the density of urban distribution, which often involves smaller vehicles such as vans, including bicycles. The latter have the potential to become a preferred 'last-mile' vehicle, particularly in high-density and congested areas. In locations where bicycle use is high, such as the Netherlands, delivery bicycles are also used to carry personal cargo (e.g. groceries). **Due to** their low acquisition and maintenance costs, cargo bicycles convey much potential in developed and developing countries alike, such as the *becak* (a three-wheeled bicycle) in Indonesia. Services using electrically assisted delivery tricycles have been successfully implemented in France and are gradually being adopted across Europe for services as varied as parcel and catering deliveries. Using bicycles as cargo vehicles is particularly encouraged when combined with policies that restrict motor vehicle access to specific areas of a city, such as downtown or commercial districts, or with the extension of dedicated bike lanes.

해설 [정답 : ①]

앞 부분에서는 배달 수단으로써의 자전거를 제시하였고 Ⅳ번 문장부터 선진국과 개발도상국에서 자전거를 사용하는 것의 이점들이 제시되고 있습니다.

①번 선지 : 도시에서 자전거는 효율적인 배송 수단으로 사용될 수 있다. - 정답 선지입니다.
②번 선지 : 자전거는 출퇴근 시간을 줄이기 위한 대안으로 선호되고 있다.
   - 자전거라는 같은 소재이지만 출퇴근 시간을 줄이기 위한 대안이라는 내용은 지문에서 제시되지 않았으므로 언급되지 않은 선지에 해당합니다.
③번 선지 : 자전거는 배송 수단으로의 경제적 장단점을 모두 가질 수 있다.
   - 자전거를 배송 수단으로써 사용할 때의 경제적 단점은 지문에서 제시되지 않았습니다. 언급되지 않은 선지입니다.
④번 선지 : 수요자의 요구에 부합하는 다양한 용도의 자전거가 개발되고 있다. - 무관한 선지입니다.
⑤번 선지 : 세계 각국에서는 전기 자전거 사용을 장려하는 정책을 추진하고 있다.
   - 선진국과 개발도상국을 포함하는 세계 각국에서 전기 자전거를 통한 배달 서비스가 증가하는 것은 지문에서 제시되었으나 이러한 전기 자전거의 도입이 정책적으로 추진된다는 내용은 지문에서 제시되지 않았으므로 언급되지 않은 선지에 해당합니다.

Ⅰ. Urban delivery vehicles / can be adapted to better suit / the density of urban distribution, which often involves / smaller vehicles such as vans, including bicycles.

   구 ', which'는 계속적 용법으로 사용될 수 있으며, '이것은 ~하다'로 해석하시면 됩니다.
   - 도시 배달 수단들은 도시 배치의 밀집 상태에 매우 잘 맞도록 개조되었는데, 이것은 (= 도시 배달 수단들은) 밴과 자전거들을 포함하는 작은 수단들도 포함한다고 합니다.

   독 도시의 배달 수단들은 도시의 밀집도에 맞게 개조되어 왔고, 개조된 배달 수단들 중 자전거와 같은 작은 배달 수단들이 있다고 합니다.

Ⅱ. The latter / have / the potential (to become / a preferred 'last-mile' vehicle), (particularly in high-density and congested areas).

구▶ 후자는 (= 자전거는) 특히 높은 밀집도와 복잡한 지역에서 선호되는 '최종 단계' 수단들이 될 잠재력이 있다고 합니다.

독▶ 작은 배달 수단들 중 자전거는 밀집도가 높고 복잡한 지역에서 선호될 수 있다고 합니다.

Ⅲ. In locations (where bicycle use / is / high, such as the Netherlands), delivery bicycles / are also used / to carry / personal cargo (e.g. groceries).

구▶ 'be used to-V'는 'V하기 위해서 사용되어지다'로 해석하시면 됩니다.
- 네덜란드와 같이 자전거의 사용을 많이 하는 지역에서 배달 자전거들은 또한 개인 짐을 (예를 들어, 식료품을) 운반하기 위해서 사용되어졌다고 합니다.

Ⅳ. (**Due to** their low acquisition and maintenance costs), cargo bicycles / convey / much potential (in developed and developing countries alike, such as the becak (a three-wheeled bicycle) in Indonesia).

구▶ 그들의 (= 자전거의) 낮은 습득 비용과 유지 비용 때문에, 화물 자전거는 선진국과 인도네시아의 becak (세발 자전거)와 같이 개발도상국에서 똑같이 많은 잠재력을 가지고 있다고 합니다.

독▶ 'Due to'가 제시되었으므로 중심 문장
- 자전거를 얻는 데 필요한 낮은 매입 비용과 자전거를 관리하는 데 필요한 낮은 유지 비용 덕분에 선진국뿐만 아니라 개발도상국에서도 높은 잠재력을 가지고 있다고 합니다.

Ⅴ. Services (using electrically assisted delivery tricycles) / have been successfully implemented (in France) and are gradually being adopted (across Europe for services as varied as parcel and catering deliveries).

구▶ 'as A as B'는 'B처럼 A한'으로 해석하시면 됩니다.
- 전기 보조 배달용 세발 자전거를 이용하는 서비스들은 (= 배달들은) 프랑스에서 성공적으로 시행되고 있고 소포나 음식 배달처럼 다양한 서비스에서 유럽 전역에 걸쳐 점진적으로 채택되어가고 있다고 합니다.

독▶ 선진국의 예시에 해당하는 유럽에서도 배달 자전거가 이미 시행되고 있거나 도입되고 있다고 합니다.
* parcel - 소포
** catering - 음식 공급

Ⅵ. Using bicycles (as cargo vehicles) / is particularly encouraged (when combined (with policies) (that restrict / motor vehicle access (to specific areas of a city, such as downtown or commercial districts), or (with the extension of dedicated bike lanes).

구▶ 'A or B'의 구조를 제시하고 있습니다.
- 화물 수단으로써 자전거를 사용하는 것은 도심이나 상업 지구처럼 도시의 특정 지역에 자동차 접근을 제한하는 정책이나 자전거 전용 도로의 확장과 결합될 때 특히 장려된다고 합니다.

독▶ 자전거를 통한 배달은 자동차가 접근할 수 없거나 자전거 도로가 많아질 때 특히 좋다고 합니다.

다음 글에서 필자가 주장하는 바로 가장 적절한 것은?

As the world seems to be increasingly affected by the ever-expanding influence of machines in general and artificial intelligence (AI) specifically, many begin to imagine, with either fear or anticipation, a future with a diminished role for human decision making. Whether it be **due to** the growing presence of AI assistants or the emergence of self-driving cars, the necessity of the role of humans as the decision makers would appear to be in decline. After all, our capacity for making mistakes is well documented. **However**, perhaps the saving grace of human determination is to be found here as well. Little evidence exists that suggests modern AI's infallibility or predicts it in the future. It is **crucial** that, in light of humanity's acceptance of our own fallibility, we utilize our capacity to overcome such failures to position ourselves as the overseers of AI's own growth and applications for the foreseeable future.

해설 [정답 : ⑤]

최근 영어 지문의 단골손님인 AI에 관한 지문입니다. 역시 AI의 확대와 함께 따라다니는 역기능인 인간의 영향력이 줄어드는 내용을 지문 초반에 언급합니다. 이것은 글 주제의 원인이 되면서, 'However'가 언급되는 Ⅳ번 문장부터 필자의 주장이 언급되기 시작합니다. Ⅳ번 문장에서는 'saving grace of human determination is to be found here' 인간 결단력의 장점 또한 여기서 발견된다고 하면서 AI와 다르게 실수를 하는 인간의 단점이 오히려 장점이 된다고 하며, Ⅵ번 문장에서는 'we utilize our capacity to overcome such failures to position ourselves as the overseers of AI's own growth' 우리가 실패를 극복하는 능력을 활용하여 AI 성장의 감독관으로서 자리를 잡아야 한다고 하며, 'it is crucial' 그 내용이 중요하다고 말하는 것으로 보아 이는 필자의 주장이 직접적으로 들어간 문장이라고 볼 수 있습니다. 이를 종합하여 볼 때 필자의 주장이 들어간 선지는 AI의 영향력 확산에 대비해 인간의 오류 극복 능력을 활용해야 한다는 ⑤번이 됩니다.

Ⅰ. As the world / seems / to be increasingly affected (by the ever-expanding influence (of machines) in general / and artificial intelligence (AI) specifically), many / begin to imagine, (with either fear or anticipation), a future (with a diminished role (for human decision making)).

구▶ 전 세계가 전반적으로 기계의 영향력, 구체적으로 말하면 인공지능(AI)의 계속 확대되는 영향력에 점점 더 영향을 받는 듯 보이면서, 많은 사람은 두려움 속에 또는 기대를 품고 인간의 의사 결정 역할이 줄어드는 미래를 상상하기 시작한다고 합니다.

독▶ 인공지능의 영향력이 커지면서 사람들이 자신들의 의사 결정의 역할이 줄어드는 것을 의식한다고 합니다.

Ⅱ. Whether / it be **due to** the growing presence (of AI assistants) or / the emergence of self-driving cars, the necessity (of the role of humans as the decision makers) / would appear / to be in decline.

> 구▶ 'whether A or B'는 'A이든 B이든'을 의미합니다.
> - 커지는 AI 비서의 존재감 때문이든, 자율 주행 자동차의 등장 때문이든, 의사 결정권자로서의 인간 역할의 필요성은 감소하는 듯 보일 것이라고 합니다.

> 독▶ 'due to'가 제시되었으므로 중심 문장
> - 인간의 역할이 줄어드는 이유로서 AI의 장점을 언급하고 있습니다.

Ⅲ. After all, our capacity (for making mistakes) / is well documented.

> 구▶ 결국, 실수를 저지르는 우리의 능력은 충분히 입증되었다고 합니다.

> 독▶ AI와 대비되는 인간의 특징은 실수를 저지른다는 것이며, 이것이 인간이 의사 결정에서의 역할이 줄어드는 이유라는 것을 알 수 있습니다.

Ⅳ. **However**, perhaps the saving grace (of human determination) / is to be found / here as well.

> 구▶ 하지만, 아마도 인간 결단력의 장점 또한 여기에서 발견될 것이라고 합니다.

> 독▶ 'However'로 지문의 주제가 전환되므로 앞 뒤 중심 문장
> - 인간의 단점에서 장점으로 주제가 전환되고 있습니다.

Ⅴ. Little evidence / exists (that suggests / modern AI's infallibility or / predicts / it (in the future)).

> 구▶ 현재 AI의 무오류성을 시사하거나 미래에 그것을 예측하는 증거는 거의 존재하지 않는다고 합니다.

> 독▶ 다시 한 번 AI의 특징으로 오류성이 없다는 것을 언급하고 있습니다. 이는 Ⅲ번 문장의 인간이 가지는 오류성과 반대되는 특징이라는 것을 알 수 있습니다.

Ⅵ. It / is / **crucial** / that, in light of humanity's acceptance (of our own fallibility), we / utilize / our capacity (to overcome such failures) (to position ourselves as the overseers (of AI's own growth and applications for the foreseeable future)).

> 구▶ 인류가 스스로 오류성을 인정한다는 점으로 미루어 볼 때, 우리가 이러한 실패를 극복할 수 있는 능력을 활용하여 가까운 미래에 AI 자체의 성장과 적용의 감독관으로서 자리 잡는 것이 매우 중요하다고 합니다.

> 독▶ 필자의 주장이 직접적으로 언급되는 문장입니다.
> - Ⅴ번 문장에서 이어지는 내용으로, 오류를 저지르지만 그 오류를 인정하고 극복하는 인간은, AI의 성장을 감독해야 한다는 것으로 AI와 관련된 인간의 새로운 역할을 언급하고 있습니다.

다음 글의 요지로 가장 적절한 것은?

> **The need to** assimilate values and lifestyle of the host culture has become a growing conflict. Multiculturalists suggest that there **should** be a model of partial assimilation in which immigrants retain some of their customs, beliefs, and language. There is pressure to conform rather than to maintain their cultural identities, **however**, and these conflicts are greatly determined by the community to which one migrates. These experiences are not new; many Europeans experienced exclusion and poverty during the first two waves of immigration in the 19th and 20th centuries. **Eventually**, these immigrants transformed this country with significant changes that included enlightenment and acceptance of diversity. People of color, **however**, continue to struggle for acceptance. Once again, the challenge is to recognize that other cultures think and act differently and that they have the right to do so. Perhaps, in the not too distant future, immigrants will no longer be strangers among us.

해설 [정답 : ①]

글의 Ⅰ번 문장에서 주최 문화(주류 문화)에 대한 가치와 삶의 방식이 동화(흡수)의 필요가 점차 증가하는 갈등이 되고 있다고 합니다. Ⅱ번 문장에서 다문화주의자들은 이민자들의 관습이나, 신념, 언어 일부를 유지하는 동화 모델이 있어야 한다고 합니다. Ⅰ번 문장에서의 갈등에 대한 구체적인 내용이자, 이 문제에 대한 해결책이기도 합니다. Ⅵ번 문장에서 'however(역접의 논리)'로 내용을 대조하고 있고, Ⅶ번 문장에서 "Once again"이라는 표현을 사용해서 다르게 생각하고 다르게 행동할 권리에 대해 이야기하며 글의 주제를 다시 언급하고 있습니다.

①번 선지 : 이민자 고유의 정체성을 유지할 권리에 대한 공동체의 인식이 필요하다.
- 정답 선지입니다.

②번 선지 : 이민자의 적응을 돕기 위해 그들의 요구를 반영한 정책 수립이 중요하다.
- 이민자의 적응을 돕는 목적은 일치하지만, 정책 수립에 관한 선지는 정답이 될 수 없습니다.

③번 선지 : 이민자는 미래 사회의 긍정적 변화에 핵심적 역할을 수행할 수 있다.
- 그럴듯한 내용이지만, 이 내용이 언급된 유럽인들의 예시가 이민자들과의 갈등을 언급하기 위해 등장한 예시이므로, 지문을 포괄한 요지라고는 볼 수 없습니다.

④번 선지 : 다문화사회의 안정을 위해서는 국제적 차원의 지속적인 협력이 요구된다.
- 국제적 차원의 협력은 지문에서 언급된 적이 없습니다.

⑤번 선지 : 문화적 동화는 장기적이고 체계적인 과정을 통해 점진적으로 이루어진다.
- 문화적 동화를 제외한 선지의 내용은 지문에서 언급된 적이 없습니다.

Ⅰ. **The need to** assimilate values and lifestyle (of the host culture) / has become / a growing conflict.

> 구▶ 주최 문화의 가치와 생활 방식을 흡수해야 한다는 필요성은 점점 커져가는 갈등이 되고 있다고 합니다.

> 독▶ 'need to'가 제시되었으므로 중심 문장
>   - 'a, an' 부정관사로 글쓴이가 주제에 관련된 새로운 개념을 도입할 때 사용합니다.
>   여기서는 "점차 증가하는 갈등"이 글쓴이가 전개하려고 하는 주요한 시작점입니다.

Ⅱ. Multiculturalists / suggest / (that there should / be / a model (of partial assimilation)) (in which immigrants / retain / some of their customs, beliefs, and language).

> 구▶ 다문화주의자들은 이민자들이 그들의 관습, 신념, 언어 일부를 유지하는 "부분적인 동화 모델"이 있어야 한다고 합니다.

> 독▶ "부분적인 동화모델"이 부정관사와 동반하여 도입되었고, 이는 점차 증가하고 있는 갈등와 연계하여 이해하면 갈등의 내용이자 해결책으로 이해할 수 있습니다.

Ⅲ. There is / pressure (to conform rather than to maintain / their cultural identities), **however**, and these conflicts / are greatly / determined (by the community (to which one / migrates)).

> 구▶ 'A rather than B'는 B라기보다는 A라는 뜻이라고 합니다.
>   - 그러나, 그들의 문화적 정체성을 유지하게 하기보다는 그들이 (주최 문화에) 순응하게 하는 압박이 있고 이러한 갈등들은 이민자가 정착한 그 공동체에 따라 크게 좌우된다고 합니다.

> 독▶ 'however'가 제시되었으므로 앞 뒷 문장 중심 문장
>   - Ⅱ번 문장에서 말한 해결책에 '역접의 논리'로 Ⅰ번 문장에서 말한 갈등이 해결되지 않고 있음을 설명하고 있습니다.

Ⅳ. These experiences / are not / new; many Europeans / experienced / exclusion and poverty (during the first two waves) (of immigration in the 19th and 20th centuries).

> 구▶ 이러한 경험은 새로운 것이 아니다.
>   많은 유럽인들은 19세기와 20세기의 처음 두 번의 이민의 물결(이민을 많이 간 것을 비유)동안 배제와 빈곤을 경험했다고 합니다.

> 독▶ Ⅲ번 문장에 말한 갈등이 해결되지 않은 것에 대한 예시로 유럽인들의 19세기와 20세기의 이민에서의 배제와 빈곤을 설명하고 있습니다.

Ⅴ. **Eventually**, these immigrants / transformed / this country (with significant changes) that / included / enlightenment and acceptance (of diversity).

> 구▶ 결국, 이러한 이민자들은 다양성의 수용과 계몽을 포함한 중요한 변화로 이 나라를 변화시켰다고 합니다.

> 독▶ Ⅳ번 문장에서 나왔던 유럽인들의 갈등의 문제에 대한 나름의 결과를 예시로 들고 있습니다.

Ⅵ. People (of color), **however**, / continue / to struggle (for acceptance).

> 구▶ 그러나, 유색인종들은 여전히 수용을 위해 투쟁 중이라고 합니다.

> 독▶ 'however'가 제시되었으므로 앞 뒷 문장 중심 문장
>   - V번 문장에서 언급했던 갈등의 해결이 아직 미흡하다는 설명을 '역접의 논리'로 하고 있습니다.

Ⅶ. Once again, the challenge / is / to recognize (that other cultures / think and act differently) and (that they / have / the right to do so).

> 구▶ 다시 한번, 그 해결 과제는 다른 문화권의 사람들이 생각과 행동을 다르게 하고,
>   그들이 그렇게 할 권리를 가지고 있다고 인식하는 것이라고 합니다.

> 독▶ Ⅵ번 문장에서 언급한 문제가 완전히 해결되지 않았으므로, 이에 대한 해결책을 제시하고 있습니다.

Ⅷ. Perhaps, (in the not too distant future), immigrants / will no longer / be / strangers (among us).

> 구▶ 아마도, 가까운 미래에, 이주자들은 더 이상 우리들 사이에 있는 낯선 사람이 아닐 것이라고 합니다.

 23학년도 6월 평가원 20번   (정답률 68%)

다음 글에서 필자가 주장하는 바로 가장 적절한 것은?

Consider two athletes who both want to play in college. One says she **has to** work very hard and the other uses goal setting to create a plan to stay on track and work on specific skills where she is lacking. Both are working hard **but** only the latter is working smart. It can be frustrating for athletes to work extremely hard **but** not make the progress they wanted. What can make the difference is drive — utilizing the mental gear to maximize gains made in the technical and physical areas. Drive provides direction (goals), sustains effort (motivation), and creates a training mindset that goes beyond simply working hard. Drive applies direct force on your physical and technical gears, strengthening and polishing them **so** they can spin with vigor and purpose. **While** desire might make you spin those gears faster and harder as you work out or practice, drive is what built them in the first place.

* vigor: 활력, 활기

해설 [**정답 : ②**]

비유적 표현이 주로 사용되어 이해하기 어려운 지문입니다. 다만 우리가 Chapter 1-1에서 연습하였던 '재진술'을 생각하였다면 쉽게 이해할 수 있었던 지문입니다. Ⅲ번 문장에서 열심히만 하는 것보다는 부족한 점을 채우는 것이 더 영리하다고 합니다. 즉, 이후 장치들이라는 비유적 표현을 부족한 점을 채우는 것이 더 영리하다는 이유라고 생각하셨다면 좀 더 쉽게 이해되었을 것 같습니다.

②번 선지 : 선수들은 최고의 성과를 얻기 위해 정신적 추진력을 잘 활용해야 한다.
  - 정답 선지입니다. Ⅲ번, Ⅳ번과 Ⅴ번 문장에서 부족한 점을 채우는 것은 정신적 원동력 (= 추진력)을 제공하기 때문에 부족한 점을 채우는 것이 단순히 열심히 하는 것보다 더 영리하다고 합니다.

④번 선지 : 선수들은 육체적 훈련과 정신적 훈련을 균형 있게 병행해야 한다.
  - 23%가 선택한 오답 선지입니다. 육체적 훈련과 정신적 훈련을 병행해야 한다는 내용도 없으므로 Chapter 1-2에서 배운 언급되지 않은 선지에 해당합니다. 대의파악 유형에서는 지문에서 제시된 정보만을 가지고 판단을 해야하며, 지문에서 제시되지 않은 본인 생각이 선지 판단에 개입해서는 안됩니다.

Ⅰ. Consider / two athletes (who both want to play / in college).

> 구▶ 주어없이 'Consider'가 제일 처음 나왔으므로 예시 문장입니다.
> - 학교에서 뛰고 싶어하는 두 명의 운동선수들을 고려하라고 합니다.

Ⅱ. One / says / she **has to** work / very hard and the other / uses / goal (setting to create / a plan)
(to stay on track and work on specific skills (where she / is lacking)).

> 구▶ 'stay on track'은 'track에서 머물러 있다', 즉 특정한 길을 진행하고 있다는 이미지에서 파생되며,
> '꾸준히 유지하다, 일이 제대로 돌아가다'라는 뜻을 가지고 있습니다.
> - 한 명은 그녀가 매우 열심히 해야만 한다고 말하고 다른 한명은 꾸준하고 자신이 부족한 특정한
> 기술들을 연마하기 위해서 계획에 설정된 목표를 이용한다고 합니다.

> 독▶ 'has to'가 제시되었으므로 중심 문장
> - 한 명은 단순히 열심히 한다고 하지만 다른 한 명은 자신이 부족한 부분을 채우기 위한 계획을 가지고
> 있다고 합니다.

Ⅲ. Both / are working / hard but only the latter / is working / smart.

> 구▶ 둘 다 열심히 하지만 오직 후자 (= 부족한 부분을 계획을 세워 채우려고 하는 운동선수)만 똑똑하게
> 하고 있다고 합니다.

> 독▶ 'but'이 제시되었으므로 중심 문장
> - 단순히 열심히 해야만 한다고 하는 운동 선수와 부족한 부분을 채우기 위한 계획을 세우는 운동 선수
> 모두 열심히는 하지만 오직 부족한 부분을 채우기 위해 계획을 세우는 운동 선수만이 영리하게 하고
> 있다고 합니다.

Ⅳ. It / can be / frustrating / (for athletes) to work / extremely hard **but** not make / the progress (they
/ wanted).

> 구▶ 'It + be 동사 + 형용사 + to-V'는 가주어/진주어입니다.
> - 'to-V' 앞 'for N'은 to-V의 의미상 주어입니다.
> - 운동선수가 극도로 열심히 하지만 그들이 원하는 진보를 만들지 못하는 것은 좌절을 줄 수 있다고
> 합니다.

> 독▶ 'but'이 제시되었으므로 중심 문장
> - 열심히는 하지만 원하는 발전을 만들어내지 못하는 운동선수에게 열심히만 하는 것보다는 부족한
> 부분을 채우는 것이 효율적이라는 사실이 절망적일 수 있다고 합니다.

Ⅴ. What can make / the difference / is / drive — (utilizing / the mental gear (to maximize / gains (made in the technical and physical areas))).

> 구▶ 차이점을 만드는 것은 원동력, 즉 기술과 신체적인 영역에서 만드는 이점을 극대화하기 위해 정신적 장치를 활용하는 것이라고 합니다.

> 독▶ 지문에서 제시된 장치들은 비유적인 표현입니다. 장치들은 기계가 어떠한 임무를 수행할 때 움직이는 것이므로 정신적 장치들이란 운동 선수들이 운동을 할 때 더 잘 할 수 있게 만드는 생각이라고 이해하시면 됩니다.

Ⅵ. Drive / provides / direction (goals), sustains / effort (motivation), and creates / a training mindset (that goes beyond / simply working hard).

> 구▶ 'go beyond'에서 'beyond'는 '위로 넘는 이미지'를 기억하시면 됩니다. 즉, 'go beyond'는 '위로 넘어 가는 것'이니 '넘어'라는 뜻을 가지게 됩니다.
> - 원동력은 방향 (목표)을 제공하고, 노력 (동기부여)을 유지시키며, 단순히 열심히 하는 것을 넘어 훈련의 마음가짐을 만든다고 합니다.

Ⅶ. Drive / applies / direct force (on your physical and technical gears), (strengthening and polishing / them) **so** they / can spin (with vigor and purpose).

* vigor: 활력, 활기

> 구▶ 원동력은 너의 신체적, 기술적 장치들에 직접적인 힘을 제공하여, 그것들을 (= 장치들을) 강화시키고 윤기가 나게하며, 그래서 그들은 (= 장치들은) 활력과 목적을 가지고 회전할 수 있다고 합니다.

> 독▶ 'so'가 제시되었으므로 중심 문장
> - 원동력이 신체적, 기술적 장치들을 강화할 수 있는 힘을 제공하여 신체적, 기술적 장치들이 활력과 목적을 가지고 움직일 수 있게 한다고 합니다.

Ⅷ. **While** desire / might make / you / spin those gears (faster and harder) (as you / work out or practice), drive / is / what built / them (in the first place).

> 구▶ 'make + O + O.C'는 'O를 O.C하게 만들다'를 의미합니다.
> - 욕망은 너가 운동을 하거나 연습을 할 때, 장치들이 더 빠르고 더 열심히 회전할 수 있게 만든 반면에, 먼저 그것들을 (= 장치들을) 세운 것은 원동력이라고 합니다.

> 독▶ 'While'이 '반면에'의 뜻으로 사용되었기 때문에 중심 문장
> - 욕망이 장치들을 더 빠르게 더 열심히 만들 수도 있지만, 결국 그 장치를 만든 것 역시 원동력이라고 합니다.

24 21학년도 9월 평가원 20번 (정답률 65%)

다음 글에서 필자가 주장하는 바로 가장 적절한 것은?

Given the right conditions, entrepreneurship can be fully woven into the fabric of campus life, greatly expanding its educational reach. **One study showed** that, within the workplace, peers influence each other to spot opportunities and act on them: the more entrepreneurs you have working together in an office, the more likely their colleagues will catch the bug. **A study** of Stanford University alumni **found** that those "who have varied work and educational backgrounds are much more likely to start their own businesses than those who have focused on one role at work or concentrated in one subject at school." To cultivate an entrepreneurial culture, colleges and universities **need to** offer students a broad choice of experiences and wide exposure to different ideas. They are uniquely positioned to do this by combining the resources of academic programming, residential life, student groups, and alumni networks.

* entrepreneur: 기업가 ** alumni: 졸업생

해설 [정답 : ②]

지문에서 다양한 경험을 학생들에게 제공해야 한다는 쉽게 파악할 수 있으나 선지가 어려운 문제입니다. ④번 선지는 기업이 학생들에게 제공하는 것이 아닌 대학교가 학생들에게 제공하는 것이므로 오답선지, ⑤번 선지는 학업 성취를 위하여가 아닌 기업가적 문화를 양성하기 위해서이므로 오답선지입니다. 정답은 ②번이 됩니다.

Ⅰ. Given the right conditions, / entrepreneurship / can be fully woven into / the fabric (of campus life), (greatly expanding its educational reach).

* entrepreneur: 기업가

> 구 'Given'이 'S+be동사'없이 사용되면 '~을 고려하면'이라는 뜻을 가집니다.
> - be woven into - ~로 짜이다
> - 적절한 상황을 고려하면, 기업가 정신은 완전히 교육적 범위를 크게 확장할 수 있는 대학 생활의 구조로 짜여있다고 합니다.

Ⅱ. **One study / showed** that, (within the workplace), peers / influence (each other) / to spot opportunities / and act on them: the more entrepreneurs (you / have working (together in an office)), the more likely (their colleagues / will catch / the bug).

> 구 'the 비교급 A, the 비교급 B'는 'A를 비교급할수록, B가 비교급이다'를 의미합니다.
> - 한 연구에서는 직장 내에서 동료들이 서로에게 기회를 포착하고 그에 따라 행동하는 것에 영향을 끼친다고 한다. 네가 사무실 안에서 더 많은 기업가들과 일을 할수록, 그들의 동료들은 벌레를 잡을 확률이 높아진다고 합니다.

> 독 'One study showed'는 연구를 보여주므로 중심 문장!
> - 벌레를 잡는 것이 어떤 내용인지 알 수 없으므로 더 읽어봐야 합니다.

Ⅲ. **A study** (of Stanford University alumni) / **found** / that those "(who have varied work and educational backgrounds) are much more likely to start / their own businesses / than those (who / have focused on / one role at work / or concentrated / in one subject at school)."

** alumni: 졸업생

구▶ 'be likely to-V'는 'V할 가능성이 높다'를 의미합니다.
- 스탠포드 대학 졸업생들에 대한 연구에서 다양한 일과 교육적 배경을 가진 사람들이 한 가지
  일에 몰두하거나 학교에서 한 가지 과목에만 집중한 사람들보다 그들의 사업을 시작할 가능성이
  높았다고 합니다.

독▶ 연구이니 중심 문장!
- 다양한 것을 경험 ⇒ 그들의 사업을 시작할 가능성이 높음으로 이해할 수 있습니다.
- Ⅱ번 문장에서 더 많은 기업가 들을 만날수록 (= 다양한 것을 경험)으로 재진술되므로
  벌레를 잡는다. (= 그들의 사업을 시작하다)로 재진술되는 것을 파악할 수 있습니다.

Ⅳ. (To cultivate an entrepreneurial culture), colleges and universities / **need to** offer / students / a broad choice of experiences and wide exposure (to different ideas).

구▶ offer A B - A에게 B를 제공하다
- 기업가적 문화를 양성하기 위해서, 대학에서는 학생들에게 넓은 범위의 경험과 다양한 생각에 광범위한
  노출을 제공할 필요가 있다고 합니다.

독▶ 'need to'가 존재하므로 중심 문장!
- 다양한 경험 ⇒ 기업가적 문화를 양성한다는 내용은 Ⅱ번, Ⅲ번 문장을 재진술한다는 것을 알 수
  있습니다.

* cultivate - 양성하다, 경작하다

Ⅴ. They / are (uniquely) positioned to do / this (by combining the resources (of academic programming, residential life, student groups, and alumni networks)).

구▶ 'position'은 '위치'를 뜻하지만 V (동사)로 사용되었으므로 '위치시키다'를 의미합니다.
- by V-ing - V함으로써
- 여기서 'They'는 Ⅳ번 문장 'colleges and universities'를 지칭하고 'this'는 Ⅳ번 문장
  'to offer students~'를 지칭합니다.
- 그들은 학업 프로그램 기획, 주거 생활, 학생 그룹들, 동창회 네트워크들을 결합함으로써 그것을 할 수
  있는 독특하게 위치된다고 합니다.

독▶ 대학들이 학생들에게 다양한 경험을 줄 수 있는 위치에 있다고 합니다.
  이는 Ⅳ번 문장을 재진술합니다.

다음 글의 요지로 가장 적절한 것은?

Often overlooked, **but** just as important a stakeholder, is the consumer who plays a large role in the notion of the privacy paradox. Consumer engagement levels in all manner of digital experiences and communities have simply exploded — and they show little or no signs of slowing. There is an awareness among consumers, not only that their personal data helps to drive the rich experiences that these companies provide, **but** also that sharing this data is the price you pay for these experiences, in whole or in part. Without a better understanding of the what, when, and why of data collection and use, the consumer is often left feeling vulnerable and conflicted. "I love this restaurant-finder app on my phone, **but** what happens to my data if I press 'ok' when asked if that app can use my current location?" Armed with tools that can provide them options, the consumer moves from passive bystander to active participant.

* stakeholder: 이해관계자 ** vulnerable: 상처를 입기 쉬운

해설 [정답 : ①]

지문에서 소비자에게 자신의 개인정보가 사용되는 것에 대한 내용, 시기, 이유에 대해 알고 있다면 소비자가 수동적인 방관자에서 능동적인 참여자가 될 수 있다고 합니다. 즉, 소비자가 개인정보가 사용되는 것에 대한 이해가 있을 경우 소비자가 이에 대한 반응이 능동적일 수 있다는 내용입니다.

①번 선지 : 개인정보 제공의 속성을 심층적으로 이해하면 주체적 소비자가 된다. - 정답 선지입니다.

②번 선지 : 소비자는 디지털 시대에 유용한 앱을 적극 활용하는 자세가 필요하다.
　　- 앱은 개인정보가 이용되는 것에 대한 예시이지 주제가 아닙니다. 포괄하지 않는 선지에 해당합니다.

③번 선지 : 현명한 소비자가 되려면 다양한 디지털 데이터를 활용해야 한다. - 무관한 선지입니다.

④번 선지 : 기업의 디지털 서비스를 이용하면 상응하는 대가가 뒤따른다.
　　- 함정 선지입니다. 지문에서는 기업의 디지털 서비스를 이용함으로써 개인정보를 공유하게 되고 공유된 개인정보의 사용에 대한 이해가 있어야 소비자들이 반응할 수 있다고 합니다. 즉, 기업의 디지털 서비스를 이용하여 개인정보를 공유하게 되는 것은 개인정보에 대한 부연 설명에 해당합니다. "A에 대한 부연 (= 기업의 디지털 서비스를 이용하여 개인정보가 공유된다.) - A (= 공유된 개인정보에 대한 이해) ⇒ B (= 소비자에게 선택권을 준다.)"의 지문에서 A에 대한 부연을 주제로 제시하였으므로 지문을 포괄하지 않는 선지에 해당합니다.

⑤번 선지 : 타인과의 정보 공유로 인해 개인정보가 유출되기도 한다. - 무관한 선지입니다.

Ⅰ. Often overlooked, **but** just as important a stakeholder, / is / the consumer (who plays / a large role (in the notion of the privacy paradox)).

* stakeholder: 이해관계자

구▶ 'C + V + S' 도치입니다. 도치를 원래 상태로 바꾸는 'S + V + C'로 해석할 필요 없이 도치 그대로 'C는 S이다'로 해석하시면 됩니다.
- 종종 간과되지만 중요한 이해관계자는 개인정보의 역설이라는 개념에서 중요한 역할을 하는 소비자라고 합니다.

독▶ 'but'이 제시되었으므로 중심 문장
- 주로 인식하지는 못하지만 개인정보의 역설이라는 개념에서 소비자는 중요하다고 합니다.

Ⅱ. Consumer engagement levels (in all manner of digital experiences and communities) / have simply exploded — and they / show / little or no signs of slowing.

구▶ 모든 방식의 디지털 경험과 집단에서 소비자의 참여 수준은 폭발적으로 증가했고, 그들은 (= 소비자들의 참여 수준은) 둔화될 경향을 (= 증가하는 추세가 잠잠해질 경향을) 보이지 않는다고 합니다.

독▶ 디지털 사회에서 소비자들의 참여 수준은 매우 폭발적으로 증가해왔다고 합니다.

Ⅲ. There / is / an awareness (among consumers), not only that their personal data / helps to drive / the rich experiences (that these companies / provide), **but** also that sharing this data / is / the price (you / pay for / these experiences, in whole or in part).

구▶ 'not only A but also B'입니다. 'A뿐만 아니라 B도'로 해석하시면 됩니다.
- 소비자들 사이에서 그들의 개인정보가 회사들이 제공하는 풍부한 경험을 이끌어 내는데 도움이 될 뿐만 아니라 그러한 정보를 (= 개인정보를) 공유하는 것은 전체 혹은 부분적으로 그들의 경험들에 (= 회사들이 제공하는 풍부한 경험들에) 대한 비용을 지불하는 것이라는 인식이 있다고 합니다.

독▶ 'but also'가 제시되었으므로 중심 문장
- 회사가 제공하는 경험을 회사가 제공하는 서비스로 의역하면 좀 더 이해가 쉬울 것 같습니다.
- 소비자들은 그들의 개인정보를 제공하는 것을 통해 회사가 제공하는 서비스의 발전을 이끌 수 있고 서비스를 이용하는 것에 대한 비용을 지불하는 것으로 인식한다고 합니다.

Ⅳ. (Without a better understanding of the what, when, and why of data collection and use), the consumer / is often left feeling / vulnerable and conflicted.

** vulnerable: 상처를 입기 쉬운

구▶ 정보의 수집과 이용에 대하여 내용, 시기, 이유에 대한 이해가 없다면, 소비자들은 종종 상처를 입기 쉬운 느낌과 갈등을 겪는 느낌을 받을 수 있다고 합니다.

독▶ 개인정보 수집과 사용에 대한 구체적인 이해가 없다면 소비자들은 회사에 제공한 개인정보가 유출될 것을 우려하고 이로 인해 갈등을 느낀다고 합니다.

Ⅴ. "I / love / this restaurant-finder app (on my phone), **but** what / happens to / my data / if I / press / 'ok' when asked / if that app / can use / my current location?"

> 구 "나는 내 핸드폰에 있는 식당을 찾아주는 어플을 좋아하지만 만약 그 어플이 (= 식당을 찾아주는 어플이) 나의 현재 위치를 사용할 수 있을지 없을지를 물었을 때 내가 "ok"를 누른다면 나의 정보에 무슨 일이 일어나는 것일까"라는 질문을 가지게 된다고 합니다.

> 독 'but'이 제시되었으므로 중심 문장
> - Ⅳ번 문장에 대한 예시에 해당합니다. 나의 개인정보에 해당하는 현재 위치를 어플 혹은 회사에 제공한다면 개인정보가 어떻게 사용될지에 대해 궁금해한다고 합니다.

Ⅵ. Armed with tools (that can provide / them / options), the consumer / moves from passive bystander to active participant.

> 구 "arm"은 명사로 사용될 경우 "무기"를 나타냅니다.
> 하지만 이 문장에서는 분사 즉, 동사로 사용되었으므로, "장착하다, 무장하다."로 해석해야 합니다.
> - "provide + I.O + D.O"는 "I.O에게 D.O를 제공하다."를 뜻합니다.
> - "from A to B"는 "A부터 B까지"를 의미합니다.
> - 그들에게 (= 소비자들에게) 선택권을 제공할 수 있는 도구로 무장한 소비자들은 수동적인 방관자부터 능동적인 참여자까지 움직일 수 있다고 합니다.

> 독 소비자들이 선택권을 가지게 된다면 수동적으로 지켜볼 수 있고 개인정보가 사용되는 과정에 개입하는 적극적인 참여자가 될 수 있다고 합니다.

 22학년도 9월 평가원 22번 (정답률 49%)

다음 글의 요지로 가장 적절한 것은?

Historically, the professions and society have engaged in a negotiating process intended to define the terms of their relationship. At the heart of this process is the tension between the professions' pursuit of autonomy and the public's demand for accountability. Society's granting of power and privilege to the professions is premised on their willingness and ability to contribute to social well-being and to conduct their affairs in a manner consistent with broader social values. It has long been recognized that the expertise and privileged position of professionals confer authority and power that could readily be used to advance their own interests at the expense of those they serve. As Edmund Burke observed two centuries ago, "Men are qualified for civil liberty in exact proportion to their disposition to put moral chains upon their own appetites." Autonomy has never been a one-way street and is never granted absolutely and irreversibly.

* autonomy: 자율성 ** privilege: 특권 *** premise: 전제로 말하다

해설 [정답 : ①]

주어진 지문의 II번 문장에서는 'At the heart of this process is the tension between the professions' pursuit of autonomy and the public's demand for accountability.', 과정의 핵심은 전문직업의 자율성 추구와 국민의 책임 요구 사이의 긴장감이라고 했습니다. 이것은 전문직업의 자율성과 사회적 책임이 연결되었다는 것이며, 이것은 그 다음 문장의 'Society's granting of power and privilege to the professions'을 통해 사회가 전문직에 권력과 특권을 부여한다는 내용으로 이어집니다. VI번 문장에서는 'Autonomy has never been a one-way street and is never granted absolutely and irreversibly' 자율성은 일방통행이 아니며, 절대적이고 돌이킬 수 없이 부여되지 않는다고 했으므로, 전문직의 자율성은 일방적으로 발생한 것이 아니라 사회적인 책임을 포함해야 한다는 것이 글의 요지가 됩니다. 그러므로 정답은 ①번 선지 전문직에 부여되는 자율성은 그에 상응하는 사회적 책임을 수반한다가 됩니다.

* ②번 선지의 내용이 IV번 문장의 내용과 같기 때문에 상당히 많은 수험생들이 ②번을 골랐습니다.

하지만, 첫 번째 문장에서부터 'professions and society have engaged in a negotiating process' 전문직과 사회 간의 협상 과정을 언급했고, 계속해서 둘 사이의 관계를 직접적으로 설명하는 부분이 글의 요지가 되어야 합니다. 2번 선지는 전문직과 사회의 관계를 포괄하고 있지 않으므로 정답이 될 수 없습니다.

Ⅰ. Historically, the professions and society / have engaged in / a negotiating process (intended to define the terms of their relationship).

> 🔳구 역사적으로 전문직과 사회는 그들의 관계의 조건을 규정하고자 의도된 협상 과정에 참여해 왔다고 합니다.

Ⅱ. At the heart of this process / is / the tension (between the professions' pursuit / of autonomy / and the public's demand / for accountability).

* autonomy: 자율성

> 🔳구 'between A and B'는 'A와 B 사이'를 의미합니다.
> - 부사구 'At the heart of this process'가 문두에 나오면서 주어와 동사가 도치된 문장입니다.
> - 이 과정의 핵심에는 전문직의 자율성 추구와 책임성에 대한 공공의 요구 사이의 긴장이 있다고 합니다.

> 🔳독 Ⅰ번 문장과 연결시켜 생각해야 합니다. 공공의 요구는 사회를 말하며, 전문직과 사회는 서로 연관되어 있다는 것입니다.

Ⅲ. Society's granting (of power and privilege to the professions) is premised on / their willingness / and ability (to contribute to / social well-being / and to conduct / their affairs (in a manner consistent / with broader social values).

** privilege: 특권 *** premise: 전제로 말하다

> 🔳구 사회가 전문직에 권한과 특권을 부여한 것은 사회 복지에 기여하고 더 넓은 사회적 가치와 일치하는 방식으로 자신의 일을 수행하는 그들의 자발성과 능력을 전제로 한다고 합니다.

> 🔳독 사회가 전문직에 권한과 특권을 부여했다는 것은 역시 사회와 전문직 간의 관계에 관한 재진술이 됩니다.

* grant - 부여하다

Ⅳ. It / has long been recognized / that the expertise and privileged position (of professionals) / confer / authority and power (that could readily be used to advance / their own interests / at the expense of those (they / serve)).

> 🔳구 전문직의 전문지식과 특권적 지위는 그들이 봉사하는 사람들을 희생시키고서 그들 자신의 이익을 향상시키기 위해 쉽게 이용될 수 있는 권위와 권한을 준다는 것이 오랫동안 인식되어 왔다고 합니다.

> 🔳독 Ⅲ번 문장에 사회가 전문직에 제공한 권한과 특권에 대한 보조 설명 문장입니다.

* expert (전문가) + -ise (~의 기능) - expertise - 전문 지식
** at the expense of - ~를 희생하면서

Ⅴ. As Edmund Burke / observed / two centuries ago, "Men / are qualified / for civil liberty (in exact proportion to their disposition) (to put / moral chains (upon their own appetites))."

구▶ Edmund Burke가 두 세기 전에 말했듯이, "인간들은 자신의 욕구를 도덕적으로 구속하는 그들의 성향에 정확히 비례해서 시민적 자유를 누릴 자격이 부여된다."

* disposition – 성향

Ⅵ. Autonomy / has never been / a one-way street / and / is never granted (absolutely and irreversibly).

구▶ 자율성은 일방통행로였던 적이 없었으며 결코 절대적이고 뒤집을 수 없게 주어지는 것은 아니라고 합니다.

독▶ 자율성이 일방통행로가 아니라는 것은 자율성은 일방적으로 부여되는 것이 아니며, 상호 교환적이라고 하는 것입니다. 즉 전문직의 전문지식과 특권적 지위를 바탕으로 한 자율성을 본인의 사적 이익을 위해서 사용하는 것이 아닌 자율성이 부여됨으로써 생기는 사회적 책임을 같이 수행해야 해야 한다고 합니다.

* ir- (in) + reverse (뒤집다) + -able (가능한) + -ly (접사) = irreversibly - 뒤집을 수 없게

01 23학년도 9월 평가원 24번 (정답률 84%)

다음 글의 제목으로 가장 적절한 것은?

Not only musicians and psychologists, **but** also committed music enthusiasts and experts often voice the opinion that the beauty of music lies in an expressive deviation from the exactly defined score. Concert performances become interesting and gain in attraction from the fact that they go far beyond the information printed in the score. In his early studies on musical performance, Carl Seashore discovered that musicians only rarely play two equal notes in exactly the same way. Within the same metric structure, there is a wide potential of variations in tempo, volume, tonal quality and intonation. Such variation is based on the composition **but** diverges from it individually. We generally call this 'expressivity'. This explains why we do not lose interest when we hear different artists perform the same piece of music. It also explains why it is worthwhile for following generations to repeat the same repertoire. New, inspiring interpretations help us to expand our understanding, which serves to enrich and animate the music scene.

* deviation: 벗어남

해설 [정답 : ②]

deviation; 인쇄된 악보의 표현을 벗어나는 것 → variation, expressivity; 같은 음악이어도 다양성 및 표현성의 발생 → enrich, animate; 음악에 대한 흥미와 활기 유지 순으로 전개되는 것을 파악하는 것이 핵심입니다. 그러므로 글의 제목은 음악에서 다양성의 가치를 언급하고 있는 ②번이 됩니다.

①번 선지 : 음악 비평에서 성공적인 이력을 이루는 방법
  - 성공적인 이력은 지문에서 찾아볼 수 없습니다.

②번 선지 : 절대 같지 않다: 음악 연주에서 다양성의 가치 - 정답 선지입니다.

③번 선지 : 음악 요법에서 개인적 표현의 중요성
  - Music Therapy, 음악 치료에 관한 지문이라고 볼 수 없습니다.

④번 선지 : 냉정을 유지하라: 음악 연주 시 무대 공포증을 극복하기
  - 무대 공포증과 관련이 없는 지문입니다.

⑤번 선지 : 클래식 음악 산업에서 새로운 것은 무엇인가?
  - 클래식 음악 산업과 관련된 지문이라고 볼 수 없습니다.

Ⅰ. Not only musicians and psychologists, **but** also committed music enthusiasts and experts / often
voice / the opinion / that the beauty (of music) / lies (in an expressive deviation (from the exactly
defined score)).

* deviation: 벗어남

구▶ 음악가와 심리학자뿐만 아니라, 열성적인 음악 애호가와 전문가도 음악의 아름다움은 정확히 정해진
악보로부터 표현상 벗어나는 데 있다고 흔히 목소리를 높인다고 합니다.

독▶ 'but'이 제시되었으므로 중심 문장
- 'deviation from the exactly defined score', '정해진 악보로부터 표현상 벗어나는 것'은 악보 그대로
연주하지 않는 것을 의미합니다.

Ⅱ. Concert performances / become / interesting / and gain / in attraction (from the fact / that / they /
go / far beyond / the information / printed (in the score)).

구▶ 콘서트 공연은 악보에 인쇄된 정보를 훨씬 뛰어넘는다는 사실에서 흥미롭고 매력을 얻는다고 합니다.

독▶ 'far beyond the information printed in the score'가 의미하는 것은 Ⅰ번 문장의 'deviation from the
exactly defined score'과 같으며, Ⅰ번 문장의 반복입니다.

Ⅲ. In his early studies (on musical performance), Carl Seashore / discovered / that musicians / only
rarely play / two equal notes (in exactly the same way).

구▶ 음악 연주에 관한 자신의 초기 연구에서, Carl Seashore는 음악가가 정확히 같은 방식으로 두 개의
동등한 음을 연주하는 경우가 거의 없다는 것을 발견했다고 합니다.

독▶ 동등한 음을 연주하는 경우가 거의 없다는 것은 악보 그대로 연주하지 않는다는 것에 대한 예시
문장입니다.

Ⅳ. Within the same metric structure, there / is / a wide potential / of variations (in tempo, volume,
tonal quality and intonation).

구▶ 같은 미터 구조 내에서, 박자, 음량, 음질 및 소리의 높낮이에 있어 광범위한 변화 가능성이 있다고
합니다.

독▶ 변화 가능성이 있다는 것 역시 Ⅲ번 문장과 마찬가지로 예시가 됩니다.

Ⅴ. Such variation / is based / on the composition / **but** / diverges (from it) individually.

구▶ 이러한 변화는 작품에 기초하지만, 개별적으로 그것으로부터 (= 작품으로부터) 갈라진다고 합니다.

독▶ 'but'이 제시되었으므로 중심 문장

Ⅵ. We / generally call / this / 'expressivity'.

> 구▶ 'call A B'는 'A를 B라고 부르다'를 의미합니다.
> - 우리는 일반적으로 이것을 '표현성'이라고 부른다고 합니다.

> 독▶ Ⅴ번 문장의 같은 작품을 연주한다고 해도, 개별적으로 미묘한 차이가 발생한다는 것을
> 'expressivity'로 표현하고 있습니다.

Ⅶ. This / explains / why / we / do not lose / interest (when / we / hear / different artists / perform / the same piece of music).

> 구▶ 이것은 (= 표현성은) 서로 다른 예술가가 같은 음악을 연주할 때 우리가 흥미를 잃지 않는 이유를
> 설명해 준다고 합니다.

> 독▶ 같은 음악을 연주함에도 불구하고 청자가 흥미를 잃지 않는 이유는 'expressivity'가 존재하여 변화
> 가능성을 제공하기 때문임을 알 수 있습니다.

Ⅷ. It / also explains / why / it / is / worthwhile (for following generations) / to repeat / the same repertoire.

> 구▶ 'It + be 동사 + 보어 + to 부정사'는 가주어/진주어입니다.
> - 이것은 또한 다음 세대가 같은 레퍼토리를 반복하는 것이 가치 있는 이유라고 합니다.

Ⅸ. New, inspiring interpretations / help / us / to expand / our understanding, which / serves / to enrich / and animate / the music scene.

> 구▶ 새롭고 영감을 주는 해석은 우리가 이해를 넓히는 데 도움을 주는데, 이 이해는 음악계를 풍부하게
> 하고 활기를 불어넣는 역할을 한다고 합니다.

> 독▶ 이러한 변화 가능성으로 인해 음악계가 흥미와 활기를 얻게 된다는 결론 문장입니다.

02 22학년도 수능 23번

(정답률 78%)

다음 글의 주제로 가장 적절한 것은?

> Scientists *use* paradigms rather than believing them. The use of a paradigm in research typically addresses related problems by employing shared concepts, symbolic expressions, experimental and mathematical tools and procedures, and even some of the same theoretical statements. Scientists **need** only understand how to use these various elements in ways that others would accept. These elements of shared practice **thus need not** presuppose any comparable unity in scientists' beliefs about what they are doing when they use them. **Indeed**, one role of a paradigm is to enable scientists to work successfully without having to provide a detailed account of what they are doing or what they believe about it. Thomas Kuhn noted that scientists "can agree in their *identification* of a paradigm without agreeing on, or even attempting to produce, a full *interpretation* or *rationalization* of it. Lack of a standard interpretation or of an agreed reduction to rules will not prevent a paradigm from guiding research."

해설 [정답 : ⑤]

과학자들은 패러다임의 이용을 이해할 필요만 있을 뿐 패러다임을 만들거나 패러다임을 다른 과학자들에게 동의를 위해서 설명할 필요가 없다고 합니다. 이 내용을 바탕으로 선지를 보면

①번 선지 : 기존 패러다임으로부터 새로운 이론을 도출하는 데 있어서의 어려움
- 패러다임을 연구를 안내하는 데 있어서 이용하는 방식에 대해서 제시할 뿐 패러다임을 통해서 어떻게 새로운 이론을 도출하는지에 대해서는 언급되지 않았습니다. 그러므로 언급되지 않은 선지에 해당합니다.

②번 선지 : 과학 분야에서 개인 신념의 상당한 영향력
- 패러다임은 개인의 신념이 아닌 다른 과학자들과 공통된 신념이므로 틀린 선지에 해당합니다.

③번 선지 : 혁신적 패러다임의 출현을 고취하는 핵심 요인 - 언급되지 않은 선지입니다.

④번 선지 : 생각이 비슷한 연구원들을 분류하는 데 있어서 패러다임의 역할
- 패러다임이 연구를 안내한다고 마지막 문장에서 제시되어 있습니다. 즉 "패러다임 ⇒ 연구"를 의미하지 "패러다임 ⇒ 연구원들 분류"는 언급되지 않았습니다. 그러므로 언급되지 않은 선지입니다.

⑤번 선지 : 과학 연구에서 패러다임의 기능적 측면
- 패러다임의 이용과 이용을 통해 얻을 수 있는 효과를 제시하므로 정답 선지입니다.

Ⅰ. Scientists / *use* / paradigms (rather than believing / them).

> 구 과학자들은 패러다임들을 믿기보다는 패러다임을 사용한나고 합니다.

Ⅱ. The use of a paradigm (in research) / typically addresses / related problems (by employing / shared concepts, / symbolic expressions, / experimental and mathematical tools and procedures, / and even some of the same theoretical statements).

> 구 'by V-ing'는 'V함으로써'를 의미합니다.
> - 연구에서 패러다임의 사용은 전형적으로 공유된 개념들, 상징적 표현, 실험 및 수학적 도구와 절차, 그리고 심지어 동일한 이론적 진술의 일부를 이용함으로써 관련된 문제들을 다룬다고 합니다.
> 독 패러다임을 이용하는 방법에 대해서 제시하고 있습니다.

Ⅲ. Scientists / **need** only understand / *how* to use / these various elements (in ways) (that others / would accept).

> 구 'how to-V'는 '어떻게 V할지'를 의미합니다.
> - 과학자들은 오직 다른 사람들이 받아들이는 방식으로 그러한 다양한 요소들을 (= Ⅱ번 문장에서 제시된 패러다임을 사용하는 방법들을) 어떻게 사용할지를 이해할 필요만 있다고 합니다.
> 독 'need'가 제시되었으므로 중심 문장입니다.
> - 과학자들은 오직 패러다임을 사용하는 방법만 이해하면 된다고 합니다.

Ⅳ. These elements of shared practice / **thus need not** presuppose / any comparable unity (in scientists' beliefs) (about what they / are doing) / when they / use / them.

> 구 따라서 이러한 공유된 실행 요소들은 (= 패러다임의 사용하는 방법들은) 과학자들이 그것들을 사용할 때, 그들이 (= 다른 사람들이) 하고 있는 것에 대한 과학자들의 믿음에서 상대적인 통합을 미리 가정할 필요가 없다고 합니다.
> 독 'need'가 제시되었으므로 중심 문장입니다.
> - 패러다임을 이용할 때 다른 과학자들이 어떻게 이용하는지만 이해하면 되므로 다른 과학자들과 통합을 미리 가정할 필요가 없다고 합니다. 즉 다른 사람이 사용하는 방식으로 사용하기 때문에 다른 사람들이 다르게 사용할지 걱정할 필요가 없다고 합니다.
> * pre- (미리) + suppose (가정하다) = 미리 가정하다 = 전제하다

Ⅴ. **Indeed**, one role of a paradigm / is / to enable / scientists / to work successfully (without having to provide / a detailed account of (what they / are doing or what they / believe about it)).

> 구 'enable + A + to-V'는 'A가 V할 수 있다'를 의미합니다.
> - 사실상, 패러다임의 역할 중 하나는 과학자들이 성공적으로 그들이 (= 과학자들이) 무엇을 했고 그들이 무엇을 믿고 있는지에 대한 상세한 설명을 제공해야 할 필요없이 일할 수 있다고 합니다.

> 독 'Indeed'가 제시되었으므로 중심 문장입니다.
> - 패러다임을 사용하는 것이 다른 과학자들과 공유되어 있기 때문에 과학자들이 구체적 설명없이 성공적으로 일할 수 있다고 합니다.

Ⅵ. Thomas Kuhn / noted / that / scientists / "can agree (in their identification of a paradigm) (without agreeing on, or even attempting to produce), / a full interpretation or rationalization (of it). Lack (of a standard interpretation or of an agreed reduction to rules) / will not prevent / a paradigm / from guiding research."

> 구 'prevent + O + from V-ing'는 'O가 V하는 것을 막다'를 의미합니다.
> - Thomas Kuhn은 과학자들이 "그것에 (= 패러다임에) 대한 완전한 해석이나 합리화에 대한 동의 없이 혹은 만들어 내려는 시도없이, 패러다임을 식별하는 것에 있어서 동의를 할 수 있다." 기본적인 해석이나 동의된 규칙 감소의 부족은 패러다임이 연구를 안내하는 것을 막을 수 없다고 합니다.

> 독 과학자들은 패러다임의 확인을 통해서 패러다임을 굳이 해석하지 않아도 동의할 수 있으며, 과학자들이 기본적 해석이나 동의된 규칙과 같은 패러다임이 부족하다고 하더라도 패러다임이 연구를 안내할 수 있다고 합니다.

다음 글의 주제로 가장 적절한 것은?

> The approach, *joint cognitive systems*, treats a robot as part of a human-machine team where the intelligence is synergistic, arising from the contributions of each agent. The team consists of at least one robot and one human and is often called a *mixed team* **because** it is a mixture of human and robot agents. Self-driving cars, where a person turns on and off the driving, is an **example** of a joint cognitive system. Entertainment robots are **examples** of mixed teams as are robots for telecommuting. The design process concentrates on how the agents will cooperate and coordinate with each other to accomplish the team goals. Rather than treating robots as peer agents with their own completely independent agenda, joint cognitive systems approaches treat robots as helpers such as service animals or sheep dogs. In joint cognitive system designs, artificial intelligence is used along with human-robot interaction principles to create robots that can be intelligent enough to be good team members.

해설 [정답 : ①]

로봇은 인간과 혼합팀이 되어 목표를 달성하기 위해 서로 도와주는 혼합팀이라는 내용으로 처음부터 끝까지 재진술된 지문입니다.

①번 선지 : 함께 하는 것이 더 낫다: 인간과 기계의 공동 작업 - 정답 선지입니다.

②번 선지 : 로봇은 인간 팀을 능가하기 위해 세력을 모을 수 있을까?
  - 인간과 로봇은 협력하는 관계이지 경쟁하는 관계가 아닙니다. 언급되지 않은 선지에 해당합니다.

③번 선지 : 인간과 기계 간의 갈등에서 인간성의 상실 - 무관한 선지입니다.

④번 선지 : 전원 끄기: 로봇 파트너에게 아니라고 말할 시점과 방법
  - 지문에서 로봇과 인간은 협력하는 관계입니다. 인간과 로봇의 협력을 끝내야 된다는 내용은 제시되지 않았습니다.

⑤번 선지 : 도우미 동물에서 인간을 돕는 로봇 조력자로의 이동
  - 도우미 동물은 결합 인지 시스템의 예시로 제시되었습니다. 예시가 주제로 제시된 선지이므로 포괄하지 않는 선지에 해당합니다.

Ⅰ. The approach, *joint cognitive systems*, / treats / a robot / as part of a human-machine team (where the intelligence / is / synergistic), (arising from the contributions of each agent).

> 구▶ 'treat A as B'는 'A를 B로 간주하다, 여기다.'로 해석하시면 됩니다.
> - 'synergy'는 '시너지, 서로에게 도움이 되어 서로 발전함'이라는 뜻을 가지고 있습니다. 'synergistic'은 'synergy'의 형용사형으로 '서로 도움을 주다'로 해석하시면 됩니다.
> - '결합 인지 시스템'의 접근은 로봇을 지능이 서로 도움을 주고, 각 행위자의 기여로부터 발생하는 인간-기계 팀의 일부로 간주한다고 합니다.

> 독▶ 결합 인지 시스템은 로봇을 서로에게 도움을 주는 인간과 기계라는 팀의 하나로 간주한다고 합니다. 즉 로봇은 인간과 서로 도움을 주는 관계임을 알 수 있습니다.

Ⅱ. The team / consists of / (at least) one robot and one human and is often called / a mixed team **because** it / is / a mixture (of human and robot agents).

> 구▶ 'call A B'는 'A를 B라고 부르다.'입니다. 수동태 형태로 사용될 경우 'A is called B'로 'A가 B라고 불려지다.'라고 해석하시면 됩니다.
> - 그 팀은 (= 인간-기계 팀은) 적어도 하나의 로봇과 하나의 인간으로 구성되어 있고, 그것이 (= 그 팀이) 인간 행위자와 로봇 행위자의 혼합물이기 때문에 그 팀은 혼합팀이라고 불려진다고 합니다.

> 독▶ 'because'가 제시되었으므로 중심 문장
> - 인간-기계팀은 인간 행위자와 로봇 행위자의 혼합팀이라고 합니다. 이는 Ⅰ번 문장에서 제시한 결합 인지 시스템이 로봇과 인간을 하나의 팀으로 간주한다는 내용이 재진술된 것입니다.

Ⅲ. Self-driving cars, (where a person / turns on and off / the driving), / is / an **example** of a joint cognitive system.

> 구▶ 사람이 주행을 (= 엔진을) 켜고 끄는 자율 주행차는 결합 인지 시스템의 한 예시라고 합니다.

> 독▶ 'example'이 제시되었으므로 앞 문장 중심 문장

Ⅳ. Entertainment robots / are / **examples** of mixed teams (as are robots for telecommuting).

> 구▶ 오락용 로봇은 재택근무를 위한 로봇처럼 혼합팀의 예시라고 합니다.

> 독▶ 'example'이 제시되었으므로 앞 문장 중심 문장
> - Ⅲ번과 Ⅳ번 문장에서 결합 인지 시스템의 예시를 제시함으로써 로봇이 인간-기계팀의 일부이며, 인간과 로봇이 서로 도움이 되는 관계라는 것을 강조하고 있습니다.

Ⅴ. The design process / concentrates on / how the agents / will cooperate and coordinate with / each other (to accomplish / the team goals).

> 구▶ 설계 과정은 팀의 목표를 이루기 위해서 어떻게 행위자들이 서로 협력하고 조정하는 지에 집중한다고 합니다.

> 독▶ Ⅰ번 문장과 Ⅱ번 문장을 재진술하고 있습니다.

Ⅵ. Rather than treating / robots / as peer agents (with their own completely independent agenda),
joint cognitive systems approaches / treat / robots / as helpers (such as service animals or sheep
dogs).

> 구 ▶ 'treat A as B'는 'A를 B로 간주하다, 여기다.'를 의미합니다.
> - 로봇을 그들 자체의 완전히 독립된 아젠다를 가진 동료 행위자로 여기는 것보다, 결합 인지 시스템의
>   접근은 로봇을 도우미 동물이나 양몰이 개와 같은 도움을 주는 존재로 간주한다고 합니다.

> 독 ▶ 결합 인지 시스템은 로봇이 인간과는 다른 행위를 함으로써 목표를 달성하는 것이 아닌 인간이 목표를
>   달성함에 있어 필요한 행위를 도와주는 것으로 인식한다고 합니다.

Ⅶ. In joint cognitive system designs, artificial intelligence / is used (along with human-robot interaction
principles) (to create / robots that can be / intelligent (enough to be / good team members)).

> 구 ▶ 결합 인지 시스템 설계에서, 인공지능은 충분히 좋은 팀원이 될 수 있을 만큼 지능적일 수 있는 로봇을
>   만들기 위해서 인간-로봇 상호작용 원리와 함께 사용되어 진다고 합니다.

다음 글의 제목으로 가장 적절한 것은?

Different parts of the brain's visual system get information on a need-to-know basis. Cells that help your hand muscles reach out to an object **need to** know the size and location of the object, **but** they don't need to know about color. They **need to** know a little about shape, **but** not in great detail. Cells that help you recognize people's faces **need to** be extremely sensitive to details of shape, **but** they can pay less attention to location. It is natural to assume that anyone who sees an object sees everything about it — the shape, color, location, and movement. **However**, one part of your brain sees its shape, another sees color, another detects location, and another perceives movement. **Consequently**, after localized brain damage, it is possible to see certain aspects of an object and not others. Centuries ago, people found it difficult to imagine how someone could see an object without seeing what color it is. Even today, you might find it surprising to learn about people who see an object without seeing where it is, or see it without seeing whether it is moving.

해설 [정답 : ⑤]

우리의 뇌 시각 시스템은 모든 것을 알 필요 없이 필요한 정보만을 얻는다고 합니다. 또한 우리의 뇌는 한 부분이 모든 정보를 보는 것이 아닌 각 부분마다 보는 역할이 따로 정해져있다고 합니다. 이에 관련된 선지를 고르면 됩니다.

①번 선지 : 시각 체계는 결코 우리의 신뢰를 저버리지 않는다! - 무관한 선지입니다.

②번 선지 : 색에 예민한 뇌세포의 비밀 임무
　　- 색깔에 대한 내용은 뇌 시각 시스템이 파악하는 정보에 대한 예시에 해당하므로 포괄하지 않는 선지에 해당합니다.

③번 선지 : 맹점: 뇌에 관해 아직 알려지지 않은 것
　　- 색깔이 보이지 않지만 물체를 보이는 것처럼 뇌의 한 부분이 모든 정보를 보는 것이 아닌 각자 맡은 역할에 의해서 물체를 보게 된다는 내용입니다. 뇌에 관해 아직 알려지지 않은 맹점에 대한 내용이 아니므로 언급되지 않은 선지에 해당합니다.

④번 선지 : 뇌세포가 자연의 회복 과정의 전형적 예가 되는 이유 - 무관한 선지입니다.

⑤번 선지 : 분리되고 독립적인: 뇌세포의 시각적 인식 - 정답 선지입니다.

Ⅰ. Different parts of the brain's visual system / get / information (on a need-to-know basis).

> 구 뇌 시각 시스템의 다양한 부분은 필요할 때 알려주는 것을 기반으로 하여 정보를 얻는다고 합니다.

> 독 뇌 시각 시스템의 많은 부분이 항상 정보를 제공받는 것이 아닌 필요할 때 필요한 정보를 얻는 방식을 취한다고 합니다.

Ⅱ. Cells (that help / your hand muscles / reach out to an object) / **need to** know / the size and location of the object, **but** they / don't **need to** know (about color).

> 구 'help + O + O.C'는 'O가 O.C하는 것을 돕다'로 해석하시면 됩니다.
> - 너의 손에 있는 근육이 물체에 도달할 수 있도록 도와주는 세포들은 물체의 크기와 위치를 알 필요가 있지만 그들은 (= 세포들은) 색깔에 대해서는 알 필요가 없다고 합니다.

> 독 'need to'와 'but'이 제시되었으므로 중심 문장
> - 손이 물체에 도달하기 위해서는 물체의 크기와 위치를 알아야 하지만 색깔은 알 필요가 없듯이 뇌 시각 시스템은 필요한 정보만 얻는다고 합니다.

Ⅲ. They / **need to** know / a little (about shape, **but** not in great detail).

> 구 그들은 (= 세포들은) 모양에 대해서 조금 알아야만 하지만 상세히 알 필요는 없다고 합니다.

> 독 'need to'와 'but'이 제시되었으므로 중심 문장
> - 세포들이 모양에 대해서는 알아야 하지만 자세히 알 필요는 없다고 합니다.
> 즉, 최소한의 정보만 세포들이 알면 된다고 합니다.

Ⅳ. Cells (that help / you / recognize people's faces) **need to** be extremely sensitive (to details of shape), **but** they / can pay less attention (to location).

> 구 'help + O + O.C'는 'O가 O.C하는 것을 돕다'로 해석하시면 됩니다.
> - 너가 사람의 얼굴들을 인식하는 것을 돕는 세포들은 모양의 세부사항에 대해서 극도로 민감하지만 그들은 위치에 대해서는 집중할 필요가 없다고 합니다.

> 독 'need to'와 'but'이 제시되었으므로 중심 문장
> - 물체에 손을 뻗는 예시에 이어 사람의 얼굴을 인식하는 것에 대해서 제시하고 있습니다.

Ⅴ. It is / natural / to assume that anyone (who sees / an object) sees / everything (about it — the shape, color, location, and movement).

> 구 'It + be동사 + 형용사 + to-V'는 가주어/진주어를 의미합니다.
> - 어떤 물체를 보는 사람들은 모양, 색깔, 위치, 움직임등 모든 것을 보는 것으로 가정하는 것이 당연하다고 합니다.

> 독 사람이 물체를 볼 때 모든 것을 본다고 합니다.

Ⅵ. **However**, one part of your brain / sees / its shape, another / sees / color, another / detects / location, and another / perceives / movement.

> 구▶ 그러나 너의 뇌의 한 부분은 그것의 모양을 보고, 다른 부분은 색깔을 보며, 또 다른 부분은 위치를 감지하고 이것들과 다른 부분은 움직임을 감지한다고 합니다.

> 독▶ 'However'가 제시되었으므로 앞 뒷 문장 중심 문장
> - 한 부분이 모든 것을 보는 것이 아닌 각각의 부분마다 봐야 할 역할이 있다고 합니다.

Ⅶ. **Consequently**, (after localized brain damage), it is / possible / to see / certain aspects of an object and not others.

> 구▶ 'It + be동사 + 형용사 + to-V'는 가주어/진주어를 의미합니다.
> - 결과적으로, 부분적인 뇌의 손상 이후에, 물체의 특정한 부분은 볼 수 있지만 다른 부분은 보지 못하는 것이 가능할 수 있다고 합니다.

> 독▶ 'Consequently'가 제시되었으므로 중심 문장
> - 각각의 부분마다 봐야할 역할이 있기 때문에 부분적인 뇌손상시 다 보이지 않는 것이 아닌 일부분만 보이지 않는다고 합니다.

Ⅷ. Centuries ago, people / found / it / difficult / to imagine / how someone / could see / an object (without seeing what color it is).

> 구▶ '5형식 동사+ it + 형용사 + to-V'는 가목적어/진목적어 입니다.
> - 수 세기 전, 사람들은 어떻게 누군가 (물체를 보면서도) 색깔을 보지 못하면서 물체를 볼 수 있는지 상상하는 것이 어려웠다고 합니다.

> 독▶ 수 세기 전에는 뇌의 역할이 나누어져 있는 것이 아닌 한 부분이 모든 것을 볼 수 있었다고 생각했기 때문에 색깔을 보지 못하면서도 물체를 볼 수 있는 것을 설명하는 것이 어려웠다고 합니다.

Ⅸ. Even today, you / might find / it / surprising / to learn about people (who see / an object (without seeing where it is), or see / it (without seeing / whether it is moving).

> 구▶ '5형식 동사 + it + 형용사 + to-V'는 가목적어/진목적어입니다.
> - 'whether'가 목적절로 사용될 경우 '~인지 아닌지'로 해석됩니다.
> - 심지어 오늘날, 너는 물체가 어디에 있는지 보지 못하지만 물체를 볼 수 있는 사람과 물체가 움직이는지 움직이지 않는지 보지 못하지만 물체를 볼 수 있는 사람들에 대해서 배우게 된다면 놀라워 할 수 있다고 합니다.

> 독▶ 색깔을 보지 못하면서도 물체를 볼 수 있는 것처럼 위치를 파악하지 못하거나 움직임을 감지하지 못해도 물체를 볼 수 있다고 합니다.

다음 글의 제목으로 가장 적절한 것은?

Hyper-mobility — the notion that more travel at faster speeds covering longer distances generates greater economic success — seems to be a distinguishing feature of urban areas, where more than half of the world's population currently reside. By 2005, approximately 7.5 billion trips were made each day in cities worldwide. In 2050, there may be three to four times as many passenger-kilometres travelled as in the year 2000, infrastructure and energy prices permitting. Freight movement could also rise more than threefold during the same period. Mobility flows have become a key dynamic of urbanization, with the associated infrastructure invariably constituting the backbone of urban form. **Yet**, despite the increasing level of urban mobility worldwide, access to places, activities and services has become increasingly difficult. Not only is it less convenient — in terms of time, cost and comfort — to access locations in cities, but the very process of moving around in cities generates a number of negative externalities. **Accordingly**, many of the world's cities face an unprecedented accessibility crisis, and are characterized by unsustainable mobility systems.

* freight: 화물

해설 [정답 : ①]

지문은 하이퍼 모빌리티에 대해 설명하는 전반부와, VI번 문장의 'Yet'을 기점으로 하이퍼 모빌리티의 단점을 나열하는 후반부로 구성되어 있습니다. 전형적인 이분법적인 지문이며, 주제 문장도 명확하게 언급되므로 예시라는 나무에 집중하지 말고 글의 주제라는 숲을 봐야 합니다.

①번 선지 : 하이퍼 모빌리티는 도시에 항상 이로운가?
- 의문문 선지는 그에 대한 해답이 반드시 지문에서 언급되어야 합니다. 하이퍼 모빌리티가 도시에 미치는 영향은 지문의 핵심 주제이며, 그에 대한 답인 '아니오, 장점도 있긴 하나, 좋지 않을 수도 있다'는 대답이 지문 후반부에서 언급되므로 정답 선지입니다.

②번 선지 : 접근성 : 도시 지역망 가이드
- 지문의 핵심 주제인 하이퍼 모빌리티의 단점을 언급하지 않으므로 오답입니다.

③번 선지 : 경제적 성공으로 가는 길고 구불구불한 길
- ②번 선지와 같은 이유로 오답입니다.

④번 선지 : 하이퍼 모빌리티로 인한 불가피한 지역 갈등
- 지문에서 언급한 하이퍼 모빌리티의 단점으로 지역 갈등은 언급되지 않습니다.

⑤번 선지 : 사회 기반 시설: 하이퍼 모빌리티의 필수 요소
- ②번 선지와 같은 이유로 오답입니다.

Ⅰ. Hyper-mobility — the notion / that / more travel (at faster speeds) covering longer distances / generates / greater economic success — / seems / to be / a distinguishing feature (of urban areas, / where / more than half (of the world's population) / currently reside).

> 구 더 먼 거리를 더 빠른 속도로 더 많이 이동하는 것이 더 큰 경제적 성공을 만든다는 개념인 하이퍼 모빌리티는 현재 세계 인구의 절반보다 더 많은 사람이 거주하는 도시 지역의 두드러진 특징인 것으로 보인다고 합니다.

> 독 하이퍼 모빌리티의 정의, 그리고 특징으로 도시 지역에서 두드러진다는 것을 언급하고 있습니다.

Ⅱ. By 2005, approximately 7.5 billion trips / were made / each day in cities worldwide.

> 구 2005년까지 전 세계 도시에서 매일 약 75억 건의 이동이 이루어졌다고 합니다.

> 독 Ⅰ번 문장의 예시 문장입니다.

Ⅲ. In 2050, there / may be / three to four times (as many passenger-kilometres travelled as) in the year 2000, infrastructure and energy prices / permitting.

> 구 2050년에는 사회 기반 시설 및 에너지 가격이 허락하는 한, 2000년보다 서너 배 더 많은 인킬로미터를 이동할지도 모른다고 합니다.

> 독 Ⅱ번 문장에서 이어지는 사례이며, 이것이 미래에는 더더욱 확대된다는 것을 보여 줍니다.

Ⅳ. Freight movement / could also rise / more than threefold (during the same period).

* freight: 화물

> 구 화물 이동도 같은 기간 세 배보다 더 많이 증가할 수 있다고 합니다.

> 독 역시 예시 문장입니다.

Ⅴ. Mobility flows / have become / a key dynamic of urbanization, with the associated infrastructure / invariably constituting / the backbone of urban form.

> 구 이동성 흐름은 관련 사회 기반 시설이 변함없이 도시 형태의 중추를 구성하면서 도시화의 핵심 동력이 되었다고 합니다.

> 독 이 이동성이 도시화에 미친 긍정적인 영향을 설명하고 있습니다.

Ⅵ. **Yet**, despite the increasing level (of urban mobility worldwide), access to places, activities and services / has become / increasingly difficult.

> 구▶ 그러나 전 세계적으로 증가하는 도시 이동성 수준에도 불구하고, 장소, 활동 및 서비스에 대한 접근은 점점 더 어려워졌다고 합니다.

> 독▶ 'yet'이 제시되었으므로 중심 문장
> - Ⅴ번 문장의 이동성의 장점에서 단점으로 전환되는 내용입니다. 단점으로는 접근성이 더 떨어진다는 것을 언급합니다.

Ⅶ. Not only is it less convenient — in terms of time, cost and comfort — to access locations in cities, but the very process (of moving around in cities) / generates / a number of negative externalities.

> 구▶ 'not only A but (also) B'는 'A뿐만 아니라 B도'를 의미합니다.
> - 시간, 비용 및 편안함 측면에서 보면, 도시에서 장소에 접근하는 것이 덜 편리할 뿐만 아니라, 도시에서 돌아다니는 바로 그 과정이 많은 부정적인 외부 효과를 발생시킨다고 합니다.

> 독▶ Ⅵ번 문장의 단점을 구체적으로 묘사하는 문장입니다.

Ⅷ. **Accordingly**, many of the world's cities / face / an unprecedented accessibility crisis, and / are characterized by unsustainable mobility systems.

> 구▶ 따라서 세계의 많은 도시는 전례 없는 접근성 위기를 직면하고 지속 불가능한 이동성 시스템을 특징으로 한다고 합니다.

> 독▶ 'accordingly'가 제시되었으므로 중심 문장
> - Ⅵ, Ⅶ번 문장의 부정적 원인을 종합하여 결과로 이어지는 문장입니다.

다음 글의 주제로 가장 적절한 것은?

Environmental learning occurs when farmers base decisions on observations of "payoff" information. They may observe their own or neighbors' farms, **but** it is the empirical results they are using as a guide, not the neighbors themselves. They are looking at farming activities as experiments and assessing such factors as relative advantage, compatibility with existing resources, difficulty of use, and "trialability" — how well can it be experimented with. **But** that criterion of "trialability" **turns out** to be a real problem; it's true that farmers are always experimenting, **but** working farms are very flawed laboratories. Farmers cannot set up the controlled conditions of professional test plots in research facilities. Farmers also often confront complex and difficult-to-observe phenomena that would be hard to manage **even if** they could run controlled experiments. Moreover farmers can rarely acquire payoff information on more than a few of the production methods they might use, which makes the criterion of "relative advantage" hard to measure.

* empirical: 경험적인 ** compatibility: 양립성
*** criterion: 기준

해설 [정답 : ①]

Ⅳ번 문장의 But을 기준으로 글의 주제가 전환되는 지문입니다. 이전 내용에서는 농부들이 관찰에 근거하여 농업 활동의 요인을 평가한다고 했습니다. 그런데 Ⅳ번 문장에서 '"trialability" turns out to be a real problem' 그 요인 중 하나인 시험 가능성은 문제가 있다고 했으며,

Ⅳ번 문장 flawed laboratories - 연구하는 농장은 결함이 있는 실험실이다.
Ⅴ번 문장 Farmers cannot set up the controlled conditions - 농부들은 통제된 조건을 마련할 수 없다.
Ⅵ번 문장 complex and difficult-to-observe phenomena - 복잡하고 관찰하기 어려운 상황에 직면한다.
Ⅶ번 문장 rarely acquire payoff information - 이익 정보를 거의 얻지 못한다.
Ⅷ번 문장 makes the criterion of "relative advantage" hard to measure
     - 상대적 이점의 기준을 측정하기 어렵게 한다.

지문에서는 계속해서 관찰에 기반한 학습의 한계점이 나열되고 있으므로, 글의 주제는 농부들의 경험적인 관찰의 한계점이 됩니다.

①번 선지 : 농업에서 경험적 관찰을 사용하는 것의 한계 - 정답 선지입니다.
②번 선지 : 기존 농업 장비를 현대화하는 데 있어서의 난제
    - 농업 장비의 현대화와는 관련이 없습니다.
③번 선지 : 농업 혁신에서 시험 가능성을 우선 처리해야 할 필요성
    - 'trialability'에 매몰되면 고르게 되는 선지입니다. 지문은 시험 가능성에 문제가 있다는 한계점을 나열하고 있는 지문이지, 이것을 처리해야 하는 필요성과 관련된 지문이라고 볼 수 없습니다.
④번 선지 : 농업에서 본능적 결정을 하는 것의 중요성
    - 본능적 결정과는 아무런 상관이 없습니다.
⑤번 선지 : 예측할 수 없는 농업 현상을 통제하는 방법
    - 지문에서는 통제하기 어려운 것이 문제가 된다고 말하고 있으므로 오답 선지입니다.

Ⅰ. Environmental learning / occurs / when farmers / base / decisions (on observations (of "payoff" information)).

구 환경적 학습은 농부들이 '이익' 정보에 관한 관찰에 근거하여 결정할 때 발생한다고 합니다.

Ⅱ. They / may observe / their own or neighbors' farms, **but** it is / the empirical results (they are using / as a guide, not the neighbors themselves).

* empirical: 경험적인

구 'it + be 동사 + (that)'은 강조 구문입니다. 'it + is + (that)'이 제시되고 'that절'이 불완전한 경우 강조 구문에 해당합니다. 이 문장에서는 'using'의 목적어가 없습니다.
- 그들은 (= 농부들은) 자기 자신이나 이웃의 농장을 관찰할 수도 있지만, 그들이 (= 농부들이) 지침으로 삼고 있는 것은 이웃 자체가 아니라 경험적 결과라고 합니다.

독 'but'이 제시되었으므로 중심 문장
- 'observation', 관찰이 경험적 행위임을 알 수 있습니다.

Ⅲ. They / are looking at / farming activities (as experiments) and assessing / such factors (as relative advantage, compatibility with existing resources, difficulty of use, and "trialability") — how well can it be experimented with.

** compatibility: 양립성

구 그들은 농업 활동을 실험으로 보고 상대적 이점, 기존 자원과의 양립성, 사용의 어려움, 그리고 '시험 가능성', 즉 그것이 얼마나 잘 실험될 수 있는가와 같은 요인을 평가하고 있다고 합니다.

독 'trialability'는 trial과 ability를 합친 말로, 상품이 대중화되기 전에 소비자가 그것의 사용을 시도할 가능성을 의미합니다.

Ⅳ. **But** that criterion / (of "trialability") **turns out** to be / a real problem; it's / true / that farmers / are always experimenting, **but** working farms / are / very flawed laboratories.

*** criterion: 기준

구 'It + be 동사 + 보어 + 명사절'는 가주어/진주어입니다.
- 하지만 그 '시험 가능성'의 기준은 진짜 문제인 것으로 밝혀지는데, 농부들이 항상 실험하는 것은 사실이지만, 연구하는 농장은 매우 결함이 있는 실험실이라고 합니다.

독 역접의 접속사 'But'을 통해 내용이 전환되고 'turn out'을 통해서 결과가 제시되므로 중심 문장
- 이러한 시험 가능성의 기준 설정에 문제가 있다는 것을 의미합니다.

Ⅴ. Farmers / cannot set up / the controlled conditions (of professional test plots (in research facilities)).

구 농부는 연구 시설에서 전문적인 시험구성의 통제된 조건을 마련할 수 없다고 합니다.

독 Ⅳ번 문장에 대한 예시 1에 해당합니다. 농업에서는 전문적인 통제 조건을 형성하기 어렵다고 합니다.

Ⅵ. Farmers / also often confront / complex and difficult-to-observe phenomena / that / would be / hard / to manage (**even if** they / could run / controlled experiments).

구 통제된 실험을 할 수 있다고 해도, 농부는 복잡하고 관찰하기 어려워 관리하기 힘든 현상에 자주 직면하기도 한다고 합니다.

독 'even if'가 제시되었으므로 중심 문장
- Ⅳ번 문장에 대한 예시 2에 해당합니다. 실험을 관리하기가 어렵다고 합니다.

Ⅶ. Moreover farmers / can rarely acquire / payoff information / on more than a few (of the production methods / they / might use), which / makes / the criterion (of "relative advantage") hard / to measure.

구 게다가 농부는 자신이 사용할 수 있는 몇 가지 생산 방법을 넘어서는 것에 관한 이익 정보를 거의 얻을 수 없고, 이는 '상대적 이점'의 기준을 측정하기 어렵게 만든다.

독 Ⅳ번 문장에 대한 예시 3에 해당합니다.
- 언급된 예시는 이익 정보를 얻을 수 없다는 것, 상대적 이점의 기준 측정이 어렵다는 것이며, 모두 경험적인 관찰과 실험을 통해서는 농업의 상대적인 이점의 기준을 만드는 것이 어렵다는 것을 의미하고 있습니다.

다음 글의 주제로 가장 적절한 것은?

> *Problem framing* amounts to defining *what* problem you are proposing to solve. This is a critical activity **because** the frame you choose strongly influences your understanding of the problem, **thereby** conditioning your approach to solving it. For an illustration, consider **Thibodeau and Broditsky's series of experiments** in which they asked people for ways to reduce crime in a community. They **found** that the respondents' suggestions changed significantly depending on whether the metaphor used to describe crime was as a virus or as a beast. People presented with a metaphor comparing crime to a virus invading their city emphasized prevention and addressing the root causes of the problem, such as eliminating poverty and improving education. **On the other hand**, people presented with the beast metaphor focused on remediations: increasing the size of the police force and prisons.

해설 [정답 : ⑤]

문제에 대한 이해에 의해서 문제에 대한 접근 방식이 달라지는 것이 주제입니다. 선지를 보면

①번 선지 : 더 나은 해결책을 위해서 올바른 질문을 하는 것의 중요성 - 무관합니다.
②번 선지 : 문제에 대한 해결책을 찾기 위해 은유를 사용하는 것의 어려움
    - 은유가 연구에서 제시되지만 은유가 주제가 아닙니다. 연구 혹은 예시에서 제시되는 소재를 통해서
      포괄하지 않는 선지를 구성했습니다. 오답 선지입니다.
③번 선지 : 문제 구조화가 해결책의 출현을 막는 이유
    - 'prevent A from B'는 'A가 B하는 것을 막다'입니다. 그러므로 반대 내용 선지입니다.
④번 선지 : 지역사회 범죄를 줄이는 데 있어서 예방 조치의 유용성
    - ②번 선지와 같이 연구에서 제시되는 소재를 통해서 포괄하지 않는 선지를 구성했습니다.
⑤번 선지 : 문제를 접근하고 해결하는데 문제 구조화가 끼치는 영향
    - 인과관계를 잘 이해했다면 문제 구조화 ⇒ 문제에 대한 이해 ⇒ 문제 해결의 접근 방식을 파악하셨을
      겁니다. 그러므로 정답 선지에 해당합니다.

Ⅰ. *Problem framing* / amounts to defining / *what* problem you / are proposing to solve.

> 구 'amount to'는 '~이다, ~에 해당하다'는 의미입니다.
>   - '*Problem framing*' 은 네가 어떤 문제를 해결할 것으로 정의하는지에 해당한다고 합니다.

Ⅱ. This / is / a critical activity / **because** the frame (you choose) strongly influences / your understanding (of the problem), **thereby** conditioning / your approach (to solving it).

> 구 'This'는 '*Problem framing*'를 지칭합니다.
>   - 'condition'은 '상태'를 의미하지만 동사로 사용되었으므로 '상태하다' = '상태에 끼치다' = '영향을
>   끼치다'로 해석할 수 있습니다.
>   - 네가 선택한 그 틀은 너의 문제에 대한 이해에 강하게 영향을 끼치고 그러므로 너의 문제 해결에
>   대한 너의 접근 방식에 영향을 끼치기 때문에 그것은 중요한 활동이라고 합니다.

독▶ 'because'와 'thereby'를 통해서 인과관계를 제시합니다.
- 틀이 문제에 대한 이해에 영향을 끼침 ⇒ 문제 해결의 접근 방식에 영향을 끼침으로 이해 하시면 됩니다.

Ⅲ. For an illustration, consider **Thibodeau and Broditsky's series of experiments** (in which they / asked people (for ways to reduce crime (in a community))).

구▶ 설명을 위해서, Thibodeau and Broditsky가 사람들에게 사회에서 범죄를 줄이기 위한 방법을 물어본 실험을 고려해보자고 합니다.

독▶ 실험, 즉 연구가 제시되었으므로 이해해야하는 중심 문장입니다.

Ⅳ. They / **found** / that the respondents' suggestions / changed significantly (depending on whether the metaphor (used / to describe crime) was / as a virus or as a beast).

구▶ 'depend on'은 '~에 의존하다'라는 뜻을 가집니다.
- 'whether A or B'는 'A인지 B인지'라는 의미를 가집니다.
- 그들은 응답자들의 제안들이 범죄를 묘사하기 위한 은유가 바이러스인지 짐승인지에 따라서 상당하게 변화하였다는 것을 발견했다고 합니다.

독▶ 연구이므로 중심 문장!
- 응답자들이 범죄의 은유에 따라서 제안을 바꿨다고 합니다.
- 이를 Ⅱ번 문장과 대응시키면 '은유'는 Ⅱ번 문장에서 '문제에 대한 이해'와 대응되고 '응답자들의 대안'은 '문제 해결의 접근 방식'에 대응합니다.

Ⅴ. People (presented / with a metaphor / comparing crime / to a virus) (invading / their city) / emphasized / prevention and addressing the root causes (of the problem), (such as eliminating poverty and improving education).

구▶ compare A to B - A를 B에 비유하다 (비교하다)
- 범죄를 그들의 도시를 공격하는 바이러스로 비유하는 은유를 제공받은 사람들은 예방과 가난을 없애고 교육을 증가시키는 것과 같은 문제의 근본적인 원인을 다루는 것을 강조했다고 합니다.

* root - a (형용사). 근본적인

Ⅵ. **On the other hand**, people (presented with the beast metaphor) / focused on / remediations: increasing / the size (of the police force and prisons).

구▶ 반면에, 짐승의 비유를 받은 사람들은 경찰력의 크기와 감옥들을 증가하는 것과 같은 교정에 집중했다고 합니다.

독▶ 'On the other hand'를 통해서 역접이 이루어짐을 알 수 있으므로 중심 문장!
- Ⅴ번 문장의 바이러스라는 비유를 받은 사람들은 예방과 근본 원인 해결에 초점을 맞췄지만 Ⅵ번 문장의 짐승의 비유를 받은 사람들은 교정에 초점을 맞췄다고 합니다
- 즉 Ⅱ번 문장에서 문제에 대한 이해에 따라서 문제 해결의 접근 방식이 달라지는 것을 보여주고 있습니다.

다음 글의 주제로 가장 적절한 것은?

> Children can move effortlessly between play and absorption in a story, as if both are forms of the same activity. The taking of roles in a narratively structured game of pirates is not very different than the taking of roles in identifying with characters as one watches a movie. It might be thought that, as they grow towards adolescence, people give up childhood play, **but** this is not so. **Instead**, the bases and interests of this activity change and develop to playing and watching sports, to the fiction of plays, novels, and movies, and nowadays to video games. In fiction, one can enter possible worlds. When we experience emotions in such worlds, this is not a sign that we are being incoherent or regressed. It **derives from** trying out metaphorical transformations of our selves in new ways, in new worlds, in ways that can be moving and important to us.
>
> * pirate: 해적 ** incoherent: 일관되지 않은

해설 [정답 : ④]

재진술이 많은 지문입니다. 주제를 파악하는 것은 어렵지 않았을 것 같고 선지도 어렵지 않습니다.

①번 선지 : 놀이 유형과 정서적 안정 간의 관계
  - 아동기때 놀이가 청소년기로 성장하면서도 다양한 형태로 변화하여 유지된다고는 했으나 이러한 놀이의 유지와 변화가 정서적 안정을 야기한다는 내용은 제시되지 않았습니다. 언급되지 않은 선지입니다.

②번 선지 : 아동기에 가상의 등장인물과 동일시하는 이유
  - 가상의 등장인물과 동일시하는 것은 아동기의 놀이가 청소년기에 변화된 형태입니다. 즉, 아동기가 아닌 청소년기에 해당합니다.

③번 선지 : 청소년이 좋은 독서 습관을 개발하도록 돕는 방법 - 무관한 선지입니다.

④번 선지 : 아동기 이후 변화된 형태의 놀이에 지속적인 참여 - 정답 선지입니다.

⑤번 선지 : 이야기 구조가 독자의 상상력에 미치는 영향
  - 이야기 구조가 독자에게 어떻게 영향을 끼치는지 제시되지 않았습니다. 언급되지 않은 선지입니다.

Ⅰ. Children / can move effortlessly (between play and absorption / in a story), / as if both / are /
forms (of the same activity).

> 구▶ 'between A and B'는 'A와 B 사이'를 의미합니다.
> - 'as if S + V'는 '마치 S가 V인 것처럼'을 뜻합니다.
> - 아이들은 놀이와 이야기 몰입이 마치 같은 활동의 형태인 것처럼 노력없이 (= 쉽게) 그 둘 사이를
> 이동한다고 합니다.

Ⅱ. The taking of roles (in a narratively structured game / of pirates) is / not very different / than the
taking / of roles (in identifying / with characters) / as one / watches / a movie.

* pirate: 해적

> 구▶ 'in V-ing'는 'V함에 있어서'를 의미합니다.
> - 'identify with A'는 'A와 동일시하다'를 의미합니다.
> - 이야기식 구조의 해적 게임에서 역할을 맡는 것은 영화를 감상할 때 등장인물과 동일시함에 있어서
> 역할을 맡는 것과 크게 다르지 않다고 합니다.

> 독▶ 이야기 구조의 게임에서 역할을 맡는 것은 Ⅰ번 문장의 'play (놀이)'를 재진술한 것이고 영화를 볼 때
> 등장인물과 동일시하는 것은 'absorption in a story (이야기에 몰입하는 것)'을 재진술 한 것입니다.

Ⅲ. It / might be thought / that, as they / grow / towards adolescence, / people / give up /
childhood play, / **but** this / is not so.

> 구▶ 'it'이 지칭하는 대상이 존재하지 않으므로 가주어/진주어
> - 그들이 청소년기로 향하여 성장할 때, 사람들은 어린 시절 놀이를 포기한다고 생각되어질 수 있지만
> 그렇지 않다고 합니다.

> 독▶ 'but'이 제시되었으므로 중심 문장
> - 사람들이 성장해가면서 어린 시절 놀이를 포기한다고 생각되지만 실제로는 그렇지 않다고 합니다.

> * adolescence - 청소년기

Ⅳ. **Instead**, the bases and interests (of this activity) / change and (change와 develop을 연결) develop
(to playing and (playing과 watching을 연결) watching / sports, to the fiction of plays, novels, and
(plays, novels와 movies를 연결) movies, and (sports, to the fiction ~와 to video games를 연결)
nowadays to video games).

> 구▶ 대신에, 이런 활동의 (= 놀이의) 기반과 흥미가 바뀌고 스포츠 활동과 스포츠 관람으로, 연극, 소설,
> 영화의 허구로, 그리고 최근에는 비디오 게임으로 발전한다고 합니다.

> 독▶ 'Instead'가 제시되었으니 중심 문장
> - 어린시절 놀이의 활동이 어른이 되어서는 스포츠 활동과 관람등으로 변화하여 나타난다고 합니다.

Ⅴ. In fiction, one / can enter / possible worlds.

> 구▶ 허상에서 사람들은 가능한 세계로 들어갈 수 있다고 합니다.

Ⅵ. When we / experience / emotions in such worlds, this / is not / a sign (that we / are being / incoherent or regressed).

** incoherent: 일관되지 않은

구 우리가 그러한 세계에서 (= 허상에서) 감정을 경험할 때, 그것은 (= 감정을 경험하는 것은) 우리가 일관되지 않거나 퇴행되고 있다는 신호가 아니라고 합니다.

독 우리가 허상에서 감정을 경험하는 것이 잘못된 것은 아니라고 합니다.

* regress - 후퇴하다, 퇴행하다

Ⅶ. It / **derives from trying out** / metaphorical transformations (of our selves) (in new ways, in new worlds, in ways (that / can be / moving and important / to us)).

구 그것은 (= 허상에서 감정을 경험하는 것은) 새로운 방식으로, 새로운 세계에서, 우리에게 감동적이고 중요한 방식으로 우리 스스로의 은유적 변신을 시도하는 것으로부터 유래된다고 합니다.

독 'derive from'은 '~로부터 유래되다'로 인과관계를 제시해주기 때문에 중심 문장입니다.
 - 허상에서 감정적으로 경험하는 것, 즉 어린 시절의 놀이가 성장하면서 다양한 활동으로 변화하는 것은 우리 스스로의 은유적 변신이라고 합니다.

* metaphorical - 은유적인

다음 글의 제목으로 가장 적절한 것은?

> **Although** cognitive and neuropsychological approaches emphasize the losses with age that might impair social perception, motivational theories indicate that there may be some gains or qualitative changes. **Charles and Carstensen review** a considerable body of evidence indicating that, as people get older, they tend to prioritize close social relationships, focus more on achieving emotional well-being, and attend more to positive emotional information **while** ignoring negative information. These changing motivational goals in old age have implications for attention to and processing of social cues from the environment. Of particular importance in considering emotional changes in old age is the presence of a positivity bias: **that is**, a tendency to notice, attend to, and remember more positive compared to negative information. The role of life experience in social skills also indicates that older adults might show gains in some aspects of social perception.
>
> * cognitive: 인식의 ** impair: 해치다

해설 [정답 : ①]

노년에는 사회적 지각이 손상입을 것이라는 신경심리학적 접근과는 달리 동기 이론에서 노년에 정적인 이득이 있고 또한 사회적 지각에도 이득이 있다는 내용이 재진술되고 있는 지문입니다.

①번 선지 : 노년의 사회 지각: 전부 나쁜 소식은 아니다 - 정답 선지입니다.
②번 선지 : 부정적인 것을 떨쳐 버리면 사회적 기술이 연마된다.
    - 지문에서 부정적인 것을 무시하고 긍정적인 것에 집중한다고 되어있으나 긍정적인 것에 집중 혹은 부정적인 것을 무시 ⇒ 사회적 기술 연마로, 즉 부정적인 것을 무시하는 것이 사회적 기술의 연마를 야기한다는 내용이 제시되어있지 않습니다. 오히려 이 두 부분은 나열되었을 뿐 관계가 제시되지 않았습니다. 그러므로 언급되지 않은 선지에 해당하며, 나열된 두 가지 소재를 인과관계가 형성하는 것처럼 만든 선지에 해당합니다.
③번 선지 : 노년에 크게 성취한 사람들에게 얻는 평생 목표에 대한 교훈 - 무관한 선지입니다.
④번 선지 : 나이를 먹는 것: 성숙과 객관성에 이르는 길
    - 긍정적인 감정에 집중한다는 내용이 제시되었을 뿐 객관성을 가진다는 내용은 제시되지 않았습니다. 언급되지 않은 선지에 해당합니다.
⑤번 선지 : 긍정적인 마음과 행동: 노화를 되돌리기 위한 조언 - 무관한 선지입니다.

Ⅰ. **Although** cognitive and neuropsychological approaches / emphasize / the losses (with age) that might impair / social perception, / motivational theories / indicate / that there / may be / some gains or qualitative changes.

* cognitive: 인식의 ** impair: 해치다

> 구▶ 비록 인식과 신경심리학적 접근법이 사회 지각을 손상시키는 노화에서 손실을 강조할지라도, 동기 이론은 어떤 이득이나 질적 변화가 있을 수 있다는 것을 나타낸다고 합니다.

> 독▶ 신경심리학적 접근법에서는 노화가 손해를 발생시키지만 동기 이론에서는 노화가 이득이 될 수 있다고 합니다.

Ⅱ. **Charles and Carstensen / review** / a considerable body of evidence (indicating that, (as people get older), they / tend to prioritize / close social relationships, focus more on / achieving emotional well-being, / and (prioritize, focus, attend를 연결) attend more to / positive emotional information while ignoring / negative information.

> 구▶ 'tend to-V'는 'V 하는 경향이 있다'는 뜻입니다.
> - Charles와 Carstensen은 사람들이 나이가 들어가면서 그들이 가까운 사회적 관계를 우선시하고, 감정적 행복을 성취하는 데 더 집중하고 긍정적인 감정적 정보를 더 주목하는 반면에 부정적인 정보는 무시하는 경향이 있다고 합니다.

> 독▶ 'While'이 제시되었고 연구가 제시되었기 때문에 중심 문장
> - 사람들은 나이가 들수록 감정적으로 부정적인 정보는 무시하지만 감정적으로 긍정적인 정보에 집중한다고 합니다.

* attend to - ~에 집중하다

Ⅲ. These changing motivational goals (in old age) / have / implications (for attention to and (attention과 processing을 연결) processing (of social cues)) (from the environment).

> 구▶ 노년의 이러한 변화하는 동기 부여적 목표들은 (= 긍정적 감정에 집중하고 부정적 감정은 무시하는 것은) 주변 환경으로부터 사회적 신호를 주목하고 처리하는 것에 영향을 미친다고 합니다.

* implication - 영향

Ⅳ. Of particular importance (in considering / emotional changes) (in old age) / is / the presence (of a positivity bias): **that is**, a tendency (to notice, attend to, and (notice, attend to와 remember을 연결) remember / more positive (compared to negative information)).

> 구▶ 'of N'가 문장 맨 앞에 있으므로 'V S' 도치가 발생했습니다. 도치가 발생했더라도 'of N'을 'N한 것'으로 해석하셔서 전진 독해하시면 됩니다.
> - 'in V-ing'는 'V함에 있어서'를 의미합니다.
> - 노년에 감정적 변화를 고려함에 있어서 특히 중요한 것은 긍정적 편향, 즉 부정적 정보와 비교하여 긍정적 정보를 인지하고, 주목하고, 기억하는 경향의 존재라고 합니다.

> 독▶ 'that is'가 제시되었으니 중심 문장
> - 노년에 가장 중요한 것은 긍정적인 정보를 부정적인 정보보다 더 주목하는 것이라고 합니다.

Ⅴ. The role of life experience (in social skills) also indicates / that older adults / might show / gains (in some aspects of social perception).

> 구▶ 사회적 기술에 관한 인생 경험의 역할 또한 나이가 있는 성인이 사회적 인지 측면에서 이득이 있음을 나타낸다고 합니다.

> 독▶ 노년에 감정적 이득뿐만 아니라 사회 인지적 이득도 있다고 합니다.

다음 글의 주제로 가장 적절한 것은?

An important advantage of disclosure, as opposed to more aggressive forms of regulation, is its flexibility and respect for the operation of free markets. Regulatory mandates are blunt swords; they tend to neglect diversity and may have serious unintended adverse effects. **For example**, energy efficiency requirements for appliances may produce goods that work less well or that have characteristics that consumers do not want. Information provision, **by contrast**, respects freedom of choice. If automobile manufacturers are required to measure and publicize the safety characteristics of cars, potential car purchasers can trade safety concerns against other attributes, such as price and styling. If restaurant customers are informed of the calories in their meals, those who want to lose weight can make use of the information, leaving those who are unconcerned about calories unaffected. Disclosure does not interfere with, and should even promote, the autonomy (and quality) of individual decision-making.

* mandate: 명령 ** adverse: 거스르는 *** autonomy: 자율성

해설 [정답 : ②]

의무적 규제와는 달리 공개는 선택의 자율성을 보장함으로써 이점이 있다는 내용의 지문입니다.

①번 선지 : 공공의 정보를 소비자가 이용할 수 있게 하는 절차
- 지문에서 공공의 정보를 소비자가 이용할 수 있다는 내용이 제시되었지만 공공의 정보를 얻기 위해서 어떠한 과정을 거쳐야 되는 지에 대한 내용은 제시되지 않았으므로 언급되지 않은 선지에 해당합니다.

②번 선지 : 자유로운 선택을 보장하기 위해 정보를 공개하는 것의 이점 - 정답 선지입니다.

③번 선지 : 기업들이 자유 시장에서 이윤을 늘리는 전략들 - 무관한 선지입니다.

④번 선지 : 현재 사업 동향을 파악하고 분석할 필요성 - 무관한 선지입니다.

⑤번 선지 : 다양화된 시장이 합리적인 고객 선택에 미치는 영향
- 정보가 고객 선택에 영향을 미친다는 내용은 제시되었지만 다양화된 시장 즉, 다양한 종류의 상품이 나오는 시장이 어떻게 고객 선택에 영향을 미치는 지는 제시되지 않았으므로 언급되지 않은 선지에 해당합니다.

I. An important advantage of disclosure, (as opposed to more aggressive forms of regulation), / is / its flexibility and respect (for the operation of free markets).

> 구 공격적인 형태의 규제와는 반대로 공개의 중요한 이점은 자유 시장의 작용에 대한 유연성과 존중이라고 합니다.

> 독 자유 시장에서의 공개는 시장의 작용에 대한 유연성과 존중이라는 장점을 가진다고 합니다.

II. Regulatory mandates / are / blunt swords; they / tend to neglect / diversity and may have / serious unintended adverse effects.

* mandate: 명령 ** adverse: 거스르는

> 구 규제적 명령은 무딘 칼인데, 그들은 (= 규제적 명령들은) 다양성을 무시하는 경향이 있고 의도되지 않은 심각한 역효과를 가질 수도 있다고 합니다.

> 독 자유 시장에서의 공개와는 달리 규제적 명령은 역효과를 가질 수도 있다고 합니다.

III. **For example**, energy efficiency requirements (for appliances) / may produce / goods (that work less well) or (that have / characteristics (that consumers / do not want)).

> 구 예를 들어, 가전 제품에 대한 에너지 효율 요건들은 덜 잘 작동하거나 소비자가 원하지 않는 특징을 가진 제품들을 만들어 낼 수도 있다고 합니다.

> 독 'For example'이 제시되었으니 앞 문장 중심 문장
> - 가전 제품에 대한 에너지 규제는 잘 작동하지 않거나 소비자가 원하지 않는 특징을 가지는 등의 역효과를 보일 수도 있다고 합니다.

IV. Information provision, **by contrast**, / respects / freedom of choice.

> 구 반면에, 정보 제공은 선택의 자유를 존중할 수 있다고 합니다.

> 독 'by contrast'가 제시되었으므로 앞 뒷 문장 중심 문장
> - 규제와는 달리 공개에 해당하는 정보 제공은 선택의 자유를 보장한다고 합니다.

V. If automobile manufacturers / are required to measure and publicize / the safety characteristics of cars, potential car purchasers / can trade / safety concerns (against other attributes, such as price and styling).

> 구 'trade A against B'는 'A와 B를 맞바꾸다'를 의미합니다.
> - 만약 자동차 제조업자들이 차에 대한 안전 특성을 측정하고 공개해야만 한다면, 잠재적 자동차 구매자들은 가격이나 스타일과 같은 다른 특성들에 대하여 안전 우려와 맞바꿀 수 있다고 합니다.

> 독 자동차의 안전에 대한 특성을 공개한다면 소비자들이 안전 우려와 다른 특성들을 맞바꾸어 안전에 대한 특성이 공개된 차량을 선택할 수도 있다고 합니다.

Ⅵ. If restaurant customers / are informed of / the calories (in their meals), those (who want to lose / weight) / can make use of / the information, (leaving / those (who are unconcerned about / calories) / unaffected).

> 구 ▶ 'make use of'는 '~를 이용하다'를 의미합니다.
> - 'leave + O + O.C'는 'O를 O.C하게 남기다'를 뜻합니다.
> - 만약 식당 소비자들이 식사에 대한 칼로리를 제공받으면, 살을 빼고 싶어하는 사람들은 그 정보를 (= 칼로리에 대한 정보를) 이용할 수 있고, 칼로리에 신경 쓰지 않는 사람들은 영향을 받지 않은 상태로 남게 된다고 합니다.

> 독 ▶ 식당에서 식단에 대한 칼로리를 제공하면 살을 빼고 싶어하는 사람들이 선택할 수 있도록 도와주고 살을 빼는 것에 관심이 없는 사람들은 식단에 대한 칼로리에 영향을 받지 않는다고 합니다.

Ⅶ. Disclosure / does not interfere with, and **should** even promote, / the autonomy (and quality) of individual decision-making.

> 구 ▶ 공개는 개인의 결정 자율성을 (그리고 품질을) 간섭하지 않아야 하며 반드시 촉진시켜야 한다고 합니다.

> 독 ▶ 'should'가 제시되었으므로 중심 문장
> - 공개를 통해 개인의 결정 자율성과 품질을 증가시킬 수 있어야 한다고 합니다.

다음 글의 주제로 가장 적절한 것은?

> It is much more natural to be surprised by unusual phenomena like eclipses than ordinary phenomena like falling bodies or the succession of night into day and day into night. Many cultures invented gods to explain these eclipses that shocked, frightened, or surprised them; **but** very few imagined a god of falling bodies — to which they were so accustomed that they did not even notice them. **But** the reason for eclipses is ultimately the same as that of the succession of night and day:the movement of celestial bodies, which itself is based on the Newtonian law of attraction and how it explains why things fall when we let them go. For the physicist, understanding the ordinary, the habitual, and the frequent **thus** allows us to account for the frightening and the singular. As such, it was **thus** necessary to ask "Why do things fall?" and to have Newton's response to understand a broad range of much more bizarre phenomena occurring at every level of the universe.
>
> * eclipse: 일식, 월식 ** celestial: 천체의 *** bizarre: 이상한

해설 [정답 : ④]

이 지문은 흔한 것에 대한 이유를 분석하면 신기하고 이상한 것에 대한 이유도 알 수 있을 것이라는 내용입니다. Ⅲ번 문장에서 특이한 일식과 흔한 낮과 밤이 바뀌고 물체가 떨어지는 것이 같은 이유라고 합니다. 이를 통해서 Ⅳ번 문장에서는 흔한 것에 대해서 이해하는 것이 특이한 것에 대해 설명하는 것을 허락한다고 하며, Ⅴ번 문장에서는 이상한 것, 즉 특이한 것을 설명하기 위해 흔한 것에 대해서 이해할 필요가 있다고 합니다.

①번 선지 : 과학적 설명보다는 신화적 설명에 대한 광범위한 선호
- 지문에서 특이한 것에 대해서는 신화적으로 설명을 하지만 흔한 것에 대해서는 신화적으로 설명하지 않았다고 합니다. 이 내용은 흔한 것에 대해서 이유에 관심을 가지지 않는 것을 제시하는 것이지 과학적 설명과 신화적 설명을 비교하는 내용이 아닙니다. 언급되지 않은 선지에 해당합니다.

②번 선지 : 일식 현상을 설명하는 데 있어 뉴턴 법칙의 한계

- 한계가 제시되지 않았습니다.

③번 선지 : 현실 인식에 대한 과학적 해석의 영향

- 15%가 고른 오답 선지입니다. 지문에서는 현실 인식을 통한 과학적 해석과 설명에 대해서 제시합니다. 즉, 현실 인식 (원인) ⇒ 과학적 해석 (결과)의 방향입니다. 하지만 선지에서는 과학적 해석에 의해서 현실 인식이 바뀐다고 합니다. 즉, 과학적 해석 (원인) ⇒ 현실 인식 (결과)에 해당합니다. 방향 바꾸기 선지에 해당합니다.

④번 선지 : 특이한 것을 이해하기 위해 일상적인 것에 대한 질문을 제기할 필요성

- 정답 선지입니다.

⑤번 선지 : 특이한 현상에서 일반적인 결론을 도출하는 것의 어려움

- 무관한 선지입니다.

Ⅰ. It is / much more natural / to be surprised (by unusual phenomena like eclipses) than ordinary

phenomena (like falling bodies or the succession of night into day and day into night).

* eclipse: 일식, 월식

구 ‘It is + 형용사 + that’은 가주어/진주어입니다.
- 낙하하는 물체나 밤이 낮으로, 낮이 밤으로 연속되는 것과 같은 평범한 현상보다 일식과 같은 특이한
현상에 놀라는 것이 더욱 더 자연스럽다고 합니다.

독 매일 보는 현상보다는 일식처럼 흔하지 않은 현상에 놀라는 것이 자연스럽다고 합니다.

Ⅱ. Many cultures / invented / gods (to explain these eclipses (that shocked, frightened, or surprised

them)); **but** very few / imagined / a god of falling bodies — (to which they / were / so

accustomed that they / did not even notice / them.

* eclipse: 일식, 월식

구 ‘so + 형용사 + that S V’는 ‘너무 형용사해서 S가 V하다’를 의미합니다.
- 많은 문화가 그들에게 충격, 공포, 또는 놀라움을 주었던 이러한 일식을 설명하기 위해 신들을
발명했지만, 너무 익숙해서 심지어 알아차리지도 못했던, 낙하하는 물체의 신을 상상했던 문화는
거의 없다고 합니다.

독 ‘but’이 제시되었으므로 중심 문장
- 많은 문화에서 일식과 같은 특이한 현상을 위해 신을 만들었지만, 낙하하는 물체와 같이 흔한
현상에 대해서는 신을 상상하지 않았다고 합니다.

Ⅲ. **But** the reason (for eclipses) / is ultimately / the same as (that of the succession of night and

day):the movement of celestial bodies, (which itself is based (on the Newtonian law of attraction))

and how it / explains / why things / fall (when we / let / them / go).

* eclipse: 일식, 월식 ** celestial: 천체의

구 그러나 일식의 이유는 밤과 낮이 연속되는 이유와 궁극적으로 동일한데, 즉, 그 자체로 뉴턴의
만유인력의 법칙에 기반하는 천체의 움직임과 그것이 (= 만유인력의 법칙이) 왜 우리가 물체를 놓으면
떨어지는지 설명하는 방식이라고 합니다.

독 ‘But’이 제시되었으므로 앞 뒷 문장 중심 문장
- 일반적인 현상인 물건이 떨어지는 것과 낮과 밤이 연속되는 것의 이유는 흔하지 않고 특이한 일식의
원인과 만유인력의 법칙으로 동일하다고 합니다.

Ⅳ. For the physicist, understanding the ordinary, the habitual, and the frequent / **thus** allows / us / to account for the frightening and the singular.

> 구▶ 'allow A to-V'는 'A가 V하는 것을 허락하다, 이끌다'를 의미합니다.
> - 물리학자에게, 일반적, 습관적이고 흔한 것을 이해하는 것은 따라서 우리가 무서운 것과 단독적인 것 (= 특이한 것)을 설명할 수 있게 이끈다고 합니다.

> 독▶ 'thus'가 제시되었으므로 중심 문장
> - 특이한 일식과 흔한 낮과 밤이 연속되는 것이 만유인력의 법칙으로 원인이 동일했던 것처럼 물리학자가 흔한 것을 이해함으로써 우리가 특이하다고 생각하는 것을 설명할 수 있게 된다고 합니다.

Ⅴ. As such, it was / **thus** necessary / to ask "Why do things fall?" and to have Newton's response (to understand a broad range of much more bizarre phenomena (occurring at every level of the universe)).

*** bizarre: 이상한

> 구▶ 'It is + 형용사 + to-V'는 가주어/진주어입니다.
> - 그와 같이, 따라서 우주의 모든 수준에서 일어나고 있는 다양한 더욱더 이상한 현상들을 설명하기 위해 "물체는 왜 떨어지는가?"라고 질문하는 것과 뉴턴식의 답을 (= 만유인력의 법칙을 생각하는 것을) 하는 것이 필수적이라고 합니다.

> 독▶ 'thus'가 제시되었으므로 중심 문장
> - 더 특이하고 이상한 현상들을 설명하기 위해서는 흔한 것에 대해서 궁금증을 느끼고 (= "물체는 왜 떨어지는가?") 연구하는 것이 (= 뉴턴의 답을 하는 것이) 필수적이라고 합니다.

12 21학년도 9월 평가원 23번   (정답률 61%)

다음 글의 주제로 가장 적절한 것은?

Conventional wisdom in the West, influenced by philosophers from Plato to Descartes, credits individuals and especially geniuses with creativity and originality. Social and cultural influences and causes are minimized, ignored, or eliminated from consideration at all. Thoughts, original and conventional, are identified with individuals, and the special things that individuals are and do **are traced to** their genes and their brains. The "trick" here is to recognize that individual humans are social constructions themselves, embodying and reflecting the variety of social and cultural influences they have been exposed to during their lives. Our individuality is not denied, **but** it is viewed as a product of specific social and cultural experiences. The brain itself is a social thing, **influenced** structurally and at the level of its connectivities by social environments. The "individual" is a legal, religious, and political fiction just as the "I" is a grammatical illusion.

해설 [정답 : ①]

개인이란 존재하지 않으며 모두 사회적 문화적 영향의 산물이다는 내용을 파악하셨다면 어려운 문제는 아니었을 거라고 생각합니다. 하지만 지문의 내용이 아닌 본인의 생각을 주입하셨다면 헷갈릴만한 선지가 많은 문제라고 생각합니다.

①번 선지 : 개성 안에 고유한 사회적 속성의 인식 - 정답 선지!

②번 선지 : 개인성과 집단성의 차이를 채우는 방법 - 그런 내용 없습니다!

③번 선지 : 독창적인 생각을 관례적인 생각들로부터 구별하는 것과 관련된 문제들

    - 지문에서 독창적인 생각과 관례적 (=일반적)인 생각을 제시했지만 구분하지는 않았습니다.

④번 선지 : 인간의 유전자에서 구현된 진실한 개성의 인정

    - 중간까지만 읽고 선지를 보았다면 고르는 선지입니다. 그들의 유전자와 뇌가 개인의 생각에 영향을 준다고 했지만 뒷 내용에서 그들의 뇌는 사회적인 경험에 영향을 받고 개성은 사회적 문화적 경험의 산물이라고 했기 때문에 포괄하지 않은 선지가 됩니다!

⑤번 선지 : 개인주의에서 상호의존으로 변화의 필요성

    - 개인이 (-)인 방향이고 사회가 (+)인 방향으로 지문에서 제시되어있지 않습니다. 이 선지를 고르셨다면 본인의 주관이 개입된 경우입니다. 개인과 사회의 (-),(+)를 판단하지 않고 개인이 사회의 영향을 받는다는 내용이므로 무관한 선지에 해당합니다.

Ⅰ. Conventional wisdom (in the West), (influenced by philosophers from Plato to Descartes), / credits / individuals and especially geniuses (with creativity and originality).

> 구 ▶ from A to B - A부터 B까지
> - 플라톤부터 데카르트까지 철학자들로부터 영향을 받은 서양의 관습적인 지식은 개인들 그리고 특히 천재들은 창의성과 독창성을 가지고 있다고 믿는다고 합니다.

*   conventional - 관습적인

**   wisdom - 지혜, 지식

*** credit - V. 믿다.

Ⅱ. Social and (social과 cultural을 연결) cultural influences / and (influences와 cause를 연결) causes / are minimized, ignored, or (minimized, ignored와 eliminated를 연결) eliminated (from consideration / at all).

> 구 ▸ 'or'과 'and' 모두 A, B and/or C로 병렬 구조를 이룰 수 있습니다.
> - 사회적, 문화적인 영향과 원인들이 고려로부터 최소화되고 무시되고 제거된다고 합니다.

Ⅲ. Thoughts, (original and conventional ('Thoughts'를 수식), are identified with / individuals, / and the special things (that individuals / are and (are과 do 연결) do) are traced to / their genes and their brains.

> 구 ▸ ',형용사,' 구조는 'which is 형용사'에서 'which is'가 생략된 것이므로 앞 명사를 수식한다고
>   생각해야 합니다.
> - 독창적이고 관습적인 생각들은 개인들과 동일시되며 그리고 개인들이고 개인들이 하는 특별한
>   것들은 그들의 유전자와 그들의 뇌들로부터 유래된다고 합니다.

> 독 ▸ 'be traced to'를 통해서 원인이 제시되었습니다. 중심 문장!

*   be identified with - ~와 동일시하다.
** be traced to - ~로 거슬러 올라가다 (= ~로부터 유래되다 등으로 문맥에 맞게 구체적으로 해석하기!)

Ⅳ. The "trick" here / is / to recognize / that individual humans / are / social constructions themselves, (embodying and reflecting / the variety of social and cultural influences) (they / have been exposed to during their lives).

> 구 ▸ 그 "속임수"는 그들의 삶 동안 그들이 노출되어온 다양한 사회적 문화적 영향들을 반영하고
>   구체화하며 개인들이 사회적 구성 그 자체인 것을 인식하는 것이라고 합니다.

Ⅴ. Our individuality / is not denied, **but** it / is viewed / as a product (of specific social and cultural experiences).

> 구 ▸ 우리의 개성은 부정되지는 않지만 구체적인 사회적 문화적 경험의 산물로서 보인다고 합니다.

> 독 ▸ 'but'이 등장했으므로 중심 문장!! 우리의 개성 = 사회적 문화적 경험의 산물

* A be viewed as B - A가 B로 보이다. A를 B로 간주하다.

Q ▸ not A but B로 해석하지 않는 이유가 있나요?

A ▸ not A but B는 상관접속사이자 대등접속사입니다. (모르셔도 됩니다.) and/or 역시 대등접속사입니다.
      대등접속사는 A와 B가 병렬 구조를 이루어야 합니다. 즉 생략되는 경우를 제외하고 A가 명사면 B도 명사,
      A가 동사면 B도 동사가 되어야 합니다. A와 B가 병렬을 이루지 않는다면 'not'과 'but'을 따로 해석하셔서
      'but'의 '그러나'의 뜻을 해석하셔야 합니다. 그래야 이해하기 쉽도록 해석될 겁니다. A와 B가 병렬
      구조인지 아닌지 파악하기 어려우시다면 not A but B로 해석하셔도 괜찮습니다. 다만, not A but B로
      해석하면 이상한 경우가 존재하는 평가원 기출이 있습니다.

Ⅵ. The brain itself / is / a social thing, **influenced** (structurally and (structurally와 at the level of its connectivities를 연결) at the level / of its connectivities) by social environments.

> 구▶ and/or 병렬 구조는 같은 역할만 연결할 수 있습니다. 즉 부사 and/or 부사 혹은 동사 and/or 동사와 같이 같은 품사만 연결할 수 있습니다.
> - 'structurally'는 부사 'at the level of its connectivities'는 전치사 구로 부사 역할!
> - 뇌 그 자체로 구조적이고 이것의 연결성 수준에서 사회적 환경에 의해서 영향을 받은 사회적인 것이라고 합니다.

> 독▶ 'influenced'는 인과관계를 나타내므로 중심 문장!
> - 뇌 = 사회적인 환경의 영향을 받은 사회적인 것
> - Ⅴ번 문장 연결해보면 우리의 개성 = 사회적 문화적 경험의 산물과 Ⅵ번 문장 뇌 = 사회적인 것 같은 말이 paraphrasing되고 있습니다!!

Ⅶ. The "individual" / is / a legal, religious, and political fiction (just as the "I" / is / a grammatical illusion).

> 구▶ "나"가 문법적인 환상에 불과한 것처럼 "개인"은 법적, 종교적이고 정치적인 환상에 불과하다고 합니다.

> 독▶ 비유적 표현이 등장했습니다. 비유적 표현이 등장하면 문맥적으로 판단해야 합니다.
> - Ⅲ번 문장에서 독창적이고 관습적인 생각 = 개인으로 동일시되고 그들의 유전자, 그들의 뇌 ⇒ 개인이고 개인이 하는 특별한 것이라고 했습니다. 또한 Ⅴ번 문장에서 개인의 개성 = 사회적 문화적 경험의 산물 Ⅵ번 문장에서 뇌 = 사회적인 것이라고 했습니다. Ⅴ번, Ⅵ번 문장을 Ⅲ번 문장과 연결시키면 사회적 문화적 경험 ⇒ 개인의 개성, 뇌 (사회적인 것) ⇒ 개인이 하는 특별한 것을 파악할 수 있습니다. 즉 "개인"이라는 것 = '개인의 개성 혹은 개인의 특별한 것'은 존재하지 않고 사람은 "사회"로부터 영향을 받는다는 내용입니다!!

Q   "individual"이나 "trick"처럼 일반적인 단어인데도 불구하고 ""가 붙는 이유가 무엇인가요?

A   그 이유는 비유적 혹은 강조하기 위해서입니다. 만약 individual, trick로 "" 없이 제시되었다면 뜻이 고정됩니다. 하지만 "trick"이라고 함으로써 속임수라는 뜻을 강조하거나 "individual"이라고 함으로써 개인을 포함하여 개인의 개성이나 개인의 특별한 것을 지칭하는 것임을 알려주는 도구로 사용된 것입니다!

다음 글의 제목으로 가장 적절한 것은?

The world has become a nation of laws and governance that has introduced a system of public administration and management to keep order. With this administrative management system, urban institutions of government have evolved to offer increasing levels of services to their citizenry, provided through a taxation process and/or fee for services (e.g., police and fire, street maintenance, utilities, waste management, etc.). Frequently this has displaced citizen involvement. Money for services is not a replacement for citizen responsibility and public participation. Responsibility of the citizen is slowly being supplanted by government being the substitute provider. **Consequentially**, there is a philosophical and social change in attitude and sense of responsibility of our urban-based society to become involved. The sense of community and associated responsibility of all citizens to be active participants is **therefore** diminishing. Governmental substitution for citizen duty and involvement can have serious implications. This impedes the nations of the world to be responsive to natural and man-made disasters as part of global preparedness.

* supplant: 대신하다 ** impede: 방해하다

해설 [정답 : ③]

길고 복잡한 지문이지만 각 문장의 내용을 요약하여 각각의 연결성을 파악하면 충분히 풀 수 있는 문제입니다. 지문의 내용은 다음과 같이 요약됩니다.

Ⅱ번 문장: urban institutions of government have evolved to offer increasing levels of services to their citizenry, provided through a taxation process and/or fee for services- 정부의 도시 기관들은 세금이나 서비스 요금을 통해 시민들에게 더 높은 수준의 서비스를 제공하도록 발전했다.

Ⅲ번 문장: this has displaced citizen involvement- 이것은 시민들의 개입을 대체한다.

Ⅶ번 문장: The sense of community and associated responsibility of all citizens to be active participants is therefore diminishing- 시민들이 적극적인 참여자가 되어야 한다는 공동체 의식과 책임이 줄어들고 있다.

즉 지문에서 '시민들의 개입'이라는 것은 '공동체 의식과 책임'과 같은 내용이라는 것을 파악할 수 있습니다. 또한 금전적인 비용을 통해 시민들의 참여 의식과 책임이 감소했다는 내용이므로 글의 제목으로는 ③ Decreased Citizen Involvement: A Cost of Governmental Services, 시민의 참여 감소: 정부 서비스 비용이 가장 적절합니다.

①번 선지 : 건전한 정부에 건전한 시민의 책임감
　　　- 지문에서는 시민의 의식과 책임감이 줄어들고 있다고 했으므로 틀린 선지입니다..
②번 선지 : 없는 것보다 항상 더 낫다: 현대 정부의 역할
　　　- 현대 정부의 역할이 언급되기는 하나, 이 점이 시민의 공적 참여 감소로 이어진다는 것이 지문의 주제입니다.
③번 선지 : 시민의 참여 감소: 정부 서비스의 대가 - 정답 선지입니다.
④번 선지 : 현대 사회에서 세계 시민권은 왜 중요한가?
　　　- 무관한 선지입니다.
⑤번 선지 : 도시를 기반으로 하는 사회의 공적인 혜택을 최대화하는 방법
　　　- 무관한 선지입니다.

Ⅰ. The world / has become / a nation (of laws and governance) (that / has introduced / a system (of public administration and management) (to keep order).

구▶ 세상은 질서를 유지하기 위해 공공 행정과 관리의 시스템을 도입한 법과 통치의 나라가 되었다고 합니다.

Ⅱ. With this administrative management system, urban institutions (of government) / have evolved to offer / increasing levels (of services) (to their citizenry), provided (through a taxation process and/or fee) for services (e.g., police and fire, street maintenance, utilities, waste management, etc.).

구▶ 이런 행정적인 관리 시스템으로, 도시의 정부 기관들은 자신의 시민에게, 과세 과정 그리고/또는 (예를 들면, 치안과 소방, 도로 유지·보수, 공익사업, 쓰레기관리 등) 서비스 수수료를 통해 제공되는, 증대되는 수준의 서비스를 제공하도록 진화했다고 합니다.

독▶ Ⅰ번 문장에서 언급된 공공 행정과 관리의 시스템이 과세나 수수료와 같은 비용을 통해 시민들에게 서비스를 제공했다고 합니다.

Ⅲ. Frequently this / has displaced / citizen involvement.

구▶ 빈번하게 이것은 시민 참여를 대체했다고 합니다.

독▶ 시민들이 비용을 지불하고 서비스가 제공받았기 때문에 시민이 관리 시스템에 참여하는 것이 줄어들었다는 것입니다.

Ⅳ. Money (for services) / is not / a replacement (for citizen responsibility and public participation).

구▶ 서비스를 위해 내는 돈은 시민의 책임과 공적인 참여를 대체하는 게 아니라고 합니다.

Ⅴ. Responsibility (of the citizen) / is slowly being supplanted (by government being the substitute provider).

* supplant: 대신하다

구▶ 대체 제공자가 되는 정부가 서서히 시민의 책임을 대신하고 있다고 합니다.

독▶ 서비스를 위해 시민들이 지불하는 돈은 시민의 참여를 대체하는 것이 아니므로 그 공백을 정부가 채웠다는 내용입니다.

Ⅵ. **Consequentially**, there / is / a philosophical and social change (in attitude / and sense of responsibility of our urban-based society / to become involved).

구▶ 결과적으로, 도시를 기반으로 하는 우리 사회가 참여해야 하는 책임의 태도와 의식에서 철학적이고 사회적인 변화가 있다고 합니다.

독▶ 'Consequentially'가 결과를 제시하므로 중심 문장
- Ⅴ번 문장의 내용이 원인이며, 그에 대한 결과로 시민의 참여에 관한 태도와 의식에서 변화가 발생했다는 것입니다.

Ⅶ. The sense of community and associated responsibility of all citizens (to be active participants) / is

  therefore diminishing.

> 구 ▸ 공동체 의식과 적극적인 참가자가 되어야 한다는 모든 시민의 관련된 책임감은 그래서 줄어들고
> 있다고 합니다.

> 독 ▸ 'therefore'을 통해서 인과관계가 제시되므로 중심 문장
> - 시민의 참여가 정부로 대체되었기 때문에, 시민의 책임감은 줄어들었다고 판단할 수 있습니다.

* diminish - 감소하다

Ⅷ. Governmental substitution (for citizen duty and involvement) / can have / serious implications.

> 구 ▸ 시민의 의무와 참여를 정부가 대신하는 것은 심각한 영향을 미칠 수 있다고 합니다.

> 독 ▸ Ⅶ번 문장의 내용에 대한 결과입니다.

Ⅸ. This / impedes / the nations (of the world) (to be responsive to / natural and man-made disasters
(as part of global preparedness)).

** impede: 방해하다

> 구 ▸ 'be responsive to A'는 'A에 대하여 반응하다'를 의미합니다.
> - 이것은 전반적인 준비 태세의 일부로 자연재해와 인재에 반응하는 전 세계의 국가들을 방해한다고
> 합니다.

다음 글의 주제로 가장 적절한 것은?

> In Kant's view, geometrical shapes are too perfect to induce an aesthetic experience. Insofar as they agree with the underlying concept or idea — **thus** possessing the precision that the ancient Greeks sought and celebrated — geometrical shapes can be grasped, **but** they do not give rise to emotion, and, most importantly, they do not move the imagination to free and new (mental) lengths. Forms or phenomena, **on the contrary**, that possess a degree of immeasurability, or that do not appear constrained, stimulate the human imagination — **hence** their ability to induce a sublime aesthetic experience. The pleasure associated with experiencing immeasurable objects — indefinable or formless objects — can be defined as enjoying one's own emotional and mental activity. **Namely**, the pleasure consists of being challenged and struggling to understand and decode the phenomenon present to view. Furthermore, part of the pleasure comes from having one's comfort zone (momentarily) violated.
>
> * geometrical: 기하학의 ** aesthetic: 심미적인 *** sublime: 숭고한

해설 [정답 : ⑤]

Ⅰ번 문장에서는 'geometrical shapes are too perfect to induce an aesthetic experience', 기하학적 모양은 미적 체험을 유도하기에는 너무 완벽하다고 합니다. Ⅲ번 문장에서는 'Forms or phenomena, on the contrary, that possess a degree of immeasurability, or that do not appear constrained', 반면에 측정 불가능하거나 제약되지 않은 형태나 현상은 미적 경험을 유도한다고 했습니다. 즉 지문의 주제는 기하학적인 모양이 아니라 측정 불가능하거나 제약되지 않은 현상이 미적 경험을 제공할 수 있다는 내용이 적절합니다. 그러므로 정답은 ⑤ aesthetic pleasure from things unconstrained, 구속되지 않은 사물에서 얻는 미적인 쾌락이 됩니다.

①번 선지 : 서로 다른 시대의 미적인 경험의 다양성
- 서로 다른 시대의 미적 경험에 관한 지문이라고 볼 수 없으며, 다양한 경험이 언급되지도 않았습니다.

②번 선지 : 기하학적으로 완벽한 모양의 내재적인 아름다움
- 기하학적으로 완벽한 모양은 미적 체험을 유도할 수 없다고 했으므로 반대 선지입니다.

③번 선지 : 현대 미학에서 불완전성의 개념
- 불완전성과 관련된 개념이 지문에서 언급되고는 있으나, 현대 미학에 관한 지문이라고 볼 수 없습니다.

④번 선지 : 미적 정확성을 향한 자연스러운 경향
- Ⅱ번 문장에서 정확성을 가지고 있는 것이 감정을 불러일으키지 않는다고 했으므로 틀린 선지입니다.

⑤번 선지 : 구속되지 않은 사물에서 얻는 미적인 쾌락 - 정답 선지입니다.

Ⅰ. In Kant's view, geometrical shapes / are too perfect / to induce / an aesthetic experience.

* geometrical: 기하학의 ** aesthetic: 심미적인

> 구 'too + 형용사 + to-V'는 '너무 형용사해서 V할 수 없다'를 의미합니다.
> - 칸트가 보기에, 기하학적 모양은 너무 완벽해서 심미적 경험을 유발할 수 없다고 합니다.

Ⅱ. Insofar as / they / agree with / the underlying concept or idea — **thus** possessing the precision (that the ancient Greeks sought and celebrated) — geometrical shapes / can be grasped, **but** they / do not give rise to / emotion, and, most importantly, they / do not move / the imagination (to free and new (mental) lengths).

> 구 'insofar as'는 in so far as와 같은 뜻으로 '~하는 한에 있어서는'이라는 뜻입니다.
> - 그것들이 근본적인 개념이나 생각에 일치해서 — 고대 그리스인들이 추구하고 찬양했던 '정확성'을 갖고 있는 한 — 기하학적 모양은 이해될 수는 있지만 감정을 불러일으키지 않으며 가장 중요하게 그것들은 상상력을 자유롭고 새로운 (정신적인) 범위로 움직이게 하지 않는다.

> 독 'but', 'thus'가 등장하므로 중심 문장
> - 기하학적 모양은 이해될 수 있지만 감정을 불러일으키지 않는다는 것은 Ⅰ번 문장의 내용의 재진술입니다.

> * give rise to N - 'N을 불러일으키다/야기하다'로 외우시는 것을 추천 드립니다.

Ⅲ. Forms or phenomena, **on the contrary**, (that / possess / a degree of immeasurability), or (that / do not appear / constrained), stimulate / the human imagination — **hence** their ability (to induce / a sublime aesthetic experience).

*** sublime: 숭고한

> 구 그와는 반대로, 어느 정도의 헤아릴 수 없음을 가지거나 제약되어 보이지 않는 형태나 현상은 인간의 상상력을 자극하기 — 때문에 숭고한 심미적인 경험을 유발할 수 있다고 합니다.

> 독 'on the contrary'로 이전 문장의 내용을 대조하고 있으므로 앞 뒷 문장 중심 문장, 'hence'가 인과관계를 제시하므로 중심 문장입니다.
> - 기하학적 모양과 보이지 않는 형태와 현상을 대조합니다. 기하학적 모양은 미적인 경험을 제공할 수 없지만, 보이지 않는 형태는 가능하다고 합니다.

Ⅳ. The pleasure (associated with / experiencing immeasurable objects) — indefinable or formless objects — can be defined as / enjoying one's own emotional and mental activity.

> 구 'define A as B'는 'A를 B로써 정의하다'를 의미합니다. 그러므로 수동태로 전환된 'A be defined as B'는 'A는 B로써 정의되다'를 의미합니다.
> - 헤아릴 수 없는 대상, — 규정할 수 없거나 형태가 없는 대상을 — 경험하는 것과 연관된 즐거움은 사람 자신의 감정적이고 정신적인 활동을 즐기는 것으로 정의될 수 있다고 합니다.

> 독 Ⅲ번 문장과 이어지는 내용입니다.

Ⅴ. **Namely**, the pleasure / consists of being challenged and struggling / to understand and decode /

the phenomenon (present to view).

> 구 ▶ 다시 말해, 그 즐거움은 볼 수 있게 존재하는 현상을 이해하고 해독하려고 도전받고 애쓰는 것으로
> 구성된다고 합니다.

> 독 ▶ 'Namely'는 이전 문장의 내용을 반복하는 데 사용됩니다. 보이지 않는 형태가 제공하는 즐거움과
> 관련된 Ⅳ번 문장의 내용을 재진술합니다.

* de- (분리) + code (암호) - decode 해독하다

Ⅵ. Furthermore, part (of the pleasure) / comes from / having one's comfort zone (momentarily)

violated.

> 구 ▶ 게다가, 그 즐거움의 일부는 사람의 편안함 구역을 (일시적으로) 벗어나는 데서 온다고 합니다.

> 독 ▶ Ⅴ번 문장의 즐거움과 관련된 설명입니다.

15 23학년도 6월 평가원 23번

(정답률 61%)

다음 글의 주제로 가장 적절한 것은?

Considerable work by cultural psychologists and anthropologists has shown that there are indeed large and sometimes surprising differences in the words and concepts that different cultures have for describing emotions, as well as in the social circumstances that draw out the expression of particular emotions. **However**, those data do not actually show that different cultures have different emotions, if we think of emotions as central, neurally implemented states. As for, say, color vision, they just say that, **despite** the same internal processing architecture, how we interpret, categorize, and name emotions varies according to culture and that we learn in a particular culture the social context in which it is appropriate to express emotions. **However**, the emotional states themselves are likely to be quite invariant across cultures. In a sense, we can think of a basic, culturally universal emotion set that is shaped by evolution and implemented in the brain, **but** the links between such emotional states and stimuli, behavior, and other cognitive states are plastic and can be modified by learning in a specific cultural context.

* anthropologist: 인류학자 ** stimuli: 자극 *** cognitive: 인지적인

해설 [정답 : ②]

감정은 신경학적 관점에서 보면 문화를 넘어 보편적인 부분이 있지만 감정을 표현함에 있어서는 문화를 학습하는 과정에 따라 다르다는 내용이 재진술된 지문입니다.

①번 선지 : 감정과 행동 간의 근본적 연관성
 - 보편적인 감정과 문화에 따라 차이가 보이는 감정 표현에 대해서 제시했을 뿐 이 둘의 연관성에 대해서는 제시하지 않았습니다. 언급되지 않은 선지입니다.

②번 선지 : 문화적으로 구성되는 감정 표현 - 정답 선지입니다.

③번 선지 : 세계 공용어를 통해 잘못 묘사되는 감정 - 무관한 선지입니다.

④번 선지 : 학문 분야 전반에 걸쳐 보편적으로 정의되는 감정
 - 지문에서 감정은 문화를 넘어 보편적인 부분이 있지만 문화에 따라 감정을 표현하는 방식이 다르다고 합니다. 하지만 선지에서는 보편적인 감정에 대해서만 제시하므로 포괄하지 않는 선지에 해당합니다.

⑤번 선지 : 문화적 상황을 학습하는 데 미치는 인식의 더 광범위한 영향
 - 지문에서 "문화적 상황을 학습함 ⇒ 감정 표현의 변화가 발생"으로 제시되어있습니다. 하지만 선지에서는 "감정/인식 ⇒ 문화적 상황에 대한 학습"이므로 방향을 바꾼 선지에 해당합니다.

Ⅰ. Considerable work (by cultural psychologists and anthropologists) / has shown / that there are / indeed large and sometimes surprising differences (in the words and concepts (that different cultures / have (for describing emotions), as well as in the social circumstances (that draw out / the expression of particular emotions))).

* anthropologist: 인류학자

구▶ "A as well as B"는 "B뿐만 아니라 A도"를 의미합니다. 이 구문에서 A와 B는 병렬구조를 이루고 있어야 합니다. 즉, "in the social circumstances"와 병렬이 되기 위해서는 같은 구조를 가지고 있어야 하므로 "in the words and concepts"가 되어야 합니다.
- "draw out"은 "draw (끌어 당기다) + out (나오는 이미지)"로 "이끌어 내다"를 뜻합니다
- 문화 심리학자들과 인류학자들의 상당한 연구는 특정한 감정의 표현을 이끌어 내는 사회적 상황에서 뿐만아니라 감정을 묘사할 때 다양한 문화들에서 가지는 단어들과 개념들에서 크고 놀라울 만한 차이점들을 보여왔다고 합니다.

독▶ 문화 심리학자들과 인류학자들은 다양한 문화들이 감정을 묘사할 때 단어들과 개념들의 상당한 차이점을 가지고 있었다고 합니다.

Ⅱ. **However**, those data / do not actually show / that different cultures / have / different emotions, if we / think of / emotions as central, neurally implemented states.

구▶ "think of A as B"는 "A를 B로 간주하다."를 의미합니다.
- 하지만, 만약 우리가 감정들을 중추, 신경적으로 실행되는 상태로 간주한다면, 그러한 데이터들은 (= 다양한 문화들이 감정을 묘사할 때 단어들과 개념들이 상당한 차이를 보여주는 데이터들은) 서로 다른 문화가 서로 다른 감정을 가지고 있다는 것을 실제로 보여주는 것은 아니라고 합니다.

독▶ "However"가 제시되었으므로 앞 뒷 문장 중심 문장
- 다양한 문화에서 감정을 묘사함에 있어 단어들과 개념들의 차이를 보이는 것이 실제로 문화들 마다 다른 감정을 가지고 있다는 것을 의미하는 것은 아니라고 합니다.

Ⅲ. (As for, say, color vision), they / just say / that, (**despite** the same internal processing architecture), how we / interpret, categorize, and name / emotions / varies (according to culture) and that we / learn (in a particular culture) / the social context (in which it / is appropriate / to express emotions).

구▶ "As for A"은 "A에 관해서"를 의미합니다.
- ", say,"는 예를 들 때 사용하는 표현으로 "말하자면"으로 해석하시면 됩니다.
- "it + be 동사 + 형용사 + to-V"는 가주어/진주어입니다.
- 말하자면 색 식별에 관해서, 그들은 (= Ⅱ번 문장의 'those data') 단지 체내에서 일어나는 동일한 처리 구조에도 불구하고, 어떻게 우리가 감정을 해석하고 분류하며, 명명하는 지는 문화에 따라 다양하며, 우리는 특정한 문화 안에서 감정을 표현하기 적절한 사회적 맥락을 배운다는 것을 말할 뿐이라고 합니다.

독▶ "despite"가 제시되었으므로 중심 문장
- Ⅱ번 문장에서 우리가 감정들을 중추, 신경적으로 실행되는 상태로 간주한다면, 서로 다른 문화가 감정을 느끼는 방식에서 차이가 있는 것은 아니라고 합니다. 이는 Ⅲ번 문장에서 동일한 처리 구조가 있다는 것으로 연결됩니다. 또한, Ⅱ번 문장의 서로 다른 문화가 서로 다른 감정을 느끼는 방식을 가지고 있는 것은 아니라는 것은 Ⅲ번 문장에서 동일한 처리 구조를 가지고 있지만 즉, 감정을 느끼는 방식은 같지만 문화에 따라 감정을 표현하는 방식이 다르다는 것으로 재진술됩니다.

Ⅳ. <u>However</u>, the emotional states themselves / are likely to be / quite invariant (across cultures).

구▶ "be likey to-V"는 "to-V할 가능성이 높다."를 의미합니다.
- 그러나 감정적인 상태 그 자체는 문화를 넘어 매우 동일할 가능성이 높다.

독▶ "However"가 제시되었으므로 앞 뒷 문장 중심 문장
- Ⅲ번 문장의 감정을 표현하는 방식이 문화에 따라 다르다는 내용을 전환하여 Ⅳ번 문장에서는 감정 그 자체는 문화를 넘어 동일하다고 합니다.

Ⅴ. In a sense, we / can think (of a basic, culturally universal emotion set) (that is shaped (by evolution) and implemented (in the brain)), <u>but</u> the links (between such emotional states and stimuli, behavior, and other cognitive states) / are / plastic and can be modified (by learning in a specific cultural context).

** stimuli: 자극 *** cognitive: 인지적인

구▶ "between A and B"는 "A와 B 사이"를 뜻합니다.
- "plastic"은 "플라스틱"을 의미합니다. 하지만 영어에서 "plastic"은 우리가 흔히 생각하는 딱딱한 플라스틱을 의미하는 것뿐만 아니라 "비닐"도 의미합니다. 즉, 우리가 편의점에서 흔히 말하는 "비닐봉지"는 영어로 "plastic bag"을 의미합니다. 그러므로 명사인 "plastic"이 형용사로 사용되었을 때 "형태를 바꾸기 쉬운, 가변적인"이라는 의미를 가지게 됩니다.
- "by V-ing"는 "V함으로써"를 의미합니다.
- 이러한 점에서, 우리는 진화에 의해 형성되고 뇌에서 실행되는 기본적이고 문화적으로 보편적인 감정 모음을 생각할 수 있지만, 감정적인 상태와 자극, 행동, 그리고 다른 인지 상태 사이의 연관성은 바꾸기 쉽고 특정한 문화적 맥락을 학습함으로써 수정될 수 있다고 합니다.

독▶ "but"이 제시되었으므로 중심 문장
- 우리의 감정은 문화를 넘어 공통적인 보편적인 감정 모음이 있기도 하지만 감정과 자극, 행동, 다른 인지 상태 사이의 연관성, 즉, 감정을 표현하는 방식은 바뀌기 쉽고 문화적 맥락을 학습함으로써 변경될 수 있다고 합니다.

16 21학년도 6월 평가원 24번 (정답률 59%)

다음 글의 제목으로 가장 적절한 것은?

A common error in current Darwinian thinking is the assumption that "selfish genes" are the prime mover in evolution. In strict Darwinism the prime mover is environmental threat. In the absence of threat, natural selection tends to *resist* change. It is un-biological to "explain" behavioural change as *resulting from* genetic change or the *ex vacuo* emergence of domain-specific brain modules. Evolutionary psychologists surely know why brains evolved: as Cosmides and Tooby point out, brains are found only in animals that move. Brains are behavioural organs, and behavioural adaptation, being immediate and non-random, is vastly more efficient than genetic adaptation. <u>So</u>, in animals with brains, behavioural change is the usual first response to environmental threat. If the change is successful, genetic adaptation to the new behaviour will follow more gradually. Animals do not evolve carnivore teeth and then decide it might be a good idea to eat meat.

* ex vacuo: 무(無)에서의　** carnivore: 육식 동물

해설 [정답 : ①]

뒷 내용을 통해서 행동적 변화 ⇒ 유전적 변화이므로 유전적 변화 ⇒ 행동적 변화로 설명하는 것은 잘못되었다는 주제를 잘 파악하셨을 거라고 생각합니다. 선지도 어렵지 않다고 생각합니다. 선지를 보면

①번 선지 : 어느 것이 먼저 적응하는가, 행동 혹은 유전자?
　　- 정답 선지입니다. 행동을 먼저 적응하고 그 후 유전자가 적응한다고 하므로 정답입니다.

②번 선지 : 이기적 유전자의 통제를 받는 뇌
　　- 이기적 유전자를 통한 설명은 잘못되었다고 하므로 오답 선지

③번 선지 : 왜 동물은 고기를 먹을까 : 생존의 이야기
　　- 마지막 문장을 제시한 것처럼 보이지만 지문은 왜 고기를 먹는 지 알려주지 않습니다.

④번 선지 : 유전자는 자연을 상대로 한 싸움에서 항상 이긴다
　　- 무관한 선지입니다. 앞 세 문장만 읽고 본인의 주관이 들어갔을 경우 고를 선지입니다.

⑤번 선지 : 유전적 적응의 우수한 효율성
　　- 1. 지문은 유전적 적응이 진화의 원동력이 아닌 행동적 적응이 진화의 원동력이라고 합니다.
　　　2. 유전적 적응의 장점 혹은 효율성이 제시되지 않았습니다.

Ⅰ. A common error (in current Darwinian thinking) is / the assumption (that "selfish genes" / are / the prime mover (in evolution)).

> 구▶ 현재의 다윈주의적 생각에서 흔한 오류는 이기적인 유전자가 진화의 원동력이라는 가정이라고 합니다.
> 독▶ 흔한 오류라고 제시했으니 통념을 제시해주었습니다.

* prime mover - 원동력 (prime 주로, 주된 + mover 움직이는 사람 = 주된 움직임 = 원동력)
　　　　　　　고정된 단어이므로 '원동력'으로 외우셔야 합니다.

Ⅱ. (In strict Darwinism) the prime mover / is / environmental threat.

> 구▶ 엄격한 다윈주의에서 원동력은 환경적 위협이라고 합니다.

Ⅲ. (In the absence of threat), natural selection / tends to *resist* change.

> 구▶ 위협이 없을 때 자연 선택은 변화에 저항하는 경향이 있다고 합니다.

* absence - 결석, 부재(없음)

Ⅳ. It / is / un-biological / to "explain" behavioural change (as *resulting from* / genetic change or the *ex vacuo* emergence (of domain-specific brain modules)).

* ex vacuo: 무(無)에서의

> 구▶ It be동사 + 형용사 + to-V는 가주어/진주어 의심!
> - 'It'이 지칭하는 대상이 없으므로 가주어/진주어
> - 구체적인 뇌 모듈 영역에서 무에서의 출현 혹은 유전적 변화로부터 행동의 변화를 설명하는 것은 비생물학적이라고 합니다.
> 독▶ '구체적인 뇌 모듈 영역에서 무에서의 출현이' 해석을 했는데도 무슨 말인지 이해하기 어렵습니다. 무슨 말인지 모를 때는 앞 문장 내용을 재진술 하는 지 혹은 병렬되는 것이 있는지 확인해야 합니다. '구체적인 뇌 모듈 영역에서 무에서의 출현'과 '유전적 변화'가 병렬되어 있으니 같은 거라고 이해하시는 것이 지문 내용파악에 좋습니다.
> - 즉 이 문장에서는 유전적 변화로 행동의 변화를 설명하는 것은 옳지 못하다고 하고 있습니다.

Ⅴ. Evolutionary psychologists surely / know / why brains evolved: (as Cosmides and Tooby point out), brains / are found only in animals (that move).

> 구▶ 진화 생물학자들은 뇌가 왜 진화했는지 알고 있으며 'Cosmides'와 'Tooby'가 지적하듯이 뇌는 오직 움직이는 동물에 발견된다고 합니다.

Ⅵ. Brains / are / behavioural organs, / and behavioural adaptation, (being immediate and non-random), is vastly / more efficient / than genetic adaptation.

> 구▶ 뇌들은 행동 기관이며 즉각적이고 무작위적이지 않은 행동적 적응들이 유전적 적응보다 효율적이라고 합니다.

Ⅶ. <u>So,</u> (in animals with brains), behavioural change / is / the usual first response (to environmental threat).

> 구▸ 뇌를 가진 동물에게 행동의 변화는 환경적 위협에 대한 일반적인 첫 번째 반응이라고 합니다.

> 독▸ 'So'를 통해 결과임을 알 수 있으니 중심 문장입니다.
> - Ⅰ번 문장에서 제시된 통념인 'selfish genes'가 원동력이 아닌 행동의 변화가 원동력이라는 것을 파악하셨다면 아주 잘하신 겁니다! 파악 못한 친구들도 문장만이 아니라 문맥을 보는 연습 즉 앞 문장의 내용을 가져오는 연습을 하신다면 충분히 하실 수 있습니다!

Ⅷ. If the change / is / successful, / genetic adaptation (to the new behaviour) will follow / (more gradually).

> 구▸ 만약 변화가 성공적이라면 새로운 행동에 대한 유전적 적응이 더 점진적으로 따라올 것이라고 합니다.

> 독▸ 행동의 변화 ⇒ 유전적 변화라고 제시해 주고 있습니다.

Ⅸ. Animals / do not evolve / carnivore teeth <u>and then (evolve와 decide를 연결)</u> decide / (it / might be / a good idea / to eat meat).

** carnivore: 육식 동물

> 구▸ 동물들은 육식 동물의 이빨을 발달시키고 나서 고기를 먹는 것이 좋은 생각이라고 결정하지 않는다고 합니다.

> 독▸ 예시가 주어졌습니다! 그렇다면 Ⅷ번 문장과 연결시켜야하고 Ⅷ번 문장이 중심 문장이 됩니다!
> - 'evolve carnivore teeth' = 'genetic adaptation', 'to eat meat' = 'behaviour adaptation'으로 대응됩니다. 즉 유전적 변화 ⇒ 행동적 변화가 아니라고 제시합니다.

다음 글의 주제로 가장 적절한 것은?

> **While** many city shoppers were clearly drawn to the notion of buying and eating foods associated with nature, the nature claimed by the ads was no longer the nature that created the foods. **Indeed**, the nature claimed by many ads was associated with food products only by the ads' attachment. This is clearly a case of what French sociologist Henri Lefebvre has called "the decline of the referentials," or the tendency of words under the influence of capitalism to become separated from meaningful associations. Increasingly, food ads helped shoppers become accustomed to new definitions of words such as "fresh" and "natural," definitions that could well be considered opposite of their traditional meanings. The new definitions better served the needs of the emerging industrial food system, which could not supply foods that matched customary meanings and expectations. And they better met shoppers' desires, although with pretense.

해설 [**정답 : ②**]

식품 광고로 인해 관련된 단어의 의미가 원래 의미로부터 분리되었다는 효과와 관련된 지문입니다. Ⅰ번 문장의 'nature claimed by the ads was no longer the nature that created the foods' 광고가 주장하는 자연은 더는 그 식품을 만들어 낸 자연이 아니라고 했으며, 이는 글의 주제가 직접적으로 들어간 문장이라고 볼 수 있습니다. Ⅲ번 문장의 'tendency of words under the influence of capitalism to become separated from meaningful associations' 자본주의 (= 광고)의 영향을 받은 단어가 의미 있는 연관으로부터 분리된다는 내용도 같은 주제에 관해 설명하고 있으며 Ⅳ번 문장의 'definitions that could well be considered opposite of their traditional meanings' 광고에서 사용된 단어들의 정의가 기존 의미와 정반대로 여겨질 수 있다는 것은 주제에 관한 구체적인 사례가 됩니다.

①번 선지 : 자연식품 광고의 신뢰도 하락
 - 광고의 신뢰도가 하락하는 내용은 지문에서 언급된 적이 없습니다.

②번 선지 : 식품 광고와 관련된 단어 의미의 변화

 - 정답 선지입니다.

③번 선지 : 산업 식품 시스템에 대한 자본주의의 영향

 - 광고에 쓰이는 단어의 의미가 바뀌었다는 내용은 식품 시스템이 영향을 받았다는 내용으로 보기 어렵습니다.

④번 선지 : 식품 산업에서 고객을 유인하는 다양한 방법

 - 고객을 유인하는 것과 관련이 없는 지문입니다.

⑤번 선지 : 상업 광고에서 유의미한 어휘 연관의 필요성

 - 유의미한 어휘 연관이 광고로 인해 어려워진다는 것이 지문의 내용이므로 잘못된 선지입니다.

Ⅰ. **While** / many city shoppers / were clearly drawn to the notion (of buying and eating foods associated with nature), the nature (claimed by the ads) was / no longer the nature (that created / the foods).

> 구▶ 도시의 구매자 대부분이 자연과 관련이 있는 식품을 사고 먹는다는 개념에 확실히 끌렸지만, 광고가 주장하는 그 자연은 더 이상 그 식품을 만들어 낸 자연이 아니었다고 합니다.

> 독▶ 'While'이 제시되었으므로 중심 문장
> - 식품 광고가 주장하는 자연과 그 식품이 나온 자연은 서로 다르다고 말하고 있습니다.

Ⅱ. **Indeed**, the nature (claimed by many ads) / was associated with / food products (only by the ads' attachment).

> 구▶ 실제로 많은 광고가 주장하는 자연은 '오직' 광고의 부속물로만 식품 제품과 관련이 있었다고 합니다.

> 독▶ 'Indeed'가 제시되었으므로 중심 문장
> - Ⅰ번 문장의 두 자연 중 광고의 자연이 어떻게 실제 자연과 다른지를 설명하고 있습니다.

Ⅲ. This / is / clearly a case of what French sociologist Henri Lefebvre / has called / "the decline of the referentials," or the tendency of words (under the influence of capitalism) to become separated (from meaningful associations).

> 구▶ 이것이 프랑스의 사회학자 Henri Lefebvre가 '지시성의 감소'라고 일컬었던 것, 즉 자본주의의 영향을 받은 단어가 의미 있는 연관으로부터 분리되는 경향을 분명하게 보이는 사례라고 합니다.

> 독▶ 자본주의 영향을 받은 단어는 Ⅱ번 문장의 광고의 나온 자연을 의미하며, 이 경우에 단어가 의미 있는 연관에서 분리되는 것 역시 원래 식품이 나온 자연의 의미에서 멀어졌다는 것을 의미합니다.

* refer (지시하다, 참고하다) + -tial (형용사형 접사) = referential – 지시성의, 참고용의

Ⅳ. Increasingly, food ads / helped / shoppers / become accustomed to new definitions of words / such as "fresh" and "natural," definitions (that / could well be considered opposite (of their traditional meanings)).

> 구▶ 'help + O + O.C'는 'O가 O.C하도록 돕다'를 의미합니다.
> - 점차, 식품 광고는 구매자가 '신선한', '자연스러운' 같은 단어의 새로운 개념에 익숙해지도록 도왔는데, 어쩌면 기존 의미와 정반대로 여겨질 수 있을 정의였다고 합니다.

> 독▶ 식품 광고에 사용되는 단어가 기존의 의미와 반대였다는 것 역시 Ⅲ번 문장의 단어가 연관으로부터 분리되는 것에 관한 사례에 해당됩니다.

* be accustomed to - ~에 익숙해지다.

Ⅴ. The new definitions / better served / the needs / of the emerging industrial food system, (which could not supply / foods (that / matched / customary meanings and expectations)).

> **구** 그 새로운 정의는 신흥 식품 산업 시스템의 요구에 더 잘 부합했는데, 그 시스템은 관례적인 의미와 기대에 부응하는 식품을 공급할 수 없었다고 합니다.

> **독** Ⅳ번 문장의 기존 의미와 반대되는 광고 단어들의 특징이 이어서 설명되고 있습니다.

Ⅵ. And they / better met / shoppers' desires, although with pretense.

> **구** 그래서 비록 겉치레이긴 하더라도 그 정의는 소비자들의 열망을 더 잘 충족했다고 합니다.

> **독** Ⅴ번 문장에서 언급된 이 단어들의 특징이 소비자들의 열망을 충족했다는 결과로 이어지고 있습니다.

* pretend (~인 척하다) + -se (명사형 접사) = pretense - 가식, 겉치레

18 24학년도 6월 평가원 23번 (정답률 56%)

다음 글의 주제로 가장 적절한 것은?

> There are pressures within the museum that cause it to emphasise what happens in the galleries over the activities that take place in its unseen zones. In an era when museums are forced to increase their earnings, they often focus their energies on modernising their galleries or mounting temporary exhibitions to bring more and more audiences through the door. **In other words**, as museums struggle to survive in a competitive economy, their budgets often prioritise those parts of themselves that are consumable: infotainment in the galleries, goods and services in the cafes and the shops. The unlit, unglamorous storerooms, if they are ever discussed, are at best presented as service areas that process objects for the exhibition halls. And at worst, as museums pour more and more resources into their publicly visible faces, the spaces of storage may even suffer, their modernisation being kept on hold or being given less and less space to house the expanding collections and serve their complex conservation needs.

해설 [정답 : ④]

지문은 박물관의 활동들을 언급하는 전반과, 이에 따라 발생하는 문제점들을 나열하는 후반으로 구성되어 있습니다. 'forced to increase their earnings' 박물관의 수입을 늘리기 위해, 더 많은 관객을 데려오기 위함이라는 Ⅱ번 문장의 내용은 박물관 활동의 배경을, 'prioritise those parts of themselves that are consumable', 소비할 수 있는 박물관 자체의 부분을 우선시하는 Ⅲ번 문장은 박물관의 구체적인 활동을, 'spaces of storage may even suffer', 저장 공간이 더 나빠진다는 Ⅴ번 문장은 이러한 활동의 단점을 언급하고 있습니다.

① 번 선지 : 박물관 전시 공간을 우선시하는 것의 중요성
  - 전시 공간을 우선시하는 것은 박물관의 활동인데, 이것의 중요성은 장점을 언급하는 선지이므로 오답입니다.

② 번 선지 : 관객을 위한 박물관에서의 다양한 활동의 이점

  - 두 가지가 잘못된 선지입니다. 먼저, 박물관의 활동들은 관객을 위해서가 아닌, 수입을 늘리는 것이 목적이며, 이점을 언급하고 있는 지문도 아닙니다.

③ 번 선지 : 물건 전시를 위해 저장실을 확장할 필요성

  - 저장실을 확장하는 게 아닌, 저장실이 나빠지는 것이 문제점이라는 내용이며, 글의 핵심 주제인 박물관의 활동과 그 배경이 언급되지 않는 선지입니다.

④ 번 선지 : 박물관의 이윤 지향 경영의 결과

  - 박물관의 경영, 이윤 지향 배경, 그에 대한 단점이 모두 언급되는 선지이므로 정답입니다.

⑤ 번 선지 : 공공의 이익에 대한 박물관의 헌신을 늘리는 방법

  - 공공의 이익은 경제 경영과 동떨어진 내용이므로 오답입니다.

Ⅰ. There / are / pressures (within the museum) that / cause / it / to emphasise / what happens (in the galleries) (over the activities / that / take place in its unseen zones).

> 구▶ 박물관의 보이지 않는 구역에서 일어나는 활동보다 갤러리에서 발생하는 것을 강조하게 만드는 박물관 내부의 압력이 있다고 합니다.

Ⅱ. In an era / when / museums / are forced / to increase their earnings, they / often focus / their energies / on modernising / their galleries / or mounting / temporary exhibitions (to bring / more and more audiences through the door).

> 구▶ 'be forced to-V'는 'V 하는 것을 강요받다'를 의미합니다.
> - 박물관의 수입을 늘리도록 박물관이 강요당하는 시대에, 박물관은 점점 더 많은 관객을 문으로 데려오기 위해 자기 갤러리를 현대화하거나 일시적인 전시회를 시작하는 데 흔히 자기 에너지를 집중시킨다고 합니다.

> 독▶ 박물관의 경영이 관객을 더 끌어들이기 위해 갤러리를 현대화하거나 전시회를 시작하는 것은 Ⅰ번 문장의 박물관 내부의 압력으로 인한 변화를 의미합니다.

Ⅲ. **In other words**, as museums / struggle / to survive (in a competitive economy), their budgets / often prioritise / those parts (of themselves) that / are / consumable: infotainment (in the galleries), goods and services (in the cafes and the shops).

> 구▶ 다시 말해서, 박물관이 경쟁 경제에서 살아남기 위해 고군분투할 때, 그것의 예산은 흔히 갤러리의 정보 오락 프로그램, 카페와 상점의 상품과 서비스와 같은 소비할 수 있는 박물관 자체의 부분을 우선시 한다고 합니다.

> 독▶ 'in other words'가 재진술의 표현이므로 중심 문장
> - 역시 관객의 호응을 유발하기 위해 갤러리를 이용하는 사례로 재진술됩니다.

* information 정보 + entertainment 오락 – infotainment 정보 오락

Ⅳ. The unlit, unglamorous storerooms, (if / they / are ever discussed), / are (at best) presented / as service areas / that / process / objects (for the exhibition halls).

> 구▶ 불이 켜져 있지 않은 매력 없는 저장실은, 그것들이 논의가 된다고 해도, 기껏해야 전시 홀에 둘 물건을 처리하는 서비스 공간으로 제시된다고 합니다.

> 독▶ 반대로 저장실(↔갤러리)은 관객 유도와 관련이 없으므로 갤러리에 비해 중요도가 떨어진다는 것을 보여주는 문장입니다.

Ⅴ. And at worst, as museums / pour / more and more resources / into their publicly visible faces, the spaces (of storage) / may even suffer, their modernisation / being kept (on hold) or being given / less and less space (to house / the expanding collections / and serve / their complex conservation needs.

구▸ 그리고 최악의 경우 박물관이 공개적으로 보이는 겉면에 점점 더 많은 자원을 쏟아붓기 때문에, 저장 공간의 현대화가 보류되거나 확장되는 소장품을 보관하고 그것의 복잡한 보존상의 요구를 충족시킬 공간이 점점 줄어들게 되어 저장 공간은 더 나빠질지도 모른다고 합니다.

독▸ Ⅳ번 문장에서 이어지는 내용으로, 이러한 경향이 확대되어 저장 공간의 상태 악화로 이어지는 결과가 언급됩니다.

다음 글의 주제로 가장 적절한 것은?

> Managers of natural resources typically face market incentives that provide financial rewards for exploitation. **For example**, owners of forest lands have a market incentive to cut down trees rather than manage the forest for carbon capture, wildlife habitat, flood protection, and other ecosystem services. These services provide the owner with no financial benefits, and thus are unlikely to influence management decisions. **But** the economic benefits provided by these services, based on their non-market values, may exceed the economic value of the timber. **For example**, a United Nations initiative has estimated that the economic benefits of ecosystem services provided by tropical forests, including climate regulation, water purification, and erosion prevention, are over three times greater per hectare than the market benefits. **Thus** cutting down the trees is economically inefficient, and markets are not sending the correct "signal" to favor ecosystem services over extractive uses.
>
> * exploitation: 이용 ** timber: 목재

해설 [정답 : ②]

주제 강조를 위한 부정-주제 문장의 직접적인 언급-주제 문장에 대한 예시로 정리되는 지문입니다. Ⅳ번 문장에서는 'economic benefits provided by these services …… may exceed the economic value of the timber', 이러한 서비스가 제공하는 경제적 이득은 목재의 경제적 가치를 초과한다는 내용, 그에 대한 예시로 열대 우림이 제공하는 생태계 서비스의 경제적 이익이 시장 이익보다 크다고 주장하는 내용이 언급되는 것을 통해 쉽게 파악할 수 있습니다.

①번 선지 : 생태계 서비스의 시장 가치 산정의 필요성
    - 비시장적 가치를 시장적인 가치와 비교하는 내용의 지문이므로 오답 선지입니다.

②번 선지 : 산림 자원의 비시장적 가치를 따져 보는 것의 의의
    - 자원의 비시장적 가치가 크다는 내용이므로 정답 선지입니다.

③번 선지 : 재정적 이익을 극대화하기 위한 산림 자원 이용의 영향
    - 핵심 주제인 비시장적 가치에 대한 언급이 없으므로 오답 선지입니다.

④번 선지 : 숲의 시장 가치와 비시장 가치의 균형을 맞추는 장점
    - 균형을 맞춘다는 내용이 잘못된 선지입니다.

⑤번 선지 : 천연자원 관리의 효율성을 높이는 방법
    - 자원의 관리와 관련된 내용이 아니므로 오답 선지입니다.

Ⅰ. Managers (of natural resources) typically face / market incentives / that / provide / financial rewards for exploitation.

* exploitation: 이용

구▶ 천연자원의 관리자는 일반적으로 이용에 대한 재정적 보상을 제공하는 시장 인센티브에 직면한다고 합니다.

독▶ 이용에 대한 재정적 보상, 시장 인센티브와 같은 어려운 단어들에 당황하지 말고 핵심만을 요약하면, 둘은 결국 같은 의미이며, 자원을 이용하는 사람들은 자원의 관리자에게 재정적인 보상을 제공한다고 정리할 수 있습니다.

Ⅱ. **For example**, owners (of forest lands) / have / a market incentive to cut down trees rather than manage the forest (for carbon capture, wildlife habitat, flood protection, and other ecosystem services).

구▶ A rather than B - B보다는 A
- 예를 들어, 삼림 지대의 소유자는 탄소 포집, 야생 동물 서식지, 홍수 방어 및 다른 생태계 서비스를 위해 숲을 관리하기보다는 나무를 베어 내는 시장 인센티브를 가지고 있다고 합니다.

독▶ 'for example'이 제시되었으므로 앞 문장이 중심 문장
- Ⅰ번 문장의 자원을 이용하는 것에 대한 예시로 숲 관리자가 언급되고 있습니다.

Ⅲ. These services / provide / the owner / with no financial benefits, and **thus** / are unlikely to influence / management decisions.

구▶ provide A with B - A에게 B를 제공하다
- 이러한 서비스들은 소유자에게 어떠한 재정적 이익도 제공하지 않으므로, 관리 결정에 영향을 미칠 것 같지 않다고 합니다.

독▶ 'thus'가 제시되었으므로 중심 문장
- 이러한 서비스들은 Ⅱ번 문장에서 언급된 'carbon capture, wildlife habitat, flood protection, and other ecosystem services' 즉 숲을 베지 않고 관리하는 것이 주는 생태계적 서비스들을 말하며, 이것은 관리자들에게 재정적으로 아무런 이득이 되지 않기 때문에 관리하기보다 나무를 베어내는 것을 선호한다고 볼 수 있습니다.

Ⅳ. **But** / the economic benefits / provided by these services, based on their non-market values, / may exceed / the economic value (of the timber).

** timber: 목재

구▶ 그러나 이러한 서비스가 제공하는 경제적 이익은, 그것의 비시장적 가치에 근거하여, 목재의 경제적 가치를 초과할 수도 있다고 합니다.

독▶ 'but'이 제시되었으므로 중심 문장
- Ⅱ번 문장의 도움들을 비시장적(인센티브와 관련이 없는) 가치로 볼 때 오히려 경제적 가치(나무를 베어내는 것에 대한 인센티브)를 초과한다고 했으므로, 오히려 나무를 관리하는 것이 재정적으로 더 도움이 될 수 있다는 글의 주제 문장입니다.

Ⅴ. __For example__, a United Nations initiative / has estimated / that / the economic benefits of ecosystem services (provided by tropical forests, including climate regulation, water purification, and erosion prevention), / are over three times greater per hectare than the market benefits.

> [구] 예를 들어, 유엔의 한 계획은 기후 조절, 수질 정화 및 침식 방지를 포함하여 열대 우림이 제공하는 생태계 서비스의 경제적 이익이 시장 이익보다 헥타르당 3배 이상 크다고 추정했다고 합니다.

> [독] 열대 우림이 제공하는 기후 조절, 수질 정화, 침식 방지 등의 도움은 모두 Ⅳ번 문장의 비시장적 가치를 말하며, 이것이 시장 이익보다 3배 더 높다는 것은 비시장적 가치가 시장적 가치를 초과하는 것에 대한 예시 문장이 됩니다.

Ⅵ. __Thus__ cutting down the trees / is / economically inefficient, and markets / are not sending / the correct "signal" to favor ecosystem services over extractive uses.

> [구] 따라서 나무를 베는 것은 경제적으로 비효율적인데, 시장은 채취하는 사용보다 생태계 서비스를 선호하게 하는 올바른 '신호'를 보내지 않고 있다고 합니다.

> [독] 'thus'가 제시되었으므로 중심 문장
> - 나무를 베어 내면 숲의 비시장적 가치를 받을 수 없으므로 오히려 손해가 되며, 시장적 가치를 기반으로 하는 시장 역시 생태계 서비스와 같은 비시장적 가치를 중시하지 않는다는 것으로 볼 수 있습니다.

20 25학년도 6월 평가원 24번 (정답률 55%)

다음 글의 제목으로 가장 적절한 것은?

As far back as 32,000 years ago, prehistoric cave artists skillfully used modeling shadows to give their horses and bison volume. A few thousand years ago ancient Egyptian and then ancient Greek art presented human forms in shadow-style silhouette. **But** cast shadows do not appear in Western art until about 400 BCE in Athens. It was only after shadows had become an established, if controversial, part of representation that classical writers claimed that art itself had begun with the tracing of a human shadow. Greeks and Romans were the first to make the transition from modeling shadows to cast shadows, a practice that implied a consistent light source, a fixed point of view, and an understanding of geometric projection. **In fact**, what we might now call "shadow studies" — the exploration of shadows in their various artistic representations — has its roots in ancient Athens. Ever since, the practice of portraying shadows has evolved along with critical analysis of them, as artists and theoreticians have engaged in an ongoing debate about the significance of shadow representation.

* geometric: 기하학의

해설 [정답 : ①]

사례들을 통해 예술에서의 그림자 사용에 관한 역사를 풀어서 설명하고 있는 지문입니다. 32000년 전의 선사시대의 동굴 예술가들은 모형화된 그림자를 사용했고, 수천 년 전의 고대 이집트와 그리스 예술은 그림자 스타일의 실루엣을 사용했고, 기원전 400년에 아테네에서 모형화된 그림자를 드리워진 그림자로 전환했다고 했습니다. 이는 모두 예술에서 그림자를 사용하는 형태가 바뀐 과정을 설명하고 있으며, 그에 대한 효과를 지문 중반 이후부터 언급하고 있습니다.

①번 선지 : 선사시대 동굴에서 이어져 온 예술 속 그림자의 여정

　- 예술 속 그림자의 사용은 선사시대부터 이집트, 그리스, 로마 순으로 이어져 왔으므로 정답 선지입니다.

②번 선지 : 예술적 관점에서 본 사람 그림자의 묘사

　- 그림자의 묘사, 예술적 관점은 모두 지문에서 언급되는 부분이나, 그 핵심인 역사적인 과정을 포함하고 있지 않으므로 오답 선지입니다. Ⅵ번 문장에서 '"shadow studies" has its roots in ancient Athens' 예술적 표현에서 "그림자에 관한 탐구" 역시 고대 아테네에 뿌리를 두고 있다고 했으므로 그림자의 묘사를 고대와 접목해 설명하는 내용은 반드시 선지에 포함되어야 합니다.

③번 선지 : 현대 예술의 핵심 요소로 그림자 표현하기

　- 현대 예술이 아니라, 고대 예술에서 찾아볼 수 있는 그림자에 대한 묘사에 관한 지문이므로 오답 선지입니다.

④번 선지 : 그림자 화가에게 주요 과제란 무엇인가?

　- 그림자를 고대에서 어떻게 사용해 왔는가에 관한 내용이 포함되지 않았으므로 오답 선지입니다.

⑤번 선지 : 그림자에 대한 독특한 관점: 동굴 예술가부터 로마인까지

　- ①번 선지와 비슷하지만 ④번 선지와 마찬가지로 예술적으로 그림자를 인식한다는 내용이 빠져 있으므로 정답이 될 수 없습니다.

* ②번 선지 선택 비율은 16%, ③번 선지 선택 비율은 13%, ⑤번 선지 선택 비율은 12%입니다. 매력적인 오답 선지가 많았던 지문으로 볼 수 있는데, 지문에서 주제로 언급하고 있는 내용들은 1. 동굴 예술가~로마인들로 이어지는 과정 2. 그림자 3. 예술적인 사용이며, 오답 선지들은 이 중 한두 개씩 나사가 빠져 있습니다. 그럴듯한 내용으로는 어려운 주제 문장을 풀 수 없습니다. 주제와 관련된 내용들을 정리해, 이것이 하나라도 빠진 선지는 절대로 답이 될 수 없습니다.

Ⅰ. As far back as 32,000 years ago, prehistoric cave artists / skillfully used / modeling shadows / to give / their horses and bison / volume.

> **구** 무려 3만 2천 년 전으로 거슬러 올라가, 선사시대 동굴 예술가들은 자신의 말과 들소 그림에 입체감을 주기 위해 모형화한 그림자를 능숙하게 사용했다고 합니다.

> **독** 선사시대 동굴 예술가들이 모형화한 그림자를 사용하여 그림을 그렸다고 말하고 있습니다.

Ⅱ. A few thousand years ago ancient Egyptian / and then ancient Greek art / presented / human forms (in shadow-style silhouette).

> **구** 수천 년 전 고대 이집트와 그 이후 고대 그리스 예술은 그림자 스타일의 실루엣으로 인간 형태를 나타냈다고 합니다.

> **독** 동굴 예술가 다음으로 고대 이집트와 그리스 예술이 그림자를 쓰는 사례가 나오고 있습니다.

Ⅲ. **But** cast shadows / do not appear (in Western art) until about 400 BCE in Athens.

> **구** 그러나 서양 예술에서 그림자 드리우기는 기원전 400년경이 되어서야 아테네에서 등장한다고 합니다.

> **독** 'but'이 제시되었으므로 중심 문장
> - 시간순으로 이어지는 그림자를 사용하는 예술들의 사례가 나열되고 있습니다. 특징은 다음과 같이 정리됩니다.
> 선사시대 동굴 예술가(32000년 전): 모형화 그림자 (modeling shadows)
> 고대 이집트, 그리스(수천 년 전): 그림자 스타일 실루엣 (shadow-style silhouette)
> 아테네(BCE 400): 그림자 드리우기 (cast shadows)

Ⅳ. It / was / only after shadows / had become / an established, if controversial, part of representation / that classical writers / claimed / that art itself / had begun (with the tracing of a human shadow).

> **구** 고전 저술가들이 예술 자체가 인간 그림자의 모사와 더불어 시작되었다고 주장한 것은 그림자가, 논란의 여지는 있으나, 표현의 확고한 한 부분으로 자리 잡게 되고 난 이후였다고 합니다.

> **독** 그림자가 표현의 부분으로 자리 잡게 된 이후 예술이 시작되었다는 것은 예술에서 그림자의 모사가 중요한 역할을 한다는 것을 보여줍니다.

Ⅴ. Greeks and Romans / were / the first (to make / the transition (from modeling shadows to cast shadows)), a practice (that / implied / a consistent light source, a fixed point of view, and an understanding of geometric projection).

* geometric: 기하학의

> 구▶ 'from A to B'는 'A부터 B까지'를 의미합니다.
> - 그리스인과 로마인은 최초로 그림자를 모형화하는 방식에서 그림자를 드리우는 방식으로 전환했는데, 이는 일관된 광원, 고정된 시점, 기하학적 투영에 대한 이해를 함축하는 관행이었다고 합니다.

> 독▶ Ⅲ번 문장의 내용을 재언급한 후, 그림자를 드리우는 방식의 효과를 설명하고 있습니다.

* project (투영하다) + -tion (명사형 접사) = projection - 투영

Ⅵ. **In fact**, what / we / might now call / "shadow studies" — the exploration of shadows in their various artistic representations — has / its roots (in ancient Athens).

> 구▶ 사실 현재 우리가 '그림자 연구'라고 부를 수도 있을 것, 즉 다양한 예술적 표현에서 그림자에 관해 탐구하는 것은 고대 아테네에 그 뿌리를 두고 있다고 합니다.

> 독▶ 'In fact'를 통해 재진술하므로 중심 문장
> - 역시 Ⅲ번 문장의 내용처럼 고대 아테네에서부터 그림자의 탐구가 시작된다고 보는 문장입니다.

Ⅶ. Ever since, the practice (of portraying shadows) / has evolved / along with critical analysis of them, as artists and theoreticians / have engaged in / an ongoing debate (about the significance of shadow representation).

> 구▶ 그 이후로 예술가와 이론가가 그림자 표현의 중요성에 대한 지속적인 논쟁을 벌임에 따라 그림자를 묘사하는 방식은 그림자에 대한 비판적 분석과 더불어 발전해 왔다고 합니다.

> 독▶ 아테네 이후부터 그림자 표현이 어떻게 발전해 왔는지를 설명하고 있는 문장입니다.

다음 글의 제목으로 가장 적절한 것은?

Before the web, newspaper archives were largely the musty domain of professional researchers and journalism students. Journalism was, by definition, current. The general accessibility of archives has greatly extended the shelf life of journalism, with older stories now regularly cited to provide context for more current ones. With regard to how meaning is made of complex issues encountered in the news, this departure can be understood as a readiness by online news consumers to engage with the underlying issues and contexts of the news that was not apparent in, or even possible for, print consumers. One of the emergent qualities of online news, determined in part by the depth of readily accessible online archives, seems to be the possibility of understanding news stories as the manifest outcomes of larger economic, social and cultural issues rather than short-lived and unconnected media spectacles.

* archive: 기록 보관소 ** musty: 곰팡내 나는 *** manifest: 분명한

해설 [정답 : ①]

Ⅰ번 문장은 역접을 위한 '빌드업'입니다. 'the web'이 등장하기 이전에 '신문 기록 보관소'는 곰팡내 나는 즉, 쓰지 않아서 먼지만 쌓여가던 장소였지만, 'the web' 이후에는 즉, 숨겨진 역접(however) 이후에는 Ⅲ 문장부터 설명하길, 신문 기록에 대해 예전보다 (더욱 쉽게) 일반적으로 접근하게 되어서, 오래된 기사들이 이제는 최근의 기사에 맥락을 제공하기 위해 사용된다는 내용으로 'the web' 등장 전후의 신문 기록의 이용성에 대한 차이를 강조하는 글입니다.

①번 선지 : 웹 기반 저널리즘: 더 길고 맥락적으로 더 넓게 지속됨
  - 정답 선지입니다. 핵심 주제인 웹 기반 저널리즘, 그리고 그 특성인 길고(Ⅲ번 문장), 넓게(Ⅴ번 문장)이 모두 언급되고 있습니다.

②번 선지 : 최신 콘텐츠로 온라인 뉴스가 일간지를 능가합니다!
  - 일간지와 비교하는 내용이 아닙니다.

③번 선지 : 온라인 미디어 기자들이 뉴스 뒤에 숨겨진 이야기를 밝히는 방법
  - 뉴스 뒤에 숨겨진 이야기에 관한 지문도 아닙니다.

④번 선지 : 인쇄된 신문으로 과거로의 여행을 시작해요!
  - 웹 기반 선지+장점, 모두 언급되지 않는 선지입니다.

⑤번 선지 : 웹 세계 저널리즘의 현재와 미래
  - 현재의 장점은 언급된다고 볼 수 있지만, 미래에 관한 구체적인 내용은 찾아볼 수 없습니다.

Ⅰ. (Before the web), newspaper archives / were largely / the musty domain (of professional researchers and journalism students).

* archive: 기록 보관소 ** musty: 곰팡내 나는

구▶ 웹이 등장하기 전, 신문 기록소는 주로 전문 연구자와 저널리즘 학생들만 이용하는 곰팡내 나는 영역이었다고 합니다.

독▶ 'Before ~전에'라는 표현을 사용하여 'After ~이후의' 변화에 대한 예고를 하고 있습니다. 수능에 자주 등장하는 설명방식입니다.

Ⅱ. Journalism / was, (by definition), / current.

구▶ 저널리즘은 정의상 현재의 속성이 있다고 합니다.

독▶ 저널리즘의 속성은 'current'이기에 예전의 신문 기록소는 곰팡내가 날 때까지 일반 사람들은 이용하지 않고 특수한 목적을 가진 사람만 이용했다는 내용에 대한 설명입니다.

Ⅲ. The general accessibility (of archives) has greatly extended the shelf life of journalism, (with older stories now regularly cited) to provide context (for more current ones).

구▶ (그러나 the web의 등장 이후로) 기록의 일반적인 접근성은 저널리즘의 유통 기한(사용되는 기간을 비유)을 크게 연장시켰으며, 이제 오래된 기사들이 더 최근의 기사에 맥락을 제공하기 위해 정기적으로 인용된다고 합니다.

독▶ 보시는 대로, However(역접)을 넣어주면 논리적으로 이어집니다. 이 문장에서 'the web' 전과 후의 차이를 보여주며, 그에 따른 결과를 설명합니다.

Ⅳ. (With regard to (how meaning is / made / (of complex issues encountered in the news)), this departure / can be / understood (as a readiness) (by online news consumers) to engage (with the underlying issues and contexts of the news) that / was not / apparent in, or even possible (for, print consumers).

구▶ 뉴스에서 복잡한 문제에 대한 의미가 어떻게 형성되는지에 관한 측면에서, 이러한 변화는 온라인 뉴스 소비자들이 뉴스의 기본적인 문제와 맥락에 참여하는 준비성을 보이는 것으로 이해될 수 있으며, 이는 인쇄 매체의 소비자들에게는 분명하지 않았거나 심지어 가능하지 않았다고 합니다.

독▶ Ⅲ문장의 저널리즘의 유통기간이 늘어난 것과 그에 대한 설명을 하고 있습니다.

Ⅴ. One (of the emergent qualities of online news, determined in part by the depth of readily accessible online archives), seems to be the possibility (of understanding news stories) (as the manifest outcomes) (of larger economic, social and cultural issues) (rather than short-lived and unconnected media spectacles).

*** manifest: 분명한

구▶ 온라인 뉴스의 새롭게 등장한 특성 중 하나는, 온라인 기록 보관소의 쉽게 접근 가능한 깊이에 의해 결정된 것인데, 이는 뉴스 기사를 단기적이고 연결되지 않은 미디어의 광경보다는 더 큰 경제적, 사회적, 문화적 문제의 명백한 결과로 이해하는 가능성으로 보인다고 합니다.

독▶ 'rather than'으로 역접의 논리로 단기적이고 연결되지 않은 미디어의 광경이라기보다는 '더 큰 경제적 ~ 문화적 문제로 이해하는 가능성'이라고 설명해서, 주제문을 명확하게 표현했습니다.

다음 글의 제목으로 가장 적절한 것은?

Mending and restoring objects often require even more creativity than original production. The preindustrial blacksmith made things to order for people in his immediate community; customizing the product, modifying or transforming it according to the user, was routine. Customers would bring things back if something went wrong; repair was **thus** an extension of fabrication. With industrialization and **eventually** with mass production, making things became the province of machine tenders with limited knowledge. **But** repair continued to require a larger grasp of design and materials, an understanding of the whole and a comprehension of the designer's intentions. "Manufacturers all work by machinery or by vast subdivision of labour and not, so to speak, by hand," an 1896 *Manual of Mending and Repairing* explained. "**But** all repairing **must** be done by hand. We can make every detail of a watch or of a gun by machinery, **but** the machine cannot mend it when broken, much less a clock or a pistol!"

해설 [정답 : ①]

Ⅲ번 문장까지 산업화 이전 수리는 제작의 연장선상, 즉 제작의 과정 중 하나로 인식되었다고 합니다. 하지만 산업화 이후 제작 과정에서 기계와 노동자들의 분업화가 주를 이루게 되면서 수작업 없이 제작을 하게 되었다고 합니다. 하지만 수리는 수작업이 필요하므로 기계가 수리를 할 수 없게 된다고 합니다. 이를 기반으로 선지를 확인해보면

①번 선지 : 현대 대장장이에게 여전히 남겨진 것: 수리의 기술
 - 산업화 이전과는 달리 산업화 이후에는 제작 과정이 수작업 없이 진행되어 수작업으로 진행해야 하는 수리가 제작 과정과 분리되었다는 것을 알 수 있습니다. 산업화 이전에도 수리를 제작 과정의 연장선으로 할 수 있었던 대장장이가 수리를 수작업으로 할 수 있다는 것을 알 수 있으므로 정답 선지가 됩니다.

②번 선지 : 수리의 기술이 어떻게 발전했는가에 관한 역사적 개괄
 - 수리의 기술 자체의 발전에 대해서는 제시되지 않았습니다.

③번 선지 : 창의적 수리공이 되는 방법: 조언과 아이디어 - 언급되지 않은 선지입니다.

④번 선지 : 수리의 과정: 만들고, 수정하고, 변형하라!
 - 수리가 제작 과정에서 분리되는 것을 제시했을 뿐 수리가 어떤 과정을 거쳐서 진행되는 지에 대해서는 언급되지 않았습니다. 또한 지문에서 만들고, 수정하고, 변형하는 것은 제작 과정의 일부로 Ⅱ번 문장에서 제시되었으며, 제작이 수리의 일부가 아닌 수리가 제작의 일부라고 합니다.
 그러므로 오답 선지에 해당합니다.

⑤번 선지 : 산업화가 우리의 부서진 과거를 고칠 수 있을까? - 무관한 선지입니다.

Ⅰ. Mending and restoring objects / often require / (even more) creativity / than original production.

> **구** 물건을 고치고 복원하는 것은 종종 초기의 제작보다는 더 많은 창의성을 요구한다고 합니다.

* mend - 고치다

Ⅱ. The preindustrial blacksmith / made / things (to order for people) / (in his immediate community);

customizing the product, (modifying or transforming / it / according to the user), / was / routine.

> **구** 산업화 전의 대장장이들은 그의 근처 사회에서 주문된 것들을 사람들을 위해 만들었고, 제품을
> 주문하는 것, 즉 사용자에 따라서 제품을 수정하고 변형하는 것이 일상이였다고 합니다.

* pre- (앞에) + industrial (산업의) = 산업화 전에
** blacksmith - 대장장이

Ⅲ. Customers / would bring / things back / if / something / went / wrong; repair / was **thus** /

an extension of fabrication.

> **구** 고객들은 무엇인가 잘못 되었을 때 그것을 (= 제품을) 다시 가지고 왔고, 따라서 수리는 제작의 연장
> 이였다고 합니다.

> **독** 'thus'가 제시되었으므로 중심 문장입니다.
> - 소비자들은 대장장이로부터 받은 제품이 잘못되었을 때 다시 대장장이에게 가져와서 수리를 받았으므로
> 수리는 제작하는 것의 연장이였다고 합니다.

* bring (가져오다) + back (뒤로 역행하는 이미지) = bring back - 다시 가져오다.
** fabrication - 제작

Ⅳ. (With industrialization and **eventually** with mass production), making things / became /

the province of machine tenders (with limited knowledge).

> **구** 산업화와 결국에는 대량 생산과 함께, 만드는 것은 제한된 지식과 함께 기계 관리자의 영역이 되었다고
> 합니다.

> **독** 'eventually'가 제시되었으므로 중심 문장입니다.
> - 대량 생산이 시작되면서 물건을 만드는 일은 대장장이에서 기계 관리자의 영역으로 옮겨 갔다고 합니다.

* tender - n. 돌보는 사람 = 관리자

Ⅴ. **But** repair / continued to require / a larger grasp of design and materials, an understanding (of the whole) and a comprehension (of the designer's intentions).

 그러나 수리는 계속해서 전체의 이해와 디자이너의 의도에 대한 이해와 같은 디자인과 재료에 대한 큰 이해를 계속해서 요구했다고 합니다.

 'but'이 제시되었으므로 중심 문장입니다.
- Ⅳ번 문장에서 제한된 지식을 가지고 있는 기계 관리인들이 제한된 지식을 가지고 있는 것과는 달리 수리는 넓은 지식을 요구하고 있다고 합니다. 즉 산업화가 진행되고 물건을 만드는 일이 제한된 지식을 가지는 기계 관리인의 업무가 되면서 관리인이 넓은 지식이 필요한 수리를 맡을 수 없게 됩니다. 이로 인해서 Ⅲ번 문장에서 제시된 수리는 제작의 연장이라는 부분이 대량 생산 이후에서는 수리가 제작의 연장이 아니게 되는 것을 알 수 있습니다.

Ⅵ. "Manufacturers all / work (by machinery or by vast subdivision of labour and not, (so to speak), by hand)," an 1896 Manual of Mending and Repairing / explained.

 "제조업자들은 모두 기계나 혹은 노동자들의 방대한 분업으로 일을 하고, 말하자면 손으로 일하지 않는다."고 1896년의 Manual of mending and Repairing에서 설명되었다고 합니다.

 무엇인가를 만드는 제작과정이 손으로 즉, 수작업으로 진행되지 않고 기계나 노동자들의 분업으로 진행된다고 합니다.

Ⅶ. "**But** all repairing / **must** be done / by hand. We / can make / every detail (of a watch or of a gun by machinery), **but** the machine / cannot mend / it / when broken, (much less a clock or a pistol)!"

 "그러나, 모든 수리는 반드시 손으로 진행되어야 한다. 우리는 기계를 통해서 시계 혹은 총의 모든 디테일을 만들 수 있지만, 고장 났을 때 기계는 그것을 고칠 수 없으며, 시계나 총을 말할 필요가 없다."고 합니다.

 'but', 'must'가 제시되었으므로 중심 문장입니다.
- Ⅵ번 문장에서 제시된 것처럼 제작 과정이 수작업 없이 노동자들의 분업화 혹은 기계로 진행된다고 합니다. 하지만 수리는 수작업이 필요하고 기계는 수작업을 할 수 없으므로 수리를 하지 못한다고 합니다. 즉, 산업화 전과는 달리 산업화 이후에는 수리가 제작 과정에서 분리되었고 수작업으로 수리를 할 수 있는 대장장이의 업무가 남아 있음을 알 수 있습니다.

다음 글의 주제로 가장 적절한 것은?

　Difficulties arise when we do not think of people and machines as collaborative systems, but assign whatever tasks can be automated to the machines and leave the rest to people. This **ends up** requiring people to behave in machine-like fashion, in ways that differ from human capabilities. We expect people to monitor machines, which means keeping alert for long periods, something we are bad at. We require people to do repeated operations with the extreme precision and accuracy required by machines, again something we are not good at. When we divide up the machine and human components of a task in this way, we fail to take advantage of human strengths and capabilities **but instead** rely upon areas where we are genetically, biologically unsuited. **Yet**, when people fail, they are blamed.

해설 [정답 : ③]

구문이 어렵지 않았지만 정답률이 낮은 문제입니다. 해석은 어느 정도 했지만 선지에서 많이 틀린 경우입니다. 어렵지 않게 인간에게 맞지 않은 업무 (= 자동화될 수 있는 어떤 업무든지 간에 기계에게 할당하고 나머지를 사람에게 할당하는 것)가 문제점을 야기한다는 주제를 파악하실 수 있으셨을 겁니다. 이제 선지를 봅시다.

①번 선지 : 실패를 피하기 위해서 인간의 약점을 극복하는 것의 어려움
　　- 인간의 약점 = 인간의 능력을 벗어나는 일을 하지 못하는 것으로 인지하는 것은 틀리다고 보기 어렵습니다. 왜냐하면 충분이 약점으로 재진술될 수 있는 내용이기 때문입니다. 그럼에도 불구하고 이 선지가 틀린 이유는 '실패를 피하기 위해서'는 지문에서 언급되어 있지 않은 선지입니다. 인간과 기계에 업무를 할당하는 방식이 어려움을 야기하는 것이지 실패를 피한다는 내용은 없습니다. 또한 마지막 문장은 인간에게 맞지 않은 업무를 실패했을 때를 제시했을 뿐 실패를 피하기 위해서 인간의 약점을 극복한다는 내용이 아닙니다. 그러므로 오답 선지!

②번 선지 : 기계와 사람이 함께 일하는 것의 장점 - 지문에서 장점을 제시하지 않았습니다.

③번 선지 : 자동화된 체계에서 사람에게 맞지 않는 업무를 할당하는 것의 문제점
　　- 완벽한 정답 선지! allocate의 뜻을 몰라서 정답으로 고르지 않았다고 생각합니다.
　　* allocate A to B - A를 B에 할당하다. 외웁시다.

④번 선지 : 사람들이 계속 기계 자동화를 추구하는 이유
　　- 자동화를 추구한다는 내용이 지문에 없습니다.

⑤번 선지 : 인간의 행동이 기계의 성능에 미치는 영향
　　- 인간의 행동 ⇒ 기계의 성능이 지문에서 제시되지 않았습니다.

Ⅰ. Difficulties / arise / (when we / do not think / of people and machines / as collaborative systems,

but assign (whatever tasks can be automated) to the machines / and (assign과 leave 연결) leave /

the rest to people).

> 구 ▶ not A but B - A가 아니라 B이다.
>   - whatever과 같은 복합 관계대명사는 what을 해석한 후 ~든지 간에를 붙여주면 됩니다.
>   즉 '무엇이든지 간에' 다른 예시로 whoever은 '누구든지 간에'
>   - assign A to B - A를 B에 할당하다. 동사가 가지는 특성이므로 통째로 외우시는 게 좋습니다.
>   - 우리가 사람과 기계를 협동 체계로 생각하지 않고 자동화할 수 있는 일이 무엇이든지 간에 기계에
>   할당하고 나머지를 사람에게 할당할 때 어려움이 발생한다고 합니다.

> 독 ▶ 'but'이 존재하므로 중심 문장! 자동화할 수 있는 일을 기계에 맡기고 나머지를 인간에게 맡길 때
>   문제가 발생한다는 것을 인지하고 읽어 가셔야 합니다.

Ⅱ. This / ends up requiring / people / to behave (in machine-like fashion), (in ways that / differ from

/ human capabilities).

> 구 ▶ 'end up V-ing'는 '결국에는 V하다'를 의미합니다.
>   - 'This'는 자동화할 수 있는 일을 기계에 할당하고 나머지를 인간에게 할당하는 것을 지칭합니다.
>   - 그것은 결국 사람에게 기계와 같은 방식 인간의 능력과는 다른 방식으로 행동하는 것을 요구한다고
>   합니다.

> 독 ▶ 결과를 제시해주므로 중심 문장! Ⅰ번 문장에서 제시한 문제점을 인간의 능력과는 다른 방식으로
>   인간이 행동하는 것을 요구한다는 내용으로 구체화해주고 있습니다.

Ⅲ. We / expect / people / to monitor machines, (which / means / keeping alert for long periods),
something (we / are / bad at).

> 구 ▶ '~, which'는 계속적 용법 ',' 앞문장을 이어 받습니다.
>   - 우리는 사람이 기계를 감시하는 것을 기대하는데 이는 우리가 잘 못하는 것인 오랜 기간 동안
>   경계를 유지하는 것을 의미한다고 합니다.

> 독 ▶ 우리가 잘 못하는 것인 오랜 기간 동안 경계를 유지하는 것은 Ⅱ번 문장에서 인간의 능력과 다른 것을
>   예시로 보여주고 있습니다.

Ⅳ. We / require / people / to do repeated operations (with / the extreme precision and (precision과

accuracy를 연결) / accuracy) (required / by machines, again something (we are not good at).

> 구 ▶ 우리는 사람에게 우리가 잘하지 못하고 기계에 요구되는 극도의 정확성과 정밀성으로 반복된 작업을
>   하는 것을 요구한다고 합니다.

> 독 ▶ 우리가 잘못하는 것을 보여주고 있으므로 Ⅲ번 문장과 마찬가지로 Ⅱ번 문장의 예시입니다!

Ⅴ. When we / divide up / the machine / and human components (of a task) (in this way), / we / fail / to take advantage (of human strengths and capabilities) **but instead** / rely upon / areas (where we / are genetically, biologically unsuited).

구▶ 'in this way'는 Ⅱ번, Ⅲ번, Ⅳ번에서 제시한 사람의 능력과는 다른 방식을 지칭합니다.
  - 우리가 이러한 방식으로 업무의 기계와 사람의 구성요소를 나눌 때 우리는 사람의 강점과 능력의 이점을 이용하지 못하고 대신에 우리에게 유전적으로, 생물학적으로 부적합한 영역에 의존하게 된다고 합니다.

독▶ 기계 구성요소와 사람의 구성요소를 나누는 것은 Ⅰ번 문장의 재진술이자 Ⅱ번, Ⅲ번, Ⅳ번 문장의 재진술이기도 합니다! 재진술되는 문장은 중심 문장!
  - 또한 'but'과 'instead'가 나오면서 중심 문장임을 보여주고 있습니다.

Ⅵ. **Yet**, when people / fail, / they / are blamed.

구▶ 그러나 사람들이 실패했을 때, 그들은 비난을 받는다고 합니다.

독▶ 'Yet'을 통해서 역접을 보여줬으니 중심 문장!
  - 사람들이 그 일에 실패했을 때 비난을 받는다는 것을 Ⅰ번 문장과 연결해보면 이 문장이 Ⅰ번 문장의 'Difficulties'와 같은 말임을 알 수 있습니다!

다음 글의 제목으로 가장 적절한 것은?

> The discovery that man's knowledge is not, *and never has been*, perfectly accurate has had a humbling and perhaps a calming effect upon the soul of modern man. The nineteenth century, as we have observed, was the last to believe that the world, as a whole as well as in its parts, could ever be perfectly known. We realize now that this is, and always was, impossible. We know within limits, not absolutely, **even if** the limits can usually be adjusted to satisfy our needs. Curiously, from this new level of uncertainty even greater goals emerge and appear to be attainable. **Even if** we cannot know the world with absolute precision, we can still control it. Even our inherently incomplete knowledge seems to work as powerfully as ever. **In short**, we may never know precisely how high is the highest mountain, **but** we continue to be certain that we can get to the top **nevertheless.**

해설 [정답 : ①]

앞부분에서 '우리가 가지고 있는 지식은 한계가 있다'는 내용이 전개가 됩니다. 이후 명시된 역접의 표현 없이 'Curiously' 문장을 통해서 내용을 전환하여 우리가 비록 정확한 지식을 가지지 못하지만 세계를 통제할 수 있다는 내용이 제시됩니다. 앞부분만 읽었을 경우 (-)의 내용으로 파악할 가능성이 높은 지문입니다. 또한 선지가 매우 어렵습니다.

①번 선지 : 아직 정상에 이르지 못했다 : 지식을 향해서 나아가는 여정
- 'yet to be'가 '아직 아닌'의 뜻을 가지고 있지만 대부분의 학생들이 알지 못했다고 생각합니다. 우리는 외워야 합니다. 하지만 '지식을 향해서 나아가는 여정'을 통해서 지문의 '우리가 모든 지식을 알지 못하지만 세계를 통제할 수 있고 정상에 도달할 수 있다'는 내용과 대응하여 정답으로 골라야 합니다. 정답 선지입니다.

②번 선지 : 산을 넘어 : 성공으로 가는 하나뿐이지만 거대한 발걸음
- 산에 대한 비유로 인해 ①번 선지를 정답으로 고르지 못했다면 고를 수 있는 선지입니다. 하지만 지문에서 성공과 대응되는 세계에 대한 지식을 얻는 방법이 몇 개인지 제시되지 않았고 산의 정상에 대한 내용을 제시하므로 언급되지 않은 선지에 해당합니다.

③번 선지 : 부분들을 하나의 전체로 통합 : 완벽으로 가는 길
- 통합에 대한 내용이 제시되지 않았습니다. 우리가 세계의 부분뿐만 아니라 전체도 알 수 있다고 예전에 믿었다고 했을 뿐 부분들을 통합해야 한다는 내용은 없습니다.

④번 선지 : 불확실성의 시대에 함께 사는 방법
- 지식을 완전히 알지 못하므로 현대가 불확실성의 시대인 것은 맞으나 사람들과 어떻게 같이 살아갈 지에 대한 내용이 제시되지 않았습니다. 언급되지 않은 선지입니다.

⑤번 선지 : 지식 기반 사회의 두 얼굴
- 지식 기반 사회가 제시되지 않았으며 장점과 단점도 제시되지 않았습니다. 무관한 선지입니다.

Ⅰ. The discovery (that / man's knowledge / is not, *and never has been*, perfectly accurate) has had / a humbling / and perhaps a calming effect (upon the soul / of modern man).

　　구▶ 인간의 지식이 완벽하게 정확하지 않고 정확했던 적이 없었다는 발견은 현대 인간의 영혼에 겸손하고 진정시키는 효과를 가지게 했다고 합니다.

　　* humble - 겸손한

Ⅱ. The nineteenth century, (as we / have observed), was / the last (to believe / that / the world, (as a whole / as well as / in its parts), could ever be perfectly known).

　　구▶ 'B as well as A'는 'B뿐만 아니라 A'를 의미합니다.
　　　- 우리가 관찰해왔듯이, 19세기는 부분들뿐만 아니라 전체에 대해서 세계를 완벽하게 알고 있다고 믿는 마지막 시기라고 합니다.

Ⅲ. We / realize now / that / this / is, and always was, impossible.

　　구▶ 'this'는 Ⅱ번 문장의 세계를 완전히 알 수 있다는 믿음을 지칭합니다.
　　　- 우리는 현재 그것이 항상 불가능 했고 불가능하다는 것을 현재 깨달았다고 합니다.
　　독▶ 즉, 인간은 세계를 완벽하게 이해할 수 없다고 합니다.

Ⅳ. We / know (within limits), not absolutely, / **even if** the limits / can usually be adjusted to satisfy / our needs.

　　구▶ 비록 한계가 보통 우리의 필요를 충족시키기 위해 조정될 수 있을지라도, 우리는 완전하지 않게 한계 내에서 알고 있다고 합니다.
　　독▶ 'even if'는 '비록 ~일지라도'를 의미하므로 중심 문장!
　　　- 한계가 조정될 수는 있지만 어쨌든 우리는 한계 내에서만 알 수 있다고 합니다.

Ⅴ. Curiously, (from this new level of uncertainty) even greater goals / emerge and appear to be / attainable.

　　구▶ 비교급 앞에 있는 'even'은 비교급 수식!
　　　- 흥미롭게도, 불확실성의 새로운 수준에서부터 더 위대한 목표가 나타나고 달성 가능해 보인다고 합니다.
　　* attain (성취하다, 달성하다) + able (가능한) = attainable - 성취할 수 있는, 달성 가능한

Ⅵ. **Even if** / we / cannot know / the world / with absolute precision, we / can still control / it.

　　구▶ 비록 우리가 세계를 완전히 정확하게 아는 것은 아니지만, 우리는 여전히 세계를 통제한다고 합니다.
　　독▶ 역시 'Even if'이므로 중심 문장!
　　　- 우리가 세계를 한계 내에서 알 수 있으나 우리는 세계를 통제한다고 합니다.

Ⅶ. Even our inherently / incomplete knowledge / seems / to work / as powerfully as ever.

> 구▸ 'as A as B'는 'B처럼 A'를 의미합니다.
> - 심지어 우리 고유의 불완전한 지식이 그 어느 때 만큼 강력하게 작동하는 것처럼 보인다고 합니다.

Ⅷ. **In short**, we / may never know precisely / how high is / the highest mountain, **but** we / continue to be / certain that / we / can get (to the top) **nevertheless**.

> 구▸ 즉, 우리는 높은 산이 얼마나 높은지 절대 정확하게 알 수 없지만 우리는 그럼에도 불구하고 우리가 정상에 도달할 수 있다는 것을 계속 확신한다고 합니다.

> 독▸ 'In short'는 재진술의 표현이고 'but'과 'nevertheless'도 제시되므로 중심 문장!
> - 재진술이 비유적으로 표현되었습니다. 재진술된 Ⅵ번, Ⅶ번 문장과 대응하여 파악해야 합니다.
> - '우리가 산이 얼마나 높은지 알 수 없는 것'
>   = '우리가 세계를 전부 알 수 없는 것', '우리가 정상에 도달할 수 있다는 확신'
>   = '우리가 세계를 통제하는 것'으로 대응하여 이해하시면 됩니다,

다음 글의 제목으로 가장 적절한 것은?

> People don't usually think of touch as a temporal phenomenon, **but** it is every bit as time-based as it is spatial. You can carry out **an experiment** to see for yourself. Ask a friend to cup his hand, palm face up, and close his eyes. Place a small ordinary object in his palm — a ring, an eraser, anything will do — and ask him to identify it without moving any part of his hand. He won't have a clue other than weight and maybe overall size. Then tell him to keep his eyes closed and move his fingers over the object. He'll most likely identify it at once. By allowing the fingers to move, you've added time to the sensory perception of touch. There's a direct analogy between the fovea at the center of your retina and your fingertips, both of which have high acuity. Your ability to make complex use of touch, such as buttoning your shirt or unlocking your front door in the dark, depends on continuous time-varying patterns of touch sensation.
>
> * analogy: 유사 ** fovea: (망막의) 중심와(窩) *** retina: 망막

해설 [정답 : ②]

'촉각은 시간에 기반을 두는 감각이다'로 재진술된 지문입니다. 재진술을 파악하는 훈련이 빈칸뿐만 아니라 대의 파악 유형에서도 필요하다는 것을 잘 보여준 문제라고 생각합니다. 선지도 쉽지는 않습니다. 선지를 보면

①번 선지 : 촉각과 운동 : 인간성의 두 가지 주요 요소 - 완전히 무관합니다. 고르시면 안 됩니다.

②번 선지 : 시간은 중요하다 : 촉각의 숨겨진 본질
  - matter이 V(동사)로 사용되면 '중요하다'는 뜻을 가집니다. 촉각에서 시간이 중요하다고 했으므로 정답 선지입니다.

③번 선지 : 다섯 감각을 시기적절한 방식으로 사용하는 방법
  - 다섯 감각에 대한 내용이 지문에서 제시되지 않았고 방법을 제시하지도 않았습니다.

④번 선지 : 시간의 개념을 형성함에 있어서 촉각의 역할
  - 킬러 오답 선지라고 생각합니다. 하지만 방향 바꾸기를 배운 저희는 왜 오답인지 알 수 있어야 합니다! 제시문에서는 시간 ⇒ 촉각이라고 재진술하였습니다. 하지만 ④번 선지에서는 촉각 ⇒ 시간이라고 하기 때문에 방향 바꾸기 오답 선지입니다.

⑤번 선지 : 지식의 촉진제로서 촉각의 놀라운 기능
  - 촉각이 지식을 증가시킨다는 내용이 지문에 없습니다. 오답 선지입니다.

Ⅰ. People / don't usually think of / touch / as a temporal phenomenon, **but** / it / is / every bit / as time-based / as it is spatial.

> 구 think of A as B - A를 B로 간주하다
> - as A as B - B만큼 A하다
> - not A but B에서 A와 B가 병렬 구조를 이루고 있지 않으므로 따로 따로 해석! (동사와 절)
> - 사람들은 촉각을 시간적인 현상으로 간주하지 않지만 촉각은 공간적인 것만큼 시간 기반적이라고 합니다.

Ⅱ. You can carry out / **an experiment** (to see for yourself).

> 구 너는 너 스스로 보기위해서 실험을 수행해야 한다고 합니다.
> 독 실험/연구가 나왔으니 다음 문장부터는 주의하며 읽어야 합니다!

Ⅲ. Ask / a friend / to cup / his hand, palm face up, and (cup, face, close를 연결) close / his eyes.

> 구 Ask A to-V - A에게 V하는 것을 요청하다
> - cup his hand를 컵과 그의 손으로 해석하면 안 됩니다. to-V 자리이므로 cup이 V(동사)가 되어야 합니다. 실제로 cup은 V의 뜻을 가지고 있습니다. 외울 경우 단어가 외워야 될 것이 너무 많으니 cup과 같이 동사로 주로 쓰이지 않는 동사는 '알고 있는 뜻'을 하다로 해석하시면 뜻을 유추하실 수 있으실 겁니다. 즉 '그의 손을 컵하다' = '그의 손을 컵처럼 모으다'
> - 친구에게 그의 손을 컵처럼 모으고 손바닥이 위로 향하게 하며 눈을 감아달라고 요청하라고 합니다.
>
> * palm - 손바닥

Ⅳ. Place / a small ordinary object (in his palm) — (a ring, an eraser, anything will do) — and ask / him / to identify it (without moving any part of his hand).

> 구 ask A to-V - A에게 V하는 것을 요청하다.
> - 그의 손바닥에 반지나 지우개같은 아무 작은 물체를 놓고 어떠한 손의 움직임 없이 그 물체를 확인하도록 요청하라고 합니다.

Ⅴ. He / won't have / a clue / other than / weight and maybe overall size.

> 구 그는 무게와 전체적인 크기를 제외하고는 어떠한 단서도 가지고 있지 않다고 합니다.

Ⅵ. Then tell him / to keep / his eyes / closed and move / his fingers (over the object).

> 구 그러면 그에게 눈을 감은 채로 손가락을 움직이라고 말하라고 합니다.

Ⅶ. He'll (most likely) / identify / it (at once).

> 구 그는 즉시 그것이 무엇인지 알아차린다고 합니다.

Ⅷ. By allowing / the fingers / to move, / you've added / time (to the sensory perception of touch).

> 구 by V-ing - ~함으로써
>   - allow A to-V - A가 V하는 것을 허락하다
>   - 손가락이 움직이는 것을 허락함으로써 너는 촉각의 감각 지각에 시간을 더했다고 합니다.

> 독 Ⅱ번 문장에서 이 실험을 통해서 Ⅰ번 문장을 알 수 있다고 했습니다. 그러므로 이 실험을 Ⅰ번
>   문장과 연결해야 합니다. Ⅰ번 문장과 연결하면 촉각의 감각적 지각에 시간을 더한 것 = 촉각이 시간
>   기반이라는 것으로 이해하셔야 합니다.

Ⅸ. There's a direct analogy (between the fovea (at the center of your retina) and your fingertips), both
of which / have / high acuity.

* analogy: 유사 ** fovea: (망막의) 중심와(窩) *** retina: 망막

> 구 between A and B - A와 B사이에
>   - 망막의 중심에 있는 중심와와 너의 손가락들은 둘 모두 높은 예민함을 가지고 있다는 것에서 직접적인
>   유사성이 있다고 합니다.

* acute - 극심한, 예민한 ⇒ 명사형 acuity (감각의) 예민함, acuteness (감각의) 예민함, 날카로움

Ⅹ. Your ability (to make / complex use of touch), (such as buttoning your shirt or unlocking your
front door in the dark), / depends on / continuous time-varying patterns (of touch sensation).

> 구 buttoning your shirt도 '너의 셔츠를 버튼을 하는 것' = '너의 셔츠의 단추를 잠그는 것'으로 해석
>   - 너의 셔츠의 단추를 잠그거나 어둠 속에서 앞 문을 여는 것과 같이 촉각의 복잡한 이용을 하는
>   능력은 촉각 감각의 지속적인, 시간에 따라 달라지는 패턴에 의존한다고 합니다.

> 독 Ⅰ번, Ⅷ번, Ⅹ번 문장 모두 촉각은 시간에 기반을 둔다는 내용을 재진술하고 있습니다!

Q Ⅸ번 문장에서 망막 내용은 왜 제시되었나요?

A 평가원이 출제를 할 때는 논문의 일부를 추출하여 지문으로 사용합니다. 2개의 논문에서 추출하여 1개의
지문을 이루는 경우도 있지만 보통 1개의 논문에서 추출하여 1개의 지문을 구성합니다. 하지만 전체 논문을
추출하지 않고 논문의 일부만 추출하다보니 지문과는 무관한 내용이 포함될 경우가 존재합니다. Ⅸ번
문장이 위와 같은 경우로 보입니다. 추출한 논문의 단락 앞 단락이 망막 내용으로 보입니다.

다음 글의 제목으로 가장 적절한 것은?

The selfie resonates not **because** it is new, but **because** it expresses, develops, expands, and intensifies the long history of the self-portrait. The self-portrait showed to others the status of the person depicted. In this sense, what we have come to call our own "image" — the interface of the way we think we look and the way others see us — is the first and fundamental object of global visual culture. The selfie depicts the drama of our own daily performance of ourselves in tension with our inner emotions that may or may not be expressed as we wish. At each stage of the self-portrait's expansion, more and more people have been able to depict themselves. Today's young, urban, networked majority has reworked the history of the self-portrait to make the selfie into the first visual signature of the new era.

* resonate: 공명(共鳴)하다 ** depict: 그리다

해설 [정답 : ⑤]

문장의 구조가 복잡하지는 않지만 수식되는 부분이 많아 내용을 이해하는데 혼동이 있을 수 있는 지문이라고 생각합니다. 하지만 우리가 Chapter 1-1에서 배운 중심 문장들을 기준으로 지문을 이해했다면 지문의 내용을 잘 파악할 수 있다고 생각합니다. Ⅰ번 문장에서 셀피 (셀카)가 공명하는 것은 새로운 것이 아니고, 자화상의 오래된 역사를 발전시키고 확장한 것이라고 합니다. 즉, 셀피는 새롭게 개발된 것이 아니고 자화상의 새로운 형태이다라는 내용을 기준으로 내용을 파악했다면 자화상에서 셀피로 발전해가며 나타나는 특징들을 제시하고 있구나를 파악할 수 있을 겁니다.

①번 선지 : 셀피는 단지 미술사의 일시적 유행인가?
- 질문으로 제시된 선지는 그에 대한 답이 지문에 있어야 합니다. 하지만 셀피가 일시적 유행인지 아니면 지속적으로 영향력을 가질지에 대한 내용은 지문에 없으므로 오답 선지에 해당합니다.

②번 선지 : 환상 또는 현실 : 당신의 셀피는 진정한 당신이 아니다.
- 오답 선지입니다.

③번 선지 : 셀피 : 자기 지향적인 세계 문화의 상징
- 30% 정도의 학생이 고른 오답 선지입니다. 셀피는 스스로 그려낸다는 것을 의미한다는 지문의 내용이 있었으나 이 내용은 자화상을 그린다는 표현에 해당합니다. 즉, 지문의 내용에 대한 이해 없이 단어나 일부 내용만으로 판단한 경우 고를 수 있는 선지입니다. 포괄적이지 않은 선지에 해당합니다.

④번 선지 : 자화상의 종말 : 셀피가 어떻게 지배하고 있는가
- 셀피는 자화상의 역사를 강화한다고 하므로 지문의 내용과 반대되는 선지입니다.

⑤번 선지 : 셀피, 우리 자신을 표현하는 최신 혁신
- 우리 자신을 표현하는 자화상이 발전하여 셀피가 된 것이고 Ⅵ번 문장에서 셀피가 새로운 시대의 첫 번째 시각적 특징으로 되어 자화상의 역사를 다시 만들었다고 하므로 정답 선지에 해당합니다.

Ⅰ. The ^Sselfie / ^Vresonates not ^A**because** it / ^Sis / ^Vnew, but ^B**because** it / ^Sexpresses, develops, expands, and ^Vintensifies / the long history of the self-portrait.

* resonate: 공명(共鳴)하다

> **구** 'not A but B'는 'A가 아니라 B이다'를 의미합니다.
> - '공명하다'라는 한글 뜻을 모를 수 있습니다. '공명하다'는 '따라하다' 혹은 '모두가 똑같이 행동하다'로 이해하시면 됩니다.
> - 셀피가 (= 셀카가) 공명하는 이유는 그것이 새롭기 때문이 아니라, 자화상의 오랜 역사를 표현하고 발전시키며 확장하고 강화하기 때문이라고 합니다.
>
> **독** 'because'가 제시되었으므로 중심 문장.
> - 셀카를 찍는 것이 새로운 것이 아니라 기존에 있던 자화상을 발전시킨 형태라고 합니다.

Ⅱ. The ^Sself-portrait / ^Vshowed (to others) / the status of the person depicted.

** depict: 그리다

> **구** 자화상은 그려진 사람의 지위를 다른 사람들에게 보여주었다고 합니다.
>
> **독** 자화상이라는 것은 그려진 사람의 지위를 다른 사람에게 보여주는 것이라고 합니다.

Ⅲ. In this sense, ^{명사절}what ^Swe / ^Vhave come to call / our own ^O"image" — the interface of the way ((we ^{삽입절}think) we look) and the way (others see us) — ^Vis / the first and fundamental ^Cobject of global visual culture.

> **구** 'we think'는 삽입절로 '우리가 생각하기에'를 의미합니다.
> - 이러한 점에서, 우리가 자신의 '이미지' 즉 우리가 생각하기에 우리의 모습과 다른 사람들이 우리를 보는 방식의 접점이라고 부르게 된 것은 세계적 시각 문화의 첫 번째이자 근본적인 대상이라고 합니다.
>
> **독** 자화상이 그려진 사람의 지위를 보여주는 특징이 시각 문화의 근본적인 대상인 이미지로 이어진다고 합니다.

Ⅳ. The ^Sselfie / ^Vdepicts / the drama of our own ^Odaily performance of ourselves (in tension with our inner emotions (that may or may not ^Vbe expressed as we wish)).

** depict: 그리다

> **구** 셀피는 우리가 바라는 대로 표현될 수도 있고 그렇지 않을 수도 있는 우리의 내면적 감정과 긴장 관계에 있는, 우리 자신의 일상적 행동의 드라마를 그린다고 합니다.
>
> **독** 상당히 수식이 많습니다. 이러한 문장은 간단하게 수식되는 부분을 제외하고 이해한 다음 수식되는 부분을 붙이는 것이 좋습니다.
> 셀피는 내면적 감정과 긴장 관계에 있는 우리 자신의 행동을 그린다.
> ⇒ 여기서 내면적 감정은 우리가 원하는 것을 표현할 수도 표현하지 않을 수도 있다.

Ⅴ. At each stage of the self-portrait's expansion, more and more people / have been able to depict / themselves.

** depict: 그리다

구▶ 자화상의 확장의 각 단계에서 점점 더 많은 사람이 자신을 그릴 수 있게 되었다.

독▶ Ⅱ번 문장에서 자화상은 그려진 사람의 지위를 보여주기 위해 그려집니다. 하지만 자화상이 셀피로까지 확장되는 과정에서 더 많은 사람들이 내면적 감정 혹은 자신의 행동을 보여주기 위해서 스스로를 그릴 수 있게 되었다고 합니다.

Ⅵ. Today's young, urban, networked majority / has reworked / the history of the self-portrait (to make the selfie into the first visual signature of the new era).

구▶ 오늘날의 젊고, 도시에 살며, 네트워크로 연결된 대다수는 셀피를 새로운 시대의 첫 번째 시각적 특징으로 만들기 위해 자화상의 역사를 다시 만들었다고 합니다.

독▶ 오늘날에 셀피는 자화상의 역사에서 새로운 시대의 첫 번째 시각적 특징이 되었다고 합니다.

Chapter

02

빈칸 추론

01 23학년도 9월 평가원 31번

(정답률 71%)

다음 빈칸에 들어갈 말로 가장 적절한 것을 고르시오.

More than just having territories, animals also partition them. And this insight **turned out** to be particularly useful for zoo husbandry. An animal's territory has an internal arrangement that Heini Hediger compared to the inside of a person's house. Most of us assign separate functions to separate rooms, **but even if** you look at a one-room house you will find the same internal specialization. In a cabin or a mud hut, or even a Mesolithic cave from 30,000 years ago, this part is for cooking, that part is for sleeping; this part is for making tools and weaving, that part is for waste. We keep _______________. To a varying extent, other animals do the same. A part of an animal's territory is for eating, a part for sleeping, a part for swimming or wallowing, a part may be set aside for waste, depending on the species of animal.

* husbandry: 관리

해설 [**정답 : ②]**

I. 빈칸 문장에서는 우리는 _______________를 유지한다고 했습니다.

II. I번 문장에서 동물들은 영역을 나눈다고 했습니다. 이 분할이라고 하는 것에 대한 설명은 후의 III, IV번 문장에서 구체화 되는데, III번 문장에서 'assign separate functions to separate rooms' 방의 기능을 할당하는 것, IV번 문장에서 집의 구역을 요리, 수면, 도구 제작 등으로 구분한 것은 기능에 대한 분류의 예시가 됩니다. 그러므로 빈칸에 들어갈 말은 기능에 따라 영역을 구분하는 것이 들어가야 합니다.

III. 이와 같은 내용의 보기는 ② a neat functional organization, '정돈된 기능적 체계'가 됩니다.
그러므로 정답은 ②번이 됩니다.

I. More than / just having territories, animals / also partition / them. And this insight / **turned out** / to be particularly useful (for zoo husbandry).

* husbandry: 관리

구▶ 그저 영역을 갖는 것을 넘어서, 동물은 또한 영역을 분할한다고 합니다. 그리고 이러한 통찰은 동물원 관리에 특히 유용한 것으로 밝혀졌다고 합니다.

독▶ 'turn out'이 제시되었으므로 중심 문장
  - 동물들의 특징이 영역을 분할하는 것이라고 합니다.

Ⅱ. An animal's territory / has / an internal arrangement / that Heini Hediger / compared / to the inside (of a person's house).

> 구▶ 동물의 영역에는 Heini Hediger가 사람의 집 내부에 비유한 내부 배치가 있다고 합니다.

> 독▶ 동물의 영역이 인간의 집과 비슷한 부분이 있다는 것을 의미합니다.

Ⅲ. Most of us / assign / separate functions / to separate rooms, **but even if** / you / look at a one-room house / you / will find / the same internal specialization.

> 구▶ 'Assign A to B'는 'B에 A를 배정하다'라는 뜻입니다.
> - 우리 대부분은 별도의 방에 별도의 기능을 할당하지만, 원룸 주택을 살펴봐도 동일한 내부의 전문화를 발견할 것이라고 합니다.

> 독▶ 'but', 'even if'가 제시되었으므로 중심 문장
> - 인간의 'partition', 분할 과정이 집의 용도에 따른 분할 기능 할당임을 알 수 있습니다.

Ⅳ. In a cabin / or a mud hut, or even a Mesolithic cave (from 30,000 years ago), this part / is (for cooking), that part / is / for sleeping; this part / is / for making tools / and weaving, that part / is / for waste.

> 구▶ 오두막이나 진흙 오두막, 혹은 심지어 3만년 전의 중석기 시대의 동굴 안에도, 이 부분은 요리를 위한 것이고, 저 부분은 잠을 자기 위한 것이며, 이 부분은 도구 제작과 직조를 위한 것이고, 저 부분은 폐기물을 위한 것이라고 합니다.

> 독▶ Ⅲ번 문장의 예시입니다.

Ⅴ. We / keep ______________.

> 구▶ 우리는 ______________를 유지한다고 합니다.

Ⅵ. To a varying extent, other animals / do / the same.

> 구▶ 다양한 정도로, 다른 동물들도 같은 행동을 한다고 합니다.

> 독▶ 인간의 사례가 동물의 경우로 이어집니다.

Ⅶ. A part (of an animal's territory) is / for eating, a part / for sleeping, a part / for swimming / or wallowing, a part / may be / set aside / for waste, depending / on the species / of animal.

> 구▶ 동물의 종에 따라, 동물의 영역 중 일부는 먹기 위한 것이고, 일부는 잠을 자기 위한 것이며, 일부는 헤엄치거나 뒹굴기 위한 것이고, 일부는 폐기물을 위해 남겨둘 수도 있다고 합니다.

> 독▶ Ⅳ번 문장에서 제시된 인간의 경우를 그대로 동물의 경우로 치환한 예시입니다.

다음 빈칸에 들어갈 말로 가장 적절한 것을 고르시오.

 Humour involves not just practical disengagement **but** cognitive disengagement. As long as something is funny, we are for the moment not concerned with whether it is real or fictional, true or false. **This is why** we give considerable leeway to people telling funny stories. If they are getting extra laughs by exaggerating the silliness of a situation or even by making up a few details, we are happy to grant them comic licence, a kind of poetic licence. **Indeed,** someone listening to a funny story who tries to correct the teller — 'No, he didn't spill the spaghetti on the keyboard and the monitor, just on the keyboard' — will probably be told by the other listeners to stop interrupting. The creator of humour is putting ideas into people's heads for the pleasure those ideas will bring, not to provide _______________ information.

* cognitive: 인식의 ** leeway: 여지

해설 [정답 : ①]

Ⅰ. 유머를 만드는 사람은 사람들의 머릿속에 생각을 주입하는데, 그러한 생각들은 _____________의 정보를 제공하지 않고 기쁨을 가져온다고 합니다. 우리는 유머를 만드는 사람들이 사람들에게 어떠한 정보를 제공하지 않는 지에 대해서 찾으면 됩니다.

Ⅱ. Ⅱ번 문장에서 어떠한 것이 재미있는 한 우리는 그것의 사실 여부에는 관심이 없다고 합니다. Ⅴ번 문장에서는 사실을 바로 잡으려는 사람이 있다하더라도 다른 듣는 사람에게는 재미있는 이야기를 듣는 데 방해가 될 뿐이라고 하므로 유머를 만드는 사람들이 제공하지 못하는 정보는 '사실 여부'가 되며 빈칸에 들어갈 말은 '사실 여부를 알 수 있는'이 됩니다.

Ⅲ. '사실 여부를 알 수 있는'과 같은 내용의 선지는 ①번 선지 'accurate', '정확한'이 됩니다.

* 빈칸 문장에 부정 표현이 사용된 경우에 빈칸에 들어갈 말을 반대로 생각해야 하기 때문에 실수가 많이 나오는 상황에 해당합니다. 조심하셔야 합니다.

Ⅰ. Humour / involves / not just practical disengagement / **but** cognitive disengagement.

* cognitive: 인식의

> 구▶ 'not just A but B'는 'A뿐만 아니라 B'를 의미합니다.
> - 유머는 실질적인 이탈뿐만 아니라 인식의 이탈을 포함한다고 합니다.

> 독▶ 'but'이 제시되었으므로 중심 문장입니다.
> * dis (부정) + engagement (참여) = disengagement – 이탈

Ⅱ. As long as something / is / funny, / we / are (for the moment) not concerned with / whether it is real or fictional, true or false.

> 구▶ 'As long as S V'는 'S가 V하는 한'을 의미합니다.
> - 'whether A or B'는 'A인지 B인지'를 뜻합니다.
> - 어떤 것이 재미있는 한, 우리는 그 순간에 그것이 (= 재미있는 것이) 실제인지 상상인지, 즉 진실인지 거짓인지에는 관심이 없다고 합니다.

> 독▶ 어떠한 것이 재미있다면 우리는 그것의 사실여부에 관심이 없다고 합니다. 즉, 재미있기만 하면 된다고 합니다.

Ⅲ. **This is why** we / give / considerable leeway (to people telling funny stories).

** leeway: 여지

> 구▶ 'give + O + to N'은 'N에게 O를 주다'를 의미합니다.
> - 그것은 우리가 재미있는 이야기들을 하는 사람에게 상당한 여지를 주는지에 대한 이유라고 합니다.

> 독▶ 'This is why'를 통해서 인과관계를 제시하므로 중심 문장
> - 우리가 재미있는 것에 대한 사실 여부에는 관심이 없기 때문에 재미있는 이야기를 하는 사람들에게 상당한 여지를 준다고 합니다.

Ⅳ. If / they / are getting / extra laughs (by exaggerating / the silliness (of a situation)) or even (by making up / a few details), / we / are happy to grant / them / comic licence, a kind of poetic licence.

> 구▶ 'by V-ing'는 'V를 함으로써'를 의미합니다.
> - 'grant + I.O + D.O'는 'I.O에게 D.O를 부여하다'를 뜻합니다.
> - 만약 그들이 상황의 어리석음을 과장함으로써 심지어 몇 가지 세부 사항을 만듦으로써 추가 웃음을 얻고 있다면, 우리는 그들에게 기쁘게 시적 자격증 중 하나인, 개그 자격증을 그들에게 부여한다고 합니다.

> 독▶ 상황의 어리석음을 부각하거나 혹은 사실이든 아니든 세부 사항을 만들어 낸다고 하더라도 재미가 있다면 우리는 사실 여부와 상관없이 그들에게 기꺼이 허락한다고 합니다. 즉 Ⅱ번 문장에서 제시된 재미만 있다면 우리는 사실 여부에 관심을 두지 않는 것을 재진술하고 있고 Ⅲ번 문장에서 재미있는 이야기를 하는 사람에게 상당한 여지를 주는 것에 대한 이유가 제시되고 있습니다.

Ⅴ. **Indeed**, someone (listening to / a funny story) (who / tries / to correct / the teller) — 'No, he / didn't spill / the spaghetti (on the keyboard and the monitor), (just on the keyboard)' — / will probably be told / by the other listeners (to stop interrupting).

> 구 ▶ 'stop + V-ing'는 'V하는 것을 멈추다'를 의미합니다.
> - 사실상, 재미있는 이야기를 들으며, '아니야, 그는 스파게티를 키보드와 모니터 모두가 아니라 오직 키보드에만 쏟았어'라고 말하는 사람을 정정하려고 하는 사람은 다른 듣는 사람들에게 방해하는 것을 멈추라는 말을 들을 것이라고 합니다.

> 독 ▶ 'Indeed'를 통해서 재진술하므로 중심 문장
> - 만약 사실 여부를 정정하려는 사람이 있다면 다른 사람들은 사실 여부에는 관심이 없기 때문에 재미있는 이야기를 방해하지 말라는 말을 듣는다고 합니다.

Ⅵ. The creator of humour / is putting / ideas / into people's heads (for the pleasure) (those ideas / will bring, not to provide / _______________ information).

> 구 ▶ 'put + O + into N'은 'O를 N에게 주입하다'를 의미합니다.
> - 유머를 만드는 사람은 사람들의 머릿속에 생각을 주입하는데, 그러한 생각들은 __________의 정보를 제공하지 않고 기쁨을 가져온다고 합니다.

다음 빈칸에 들어갈 말로 가장 적절한 것을 고르시오.

People have always wanted to be around other people and to learn from them. Cities have long been dynamos of social possibility, foundries of art, music, and fashion. Slang, or, if you prefer, "lexical innovation," has always started in cities — an outgrowth of all those different people so frequently exposed to one another. It spreads outward, in a manner not unlike transmissible disease, which itself typically "takes off" in cities. If, as the noted linguist Leonard Bloomfield argued, the way a person talks is a "composite result of what he has heard before," then language innovation would happen where the most people heard and talked to the most other people. Cities **drive** taste change **because** they _________, who not surprisingly are often the creative people cities seem to attract. Media, ever more global, ever more far-reaching, spread language faster to more people.

* foundry: 주물 공장 ** lexical: 어휘의

해설 [**정답 : ②**]

Ⅰ. 도시들은 취향 변화를 이끄는데, 왜냐하면 그곳이 _________ 때문이고 그들은 놀랄 것도 없이 흔히 도시가 끌어들이는 듯 보이는 창의적인 사람들이라고 합니다. 도시가 어떤 곳이기 때문에 취향 변화를 이끄는지 찾으면 됩니다.

Ⅱ. Ⅲ번 문장에서 언어의 혁신은 서로 다른 사람들과 빈번하게 마주치는 도시에서 발생한다고 하며, Ⅴ번 문장에서는 사람이 말하는 방식이 과거 들었던 말의 집합체라면 많은 사람들에게 듣고 많은 사람들에게 말하는 곳에서 언어의 혁신이 발생한다고 합니다. 즉 언어의 혁신이 도시에서 일어난다고 합니다. 또한 언어의 취향 변화가 일어나기 위해서는 많은 사람들에게 듣고 많은 사람들에게 말하는 과정이 필요하다고 하므로 빈칸에 들어갈 말은 '많은 사람들에게 듣고 많은 사람들에게 말하는'이 됩니다.

Ⅲ. '많은 사람들에게 듣고 많은 사람들에게 말하는'과 같은 내용의 선지는 ②번 'offer the greatest exposure to other people', '다른 사람들과의 가장 많은 접촉을 제공하기'가 됩니다.

Ⅰ. People / have always wanted / to be around other people and / to learn from them.

구▶ 사람들은 항상 다른 사람들이 주위에 있으며, 그들로부터 배우기를 원한다고 합니다.

Ⅱ. Cities / have long been / dynamos of social possibility, foundries of art, music, and fashion.

* foundry: 주물 공장

구▶ 도시는 오랫동안 사회적 가능성의 발전기, 즉 예술, 음악, 패션의 주물 공장이었다고 합니다.

독▶ 사람들이 많은 도시는 오랫동안 사회적 가능성의 원동력이 되었다고 합니다.

* dynamos - 발전기

Ⅲ. Slang, (or, if you prefer, "lexical innovation,") / has always started (in cities) — an outgrowth of all those different people (so frequently exposed to one another).

** lexical: 어휘의

구▶ 속어, 또는 너가 선호한다면, "어휘의 혁신"은 항상 도시에서 시작되었는데, 모든 다양한 사람들이 서로 자주 접촉한 결과물이라고 합니다.

독▶ Ⅰ번 문장에서 다른 사람들에게 배우길 원하는 사람의 특성은 다양한 사람들을 만날 수 있는 도시에서 어휘의 혁신이 시작하도록 만들었다고 합니다.

Ⅳ. It / spreads / outward, (in a manner not unlike transmissible disease), (which itself typically "takes off" in cities).

구▶ 이중 부정이 사용되었다면 2개의 부정 표현을 지우고 해석하면 됩니다.
- 그것은 (= 어휘의 혁신) 전염성 질병의 방식으로 밖으로 퍼져나가는데, 전염성 질병 그 자체로 도시에서 "이륙한다"고 합니다.

독▶ 전염성 질병들이 주변으로 퍼져나가는 것처럼 어휘의 혁신도 도시에서 주변으로 퍼져나간다고 합니다.

Ⅴ. If, (as the noted linguist Leonard Bloomfield argued), the way (a person talks) / is / a "composite result (of what he / has heard before)," then language innovation / would happen (where the most people heard and talked to the most other people).

구▶ 유명한 언어학자인 Leonard Bloomfield가 주장하듯이 만약 사람이 말하는 방식이 "사람이 전에 들었던 것들의 합성 결과"라면, 언어 혁신은 많은 사람들이 듣고 많은 사람들과 이야기하는 곳에서 발생한다고 합니다.

독▶ 만약 우리가 말하는 언어들이 우리가 전에 들었던 말들의 집합체라면 언어 혁신은 사람이 많은 도시에서 발생할 것이라고 합니다.

Ⅵ. Cities / **drive** / taste change **because** they ___________, (who not surprisingly are often / the creative people (cities / seem to attract)).

구▶ 도시들은 취향 변화를 이끄는데, 왜냐하면 그곳이 ________ 때문이고 그들은 놀랄 것도 없이 흔히 도시가 끌어들이는 듯 보이는 창의적인 사람들이라고 합니다.

독▶ 'drive'와 'because'가 사용되었으므로 중심 문장
- 접촉하는 사람들이 많은 도시가 취향의 변화를 일으키고, 창의적인 사람들이 많다고 합니다.

Ⅶ. Media, (ever more global, ever more far-reaching), / spread / language (faster to more people).

구▶ 더욱 글로벌하고 더욱 전방위적인 매체가 언어를 많은 사람들에게 더 빨리 퍼뜨린다고 합니다.

다음 빈칸에 들어갈 말로 가장 적절한 것을 고르시오.

　　Fans feel for feeling's own sake. They make meanings beyond what seems to be on offer. They build identities and experiences, and make artistic creations of their own to share with others. A person can be an individual fan, feeling an "idealized connection with a star, strong feelings of memory and nostalgia," and engaging in activities like "collecting to develop a sense of self." **But**, more often, individual experiences are embedded in social contexts where other people with shared attachments socialize around the object of their affections. Much of the pleasure of fandom ___________. In their diaries, Bostonians of the 1800s described being part of the crowds at concerts as part of the pleasure of attendance. A compelling argument can be made that what fans love is less the object of their fandom than the attachments to (and differentiations from) one another that those affections afford.

　　　　　　　　　　　　　　　　　　　　* embed: 끼워 넣다 ** compelling: 강력한

해설　[정답 : ④]

Ⅰ. 빈칸 문장에서는 팬덤의 많은 즐거움은 ＿＿＿＿＿＿＿ 라고 했습니다.

Ⅱ. 빈칸 문장 앞에 근거가 언급됩니다. 팬이 되어 그 사람과의 관계, 기억이나 향수, 수집과 같은 활동을 할 수 있다는 내용 뒤의 Ⅳ번 문장에서는 'other people with shared attachments socialize around the object of their affections', 애착을 공유하는 다른 사람들이 애정의 대상을 중심으로 교제하는 사회적인 상황이 개인적인 경험과 관련이 있다고 했습니다. 이것은 팬덤 안에서 형성되는 팬들 서로 간의 애착이 즐거움의 원인이 된다는 것을 의미하며, 이것은 빈칸 뒤의 Ⅵ번 문장에서 'being part of the crowds', 군중의 일부가 되는 것이 참석의 즐거움으로 묘사되었다는 예시로 구체화되는 것을 알 수 있습니다.

Ⅲ. 그러므로 빈칸에는 팬들 서로 간의 애착에서 형성된다는 내용이 들어가야 하며, 이와 같은 내용의 보기는 ④번 선지 'comes from being connected to other fans', '다른 팬들과 관계를 맺는 데서 온다'가 됩니다. 그러므로 정답은 ④번이 됩니다.

Ⅰ. Fans / feel / for feeling's own sake.

　🔲구▶ 팬은 감정 그 자체를 느낀다고 합니다.

Ⅱ. They / make / meanings / beyond what / seems / to be on offer. They / build / identities and experiences, and / make / artistic creations (of their own) (to share with others).

　🔲구▶ 그들은 제공되는 것으로 보이는 것을 넘어서는 의미를 만든다고 합니다. 또한 그들은 정체성과 경험을 만들고, 다른 사람들과 공유하기 위한 그들 자신의 예술적 창작물을 만든다고 합니다.

　🔲독▶ 팬들에 대한 설명이 나열되고 있습니다.

Ⅲ. A person / can be / an individual fan, feeling / an "idealized connection (with a star), strong feelings (of memory and nostalgia,") and engaging / in activities (like "collecting to develop / a sense / of self.")

구▶ 한 사람은 개인적인 팬이 되어, '어떤 스타와 이상적인 관계, 기억과 향수의 강한 감정'을 느끼며, '자아감 형성을 위해 수집하기'와 같은 활동을 할 수 있다고 합니다.

Ⅳ. **But**, more often, individual experiences / are embedded in social contexts / where / other people (with shared attachments) socialize / around the object (of their affections).

* embed: 끼워 넣다

구▶ 그러나 더 흔히 개인적인 경험은 애착을 공유하는 다른 사람들이 그들의 애정의 대상을 중심으로 교제하는 사회적인 상황에 끼워 넣어져 있다고 합니다.

독▶ 역접의 접속사 'But'을 통해 내용이 전환되므로 앞 뒷 문장 중심 문장
- Ⅰ~Ⅲ번 문장이 팬들 개인적인 행위에 대한 설명이었다면, 이 문장에서는 팬이 다른 팬들과 교제하는 상황에서 경험이 발생한다는 내용입니다.

Ⅴ. Much of the pleasure (of fandom) __________.

구▶ 팬덤의 많은 즐거움은 __________라고 합니다.

독▶ 역접의 접속사가 존재하지 않기 때문에 Ⅴ번 문장은 Ⅳ번 문장의 다른 팬들간의 교제에 대한 내용이 이어진다는 것을 추론할 수 있습니다.

Ⅵ. In their diaries, Bostonians (of the 1800s) described / being part / of the crowds (at concerts) as part / of the pleasure (of attendance).

구▶ 1800년대의 보스턴 사람들은 그들의 일기에서 콘서트에 모인 군중의 일부가 되는 것을 참석의 즐거움의 일부로 묘사했다고 합니다.

독▶ 'Bostonians', 보스턴 사람들을 보자마자 예시 문장이라는 것을 알 수 있어야 합니다. 'being part of the crowds', 관중의 일부가 되는 것은 군중을 구성하는 팬과 팬 사이의 교제에 대한 예시라고 이해할 수 있습니다.

Ⅶ. A compelling / argument / can be made / that (what / fans / love) / is / less the object (of their fandom) than the attachments / to (and differentiations from) one another / that those affections / afford.

** compelling: 강력한

구▶ 팬이 사랑하는 것은 그들의 팬덤의 대상이라기보다 그 애정이 제공하는 서로에 대한 애착(그리고 서로 간의 차이)이라는 강력한 주장이 제기될 수 있다고 합니다.

독▶ 'attachments', 애착이 바로 팬들 서로 간의 교제에서 오는 즐거움임을 알 수 있습니다.

다음 빈칸에 들어갈 말로 가장 적절한 것을 고르시오

In labor-sharing groups, people contribute labor to other people on a regular basis (for seasonal agricultural work such as harvesting) or on an irregular basis (in the event of a crisis such as the need to rebuild a barn damaged by fire). Labor sharing groups are part of what has been called a "moral economy" since no one keeps formal records on how much any family puts in or takes out. **Instead**, accounting is ______________. The group has a sense of moral community based on years of trust and sharing. In a certain community of North America, labor sharing is a major economic factor of <u>social cohesion</u>. When a family needs a new barn or faces repair work that requires group labor, a barn-raising party is called. Many families show up to help. Adult men provide manual labor, and adult women provide food for the event. Later, when another family needs help, they call on the same people.

* cohesion: 응집성

해설 [정답 : ③]

Ⅰ. 빈칸 문장에서는 대신에, 정산은 ___________라고 합니다. 정산의 의미와 특징을 지문에서 정리할 필요가 있습니다.

Ⅱ. 빈칸에 대한 근거는 'Instead'로 대비되는 빈칸 이전 내용이 아닌, 빈칸 문장 뒤에서부터 언급됩니다. Ⅴ번 문장에서는 'labor sharing is a major economic factor of social cohesion', 노동력의 공유는 사회적 응집성의 주요 경제적 요소라고 했습니다. 이 지문의 핵심 주제는 뒤의 예시를 통해 구체화 됩니다. Ⅵ~Ⅸ번 문장에서 본인 가족이 도움이 필요한 가족에게 노동력을 제공하고, 나중에 도움이 필요해졌을 때, 도와준 가족들로부터 도움을 받는 것은 이러한 'social cohesion'에 대한 예시가 됩니다. 빈칸 문장의 정산은 바로 이 노동력의 정산을 의미합니다. 그들이 제공한 노동력은 차후 다른 노동력으로 정산되며, 이를 가능하게 하는 것은 바로 사회적 응집성이므로 빈칸에는 이와 관련된 내용이 들어가야 합니다.

Ⅲ. 그러므로 정답은 ③번 'socially regulated', '사회적으로 규제된다'가 됩니다. 그들이 노동력을 제공하면 차후 도움이 필요해졌을 때 제공받을 노동력으로 정산되지만, 그들이 사회 구성원들을 도와주지 않을 경우, 차후 배상받지 못하는 것이 바로 선지의 사회적인 규제를 의미합니다.

Ⅰ. In labor-sharing groups, people / contribute / labor / to other people / on a regular basis (for seasonal agricultural work such as harvesting) or on an irregular basis (in the event of a crisis such as the need to rebuild a barn damaged by fire).

> 구▶ 노동력 공유 집단에서 사람들은 정기적으로(수확과 같은 계절적인 농사일을 위해) 혹은 비정기적으로 (화재로 손상된 헛간을 다시 지어야 하는 것과 같은 위기 상황 발생시) 다른 사람들에게 노동력을 제공한다고 합니다.

> 독▶ 정기/비정기적인 상황에 노동력을 제공하는 집단에 관해서 설명하고 있습니다.

Ⅱ. Labor sharing groups / are / part of / what / has been called / a "moral economy" / since / no one / keeps / formal records on / how much any family / puts in / or takes out.

> 구▶ 아무도 어떤 가족이 얼마나 많이 투입하고 얼마나 많이 가져갔는지에 대해 공식적인 기록을 남기지 않아 노동력 공유 집단은 '도덕적 경제'라고 불려 온 것의 일부라고 합니다.

> 독▶ 도덕적 경제란 각 노동에 대한 기록을 남기지 않는 것이 개개인의 도덕에 노동을 맡긴다는 것을 의미합니다.

Ⅲ. **Instead**, accounting / is ______________.

> 구▶ 대신에, 정산은 ______________라고 합니다.

> 독▶ 'instead'가 제시되었으므로 앞 뒷 문장 중심 문장

Ⅳ. The group / has / a sense of moral community (based on years of trust and sharing).

> 구▶ 그 집단은 다년간의 신뢰와 나눔을 바탕으로 하는 도덕적 공동체 의식을 가지고 있다고 합니다.

> 독▶ Ⅱ번 문장의 재진술입니다.

Ⅴ. In a certain community of North America, labor sharing / is / a major economic factor of <u>social cohesion</u>.

* cohesion: 응집성

> 구▶ 북미의 특정 지역 사회에서는 노동력 공유가 사회적 응집성의 주요 경제적 요소라고 합니다.

> 독▶ Ⅳ번 문장의 도덕적 공동체 의식을 설명하기 위한 예시 문장입니다.

Ⅵ. When / a family / needs / a new barn / or faces repair work / that / requires / group labor, a barn-raising party / is called.

> 구▶ 한 가족이 새 헛간이 필요하거나 단체 노동력을 요하는 수리 작업에 직면할 때, 헛간 조성 모임이 소집된다고 합니다.

> 독▶ Ⅰ번 문장의 예시 문장입니다.

Ⅶ. Many $\overset{s}{\text{families}}$ / $\overset{v}{\text{show}}$ up / to help.

> 구▶ 여러 가족이 도우러 나타난다고 합니다.

Ⅷ. Adult $\overset{s}{\text{men}}$ / $\overset{v}{\text{provide}}$ / $\overset{o}{\text{manual}}$ labor, and adult $\overset{s}{\text{women}}$ / $\overset{v}{\text{provide}}$ / $\overset{o}{\text{food}}$ for the event.

> 구▶ 성인 남성은 육체노동을 제공하고, 성인 여성은 행사를 위한 음식을 제공한다고 합니다.

Ⅸ. Later, when / $\overset{s}{\text{another family}}$ / $\overset{v}{\text{needs}}$ / $\overset{o}{\text{help}}$, $\overset{s}{\text{they}}$ / $\overset{v}{\text{call}}$ on the same people.

> 구▶ 나중에, 다른 가족이 도움이 필요할 때, 그들은 같은 사람들을 부른다고 합니다.

> 독▶ 보상 없이 노동을 제공하는 대신, 차후 노동력이 필요한 경우, 대가를 지불하지 않고 노동력을 제공받을 수 있다는 예시 문장입니다.
> - 이것이 Ⅴ번 문장의 사회적 응집성으로 이어지게 됩니다. 노동의 공생 관계를 형성한 사회에서는, 자신이 노동력을 제공받기 위해선 타 가족에게 노동력을 제공하는 것이 필수적이게 됩니다. 이는 필연적으로 모든 가족들이 노동력을 타인에게 제공하는 사회 구조에 기여하며, 이것은 사회의 노동력을 하나로 응집되게 하는 것을 알 수 있습니다.

06 24학년도 9월 평가원 32번   (정답률 55%)

다음 빈칸에 들어갈 말로 가장 적절한 것을 고르시오

> Many people create and share pictures and videos on the Internet. The difficulty is finding what you want. Typically, people want to search using words (rather than, say, example sketches). **Because** most pictures don't come with words attached, it is natural to try and build tagging systems that tag images with relevant words. The underlying machinery is straightforward — we apply image classification and object detection methods and tag the image with the output words. **But** tags aren't _______________. It matters who is doing what, and tags don't capture this. **For example**, tagging a picture of a cat in the street with the object categories "cat", "street", "trash can" and "fish bones" <u>leaves out the information</u> that the cat is pulling the fish bones out of an open trash can on the street.

해설 [**정답 : ②**]

Ⅰ. 빈칸 문장에서는 하지만 태그는 ___________가 아니라고 합니다. 그러므로 빈칸 뒤의 'But'으로 전환된 태그의 특징을 지문에서 파악해야 합니다.

Ⅱ. 빈칸 뒷 문장인 Ⅷ번 문장에서는 'It matters who is doing what, and tags don't capture this' 누가 무엇을 하고 있는지가 중요한데, 태그는 이것을 포착하지 못한다고 했습니다.
이 태그의 특징은 Ⅷ번 문장의 예시를 통해 구체화되는데,
tagging a picture of a cat in the street with the object categories "cat", "street", "trash can" and "fish bones" - "고양이", "거리", "쓰레기통", "물고기 뼈" 태그하는 것은
leaves out the information that the cat is pulling the fish bones out of an open trash can on the street
– '고양이'가 '거리'에 있는 '쓰레기통'에서 '물고기 뼈'를 빼내고 있다는 정보를 빠뜨리게 된다.
이를 정리하면 태그는 행위의 일부 정보만을 제공할 뿐, 구체적인 묘사를 할 수 없다는 정보가 되며, 이는 Ⅷ번 문장의 누가 무엇을 하고 있는지를 포착하지 못하는 태그의 특징을 의미합니다.
그러므로 빈칸에는 누가 무엇을 하고 있는가와 같은 구체적 묘사와 관련된 내용이 빈칸에 들어가야 합니다.

Ⅲ. 이와 같은 내용의 선지는 ②번 'a comprehensive description of what is happening in an image', '이미지에서 일어나는 일에 대한 포괄적인 묘사'가 됩니다. 그러므로 정답은 ②번이 됩니다.

Ⅰ. Many people / create and share / pictures and videos (on the Internet).

구 인터넷에는 많은 사람들이 사진과 동영상을 만들어 공유하고 있다고 합니다.

Ⅱ. The difficulty / is / finding (what you want).

구 원하는 것을 찾는 것은 어렵다고 합니다.

독 원하는 것을 찾기 힘든 것이 Ⅰ번 문장에서 나온 구체적인 내용에 대한 일반적 내용이 됩니다.

Ⅲ. Typically, people / want / to search using words (rather than, say, example sketches).

> 구▶ 일반적으로 사람들은 (예시 스케치보다는) 단어를 사용하여 검색하고자 한다고 합니다.

> 독▶ Ⅱ번 문장에서 나온 일반적 내용인 문제점의 원인을 설명합니다.

Ⅳ. **Because** most pictures / don't come (with words attached), it / is / natural (to try and build) tagging systems (that tag / images (with relevant words)).

> 구▶ 대부분의 사진에는 단어가 첨부되어 있지 않기 때문에, 관련 단어로 이미지에 태그를 붙이는 태깅 시스템을 구축하려는 시도는 자연스럽다고 합니다.

> 독▶ Ⅲ번 문장의 문제에 대한 해결책을 제시합니다.

Ⅴ. The underlying machinery / is / straightforward — we / apply / image classification and object detection methods and tag / the image with the output words.

> 구▶ 기본적인 방식은 간단합니다. 즉, 우리는 이미지 분류와 물체 탐지 방법을 적용하여 이미지에 출력 단어들로 태그를 붙인다고 합니다.

> 독▶ Ⅳ번 문장에 나온 해결책에 대한 구체적인 내용을 설명합니다.

Ⅵ. **But** tags aren't ________________.

> 구▶ 그러나 태그는 ___________ 아니라고 합니다.

> 독▶ Ⅴ번 문장에 대한 부연 설명을 역접의 논리로 하고 있습니다.

Ⅶ. It / matters (who / is / doing / what), and tags / don't capture / this.

> 구▶ 누가 무엇을 하고 있는지가 중요한 정보인데, 태그는 이를 포착하지 못한다고 합니다.

> 독▶ Ⅵ문장에서 나온 태그의 문제점인 일반적인 내용에서 구체적으로 어떠한 문제가 있는지 설명합니다.

Ⅷ. **For example**, tagging (a picture of a cat in the street) (with the object categories "cat", "street", "trash can" and "fish bones") / leaves out / the information (that the cat / is / pulling the fish bones out of an open trash can on the street).

> 구▶ 예를 들어, 길에서의 고양이 사진에 "고양이", "길", "쓰레기통", "물고기 뼈"라는 물체 카테고리로 태그를 붙이면, 고양이가 길 위의 열린 쓰레기통에서 물고기 뼈를 끌어당기는 정보는 빠지게 된다고 합니다.

> 독▶ Ⅶ문장에서 나온 태그의 문제점에 대한 구체적인 내용을 'leaves out the information that the cat is pulling the fish bones out of an open trash can on the street.'로 제시하고 있습니다.

다음 빈칸에 들어갈 말로 가장 적절한 것을 고르시오.

> Some of the most insightful work on information seeking emphasizes "strategic self-ignorance," understood as "the use of ignorance as an excuse to engage excessively in pleasurable activities that <u>may be harmful to one's future self.</u>" The idea here is that if people are present-biased, they might avoid information that would ________________________ — perhaps **because** it would produce guilt or shame, perhaps **because** it would suggest an aggregate trade-off that would counsel against engaging in such activities. St. Augustine famously said, "God give me chastity — tomorrow." Present-biased agents think: "Please let me know the risks — tomorrow." Whenever people are thinking about engaging in an activity with <u>short-term benefits but long-term costs, they might prefer to delay receipt of important information</u>. The same point might hold about information that could make people sad or mad: "Please tell me what I need to know — tomorrow."
>
> * aggregate: 합계의 ** chastity: 정결

해설 [정답 : ②]

Ⅰ. 그 생각은 만약 사람들이 현재 편향적이라면, ___________한 정보를 피한다는 것인데, 아마도 그것은 (= 빈칸은) 죄책감이나 수치심을 유발할 것이고, 그러한 활동을 하지 말라는 합계의 균형을 제시할 것이기 때문이라고 합니다. 사람들이 현재 편향적일 때 어떠한 정보를 피하는 지를 찾으면 됩니다.

Ⅱ. Ⅰ번 문장에서 사람들은 미래에 자아를 해칠 수 있는 즐거운 활동을 할 때 무지를 핑계로 참가한다고 합니다. 이를 Ⅲ번 문장에서 현재 편향적인 행위자들과 연결해보면 현재 편향적인 행위자들은 위험을 내일 알려달라고 합니다. 즉 즐거운 활동을 할 때 미래에 자아를 해칠 수 있다는 위험을 내일 알려달라고 합니다. 이는 Ⅳ번 문장에서 재진술되어 사람들이 재밌지만 미래에 자신을 해칠 수 있는 활동에 참가하는 것을 생각할 때마다, 중요한 정보, 즉 미래에 자아를 해칠 수 있다는 위험에 대한 정보의 습득을 미루는 것을 선호한다고 했습니다. 결국 현재 편향적인 사람이 피하는 정보는 즐거운 활동에 대해 미래에 자신을 해칠 수 있다는 정보이므로 이 내용이 빈칸에 들어가야 합니다.

Ⅲ. 즐거운 활동에 대하여 미래에 자신을 해칠 수 있다는 정보는 현재의 활동을 덜 매력적으로 보이는 것이므로 정답은 ②번 'make current activities less attractive'가 됩니다.

Ⅰ. Some of the most insightful work (on information seeking) / emphasizes / "strategic self-ignorance,"

(understood (as "the use of ignorance (as an excuse) (to engage excessively in / pleasurable

activities (that may be / harmful to one's future self)))."

> **구** 정보 탐색에 있어서 가장 통찰력있는 작업 중 하나는 "전략적 자기 무지"를 강조하는 것인데, 이는 (= 전략적 자기 무지는) '무지를 핑계로 자신의 미래 자아에 해로울 수도 있는 즐거운 활동을 과도하게 하는 것'으로 이해된다고 합니다.

> **독** 전략적 자기 무지 = 무지를 핑계로 미래에 해로울 수 있는 즐거운 활동을 하는 것으로 이해하시면 됩니다.

Ⅱ. The idea here / is / that if / people / are present-biased, / they / might avoid / information (that

would _______________________) — perhaps **because** it / would produce / guilt or shame, perhaps

because it / would suggest / an aggregate trade-off (that would counsel against engaging in such

activities).

* aggregate: 합계의

> **구** 그 생각은 (= 전략적 자기 무지는) 만약 사람들이 현재 편향적이라면, _______한 정보를 피한다는 것인데, 아마도 그것은 (= 빈칸은) 죄책감이나 수치심을 유발할 것이고, 그러한 활동을 (= 즐거운 활동을) 하지 말라는 합계의 균형을 제시할 것이기 때문이라고 합니다.

> **독** 'because'를 통해서 인과관계를 제시하므로 중심 문장
> - 전략적 자기 무지는 사람들이 현재에 편향되어 있다면, _______이 죄책감을 유발하거나, Ⅰ번 문장에서 제시된 미래에 해로울 수 있는 즐거운 활동을 하지 말라고 제안할 것이기 때문에 ______한 정보를 피한다고 합니다.

* trade-off - 균형

** counsel (충고하다) + against (대항하는 이미지, 반대 방향 이미지)
   = counsel against - 하지 말라고 충고하다

Ⅲ. St. Augustine / famously said, / "God / give / me / chastity — tomorrow." Present-biased agents /

think: / "Please let / me / know / the risks — tomorrow."

** chastity: 정결

> **구** 'let + O + O.C'는 'O가 O.C하도록 하다'를 의미합니다.
> - St. Augustine은 "신이 나에게 정결을 주었다. 내일에"라는 유명한 말을 하였고 현재 편향적인 행위자들은 "내가 위험을 알 수 있도록 부탁한다. 내일"이라고 생각한다고 합니다.

> **독** Ⅰ번, Ⅱ번 문장에서 연결하여 본다면, 자신의 미래에 해로울 수 있는 즐거운 일을 알지 못한다는 핑계로 과도하게 한다고 했으므로 Ⅲ번 문장에서 제시된 내가 위험을 내일 알 수 있도록 부탁하는 것은 미래에 해로울 수 있다는 것을 나중에 알려달라는 것으로 이해할 수 있습니다. 또한 이를 통해서 신이 나에게 내일 정결을 주었다는 것을 이해해보면, 내일 주는 것은 위험에 해당하므로 '정결'은 '위험' 즉, 미래에 해로울 수 있다는 것에 대응됩니다.

Ⅳ. Whenever people / are thinking about / engaging in / an activity (with short-term benefits but long-term costs), / they / might prefer / to delay / receipt of important information.

> **구** ‘Whenever S V’는 ‘S가 V할 때마다’로 해석하시면 됩니다.
> - 사람들이 짧은 이득이 있지만 긴 비용이 있는 활동에 참여하는 것을 생각할 때 마다, 사람들은 중요한 정보의 습득을 미루는 것을 선호한다고 합니다.

> **독** ‘but’이 제시되었으므로 중심 문장
> - Ⅰ번, Ⅱ번 문장과 연결하면 짧은 이득은 즐거움에 해당하고 긴 비용은 미래에 해로울 수 있는 것에 대응됩니다. 또한 Ⅲ번 문장을 통해서 중요한 정보의 습득을 미루는 것은 위험에 대해서 아는 것을 미룬다는 것을 알 수 있습니다.

Ⅴ. The same point / might hold / about information (that could make / people / sad or mad): “Please tell / me / what I need to know — tomorrow.”

> **구** ‘make + O + O.C’는 ‘O가 O.C하도록 만들다’를 의미합니다.
> - ‘tell + I.O + D.O’는 ‘I.O에게 D.O를 이야기하다’를 뜻합니다.
> - 사람들을 슬프거나 미치게 만드는 정보에 대해서도 같은 부분을 가지고 있다. “내가 알아야 할 필요가 있는 것을 이야기 해주세요. 내일”이라고 합니다.

> **독** Ⅳ번 문장과 대응해보면 사람들을 슬프거나 미치게 만드는 정보와 내가 알아야 할 필요가 있는 것은 긴 비용, 즉 미래에 해로울 수 있는 것에 대응됩니다.

다음 빈칸에 들어갈 말로 가장 적절한 것을 고르시오.

Even as mundane a behavior as watching TV may be a way for some people to __________. To test this idea, Sophia Moskalenko and Steven Heine gave participants false feedback about their test performance, and then seated each one in front of a TV set to watch a video as the next part of the study. When the video came on, showing nature scenes with a musical soundtrack, the experimenter exclaimed that this was the wrong video and went supposedly to get the correct one, leaving the participant alone as the video played. The participants who had received failure feedback watched the video much longer than those who thought they had succeeded. The researchers **concluded** that distraction through television viewing can effectively relieve the discomfort associated with painful failures or mismatches between the self and self-guides. **In contrast**, successful participants had little wish to be distracted from their self-related thoughts!

* mundane: 보통의

해설 [정답 : ②]

Ⅰ. 빈칸 문장에서는 TV를 보는 것과 같은 보통의 행동이 어떤 사람들에겐 __________라고 합니다. 그러므로 텔레비전을 보는 행동이 사람들에게 어떤 영향을 끼치는 지를 파악해야 합니다.

Ⅱ. 이 내용은 뒤의 실험의 대한 내용으로 파악할 수 있습니다. Ⅳ번 문장에서는 'The participants who had received failure feedback watched the video much longer than those who thought they had succeeded', 실패 피드백을 받은 참가자들은 성공한 피드백을 받은 참가자들보다 비디오를 오래 시청했다고 했고, 그에 대한 원인인 Ⅴ번 문장에서는 'distraction through television viewing can effectively relieve the discomfort associated with painful failures or mismatches', 텔레비전 시청을 통한 산만함이 실패와 관련된 불편함을 효과적으로 해소할 수 있다고 합니다. 즉 TV를 보게 되면 불편한 감정을 TV로 돌림으로써 해소할 수 있는 것입니다.

Ⅲ. 그러므로 빈칸에는 텔레비전이 제공하는 산만함이 불편한 감정을 해소할 수 있다는 내용이 들어가야 하며, 이와 관련된 선지는 ②번 선지 escape painful self-awareness through distraction, 산만함을 통해 고통스러운 자기 인식을 회피한다가 됩니다.

Ⅰ. Even as mundane a behavior (as watching TV) / may be / a way / for some people / to

__________.

* mundane: 보통의

구 TV를 보는 것처럼 평범한 행동일지라도 그 행동은 어떤 사람들이 __________ 할 수 있다고 합니다.

독 빈칸 문장은 어떤 사람들이 TV를 보는 것이 어떤 결과로 이어지는지를 파악해야 합니다.

Ⅱ. To test this idea, Sophia Moskalenko and Steven Heine / gave / participants / false feedback (about their test performance), and then / seated / each one (in front of a TV set) (to watch / a video (as the next part of the study)).

> 🔲구 이 생각을 검증하기 위해, Sophia Moskalenko와 Steven Heine은 참가자들에게 그들의 시험 성적에 관한 거짓 피드백을 주었고, 그런 다음 연구의 다음 부분으로 각각 TV 앞에 앉아 비디오를 시청하게 했다고 합니다.

> 🔲독 TV가 사람에게 미치는 영향을 파악하는 실험으로 넘어갑니다.

Ⅲ. When the video / came on, showing / nature scenes / with a musical soundtrack, the experimenter / exclaimed / that this / was / the wrong video / and went supposedly (to get the correct one, leaving the participant alone / as the video played).

> 🔲구 음악 사운드트랙과 함께 자연의 장면을 보여 주는 비디오가 나오자, 실험자는 이것이 잘못된 비디오라고 소리쳤고, 아마도 제대로 된 것을 가지러가면서, 참가자를 비디오가 재생될 때 홀로 남겨두었다고 합니다.

Ⅳ. The participants (who had received / failure feedback) watched / the video much longer than / those (who thought / they / had succeeded).

> 🔲구 실패라는 피드백을 받았던 참가자들은 자신이 성공했다고 생각하는 참가자들보다 훨씬 더 오래 비디오를 시청했다고 합니다.

> 🔲독 실험 결과에 관한 문장이며, 실패라는 피드백을 받은 사람들은 성공했다는 사람보다 비디오(TV)를 더 오래 봤다는 것입니다.

Ⅴ. The researchers / **concluded** / that distraction (through television viewing) can effectively relieve / the discomfort (associated with / painful failures or mismatches (between the self and self-guides)).

> 🔲구 ‘between A and B’는 ‘A와 B 사이’를 의미합니다.
> - 연구자들은 텔레비전 시청을 통해 주의를 딴 데로 돌리는 것이 고통스러운 실패나 자신과 자기 안내 지침 사이의 불일치와 관련된 불편함을 효과적으로 완화할 수 있다고 결론지었다고 합니다.

> 🔲독 실험의 결론이 ‘concluded’를 통해 언급되므로 중심 문장입니다.
> - 실패 피드백을 받은 실험 참가자들이 TV를 더 오래 본 이유는 실패와 관련된 불편함을 TV 시청을 통해 완화하기 위해서입니다.

Ⅵ. **In contrast**, successful participants / had / little wish to be distracted (from their self-related thoughts)!

> 🔲구 이와 대조적으로, 성공한 참가자들은 자기 자신과 관련된 생각에서 주의가 딴 데로 돌려지기를 거의 바라지 않았다고 합니다.

> 🔲독 ‘In contrast’로 내용이 대조되므로 앞 뒷 문장 중심 문장
> - 반대로 성공한 참가자들은 TV를 오래 보지 않은 이유는 불편한 감정을 TV를 통해 돌릴 필요가 없었기 때문이라는 것으로, 두 실험 집단의 차이를 대조하고 있습니다.

다음 빈칸에 들어갈 말로 가장 적절한 것을 고르시오

> People have always needed to eat, and they always will. Rising emphasis on self-expression values does not put an end to material desires. **But** prevailing economic orientations are gradually being reshaped. People who work in the knowledge sector continue to seek high salaries, **but** they place equal or greater <u>emphasis on doing stimulating work and being able to follow their own time schedules</u>. Consumption is becoming progressively less determined by the need for sustenance and the practical use of the goods consumed. People still eat, **but** a growing component of food's value is determined by its ____________ aspects. **People pay a** premium to eat exotic cuisines that provide an interesting experience or that symbolize a distinctive life-style. The publics of postindustrial societies place growing emphasis on "political consumerism," such as boycotting goods whose production violates ecological or ethical standards. Consumption is less and less a matter of sustenance and more and more a question of life-style — and choice.
>
> * prevail: 우세하다 ** cuisine: 요리

해설 [정답 : ②]

Ⅰ. 빈칸 문장에서는 사람들은 여전히 먹지만, 음식 가치의 증가하는 구성 요소가 그것의 ____________ 측면에 의해 결정된다고 합니다. 그러므로 빈칸에는 음식의 가치가 결정되는 측면이 들어가야 합니다.

Ⅱ. 지문 대부분의 내용은 빈칸 내용인 음식, 그 외에도 고용, 요리, 제품 구매 등등 예시들로 채워지고 있습니다. 그러므로 지문의 주제를 찾아 이를 예시로 변환하는 것이 중요한 지문인데, 필자의 주장을 확인할 수 있는 내용은
Ⅲ번 문장의 'prevailing economic orientations are gradually being reshaped', 우세한 경제적 방향성이 재형성되고 있다는 것,
Ⅴ번 문장의 'less determined by the need for sustenance and the practical use', 생존에 대한 필요와 소비되는 재화의 사용에 의해 덜 결정된다는 것.
Ⅸ번 문장의 'less a matter of sustenance and more and more a question of life-style', 소비는 생존의 문제가 덜해지고, 점점 더 생활 방식의 문제라는 내용들이 있습니다.
이제 예시의 경우, 흥미로운 경험을 제공하는 이국 요리를 소비하는 것, 높은 급료보다도 자극과 시간 계획을 따르는 것에 중점을 두는 것, 정치적 소비주의에 중점을 두는 것은 모두 물질적인 측면(생존, 금전적 이득)이 아닌, 비물질적인 측면(경험, 생활 방식, 윤리)에 따라 가치가 결정된다는 것을 의미한다는 것을 알 수 있습니다.

Ⅲ. 비물질적인 것과 같은 선지는 ②번 'nonmaterial'이 됩니다. 그러므로 정답은 ②번이 됩니다.

Ⅰ. People / have always needed / to eat, and they / always will.

> 구 사람들은 항상 먹을 것이 필요했으며, 또 항상 그럴 것이라고 합니다.

Ⅱ. Rising emphasis (on self-expression values) / does not put / an end to material desires.

> 구 'put an end to' - ~을 끝내다
> - 자기표현 가치에 관한 늘어나는 강조가 물질적 욕구를 끝내지는 않는다고 합니다.
> 독 물질적인 욕구는 Ⅰ번 문장의 먹을 것을 의미한다고 볼 수 있습니다.

Ⅲ. **But** prevailing economic orientations / are gradually being reshaped.

* prevail: 우세하다

> 구 하지만 우세한 경제적 방향성이 서서히 재형성되고 있다고 합니다.
> 독 'but'이 제시되었으므로 중심 문장
> - Ⅱ번 문장의 내용이 전환됩니다.

Ⅳ. People (who / work (in the knowledge sector)) / continue / to seek / high salaries, **but** / they / place / equal or greater emphasis / on doing stimulating work / and being able to follow / their own time schedules.

> 구 'place emphasis on B' - B에 중점을 두다
> - 지식 부문에서 일하는 사람들은 계속 높은 급료를 추구하지만, 그들은 (아주 흥미로워) 자극이 되는 일을 하는 것과 그들 자신의 시간 계획을 따르는 것에 동등한 또는 더 큰 중점을 둔다고 합니다.
> 독 Ⅲ번 문장의 예시 문장입니다. 높은 급료를 추구하는 경제적 방향성이 우세했지만, 점점 자극 요소의 여부, 시간 계획을 따르는 것과 같은 비경제적 방향으로 이동하는 것을 보여주고 있습니다.

Ⅴ. Consumption / is becoming progressively less determined / by the need for sustenance / and the practical use (of the goods consumed).

> 구 소비는 점진적으로 생존에 대한 필요와 소비되는 재화의 실용적 사용에 의해 덜 결정된다고 합니다.
> 독 Ⅳ번 문장의 예시를 다시 개념 문장으로 전환합니다. 생존 용도로 소비되는 재화들은 Ⅳ번 문장의 급료가 되며, 역시 재화의 중요도가 점점 떨어진다는 것은 Ⅳ번 문장을 재진술하는 내용입니다.

Ⅵ. People / still eat, **but** a growing component (of food's value) / is determined / by its ___________ aspects.

> 구 사람들은 여전히 먹지만, 음식 가치의 증가하는 구성 요소가 그것의 ___________ 측면에 의해 결정된다고 합니다.
> 독 이제 이를 다시 Ⅰ, Ⅱ번 문장과 묶어서 생각해 봅시다. 그들이 먹는 것은 생존을 위한 것이며, 이것은 물질적인 방향성입니다. 이것 역시 Ⅲ번 문장에서 말했듯이 점점 비물질적인 측면으로 이동하게 될 것임을 알 수 있습니다.

Ⅶ. People / pay / a premium / to eat exotic cuisines / that / provide / an interesting experience / or

that / symbolize / a distinctive life-style.

** cuisine: 요리

구▶ 사람들은 흥미로운 경험을 제공하거나 독특한 생활 방식을 상징하는 이국적인 요리를 먹고자 할증금을 낸다고 합니다.

독▶ Ⅵ번 문장의 예시 문장입니다. 사람들이 독특하고 흥미로운 요리를 먹고자 하는 것은 식사를 생존을 위한 물질적인 요소가 아닌, 비물질적인 측면으로 이동하는 것을 보여주고 있습니다.

Ⅷ. The publics (of postindustrial societies) / place / growing emphasis on "political consumerism," such

as boycotting goods / whose / production / violates / ecological or ethical standards.

구▶ 탈공업화 사회의 대중은 생산이 생태적 또는 윤리적 기준을 위반하는 상품의 구매를 거부하는 것과 같은 '정치적 소비주의'에 점점 더 많은 중점을 둔다고 합니다.

독▶ 역시 생태와 윤리라는 비물질적인 요소에 중점을 두는 현대 사회의 변화를 보여주는 또다른 예시 문장입니다.

Ⅸ. Consumption / is / less and less a matter of sustenance / and more and more a question of

life-style — and choice.

구▶ 소비는 점점 생존의 문제와 덜 관련되며 점점 더 생활 방식, 그리고 선택의 문제와 관련된다고 합니다.

독▶ 생존-물질적 요소 → 생활 방식과 선택-비물질적인 요소로 이동한다는 요약 문장입니다.

다음 빈칸에 들어갈 말로 가장 적절한 것을 고르시오.

There is something deeply paradoxical about the professional status of sports journalism, especially in the medium of print. In discharging their usual responsibilities of description and commentary, reporters' accounts of sports events are eagerly consulted by sports fans, **while** in their broader journalistic role of covering sport in its many forms, sports journalists are among the most visible of all contemporary writers. The ruminations of the elite class of 'celebrity' sports journalists are much sought after by the major newspapers, their lucrative contracts being the envy of colleagues in other 'disciplines' of journalism. **Yet** sports journalists do not have a standing in their profession that corresponds to the size of their readerships or of their pay packets, with the old saying (now reaching the status of cliché) that sport is the 'toy department of the news media' still readily to hand as a dismissal of the worth of what sports journalists do. This reluctance to take sports journalism seriously produces the paradoxical outcome that sports newspaper writers are much read **but** little __________ .

     * discharge: 이행하다 ** rumination: 생각

           *** lucrative: 돈을 많이 버는

해설 [정답 : ②]

Ⅰ. 그러한 스포츠 기자들을 꺼리는 것은 스포츠 신문 작가들이 많이 읽히면서 __________ 하지 못하는 역설적인 결과를 만든다고 합니다. 스포츠 신문 작가들이 많이 읽히지만 어떠한 것을 하지 못하는 지를 찾으면 됩니다.

Ⅱ. Ⅲ번 문장에서 스포츠 기자들은 많은 독자와 많은 돈을 받는다고 합니다. 하지만 Ⅳ번 문장에서 많은 독자 수와 돈에도 불구하고 지위를 가지지 못한다고 하므로 빈칸에 들어갈 말은 '지위'가 됩니다. 또는 Ⅳ번 문장에서 스포츠 기자들이 하는 일의 가치를 묵살시킨다고 했음으로 빈칸 문장의 'little'을 고려하여 '묵살'과 반대되는 말이 들어가면 됩니다.

Ⅲ. '지위', 혹은 '묵살과 반대되는 말'과 같은 맥락의 선지는 ②번 'admired', '존경받는'이 됩니다.

Ⅰ. There is / something deeply paradoxical (about the professional status of sports journalism, especially in the medium of print).

구 스포츠 저널리즘의 전문적 지위에 관해서, 특히 인쇄 매체에서, 매우 역설적인 것이 있다고 합니다.

Ⅱ. (In discharging / their usual responsibilities of description and commentary), reporters' accounts of sports events / are eagerly consulted (by sports fans), **while** (in their broader journalistic role of covering sport in its many forms), sports journalists / are (among the most visible of all contemporary writers).

* discharge: 이행하다

구▶ 'in V-ing'는 'V함에 있어서'를 의미합니다.
- 그들의 (= 기자들의) 묘사와 논평의 통상적인 책임감을 이행함에 있어서, (= 기사를 작성함에 있어서,) 스포츠 팬들이 스포츠 경기에 관한 기자들의 설명을 열심히 찾아보는 반면에, 많은 형식으로 스포츠를 취재하는 그들의 더 폭넓은 기자의 역할에서 스포츠 기자는 동시대의 모든 작가 중에서 가장 눈에 띈다고 합니다.

독▶ 'while'이 제시되었으므로 중심 문장
- 스포츠 팬들이 스포츠 경기에 대한 기사들을 열심히 찾아보지만, 스포츠 기자들은 그 이상의 폭넓은 역할이 있다고 합니다.

Ⅲ. The ruminations (of the elite class of 'celebrity' sports journalists) / are much sought after (by the major newspapers), their lucrative contracts (being the envy of colleagues in other 'disciplines' of journalism).

** rumination: 생각 *** lucrative: 돈을 많이 버는

구▶ '유명한' 스포츠 기자 중 엘리트 계층의 생각은 주요 신문사들에 의해 추구되고, 그들의 (= 유명한 스포츠 기자들의) 돈을 많이 버는 계약은 저널리즘의 다른 '부분'에 있는 동료들에게 부러움을 준다고 합니다.

독▶ 유명한 스포츠 기자들은 다른 부분의 기자들보다 주요 신문사들이 더욱 원하고 돈을 많이 버는 계약을 할 수 있다고 합니다.

* sought after - 수요가 많은, 많은 사람이 찾는

Ⅳ. **Yet** sports journalists / do not have / a standing (in their profession) (that corresponds to / the size of their readerships or of their pay packets), (with the old saying (now reaching the status of cliché) that sport / is / the 'toy department of the news media' still readily (to hand as a dismissal of the worth of what sports journalists do)).

구▶ 그러나 스포츠 기자는 그들의 독자 수나 그들의 급여와 상응하는 지위를 가지는 것은 아닌데, (현재는 클리세의 지위에 있는) 오래된 말이며, 스포츠 기자들이 하는 일의 가치를 묵살하기 위해 여전히 사용되는 '뉴스 매체의 장난감 부서'라는 말에 의해서라고 합니다.

독▶ 'Yet'이 제시되었으므로 앞 뒷 문장 중심 문장
- 스포츠 기자들이 많은 독자 수와 돈을 받지만 스포츠는 뉴스 매체에서 장난감 부서라는 스포츠 기자의 일을 평가절하하는 말에 의해 높은 지위를 가지는 것은 아니라고 합니다.

* dismissal - 묵살

Ⅴ. This reluctance (to take sports journalism) / seriously produces / the paradoxical outcome (that sports newspaper writers / are much read **but** little __________).

구▶ 그러한 스포츠 기자들을 꺼리는 것은 (= 스포츠 기자들의 일을 평가절하하는 것은) 스포츠 신문 작가들이 많이 읽히면서 __________하지 못하는 역설적인 결과를 만든다고 합니다.

독▶ 'but'이 제시되었으므로 중심 문장

다음 빈칸에 들어갈 말로 가장 적절한 것을 고르시오.

Choosing similar friends can have a rationale. Assessing the survivability of an environment can be risky (if an environment turns out to be deadly, **for instance**, it might be too late by the time you found out), **so** humans have evolved the desire to associate with similar individuals as a way to perform this function efficiently. This is especially useful to a species that lives in so many different sorts of environments. **However**, the carrying capacity of a given environment _______________. If resources are very limited, the individuals who live in a particular place cannot all do the exact same thing (**for example**, if there are few trees, people cannot all live in tree houses, or if mangoes are in short supply, people cannot all live solely on a diet of mangoes). A rational strategy would **therefore** sometimes be to _avoid_ similar members of one's species.

해설 [정답 : ③]

Ⅰ. 하지만, 주어진 환경의 수용 능력은 ________하다고 합니다. 주어진 환경의 수용 능력이 무엇에 어떻게 영향을 끼치는지 찾으면 됩니다.

Ⅱ. 사람들은 비슷한 개인을 선택한다는 앞 내용과는 달리, 'However' 이후 비슷한 개인을 피하는 방향의 내용이 제시되었습니다. 또한 빈칸 뒷 문장에서 'resources are very limited'는 빈칸 문장 'the carrying capacity of a given environment'를 재진술하므로 'individuals cannot all do the exact same thing'이 빈칸에 들어가야 하며 이 내용을 다시 재진술하는 마지막 문장의 'to avoid similar members of one's species'가 들어가야 합니다.

Ⅲ. '개인들이 모두 같은 것을 할 수 없는 것', '비슷한 멤버들을 피하는 것'과 같은 내용의 선지는 ③번 'places a limit on this strategy' '그 전략의 한계를 두다'가 됩니다. 'this strategy'는 앞 내용의 비슷한 개인을 찾는 것을 지칭합니다.

Ⅰ. Choosing similar friends / can have / a rationale.

구▶ 비슷한 친구들을 선택하는 것은 합리적이라고 합니다.

* rationale - 합리적임, 이유

Ⅱ. Assessing the survivability (of an environment) / can be / risky (if / an environment / turns out to be deadly, / **for instance**, it / might be / too late / by the time (you found out), **so** humans have evolved / the desire (to associate with similar individuals) as a way (to perform / this function efficiently).

구▶ associate with - ~와 함께하다, 어울리다.
- turn out to-V - V한 것으로 판명 나다.
- (예를 들어, 환경이 치명적이라고 판단되면 그 사실을 발견할 때 너무 늦을 수 있으므로) 환경의 생존 가능성을 평가하는 것은 위험하며, 그래서 사람들은 그 기능을 효율적으로 수행하는 방식으로 비슷한 개인들과 함께하는 욕구를 발달시켜왔다고 합니다.

[독] 'for instance' 예시 앞 문장이므로 중심 문장! 'so'를 통해서 인과관계를 제시하므로 중심 문장입니다!
- 결국 사람들은 비슷한 개인들과 함께하는 욕구를 발달시켜왔다고 합니다.

* survive (생존하다) + able (가능한) + -ity (명사형 접사) = survivability - 생존 가능성

Ⅲ. This / is / especially useful (to a species) (that lives (in so many different sorts of environments)).

[구] different + 복수 명사 = 다양한 복수 명사
- 그것은 특히 다양한 종류의 환경에서 사는 종들에게는 유용하다고 합니다.

Ⅳ. **However**, the carrying capacity (of a given environment) __________________.

[구] 하지만 주어진 환경의 수용 능력은 ______ 하다고 합니다.

[독] 'However'가 제시되었으므로 Ⅲ번 문장과 반대 내용이 Ⅳ번 문장에서 제시되어야 하며 앞 뒷 문장이 중요합니다!
- Ⅲ번 문장이 (+)방향이었기 때문에 Ⅳ번 문장이 (-)방향임을 추측할 수 있습니다.

Ⅴ. If resources / are very limited, / the individuals (who live in a particular place) / cannot all do / the exact same thing (**for example**, if there / are / few trees, / people / cannot all live (in tree houses), / or if mangoes / are / in short supply, / people / cannot all live / solely (on a diet of mangoes)).

[구] 만약 자원들이 제한되어 있다면, 특정한 장소에 사는 개인들은 정확히 같은 것들을 할 수 없게 된다 (예를 들어, 만약 소수의 나무들이 있다면, 사람들은 나무 집에서 모두 살 수 없고, 만약 망고가 부족하다면, 모든 사람들이 오직 망고만 먹는 식단으로 살 수 없다)고 합니다.

[독] 'for example' 앞 문장이므로 중심 문장!!
- 비슷한 개인들을 찾는다는 Ⅲ번 문장과는 달리 Ⅴ번 문장에서는 자원이 부족하면 같은 행동을 할 수 없다고 합니다.
- 'resources are very limited'는 Ⅳ번 문장의 'the carrying capacity of a given environment'를 재진술하기 때문에 'the individuals cannot all do the exact same thing'은 빈칸을 재진술하므로 이 내용이 빈칸에 들어가야 함을 알 수 있습니다.

* in short - 부족한

Ⅵ. A rational strategy / would **therefore** sometimes be / to *avoid* similar members (of one's species).

[구] 그러므로 이성적인 전략은 때때로 자신의 종의 비슷한 구성원을 피하는 것이라고 합니다.

[독] 'therefore' 결과이므로 중심 문장!
- Ⅴ번 문장의 내용을 재진술하고 있습니다.

Q 평가원이 제시한 ( )는 무엇인가요?

A 제시한 내용을 이해하기 어렵다고 판단했을 때 부연 설명을 표시한 것입니다. ( )를 신경 쓰지 말고 ( )를 포함한 지문 전체를 읽으셔야 합니다.

다음 빈칸에 들어갈 말로 가장 적절한 것을 고르시오.

 There was nothing modern about the idea of men making women's clothes — we saw them doing it for centuries in the past. In the old days, **however**, the client was always primary and her tailor was an obscure craftsman, perhaps talented but perhaps not. She had her own ideas like any patron, there were no fashion plates, and the tailor was simply at her service, perhaps with helpful suggestions about what others were wearing. Beginning in the late nineteenth century, with the hugely successful rise of the artistic male couturier, it was the designer who became celebrated, and the client elevated by his inspired attention. In a climate of admiration for male artists and their female creations, the dress-designer first flourished as the same sort of creator. **Instead of** the old rule that dressmaking is a craft, ____________ was invented that had not been there before.

* obscure: 무명의 ** patron: 후원자
*** couturier: 고급 여성복 디자이너

해설 [정답 : ④]

Ⅰ. 빈칸 문장에서는 의상 제작은 공예에 불과하다는 옛 규칙 대신에, 예전에는 없던 ____________가 만들어졌다고 했습니다. 그러므로 빈칸에는 옛 규칙이 아닌, 최근에 발생한 규칙이 들어가야 한다고 추론할 수 있습니다.

Ⅱ. 최근의 트렌드와 관련된 내용은 Ⅵ번 문장의 19세기부터 언급됩니다. Ⅳ번 문장에서는 'successful rise of the artistic male couturier', 디자이너가 성공적으로 부상했다고 했고, Ⅴ번 문장에서는 'the dress-designer first flourished as the same sort of creator', 의상 디자이너는 창작자로서 번영했다고 합니다. 두 내용으로 종합해볼 때, 최근의 추세는 과거의 현대적인 것이 없었던 의상 제작과 다르게, 19세기부터는 의상 디자이너들이 성공을 거두었고, 예술가로서 고객들에게 존경을 받았다는 내용이므로 이와 관련된 내용이 빈칸에 들어가야 합니다.

Ⅲ. 이와 같은 내용의 선지는 ④번 선지 a modern connection between dress-design and art, '의상 디자인과 예술 사이의 현대적인 연결'이 됩니다. 이것은 의상 디자이너들이 예술가들과 같은 대우와 경외를 받았다는 것을 의미하며, 그러므로 정답은 ④번이 됩니다.

Ⅰ. There / was / nothing modern / about the idea (of men making women's clothes) — we / saw / them / doing it (for centuries) (in the past).

구▶ 남자가 여자 옷을 만든다는 생각에는 현대적인 것이 전혀 없는데, 우리는 과거 여러 세기 동안 그들이 (= 남자들이) 그것을 하는 (= 여자 옷을 만드는) 것을 보았다고 합니다.

독▶ 남자가 여자 옷을 만드는 것은 이미 오래전부터 진행되었다는 것을 의미합니다.

Ⅱ. In the old days, **however**, the client / was / always primary and her tailor / was / an obscure craftsman, perhaps talented / but perhaps not.

* obscure: 무명의

구▶ 하지만 옛 시절에는 항상 고객 위주였고 그녀의 재단사는 무명의 장인이었는데, 아마도 재능이 있었을 수도 있고 없었을 지도 모른다고 합니다.

독▶ 'however'가 제시되었으므로 앞 뒷 문장 중심 문장.
- 남녀 관계를 고객-재단시 관계로 전환하는 문장입니다. 예전에는 고객 중심이었고, 재단사는 무명이었다고 합니다.

Ⅲ. She / had / her own ideas (like any patron), there / were / no fashion plates, and the tailor / was / simply at her service, perhaps with helpful suggestions / about what / others / were wearing.

** patron: 후원자

구▶ 그녀는 여느 후원자처럼 자기 자신의 생각이 있었고, 유행하는 옷의 본이 없었으며, 재단사는 아마도 다른 사람들이 입고 있는 것에 관한 도움이 되는 제안을 가지고 그저 그녀의 생각에 따랐다고 합니다.

독▶ 'simply at her service', 그녀(고객)의 생각에 따랐다는 것에서 Ⅱ번 문장에서 언급한 고객 중심의 의류 제작 과정을 알 수 있습니다.

Ⅳ. Beginning in the late nineteenth century, (with the hugely successful rise / of the artistic male couturier), it was / the designer / who / became celebrated, and the client / elevated (by his inspired attention).

*** couturier: 고급 여성복 디자이너

구▶ 'It + be 동사 + 관계대명사'는 it 강조 구문입니다.
- 예술적인 남성 고급 여성복 디자이너의 매우 성공적인 부상과 함께 19세기 후반에 시작하여, 유명해진 것은 바로 디자이너였고, 고객은 그의 영감 어린 관심에 의해 치켜세워졌다고 합니다.

독▶ 무명의 재단사들이 유명한 여성복 디자이너로 전환되어, 일방적인 고객-재단사 관계가 시대의 변화를 겪게 되었다는 내용의 문장입니다.

Ⅴ. (In a climate / of admiration for male artists / and their female creations), the dress-designer / first flourished (as the same sort / of creator).

> 구 ▶ 남성 예술가와 여성을 위한 그들의 창작물에 대한 찬탄의 분위기 속에서, 의상 디자이너는 처음으로 같은 종류의 창작자로서 번영했다고 합니다.

> 독 ▶ 의상 디자이너가 예술가와 동등한 위치에 올랐다는 것을 의미하는 문장입니다.

Ⅵ. **Instead of** the old rule (that dressmaking / is / a craft), __________ was invented / that / had not been there before.

> 구 ▶ 의상 제작이 공예에 불과하다는 옛 규칙 대신에, 예전에는 없던 _________가 만들어졌다고 합니다.

> 독 ▶ 'Instead of'가 제시되었으므로 중심 문장
>   - 'dressmaking is a craft', 의상 제작이 공예라는 것은 무명 재단사 시절의 관점을 의미하므로, 빈칸에는 예술가와 동등한 취급을 받는다는 의상 디자이너의 관점이 들어가야 함을 알 수 있습니다.

다음 빈칸에 들어갈 말로 가장 적절한 것을 고르시오.

A musical score within any film can add an additional layer to the film text, which goes beyond simply imitating the action viewed. In films that tell of futuristic worlds, composers, much like sound designers, have added freedom to create a world that is unknown and new to the viewer. **However**, unlike sound designers, composers often shy away from creating unique pieces that reflect these new worlds and often present musical scores that possess familiar structures and cadences. **While** it is possible that this may interfere with creativity and a sense of space and time, it in fact ______________. Through recognizable scores, visions of the future or a galaxy far, far away can be placed within a recognizable context. Such familiarity allows the viewer to be placed in a comfortable space so that the film may then lead the viewer to what is an unfamiliar, **but** acceptable vision of a world different from their own.

* score: 악보 ** cadence: (율동적인) 박자

해설 [**정답 : ②**]

Ⅰ. 빈칸 문장에서는 이는 창의성과 시공간 감각을 저해할 가능성이 있지만, 사실 그것은 __________라고 합니다. 그러므로 it이라는 대명사가 지칭하는 것과, 그것에 대한 장점이 빈칸에 들어갈 가능성이 높습니다.

Ⅱ. 먼저 it은 빈칸 앞 문장에서 언급될 것이므로 먼저 살펴보겠습니다.
빈칸 앞 Ⅲ번 문장에서는 'present musical scores that possess familiar structures and cadences', 작곡가들은 친숙한 구조와 박자를 가진 악보를 제시한다고 했습니다. 그러므로 그것은 작곡가들이 작곡하는 음악을 지칭합니다.
Ⅰ번 문장에서 'A musical score within any film', 영화 속의 악보를 언급하는 것으로 보아, 영화 속에 들어가는 악보를 지칭하는 것을 알 수 있습니다.
그렇다면 이 영화 속 악보의 특징을 찾아야 합니다.
Ⅵ번 문장에서는 'film may then lead the viewer to what is an unfamiliar, but acceptable vision of a world different from their own', 이러한 친숙함을 통해 영화는 관객을 낯설지만, 받아들일 수 있는 비전으로 인도할 수 있다고 합니다. 이를 통해 영화 속 음악이 관객을 영화에게 친숙하게 만드는 것이 그 역할이므로 빈칸에는 이와 관련된 내용이 들어가야 합니다.

Ⅲ. 이와 같은 내용의 선지는 ②번 'aids in viewer access to the film', '관객이 영화에 접근하는 데 도움이 된다'가 됩니다. 그러므로 정답은 ②번이 됩니다.

Ⅰ. A musical score (within any film) / can add / an additional layer to the film text, which / goes beyond simply imitating the action viewed.

* score: 악보

> 구▶ 어떤 영화 속에서든 악보는 영화 텍스트에 추가적인 층을 추가할 수 있는데, 그것은 보이는 연기를 단순히 흉내 내는 것을 넘어선다고 합니다.

> 독▶ 악보가 영화 텍스트에 층을 추가하는 것은 연기의 흉내를 넘어선다고 했으므로 악보가 영화에 미치는 긍정적인 영향에 대해 언급하고 있습니다.

Ⅱ. In films / that / tell of futuristic worlds, composers, (much like sound designers), / have added / freedom to create a world / that / is unknown and new (to the viewer).

> 구▶ 미래 세계에 관해 말하는 영화에서, 작곡가는 사운드 디자이너와 꼭 마찬가지로, 관객에게 알려지지 않은 새로운 세계를 창조할 수 있는 자유를 추가해 왔다고 합니다.

> 독▶ 작곡가는 악보를 작곡하는 사람이므로 관객이 새로운 세계를 창조할 수 있도록 도와주는 역할이 언급됩니다.

Ⅲ. **However**, unlike sound designers, composers / often shy away from creating unique pieces (that / reflect / these new worlds) and often present / musical scores (that / possess / familiar structures and cadences).

** cadence: (율동적인) 박자

> 구▶ 그러나 사운드 디자이너와 달리, 작곡가는 흔히 이러한 새로운 세계를 반영하는 독특한 곡을 만들어 내는 것을 피하고, 친숙한 구조와 박자를 가진 악보를 흔히 제시한다고 합니다.

> 독▶ 'however'가 제시되었으므로 중심 문장
> - Ⅱ번 문장과 다르게 사운드 디자이너와 작곡가의 차이점을 언급하고 있는데, 새로운 세계를 반영하는 독특한 곡을 사운드 디자이너가 만들고, 친숙한 구조와 박자를 가진 악보를 작곡가가 제작한다는 것을 알 수 있습니다.

Ⅳ. **While** it / is / possible / that / this / may interfere with creativity and a sense of space and time, it in fact _______________.

> 구▶ 'It + be동사 + 형용사 + that'은 가주어/진주어를 의미합니다.
> - 이는 창의성과 시공간 감각을 저해할 가능성이 있지만, 사실 그것은 ____________라고 합니다.

> 독▶ 'while'로 문장이 대조되었으므로 중심 문장
> - Ⅲ번 문장에서 친숙한 악보는 창의성과 반대되는 내용이므로 본 문장에서는 작곡가에 대한 설명이 언급되고 있음을 알 수 있습니다.

Ⅴ. Through recognizable scores, visions (of the future or a galaxy far, far away) / can be placed within a recognizable context.

구▶ 알아볼 수 있는 악보를 통해 미래나 멀고 먼 은하계에 대한 비전은 알아볼 수 있는 맥락 안에 놓일 수 있다고 합니다.

독▶ 알아볼 수 있는 악보는 작곡가가 만들기 때문에 역시 작곡가의 특징이며, 그들의 역할은 이해할 수 없는 비전을 이해할 수 있도록 하는 것임을 알 수 있습니다.

Ⅵ. Such familiarity / allows / the viewer / to be placed in a comfortable space / so that / the film / may then lead / the viewer to (what / is an unfamiliar, **but** acceptable vision of a world different from their own.

구▶ allow A to-V - A가 V하는 것을 허락하다
  - lead A to B - A를 B로 이끌다
  - 그러한 친숙함을 통해 관객은 편안한 공간에 놓이게 되고, 그러면 영화는 관객을 그들 자신의 것과 다른 세계에 관한 낯설지만 받아들일 수 있는 비전으로 인도할 수 있을 것이라고 합니다.

독▶ ‘but’으로 문장 중간에 주제가 전환되었으므로 중심 문장
  - Ⅴ번 문장의 내용을 관객의 입장에서 재설명하고 있는 문장입니다.

14 (정답률 45%)

다음 빈칸에 들어갈 말로 가장 적절한 것을 고르시오.

The critic who wants to write about literature from a formalist perspective **must** first be a close and careful reader who examines all the elements of a text individually and questions how they come together to create a work of art. Such a reader, who respects the autonomy of a work, achieves an understanding of it by _________________. Instead of examining historical periods, author biographies, or literary styles, **for example**, he or she will approach a text with the assumption that it is a self-contained entity and that he or she is looking for the governing principles that allow the text to reveal itself. **For example**, the correspondences between the characters in James Joyce's short story "Araby" and the people he knew personally may be interesting, **but** for the formalist they are less relevant to understanding how the story creates meaning than are other kinds of information that the story contains within itself.

* entity: 실체

해설 [**정답** : ④]

Ⅰ. 작품의 자율성을 존중하는 그러한 독자들은 _________________에 의해 그것에 대한 이해를 얻을 수 있다고 합니다. 그러한 독자들과 이해해야 하는 그것을 지문 안에서 찾고, 어떻게 그것을 이해하는 지에 대해서 찾으면 됩니다.

Ⅱ. Ⅰ번 문장을 통해 빈칸 문장의 그러한 독자들은 형식주의적 관점의 비평가들임을 알 수 있고, 그것은 글임을 알 수 있습니다. Ⅲ번 문장에서 형식주의적 비평가들은 글이 그 자체로 드러나는 것을 허락하는 통치 원칙을 찾는 가정을 통해 글에 접근한다고 하므로 빈칸에 들어갈 말은 글이 그 자체로 드러나는 것을 허락하는 통치 원칙을 찾는 가정이 됩니다.

Ⅲ. 글이 그 자체로 드러나는 것을 허락하는 통치 원칙을 찾는 가정과 같은 내용의 선지는 ④번 'looking inside it, not outside it or beyond it', '그것의 외부나 그것을 넘어서가 아닌 그것의 내부에서 관찰하다'가 됩니다. 여기서 그것은 글을 뜻합니다.

* ①번 선지는 외부와의 연결을 제시하며, ②번 선지는 세상과의 연결, ③번 선지는 역사적 사실과의 연결, ⑤번 선지는 문화와의 연결을 제시합니다. 즉 지문에서 제시된 글 그 자체가 아닌 외부 사실과의 연결을 제시하고 있으므로 오답 선지에 해당합니다.

Ⅰ. The critic (who wants to write (about literature) (from a formalist perspective)) / **must** first be / a close and careful reader (who examines / all the elements of a text individually and questions / how they / come together to create / a work of art).

구 형식주의적 관점에서 문학에 대해 쓰기를 원하는 비평가들은 반드시 먼저 글의 모든 요소들을 개별적으로 조사하고 어떻게 그들이 (= 글의 모든 요소들이) 모여 작품을 만드는 지에 대하여 질문하는 면밀하고 조심스러운 독자가 되어야만 한다고 합니다.

독 'must'가 제시되었으므로 중심 문장
- 형식주의적 관점에서 문학을 비평하고 싶은 비평가들은 글의 모든 요소들에 대해서 검토하고 글의 요소들이 어떻게 작품을 만드는 지 생각해야만 한다고 합니다.

Ⅱ. Such a reader, (who respects / the autonomy of a work), achieves / an understanding of it (by

_______________________).

구▶ 작품의 자율성을 존중하는 그러한 독자들은 (= 형식주의적 관점의 비평가들은) _______________에 의해 그것에 (= 어떻게 요소들이 모여 작품을 만드는 지에) 대한 이해를 얻을 수 있다고 합니다.

독▶ Ⅰ번 문장에서 제시된 글의 모든 요소들이 어떻게 작품을 이루는 지에 대해 이해하는 방법을 제시하고 있습니다.

Ⅲ. (Instead of examining historical periods, author biographies, or literary styles), **for example**, he or she / will approach / a text (with the assumption) (that it / is / a self-contained entity) and (that he or she / is looking for / the governing principles (that allow / the text / to reveal itself)).

* entity: 실체

구▶ 'allow A to-V'는 'A가 V하는 것을 허락하다'를 의미합니다.
- 예를 들어, 역사상의 시대, 작가의 전기, 또는 문학적 스타일을 조사하는 대신에, 그 혹은 그녀는 (= 비평가들은) 그것이 (= 글이) 자기 만족적인 실체이며, 그 혹은 그녀는 (= 비평가들은) 그 글이 그 자체로 드러내는 것을 허락하는 통치 원칙을 찾는다는 가정과 함께 글에 접근할 것이라고 합니다.

독▶ 'for example'이 제시되었으므로 앞 문장 중심 문장
- 형식주의적 관점의 비평가들은 역사상의 시대나, 작가, 문학적 양식이 아닌 문학인 글 자체에 대해서 생각하며, 이때 문학이 그 자체로 드러나도록 하는 원칙을 찾는다고 합니다.

Ⅳ. **For example**, the correspondences (between the characters (in James Joyce's short story "Araby") and the people (he / knew personally)) may be / interesting, **but** (for the formalist) they / are less relevant to understanding / how the story / creates / meaning (than are other kinds of information (that the story / contains (within itself)).

구▶ 'between A and B'는 'A와 B 사이'를 의미합니다.
- 예를 들어, 'James Joyce'의 단편 소설 "Araby"에서 등장인물들과 그가 (= James Joyce가) 개인적으로 알았던 사람들 사이의 상관관계가 아마 흥미로울 수도 있지만, 형식주의자들에게 그들은 (= James Joyce가 개인적으로 알았던 사람) 그 이야기가 그 안에 포함하고 있는 다른 종류들의 정보들보다 이야기가 의미를 만들어내는 방식을 이해하는 데 덜 관련되어 있다고 합니다.

독▶ 'for example'이 제시되었으므로 앞 문장 중심 문장, 'but'이 제시되었으므로 중심 문장
- 'James Joyce'의 단편 소설 "Araby"의 등장인물들과 그가 개인적으로 알았던 사람들 사이의 상관관계는 Ⅲ번 문장에서 제시된 작가의 전기, 즉 작가를 조사하는 것에 대한 예시에 해당합니다. 또한 형식주의자들에게 작가를 조사하는 것은 이야기가 의미를 만드는 것을 이해하는 것과 무관하다고 하며 Ⅲ번 문장의 작가를 조사하는 것 대신에 이야기가 의미를 만들어 내는 과정인 글이 그 자체로 드러내는 것을 조사해야 한다는 내용을 재진술하고 있습니다.

15 25학년도 6월 평가원 32번 (정답률 45%)

다음 빈칸에 들어갈 말로 가장 적절한 것을 고르시오.

Creativity is commonly defined as the production of ideas that are both novel (original, new) and useful (appropriate, feasible). Ideas that are original but not useful are irrelevant, and ideas that are useful but not original are unremarkable. **While** this definition is widely used in research, an important aspect of creativity is often ignored: Generating creative ideas rarely is the final goal. Rather, to successfully solve problems or innovate requires one or a few good ideas that really work, and work better than previous approaches. This requires that people evaluate the products of their own or each other's imagination, and choose those ideas that seem promising enough to develop further, and abandon those that are unlikely to be successful. **Thus**, being creative ___________. **In fact**, the ability to generate creative ideas is essentially useless if these ideas subsequently die a silent death.

해설 [정답 : ①]

Ⅰ. 빈칸 문장에서는 그러므로 창의적인 것은 ___________라고 합니다.

Ⅱ. 창의성과 관련된 문장은 Ⅲ번 문장에서부터 언급됩니다. 'important aspect of creativity is often ignored' 창의성에서 흔히 간과되는 중요한 측면은 'Generating creative ideas rarely is the final goal' 창의적인 아이디어를 생성하는 것은 최종 목표가 거의 되지 않는다고 했습니다. 다음 Ⅳ번 문장에서는 'to successfully solve problems or innovate requires one or a few good ideas that really work' 성공적으로 문제를 해결하거나 혁신하기 위해서는 잘 작동하는 몇 개의 좋은 아이디어가 필요하다고 했습니다. 이를 구체화하여 Ⅴ번 문장에서는 'choose those ideas that seem promising enough to develop further, and abandon those that are unlikely to be successful' 발전시킬 수 있을 정도로 유망한 아이디어를 선택하고, 성공 가능성이 낮은 것들은 포기해야 한다고 했습니다. 이 과정을 요약하면, 창의성은 아이디어 생성보다 문제 해결 가능성이 높은 아이디어를 선택하는 것들이 더 중요한 과정이라는 것을 알 수 있으며, 이와 관련된 내용이 빈칸에 들어가야 합니다.

Ⅲ. 이와 같은 내용의 선지는 ①번 'does not stop with idea generation', '아이디어 생성에서 멈추지 않는다'가 됩니다. 그러므로 정답은 ①번이 됩니다.

Ⅰ. Creativity / is commonly defined / as the production of ideas (that / are both novel (original, new) and useful (appropriate, feasible)).

> 구▶ 'both A and B'는 'A와 B 둘다'를 의미합니다.
> - 창의성은 참신하고 (= 독창적이고, 새로운) 유용한(= 적절하고, 실현 가능한) 아이디어를 생산하는 것으로 흔히 정의된다고 합니다.

> 독▶ 창의성의 정의에 대한 조건으로 참신성과 유용함을 언급하고 있는 문장입니다.

* feasible - 실현 가능한

Ⅱ. Ides (that are / original / but not useful) / are / irrelevant, and ideas (that / are / useful / but not original) / are / unremarkable.

구▶ 독창적이지만 유용하지 않은 아이디어는 무의미하고, 유용하지만 독창적이지 않은 아이디어는 특별한 것이 없다고 합니다.

독▶ 참신성과 유용성 둘 중 하나라도 없는 아이디어는 창의적이지 못한 아이디어라고 볼 수 있습니다.

Ⅲ. **While** this definition / is widely used / in research, an important aspect (of creativity) / is often ignored: Generating creative ideas / rarely / is / the final goal.

구▶ 이러한 정의가 연구에서 널리 사용되지만, 창의성의 중요한 측면이 흔히 간과되는데, 창의적인 아이디어를 생성하는 것이 최종 목표인 경우는 거의 없다는 것이라고 합니다.

독▶ 'While'을 통해 무시되고 있는 측면이 글의 주제로서 언급되었으므로 중심 문장
   - Ⅰ, Ⅱ번 문장의 특징 때문에 흔히 간과되는 측면은 아이디어 생성 자체가 최종 목표가 아니라는 것이며, 이것은 Ⅰ, Ⅱ번 문장의 내용이 그렇게 중요한 것이 아니라는 것임을 알 수 있습니다.

Ⅳ. Rather, to successfully solve problems or innovate / requires / one or a few good ideas (that really work, / and work better than previous approaches).

구▶ 오히려, 문제를 성공적으로 해결하거나 혁신하기 위해서는, 실제로 작동하고 이전 접근 방식보다 더 잘 작동하는 하나 또는 몇 개의 좋은 아이디어가 필요하다고 합니다.

독▶ 문제 해결을 위해서는 잘 작동되는 좋은 아이디어가 있는 것이 더 좋다고 말하고 있습니다.

Ⅴ. This / requires / that people / evaluate / the products of their own or each other's imagination, and choose / those ideas (that / seem / promising enough to develop further), and abandon / those (that are unlikely to be successful).

구▶ 이를 위해 사람들은 자기 자신 또는 서로의 상상력 산물을 평가하고, 더 발전시킬 수 있을 정도로 유망해 보이는 아이디어를 선택하며, 성공 가능성이 작은 것들은 포기해야 한다고 합니다.

독▶ 유망한 아이디어를 선택하고, 유망하지 않은 아이디어는 포기하는 것은 Ⅳ번 문장의 좋은 아이디어 몇 개를 고르는 조건이며, 또 Ⅲ번 문장에서의 최종 목표와 관련된 내용임을 알 수 있습니다.

Ⅵ. **Thus**, being creative / ＿＿＿＿＿＿＿.

구▶ 따라서 창의적인 것은 ＿＿＿＿＿라고 합니다.

독▶ 'thus'가 제시되었으므로 중심 문장

Ⅶ. __In fact__, the ability (to generate creative ideas) / is / essentially useless / if these ideas /

subsequently die / a silent death.

구 사실, 창의적인 아이디어를 생성하는 능력은 이러한 아이디어가 이후 조용히 죽어 없어진다면 본질적으로 쓸모가 없다고 합니다.

독 'in fact'가 제시되었으므로 중심 문장

- Ⅲ번 문장의 아이디어 생성 능력이 중요하지 않은 이유를 설명하고 있는 문장이며, 아이디어를 쓸모 있게 하는 것은 생성이 아닌 효과가 있는 아이디어가 죽어 없어지지 않도록 효과적인 것들을 골라내는 것임을 알 수 있습니다.

다음 빈칸에 들어갈 말로 가장 적절한 것을 고르시오

Because the environment plays a significant role in aiding meaningful internal processes, subjective experience and the environment act as a 'coupled system.' This coupled system can be seen as a complete cognitive system of its own. In this manner, subjective experience is extended into the external environment and vice versa; the external environment with its disciplinary objects such as institutional laws and equipment becomes mental institutions that ______________. A subjectively held belief attains the status of objectivity when the belief is socially shared. **That is**, even if we are trained as hard-nosed health care rationalists, or no-nonsense bureaucrats, or data-driven scientists, research has shown that <u>our decisions are influenced</u> by various institutional practices. They include bureaucratic structures and procedures, the architectural design of health care institutions, the rules of evidence and the structure of allowable questions in a courtroom trial, the spatial arrangement of kindergartens and supermarkets, and a variety of conventions and practices designed to manipulate our emotions.

* vice versa: 역으로 ** bureaucrat: 관료

해설 [정답 : ①]

Ⅰ. 빈칸 문장에서는 제도적 법률과 장비와 같은 규율 객체를 지닌 외부 환경은 ______________ 정신적 제도가 된다고 합니다.

Ⅱ. 빈칸 뒤의 Ⅳ번 문장에서는 'A subjectively held belief attains the status of objectivity when the belief is socially shared.' 주관적으로 가지고 있는 믿음이 사회적으로 공유될 때 그 믿음은 객관성의 지위를 얻는다고 했습니다. 다음 Ⅴ번 문장에서는 이에 대한 예시로 'our decisions are influenced by various institutional practices' 우리의 결정은 다양한 제도적 관행의 영향을 받는다고 했습니다. 맥락상 주관적인 믿음이 사회적으로 공유되는 것은 우리의 생각이 제도적 관행에 영향을 받는 것을 의미하고, 그로 인해 객관성을 얻을 수 있다는 제도적 관행의 특징이 빈칸의 내용이므로 빈칸에는 우리의 결정에 영향을 주는 내용이 들어가야 합니다.

Ⅲ. 그러므로 정답은 ①번 'affect our subjective experience and solutions', '우리의 주관적 경험과 해결책에 영향을 미친다'가 됩니다.

Ⅰ. **Because** the environment / plays / a significant role (in aiding meaningful internal processes), subjective experience and the environment / act / as a 'coupled system.'

> 구▸ 'in V-ing'는 'V-ing 함에 있어서'를 의미합니다.
> - 환경이 의미 있는 내적 과정을 돕는 데 있어서 중요한 역할을 하므로, 주관적 경험과 환경은 '결합된 시스템'으로 작용한다고 합니다.

> 독▸ 'because'가 제시되었으므로 중심 문장
> - 환경과 경험이 서로 결합되어 시스템으로 작용한다고 말하고 있습니다.

Ⅱ. This coupled system / can be seen / as a complete cognitive system (of its own.)

> 구▸ 이 결합된 시스템은 그 자체로 하나의 완전한 인지 시스템으로 볼 수 있다고 합니다.

Ⅲ. In this manner, subjective experience / is extended into / the external environment and vice versa; the external environment (with its disciplinary objects / such as institutional laws and equipment) / becomes / mental institutions (that ______________).

* vice versa: 역으로

> 구▸ 이런 방식으로 주관적 경험은 외부 환경으로 확장되고 그 반대의 경우도 마찬가지여서, 제도적 법률과 장비와 같은 규율 객체를 지닌 외부 환경은 ____________정신적 제도가 된다고 합니다.

> 독▸ 이 경험과 환경의 결합으로 인해 규율적인 특징을 가지고 있는 환경이 어떠한 정신적인 제도가 되는지를 설명하고 있는 문장입니다.

* disciplinary - 규율의
* vice versa - 반대로

Ⅳ. A subjectively held belief / attains / the status (of objectivity) when the belief / is socially shared.

> 구▸ 주관적으로 가지고 있는 믿음이 사회적으로 공유될 때 그 믿음은 객관성의 지위를 얻는다고 합니다.

> 독▸ Ⅲ번 문장과 엮여, 주관적인 믿음이 사회적으로 공유되는 것은 주관적 경험이 외부 환경으로 확장되는 것과 같으며, 그 결과로 객관성이 발생한다고 볼 수 있습니다.

* attain - 얻다

Ⅴ. **That is**, even if we / are trained / as hard-nosed health care rationalists, or no-nonsense bureaucrats, or data-driven scientists, research / has shown / that / our decisions / are influenced / by various institutional practices.

** bureaucrat: 관료

> [구] 'A, or B, or C'로 병렬 구조로 되어 있습니다.
> - 즉, 우리가 엄격한 의료 합리주의자, 혹은 현실적인 관료, 혹은 데이터 기반의 과학자로 훈련되어 있다고 해도, 연구에 따르면 우리의 결정은 다양한 제도적 관행의 영향을 받는다고 합니다.

> [독] 'That is'가 제시되었으므로 중심 문장
> - 사례 문장이며, 우리의 결정이 제도적 관행에 의해 영향을 받는 것은 Ⅲ번 문장에서 외부 환경이 우리의 결정에 영향을 주는 제도가 된다는 것을 의미합니다.

Ⅵ. They / include / bureaucratic structures and procedures, / the architectural design of health care institutions, / the rules of evidence / and the structure of allowable questions in a courtroom trial, / the spatial arrangement (of kindergartens and supermarkets), / and a variety of conventions / and practices (designed to manipulate our emotions).

> [구] 그것에는 관료적 구조와 절차, 의료 기관의 건축 설계, 법정 재판에서 증거 규칙과 허용되는 질문의 구조, 유치원과 슈퍼마켓의 공간 배치, 그리고 우리의 감정을 다루기 위해 고안된 다양한 관습과 관행이 포함된다고 합니다.

> [독] 제도적 관행의 사례들이 언급되며, 이것들이 우리의 감정을 다루기 위해 고안되었다는 점이 언급되는 것으로 보아 관행들의 역할이 언급되었다고 볼 수 있습니다.

* manipulate - 조종하다

다음 빈칸에 들어갈 말로 가장 적절한 것을 고르시오.

    A large part of what we see is what we expect to see. This explains **why** we "see" faces and figures in a flickering campfire, or in moving clouds. **This is why** Leonardo da Vinci advised artists to discover their motifs by staring at patches on a blank wall. A fire provides a constant flickering change in visual information that never integrates into anything solid and **thereby** allows the brain to engage in a play of hypotheses. **On the other hand**, the wall does not present us with very much in the way of visual clues, and **so** the brain begins to make more and more hypotheses and desperately searches for confirmation. A crack in the wall looks a little like the profile of a nose and suddenly a whole face appears, or a leaping horse, or a dancing figure. In cases like these the brain's visual strategies are ____________.

                              * flicker: 흔들리다

해설 [정답 : ②]

Ⅰ. 이러한 경우에는 뇌의 시각적 전략은 ________라고 합니다. 어떤 경우에 뇌가 어떤 시각적 전략을 펼치는 지를 찾으면 됩니다.

Ⅱ. 우리가 보는 것은 우리가 보길 기대하는 것이라고 합니다. 이 내용이 지문 전체에서 재진술 되었습니다. 그리고 우리의 뇌가 가설을 만듦으로써 보길 기대하는 것을 보게 한다고 합니다. 빈칸 문장의 'these'는 빈칸 앞 문장에서 벽의 금을 보는 것이고 벽의 금을 볼 때는 뇌가 더 많은 가설을 만든다고 합니다. 즉 빈칸에 들어갈 말은 '더 많은 가설을 만들고 절실히 확인을 찾는다'입니다.

Ⅲ. '더 많은 가설을 만들고 절실히 확인을 찾는다'와 같은 내용의 선지는 'projecting images from within the mind out onto the world' '마음속으로부터 세계로 이미지를 투영하는 것'이 됩니다. 여기서 '마음 속'은 '뇌가 만든 가설' 그리고 '우리가 보길 기대하는 것'과 대응되며 세계로 이미지를 투영함으로써 우리는 '우리가 보길 기대하는 것'을 '우리가 보는 것'으로 인식하게 됩니다.

Ⅰ. A large part (of what we see) is / what we expect to see.

    구▶ 우리가 보는 것의 많은 부분은 우리가 보길 기대하는 것이라고 합니다.

    독▶ 우리가 보는 것 = 우리가 보길 기대하는 것이라고 합니다.

Ⅱ. This explains / why / we / "see" / faces and figures (in a flickering campfire, or in moving
clouds).

* flicker: 흔들리다

> **[구]** 그것은 왜 우리가 흔들리는 모닥불 혹은 움직이는 구름들에서 얼굴들과 형상들을 보는지 설명해준다고
> 합니다.

> **[독]** 'why'를 통해서 인과관계를 제시하므로 중심 문장!
> - '흔들리는 모닥불 혹은 움직이는 구름들' = '우리가 보는 것' '얼굴들과 형상들' = '우리가 보길
> 기대하는 것'에 대한 예시가 됩니다.

Ⅲ. **This is why** Leonardo da Vinci / advised / artists / to discover / their motifs (by staring at patches
on a blank wall).

> **[구]** 'This'는 Ⅰ번 문장을 지칭합니다.
> - advise A to-V - A에게 to-V하라고 조언하다.
> - by V-ing - ~함으로써
> - 그것은 레오나르도 다빈치가 예술가들에게 빈 벽의 부분을 응시함으로써 그들의 모티프들을
> 발견하라고 조언하는 이유라고 합니다.

> **[독]** 'why'를 통해서 인과관계를 보여주므로 중심 문장!
> - 왜 빈 벽을 보라고 했을까요? Ⅰ번 문장과 Ⅲ번 문장을 연결하면 우리는 기대하는 것을 보기
> 때문이라고 이해할 수 있습니다.
>
> * stare – 응시하다
> ** patch – 부분

Ⅳ. A fire / provides / a constant flickering change (in visual information) / that never integrates into /
anything solid and **thereby** allows / the brain / to engage in a play of hypotheses.

> **[구]** integrate into A - A로 통합되다.
> - allow A to-V - A에게 V하는 것을 허락하다.
> - 불은 시각 정보에서 확실한 어떤 것으로 통합되지 않는 끊임없이 반짝이는 변화를 제공하며 그러므로
> 뇌가 가설 놀이에 참여하는 것을 허락한다고 합니다.

> **[독]** 'thereby'는 '그러므로'이므로 인과관계를 제시해주는 중심 문장!
> - '불' = '우리가 보는 것' '뇌가 가설 놀이에 참여하는 것'= '우리가 보고 싶은 것을 보는 것'으로
> 대응할 수 있습니다.
> - '불' ⇒ 통합할 수 없는 끊임없이 변화하는 시각 정보
>   ⇒ '뇌가 가설 놀이에 참여하게 함'을 '우리가 보는 것'
>   ⇒ 시각 정보를 통합할 수 없음 ⇒ '우리가 보길 기대하는 것을 보게 함'으로 대응할 수 있습니다.

Ⅴ. **On the other hand**, / the wall / does not present / us (with very much / in the way / of visual clues), and so the brain / begins to make / more and more hypotheses and (begins와 searches를 연결) desperately searches for / confirmation.

> 구▶ 반면에, 벽은 우리에게 시각적인 단서의 방식으로 많은 정보를 주지 않으며, 그래서 뇌는 더 많은 가설들을 만들게 되고 필사적으로 확인을 찾는다고 합니다.

> 독▶ 'On the other hand' 와 'so'로 인해서 중심 문장!!
> - '가설을 만들고 확인을 찾다' = '우리가 보길 기대하는 것을 보게함'으로 대응됩니다.
> - Ⅳ번 문장에서는 통합되지 않은 정보로 인해서 뇌가 가설에 의존하게 되지만 Ⅴ번 문장에서는 정보를 주지 않아서 뇌가 가설에 의존하게 되고 확인을 찾는 것을 보여줍니다.

* confirm (사실임을 보여주다, 확증하다) + -tion (명사형 접사) = confirmation - 확증, 확인

Ⅵ. A crack (in the wall) looks a little like / the profile (of a nose) / and suddenly / a whole face / appears, or a leaping horse, or a dancing figure.

> 구▶ 벽에 있는 금은 코와 닮아 보여서 갑자기 전체 얼굴이 나타나거나 도약하는 말 또는 춤추는 사람이 나타난다고 합니다.

> 독▶ '벽에 있는 금' = '우리가 보는 것' '전체 얼굴, 도약하는 말, 춤추는 사람' = '뇌가 가설을 만드는 것' = '우리가 보기를 기대하는 것'으로 대응됩니다.

Ⅶ. In cases (like these) the brain's visual strategies / are _______________.

> 구▶ 그러한 경우에 뇌의 시각적 전략은 ________ 하다고 합니다.

다음 빈칸에 들어갈 말로 가장 적절한 것을 고르시오.

One of the factors determining the use of technologies of communication will be the kinds of investments made in equipment and personnel; who makes them, and what they expect in return. There is no guarantee that the investment will necessarily be in forms of communication that ___________________. **Because** the ownership of investment funds tends to be in the hands of commercial organisations, the modernisation of communications infrastructure only takes place on the basis of potential profitability. Take, **for example**, the installation of fibre-optic communications cable across the African continent. A number of African nations are involved in the development **but** its operational structures will be oriented to those who can pay for access. Many states that might wish to use it for education and information may not only find it too expensive **but** also simply unavailable to them. There can be no doubt that the development has been led by investment opportunity rather than community demand.

* fibre-optic: 광심유의

해설 [정답 : ②]

Ⅰ. 빈칸 문장에서 투자가 반드시 ________ 통신 형태일 것이라는 보장이 없다고 합니다. 우리는 어떠한 통신 형태일 필요가 없는지를 찾으면 됩니다.

Ⅱ. 지문의 Ⅲ번 문장에서 투자의 기금은 상업적 조직들이 가지고 있기 때문에 통신 기술에 대한 투자는 수익 가능성에 따라서 이루어 진다고 합니다. 이에 Ⅳ번 문장부터 아프리카에 통신 케이블을 설치하는 상황을 예시로 듭니다. 이후 Ⅶ번 문장에서 통신 케이블을 설치하는 것이 지역 사회의 수요가 아닌 투자 기회에 따라 이루어진다고 하므로 빈칸에 들어갈 말은 지역 사회의 수요입니다.

Ⅲ. 지역 사회의 수요와 관련된 선지는 ②번 'are most appropriate for the majority of people', '다수의 사람에게 가장 적합한'입니다.

Ⅰ. One of the factors (determining the use of technologies of communication) / will be / the kinds of investments (made in equipment and personnel); who / makes / them, and what they / expect (in return).

구 통신 기술의 사용을 결정하는 요인들 중 하나는 장비와 인력에 들어가는 투자의 종류, 즉, 누가 그것들을 (= 투자들을) 만들어 내고, 그들이 (= 만들어 낸 사람들이) 수익으로 무엇을 기대하는지라고 합니다.

독 통신 기술의 사용은 장비와 인력에 누가 투자를 하고 투자한 사람들이 무엇을 원하는지 등의 투자 내용이 영향을 끼친다고 합니다.

Ⅱ. There is / no guarantee (that the investment / will necessarily be (in forms of communication) (that ______________________)).

> 구▶ 투자가 반드시 ________ 통신 형태일 것이라는 보장이 없다고 합니다.

> 독▶ 투자가 ________ 통신 형태가 될 보장이 없다고 합니다.

Ⅲ. **Because** the ownership of investment funds / tends to be (in the hands of commercial organisations), the modernisation of communications infrastructure / only takes place (on the basis of potential profitability).

> 구▶ 투자 기금의 소유는 상업적 조직의 손에 있는 경향이 있기 때문에, 통신 기반 시설의 현대화는 오직 잠재적인 수익 가능성의 기반에서 발생한다고 합니다.

> 독▶ 'Because'가 제시되었으므로 중심 문장
>   - 투자할 돈들이 상업 조직에 있기 때문에 통신 시설에 대한 투자가 오직 수익 가능성에 초점을 맞춘다고 합니다.

Ⅳ. Take, **for example**, / the installation (of fibre-optic communications cable) (across the African continent).

* fibre-optic: 광섬유의

> 구▶ 아프리카 대륙 전역에 걸친 광섬유 통신 케이블 설치를 예로 들어보자고 합니다.

> 독▶ 'for example'이 제시되었으므로 앞 문장 중심 문장
>   - 아프리카 대륙 전체에 광섬유 통신 케이블을 설치하는 것을 예로 든다고 합니다.

Ⅴ. A number of African nations / are involved in / the development **but** its operational structures / will be oriented to those (who can pay for access).

> 구▶ 여러 아프리카 국가가 그 개발에 (= 광섬유 통신 케이블 설치에) 참여하지만, 그것의 (= 개발의) 운영 구조는 접근을 위해 지불할 수 있는 국가들을 향할 것이라고 합니다.

> 독▶ 'but'이 제시되었으므로 중심 문장
>   - 많은 국가들이 통신 시설 설치에 참여하겠지만 투자하는 상업 조직은 수익성을 보기 때문에 케이블의 설치는 비용을 낼 수 있는 국가 쪽으로 이루어질 것이라고 합니다.

Ⅵ. Many states (that might wish to use / it (for education and information)) / may not only find it too expensive **but** also simply unavailable to them.

> 구▶ 'not only A but also B'는 'A뿐만 아니라 B도'를 의미합니다.
>   - 교육과 정보를 위해 그것을 (= 통신 케이블을) 사용하기 원하는 많은 나라들은 너무 비쌀 뿐만 아니라 단순히 이용할 수 없다는 것을 알게 될지도 모른다고 합니다.

> 독▶ 'but'이 제시되었으므로 중심 문장
>   - 많은 나라들은 통신 케이블이 너무 비쌀 뿐만 아니라 이용도 할 수 없다는 것을 알게 된다고 합니다.

Ⅶ. There can be / no doubt (that the development / has been led (by investment opportunity rather than community demand)).

> 그 개발이 (= 통신 케이블이) 지역 사회의 수요보다는 투자 기회에 의해 이끌어졌다는 것은 의심의 여지가 없다고 합니다.

> 개발이 지역 사회의 수요보다는 투자 기회에 의해 이루어진다고 합니다.

다음 빈칸에 들어갈 말로 가장 적절한 것을 고르시오.

> When examining the archaeological record of human culture, one **has to** consider that it is vastly __________. Many aspects of human culture have what archaeologists describe as <u>low archaeological visibility</u>, meaning they are difficult to identify archaeologically. Archaeologists tend to focus on tangible (or material) aspects of culture: things that can be handled and photographed, such as tools, food, and structures. <u>Reconstructing intangible aspects of culture is more difficult, requiring that one draw more inferences from the tangible</u>. It is relatively easy, **for example**, for archaeologists to identify and draw inferences about technology and diet from stone tools and food remains. Using the same kinds of physical remains to draw inferences about social systems and what people were thinking about is more difficult. Archaeologists do it, **but** there are necessarily more inferences involved in getting from physical remains recognized as **trash** to making interpretations about belief systems.
>
> * archaeological: 고고학의

해설 [**정답** : ③]

Ⅰ. 빈칸 문장에서는 인류 문화에 대한 기록을 살펴볼 때, 그것이 매우 _____하다고 합니다. 즉 빈칸의 내용은 인류 문화의 기록에 관한 특징에 대한 설명이 됩니다.

Ⅱ. 인류 문화의 기록에 대한 설명은 지문에서 여러 차례 언급되는데, 다음과 같습니다. 먼저 Ⅱ번 문장에서는 'Many aspects of human culture have what archaeologists describe as low archaeological visibility', 인류 문화의 많은 측면들이 낮은 고고학적 가시성을 가지고 있다고 했고, Ⅳ번 문장에서는 'Reconstructing intangible aspects of culture is more difficult', 문화의 무형적 측면들을 재구성하는 것은 더 어렵다고 합니다. 유물에 관한 구체적인 인식이 언급되는 Ⅶ번 문장에서는 'physical remains recognized as trash', 쓸모없는 것으로 인식되는 물리적 유물이라고 하는 것으로 보아 문화는 낮은 가시성을 가지고 있기 때문에 무형적 측면을 재구성하는 것이 어렵고, 쓸모없는 유물로부터 추론을 더 많이 이끌어내야 한다는 것입니다.

Ⅲ. 즉 쓸모없다는 것으로 인식된다는 것은 기록에 관한 설명인 빈칸 부분과 직접적으로 연결되는 내용입니다. 그러므로 쓸모없다는 내용과 관련된 선지는 ③ incomplete, 불완전하다는 것이 됩니다.

Ⅰ. When examining the archaeological record (of human culture), one / **has to** consider / that / it / is / vastly __________.

* archaeological: 고고학의

구 인류 문화의 고고학 기록을 살펴볼 때, 우리는 그것이 엄청나게 _______ 것을 고려해야 한다고 합니다.

독 'has to' 제시되었으므로 중심 문장
 - 문장의 'it'은 인류 문화의 고고학 기록을 말하므로, 빈칸은 인류 문화의 고고학 기록에 대한 설명이라는 것을 알 수 있습니다.

Ⅱ. Many aspects (of human culture) have / what / archaeologists / describe / as low archaeological visibility, meaning / they / are / difficult to identify archaeologically.

구 'describe A as B'는 'A를 B로 묘사하다'를 의미합니다.
 - 인류 문화의 많은 측면은 고고학자들이 낮은 고고학적 가시성이라고 말하는 것을 지니고 있는데, 이것은 그것들이 고고학적으로 식별하기 어렵다는 것을 의미한다고 합니다.

독 인류 문화의 특징으로 고고학적으로 식별하기 어려움이 낮은 고고학적 가시성이 언급됩니다.

Ⅲ. Archaeologists / tend / to focus on / tangible (or material) aspects of culture: things (that / can be handled and photographed, such as tools, food, and structures).

구 고고학자들은 문화의 유형적인 (혹은 물질적인) 측면, 즉 도구, 음식, 구조물처럼 다루고 사진을 찍을 수 있는 것들에 초점을 맞추는 경향이 있다고 합니다.

독 문화는 유형적 측면이 있으며, 고고학자들은 유형적 측면에 초점을 맞춥니다.

Ⅳ. Reconstructing intangible aspects (of culture) / is / more difficult, requiring / that / one / draw / more inferences (from the tangible).

구 문화의 무형적 측면을 재구성하는 것은 더 어려워서, 우리는 유형적인 것에서 더 많은 추론을 끌어내야 한다고 합니다.

독 문화의 특징으로 무형적 측면 재구성의 어려움이 언급됩니다.
* in- (not) + tangible (유형적인) - intangible - 무형적인

Ⅴ. It / is / relatively easy, **for example**, for archaeologists / to identify and draw inferences (about technology and diet) (from stone tools and food remains).

> **구** ‘It + be동사 + 형용사 + to-V’는 가주어/진주어를 의미합니다.
>   - ‘to-V’ 앞에 있는 ‘for N’은 ‘to-V’에 대한 의미상 주어에 해당합니다.
>   - 예를 들어, 고고학자들이 석기와 음식 유물로부터 기술과 식습관을 식별하고 그것에 관한 추론을 도출하기는 비교적 쉽다고 합니다.

> **독** ‘for example’ 앞 문장은 중심 문장
>   - 석기와 음식 유물로부터 기술과 식습관을 식별하고 추론하는 것은 Ⅲ번 문장의 고고학자들이 문화의 유형적 측면에 초점을 맞추는 것에 대한 예시가 됩니다.

Ⅵ. Using the same kinds (of physical) / remains to draw / inferences / (about social systems and / what people / were thinking about) / is / more difficult.

> **구** 같은 종류의 물질적인 유물을 사용하여 사회 체계와 사람들이 무엇을 생각하고 있었는지에 관한 추론을 도출하는 것은 더 어렵다고 합니다.

> **독** 물질적 유물을 사용하여 사회 체계와 같은 추론을 도출하는 것은 Ⅳ번 문장의 문화의 무형적 측면을 재구성하는 것이 어려운 것에 대한 예시가 됩니다.

Ⅶ. Archaeologists / do / it, **but** there / are / necessarily more inferences (involved in / getting from / physical remains (recognized as trash to making interpretations (about belief systems))).

> **구** 고고학자들은 그렇게 하지만, 쓸모없는 것으로 인식되는 물리적 유물로부터 신념 체계에 관한 해석에 도달하는 것과 관련된 더 많은 추론이 어쩔 수 없이 있어야 한다고 합니다.

> **독** ‘but’으로 내용이 전환되므로 중심 문장
>   - 유물은 쓰레기처럼 인식되고, 그 때문에 유물로부터 해석에 도달하는 것이 어려우므로 많은 추론이 필요하다는 것입니다.

다음 빈칸에 들어갈 말로 가장 적절한 것을 고르시오.

Enabling animals to __________ is an almost universal function of learning. Most animals innately avoid objects they have not previously encountered. Unfamiliar objects may be dangerous; treating them with caution has survival value. If persisted in, **however**, such careful behavior could interfere with feeding and other necessary activities to the extent that the benefit of caution would be lost. A turtle that withdraws into its shell at every puff of wind or whenever a cloud casts a shadow would never win races, not even with a lazy rabbit. To overcome this problem, almost all animals habituate to safe stimuli that occur frequently. Confronted by a strange object, an inexperienced animal may freeze or attempt to hide, **but** if nothing unpleasant happens, sooner or later it will continue its activity. The possibility also exists that an unfamiliar object may be useful, **so** if it poses no immediate threat, a closer inspection may be worthwhile.

* innately: 선천적으로

해설 [정답 : ④]

Ⅰ. 빈칸 문장에서는 동물이 _______를 가능하게 하는 것은 보편적인 학습 기능이라고 합니다. 그러므로 지문에서 동물의 학습 기능을 유발하는 것을 파악해야 합니다.

Ⅱ. 먼저 지문의 초반 부분에서는 익숙하지 않은 것들을 피하는 동물의 특징이 언급되는데, 이것은 생존 가치를 갖지만, 필수적인 행동을 하지 못하게 된다는 단점으로 작용합니다. 그에 대한 해결책은 Ⅵ번 문장 이후 내용부터 드러납니다. Ⅵ번 문장에서는 'To overcome this problem, almost all animals habituate to safe stimuli that occur frequently', 이 문제를 극복하기 위해서, 거의 모든 동물들이 자주 발생하는 안전한 자극에 익숙해져 있다고 합니다. Ⅶ번 문장에서는 'if nothing unpleasant happens, sooner or later it will continue its activity', 불쾌한 일이 발생하지 않으면 그것은 활동을 계속한다고 하고, Ⅷ번 문장에서는 'if it poses no immediate threat, a closer inspection may be worthwhile', 즉각적인 위험을 주지 않는다면, 더 살펴보는 것이 가치가 있을 수도 있다고 합니다. 즉, 동물들이 안전한 자극에 익숙해지는 것이 문제를 극복하는 학습 기능을 하는 것이므로 빈칸에는 이와 관련된 내용이 들어가야 합니다.

Ⅲ. 이와 비슷한 내용의 선지는 ④번 선지로 operate in the presence of harmless stimuli, 무해한 자극이 있을 때 움직이는 것이 됩니다.

Ⅰ. Enabling animals / to __________ / is / an almost universal function (of learning).

구▶ 동물이 _______ 할 수 있게 하는 것은 학습의 거의 보편적인 기능이라고 합니다.

독▶ 빈칸은 동물이 하는 것이며, 빈칸은 동물의 학습 기능을 하는 것을 알 수 있습니다.

Ⅱ. Most animals / innately avoid / objects / they / have not previously encountered.

* innately: 선천적으로

구▶ 대부분의 동물은 선천적으로 이전에 마주치지 않은 대상을 피한다고 합니다.

Ⅲ. Unfamiliar objects / may be / dangerous; treating / them / with caution / has / survival value.

구▶ 'treat A with B'는 'A를 B로 다루다'를 의미합니다.
  - 익숙하지 않은 대상은 위험할 수 있으므로, 그것을 조심해서 다루는 것은 생존가치를 갖는다고 합니다.

독▶ Ⅱ번 문장에 동물들이 마주치지 않은 대상을 피하는 이유가 언급됩니다.

Ⅳ. If persisted in, **however**, such careful behavior / could interfere with / feeding and other necessary activities (to the extent that / the benefit (of caution) / would be lost).

구▶ 그러나 그러한 신중한 행동이 지속된다면, 그 행동은 조심해서 얻는 이익이 소실될 정도로 먹이 섭취와 다른 필요한 활동을 방해할 수도 있다고 합니다.

독▶ 'however'로 내용이 전환되므로 앞 뒷 문장 중심 문장
  - 익숙하지 않은 것을 회피하는 행동의 단점으로 내용이 전환됩니다.

* persist in - ~을 고집하다/지속하다
** interfere with - ~를 방해하다

Ⅴ. A turtle (that / withdraws into / its shell (at every puff of wind) or / whenever a cloud / casts / a shadow) / would never win / races, (not even with a lazy rabbit).

구▶ 'whenever'은 '복합관계대명사'에 해당합니다.
  어렵게 생각하지 마시고 '~할 때마다'로 외워서 해석합시다.
  - 바람이 조금 불 때마다, 또는 구름이 그림자를 드리울 때마다 등껍질 속으로 움츠리는 거북은 게으른 토끼와의 경주라도 결코 이기지 못할 것이라고 합니다.

독▶ Ⅳ번 문장의 예시입니다. 예시는 각각
  - 바람이 부는 것, 구름이 그림자를 드리우는 것-익숙하지 않은 대상
  - 등껍질 속으로 움츠리는 것-신중한 행동
  - 경주를 이기지 못하는 것-필요한 행동을 방해하는 것과 대응됩니다.

Ⅵ. To overcome this problem, almost all animals / habituate to / safe stimuli / that / occur frequently.

> 구 이 문제를 극복하기 위해, 거의 모든 동물은 자주 발생하는 안전한 자극에 익숙해져 있다고 합니다.

> 독 'this problem'은 작은 것을 피하느라 필수적인 활동을 방해하는 문제를 의미하며, 이 문제를 해결하기 위해 안전한 자극에 익숙해지는 것을 제시하고 있습니다.

* habituate to - ~에 익숙해지다

Ⅶ. Confronted by a strange object, / an inexperienced animal / may freeze or attempt to hide, **but** if nothing unpleasant / happens, sooner or later / it / will continue / its activity.

> 구 낯선 대상에 직면하면, 경험이 없는 동물은 얼어붙거나 숨으려고 할 수도 있지만, 불쾌한 일이 일어나지 않으면 그것은 머잖아 활동을 계속할 것이라고 합니다.

> 독 'but'이 언급되므로 중심 문장
> - 낯선 대상을 직면해도 부정적 상황이 발생하지 않으면 동물들이 활동을 계속하는 것은 Ⅵ번 문장에 대한 보충 설명이 됩니다.

* Confronted by - ~에 직면하다

Ⅷ. The possibility / also exists / that an unfamiliar object / may be / useful, **so** if it / poses / no immediate threat, / a closer inspection / may be / worthwhile.

> 구 익숙하지 않은 대상이 유용할 가능성도 있으므로, 그것이 즉각적인 위협을 주지 않는다면, 더 자세히 살펴보는 것이 가치가 있을 수도 있다고 합니다.

> 독 'so'가 '그래서'라는 뜻으로 사용되었으므로 중심 문장
> - 더 자세히 살펴보는 행동 역시 Ⅵ번 문장의 안전한 자극에 익숙해지는 것을 의미합니다.

* inspection - 조사, 관찰

21 25학년도 수능 31번 (정답률 35%)

다음 빈칸에 들어갈 말로 가장 적절한 것을 고르시오.

Literature can be helpful in the language learning process **because of** the _________ it fosters in readers. Core language teaching materials must concentrate on how a language operates both as a rule-based system and as a sociosemantic system. Very often, the process of learning is essentially analytic, piecemeal, and, at the level of the personality, fairly superficial. Engaging imaginatively with literature enables learners to shift the focus of their attention beyond the more mechanical aspects of the foreign language system. When a novel, play or short story is explored over a period of time, **the result** is that the reader begins to 'inhabit' the text. He or she is drawn into the book. Pinpointing what individual words or phrases may mean becomes less important than pursuing the development of the story. The reader is eager to find out what happens as events unfold; he or she feels close to certain characters and shares their emotional responses. The language becomes 'transparent' — the fiction draws the whole person into its own world.

* sociosemantic: 사회의미론적인 ** transparent: 투명한

해설 [**정답 : ⑤**]

Ⅰ. 빈칸 문장은 문학은 그것이 독자에게 촉진하는 _______ 때문에 언어 학습 과정에 도움이 될 수 있다고 합니다. 무엇 때문에 문학이 언어 학습 과정에 도움이 되는지, 그리고 문학이 독자에게 무엇을 촉진하는지를 찾으면 됩니다.

Ⅱ. 지문은 재진술로 도배가 되어있습니다. Ⅳ번 문장에서 문학에 상상적으로 참여하는 것은 외국어 체계의 기계적인 측면을 넘어가도록 독자들의 주의를 바꾼다고 하며, Ⅴ번 문장에서는 독자들이 문학의 글에 거주하게 된다고 합니다. 또한 Ⅵ번 문장에서는 독자들이 책 속으로 빠져들어간다고 하며, Ⅶ번 문장에서는 개별 단어나 어구가 의미하는 바를 아는 것, 즉, 기계적인 측면보다는 이야기의 전개를 더욱 추구하게 된다고 합니다. 이를 통해 문학은 독자들의 참여와 몰입을 촉진시키며, 이를 통해 언어 학습 과정에 도움이 된다는 것을 알 수 있습니다. 그러므로 빈칸에 들어갈 말은 독자들의 참여 혹은 몰입이 됩니다.

Ⅲ. 독자들의 참여 혹은 몰입과 같은 말은 ⑤번 'personal involvement', '개인적 참여'가 됩니다.

* ②번 선지 'artistic imagination'을 28%의 학생들이 골랐습니다. 문학에 참여할 때 상상력을 동원하게 된다는 내용은 Ⅳ번 문장에 있으나 이는 문학이 독자들의 상상력을 자극하는 것이 아닌 독자들이 상상을 하며 문학에 참여하는 것입니다. 즉, '문학 ⇒ 독자의 상상'이 아닌 '독자의 상상 ⇒ 문학'인 것입니다. 또한 예술적이라는 내용은 지문에 없기 때문에 오답 선지에 해당합니다.

Ⅰ. Literature / can be / helpful (in the language learning process) **because of** the __________ (it / fosters in readers).

> 구▶ 문학은 그것이 (= 문학이) 독자에게 촉진하는 ______ 때문에 언어 학습 과정에 도움이 될 수 있다고 합니다.

> 독▶ 'because of'가 제시되었으므로 중심 문장.
> - 문학이 무엇 때문에 언어 학습 과정에 도움이 되는지를 찾으면 됩니다.

Ⅱ. Core language teaching materials / must concentrate on / how a language / operates / both as a rule-based system and as a sociosemantic system.

* sociosemantic: 사회의미론적인

> 구▶ 'both A and B'는 'A와 B 둘다'를 의미합니다.
> - 핵심 언어 교육 자료는 언어가 규칙 기반 체계이자 사회의미론적인 체계로서 어떻게 작동하는지에 중점을 두어야 한다고 합니다.

> 독▶ 언어 교육 자료는 언어의 규칙이 어떻게 작용되고 사회의미론적으로 어떻게 작용되는지에 중점을 두어야 한다고 합니다.

Ⅲ. Very often, the process of learning / is / essentially analytic, piecemeal, and, (at the level of the personality), fairly superficial.

> 구▶ 매우 흔히, 학습 과정은 본질적으로 분석적이고 단편적이며, 개인의 수준에서는 상당히 피상적이라고 합니다.

> 독▶ 주로 학습 과정은 분석적이기도 하며, 일부분만 배우기도 하고, 겉핥기 수준으로 배우기도 한다고 합니다.

Ⅳ. Engaging imaginatively with literature / enables / learners / to shift the focus (of their attention) (beyond the more mechanical aspects of the foreign language system).

> 구▶ 'enable A to-V'는 'A가 V하는 것을 가능하게 하다'를 의미합니다.
> - 상상력을 발휘하여 문학에 참여하는 것은 학습자가 주의의 초점을 외국어 체계의 더 기계적인 측면 너머로 전환하는 것을 가능하게 한다고 합니다.

> 독▶ 상상력을 발휘하여 문학에 참여하는 것이 학습자가 기계적인 관점을 넘어 좀 더 집중할 수 있도록 한다고 합니다.

Ⅴ. When a novel, play or short story / is explored over a period of time, **the result** / is / that the reader / begins to 'inhabit' / the text.

> 구▶ 소설, 희곡, 혹은 단편 소설을 일정 기간 탐구하면, 그 결과로 독자는 그 글에 '거주하기' 시작한다고 합니다.

> 독▶ 'the result'를 통해 결과가 제시되므로 중심 문장
> - Ⅳ번 문장의 내용과 연결하여 이해하면 소설과 같은 문학을 일정 기간 배우게 되면 학습자는 그 글에 거주한다, 즉, 몰입하게 된다고 합니다.

Ⅵ. He or she / is drawn into the book.

> 구▶ 그 독자는 책 속으로 빨려 들어간다고 합니다.
> 독▶ 문학을 읽는 사람은 책에 몰입하게 된다는 Ⅴ번 문장을 재진술하고 있습니다.

Ⅶ. Pinpointing what individual words or phrases / may mean / becomes / less important than pursuing the development of the story.

> 구▶ 개별 단어나 어구가 의미하는 것을 집어내는 것은 이야기 전개를 추구하는 것보다 덜 중요하게 된다고 합니다.
> 독▶ 단어나 어구가 의미하는 것보다는 문학 작품의 내용을 더 추구하게 된다고 합니다. 이 역시 Ⅴ번, Ⅵ번 문장에 문학 작품에 몰입하게 된다는 내용을 재진술하고 있습니다.

Ⅷ. The reader / is eager to find out / what happens as events unfold; he or she / feels close to certain characters and shares / their emotional responses.

> 구▶ 독자는 사건이 전개되면서 무슨 일이 일어나는지 간절히 알아내고 싶어하고, 그 독자는 특정 등장인물들과 친밀감을 느끼며 그들의 감정적 반응을 공유한다고 합니다.
> 독▶ 문학을 읽는 사람들이 문학 작품에 몰입하는 것을 구체화하여 제시하고 있습니다.

Ⅸ. The language / becomes / 'transparent' — the fiction / draws / the whole person (into its own world).

** transparent: 투명한

> 구▶ 언어는 '투명'해지는데, 소설은 그 사람 전체를 그 자신의 (= 소설의) 세계로 끌어들인다고 합니다.
> 독▶ 문학 작품을 읽음으로써 단순히 단어나 어구가 의미하는 것에 집중하는 것이 아닌 내용에 집중하게 되는 것을 비유적으로 제시하고 있습니다.

다음 빈칸에 들어갈 말로 가장 적절한 것을 고르시오.

It is important to recognise the interdependence between individual, culturally formed actions and the state of cultural integration. People work within the forms provided by the cultural patterns that they have internalised, however contradictory these may be. Ideas are <u>worked out as logical implications or consequences of other accepted ideas</u>, and it is in this way that cultural innovations and discoveries are possible. New ideas are discovered through logical reasoning, **but** such discoveries are inherent in and integral to the conceptual system and are made possible only because of the acceptance of its premises. **For example**, the discoveries of new prime numbers are 'real' consequences of the particular number system employed. **Thus**, cultural ideas show 'advances' and 'developments' because they __________. The cumulative work of many individuals produces a corpus of knowledge within which certain 'discoveries' become possible or more likely. Such discoveries are 'ripe' and could not have occurred earlier and are also likely to be made simultaneously by numbers of individuals.

* corpus: 집적(集積) ** simultaneously: 동시에

해설 [**정답 : ①**]

Ⅰ. 빈칸 문장에서는 문화사상이 __________ 이기 때문에 '진보'와 '발전'을 보인다고 합니다. 그러므로 문화사상이 진보하고 발전하는 내용을 파악해 그 원인을 알아내야 합니다.

Ⅱ. 그 근거는 다음 문장에서 찾아볼 수 있습니다. Ⅲ번 문장에서는 'Ideas are worked out as logical implications or consequences of other accepted ideas, and it is in this way that cultural innovations and discoveries are possible', 사상은 다른 받아들여진 사상의 함축이나 결과로 도출되며, 이러한 방식으로 문화적 혁신과 발견이 가능하다고 했고, Ⅷ번 문장에서는 'The cumulative work of many individuals produces a corpus of knowledge within which certain 'discoveries' become possible or more likely', 많은 개인들의 누적 작업은 특정 "발견"이 가능해지거나 가능성이 높은 지식의 집적을 생산한다고 합니다. 그러므로 사상의 발견이 가능해지는 주된 원인은 Ⅲ번 문장에서 언급된 사상의 도출은 이전의 사상의 결과라는 내용 때문입니다.

Ⅲ. 빈칸에는 다른 사상의 함축이나 결과와 같은 내용이 들어가야 하며, 이와 관련된 선지는 ① are outgrowths of previous ideas, 이전 아이디어들의 결과가 됩니다.

Ⅰ. It / is / important / to recognise / the interdependence (between individual, culturally formed actions and the state / of cultural integration).

> **구** ‘It + be동사 + 형용사 + to-V’는 가주어/진주어를 의미합니다.
> - ‘between A and B’는 ‘A와 B 사이’를 의미합니다.
> - 개별적이고 문화적으로 형성된 행동과 문화적 통합의 상태 사이의 상호의존성을 인식하는 것은 중요하다고 합니다.
>
> **독** 행동과 문화적 통합의 관계에 대한 문장입니다.
> * inter- (상호의) + dependence (의존성) - interdependence – 상호의존성

Ⅱ. People / work / within the forms (provided by the cultural patterns) (that / they / have internalised), (however contradictory / these / may be).

> **구** 사람들은 아무리 모순되더라도 자신이 내면화한 문화적 패턴에 의해 제공되는 형태 내에서 일한다고 합니다.
>
> **독** 이 문장의 ‘however’은 ‘아무리 ~해도’ 라는 뜻의 복합관계대명사로 생각합시다.
> - 사람들이 내면화한 문화적 패턴이 제공하는 형태 속에서 일한다는 것은 Ⅰ번 문장의 문화적 통합이 행동에 영향을 끼친 내용에 대한 예시가 됩니다.

Ⅲ. Ideas / are worked out / as logical implications or consequences (of other accepted ideas), and it / is (in this way) / that cultural innovations and discoveries / are / possible.

> **구** 사상은 다른 수용된 사상의 논리적 영향이나 결과로 도출되고, 이러한 방식으로 문화적 혁신과 발견이 가능하다고 합니다.
>
> **독** 사상 역시 다른 사상에 영향을 미치며, 그 과정을 통해 문화적으로 발전하게 된다고 합니다.

Ⅳ. New ideas / are discovered / through logical reasoning, **but** such discoveries / are / inherent in and integral (to the conceptual system) and are made / possible (only because of the acceptance of its premises).

> **구** 새로운 사상은 논리적 추론을 통해 발견되지만, 그러한 발견은 개념 체계에 내재 및 내장되어 있고, 오직 그 전제를 수용하기 때문에 가능해진다고 합니다.
>
> **독** ‘but’이 언급되므로 중심 문장
> * inherent - 내재하는
> ** integral - 필수적인

Ⅴ. **For example**, the discoveries (of new prime numbers) / are / 'real' consequences (of the particular number system employed).

> 구▶ 예를 들어, 새로운 소수의 발견은 사용되고 있는 특정 숫자 체계의 '실제' 결과라고 합니다.

> 독▶ 'For example'이 제시되었으므로 앞 문장 중심 문장
> - Ⅳ번 문장의 예시입니다. 예시는 각각
> 새로운 소수의 발견-새로운 사상
> 특정 숫자 체계-개념 체계 로 대응됩니다.

Ⅵ. **Thus**, cultural ideas / show / 'advances' and 'developments' / because / they ___________.

> 구▶ 따라서, 문화적 사상은 _______ 때문에 '진보'와 '발전'을 보여 준다고 합니다.

> 독▶ 'Thus'가 언급되므로 중심 문장
> - Ⅲ번 문장의 재진술입니다.

Ⅶ. The cumulative work (of many individuals) / produces / a corpus of knowledge / within which certain 'discoveries' / become / possible or more likely.

* corpus: 집적(集積)

> 구▶ 많은 개인들의 축적된 작업은 특정 '발견'이 가능해지거나 가능성이 높아지는 집적된 지식을 생산한다고 합니다.

> 독▶ 작업이 축적되면서 이전에 받아들여진 개념 체계가 늘어나 새로운 지식이 발견될 가능성이 높아지는 것입니다.

* cumulate (누적되다) + -ive - cumulative - 누적되는

Ⅷ. Such discoveries / are / 'ripe' and could not have occurred earlier / and are also likely to be made simultaneously (by numbers of individuals).

** simultaneously: 동시에

> 구▶ 그러한 발견은 '알맞게 익었고', 더 일찍 발생할 수 없었을 것이며, 또한 다수의 개인에 의해 동시에 이루어질 가능성이 있다고 합니다.

> 독▶ 발견이 '알맞게 익었다는 것은' 발견될 가능성이 높아졌다는 것을 의미하고, 이전의 사상에 영향을 받기 때문에 일찍 발생할 수 없으며, 다수가 동시에 발견할 가능성이 높다는 것입니다.

다음 빈칸에 들어갈 말로 가장 적절한 것을 고르시오.

Young contemporary artists who employ digital technologies in their practice <u>rarely make reference to computers</u>. **For example**, Wade Guyton, an abstractionist who uses a word processing program and inkjet printers, does not call himself a computer artist. Moreover, some critics, who admire his work, <u>are little concerned about</u> his extensive use of computers in the art-making process. This is a marked **contrast** from three decades ago when artists who utilized computers were labeled by critics — often disapprovingly — as computer artists. For the present generation of artists, the computer, or more appropriately, the laptop, is one in a collection of integrated, portable digital technologies that link their social and working life. With tablets and cell phones surpassing personal computers in Internet usage, and as slim digital devices resemble nothing like the room-sized mainframes and bulky desktop computers of previous decades, it now appears that the computer artist is finally ＿＿＿＿＿.

해설 [**정답** : ⑤]

Ⅰ. 인터넷 사용에서 개인 컴퓨터를 능가하는 태블릿과 휴대 전화가 있고 그리고 수십년 전의 방 크기의 중앙 컴퓨터와 부피가 큰 컴퓨터를 전혀 닮지 않은 얇은 디지털 기기들 때문에, 컴퓨터 예술가는 마침내 ＿＿＿＿＿한 것으로 보인다고 합니다. 컴퓨터를 능가하는 디지털 기기가 있는 상황에서 컴퓨터 예술가들은 어떻게 변화했는지를 찾으면 됩니다.

Ⅱ. Ⅰ번 문장에서 현대의 디지털 기술들을 이용하는 젊은 예술가들은 컴퓨터를 언급하지 않는다고 합니다. 또한 Ⅳ번 문장에서 과거에는 컴퓨터 혹은 디지털 기술을 사용한 예술가들을 컴퓨터 예술가라고 여겼지만 현재에는 디지털 기술을 사용하더라도 컴퓨터 예술가로 여기지 않는다고 하므로 휴대 가능한 디지털 기기들이 늘어난 상황에서 컴퓨터 예술가들이 사라지고, 언급되지 않는 것을 알 수 있습니다. 빈칸에 들어갈 말은 '언급되지 않는다, 관심이 줄고 있다.'가 됩니다.

Ⅲ. '언급되지 않는다, 관심이 줄고 있다.'과 같은 맥락의 선지는 ⑤번 'extinct (멸종한)'이 됩니다.

* ②번 'influential', '영향력 있는' 선지가 29%의 선택률을 보인 문제입니다. 지문에서는 현대에 디지털 기술들을 사용하더라도 컴퓨터 예술가로 여겨지지 않는다고 재진술되어 있습니다. 하지만 일반적인 상식과는 반대되는 내용이기 때문에 수험생들의 주관적인 생각이 개입되어 반대 선지인 '영향력 있는'을 고르게 된 것으로 보입니다. 국어처럼 영어에서도 지문에서 제시된 내용으로만 판단해야지 자신의 주관을 개입해서는 안됩니다.

Ⅰ. Young contemporary artists (who employ / digital technologies (in their practice)) rarely make / reference (to computers).

구 자신의 일에 디지털 기술을 이용하는 현대의 젊은 예술가들은 컴퓨터를 언급하지 않는다고 합니다.

독 현대의 젊은 예술가들은 디지털 기술을 사용하지만 컴퓨터에 대해서는 언급하지 않는다고 합니다.
이후 지문에서 그 내용에 대해서 제시될 것임을 알 수 있습니다.

Ⅱ. **For example**, Wade Guyton, an abstractionist (who uses / a word processing program and inkjet printers),
/ does not call / himself / a computer artist.

구 'abstract'는 '추상적인'이란 뜻을 가지고 있습니다. '-ionist'는 '~를 하는 전문가'이므로 '추상적인
전문가', 즉, '추상주의 화가, 추상주의자'로 해석하시면 됩니다.
- 'call A B'는 'A를 B라고 부르다.'를 의미합니다.
- 예를 들어, Wade Guyton이란 워드 프로세스 프로그램과 잉크젯 프린터를 사용하는 추상주의 화가는
그 스스로를 컴퓨터 예술가라고 부르지 않았다고 합니다.

독 'for example'이 제시되었으므로 중심 문장
- 워드 프로세스 프로그램과 잉크젯 프린터와 같은 디지털 기술을 사용하는 Wade Guyton도 본인을
컴퓨터 아티스트라고 하지 않았다고 합니다.

Ⅲ. Moreover, some critics, (who admire / his work), / are little concerned about /

his extensive use of computers (in the art-making process).

구 게다가 그의 (= Wade Guyton의) 작품을 존경하는 몇몇 비평가들은 작품 제작 과정에서 그의 광범위한
컴퓨터의 사용에 관심을 가지고 있지 않다고 합니다.

독 비평가들 역시 Wade Guyton이 컴퓨터를 사용하는 것에 관심을 가지고 있지 않다고 합니다.

Ⅳ. This / is / a marked **contrast** (from three decades ago when artists (who utilized / computers)

were labeled by critics ― often disapprovingly ― as computer artists).

구 'label A as B'는 'A를 B로 여기다'라고 해석하시면 됩니다. 이 문장에서는 수동태로 사용되어 'A be
labeled as B' 형태로 제시되었습니다.
- 그것은 (= 디지털 기술을 사용하지만 비평가들이 컴퓨터 예술가라고 생각하지도 않고 스스로도 컴퓨터
예술가가 아니라고 생각하는 것은) 컴퓨터를 사용한 예술가들을 비평가들에 의해, 종종 탐탁지 않게,
컴퓨터 예술가로 여겨진 30년 전과는 대조를 이룬다고 합니다.

독 'contrast'가 제시되었으므로 중심 문장, This와 대조를 이루기 때문에 'This'가 지칭하는 Ⅲ번 문장도
주의 깊게 봐야 합니다.
- 과거에는 컴퓨터 혹은 디지털 기술을 사용한 예술가들을 컴퓨터 예술가라고 여겼지만 현재에는 디지털
기술을 사용하더라도 컴퓨터 예술가로 여기지 않는다고 합니다.

Ⅴ. (For the present generation of artists), the computer, (or more appropriately, the laptop), / is / one
(in a collection of integrated, portable digital technologies (that link / their social and working life)).

구▶ 현재 세대의 예술가들에게, 컴퓨터, 더 정확하게는 휴대용 컴퓨터는 그들의 사회 생활과 직업 생활을
연결하는 통합되고 휴대 가능한 디지털 기술들 중 하나라고 합니다.

독▶ 현세대에서 컴퓨터는 디지털 기술들이 발전된 기술 사회와 그들의 작업을 연결하는 것뿐이지 예술
작업의 중심적 위치에 있지 않다고 합니다.

Ⅵ. (With tablets and cell phones (surpassing / personal computers in Internet usage)), and as
slim digital devices / resemble / nothing (like the room-sized mainframes and bulky desktop
computers of previous decades), it / now appears / that the computer artist / is finally _________.

구▶ 인터넷 사용에서 개인 컴퓨터를 능가하는 태블릿과 휴대 전화가 있고 그리고 수십년 전의 방 크기의
중앙 컴퓨터와 부피가 큰 컴퓨터를 전혀 닮지 않은 얇은 디지털 기기들 때문에, 컴퓨터 예술가는 마침내
_________할 것으로 보인다고 합니다.

독▶ 개인 컴퓨터를 능가하는 태블릿과 휴대 전화가 있고 옛날과는 달리 얇은 디지털 기기들이 있다는 것은
Ⅴ번 문장에서 제시된 사회 생활과 직업 생활을 연결하는 휴대 가능한 디지털 기술들에 대한 예시에
해당합니다.

다음 빈칸에 들어갈 말로 가장 적절한 것을 고르시오.

One of the great risks of writing is that even the simplest of choices regarding wording or punctuation can sometimes ___________________ in ways that may seem unfair. **For example**, look again at the old grammar rule forbidding the splitting of infinitives. After decades of telling students to never split an infinitive (something just done in this sentence), most composition experts now acknowledge that a split infinitive is *not* a grammar crime. Suppose you have written a position paper trying to convince your city council of the need to hire security personnel for the library, and half of the council members — the people you wish to convince - remember their eighth-grade grammar teacher's warning about splitting infinitives. How will they respond when you tell them, in your introduction, that librarians are compelled "to always accompany" visitors to the rare book room **because of** the threat of damage? How much of their attention have you suddenly lost **because of** their automatic recollection of what is now a non rule? <u>It is possible</u>, **in other words**, <u>to write correctly and still offend your readers' notions of your language competence.</u>

* punctuation: 구두점 ** infinitive: 부정사(不定詞)

해설 [정답 : ③]

Ⅰ. 글을 쓰는데 가장 큰 위험 중 하나는 단어나 구두점과 관련된 간단한 선택들이 불공평해 보이는 방식으로 ________하다고 합니다. 즉 우리는 지문에서 제시하는 글을 쓰는데 가장 큰 위험 중 하나를 찾으면 됩니다.

Ⅱ. 그 후 가정을 하며 글을 쓴 사람과 글을 읽는 사람의 문법적 지식이 다른 상황을 보여줍니다. 마지막 문장에서 'in other words'로 가정을 정리하며 '맞게 쓰더라도 너의 언어적 능력에 대한 독자들의 생각이 공격받을 수 있다'고 합니다. 즉 글을 쓰는데 가장 큰 위험 중 하나는 '맞게 쓰더라도 언어적 능력에 대해서 의심받을 수 있다'가 됩니다.

Ⅲ. '맞게 쓰더라도 언어적 능력에 대해서 의심받을 수 있다'와 같은 내용의 선지는 ③번 선지 'prejudice your audience against you' '너에 대해서 너의 관중들이 편견을 가지다'가 됩니다.

Ⅰ. One of the great risks (of writing) / is / that / even the simplest (of choices) (regarding wording or punctuation) / can sometimes ___________________ (in ways / that / may seem / unfair).

* punctuation: 구두점

구▶ 글을 쓰는데 가장 큰 위험 중 하나는 단어나 구두점과 관련된 간단한 선택들이 불공평해 보이는 방식으로 ________ 하다고 합니다.

Ⅱ. **For example**, look again (at the grammar rules) (forbidding / the splitting of infinitives).

** infinitive: 부정사(不定詞)

> 구 ▶ 예를 들어 부정사들을 분리하는 것을 금지한 옛날 문법 규칙을 다시 한 번 보자고 합니다.

> 독 ▶ 'For example'이 존재하므로 Ⅰ번 문장이 중심 문장이 됩니다!

* forbid - 금지하다
** split – 분리하다

Ⅲ. After decades / of telling students (to never split / an infinitive) (something just done in this sentence), most composition experts / now acknowledge / that a split infinitive / is / *not* a grammar crime.

> 구 ▶ tell A to-V - A에게 V라고 이야기하다.
> - 부정사를 분리하는 것을 절대 하지 말라고 이야기를 한 수 십년 후에 (이 문장에서 이루어진 것) 대부분의 작문 전문가들은 부정사 분리가 문법적 위반이 아니라는 것을 인정했다고 합니다.

> 독 ▶ 옛날에는 부정사 분리가 금지되었지만 현재는 부정사 분리가 허용되는 것을 제시합니다.

Ⅳ. Suppose / you / have written / a position paper (trying to convince your city council (of the need)) (to hire / security personnel (for the library)), / and half of the council members — (the people you wish to convince) — remember / their eighth-grade grammar teacher's warning (about splitting infinitives).

> 구 ▶ 시의회 도서관에 보완 요원을 고용할 필요를 납득시키려는 의견서를 작성하고 있고 네가 납득시키고자 사람들인 시의회 의원들의 반이 부정사 분리에 대한 8학년 문법 선생님들의 경고를 기억하고 있다고 가정해 보자.

> 독 ▶ 옛날 부정사 분리가 안 되는 문법을 기억하고 있는 사람들을 납득시키기 위해서 글을 쓴다고 가정해 보자고 합니다.

* position paper - 의견서
** council - 의회

Ⅴ. How will they / respond / when / you / tell / them, (in your introduction), that librarians / are compelled "to always accompany" visitors (to the rare book room) (**because of** the threat (of damage))?

> 구 ▶ 네가 너의 도입부에서 손상의 위험 때문에 희귀 서적 자료실에서 방문객은 항상 도서관 사서를 동행해야 한다고 할 때 그들은 어떻게 반응할까? 라고 합니다.

> 독 ▶ 부정사 분리가 지켜지지 않는 상황을 예시로 들며 질문하고 있습니다.

* compel - 강요하다, ~하게 하다

Ⅵ. How much of their attention / have you / suddenly lost (**because of** their automatic recollection (of

what is now a non rule))?

> 구 지금은 규칙이 아닌 것에 대한 그들의 자동적인 회상 때문에 너는 그들의 관심을 얼마나 잃게 될까?
> 라고 합니다.

> 독 부정사 분리가 지켜지지 않는 상황에 대한 영향을 질문하고 있습니다.

* re- (다시) + collect (모으다) = recollect – 회상하다.

Ⅶ. It / is / possible, in other words, to write / correctly / and (**write와 offend 연결**) still offend /

your readers' notions (of your language competence).

> 구 It be 동사 + to-V는 가주어/진주어 의심하기
> - 'It'이 지칭하는 대상이 없으므로 가주어/진주어
> - 다시 말해서, 맞게 써놓고 너의 언어적 능력에 대한 독자들의 생각을 공격하는 것이 가능하다고
>   합니다.

> 독 'in other words'는 '다시 말해서'를 뜻하므로 재진술 중심 문장입니다!
> - 본인이 문법적으로 맞게 쓰더라도 독자들이 본인의 언어적 능력을 의심할 수 있다고 합니다.

Q 부정사 분리가 무엇인가요?

A 몰라도 됩니다. 이 문제는 부정사 분리를 이해하지 못하더라도 재진술을 통해서만 풀 수 있으며, 평가원은 고등학교 1학년 수준의 배경 지식을 요구하고 그 이상의 배경 지식을 요구하지 않기 때문에 평가원 영어 문제는 위와 같은 전문적인 지식을 모르더라도 풀 수 있도록 출제합니다. 하지만 기출 지문 이해를 위해서 설명하겠습니다. 부정사 분리란 'to-V', 즉 to 부정사가 사용될 때 to 부사 V 형태로 to와 V 사이에 부사가 위치하는 것을 이야기합니다. 그래서 부정사 분리란 정확히는 (to)부정사 분리가 됩니다. Ⅲ번 문장에서 'to never split an infinitive'는 'to'와 동사 'split' 사이에 부사 'never'가 위치하였고 Ⅴ번 문장에서 "to always accompany"는 'to'와 동사 'accompany' 사이에 부사 'always'가 위치하였습니다.

다음 빈칸에 들어갈 말로 가장 적절한 것을 고르시오.

> Protopia is a state of becoming, rather than a destination. It is a process. In the protopian mode, things are better today than they were yesterday, **although** only a little better. It is incremental improvement or mild progress. The "pro" in protopian **stems from** the notions of process and progress. This subtle progress is not dramatic, not exciting. It is easy to miss because a protopia generates almost as many new problems as new benefits. The problems of today were **caused** by yesterday's technological successes, and the technological solutions to today's problems will **cause** the problems of tomorrow. This circular expansion of both problems and solutions ________________________. Ever since the Enlightenment and the invention of science, we've managed to create a tiny bit more than we've destroyed each year. **But** that few percent positive difference is compounded over decades into what we might call civilization. Its benefits never star in movies.
>
> * incremental: 증가의 ** compound: 조합하다

해설 [정답 : ④]

Ⅰ. 그 문제점들과 해결책들의 순환적 팽창은 ______하다고 합니다. 문제점들과 해결책들의 반복이 어떤 영향을 끼치는지 찾으면 됩니다.

Ⅱ. 진보 = 해결책 = 창조되는 것, 문제점 = 파괴되는 것으로 재진술하여 제시하기 때문에 쉽지는 않습니다. 미묘한 진보는 극적이지도 재밌지도 않고 이점만큼 문제점들도 많기 때문에 잊히기 쉽다고 합니다. 하지만 그러한 우리는 파괴하는 것 (=문제점)보다 창조되는 것 (=진보)들이 더 많았고 그 미묘한 긍정적 차이가 문명을 조합했다고 합니다. 이를 종합하여 빈칸에 들어갈 말은 이득이 되지만 잊혀지기 쉽다가 됩니다.

Ⅲ. 이득이 되지만 잊혀지기 쉽다와 같은 내용의 선지는 'hides a steady accumulation of small net benefits over time' '시간이 지남에 따라 작은 순이익의 꾸준한 축적을 숨긴다'가 됩니다.

* ⑤번 선지 : 빈칸 뒷부분에서는 작은 차이가 조합되어 문명이라고 부르는 것으로 조합된다고 했지만, 마지막 문장의 Its benefit never star in movies, 영화에서 주연은 아니라고 합니다. 즉, 그 작은 이점들이 바로 변화를 가져오지 않고 주연처럼 눈에 띄지는 않지만 축적되어 변화를 이끈다는 내용이 됩니다. 이 내용은 ⑤번 선지의 기술적 성공의 엄청난 변화라고 볼 수 없으며, 지문에서는 눈에 띄지 않는 기술적인 '작은' 진보들로부터 유래된 축적에 대해서 제시하므로 'considerable change'는 반대 내용이자 언급되지 않은 내용에 해당합니다.

Ⅰ. Protopia / is / a state (of becoming), / rather than a destination.

구 프로토피아는 목적지보다는 되어가는 상태라고 합니다.

Ⅱ. In the protopian mode, / things / are / better today / than / they / were / yesterday, / **although**
only a little better.

> 구▶ 오직 조금 나아지는 것일지라도, 프로토피아 상태에서는 오늘 날의 것들이 어제의 것들 보다 좋다고
> 합니다.

> 독▶ 'although'이니 중심 문장!

Ⅲ. It / is / incremental improvement or mild progress.

* incremental: 증가의

> 구▶ 그것은 증가하는 개선이며 가벼운 진보라고 합니다.

* mild - 가벼운, 포근한

Ⅳ. The "pro" in protopian / stems from / the notions (of process and progress).

> 구▶ 프로토피아에서 그 "pro"는 과정과 진보의 개념들로부터 유래되었다고 합니다.

> 독▶ 'stem from'는 ~로부터 유래되다는 인과관계를 알려주므로 중심 문장!

Ⅴ. This subtle progress / is / not dramatic, not exciting.

> 구▶ 그 미묘한 진보는 극적이지도 재밌지도 않다고 합니다.

Ⅵ. It / is / easy to miss / **because** a protopia / generates / almost as many new problems / as
new benefits.

> 구▶ 여기서 'It'은 Ⅴ번 문장의 'this subtle progress'를 지칭합니다.
> - as A as B - B만큼이나 A
> - 프로토피아는 많은 이점만큼이나 많은 문제들도 발생하기 때문에 이것은 쉽게 잊힌다고 합니다.

> 독▶ 'because' 인과관계를 제시해 줍니다.
> - 많은 이점만큼 많은 문제점을 발생시킴 ⇒ 프로토피아로 인한 진보를 잊게 만듦으로 이해하시면
> 됩니다.

Ⅶ. The problems (of today) / were caused / by yesterday's technological successes, / and the
technological solutions (to today's problems) / will cause / the problems (of tomorrow).

> 구▶ 오늘날의 문제들은 과거의 기술적 성공들로부터 야기되었고 오늘날의 문제들에 대한 기술적 해결책들은
> 미래의 문제를 야기할 것이라고 합니다.

> 독▶ 'cause'가 연속적으로 제시되니 중심 문장!
> - 과거의 성공 ⇒ 오늘날의 문제 ⇒ 오늘날의 문제에 대한 해결책 ⇒ 미래의 문제가 된다고 합니다.
> - 이를 Ⅵ번 문장과 연결한다면 오늘날 기술의 진보가 발생한다면 과거의 문제에 대한 해결책이
> 되겠지만 미래의 문제들이 될 수 있으므로 그 진보가 잊히기 쉽다고 합니다.

Ⅷ. This circular expansion (of both problems and solutions) ____________________.

> 구 ‘This circular expansion of both problems and solutions’는 Ⅶ번 문장을 지칭합니다.
>   - 문제들과 해결책들에 의한 순환적 팽창은 ______ 하다고 합니다.
>
> * circular - 순환의, 반복되는
> ** expand (팽창하다) + -ion (명사형 접사) = expansion - 팽창

Ⅸ. Ever since the Enlightenment and the invention of science, / we've managed to create / a tiny bit more than / we've destroyed each year.

> 구 심지어 계몽주의와 과학의 발명 이래로 우리는 우리가 파괴해왔던 것들보다 조금 더 많은 것을 만들어 왔다고 합니다.
>
> 독 ‘파괴해왔던 것 = 문제점’ ‘새로 창조하는 것 = 해결책, 진보’로 재진술 됩니다. 즉 우리는 문제보다 해결책, 진보를 더 이루어왔다고 합니다.

Ⅹ. **But** that few percent positive difference / is compounded (over decades) (into what / we / might call / civilization.) Its benefits / never star (in movies).

> ** compound: 조합하다

> 구 그러나 그 조금의 긍정적인 차이가 수십 년간 우리가 문명이라고 부르는 것으로 조합된다.
>   그것의 이점은 영화 안에서 주연을 맡지 않는다고 합니다.
>   - ‘Its’는 소유격이므로 ‘benefits’은 명사가 될 수밖에 없습니다. 그러므로 동사는 ‘star’가 됩니다.
>   ‘star’의 동사 뜻을 유추해 봅시다. 이것의 이점들이 영화들 안에서 ‘star’하지 못한다가 되고 ‘star’가
>   동사로 쓰이면 ‘별을 하다’로 유추됩니다. 이것의 이점들이 영화들 안에서 별을 하지 못한다.
>   즉 주연을 하지 못하다가 됩니다.
>
> 독 ‘But’이 주어졌으니 앞뒤 문장은 중심 문장!
>   - Ⅸ번 문장의 우리는 파괴해왔던 것보다 창조하는 것이 많은 것을 Ⅹ번 문장에서 재진술하고
>   있습니다.
>   - ‘그것의 이점들 (= 진보)는 영화에서 주연을 하지 못한다.’는 Ⅵ번 문장의 진보가 잊히기 쉽다는
>   내용을 재진술 합니다.

Q Ⅹ번 문장에서 ‘But’이 사용된 이유는 무엇인가요?

A Ⅸ번 문장까지는 문제점보다는 해결책이 조금 더 많다고 합니다. 하지만 Ⅹ번 문장에서는 조금의 차이가 축적되어 문명이 된다고 합니다. 즉, 비록 해결책이 바로 상당한 변화를 이끌지는 못하지만 축적되면 문명이라는 거대한 결과를 유발한다고 합니다. Ⅸ번 문장까지 서술된 작은 차이가 Ⅹ번 문장의 문명이라는 큰 결과를 만들어 낸다는 것을 ‘작은 차이’와 ‘문명’을 대조하여 강조하기 위해서 ‘But’이 사용되었습니다.

다음 빈칸에 들어갈 말로 가장 적절한 것을 고르시오.

That people need other people is hardly news, **but** for Rousseau this dependence extended far beyond companionship or even love, into the very process of becoming human. Rousseau believed that people are not born **but** made, every individual a bundle of potentials whose realization requires the active involvement of other people. Self-development is a social process. Self-sufficiency is an impossible fantasy. Much of the time Rousseau wished passionately that it were not: Robinson Crusoe was a favorite book, and he yearned to be free from the pains and uncertainties of social life. **But** his writings document with extraordinary clarity _________________________. "Our sweetest existence is relative and collective, and our true self is not entirely within us." And it is kindness — which Rousseau analyzed under the rubric of pitié, which translates as "pity" **but** is much closer to "sympathy" as Hume and Smith defined it — that is the key to this collective existence.

* yearn: 갈망하다 ** rubric: 항목

해설 [정답 : ③]

Ⅰ. 빈칸 문장은 그러나 그의 서류에는 보기 드문 명료함으로 ______________하다고 합니다. 우리는 '그'가 누구인지와 그가 주장하는 내용을 찾으면 됩니다.

Ⅱ. '그'는 지문에서 도배가 되어 있는 'Rousseau'임을 알 수 있습니다. 'Rousseau'는 사람은 다른 사람이 필요하며, 사람은 만들어 지는 것이라고 합니다. 또한 Ⅶ번 문장에서 사람은 상대적이고 집합적이라고 하며, Ⅷ번 문장에서 집단적 존재인 사람에게 가장 중요한 것은 "연민"이라고 합니다. 'Hume'과 'Smith'는 이를 '공감'이라고 했습니다. 이를 통해 빈칸에 들어갈 말은 사람은 만들어지며, 연민 혹은 공감이 중요하다가 됨을 알 수 있습니다.

Ⅲ. 사람은 만들어지며, 연민 혹은 공감이 중요하다와 같은 내용의 선지는 'the shaping of the individual by his emotional attachments', '정서적 유대에 의해 개인이 형성되는 과정'입니다.

* 24%의 수험생이 ②번 선지 'the development of self-sufficiency through literary works', '문학 작품을 통한 자족 개발'을 골랐습니다. Ⅳ번 문장에서 자기 충족은 불가능한 것이라고 제시하며, Ⅴ번 문장에서 Rosseau는 이를 부정했지만 나중에는 이를 인정했다는 내용이므로 ②번 선지는 반대 내용에 해당합니다.

Ⅰ. That people / need / other people / is hardly / news, **but** (for Rousseau) this dependence / extended far (beyond companionship or even love), into / the very process of becoming human.

> 구 'the very + 명사'는 명사 강조 표현으로 '바로 그 명사'로 해석하시면 됩니다.
> - 사람은 다른 사람이 필요하다는 것은 새로운 것이 없지만, Rousseau에게는 그러한 의존이 (= 사람은 다른 사람이 필요하다는 것이) 동료나 심지어 사랑을 넘어 인간이 되는 바로 그 과정에까지 확장한다고 합니다.

> 독 'but'이 제시되었으므로 중심 문장
> - 사람은 다른 사람이 필요하다는 것은 사람이 되어 가는 과정까지 확장된다고 합니다.

Ⅱ. Rousseau / believed / that people / are not born but made, every individual a bundle of potentials (whose realization / requires / the active involvement of other people).

> 구 Rousseau는 사람은 태어나는 것이 아니라 만들어지고, 모든 개인은 잠재성 꾸러미이고, 이 잠재성을 실현하기 위해서는 다른 사람의 적극적인 관여가 필요하다고 믿었다고 합니다.

> 독 'but'이 제시되었으므로 중심 문장
> - 사람들이 다른 사람들을 통해서 잠재성을 실현하게 되고 이 때 다른 사람의 도움이 필요하다고 합니다.

Ⅲ. Self-development / is / a social process.

> 구 자기 발전은 사회적 과정이라고 합니다.

> 독 자기 발전은 Ⅰ번, Ⅱ번 문장에서 제시되었듯이 만들어지는 사회적 과정이라고 합니다.

Ⅳ. Self-sufficiency / is / an impossible fantasy.

> 구 자기 충족은 불가능한 환상이라고 합니다.

> 독 자기 충족은 불가능한 것이라고 합니다.

Ⅴ. Much of the time Rousseau / wished passionately / that it were not: Robinson Crusoe / was / a favorite book, and he / yearned to be free (from the pains and uncertainties of social life).

* yearn: 갈망하다

> 구 Rousseau는 많은 시간을 그것이 그렇지 않기를 (= 자기 개발이 사회적 과정이 아니고 자기 충족이 가능하기를) 열정적으로 원했는데 *Robinson Crusoe*는 좋아하는 책이었고, 그는 사회생활의 고통과 불확실성에서 벗어나기를 갈망했다고 합니다.

> 독 Rousseau는 사회생활의 고통과 불확실성에서 벗어나고 싶었다고 합니다.

Ⅵ. **But** his writings document (with extraordinary clarity) ______________________.

> 구 그러나 그의 서류에는 보기 드문 명료함으로 ___________하다고 합니다.

> 독 'But'이 제시되었으므로 앞 뒷 문장 중심 문장
> - Rousseau의 생각과는 달리 그의 책에는 명료하게 ___________ 하다고 합니다.

Ⅶ. "Our sweetest existence / is / relative and collective, and our true self / is not entirely (within us)."

[구] "우리의 가장 달콤한 존재는 상대적이고 집단적이며, 우리의 진정한 자아는 우리 안에 있는 것이 아니다"라고 합니다.

[독] 그의 책에서 사람은 상대적이고 집단적이며, 사람의 진정한 자아는 우리 안에 있는 것이 아니라고 합니다. 즉, 이를 Ⅰ번, Ⅱ번 문장과 연결하면, 사람은 다른 사람에 의해 만들어지므로 상대적이고 집단적이며, 사람의 진정한 자아는 만들어 지는 것이므로 우리 안에서 태어나는 것이 아니라고 합니다.

Ⅷ. And it is / kindness — (which Rousseau / analyzed (under the rubric of pitié,) (which translates as "pity") **but** is much closer to "sympathy" (as Hume and Smith / defined / it) — that / is / the key (to this collective existence).

** rubric: 항목

[구] 'it is + 명사 + that'은 가주어/진주어 혹은 강조구문을 의미합니다. 이 문장에서는 가주어/진주어로 사용되었습니다.
- 이러한 집단적 존재의 핵심은 친절인데, Rousseau는 이를 *pitié*라는 항목 아래에서 분석했고, 이는 "연민"으로 번역되지만, Hume과 Smith가 정의한 "공감"에 더욱 가깝다고 합니다.

[독] 'but'이 제시되었으므로 중심 문장
- 사람이 사람이 되어가는 과정에서 가장 중요한 것은 친절인데, Rosseau는 연민으로, Hume 그리고 Smith는 공감으로 정의했다고 합니다.

다음 빈칸에 들어갈 말로 가장 적절한 것을 고르시오.

Everyone who drives, walks, or swipes a transit card in a city views herself as a transportation expert from the moment she walks out the front door. And how she views the street ______________. That's why we find so many well-intentioned and civic-minded citizens arguing past one another. At neighborhood meetings in school auditoriums, and in back rooms at libraries and churches, local residents across the nation gather for often-contentious discussions about transportation proposals that would change a city's streets. And like all politics, all transportation is <u>local and intensely personal</u>. A transit project that could speed travel for tens of thousands of people can be stopped by objections to the loss of a few parking spaces or by the simple fear that the project won't work. It's not a challenge of the data or the traffic engineering or the planning. Public debates about streets are typically rooted in emotional assumptions about how a change will affect a person's commute, ability to park, belief about what is safe and what isn't, or the bottom line of a local business.

* swipe: 판독기에 통과시키다 ** contentious: 논쟁적인 *** commute: 통근

해설 [정답 : ④]

Ⅰ. 빈칸 문장에서는 그녀가 도로를 바라보는 방식은 __________라고 합니다.

Ⅱ. 빈칸 앞 Ⅰ번 문장에서는 'Everyone who drives, walks, or swipes a transit card in a city' 도시에서 운전하거나, 걷거나, 교통 카드를 통과시키는 사람들이라는 내용으로 보아 그녀는 교통수단을 이용하는 도시인을 지칭하므로, 빈칸의 내용은 사람들이 교통 수단을 인식하는 방식과 관련된 내용이 됩니다.
이것과 관련된 내용은 Ⅴ번 문장에서 직접적으로 언급되는데, 'all transportation is local and intensely personal' 모든 교통은 지역적이고 굉장히 개인적이라고 합니다.
다음 Ⅵ번 문장에서 'A transit project that could speed travel for tens of thousands of people can be stopped by objections to the loss of a few parking spaces' 수만 명의 이동을 돕는 교통 프로젝트가 몇 개의 주차 공간 상실로 의한 반대로 인해 중단된다는 것은 교통 정책을 개인적으로 바라보는 관점에 관한 예시가 되므로 이와 관련된 내용이 빈칸에 들어가야 합니다.

Ⅲ. 이를 표현한 선지는 ④번 'tracks pretty closely with how she gets around', '그녀가 돌아다니는 방식과 매우 밀접하게 일치한다'가 됩니다. 그러므로 정답은 ④번이 됩니다.

Ⅰ. Everyone (who / drives, walks, or swipes / a transit card (in a city)) / views / herself / as a transportation expert (from the moment / she / walks out the front door).

* swipe: 판독기에 통과시키다

> **구** view A as B - A를 B로 여기다
> - 도시에서 운전하거나 걷거나 교통 카드를 판독기에 통과시키는 모든 사람은 현관문을 나서는 순간부터 자신을 교통 전문가로 여긴다고 합니다.

> **독** 관계대명사 절의 예시는 교통을 이용하는 사람들을 말하며, 이 교통 이용자들은 자신을 전문가로 생각한다고 합니다.

Ⅱ. And how / she / views / the street ____________.

> **구** 그리고 그 사람이 도로를 바라보는 방식은 ____________라고 합니다.

> **독** Ⅰ번 문장의 새로운 특징이 언급되고 있습니다.

Ⅲ. That's why / we / find / so many well-intentioned and civic-minded citizens arguing past one another.

> **구** 그런 이유로 우리는 선의의 시민 의식을 가진 매우 많은 사람들이 서로를 지나치며 언쟁하는 것을 보게 된다고 합니다.

> **독** Ⅱ번 문장의 결과로 사람들이 서로 언쟁한다는 내용이 언급됩니다.

Ⅳ. At neighborhood meetings in school auditoriums, and in back rooms at libraries and churches, local residents across the nation / gather (for often-contentious discussions about transportation proposals / that / would change / a city's streets).

** contentious: 논쟁적인

> **구** 학교 강당에서 열리는 주민 회의에서, 도서관과 교회의 뒷방에서, 전국의 지역 주민들이 모여 도시의 거리를 바꿀 교통 제안에 대해 흔히 논쟁적인 토론을 벌인다고 합니다.

> **독** Ⅲ번 문장의 세부 내용이 추가로 나열됩니다. 그들은 스스로를 교통 전문가로 인식하기 때문에 교통의 변화를 주제로 토론하는 것임을 알 수 있습니다.

Ⅴ. And like all politics, all transportation / is / local and intensely personal.

> **구** 그리고 모든 정치와 마찬가지로, 모든 교통은 지역적이고 지극히 개인적이라고 합니다.

> **독** 지역적이고 개인적인 교통의 특징이 언급됩니다.

Ⅵ. A transit project (that / could speed travel for tens of thousands of people) / can be stopped by objections to the loss (of a few parking spaces) or by the simple fear / that / the project / won't work.

구▶ 수만 명의 이동 속도를 높일 수 있는 교통 프로젝트는 몇 개의 주차 공간 상실에 대한 반대나 프로젝트가 효과가 없을 것이라는 단순한 두려움 때문에 중단될 수 있다고 합니다.

독▶ 이전에 언급된 내용을 종합하여 판단해야 합니다.
Ⅰ번 문장: 교통을 이용하는 사람들은 스스로를 전문가로 인식한다.
Ⅳ번 문장: 전문가라고 인식하기 때문에 서로 교통에 관한 토론을 벌인다.
Ⅴ번 문장: 교통은 지역적이고 개인적이다.
그렇다면 Ⅵ번 문장에서 교통 프로젝트가 두려움 때문에 중단된다고 했을 때, 이 결과의 원인이 토론을 하며 도출한 효과성에 대한 두려움으로 인해 발생한다는 것을 알 수 있습니다.

Ⅶ. It's not / a challenge (of the data) or the traffic engineering or the planning.

구▶ 그것은 데이터나 교통 공학 또는 계획의 과제가 아니라고 합니다.

독▶ 사람들이 토론을 하면서 발생한 두려움과 대척점에 있는 것이 Ⅶ번 문장의 내용입니다. 교통 자체가 지역적이기 때문에, 프로젝트의 실행 여부는 데이터와 관련이 없으며 지역의 사람들이 느끼는 것에 영향을 받는다는 것을 알 수 있습니다.

Ⅷ. Public debates (about streets) / are typically rooted in emotional assumptions about how / a change / will affect / a person's commute, ability to park, belief about / what / is safe and what / isn't, or the bottom line of a local business.

*** commute: 통근

구▶ 도로에 대한 대중 토론은 보통 변화가 개인의 통근, 주차 능력, 안전한 것과 안전하지 않은 것에 대한 믿음, 또는 지역 사업체의 순익에 어떤 영향을 미칠지에 대한 감정적인 추정에 뿌리를 두고 있다고 합니다.

독▶ 토론을 통해 교통의 변화가 자신에게 미치는 영향을 파악한다는 Ⅳ번 문장에 대한 추가 설명을 하는 문장입니다.

다음 빈칸에 들어갈 말로 가장 적절한 것을 고르시오.

An invention or discovery that is too far ahead of its time is worthless; no one can follow. Ideally, an innovation <u>opens up only the next step from what is known and invites the culture to move forward one hop</u>. An overly futuristic, unconventional, or visionary invention can fail initially (it may lack essential not-yet-invented materials or a critical market or proper understanding) yet succeed later, when the ecology of supporting ideas catches up. Gregor Mendel's 1865 theories of genetic heredity were correct **but** ignored for 35 years. His sharp insights were not accepted **because** they did not explain the problems biologists had at the time, nor did his explanation operate by known mechanisms, **so** his discoveries were out of reach even for the early adopters. Decades later science faced the urgent questions that Mendel's discoveries could answer. Now his insights ____________. Within a few years of one another, three different scientists each independently rediscovered Mendel's forgotten work, which of course had been there all along.

* ecology: 생태 환경 ** heredity: 유전

해설 [정답 : ④]

I. 빈칸 문장에서는 이제 그의 통찰력은 ____________라고 합니다. 빈칸 앞 문장의 'Mendel's discoveries could answer'로 보아 그는 Mendel, 통찰력은 그가 행한 발견을 의미하며, 이것이 'Now'라는 시점에서 어떻게 변화되었는지를 찾아야 합니다.

II. I번 문장에서 반가운 'a/an' 부정관사가 등장하며, 키워드로 'An invention or discovery' 키워드의 속성으로 'that it too far ahead of its time'이 등장했습니다. 너무 앞선 나머지 아무도 따라올 수가 없는 것은 가치가 없다는 내용입니다. II번 문장에서 'An invention or discovery'의 이상적인 개념을 설명하고 있는데, 다음 단계만을 열어주고, 한 걸음 앞으로 나아가도록 초대해주는 것이라 합니다. III번 문장에서 시대를 너무 앞서간 발명 또는 발견이 실패할 수는 있으나, 나머지 생태계가 시대를 너무 앞서간 발명 또는 발견을 따라잡으면 (II번에서 나온 표현으로는 다음 단계 혹은 한 걸음 앞으로 초대) 성공할 수 있다는 내용이 나옵니다. '한 걸음 또는 오직 다음 단계' 등의 글쓴이의 구체적인 설명을 잡고 가야 합니다.

III. 재조명을 받는 것과 비슷한 내용의 선지는 ④번 'were only one step away', '단 한 걸음만 떨어져 있었다'가 됩니다. 이것은 발표 당시에 무시당하였던 그의 발견이 사람들에 의해 재발견되는 것을 비유적으로 표현한 선지이며, 그러므로 정답은 ④번이 됩니다.

* ⑤번 선지 regained acceptance of the public의 경우에는 'regain' 때문에 정답이 될 수 없습니다. Mendel의 발견은 이전에 무시당해 왔기 때문에, 나중에 재발견한 것은 대중에게 다시 수용되었다고 보기 어렵습니다.

Ⅰ. An invention or discovery (that is too far ahead of its time) / is / worthless; no one / can follow.

> **구** 시대를 너무 앞서간 발명이나 발견은 가치가 없다고 합니다; 아무도 따라올 수 없기 때문이라고 합니다.

> **독** 부정관사를 포함한 'An invention or discovery'이 키워드이며 이 글의 첫 번째 의문은 'too far ahead of its time is worthless'입니다. 이후 이러한 의문에 답하는 내용으로 글이 전개됩니다.

Ⅱ. Ideally, an innovation / opens up / only the next step (from what / is / known and invites / the culture (to move forward one hop)).

> **구** 이상적으로, 혁신은 알려진 것에서 다음 단계만을 열어주고 문화가 한 걸음 앞으로 나아가도록 초대한다고 합니다.

> **독** Ⅰ번 문장에 대한 설명의 시작으로 Ⅰ번 문장에서 언급했던 시대를 너무 앞서간 발명은 가치가 없기에 '다음 단계' 그리고 '한 걸음 앞으로' 등의 표현으로 이상적인 혁신에 대한 개념을 구체화하고 있습니다.

Ⅲ. An overly futuristic, unconventional, or visionary invention / can fail / initially (it / may lack / essential not-yet-invented materials or a critical market or proper understanding) yet succeed later, (when the ecology of supporting ideas / catches up).

* ecology: 생태 환경

> **구** 과도하게 미래지향적이거나, 비전통적이거나, 새로운 시각을 가진 발명은 초기에 실패할 수 있지만 (아직 발명되지 않은 필수 재료나 중요한 시장, 적절한 이해가 부족할 수 있음) 지원하는 아이디어의 생태계가 따라잡을 때 나중에 성공할 수 있다고 합니다.

> **독** Ⅱ번 문장에서 나온 이상적인 혁신을 '왜 한걸음 앞으로' 등의 표현으로 설명했는지에 대한 이유가 나오고 있습니다.

Ⅳ. Gregor Mendel's 1865 theories (of genetic heredity) / were / correct **but** ignored (for 35 years).

** heredity: 유전

> **구** 멘델의 1865년 유전학에 관한 이론은 옳았지만 35년 동안 무시되었다고 합니다.

> **독** 유명인의 구체적 이름과 구체적 연도 그리고 35년이라는 구체적 수치를 통해 앞서 나온 내용을 더욱 구체화해서 설명합니다.

Ⅴ. His sharp insights / were / not accepted (because they did not explain the problems (which biologists / had at the time), (nor did his explanation operate (by known mechanisms), (**so** his discoveries / were (out of reach) even (for the early adopters).

> **구** '부정을 나타내는 접속사 + 조동사 + 주어 + 동사원형'은 의미를 강조합니다.
> - 그의 예리한 통찰력은 받아들여지지 못했는데, 왜냐하면 당시 생물학자들이 가진 문제를 설명하지 않았기 때문이었고, 또한 그의 설명이 알려진 메커니즘에 따라 작동하지 않았기 때문에, 그의 발견은 초기 채택자들에게도 도달하기 어려웠다고 합니다.

Ⅵ. (Decades later) science / faced / the urgent questions (that Mendel's discoveries / could answer).

구▶ 수십 년이 지난 후에야 과학은 멘델의 발견이 답할 수 있는 시급한 질문들을 마주했다고 합니다.

Ⅶ. Now his insights _______________.

구▶ 이제 그의 통찰력은 _______ 했다고 합니다.

Ⅷ. (Within a few years of one another), three different scientists (each independently) / rediscovered / Mendel's forgotten work, (which (of course) / had been (there all along)).

구▶ 몇 년 간격으로 세 명의 다른 과학자들이 각각 독립적으로 멘델의 잊혀진 연구를 다시 발견했는데, 물론 멘델의 연구는 계속 그 자리에 있었다고 합니다.

독▶ 항상 우리의 곁에는 멘델의 연구가 있었지만, 그의 연구에 접근할 만큼 즉, 한 걸음 차이에 도달하고 나서야 다른 과학자들이 이용할 수 있었다는 내용으로 글을 마무리 합니다.

29 25학년도 6월 평가원 34번 (정답률 21%)

다음 빈칸에 들어갈 말로 가장 적절한 것을 고르시오.

> Any attempt to model musical behavior or perception in a general way is filled with difficulties. With regard to models of perception, the question arises of whose perception we are trying to model — even if we confine ourselves to a particular culture and historical environment. Surely the perception of music varies greatly between listeners of different levels of training; **indeed**, a large part of music education is devoted to developing and enriching (and **therefore** likely changing) these listening processes. **While** this may be true, I am concerned here with fairly basic aspects of perception — particularly meter and key — which I believe are relatively consistent across listeners. Anecdotal evidence suggests, **for example**, that most people are able to "find the beat" in a typical folk song or classical piece. This is not to say that there is complete uniformity in this regard — there may be occasional disagreements, even among experts, as to how we hear the tonality or meter of a piece. **But** I believe _______________.
>
> * anecdotal: 일화의

해설 [정답 : ④]

Ⅰ. 빈칸 문장에서는 하지만 나는 ___________를 믿는다고 합니다.

Ⅱ. 필자의 주장과 대조되는 내용이 언급되는 빈칸 바로 앞 문장에서는 'there may be occasional disagreements, even among experts' 전문가들 사이에서도 곡의 음조나 박자를 듣는 방법에 대해 의견 차이가 있을 수 있다고 합니다. 이와 대조적인 내용은 곡을 듣는 방법에 대해 의견 차이가 없다는 것이며, 빈칸에는 이와 같은 내용이 들어간다는 것을 알 수 있습니다.
이를 구체적으로 지문에서 찾아봅시다. Ⅳ번 문장에서는 필자의 주장이 다시 한번 언급되는데, 'basic aspects of perception ~ which I believe are relatively consistent across listeners' 인식의 기본적인 측면에서 청취자 간에 상대적인 일관성이 있다고 믿는다고 했습니다. 다음 Ⅴ번 문장에서는 'most people are able to "find the beat" in a typical folk song or classical piece' 대부분 사람이 민요나 클래식 곡에서 "박자를 찾을 수 있다" 는 일화적 증거가 언급되는데, 이것은 Ⅳ번 문장의 청취자 간의 일관성을 보여주는 사례라고 할 수 있습니다. 이로 미루어 보아 필자가 주장하는 것은 청취자들 간에 노래를 듣는 일관성이 존재한다는 것이므로 이와 관련된 내용이 빈칸에 들어가야 합니다.

Ⅲ. 이를 표현한 선지는 ④번 'the commonalities between us far outweigh the differences', '우리 사이의 공통점이 차이점보다 훨씬 더 크다'가 됩니다. 그러므로 정답은 ④번이 됩니다.

* 지문은 음악적인 행동에서 공통점이 존재한다는 내용과 차이점이 존재한다는 내용을 번갈아 가면서 나열합니다. 필자의 주장이 처음 나오는 문장이 공통점과 관련된 내용인 것을 파악한다면 반대되는 내용은 과감히 제거하고 근거와 관련된 내용만을 골라서 파악하면 됩니다.

Ⅰ. Any attempt (to model musical behavior or perception (in a general way)) / is filled with difficulties.

> 구 ▶ 일반적인 방식으로 음악적 행동이나 인식의 모형을 만들려는 시도는 어떤 것이든 어려움으로 가득 차 있다고 합니다.

> 독 ▶ 음악적 행동 혹은 인식의 모형을 만들기는 쉽지 않다고 말하고 있습니다.

Ⅱ. With regard to models (of perception), the question / arises of whose perception (we / are trying / to model) — even if / we / confine / ourselves / to a particular culture and historical environment.

> 구 ▶ 'confine A to B'는 'A를 B에 국한하다, 한정하다'를 의미합니다.
> - 인식의 모형과 관련하여, 우리가 특정 문화와 역사적 환경에 국한하더라도, 우리가 누구의 인식을 모형으로 만들려고 하고 있는지에 관한 의문이 생긴다고 합니다.

> 독 ▶ 인식 모형을 만드는 과정에서 발생하는 의문점을 언급하고 있습니다.

Ⅲ. Surely / the perception (of music) / varies greatly / between listeners of different levels of training; **indeed**, a large part (of music education) / is devoted to / developing and enriching (and **therefore** likely changing) these listening processes.

> 구 ▶ 분명, 음악에 대한 인식은 다양한 수준의 훈련을 받은 청취자마다 크게 다르며, 사실, 음악 교육의 큰 부분은 이러한 청취 과정을 개발하고 풍부하게 하는 (따라서 변화시킬 가능성이 있는) 데 할애되고 있다고 합니다.

> 독 ▶ 'indeed'와 'therefore'이 제시되었으므로 중심 문장
> - 음악의 인식은 청취자의 훈련 수준에 따라 달라지며, 훈련의 부분 역시 청취 과정을 개발하고 풍부히 하는 과정에 집중하고 있다고 합니다. 음악에 대한 인식이 청취자에 따라 달라지는 것은 Ⅱ번 문장에서 인식의 모형을 만들려고 하는 과정에서 발생하는 의문점의 원인이 됩니다.

* be devoted to ~ - ~에 헌신하는

Ⅳ. **While** this / may be / true, I / am concerned here with / fairly basic aspects of perception — particularly meter and key — which I / believe / are relatively consistent across listeners.

> 구 ▶ 이것이 사실일 수도 있지만, 나는 여기서는 인식의 아주 기본적인 측면, 특히 박자 및 조성과 같이 청취자 간에 비교적 일관성이 있다고 내가 믿고 있는 측면에 관심을 두고 있다고 합니다.

> 독 ▶ 'While'이 제시되었으므로 중심 문장
> - 필자의 주장이 직접적으로 언급되는 문장으로, Ⅲ번 문장의 청취자들마다 다른 음악에 대한 인식이 아닌, 일관적으로 가지고 있는 측면에 관한 사례로 박자와 조성과 같은 내용이 언급됩니다.

Ⅴ. Anecdotal evidence / suggests, **for example,** / that / most people / are able to "find the beat" / in a typical folk song or classical piece.

* anecdotal: 일화의

구▶ 예를 들어, 대부분 사람은 전형적인 민요나 클래식 곡에서 '박자를 찾을' 수 있다는 일화적 증거가 있다고 합니다.

독▶ 'for example'이 제시되었으므로 앞 문장 중심 문장

 - 사람이 민요나 클래식에서 박자를 찾을 수 있다는 것은 Ⅳ번 문장의 일관적인 음악 특징에 대한 사례가 됩니다.

Ⅵ. This / is not / to say / that / there / is / complete uniformity (in this regard) — there / may be / occasional disagreements, even among experts, as to / how / we / hear / the tonality or meter of a piece.

구▶ 이것이 이 점에 있어 완전한 일치가 있다는 것을 의미하는 것은 아니고, 전문가들 사이에서도 곡의 음조나 박자를 듣는 방법에 대해 이따금 의견 차이가 있을 수도 있다고 합니다.

독▶ 필자의 주장의 일반화를 막기 위해서 언급하는 문장으로 때때로 청취자 간에 의견 차이가 있을 수도 있다고 하며 청취자 간 다양성을 일부 인정하는 내용입니다. 하지만 일관성을 중시하는 필자의 주장을 바꾸는 문장은 아니라는 것을 알 수 있습니다.

Ⅶ. **But** I / believe ______________.

구▶ 하지만 나는 __________를 믿는다고 합니다.

독▶ 필자의 주장이 직접적으로 제시되었으므로 중심 문장

 - Ⅳ번 문장에서 필자가 청취자들 간에 일관성이 있는 특징에 대해 언급했고, Ⅵ번 문장에서 이와 대조되는 다양성과 관련된 내용이 나왔으므로 이를 다시 뒤집어 일관성과 관련된 내용의 문장임을 알 수 있습니다.

다음 빈칸에 들어갈 말로 가장 적절한 것을 고르시오.

We understand that the segregation of our consciousness into present, past, and future is both a fiction and an oddly self-referential framework; your present was part of your mother's future, and your children's past will be in part your present. Nothing is generally wrong with structuring our consciousness of time in this conventional manner, and it often works well enough. In the case of climate change, **however**, the sharp division of time into past, present, and future has been desperately misleading and has, most importantly, hidden from view the extent of the responsibility of those of us alive now. The narrowing of our consciousness of time smooths the way to divorcing ourselves from responsibility for developments in the past and the future with which our lives are in fact deeply intertwined. In the climate case, it is not that __________. It is that the realities are obscured from view by the partitioning of time, and so questions of responsibility toward the past and future do not arise naturally.

* segregation: 분리 ** intertwine: 뒤얽히게 하다
*** obscure: 흐릿하게 하다

해설 [정답 : ⑤]

Ⅰ. 기후의 경우에서 그것은 __________이 아니라고 합니다. 기후의 경우에는 어떠한 지를 찾으면 됩니다.

Ⅱ. Ⅲ번 문장에서 시간을 과거, 현재, 미래로 분리하는 것은 기후 변화에서 오해를 불러일으키고 우리가 현재 가지고 있는 책임을 숨긴다고 합니다. 이 내용은 Ⅳ번 문장에서 재진술되어 시간에 대한 인식을 좁히는 것은 우리를 개발의 책임으로부터 분리한다고 합니다. 또한 Ⅵ번 문장에서도 재진술되어 시간을 분리하는 것은 현실을 흐릿하게 만들어 책임에 대한 질문을 자연스럽게 발생하지 않게 된다고 합니다. 빈칸 문장에는 이와 반대되는 내용이 제시되어야 합니다. 즉, 시간을 분리하는 것이 '책임이 명확하다'가 들어가야 합니다.

Ⅲ. '책임이 명확하다'와 관련된 선지는 ⑤번 'we face the facts but then deny our responsibility', '우리가 사실을 직면하면서도 우리의 책임을 부인하는'이 됩니다.

* 책임을 부인하는 것과 책임이 명확한 것이 무슨 관계인지 헷갈릴 수 있습니다. 정답률이 낮은 이유이기도 합니다. 책임이 명확하다는 것은 누군가에게 책임을 물을 수 있고 책임이 물어진 누군가가 책임을 통감할 수도 있고 부인할 수도 있습니다. 즉, 책임을 부인한다는 것은 책임이 명확하고 (= 우리가 사실을 마주하고) 부인한다는 것으로 책임이 명확한 것과 관련된 내용입니다. 또한 Ⅵ번 문장에서 책임은 자연적으로 (= 처음부터) 발생하지 않았다고 했으므로 이와 반대되는 내용은 책임이 발생한 것입니다. 책임이 발생해야 부인할 수 있으므로 정답은 ⑤번이 됩니다.

Ⅰ. We / understand / that the segregation of our consciousness (into present, past, and future) / is / both a fiction and an oddly self-referential framework; your present / was / part of your mother's future, and your children's past / will be (in part your present).

* segregation: 분리

구 ‘both A and B’는 ‘A와 B 둘다’를 의미합니다.
- 우리는 우리의 의식을 현재, 과거, 미래로 분리하는 것은 허구이고 이상하게 자기 지시적인 틀이라고 이해하는데, 너의 현재는 너의 어머니의 미래 중 일부분이고, 너의 자녀의 과거는 너의 현재의 일부라는 것이라고 합니다.

독 우리는 흔히 시간이란 분리된 것이 아닌 연속적인 것으로 이해한다고 합니다.

Ⅱ. Nothing / is generally ~~wrong~~ with structuring / our consciousness of time (in this conventional manner), and it / often works / well enough.

구 이중 부정이 제시될 시 부정어 2개를 지우고 해석하시면 됩니다.
- 시간에 대한 우리의 이러한 전통적인 방식으로의 (= 시간을 분리하는 방식으로의) 구조화는 괜찮은 것이고 그것은 (= 전통적인 방식은) 종종 충분히 잘 역할을 한다고 합니다.

독 분리적인 개념으로 시간을 보는 것이 잘못된 것은 아니라고 합니다.

Ⅲ. (In the case of climate change), <u>however</u>, the sharp division of time (into past, present, and future) / has been desperately misleading and has, (most importantly), hidden (from view) / the extent of the responsibility of those of us alive now.

구 그러나, 기후 변화의 경우, 시간을 과거, 현재 그리고 미래로 나누는 것은 필연적으로 오해를 불러일으키고 가장 중요하게 지금 살아 있는 우리들의 책임 범위를 시야로부터 숨겨왔다고 합니다.

독 ‘however’가 제시되었으므로 앞 뒷 문장 중심 문장
- 기후 변화에서 시간을 분리하는 것은 오해를 불러일으키고 우리의 책임을 숨겨줬다고 합니다.

Ⅳ. The narrowing (of our consciousness of time) / smooths / the way (to divorcing / ourselves from responsibility) (for developments in the past and the future) (with which our lives / are (in fact) deeply intertwined).

** intertwine: 뒤얽히게 하다

구 ‘divorce A from B’는 ‘A를 B로부터 분리시키다’를 의미합니다.
- 시간에 대한 우리의 인식을 좁히는 것은 (= 시간을 분리하는 것은) 사실 우리의 삶이 깊이 뒤얽혀 있는 과거와 미래의 발전에 대한 책임으로부터 우리를 단절시키는 길을 닦는다고 합니다.

독 시간을 과거, 현재, 미래로 분리하는 것은 우리를 발전에 대한 책임으로부터 단절시킨다고 합니다.
이는 시간을 분리함으로써 발생하는 상황이므로 문제 상황임을 알 수 있습니다.

Ⅴ. In the climate case, it is not that __________.

 기후의 경우에서 그것은 ___________이 아니라고 합니다.

Ⅵ. It / is / that the realities / are obscured (from view) (by the partitioning of time), and so questions

of responsibility (toward the past and future) / do not arise naturally.

*** obscure: 흐릿하게 하다

그것은 시간을 분리함으로써 현실이 시야로부터 흐릿해지고 그래서 과거와 미래에 대한 책임의 질문이
자연적으로 발생하지 않는 것이라고 합니다.

Ⅲ번 문장에서 기후 변화의 경우 시간을 분리하면 오해를 불러일으키는 등 안 좋은 상황이 발생한다는
것을 알 수 있습니다. 그러므로, 시간을 분리함으로써 현실이 시야로부터 흐릿해지고 그래서 과거와
미래에 대한 책임의 질문이 발생하지 않는 것이 문제 상황임을 알 수 있습니다.

31 25학년도 6월 평가원 31번 (정답률 16%)

다음 빈칸에 들어갈 말로 가장 적절한 것을 고르시오.

> When trying to establish what is meant by digital preservation, the first question that **must** be addressed is: what are you actually trying to preserve? This is clear in the analog environment where the information content is inextricably fixed to the physical medium. In the digital environment, the medium is not part of the ______________. A bit stream looks the same to a computer regardless of the media it is read from. A physical carrier is necessary, **but** as long as the source media can be read, bit-perfect copies can be made cheaply and easily on other devices, making the preservation of the original carrier of diminishing importance. As the physical media that carry digital information are quite delicate relative to most analog media, it is expected that digital information will necessarily **need to** be migrated from one physical carrier to another as part of the ongoing preservation process. It is not the media itself **but** the information on the media that **needs to** be preserved.
>
> * inextricably: 풀 수 없게

해설 [정답 : ③]

Ⅰ. 빈칸 문장에서는 디지털 환경에서는 매체가 ______________의 일부가 아니라고 합니다.

Ⅱ. 빈칸을 풀기 위해 알아내야 하는 것 첫 번째는 디지털 환경에 관한 특징, 그리고 두 번째는 그 디지털 환경에서의 매체의 특징입니다.

빈칸 앞부분에서는 디지털과는 반대되는 아날로그 환경의 특징이 나옵니다, Ⅱ번 문장에서는 'the information content is inextricably fixed to the physical medium' 정보 콘텐츠가 물리적 매체에 풀 수 없게 고정되었다고 합니다.

이제 빈칸 뒷부분에서 언급되는 디지털 환경에 관한 내용을 정리해 봅시다.

Ⅳ번 문장: 'bit stream looks the same to a computer regardless of the media it is read from' - 비트스트림은 그것이 읽히는 매체와 관계없이 컴퓨터에서 동일하게 보인다.

Ⅴ번 문장: 'as long as the source media can be read, copies can be made cheaply and easily on other devices, preservation of the original carrier of diminishing importance'

- 원본 매체를 읽을 수 있는 한, 다른 기기에서 비트 단위의 복사본을 저렴하고 쉽게 만들 수 있어서, 원본 이동 장치의 보존의 중요성은 줄어들고 있다.

여기서 디지털 환경의 특징은 아날로그 환경과의 차이점 비교를 통해 파악하면 이해하기가 더 쉽습니다. 아날로그 환경은 정보가 매체에 고정되어 있지만, 디지털 환경에서는 정보가 매체에 고정되어 있지 않고 이동 장치를 통해 자유롭게 이동하며, 그러므로 정보가 포함된 매체의 보존이 중요하지도 않습니다.

Ⅶ번 문장에서는 'It is not the media itself but the information on the media that needs to be preserved' 보존해야 하는 것은 매체가 아니라, 매체에 담긴 정보라고 했습니다. 이것은 Ⅴ번 문장에서 매체 보존이 중요하지 않다는 것에서 이어지는 내용입니다. 그러므로 매체가 빈칸의 일부가 아니라는 빈칸의 내용은, 매체가 콘텐츠보다 덜 중요하며, 분리되어 생각돼야 한다는 내용이 들어가야 합니다.

Ⅲ. 이와 관련된 선지는 ③번 'message', 메시지가 됩니다. 메시지는 정보 콘텐츠와 가장 가까운 내용의 선지이며, 매체가 메시지 일부가 아니라는 것은 메시지를 보존하는 것이 매체 자체보다 더 중요하므로 분리되어야 한다는 의미로 생각할 수 있습니다.

* ①번 선지(23%)+②번 선지(43%) 선택 비율이 66%에 달할 정도로 정답 선지를 고르기가 까다로웠던 고난이도 문제입니다. 컴퓨팅에서 플랫폼은 사용 기반이 되는 시스템 자체를 의미하므로, 사실 ①번과 ②번 선지는 어느 정도 비슷한 측면이 있다고 볼 수 있습니다. 그런데 지문에서는 매체 자체가 정보의 저장소와 같습니다. 그러므로 매체가 저장소의 일부가 아니라는 것은 문맥적으로 말이 되지 않습니다.

Ⅰ. When trying / to establish / what / is meant / by digital preservation, the first question (that / must be addressed) / is: what / are / you / actually trying to preserve?

구▶ 디지털 보존이 의미하는 바를 정립하려고 할 때 가장 먼저 다루어야 할 질문은 '실제로 무엇을 보존하려고 하는가?'라고 합니다.

독▶ 'must'가 언급되었으므로 중심 문장
 - 무엇을 보존하는지가 디지털 보존에서 중요하다고 말하고 있습니다.

Ⅱ. This / is / clear (in the analog environment (where / the information content / is inextricably fixed to the physical medium).)

* inextricably: 풀 수 없게

구▶ 이는 정보 콘텐츠가 물리적 매체에 풀 수 없게 고정된 아날로그 환경에서는 분명하다고 합니다.

독▶ 디지털 환경과 다른 아날로그 환경에서는 Ⅰ번 문장의 질문이 분명하므로 별로 중요하지 않다는 것을 알 수 있습니다.

Ⅲ. In the digital environment, the medium / is not / part of the ______________.

구▶ 디지털 환경에서는 매체가 ___________의 일부분이 아니라고 합니다.

독▶ 디지털 환경에서 매체의 특징에 관한 문장입니다.

Ⅳ. A bit stream / looks / the same to a computer (regardless of the media / it / is read from).

구▶ 비트스트림은 그것이 읽히는 매체와 관계없이 컴퓨터에서 동일하게 보인다고 합니다.

독▶ 비트스트림(단말 장치가 문자를 분리하는 전송 방식과 관련되어 사용되는 용어)은 디지털 환경의 사례이며, 컴퓨터는 디지털 매체의 사례이므로 디지털 환경의 내용물은 디지털 매체에 상관없이 동일하게 보인다는 것을 의미합니다.

Ⅴ. A physical carrier / is / necessary, **but** as long as the source media / can be read, bit-perfect copies / can be made cheaply and easily (on other devices), making / the preservation (of the original carrier) of diminishing importance.

구▶ 물리적 이동 장치가 필요하지만, 원본 매체를 읽을 수 있는 한, 다른 기기에서도 비트 단위의 완벽한 복사본을 저렴하고 쉽게 만들 수 있어서 원본 이동 장치의 보존은 그 중요성이 줄어들고 있다고 합니다.

독▶ ‘but’이 제시되었으므로 중심 문장
 - 물리적 이동 장치 역시 컴퓨터처럼 디지털 내용물이 들어 있는 장치를 의미하며, 이동 장치는 필요하나, Ⅳ번 문장에서처럼 이동 장치에 상관없이 내용물이 동일하게 보이므로 원본 이동 장치는 보존의 가치가 없다고 말하고 있습니다.

Ⅵ. As / the physical media (that carry / digital information) / are / quite delicate / relative to most analog media, it / is expected / that / digital information / will necessarily **need to** be migrated / from one physical carrier / to another / as part of the ongoing preservation process.

구▶ 디지털 정보를 전달하는 물리적 매체는 대부분의 아날로그 매체에 비해 상당히 취약하기 때문에, 지속적인 보존 과정의 일환으로 디지털 정보를 한 물리적 이동 장치에서 다른 이동 장치로 옮겨야 할 필요가 있을 것으로 예상된다고 합니다.

독▶ ‘need to’가 제시되었으므로 중심 문장
 - 디지털 환경과 아날로그 환경의 차이점을 비교하고 있는 문장입니다. Ⅱ번 문장에서 아날로그 환경에서는 정보가 매체에 고정되어 있기 때문에 정보를 이동할 필요가 없으나(매체를 보존해야 하나), 디지털 환경은 반대로 정보가 매체에 고정되어 있지도 않고 복사하기도 쉬워 매체를 보존할 가치도 없으므로 정보를 계속해서 이동해 나가는 것이 보존이라고 합니다.

Ⅶ. It / is not / the media itself / **but** the information on the media (that **needs to** be preserved).

구▶ ‘not A but B’는 ‘A가 아니라 B’를 의미합니다.
 - 보존해야 하는 것은 매체 자체가 아니라 매체에 담긴 정보라고 합니다.

독▶ ‘but’과 ‘need to’가 제시되었으므로 중심 문장
 - Ⅵ번 문장에서 이어지는 내용으로, 아날로그 환경과 다르게 보존해야 하는 것은 매체가 아닌 매체 속 정보인 것을 의미합니다.

01 23학년도 9월 평가원 34번   (정답률 51%)

다음 빈칸에 들어갈 말로 가장 적절한 것을 고르시오.

In trying to explain how different disciplines attempt to understand autobiographical memory the literary critic (A) Daniel Albright said, "Psychology (B) is a garden (B), literature (A) is a wilderness (A)." He meant, I believe, that psychology seeks to make patterns, find regularity, and ultimately impose order on human experience and behavior (B). Writers (A), by contrast, dive into the unruly, untamed depths of human experiences (A). What he said about understanding memory can be extended to our questions about young children's minds. If we psychologists are too bent on identifying the orderly pattern, the regularities of children's minds (B), we may miss an essential and pervasive characteristic of our topic (B): the child's more unruly and imaginative ways of talking and thinking. It is not only the developed writer or literary scholar (A) who seems drawn toward a somewhat wild and idiosyncratic way of thinking (A); young children are as well. The psychologist interested in young children may have to ________________ in order to get a good picture of how children think.

* unruly: 제멋대로 구는 ** pervasive: 널리 퍼져 있는 *** idiosyncratic: 색다른

해설 [정답 : ①]

Ⅰ. 빈칸 문장에서는 아이에게 관심이 있는 심리학자가 아이가 어떻게 생각하는지에 대한 상황을 잘 파악하기 위해선 ________________ 해야 한다고 했습니다.

Ⅱ. Ⅰ번 문장에서 Daniel Albright는 심리학은 정원이며, 문학은 황무지라고 했습니다. 심리학과 문학이 직접적으로 비교되고, 빈칸의 내용은 심리학자가 해야 하는 것에 대한 설명이므로 문학과 심리학을 각각 A, B로 치환하고 내용을 정리하면 다음과 같습니다.

[심리학]

Ⅱ번 문장 : make patterns, find regularity, and ultimately impose order on human experience and behavior – 패턴을 만들고, 규칙성을 찾고, 인간의 경험과 행동에 질서를 부여한다.

Ⅴ번 문장 : miss an essential and pervasive characteristic of our topic – 주제에 본질적이고 널리 퍼져 있는 특성을 놓칠 수 있다.

[문학]

Ⅲ번 문장 : dive into the unruly, untamed depths of human experiences – 인간 경험의 깊이를 파고든다.

Ⅵ번 문장 : drawn toward a somewhat wild and idiosyncratic way of thinking – 거칠고 색다른 사고방식에 끌린다.

이를 정리해볼 때, 아이의 특성은 Ⅵ번 문장의 'young children as well'에서 알 수 있듯이 문학의 특성을 지니고 있습니다. 그러므로 심리학자들은 심리학이 아닌 문학의 특성을 사용해야 아이의 특성을 파악할 수 있다는 내용의 지문이므로 빈칸에는 제멋대로인 인간 경험으로 뛰어들어가는 문학의 특성이 들어가야 합니다.

Ⅲ. 이와 같은 내용의 선지는 ① venture a little more often into the wilderness, '위험을 무릅쓰고 조금 더 황무지에 발을 들인다'가 됩니다. 그러므로 정답은 ①번이 됩니다.

Ⅰ. (In trying / to explain / how different disciplines / attempt / to understand autobiographical memory) / the literary critic (A) Daniel Albright / said, "Psychology (B) / is / a garden (B), literature (A) / is / a wilderness (A)."

[구] 'in V-ing'는 'V함에 있어서'를 의미합니다.
- 서로 다른 학문이 자전적 기억을 어떻게 이해하려고 하는지 설명하려고 노력할 때, 문학평론가 Daniel Albright는 '심리학은 정원이고, 문학은 황무지이다.'라고 말했다고 합니다.

[독] 문학과 심리학을 비교하는 내용의 문장이므로 문학과 관련된 문장을 (A), 심리학과 관련된 내용을 (B)로 치환합니다.
- 모호하게 비유된 정원과 황무지가 무엇을 의미하는지를 뒷 내용을 통해 파악하는 것이 중요합니다.

Ⅱ. He / meant, I / believe, that / psychology / seeks / to make patterns, find regularity, and ultimately impose / order (on human experience and behavior (B)).

[구] 내가 믿기에, 그는 심리학은 패턴을 만들고, 규칙성을 찾으며, 궁극적으로 인간의 경험과 행동에 질서를 부여하고자 한다는 것을 의미했다고 합니다.

[독] 심리학 = 패턴, 규칙성, 질서로 정리됩니다.

Ⅲ. Writers (A), **by contrast**, dive / into the unruly, untamed depths / of human experiences (A).

* unruly: 제멋대로 구는

[구] 반면에, 작가는 제멋대로 굴고, 길들여지지 않은 인간 경험의 깊이를 파고든다고 합니다.

[독] 'by contrast'가 제시되었으므로 앞 뒷 문장 중심 문장
- 문학 = 제멋대로인 인간 경험으로 정리됩니다.
- 여기서 정리하면, 심리학은 인간 경험에서 규칙성을 찾으려고 하므로 이것을 잘 정돈된 정원으로 비유한 것이며, 문학은 제한이 없는 인간 경험의 깊이를 이해하려고 하므로 이것을 규칙성이 없는 야생으로 비유한 것임을 알 수 있습니다.

Ⅳ. What / he / said (about understanding memory) can be extended / to our questions (about young children's minds).

[구] 기억을 이해하는 것에 관해 그가 말한 것은 어린아이의 마음에 관한 우리의 질문으로 확장될 수 있다고 합니다.

[독] 심리학과 문학의 비교를 어린아이의 마음으로 확대시키는 문장입니다.

Ⅴ. If / we psychologists / are too bent (on <u>identifying / the orderly pattern, the regularities / of</u> <u>children's minds (B))</u>, we / may <u>miss</u> / <u>an essential and pervasive characteristic</u> / of our topic (B): the child's more unruly and imaginative ways (of talking and thinking).

** pervasive: 널리 퍼져 있는

구▶ 만약 우리 심리학자들이 질서 있는 패턴, 즉 아이 마음의 규칙성을 밝히는 데 너무 열중한다면, 우리는 우리 주제의 본질적이고 널리 퍼져 있는 특성, 즉 아이가 지닌 더 제멋대로 굴고 상상력이 풍부한 말하기 방식과 생각하기 방식을 놓칠 수도 있다고 합니다.

독▶ 규칙성을 찾는 심리학이 아이의 말하기와 생각하기 방식을 놓칠 수도 있다는 단점이 언급되고 있습니다.

강조 구문
Ⅵ. It is / not only the <u>developed writer or literary scholar (A)</u> who / seems <u>drawn (toward a</u> <u>somewhat wild / and idiosyncratic way / of thinking (A))</u>; young children / are as well.

*** idiosyncratic: 색다른

구▶ 'It + be 동사 + who'는 강조 구문입니다.
　- 다소 거칠고 색다른 사고방식에 끌리는 것처럼 보이는 것은 비단 성숙한 작가나 문학 연구가뿐만이 아니라, 어린아이도 역시 그렇다고 합니다.

독▶ 심리학이 아닌 문학이 어린아이의 마음을 이해하는지로 전환됩니다.

Ⅶ. The <u>psychologist</u> / (interested in young children) / may have to ＿＿＿＿＿ in order to / get / a good picture / of how / children / think.

구▶ 어린아이에게 관심이 있는 심리학자는 아이가 어떻게 생각하는지에 관한 상황을 잘 파악하기 위해 ＿＿＿＿＿＿ 해야 할지도 모른다고 합니다.

독▶ 'have to'가 제시되었으므로 중심 문장
　- 즉 아이의 제멋대로이고 상상력이 풍부한 행동을 이해하기 위해서는 심리학적인 접근이 아니라 문학적인 접근이 필요하다는 결론으로 도달하는 문장입니다.

02 21학년도 9월 평가원 33번 (정답률 48%)

다음 빈칸에 들어갈 말로 가장 적절한 것을 고르시오.

 Since human beings are at once both <u>similar (A)</u> and <u>different (B)</u>, they **should** be treated equally **because of** both. Such a view, which grounds equality not in <u>human uniformity (A)</u> **but** in the interplay of <u>uniformity (A)</u> and <u>difference (B)</u>, builds difference into the very concept of equality, breaks the traditional equation of equality with <u>similarity (A)</u>, and is immune to monist distortion. Once the basis of equality changes so does its content. Equality involves equal freedom or opportunity to be different, and treating human beings equally requires us to take into account both their <u>similarities (A)</u> and <u>differences (B)</u>. When <u>the latter (B)</u> are not relevant, equality entails <u>uniform or identical (A)</u> treatment; when they are, it requires <u>differential (B)</u> treatment. Equal rights do not mean <u>identical rights (A)</u>, **for** individuals with <u>different cultural backgrounds and needs (B)</u> might _____________ in respect of whatever happens to be the content of their rights. Equality involves not just <u>rejection of irrelevant differences (A)</u> as is commonly argued, **but** also <u>full recognition of legitimate and relevant ones (B)</u>.

* monist: 일원론의 ** entail: 내포하다

해설 [정답 : ①]

Ⅰ. 평등권은 다양한 문화적 배경과 요구들을 가진 개인들이 그들 권리의 내용이 되는 어떤 것에 관해서 _____할 수 있으므로 동일한 권리를 의미하는 것이 아니라고 합니다.

Ⅱ. 지문에서 공통점과 차이점에 대해서 서술하므로 공통점과 관련된 것을 (A), 차이점과 관련된 것을 (B)로 설정합니다. 지문에서는 (A)만을 고려하는 것이 아닌 (A)와 (B)를 모두 고려해야 한다고 합니다. 빈칸 문장의 다양한 문화적 배경과 요구들은 (B)이므로 빈칸에 들어갈 말은 (B)가 되어야 합니다.

Ⅲ. (B)의 차이점과 관련된 선지는 ①번 'require different rights to enjoy eqaulity', '평등을 누리기 위해서 다양한 권리들을 요구한다'가 됩니다.

Ⅰ. **Since** human beings / are (at once) both <u>similar (A)</u> and <u>different (B)</u>, they / **should** be treated / equally (**because of** both).

> 구 ▶ 'both A and B'는 'A와 B 둘 다'를 의미합니다.
> - 인간은 동시에 비슷하기도 하고 다르기도 해서 둘 다 때문에 동등하게 대우받아야만 한다고 합니다.

> 독 ▶ 'Since'가 '~ 때문에'로 해석되고 있고 'should'와 'because of'가 제시되었으므로 중요한 문장!
> - 인간의 공통점과 차이점 모두 고려해야 한다고 합니다.
> - 두 가지 개념이 제시되었으니 공통점과 관련된 것을 (A), 차이점과 관련된 것을 (B)로 간주합시다.

Ⅱ. Such a view, (which / grounds / equality not in <u>human uniformity (A)</u> / **but** in the interplay (of <u>uniformity (A)</u> and <u>difference (B)</u>)), / builds / difference (into the very concept of equality), breaks / the traditional equation (of equality) with similarity, <u>and (builds, breaks와 is를 연결)</u> is / immune to / monist distortion.

* monist: 일원론의

> 구 ▶ 'not A but B'는 'A가 아니라 B이다'를 의미합니다.
> - 'equation A with B'는 'A와 B를 동일시'로 해석하시면 됩니다.
> - 'be immune to A'는 'A를 피하게 되다'를 뜻합니다.
> - 평등의 기초가 인간의 획일성이 아니라 획일성과 차이점의 상호작용에 두는 견해는 평등이라는 개념에 차이를 만들어내고, 동등성과 평등의 전통적인 동일시하는 것을 깨뜨리며, 일원론의 왜곡을 피하게 된다고 합니다.

> 독 ▶ 'but'이 제시되었으므로 중심 문장!
> - 획일성에서 평등을 기반을 둔 것이 아닌 획일성과 차이성에 기반을 둔 평등이 바람직하다고 합니다.

Ⅲ. Once the basis of equality / changes / so does / its content.

> 구 ▶ 'does'는 대동사로 앞 동사 'changes'를 지칭합니다.
> - 평등의 기초가 변화할 때, 그것의 내용도 변화한다고 합니다.

Ⅳ. Equality / involves / equal freedom or opportunity (to be different), and treating human beings equally / requires / us / to take into account / both their <u>similarities (A)</u> and <u>differences (B)</u>.

> 구 ▶ 'require A to-V'는 'A에게 to-V하는 것을 요구하다'를 의미합니다.
> - 평등은 서로 다를 수 있는 동등한 자유나 기회를 포함하고, 인간을 동등하게 취급하는 것은 우리가 그들의 유사성과 차이점을 둘 다 고려하도록 요구한다고 합니다.

> 독 ▶ Ⅱ번 문장의 인간을 동등하게 다루는 것은 공통점과 차이점을 모두 고려한다는 내용을 재진술하고 있습니다.

Ⅴ. When / the latter (B) are / not relevant, / equality / entails / uniform or identical treatment (A); when they (B) are (relevant 생략), it / requires / differential (B) treatment.

** entail: 내포하다

구▶ 'the latter'은 'differences'를 지칭합니다.
- 후자가 관련이 없을 때, 평등은 균일하거나 동일한 대우를 수반하고, 후자가 관련이 있을 때, 그것은 다른 대우를 요구한다고 합니다.

Ⅵ. Equal rights / do not mean / identical (A) rights, for individuals (with different cultural backgrounds and needs (B)) / might ___________ (in respect of whatever happens to be / the content of their rights).

구▶ 'in respect of'는 '~라는 점에서'를 의미합니다.
- 'whatever'은 '어떤 것이든지 간에'로 해석하시면 됩니다.
- 다양한 문화적 배경과 요구를 가진 개인들이 그들의 권리의 내용이 되는 어떤 것이든 ______________할지 모르기 때문에 평등권이 동일한 권리를 의미하지 않다고 합니다.

독▶ 'for S + V'는 'S가 V하기 때문에'를 의미하므로 중심 문장!
- 동일한은 공통점과 관련된 것이므로 (A), 다양한 문화적 배경과 요구들은 차이점과 관련된 것이므로 (B)가 됩니다.

Ⅶ. Equality / involves / not just rejection of irrelevant differences (A) (as is commonly argued), / but also full recognition (of legitimate and relevant ones) (B).

구▶ 'not just A but also B'는 'not only A but also B'처럼 'A뿐만 아니라 B'를 의미합니다.
- 평등은 흔히 주장되듯이 무관한 차이들에 대한 거부뿐만 아니라 합법적이고 관련 있는 차이들에 대한 완전한 인정도 포함한다고 합니다.

독▶ 'but'이 제시되었으므로 중심 문장!
- 관련 없는 차이에 대한 거부는 공통점과 관련된 것이므로 (A), 합법적이고 관련된 차이는 (B)가 됩니다.

다음 빈칸에 들어갈 말로 가장 적절한 것을 고르시오.

In the classic model of the Sumerian economy, the temple functioned as an administrative authority governing commodity production, collection, and redistribution (A). The discovery of administrative tablets (A) from the temple complexes at Uruk suggests that token use and **consequently** writing (B) evolved as a tool of centralized economic governance (A). Given the lack of archaeological evidence from Uruk-period domestic sites, it is not clear whether individuals also used the system for __________. For that matter, it is not clear how widespread literacy was at its beginnings (B). The use of identifiable symbols and pictograms on the early tablets (B) is consistent with administrators (A) needing a lexicon that was mutually intelligible by literate and nonliterate parties (B). As cuneiform script (B) became more abstract, literacy (B) **must have become** increasingly important to ensure one understood what he or she had agreed to (A).

* archaeological: 고고학적인 ** lexicon: 어휘 목록

*** cuneiform script: 쐐기 문자

해설 [**정답** : ②]

Ⅰ. Uruk 시기 가정집의 터에서 나온 고고학적 증거가 없다는 것을 고려하면, _______를 위해 체계가 사용되었는지 알 수 없다고 합니다. 'the system'이 무엇을 위해 사용되었는지를 찾으면 됩니다.

Ⅱ. 'administrative authority'를 (A), 'writing'을 (B)로 치환하면 쉽게 풀이할 수 있습니다. (A)로 인해서 (B)가 발달되었고 나중에는 (B)가 (A)에 중요해졌다고 합니다. 또한 빈칸 뒷 문장에서 'For that matter'은 빈칸 문장을 지칭하고 'For that matter' 뒤에는 '빈칸 문장으로 인해서 (B)를 알 수 없다'고 제시되므로 빈칸에 들어갈 말은 (A)가 됨을 알 수 있습니다.

Ⅲ. (A)인 'administrative authority', 'centralized economic governance', 'to ensure one understood what he or she had agreed to'와 같은 말은 ②번 'personal agreements', '개인적인 합의'가 됩니다.

* ③번 선지 'communal responsibilities', '공동 책임'은 지문에서 '책임'에 대한 내용이 제시되지 않았기 때문에 오답 선지입니다. 이 선지를 고르셨다면 '행정가들은 책임이 있어야 한다'는 주관이 개입되어 고르신 선지입니다. 주관을 배제해야 합니다.

Ⅰ. In the classic model (of the Sumerian economy), / the temple / functioned / as an administrative authority (governing commodity production, collection, and redistribution) (A).

> **구** 'function as A'는 'A로서 기능하다'를 의미합니다.
> - 수메르 경제의 전형적인 모델에서, 사원은 상품의 생산, 수집, 재분배를 통치하는 행정 당국으로서 기능했다고 합니다.

* govern - 통치하다 (명사형 ⇒ government - 정부, governance - 통치)
** re- (다시) + distribute (분배하다) + -tion (명사형 접사) = redistribution – 재분배

Ⅱ. The discovery of administrative tablets (A) (from the temple complexes / at Uruk) / suggests / that token use and **consequently** writing (B) / evolved (as a tool of centralized economic governance) (A).

> **구** 'complex'는 형용사와 명사가 모두 가능한 단어로, 'complex'에 's'가 붙은 'complexes'로 쓰였기 때문에 형용사가 아닌 명사라는 것을 알 수 있습니다. 형용사가 명사로 사용될 때는 본뜻에 '~한 것'으로 해석하시면 됩니다. 즉, 'complexes'는 '복잡한 것들'로 이해하시면 됩니다. 실제 뜻은 '복합 건물'입니다.
> - Uruk의 사원 복합 건물에서 나온 행정용 판의 발견은 상징의 사용 결과적으로 글자가 중앙집권화된 경제 통치의 도구로 발달했다는 것을 제시한다고 합니다.

> **독** 'consequently'는 '결과적으로'를 뜻하므로 인과관계를 제시합니다. 중심 문장!
> - 'administrative authority'로 인해서 'writing'이 발달되었으므로 'administrative authority'를 (A), 'writing'을 (B)로 치환하면 'A ⇒ B'라는 것을 파악할 수 있습니다.

* tablet - (점토) 판
** token - 상징
*** central (중앙의) + -ize (~화하다) = centralize - 중앙 화하다 ⇒ 중앙집권화하다

Ⅲ. Given the lack of archaeological evidence (from Uruk-period domestic sites), it / is / not clear / whether / individuals / also used / the system for ___________.

* archaeological: 고고학적인

> **구** 'whether'은 '~인지 아닌지'를 의미합니다.
> - Uruk 시기 가정집의 장소에서 나온 고고학적 증거의 부족을 고려하면, 개인들이 그 체계를 _________을 위해서 사용했는지 안 했는지 분명하지 않다고 합니다.

Ⅳ. For that matter, it / is / not clear / how widespread literacy was at its beginnings (B).

> **구** 그 문제로 인해서, 초기에 읽고 쓰는 능력이 얼마나 널리 퍼져있었는지 명확하지 않다고 합니다.

> **독** 'literacy'가 'writing'과 관련 있으므로 (B)가 됩니다.

* literate - 읽고 쓸 줄 아는 ⇒ 명사형 literacy - 읽고 쓸 줄 앎

Ⅴ. <u>The use of identifiable symbols and pictograms on the early tablets (B)</u> / is / consistent with <u>administrators (A)</u> needing <u>a lexicon (that / was / mutually intelligible / by literate and nonliterate parties) (B)</u>.

** lexicon: 어휘 목록

구▶ 'A be consistent with B'는 'A와 B가 일치하다'를 의미합니다.
- 'with N (명사) + ing/p.p'는 'N이 ing/p.p하는'으로 해석하시면 됩니다.
- 초기 판에서 인식가능한 상징과 그림 문자의 사용은 행정가들이 읽고 쓸 줄 아는 것과 읽고 쓸 줄 모르는 정당들의 서로 이해할 수 있는 어휘 목록이 필요했던 것과 일치한다고 합니다.

독▶ 'The use of identifiable symbols and pictograms'는 'writing'을 의미하므로 (B)가 되고 'administrators'는 (A), 'lexicon'은 (B)가 됩니다.

Ⅵ. As <u>cuneiform script (B)</u> / became / more abstract, <u>literacy (B)</u> **must have become** increasingly important <u>to ensure / one / understood / what / he or she / had agreed to (A)</u>.

*** cuneiform script: 쐐기 문자

구▶ 쐐기 문자가 더욱 추상적으로 되면서, 읽고 쓸 줄 앎이 자신이 합의했던 것을 이해하고 있다는 것을 보증하기 위해서 점점 더 중요해졌다고 합니다.

독▶ 'must', 'have become'이므로 중심 문장!
- 'cuneiform script'는 'writing'과 관련되므로 (B), 'literacy'가 (B)이므로 'to ensure one ~'는 (A)가 됩니다.

다음 빈칸에 들어갈 말로 가장 적절한 것을 고르시오.

Concepts of nature are always cultural statements. This may not strike Europeans as much of an insight, **for** Europe's landscape is so much of a blend. **But** in the new worlds — 'new' at least to Europeans — the distinction appeared much clearer not only to European settlers and visitors **but** also to their descendants. For that **reason**, they had the fond conceit of primeval nature uncontrolled by human associations which could later find expression in an admiration for wilderness. (A) Ecological relationships certainly have their own logic and in this sense 'nature' can be seen to have a self-regulating but not necessarily stable dynamic independent of human intervention. (A) **But** the context for ecological interactions __________________. We may not determine how or what a lion eats (A) **but** we certainly can regulate where the lion feeds. (B)

* conceit: 생각 ** primeval: 원시(시대)의 *** ecological: 생태학의

해설 [**정답** : ②]

Ⅰ. 그러나, 생태학적 상호작용의 맥락은 __________이라고 합니다.

Ⅱ. 인간의 개입이나 통제를 받지 않는 자연에 대한 내용을 (A), 인간의 자연에 대한 개입을 (B)라고 설정하면 위에처럼 표시할 수 있습니다. 빈칸 문장의 'But'은 자연이 인간의 개입이나 통제를 받지 않는다는 것, 즉 (A)에 대해서 전환을 하므로 빈칸에 들어갈 말은 (B) 인간의 자연에 대한 개입이 들어가야 합니다.

Ⅲ. 인간의 자연에 대한 개입과 관련된 선지는 ②번 'has increasingly been set by humanity', '점점 인간에 의해서 설정되었다'가 됩니다.

Ⅰ. Concepts of nature / are always / cultural statements.

　구▶ 자연에 대한 개념은 항상 문화적 진술이라고 합니다.

Ⅱ. This / may not strike / Europeans / as much of an insight, **for** Europe's landscape / is /

so much of a blend.

　구▶ 'strike A as B'는 'A에게 B라는 인상을 주다'를 의미합니다.
　- 'for S V'는 'S가 V하기 때문에'로 해석하셔야 합니다.
　- 그것은 (= 자연이 문화적 진술이라는 것은) 유럽인들에게 엄청난 통찰을 주지 않을 수도 있는데, 유럽의 풍경은 너무 많이 복잡하기 때문이라고 합니다.

　독▶ 'for'을 통해서 인과관계를 제시하므로 중심 문장
　- 유럽의 풍경은 너무 복잡하기 때문에 유럽인들에게 자연이 문화적 개념이라는 것은 인상적이지 못한다고 (= 동의하지 못한다고) 합니다

Ⅲ. **But** (in the new worlds) ― ('new' at least to Europeans) ― the distinction / appeared / much clearer (not only to European settlers and visitors / **but** also to their descendants).

> 구 ▶ 'not only A but also B'는 'A뿐만 아니라 B도'를 의미합니다.
> - 그러나 새로운 (적어도 유럽인들에게 '새로운') 세계에서, 그 차이는 (문화적 개념의 자연과 유럽인이 가지는 복잡한 자연의 차이는) 유럽 정착민과 방문객뿐만 아니라 그들의 후손에게도 분명해 보였다고 합니다.

> 독 ▶ 'But'이 제시되었으므로 앞 뒷 문장 중심 문장
> - 유럽인들이 가지는 복잡한 자연의 개념과 문화적 자연의 개념의 차이는 후손들에게도 이어진다고 합니다.

Ⅳ. For that **reason**, / they / had / the fond conceit of primeval nature (uncontrolled by human associations which could later find / expression (in an admiration for wilderness)). (A)

* conceit: 생각 ** primeval: 원시(시대)의

> 구 ▶ 그러한 이유로 그들은 나중에 황무지에 대한 표현에서 찾을 수 있는 인간과 유대 관계에 의해서 통제되지 않은 원시적 자연이라는 애정을 느끼는 생각을 가지고 있다고 합니다.

> 독 ▶ 'reason'이 제시되었으므로 중심 문장
> - 문화적 자연의 개념이 아닌 복잡한 자연의 개념을 가지고 있는 사람들은 인간에 의해서 통제되지 않는 자연에 대해서 존경의 표현을 하였다고 합니다.

Ⅴ. Ecological relationships / certainly have / their own logic / and (in this sense) 'nature' / can be seen to have / a self-regulating but not necessarily stable dynamic independent / of human intervention. (A)

*** ecological: 생태학의

> 구 ▶ 생태학적 관계는 확실히 그들은 (= 원시 자연은) 그들 고유의 규칙을 가지고 있으며, 그러한 관점에서 '자연'은 인간의 개입과는 독립적이고 자율적이지만 반드시 안정적이지 않는 역동성을 가지고 있다고 합니다.

> 독 ▶ 'but'이 제시되었으므로 중심 문장
> - 자연은 인간의 개입과는 독립적이고 자율적이지만 안정적이지는 않는 Ⅱ번 문장에서 제시된 복잡한 개념이라고 합니다.

Ⅵ. **But** the context (for ecological interactions) ____________________.

> 구 ▶ 그러나 생태학적 상호작용의 맥락은 ____________하다고 합니다.

> 독 ▶ 'But'이 제시되었으므로 앞 뒷 문장 중심 문장
> - 자연은 복잡한 개념이라는 Ⅴ번 문장과 역접되어 __________하다고 합니다.

Ⅶ. We / may not determine / how or what a lion eats (A) / **but** we / certainly / can regulate / where the lion feeds. (B)

> **구▸** 우리는 사자가 어떻게 먹고, 무엇을 먹는지 결정할 수 없지만 우리는 사자가 어디서 먹는지 규제할 수 있다고 합니다.

> **독▸** 'but'이 제시되었으므로 중심 문장
> - Ⅴ번 문장과 연결하여 이해합시다. 우리가 사자가 어떻게 먹고 무엇을 먹는지는 정하지 못하지만 (= 자연을 모두 규제할 수 없지만), 어디서 사자가 먹는지는 규제할 수 있다 (= 인간의 개입을 통해서 자연을 규제할 수 있다)로 이해하시면 됩니다.
> - Ⅵ번 문장에 대한 비유적 표현으로 재진술하고 있습니다. 지문에서 비유적 표현이 제시되었을 때 앞 문장의 중심 문장과 연결하여 이해해야 합니다.

Q 그렇다면 Ⅰ번, Ⅱ번, Ⅲ번 문장에서 제시된 문화적 개념의 자연과 복잡한 개념의 자연은 Ⅳ번 이후 문장과 무슨 상관인가요?

A '문화'는 인간이 구성하는 것을 지칭합니다. 즉, 문화적 개념의 자연은 '인간이 개입하는 자연의 개념'에 해당하고 (B)에 해당합니다. 반면 복잡한 개념의 자연은 '인간이 개입하지 않는 자연', 즉 (A)에 해당합니다. 물론 시험장에서 파악할 수 있으면 좋으나, 제한된 시간 안에서는 불가능할 것 같습니다. 하지만 시험장에서 최대한 모든 문장의 의미를 아는 것이 중요하므로 꼭 공부해둡시다.

다음 빈칸에 들어갈 말로 가장 적절한 것을 고르시오.

Successful integration of an educational technology is marked by that technology being regarded by users as an unobtrusive facilitator of learning, instruction, or performance. <u>When the focus shifts from the technology being used (A)</u> to <u>the educational purpose that technology serves (B)</u>, then that technology **is becoming** <u>a comfortable and trusted element (B)</u>, and can <u>be regarded as being successfully integrated (B)</u>. <u>Few people give a second thought (B)</u> to the use of a ball-point pen **although** the mechanisms involved vary — some use a twist mechanism and some use a push button on top, and there are other variations as well. Personal computers have reached <u>a similar level of familiarity for a great many users (B)</u>, **but** <u>certainly not for all (A)</u>. <u>New and emerging technologies often introduce both fascination and frustration with users (A)</u>. As long as ______↓______ in promoting learning, instruction, or performance, then one **ought not to** conclude that <u>the technology has been successfully integrated — at least for that user (B)</u>.

* unobtrusive: 눈에 띄지 않는

해설 [정답 : ②]

Ⅰ. ___________ 하는 한, 그 기술이 성공적으로 통합되었다고 볼 수 없다고 합니다. 기술이 통합되는 조건이 충족되지 않는 상황을 찾아야 합니다.

Ⅱ. 'the technology being used'를 (A), 'the educational purpose ~'를 (B)로 치환합니다. 이를 통해서 (A)에서 (B)로 변화가 통합되는 것의 조건임을 알 수 있습니다. 빈칸은 (B)가 되지 않는 조건이 들어가야 하므로 (A)가 빈칸에 들어가야 합니다.

Ⅲ. (A)가 되는 것을 정리하면 'the technology being used', 'certainly not for all'이 됩니다. 즉, 사용되는 기술에 초점이 있는 것을 의미하므로 정답은 ②번 선지 'the user's focus is on the technology itself rather than its use', '사용자의 초점이 기술의 사용이 아니라 기술 그 자체에 맞춰져 있는'이 됩니다. 여기서 'the technology itself'는 기술 그 자체이므로 (A), 'its use'는 기술이 하는 역할이므로 (B)가 됩니다.

* ①번 선지 'the user successfully achieves familiarity with the technology'는 기술이 성공적으로 통합되는 것이므로 (B)에 해당합니다. 즉 반대 선지입니다.

Ⅰ. Successful integration (of an educational technology) / is marked / by that technology (being

regarded by users / as an unobtrusive facilitator (of learning, instruction, or performance)).

* unobtrusive: 눈에 띄지 않는

> 구 'regard A as B'는 'A를 B로 간주하다'를 의미합니다.
> - 교육 기술의 성공적인 통합은 그 기술이 사용자들에 의해서 학습, 교육, 또는 수행의 눈에 띄지
>   않는 요인으로 간주되는 것으로 나타난다고 합니다.

* facilitator - 요인, 촉진자

Ⅱ. When / the focus / shifts from the technology (being used) (A) to the educational purpose (that

technology / serves) (B), then that technology / is becoming / a comfortable and trusted element (B),

and can be regarded as being successfully integrated (B).

> 구 'shift from A to B'는 'A로부터 B로 바꾸다'를 의미합니다.
> - 그 초점이 사용되고 있는 기술에서 기술이 제공하는 교육적 목적으로 옮겨갈 때, 그 기술은 편안하고
>   믿을 수 있는 요소가 되며, 성공적으로 통합되고 있다고 여겨질 수 있다고 합니다.

> 독 'be becoming'을 통해서 변화가 야기하는 결과를 보여주므로 중심 문장!
> - 'the technology being used'를 (A)로 'the educational purpose that technology serves'를 (B)로
>   치환합시다. 그러면 우리는 (A)에서 (B)로 가는 변화로 인해서 기술이 편안해지고 성공적으로 통합되고
>   있다고 간주한다고 합니다.
> - (B)로 인한 효과이므로 'a comfortable and trusted element', 'be regarded as being successfully
>   integrated'가 (B)가 됩니다.

Ⅲ. Few people / give / a second thought (B) (to the use / of a ball-point pen) / although the mechanisms

involved / vary — some / use / a twist mechanism and / some / use / a push button on top, and there

/ are / other variations (as well).

> 구 'Few'가 문장 처음에 나왔을 경우 'no'로 해석하는 것이 이해하는데 편합니다.
> - 비록 누군가는 돌리는 것을 사용하고 누군가는 위에 달린 눌림 버튼을 이용할 것이고 또한 다른
>   다양성이 있지만, 사람들은 볼펜의 사용법에 대해서 다시 생각하지 않는다고 합니다.

> 독 사용 방식은 다르지만 기술이 통합된 것을 예시를 통해서 보여주고 있습니다. 예시가 제시되었으니
>   Ⅱ번 문장은 중심 문장!
> - 다시 생각하지 않는 것은 방법이 통합되었다는 의미이므로 (B)가 됩니다.

Ⅳ. Personal computers / have reached / a similar level of familiarity (for a great many users) (B), but

certainly not for all (A).

> 구 개인 컴퓨터들은 사용자들이 비슷한 수준에 도달했지만, 모두 그렇지는 않다고 합니다.

> 독 'but'이 존재하므로 중심 문장!
> - 'a similar level of ~ '는 사람들이 비슷한 수준으로 통합된 것이므로 (B), 'but'으로 역접이
>   되었으므로 'certainly not for all'은 (A)가 됩니다.

Ⅴ. <u>New and emerging technologies</u> / often introduce / both fascination and frustration (with users) (A).

> 구 ▸ 'both A and B'는 'A와 B 모두'를 의미합니다.
> - 새롭고 발현된 기술들은 사용자들에게 매력과 좌절감을 제공한다고 합니다.

> 독 ▸ 새롭고 발현된 기술들이 매력과 좌절감을 제공하는 것은 편안함을 제공하지 않는 것이므로 (A)가
> 됩니다.

Ⅵ. As long as ________________ (in promoting learning, instruction, or performance), then one ought

not to conclude / that / <u>the technology</u> / has been successfully integrated — at least / for that user

(B).

> 구 ▸ 'As long as'는 '~하는 한'을 뜻합니다.
> - 'in V-ing'는 'V함에 있어서'를 의미합니다.
> - 배움, 교육, 또는 수행을 증진시킴에 있어서 __________ 하는 한, 적어도 사용자에게는 누구도 그
> 기술이 성공적으로 통합되었다고 결론을 내려서는 안 된다고 합니다.

> 독 ▸ 'ought to'는 'should'와 같이 '~해야 한다'는 당위를 나타내므로 중심 문장입니다!
> - 'the technology has been successfully integrated ~'는 (B)가 됩니다.

06 23학년도 6월 평가원 33번 (정답률 34%)

다음 빈칸에 들어갈 말로 가장 적절한 것을 고르시오

> Manufacturers design their innovation processes around the way they think the process works. The vast majority of manufacturers still think that product development and service development are always done by manufacturers, and that their job is always to find a need and fill it (A) rather than to sometimes find and commercialize an innovation that __________. **Accordingly**, manufacturers have set up market-research departments to explore the needs of users in the target market, product-development groups to think up suitable products to address those needs, and so forth (A). The needs and prototype solutions of lead users (B) — if encountered at all — are typically rejected as outliers of no interest. **Indeed**, when lead users' innovations (B) do enter a firm's product line — and they have been shown to be the actual source of many major innovations for many firms — they typically arrive with a lag and by an unusual and unsystematic route.
>
> * lag: 지연

....

해설 [정답 : ②]

Ⅰ. 대다수의 제조업자들은 여전히 제품 개발과 서비스의 개발은 항상 제조업자들에 의해서 이루어지며, 그들의 업무는 때때로 __________의 혁신을 찾고 상업화하는 것보다 항상 필요를 찾고 필요를 채우는 것이라고 생각한다고 합니다. 지문에서 제조업자들이 중요하게 생각하는 것이 아닌 일반적으로 생각하지 않는 것이 무엇인지 찾으면 됩니다.

Ⅱ. 제조업자들이 중요하게 생각하는 제품과 서비스의 개발, 그리고 필요를 찾고 필요를 채우는 내용을 (A)로 중요하게 생각하지 않는 빈칸을 (B)로 잡으면 됩니다. Ⅳ번과 Ⅴ번 문장에서 리드 유저들의 필요와 시제품 해결책, 그리고 리드 유저들의 혁신들은 제조업자들에 의해 거절되거나 제조업자들에게 우연한 방식으로 도달한다고 했으므로 (B), 빈칸에 해당하는 내용은 리드 유저들의 혁신들이 됩니다.

Ⅲ. 리드 유저들의 혁신들과 관련된 선지는 ②번 'lead users have already developed', '리드 유저들이 이미 개발한'이 됩니다.

* ③번 선지 'lead users encountered in the market'를 30%의 수험생들이 선택했습니다. 빈칸에 들어갈 말인 리드 유저들의 혁신들은 리드 유저들의 필요와 시제품의 해결책과 같이 리드 유저들이 시장에서 마주친 것이 아닌 리드 유저들의 생각들임을 알 수 있습니다. 그러므로 '리드 유저들이 시장에서 마주친 것'은 정답이 될 수 없습니다. 빈칸에 들어갈 말에 대한 정확한 기준이 없다면 충분히 헷갈릴 수 있는 선지입니다.

Ⅰ. Manufacturers / design / their innovation processes (around the way (they / think / the process works)).

> 구▶ 제조업자들은 그들이 생각하는 혁신 과정이 작동되는 방식에 맞춰 그들의 혁신 과정을 설계한다고 합니다.

Ⅱ. The vast majority (of manufacturers) / still think / that product development and service development

/ are always done (by manufacturers), and that their job / is always to find / a need and fill / it (A)

(rather than to sometimes find and commercialize / an innovation that __________).

> **구** 대다수의 제조업자들은 여전히 제품 개발과 서비스의 개발은 항상 제조업자들에 의해서 이루어지며, 그들의 (= 제조업자들의) 업무는 때때로 __________의 혁신을 찾고 상업화하는 것보다 항상 필요를 찾고 필요를 채우는 것이라고 생각한다고 합니다.

> **독** 제조업자들은 빈칸의 혁신을 찾고 상업화하기보다는 필요를 찾고 필요를 채우는 것이 중요하다고 생각한다고 합니다.
> - 'rather than'을 통해서 빈칸과 반대되는 제품 개발과 서비스의 개발은 항상 제조업자들에 의해서 이루어지며, 그들의 업무는 항상 필요를 찾고 필요를 채우는 것을 (A)로 잡고 빈칸 부분을 (B)로 잡을 수 있습니다.

Ⅲ. **Accordingly**, manufacturers / have set up / market-research departments to explore /

the needs of users (in the target market), product-development groups (to think up / suitable products

(to address / those needs)), and so forth (A).

> **구** 따라서, 제조업자들은 핵심 시장에서 사용자들의 필요를 탐구하는 시장 연구 부서와 그들의 필요들을 다루는 적절한 제품을 생각하기 위한 제품 개발 부서 등을 설립하고 있다고 합니다.

> **독** 'Accordingly'는 '그래서, 따라서'로 인과관계를 제시합니다. 그러므로 중심 문장
> - Ⅱ번 문장의 대다수의 제조업자들이 필요를 찾고 필요를 채우는 것을 생각한다는 것을 구체화하여 사용자들의 필요를 탐색하기 위한 팀과 필요를 다루기 위한 즉, 필요를 채우기 위한 제품 개발팀을 설립한다고 합니다.

Ⅳ. The needs and prototype solutions (of lead users) (B) ― (if encountered at all) ― / are typically rejected

(as outliers of no interest).

> **구** 'outliers'는 'out + line + -ers'로 생각하시면 됩니다. 즉, '선을 벗어난 사람들'로 해석되고 '상식에서 벗어나는 사람들'로 이해하시면 됩니다.
> - '리드 유저의 필요와 시제품 해결책은, 만일 마주친다면, 흥미롭지 않은 아웃라이어로써 대부분 거절된다고 합니다.

> **독** 사용자들의 필요와는 달리 리드 유저의 필요와 시제품의 해결책은 무시된다고 합니다.
> - 제조업자들이 주로 생각하는 (A)와 달리 빈칸처럼 제조업자들이 중요하게 생각하지 않으므로 (B)가 됩니다.

* 리드 유저는 시장의 경향을 이끄는 사용자들로 사람들의 소비에 영향을 주는 사람들로 생각하시면 됩니다. 인스타 스타나 연예인과 같은 인플루언서 정도로 이해하시면 됩니다.

Ⅴ. **Indeed**, when lead users' innovations (B) / do enter / a firm's product line — and they / have been shown to be / the actual source of many major innovations (for many firms) — they / typically arrive (with a lag and by an unusual and unsystematic route).

* lag: 지연

구 의문문 등과 같은 특수 구문이 아닌 상황에서 사용된 동사 앞 'do'는 동사를 강조하는 'do'입니다.

- 사실상, 리드 유저들의 혁신이 그 회사의 제품 라인에 진입하게 될 때 (그들이 (= 리드 유저들이) 많은 회사들에서 많은 주요 혁신들의 실제 원천을 보여줘 왔는데) 그들은 (= 리드 유저들의 혁신들이) 지연 후에 이상하고 비체계적인 경로로 일반적으로 도착하게 된다고 합니다.

독 'Indeed'가 제시되었으므로 앞 문장을 재진술하고 있습니다.

- 'Indeed'를 통해 Ⅳ번 문장을 재진술하고 있습니다. 그러므로, 리드 유저들의 혁신을 제조업자에게 도달한다고 이해하는 것이 아닌 Ⅳ번 문장의 제조업자들은 일반적으로 리드 유저들의 혁신을 거절한다는 것과 같은 맥락으로 이해해야 합니다. 즉, 만약 제조업자들에게 리드 유저들의 혁신들이 도달한다고 하더라도, 실제로 리드 유저들의 혁신들이 많은 회사들에서 많은 주요 혁신들의 원천이 되었다고 하더라도 이것은 지연 후에 이상하고 비체계적인 경로로 (= 우연한 경로로) 제조업자들에게 도달하였다고 이해하셔야 합니다.

다음 빈칸에 들어갈 말로 가장 적절한 것을 고르시오.

Genetic engineering followed by cloning to distribute many identical animals or plants is sometimes seen as a threat to the diversity of nature. **However**, humans have been replacing <u>diverse natural habitats (A)</u> with <u>artificial monoculture for millennia (B)</u>. <u>Most natural habitats (A)</u> in the advanced nations have already been replaced with <u>some form of artificial environment based on mass production or repetition (B)</u>. The real threat to biodiversity is surely the need to convert <u>ever more of our planet (A)</u> into <u>production zones to feed the ever-increasing human population (B)</u>. <u>The cloning and transgenic alteration of domestic animals (B)</u> makes little difference to the overall situation. **Conversely**, the renewed interest in genetics has **led to** a growing awareness that there are <u>many wild plants and animals with interesting or useful genetic properties that could be used for a variety of as-yet-unknown purposes (A)</u>. <u>This (A)</u> has **led in turn to** a realization that _______________ **because** they may <u>harbor tomorrow's drugs against cancer, malaria, or obesity (A)</u>.

* monoculture: 단일 경작

해설 [정답 : ②]

Ⅰ. 그것은 그들이 암, 말라리아 또는 비만에 대한 미래의 약을 품을 수 있기 때문에, 결국에는 ________한 현실을 야기한다고 합니다. 'This'와 'they'가 지칭하는 대상을 찾고 그들이 어떤 현실을 야기하는 지 찾으면 됩니다.

Ⅱ. 다양한 자연에서 인공적인 단일 경작으로 변화를 제시하므로 다양한 자연은 (A), 인공적인 단일 경작은 (B)로 치환합니다. 'Conversely'로 전환되며 (A)에 대한 인식이 증가했다고 하므로 'This'는 (A)를 지칭하며 빈칸에 들어갈 말은 (A)가 됩니다. 'they'는 (A)를 지칭해야 합니다.

Ⅲ. (A)와 관련된 선지는 ②번 'we should avoid destroying natural ecosystems', '우리는 자연 생태계를 파괴하는 것을 피해야 한다'가 됩니다. ③번 'we need to stop creating genetically modified organisms', '유전자 변형 유기체를 만드는 것을 중단할 필요가 있다'는 내용은 (A)에 해당하나 만약 ③번이 빈칸에 들어갈 경우 'they'가 'genetically modified organisms' 즉 (B)를 지칭하게 되고 (B)가 미래의 약을 품고 있다는 서술로 지문과 반대로 제시되기 때문에 ③번은 정답이 될 수 없습니다. 지시사가 무엇을 지칭하는지 꼼꼼하게 찾아야 합니다.

Ⅰ. Genetic engineering (followed / by cloning) (to distribute many identical animals or plants) / is

sometimes seen / as a threat (to the diversity / of nature).

> 구▶ 'be seen as A'는 'A로 여겨지다'를 의미합니다.
> - 많은 동일한 동물들이나 식물들을 분배하기 위해서, 복제로 이어지는 유전 공학은 때때로 자연의
>   다양성에 대한 위협으로 여겨진다고 합니다.
>
> *   cloning - 복제
> ** threat - 위협

Ⅱ. **However**, humans / have been replacing / <u>diverse natural habitats (A)</u> with <u>artificial monoculture

(for millennia) (B)</u>.

* monoculture: 단일 경작

> 구▶ 'replace A with B'는 'A를 B로 대체하다'를 의미합니다.
> - 하지만, 인류는 다양한 자연적 서식지를 수천 년 동안 인위적인 단일 경작으로 대체해 왔다고 합니다.
>
> 독▶ 'However'이 제시되었으므로 앞 뒷 문장 중심 문장!
> - 유전 공학이 자연의 다양성에 대한 위협으로 여겨질 수 있지만 인류는 다양한 자연을 단일한 경작으로
>   대체해왔다고 합니다.

Ⅲ. <u>Most natural habitats (A)</u> (in the advanced nations) / have already been replaced / with <u>some form

of artificial environment (based on / mass production or repetition) (B)</u>.

> 구▶ 발전된 나라에 있는 대부분의 자연적 서식지는 대량 생산 또는 반복에 기반을 둔 형태로 대체되어 왔다고
>   합니다.
>
> 독▶ 다양한 자연이 단일한 경작으로 대체되어왔다는 Ⅱ번 문장을 재진술하고 있습니다.

Ⅳ. The real threat (to biodiversity) / is surely / the need (to convert / <u>ever more of our planet (A)</u> /

into <u>production zones) (to feed / the ever-increasing human population) (B)</u>.

> 구▶ 'convert A into B'는 'A를 B로 전환시키다'를 의미합니다.
> - 진정한 생물 다양성의 위협은 계속 증가하는 인구를 먹이기 위해서 지구의 더 많은 부분을 생산지대로
>   전환해야 할 필요성에 있다고 합니다.

Ⅴ. <u>The cloning and transgenic alteration of domestic animals (B)</u> makes / little difference (to the overall

situation).

> 구▶ 가축의 복제와 이식 유전자에 의한 변형은 전체적인 상황에 변화를 주지 않는다고 합니다.
>
> * trans- (옮기는) + genic (유전자의) = transgenic - 이식 유전자의

VI. **Conversely**, the renewed interest (in genetics) has **led to** / a growing awareness / that / there / are / many wild plants and animals (with interesting or useful genetic properties) (that / could be used / for a variety of as-yet-unknown purposes) (A).

> 구> 반대로, 유전학에서 새로운 관심은 아직 알려지지 않은 다양한 목적을 위해서 이용될 수 있는 흥미롭거나 유용한 유전적 특성을 가진 많은 야생 동식물이 있다는 인식을 야기했다고 합니다.

> 독> 'Conversely'를 통해서 전환되고 'lead to'가 제시되었으므로 중심 문장!
> - 유전학의 새로운 관심 ⇒ 야생에서도 흥미롭고 유용한 유전적 특성이 있다는 것으로 이해하시면 됩니다.
> - 야생과 관련된 것은 인공적인 것이 아니라고 하므로 (A)에 해당합니다.

* property – 특성

VII. This (A) / has **led (in turn) to** / a realization (that ＿＿＿＿＿＿＿) **because** they / may harbor / tomorrow's drugs / against cancer, malaria, or obesity (A).

> 구> 그것은 그들이 암, 말라리아 또는 비만을 치료하는 미래의 약을 품을 수 있기 때문에, 결국에는 ＿＿＿＿＿한 현실을 야기한다고 합니다.

> 독> 'in turn', 'lead to', 'because'를 통해서 인과관계를 제시하므로 중심 문장!
> - (A)가 ＿＿＿＿＿한 현실을 야기한다고 합니다.

다음 빈칸에 들어갈 말로 가장 적절한 것을 고르시오.

One of the common themes of the Western philosophical tradition is the distinction between sensual perceptions (A) and rational knowledge (B). Since Plato, the supremacy (B) of rational reason is based on the assertion that it is able to extract true knowledge from experience (B). As the discussion in the *Republic* helps to explain, perceptions are inherently unreliable and misleading (A) **because** the senses are subject to errors and illusions (A). Only the rational discourse has the tools to overcome illusions and to point towards true knowledge (B). For instance, perception suggests that a figure in the distance is smaller than it really is (A). **Yet**, the application of logical reasoning will reveal that the figure only appears small **because** it obeys the laws of geometrical perspective (B). **Nevertheless**, even after the perspectival correction is applied and reason concludes that perception is misleading, the figure still appears small (A), and the truth of the matter is revealed ______________.

* discourse: 담화 ** geometrical: 기하학의

해설 [**정답** : ⑤]

Ⅰ. 빈칸 문장에서는 문제의 진실은 ______________에서 드러난다고 합니다. 그러므로 빈칸에는 문제 진실이 드러나는 조건이 언급되어야 합니다.

Ⅱ. Ⅰ번 문장에서부터 감각적 지각와 합리적 지식을 구별하고 있으므로 이 둘을 각각 (A), (B)로 치환합니다. 지문은 지각을 부정적으로, 합리성을 긍정적으로 인식하고 있으며, 각각의 특징은 다음과 같습니다.

감각적 지각 (A): 'inherently unreliable and misleading', 신뢰할 수 없고 오해의 소지가 있다.
　　　　　　　　'distance is smaller than it really is', 실제보다 더 작게 보인다(착각)
합리적 지식 (B): 'able to extract true knowledge from experience', 경험에서 지식을 얻어낼 수 있다.
　　　　　　　　'overcome illusions and to point towards true knowledge', 착각을 극복하고, 참된 지식을 가리킨다.

감각적인 지각은 착각을 만들어 내며, 이는 합리적인 지식을 통해 해결할 수 있다는 것이 지문의 주제입니다. 다시 빈칸 문장으로 돌아가서, 원근 보정을 적용하여 지각이 오해의 소지가 있다는 결론을 내린 후에도 물체가 여전히 작게 보이는 것은 감각적 지각이 작용하고 있다는 것이며, 문제의 진실은 합리적인 지식을 통해 드러나므로 빈칸에는 합리적인 지식과 관련된 내용이 들어가야 합니다.

Ⅲ. 이와 관련된 내용의 선지는 ⑤번 'not in the perception of the figure but in its rational representation', '형체의 지각이 아닌 그것의 합리적 재현에서'가 됩니다. 형체의 지각은 오해를 불러일으키는 우리의 감각이며, 합리적 재현은 그 오해를 해소하는 합리적 지식에 관한 설명이 됩니다. 그러므로 정답은 ⑤번이 됩니다.

Ⅰ. One of the common themes (of the Western philosophical tradition) / is / the distinction between sensual perceptions (A) and rational knowledge (B).

구 서양의 철학적 전통의 공통된 주제 중 하나는 감각적 지각과 합리적 지식 사이의 구별이라고 합니다.

독 Ⅰ번 문장에서부터 감각적 지각과 합리적 지식을 구별하고 있습니다.

Ⅱ. Since Plato, the supremacy (B) (of rational reason) / is based on the assertion / that / it / is able to extract / true knowledge from experience (B).

구 'between A and B'는 'A와 B 사이'를 의미합니다.
- 플라톤 이래로, 합리적 이성의 우월성은 그것이 경험에서 참된 지식을 얻어낼 수 있다는 주장에 근거한다고 합니다.

독 합리적 지식이 감각적 지각보다 우월하며, 그 원인은 경험으로부터 지식을 습득할 수 있는지의 여부 때문이라고 합니다.

Ⅲ. As the discussion (in the *Republic*) helps to explain, perceptions / are / inherently unreliable and misleading (A) **because** / the senses / are subject to errors and illusions (A).

구 *Republic*에서의 논의가 설명에 도움이 되듯이, 감각은 오류와 착각의 영향을 받기 때문에 지각은 본질적으로 신뢰할 수 없고 오해의 소지가 있다고 합니다.

독 'because'가 제시되었으므로 중심 문장
- 감각적 지각의 특징이 언급되는 문장입니다. 감각은 오류와 착각이 있으므로 신뢰할 수 없으며, 이는 합리적 지식과 완전히 대비됩니다.
* 여기서 *Republic*은 공화국을 의미하는 것이 아니라, 플라톤의 저서인 <국가>를 의미합니다. 기울인 이탤릭체 글자, 대문자라는 점 등으로 고유명사라는 것을 추측해야 합니다.

Ⅳ. Only the rational discourse / has / the tools / to overcome illusions and to point towards true knowledge (B).

* discourse: 담화

구 오직 합리적 담론만이 착각을 극복하고 참된 지식을 가리키는 도구를 가지고 있다고 합니다.

독 사실상 필자의 주장이라고 볼 수 있는 문장입니다(합리적 지식과 다르게 감각은 신뢰할 수 없다).

Ⅴ. For instance, perception / suggests / that / a figure in the distance / is smaller than it really is (A).

구 예를 들어, 지각은 멀리 있는 어떤 형체가 실제보다 더 작다는 것을 보여 준다고 합니다.

독 'for instance'로 예시를 제시하고 있으므로 앞 문장은 중심 문장
- 지각의 오류를 보여 주는 예시 문장입니다.

Ⅵ. **Yet**, the application (of logical reasoning) / will reveal / that / the figure / only appears / small

because it / obeys / the laws of geometrical perspective **(B)**.

** geometrical: 기하학의

구 하지만, 논리적 추론을 적용하면 그 형체는 기하학적 원근법을 따르기 때문에 작게 보일 뿐인 것이 드러날 것이라고 합니다.

독 'yet', 'because'가 언급되고 있으므로 중심 문장
- Ⅴ번 문장에서 발생한 지각의 오류를 합리적 지식으로 설명하는 예시 문장이며, 감각적 지각을 신뢰할 수 없고, 합리적 지식만을 신뢰해야 한다는 필자의 주장을 뒷받침합니다.

Ⅶ. **Nevertheless**, even after the perspectival correction / is applied / and reason / concludes / that /

perception / is misleading, the figure / still appears small **(A)**, and the truth (of the matter) /

is revealed ______________.

구 그럼에도 불구하고, 원근 보정을 적용하여 이성이 지각이 오해의 소지가 있다는 결론을 내린 후에도, 그 형체는 여전히 작게 '보이고', 문제의 진실은 ____________에서 드러난다고 합니다.

독 'nevertheless'가 제시되었으므로 중심 문장
- 형체가 여전히 작게 보이는 것은 우리의 감각이 여전히 오류를 일으키고 있는 것이며, 이는 합리적 지식을 통해 해소되어야 한다는 것을 알 수 있습니다.

다음 빈칸에 들어갈 말로 가장 적절한 것을 고르시오.

　　Precision and determinacy are a necessary requirement for all meaningful scientific debate, and progress in the sciences (A) is, to a large extent, the ongoing process of achieving ever greater precision (A). **But** historical representation (B) puts a premium on a proliferation of representations (B), **hence** not on the refinement of one representation (A) **but** on the production of an ever more varied set of representations (B). Historical insight (B) is not a matter of a continuous "narrowing down" of previous options (A), not of an approximation of the truth (A), **but**, **on the contrary**, is an "explosion" of possible points of view (B). It **therefore** aims at the unmasking of previous illusions of determinacy and precision by the production of new and alternative representations (B), rather than at achieving truth by a careful analysis of what was right and wrong in those previous representations (A). And from this perspective, the development of historical insight (B) may indeed be regarded by the outsider as a process of creating ever more confusion, a continuous questioning of ＿＿＿＿＿＿＿＿, rather than, as in the sciences, an ever greater approximation to the truth (A).

　　　　　　　　　　　　　　　　　　　　　　　　　　　　　* proliferation: 증식

해설 [정답 : ②]

Ⅰ. 그리고, 그러한 관점에서 역사적 통찰의 발전은 과학에서서처럼 사실에 대한 근접보다는 ＿＿＿＿＿에 대한 더 혼란스럽고 계속되는 의문을 제기하는 과정으로써 외부인에게 여겨질 수 있다고 합니다. 우리는 역사적 통찰의 발전이 과학과는 달리 어떠한 것에 대해서 의문을 제기하는 것으로 여겨질 수 있는 지를 찾으면 됩니다.

Ⅱ. 과학을 (A)로, 역사를 (B)로 치환하여 푸시면 됩니다. (B)가 혼란을 만들고 계속해서 의문을 제기하는 것은 (A)가 됩니다. 그러므로 빈칸에는 (A)가 들어가면 됩니다. 치환을 하지 않으셨다면 지문 전체가 과학과 역사에 대한 재진술로 이루어 졌기 때문에 (A)와 관련된 것을 빈칸에 넣으시면 됩니다.

Ⅲ. 과학과 관련된 (A)는 진실에 근접하는 것에 해당합니다. 보기 중 (A)와 관련된 선지는 ②번 선지, 'certainty and precision seemingly achieved already', '이미 획득한 것처럼 보이는 확실성과 정확성'이 됩니다.

Ⅰ. Precision and determinacy / are / a necessary requirement (for all meaningful scientific debate), and progress (in the sciences (A)) is, (to a large extent), / the ongoing process (of achieving / ever greater precision (A)).

구▶ 정확성과 확정성은 모든 의미 있는 과학 토론을 위한 필요 조건이고, 과학에서 진보는 상당 부분, 상당한 정확성을 달성하는 진행 중인 과정이라고 합니다.

독▶ 'bring about'이 인과 관계를 제시하므로 중심 문장

Ⅱ. **But** historical representation (B) / puts / a premium (on a proliferation of representations (B)), **hence** not on the refinement of one representation (A) / **but** on the production of an ever more varied set of representations (B).

* proliferation: 증식

구▶ 'put'은 '두다'를 의미하고, 'premium'은 '중요한 것'을 의미하므로 'put a premium on A'는 'A에 중요성을 두다'를 뜻합니다.
- 'not A but B'는 'A가 아니라 B'를 의미합니다.
- 그러나 역사적 표현은 (= 역사적 진술은) 표현의 증식에 중요성을 두고, 그러므로 한 가지 표현의 정제가 아니라 다양한 표현 집합의 생성을 중요시 한다고 합니다.

독▶ 'But'이 제시되었으므로 앞 문장 중심 문장, 'hence'와 'but'이 제시되었으므로 앞 뒷 문장 중심 문장입니다.
- 정확성에 기반을 두는 (= Ⅱ번 문장의 하나의 표현을 정제하는 것과 대응됩니다.) 과학과는 달리 역사적 표현에서는 다양한 표현의 생산을 중요하게 생각한다고 합니다.

Ⅲ. Historical insight / is not / a matter (of a continuous "narrowing down" (of previous options) (A), not of an approximation of the truth (A)), **but**, **on the contrary**, is / an "explosion" of possible points of view (B).

구▶ 'not A but B'는 'A가 아니라 B'를 의미합니다.
- 역사적 통찰은 계속적으로 전에 있던 옵션들을 "좁혀가는" 문제가 아니라, 즉 진실의 근접합의 문제가 아니라, 반대로, 가능한 관점들의 "폭발"이라고 합니다.

독▶ 'but'과 'on the contrary'가 제시되므로 중심 문장
- 역사적 통찰은 Ⅱ번 문장에서 제시된 것과 같이 선택사항들을 좁혀가는 (= 한 가지 표현의 정제)가 아니라 가능한 관점들의 폭발 (= 다양한 표현 집합의 생성) 이라고 합니다.

Ⅳ. It / **therefore** aims / (at the <u>unmasking / of previous illusions / of determinacy and precision</u>) (by the production / of new and alternative representations (B)), (rather than at <u>achieving / truth (by a careful analysis of what / was / right and wrong (in those previous representations))</u> (A).

구▶ 그러므로, 그것은 (= 역사적 표현, 통찰은) 이전의 표현들에서 무엇이 옳고 무엇이 틀린지에 대한 면밀한 분석에 의해서 진실을 성취하기 보다는, 새롭고 대안의 표현들을 생산에 의한 과거 환상들의 확정성과 정확성을 드러내는 것에 집중한다고 합니다.

독▶ 'therefore'이 제시되므로 중심 문장
   - Ⅱ번, Ⅲ번 문장에서와 같이 역사적 표현들은 과거의 것들을 분석하여 진실을 가려내는 것이 아닌 과거의 표현들에 대한 새롭고 대안적인 표현들을 사용하여 과거 환상들이 확정성과 정확성을 드러내는 것이라고 합니다.

* un (부정) + mask (숨기다) = unmask - 드러내다

Ⅴ. And (from this perspective), <u>the development (of historical insight) (B)</u> / may indeed be regarded / by the outsider (as a process of creating / ever more confusion, a continuous questioning of ________________________,) rather than, (as in the sciences), <u>an ever greater approximation to the truth.</u> (A).

구▶ 그리고, 그러한 관점에서 (= 역사적 표현들이 진실을 드러내는 것이 아닌 새로운 표현들을 통해서 과거를 드러낸다는 관점에서) 역사적 통찰의 발전은 과학에서처럼 사실에 대한 근접보다는 _________에 대한 더 혼란스럽고 계속되는 의문을 제기하는 과정으로써 외부인에게 여겨질 수 있다고 합니다.

독▶ 과학이 진실에 근접하는 방향으로 발전하는 것과는 달리 역사는 표현을 다양하게 함으로써 발전한다고 합니다. 이러한 발전의 방향은 역사와 관련이 없는 외부인에게는 혼란과 끊임없는 _________에 대한 의문을 제기하는 것으로 보여진다고 합니다.

다음 빈칸에 들어갈 말로 가장 적절한 것을 고르시오.

Prior to photography (A), _____________. **While** painters (B) have always lifted particular places out of their 'dwelling' and transported them elsewhere, paintings (B) were time-consuming to produce, relatively difficult to transport and one-of-a-kind. The multiplication of photographs (A) especially took place with the introduction of the half-tone plate in the 1880s that made possible the mechanical reproduction of photographs in newspapers, periodicals, books and advertisements. Photography (A) **became** coupled to consumer capitalism and the globe was now offered 'in limitless quantities, figures, landscapes, events which had not previously been utilised either at all, or only as pictures (B) for one customer'. With capitalism's arrangement of the world as a 'department store', 'the proliferation and circulation of representations ... achieved a spectacular and virtually inescapable global magnitude'. Gradually photographs (A) became cheap mass produced objects that made the world visible, aesthetic and desirable. Experiences were 'democratised' by translating them into cheap images. Light, small and mass-produced photographs became dynamic vehicles for the spatiotemporal circulation of places.

* proliferation: 확산 ** magnitude: (큰) 규모 *** aesthetic: 미적인

해설 [정답 : ⑤]

Ⅰ. 빈칸 문장에서는 사진이 나오기 전에는 _____________이었다고 합니다. 그러므로 사진이 등장하기 이전의 특징이 들어가야 합니다.

Ⅱ. 빈칸의 내용이 사진 등장 이전의 시기이고, 빈칸 뒤의 Ⅱ번 문장에서 화가들이 그리는 그림들이 언급되며 서로 비교되고 있으므로 사진을 (A), 그림을 (B)로 치환합니다.
먼저 그림의 특징을 찾아봐야 합니다. Ⅱ번 문장에서는 그림의 특징으로 'time-consuming to produce, relatively difficult to transport and one-of-a-kind' 그림 제작에 시간이 많이 걸린다는 점, 운반이 어렵다는 점, 단품 수주 생산이었다는 점들이 언급됩니다.
이와 대비되는 사진의 특징은 Ⅵ번 문장에서 찾아볼 수 있습니다. 'Photography became coupled to consumer capitalism and the globe was now offered 'in limitless quantities, figures, landscapes ⋯.' 사진은 소비자 자본주의와 결합하게 되었고, 세계는 인물, 풍경, 사건들을 무제한으로 제공받았다고 했습니다. 이것은 사진이 그림이 가지고 있지 않은 무제한으로 복제가 가능하다는 성질을 지니고 있다는 것을 알 수 있습니다. 빈칸은 사진 이전의 시기에 관한 내용이 들어가야 하므로 그림의 성질과 관련된 내용이 지문에 들어가야 합니다.

Ⅲ. 제작, 복제, 그리고 이동이 사진보다 어려웠던 그림은 장소의 묘사를 타인에게 전달하기 어려웠으므로 이를 표현한 선지는 ⑤번 'places did not travel well', '장소들이 잘 이동하지 않았다'가 됩니다. 그러므로 정답은 ⑤번이 됩니다.

Ⅰ. Prior to photography (A), _______________.

> 구 사진이 등장하기 전에는 _______________ 이라고 합니다.

Ⅱ. (**While** painters (B) / have always lifted / particular places (out of their 'dwelling') and transported / them elsewhere), paintings (B) / were / time-consuming (to produce), (relatively) difficult (to transport and one-of-a-kind).

> 구 화가들은 항상 특정 장소를 그들의 '거주지'에서 끌어내어 다른 곳으로 옮겼지만, 그림은 제작하는 데 시간이 오래 걸렸고 상대적으로 운송하기 어려웠으며 단품수주생산이었다고 합니다.

> 독 이 문장에서 '그림 = 장소를 이동하게 하는 것'이라는 정보를 찾아야 합니다.

Ⅲ. The multiplication (of photographs) (A) especially / took place (with the introduction) (of the half-tone plate) (in the 1880s) (that / made / possible / the mechanical reproduction (of photographs in newspapers, periodicals, books and advertisements).

> 구 사진의 대량 복제는 특히 1880년대에 반톤 판의 도입으로 이루어졌으며, 이는 신문, 정기 간행물, 책, 그리고 광고에서 사진의 기계적 복제를 가능하게 만들었습니다.

Ⅳ. Photography (A) / **became** / coupled (to consumer capitalism) and the globe / was / now / offered ('in limitless quantities, figures, landscapes, events) (which / had not previously been utilised (either at all, or only as pictures (B) for one customer').

> 구 사진은 소비자 자본주의와 연결되었고, 이제는 세계에 '무한한 양의, 이전에 전혀 활용되지 않았거나, 또는 한 고객을 위한 그림으로만 활용되었던 인물, 풍경, 사건' 등이 제공되었다고 합니다.

Ⅴ. (With capitalism's arrangement of the world as a 'department store'), the proliferation and circulation of representations / achieved / a spectacular and virtually inescapable global magnitude'.

* proliferation: 확산 ** magnitude: (큰) 규모

> 구 자본주의가 세계를 '백화점'처럼 나열함에 따라, 상징물(또는 표상)의 확산과 순환은 화려하고 거의 피할 수 없는 글로벌 규모를 달성했다고 합니다.

> 독 여기서 세계를 백화점처럼 나열했다는 내용은 '장소를 쉽게 이동시킨다'라는 뜻입니다.

Ⅵ. Gradually photographs (A) / became / cheap mass produced objects (that / made / the world / visible, aesthetic and desirable).

*** aesthetic: 미적인

> 구 점차 사진은 세계를 보이게 하고, 미적으로 만들고, 바람직하게 만드는 저렴한 대량 생산 물건이 되어 갔다고 합니다.

> 독 사진이 저렴한 대량 생산 물건이 되었다는 표현으로 더욱 '장소를 쉽게 이동시킨다'라는 내용을 구체화하고 있습니다.

Ⅶ. Experiences / were / 'democratised' (by translating them) (into cheap images).

구▸ 경험들은 저렴한 이미지로 번역되어 사람들에게 퍼져나갔다고 합니다.

독▸ 역시 '장소를 쉽게 이동시킨다'라는 내용의 구체화입니다.

Ⅷ. Light, small and mass-produced photographs / became / dynamic vehicles (for the spatiotemporal circulation of places).

구▸ 가벼우며 작고 대량 생산된 사진은 장소의 시공간 순환을 위한 활발한 수단이 되었다고 합니다.

독▸ '장소를 쉽게 이동시킨다'라는 내용의 구체화로 글을 마무리하고 있습니다.

01 22학년도 수능 33번 (정답률 51%)

다음 빈칸에 들어갈 말로 가장 적절한 것을 고르시오.

> Elinor Ostrom found that there are several factors critical to **bringing about** stable institutional solutions to the problem of the commons. She pointed out, **for instance**, that the actors affected by the rules for the use and care of resources **must** have the right to ______________________.
> **For that reason**, the people who monitor and control the behavior of users should also be users and/or have been given a mandate by all users. This is a significant insight, **as** it shows that prospects are poor for a centrally directed solution to the problem of the commons coming from a state power in comparison with a local solution for which users assume personal responsibility. Ostrom also emphasizes the importance of democratic decision processes and that all users **must** be given access to local forums for solving problems and conflicts among themselves. Political institutions at central, regional, and local levels **must** allow users to devise their own regulations and independently ensure observance.
>
> * commons: 공유지 ** mandate: 위임

해설 [정답 : ①]

Ⅰ. 그녀는 자원의 이용과 보호에 대한 규칙에 영향을 받는 행위자들은 반드시 ______한 권리를 가져야만 한다는 것을 지적했다고 합니다. 규칙에 영향을 받는 사람들이 어떠한 권리를 가져야만 하는지에 대해서 찾으면 됩니다.

Ⅱ. Specific 1. Ⅲ번 문장에서 사용자들의 행위를 감시하고 통제하는 사람은 모든 사용자들에게 위임을 받은 사람이여야 하며, 사용자여야만 한다고 합니다.

 Specific 2. Ⅴ번 문장에서 사용자들 사이에서 발생하는 문제와 갈등을 해결하는 회의에 모든 사용자들이 참여할 수 있어야 하고 민주적인 의사 결정 과정이 중요하다고 합니다.
 다음과 같은 Specific을 종합해 볼 때 빈칸에 들어갈 감시자, 통제자를 스스로 정할 수 있는 권리와 민주적인 의사 결정 과정에 참여할 수 있는 권리가 됩니다. 즉, '사용자들이 문제에 대해서 참여할 수 있는 권리'가 됩니다.

Ⅲ. '사용자들이 문제에 대해서 참여할 수 있는 권리'과 같은 내용의 선지는 ①번 선지 'participate in decisions to change the rules', '규칙을 바꾸는 결정에 참여할'이 됩니다.

Ⅰ. Elinor Ostrom / found / that / there / are / several factors (critical to **bringing about** / stable institutional solutions (to the problem of the commons)).

* commons: 공유지

구▶ Elinor Ostrom은 공유지의 문제에 대한 안정적인 제도적 해결책을 야기하는 중요한 몇 가지 요인을 발견했다고 합니다.

독▶ 'bringing about'이 인과 관계를 제시하므로 중심 문장

Ⅱ. She / pointed out /, **<u>for instance</u>**, / that / the actors (affected / by the rules (for the use and care (of resources))) / **must** have / the right (to ___________________.)

   구 예를 들어, 그녀는 자원의 이용과 보호에 대한 규칙에 영향을 받는 행위자들은 반드시 ________한 권리를 가져야만 한다는 것을 지적했다고 합니다.

   독 'For instance'가 제시되었으므로 앞 문장 중심 문장, 'must'가 제시되었으므로 중심 문장입니다.

Ⅲ. **<u>For that reason</u>**, the people (who / monitor and control / the behavior of users) / **should** also be / users / and/or have been given / a mandate (by all users).

** mandate: 위임

   구 'give + I.O + D.O'가 수동태로 사용되어 'be given + D.O + by I.O'의 형태로 제시되었습니다. 해석은 'I.O에게 D.O를 받다'로 해석하시면 됩니다.

   - 그러한 이유로, 또한 사용자들의 행동을 감시하고 통제하는 사람들은 사용자들이여야만 하며, 모든 사용자들로부터 위임을 받아야만 한다고 합니다.

   독 'For that reason'를 통해 인과 관계를 제시하므로 중심 문장입니다.

   - 빈칸 내용으로 인해 모든 사용자들에게 위임을 받은 사용자가 사용자들의 행동을 통제하고 감시할 수 있다고 합니다.

Ⅳ. This / is / a significant insight, / **as** it / shows / that / prospects / are / poor / for a centrally directed solution (to the problem / of the commons) (coming from / a state power (in comparison with a local solution) (for which / users / assume / personal responsibility)).

   구 'be poor for N'은 'N이 좋지 않다.'를 의미합니다.

   - 'comparison with A'는 'A와 비교하여'를 뜻합니다.

   - 그것은 (= 모든 사용자들에게 위임을 받은 사용자가 사용자들의 행동을 통제하고 감시할 수 있다는 것은) 중요한 통찰인데, 그것은 사용자가 개인적인 책임을 지는 지역적인 해결책과 비교하여 국가 권력으로부터 비롯되는 공유지 문제에 대한 중앙 (= 정부) 지향적 해결책의 전망이 좋지 않다는 것을 보여주기 때문이라고 합니다.

   독 'as'가 '~때문에'로 해석되어 인과 관계를 제시하므로 중심 문장입니다.

   - 사용자들이 책임을 가지는 지역적 해결책이 (= 사용자들이 권한을 부여한 사용자가 공유지를 통제하고 감시하는 것이) 국가 권력으로부터 공유지를 감시하는 것보다 더 전망이 좋기 때문에 사용자들이 직접 공유지에 대한 감시와 통제 권한을 사용자에게 부여하는 것이 좋은 관점이라고 합니다.

Ⅴ. Ostrom / also emphasizes / the importance of democratic decision processes / and that / all users / **must** be given / access (to local forums / for solving / problems and conflicts among themselves).

구▸ Ostrom은 또한 민주적인 의사 결정 과정의 중요성에 대해서 강조했고, 모든 사용자들은 그들 사이의 문제와 갈등을 해결하기 위한 모든 지역 회의에 대한 접근을 부여받아야만 한다고 강조했다고 합니다.

독▸ 'must'가 제시되었으므로 중심 문장
- Ostrom이 사용자들에게 권한을 부여받은 사용자가 공유지를 감시하고 통제하는 것과 더불어 사용자들에게서 발생하는 문제와 갈등을 해결하는 지역 회의에 모든 사용자들이 참여할 수 있어야 하고 민주적인 의사 결정 과정을 거쳐야만 한다고 합니다.

Ⅵ. Political institutions (at central, regional, and local levels) / **must** allow / users / to devise / their own regulations / and independently / ensure / observance.

구▸ 'allow + O + to-V'는 'O가 V하는 것을 허락하다'를 의미합니다.
- 중앙, 지방 및 지역 수준에서 정치적인 기관들은 사용자들이 그들의 고유한 규칙들을 고안할 수 있도록 허락해야 하고 독립적으로 준수할 수 있도록 허락해야 한다고 합니다.

독▸ 'must'가 제시되었으므로 중심 문장
- Ⅴ번 문장에서 모든 사용자들이 민주적인 의사 결정 과정과 그들의 문제와 갈등을 해결하는 지역 회의에 참여할 수 있도록 하기 위해서, 정치 기관들은 사용자들이 그들의 고유한 규칙들을 고안할 수 있도록 허락해야 하고 독립적으로 준수할 수 있도록 허락해야 한다고 합니다.

02 22학년도 수능 32번

다음 빈칸에 들어갈 말로 가장 적절한 것을 고르시오.

> News, especially in its televised form, is constituted not only by its choice of topics and stories **but** by its ___________________________. Presentational styles have been subject to a tension between an informational-educational purpose and the need to engage us entertainingly. **While** current affairs programmes are often 'serious' in tone sticking to the 'rules' of balance, more popular programmes adopt a friendly, lighter, idiom in which we are invited to consider the impact of particular news items from the perspective of the 'average person in the street'. **Indeed,** contemporary news construction has come to rely on <u>an increased use of faster editing tempos and 'flashier' presentational styles including the use of logos, sound-bites, rapid visual cuts and the 'star quality'of news readers</u>. Popular formats can be said to enhance understanding by engaging an audience unwilling to endure the longer verbal orientation of older news formats. **However**, they arguably work to reduce understanding by failing to provide the structural contexts for news events.

해설 [**정답 : ⑤**]

Ⅰ. 뉴스, 특히 방송되는 형태의 뉴스는 주제와 이야기의 선택뿐만 아니라 __________에 의해서 구성된다고 합니다. 우리는 뉴스가 주제와 이야기를 제외한 무엇으로 구성되는지를 찾으면 됩니다.

Ⅱ. Specific 1. Ⅱ번 문장에서 표현 방식은 정보적 및 교육적 목적과 재미 사이에서 조절된다고 합니다.
　　Specific 2. Ⅲ번 문장에서 시사 프로그램은 진지한 어조, 대중적인 프로그램은 가벼운 어조가 채택된다고 합니다.
　　Specific 3. Ⅳ번 문장에서는 현대의 뉴스 구성은 로고, 짧은 소리, 빠른 시각적 편집과 뉴스 독자의 '스타성'을 포함한 빠른 편집 속도와 더 화려한 표현 방식을 더 많이 사용한다고 합니다.
　　　　　　　 다음과 같은 Specific을 종합해 볼 때 빈칸에 들어갈 뉴스를 구성하는 요소는 '어조와 빠른 편집 속도' 즉, '표현 방식'이 됩니다.

Ⅲ. '표현 방식'과 같은 내용의 선지는 ⑤번 선지 'verbal and visual idioms or modes of address', '언어적 그리고 시각적 양식 혹은 전달 방식들'이 됩니다.

Ⅰ. News, (especially in its televised form), is constituted / not only by its choice of topics and stories **but** by its _______________________.

> 구 ‘not only A but B’는 ‘A뿐만 아니라 B’를 의미합니다.
> - 뉴스, 특히 방송되는 형태의 뉴스는 주제와 이야기의 선택뿐만 아니라 ________에 의해서 구성된다고 합니다.

> 독 ‘but’이 제시되었으므로 중심 문장입니다.

Ⅱ. Presentational styles / have been subject to / a tension (between an informational-educational purpose and the need (to engage / us entertainingly)).

> 구 ‘between A and B’는 ‘A와 B 사이’를 의미합니다.
> - 표현 방식은 정보적, 교육적 목적과 우리들을 즐겁게 참여시킬 필요성 사이의 긴장 상태에 종속된다고 합니다.

> 독 즉, 뉴스의 표현 방식은 정보 및 교육 목적과 재미 사이에서 조절된다고 합니다.

Ⅲ. **While** current affairs programmes / are often / ‘serious’ (in tone) (sticking to the ‘rules’ of balance), / more popular programmes / adopt / a friendly, lighter, idiom (in which we / are invited to consider / the impact (of particular news items) (from the perspective (of the ‘average person in the street’))).

> 구 현재의 업무 프로그램들은 (= 시사 프로그램들은) 종종 균형의 ‘규칙’을 고수하면서 어조가 ‘진지’한 반면에, 더욱 대중적인 프로그램들은 우리가 ‘거리에 있는 일반적인 사람들’의 관점으로부터 특정한 뉴스 내용들의 영향을 고려하도록 초청받는 친근하고 더 가벼운 양식을 채택한다고 합니다.

> 독 ‘While’이 ‘반면에’라는 뜻으로 해석되기 때문에 중심 문장
> - 시사 프로그램들은 진지한 어조를 고수하지만 더욱 대중적인 프로그램들은 친숙한 양식을 선택한다고 합니다. 즉, Ⅱ번 문장에서 제시된 표현 양식이 목적과 재미 사이에서 조절되는 것을 구체화하여 프로그램들의 종류와 목적에 따라서 표현 양식이 달라지는 것을 보여주고 있습니다.

* sticking to - 고수하는, 지키는

Ⅳ. **Indeed**, contemporary news construction / has come to rely on / an increased use (of faster editing tempos / and ‘flashier’ presentational styles) (including / the use / of logos, sound-bites, rapid visual cuts and the ‘star quality’of news readers).

> 구 사실상, 현대의 뉴스 구성은 로고, 짧은 소리, 빠른 시각적 편집과 뉴스 독자의 ‘스타성 질’을 포함하는 빠른 편집 속도와 ‘더 현란한’ 표현 방식의 증가된 사용에 의존하고 있다고 합니다.

> 독 ‘Indeed’는 앞 문장을 재진술하므로 중심 문장
> - 현대의 뉴스가 어떻게 변화하는 지에 대해서 제시하고 있습니다.

* flashy - 현란한, 화려한

Ⅴ. Popular formats / can be said to enhance / understanding (by engaging / an audience (unwilling to endure / the longer verbal orientation of older news formats)).

> **구** 'unwilling to-V'는 'V하는 것을 꺼리는'으로 해석하시면 됩니다.
> - 'by V-ing'는 'V함으로써'를 의미합니다.
> - 대중적인 양식은 긴 언어적 방향의 (= 장황한 언어를 지향하는) 옛날 뉴스 양식을 견디는 것을 꺼리는 대중들은 참여시킴으로써 이해를 높였다고 할 수 있다고 합니다.

> **독** Ⅲ번, Ⅳ번 문장에서 제시된 현대 뉴스 양식의 장점을 제시하고 있습니다.

Ⅵ. **However**, they / (arguably) work to reduce / understanding (by failing to provide / the structural contexts for news events).

> **구** 'by V-ing'는 'V함으로써'를 의미합니다.
> - 그러나, 그들은 (= 대중적인 양식들은) 뉴스 사건에 대한 구조적인 맥락을 제공하지 못함으로써 이해를 감소시키는 작용을 했다고 합니다.

> **독** 'However'가 제시되었으므로 앞 뒷 문장 중심 문장
> - Ⅴ번 문장에서 대중적인 양식의 장점이 제시된 것과는 반대로 Ⅵ번 문장에서 대중적인 양식에 대한 단점이 제시되고 있습니다.

03 21학년도 수능 33번 (정답률 46%)

다음 빈칸에 들어갈 말로 가장 적절한 것을 고르시오.

> Thanks to newly developed neuroimaging technology, we now have access to the specific brain changes that occur during learning. **Even though** all of our brains contain the same basic structures, our neural networks are as unique as our fingerprints. The latest developmental neuroscience **research** has **shown** that the brain is much more malleable throughout life than previously assumed; it develops in response to its own processes, to its immediate and distant "environments," and to its past and current situations. The brain seeks to create meaning through establishing or refining existing neural networks. When we learn a new fact or skill, our neurons communicate to form networks of connected information. Using this knowledge or skill **results in** structural changes to allow similar future impulses to travel more quickly and efficiently than others. High-activity synaptic connections are stabilized and strengthened, **while** connections with relatively low use are weakened and eventually pruned. In this way, our brains are ___________ .
>
> * malleable: 순응성이 있는 ** prune: 잘라 내다

해설 [정답 : ①]

Ⅰ. 그러한 방식으로 우리의 뇌는 _______ 하다고 합니다. 그러한 방식이 어떤 방식인지 이에 따라 우리의 뇌가 어떤지를 찾으면 됩니다.

Ⅱ. '순응성 있다'라는 내용이 빈칸에 들어가야 할 말이지만 '순응성 있다'가 해석을 해도 잘 이해가 되지 않는다면 'Specific'을 통해서 빈칸에 들어갈 말을 찾아야합니다.
Specific 1 - 뇌는 자기 자신의 과정, 환경, 상황에 반응하며 발달한다.
Specific 2 - 뇌는 자주 이용되는 연결은 강화시키고 적게 이용되는 연결은 약화시킨다. 이 Specific들을 일반화하면 '뇌는 상황에 맞춰 변화하며 발달한다'가 됩니다.

Ⅲ. '상황에 맞춰 변화하며 발달한다'와 같은 내용의 선지는 ①번 선지. 'sculpted by our own history of experiences' '우리 자신의 경험의 역사에 의해서 조각된다'가 됩니다.

* ③번 선지 'gear'는 '조정하다'라는 의미를 가지므로 '최근의 기억을 강화하도록 조정된다'라는 뜻이 됩니다. 최근의 기억이 강화된다는 내용이 없으므로 오답 선지입니다.

Ⅰ. Thanks / to newly developed neuroimaging technology, / we / now have / access (to the specific brain changes) (that / occur / during learning).

> 구 ‘Thanks to’는 ‘~덕분에’를 의미합니다.
> - 새롭게 개발된 신경 이미지 기술덕분에, 우리는 배울 때 발생하는 특정한 뇌 변화들에 접근한다고 합니다.

* neuro는 ‘neuron’ ‘신경’의 연결형입니다. 모르셔도 됩니다.

Ⅱ. **Even though** all of our brains / contain / the same basic structures, / our neural networks / are as unique / as our fingerprints.

> 구 ‘as A as B’는 ‘B만큼 A하다’를 뜻합니다.
> - 비록 모든 우리의 뇌는 같은 기본적인 구조들을 가지고 있지만, 우리의 신경 네트워크는 우리의 지문만큼 독특하다고 합니다.

> 독 ‘Even though’는 역접의 표현이므로 중심 문장!
> - 뇌는 기본적인 구조를 가지고 있지만 신경 네트워크는 특별하다고 합니다.

Ⅲ. The latest developmental neuroscience **research** / has shown / that / the brain / is / much more malleable (throughout life) / than previously assumed; it / develops / in response (to its own processes, / (to its immediate and distant “environments,” and (to its processes ~ , to its immediate ~ 와 to its past ~를 연결) / to its past and current situations).

* malleable: 순응성이 있는

> 구 ‘A, B, and C’ 구조입니다.
> - 가장 최근의 발달 신경과학 연구는 뇌가 이전에 가정보다 삶에 통틀어서 더 순응성 있다는 것을 보여주며, 뇌는 자기 자신의 처리와 인접하고 멀리 떨어진 환경, 그리고 뇌의 과거와 현재 상황에 반응하도록 발달한다고 합니다.

> 독 연구가 제시되었으니 중심 문장!
> - 뇌는 다양한 상황에 반응하도록 발달되었으며 이는 예전 가정보다 더 순응성 있다고 합니다.

Ⅳ. The brain / seeks / to create meaning (through establishing / or refining existing neural networks).

> 구 뇌는 존재하는 신경 네트워크를 확립하거나 개선하여 의미를 찾는다고 합니다.

* refine - 개선하다 ⇒ (어떤 물질을) 정제하다

Ⅴ. When / we / learn / a new fact or skill, / our neurons / communicate (to form / networks (of connected information).

> 구 우리가 새로운 사실이나 기술을 배울 때, 우리의 신경들은 연결된 정보의 네트워크를 형성하기 위해 소통한다고 합니다.

Ⅵ. Using this knowledge or skill / results in / structural changes (to allow / similar future impulses (to travel more quickly and efficiently than others)).

> 구▶ 'result in'은 '야기하다'라는 뜻을 가집니다.
>   - 그런 지식과 기술을 이용하는 것은 유사한 미래의 자극이 다른 것들보다 더 빠르고 효율적으로 이동할 수 있는 구조적 변화를 야기한다고 합니다.

> 독▶ 'result in'을 통해서 인과관계를 제시하므로 중심 문장!
>   - 연결된 정보의 네트워크를 형성 ⇒ 유사한 미래 자극을 더 빠르고 효율적으로 전송으로 이해하시면 됩니다.

Ⅶ. High-activity synaptic connections / are stabilized and strengthened, **while** connections (with relatively low use) / are weakened and eventually pruned.

** prune: 잘라 내다

> 구▶ 높은 신경 연결은 안정화되고 강화되는 반면에, 상대적으로 적게 사용되는 연결은 약화되고 결국에는 잘라낸다고 합니다.

> 독▶ 'while'이 '반면에'로 사용되었으므로 역접! 중심 문장입니다!
>   - 높은 신경 연결은 강화되고 약한 신경 연결은 약화된다고 합니다.
>   - 이 내용은 Ⅳ번 문장을 재진술합니다

Ⅷ. In this way, our brains / are __________________.

> 구▶ 이러한 방식으로, 우리의 뇌는 ________하다고 합니다.

다음 빈칸에 들어갈 말로 가장 적절한 것을 고르시오.

> "What's in a name? That which we call a rose, by any other name would smell as sweet." This thought of Shakespeare's points up a difference between roses (A) and, say, paintings (B). Natural objects (A), such as roses, are not __________. They are not taken as vehicles of meanings and messages (B). They belong to no tradition, strictly speaking have no style, and are not understood within a framework of culture and convention. (A) Rather, they are sensed and savored relatively directly, without intellectual mediation, and so what they are called, either individually or collectively, has little bearing on our experience of them. (A) What a work of art (B) is titled, on the other hand, has a significant effect on the aesthetic face it presents and on the qualities we correctly perceive in it. (B) A painting of a rose (B), by a name other than the one it has, might very well smell different, aesthetically speaking (B). The painting titled *Rose of Summer* and an indiscernible painting titled *Vermillion Womanhood* are physically, but also semantically and aesthetically, distinct objects of art (B).
>
> * savor: 음미하다 ** indiscernible: 식별하기 어려운 *** semantically: 의미적으로

해설 [정답 : ⑤]

'Targeting'과 'Paraphrasing'으로도 풀리고 Chapter 2-2에서 배운 A/B 자리 찾기로도 풀리며 이번 Chapter에서 배운 'Generalization'으로도 풀 수 있는 문제입니다. 어떤 친구들은 당연하게 'Paraphrasing'으로 풀리며 어떤 친구들은 A/B를 적용해서 풀었을 것이며 어떤 친구는 'Paraphrsing'과 A/B를 했는데도 풀리지 않을 수도 있습니다. A/B 자리싸움을 한 친구는 빈칸에 (B)가 들어가야 하며 'Paraphrasing'을 한 친구는 (B)를 근거로 'Paraphrasing'을 하셨을 겁니다. 이번 Chapter가 'Generalization'이므로 'Generalization'으로 풀어 드리겠습니다!

Ⅰ. 장미와 같은 자연적인 물체들은 __________ 하지 않는다고 합니다. 자연적인 물체들이 가지는 특징이 아닌 것을 찾으면 됩니다.

Ⅱ. 장미와 그림의 차이를 설명하므로 (A)와 (B)로 나눌 수 있으며 빈칸에 들어갈 말은 (B)입니다.
(B)에 대한 Specific으로
Specific 1 - 의미와 메시지의 수단으로 받아들여진다.
Specific 2 - 그것이 나타내는 미학적인 측면과 우리가 올바르게 그것을 인지하는 특성에 영향을 끼친다.
Specific 3 - 미학적으로 다른 냄새를 맡는다.

이를 일반화 'Generalization'을 하면 빈칸에 들어갈 말은 '우리가 인지하는 미학적 의미와 메시지의 수단'으로 일반화할 수 있습니다.

Ⅲ. '우리가 인지하는 미학적 의미와 메시지의 수단'과 같은 내용은 ⑤번 'interpreted' '해석되다'가 됩니다.

Ⅰ. "What's in a name? That (which / we / call / a rose), (by any other name) would smell / as sweet."

> "이름에는 무엇이 있는가? 우리가 장미라 부르는 것은 다른 이름이더라도 달콤한 것과 같은 냄새가 난다"고 합니다.

Ⅱ. This thought (of Shakespeare's) / points up / a difference / between roses (A) and, say, paintings (B).

> 'point up'은 '주목하다, 지적하다'를 의미합니다.
> - 'between A and B'는 'A와 B 사이에'를 뜻합니다.
> - 'Shakespeare'의 생각은 장미와 그림의 차이에 주목한다고 합니다.

> 차이에 주목한다고 했으므로 우리가 Chapter 2-2에서 배웠던 A/B를 적용해 봅시다.
> - 장미와 관련된 것을 (A), 그림과 관련된 것을 (B)로 치환합시다.

Ⅲ. Natural objects (A), / such as roses, / are not / __________.

> 장미와 같은 자연적인 물체는 _______ 하지 않는다고 합니다.
> 장미가 (A)이므로 'Natural objects'는 (A)가 됩니다.
> - (A)가 아닌 것이니 (B)가 빈칸에 들어가야 됩니다.

Ⅳ. They / are not taken / (as vehicles of meanings and messages) (B).

> 'They'는 Ⅲ번 문장 'Natural objects'를 지칭합니다.
> - 그것들은 의미와 메시지의 수단으로서 받아들여지지 않는다고 합니다.
> (A)가 아닌 것이니 'taken as vehicles of meaning and messages'는 (B)가 됩니다.
> * vehicle - (이동하는 수단) 탈 것 ⇒ 수단, 매개체

Ⅴ. They / belong to / no tradition, (strictly speaking) have no style, and (belong, have와 are을 연결) are not understood (within a framework (of culture and convention)). (A)

> 'belong to'는 '~에 속하다'를 의미합니다.
> - 그들은 전통에 속하지 않고, 엄밀히 말하면 어떠한 양식도 없으며 문화와 관습의 틀 안에서 이해되지도 않는다고 합니다.
> 'They'는 (A)를 지칭하므로 전통에 속하지 않고 양식도 없고 문화와 관습으로 이해되지 않는 것은 (A)가 됩니다.
> - 반대로 전통에 속하고 양식이 있고 문화와 관습으로 이해되는 것을 (B)라고 추측할 수 있습니다.

Ⅵ. **Rather**, they / are sensed and savored (relatively directly), (without intellectual mediation), and so (what / they / are called), (either individually or collectively), has / little bearing (on our experience of them). (A)

* savor: 음미하다

구▶ 'bear on'은 '~에 관련이 있다'를 의미합니다.
- 오히려 그들은 상대적으로 직접적이게 지성적인 매개 없이 느껴지고 음미되며 그래서 개인적이든 집합적이든 그들이 불리는 것은 그것들에 대한 우리의 경험과 관련이 없다고 합니다.

독▶ 'Rather'은 역접의 신호이므로 앞 뒷 문장 모두 중심 문장!
- 'they'가 (A)이므로 직접적으로 느껴지고 음미되며 우리의 경험과 관련이 없는 것이 (A)가 됩니다.
- 우리의 경험과 관련이 있는 것이 (B)라는 것도 추측할 수 있습니다.

Ⅶ. What / a work of art (B) / is titled /, **on the other hand**, / has / a significant effect (on the aesthetic face (it presents) / and on the qualities) (we / correctly perceive / in it). (B)

구▶ 'has effect on'은 '~에 영향을 끼치다'를 의미합니다.
- 'effect on ~ and on' 병렬을 보여주고 있습니다.
- 반면에, 미술 작품으로 제목이 붙여지는 것은 이것이 나타내는 미학적인 측면과 우리가 올바르게 그것에 대해 인지하는 특징에 영향을 끼친다고 합니다.

독▶ 'on the other hand'는 '반면에'이므로 앞 뒷 문장 모두 중심 문장!
- 예술이므로 (B)인 것을 인지할 수 있으며 이것이 나타내는 미학적인 측면과 우리가 인지하는 특징은 (B)라는 것을 알 수 있습니다.

Ⅷ. A painting / of a rose (B), (by a name / other than the one (it / has)), might very well smell / different, (aesthetically speaking) (B).

구▶ 가지고 있는 것과 다른 이름인 장미의 그림은 아마도 미학적으로 말하면 다른 냄새가 날 것이라고 합니다.

독▶ 그림은 (B)이므로 미학적으로 다른 냄새가 나는 것 역시 (B)입니다.

Ⅸ. The painting (titled *Rose of Summer*) and an indiscernible painting / (titled *Vermillion Womanhood*) are physically, **but** also semantically and aesthetically, distinct objects (of art) (B).

** indiscernible: 식별하기 어려운 *** semantically: 의미적으로

구▶ 'Rose of Summer'으로 이름 붙여진 그림과 'Vermillion Womanhood'으로 이름 붙여진 식별하기 어려운 그림은 물리적으로 그러나 또한 의미적으로 미학적으로 다른 예술 작품이라고 합니다.

독▶ 'but'이 있으므로 중심 문장!
- 'for example'이 존재하지 않지만 예시인 것을 파악할 수 있습니다.
- 둘 다 그림들이므로 (B)를 의미하고 물리적으로, 의미적으로 그리고 미학적으로 다른 예술 작품이라는 것은 (B)가 됩니다.

다음 빈칸에 들어갈 말로 가장 적절한 것을 고르시오.

Even when we do something as apparently simple as picking up a screwdriver, our brain automatically _____________________. We can literally feel things with the end of the screwdriver. When we extend a hand, holding the screwdriver, we automatically take the length of the latter into account. We can probe difficult-to-reach places with its extended end, and comprehend what we are exploring. Furthermore, we instantly regard the screwdriver we are holding as "our" screwdriver, and get possessive about it. We do the same with the much more complex tools we use, in much more complex situations. The cars we pilot instantaneously and automatically **become** ourselves. **Because of this**, when someone bangs his fist on our car's hood after we have irritated him at a crosswalk, we take it personally. This is not always reasonable. **Nonetheless**, without the extension of self into machine, it would be impossible to drive.

* probe: 탐색하다

해설 [정답 : ⑤]

Ⅰ. 우리가 드라이버를 집는 것만큼 보기에 간단한 일을 할 때도, 우리의 뇌는 자동적으로 _________한다고 합니다. 우리가 드라이버를 집을 때 우리의 뇌가 어떤 일을 하는 지를 찾으면 됩니다.

Ⅱ. Paraphrasing으로 풀이할 경우 도구가 우리 스스로가 된다는 것을 근거로 판단하시면 됩니다.
Specific 1. 우리는 드라이버를 우리의 드라이버로 간주한다.
Specific 2. 우리가 모는 자동차는 우리 스스로가 된다.
Specific 3. 우리 자신의 기계로 확장 없이는 그 기계를 다룰 수 없다.
이를 종합하면 기계를 우리 자신으로 인식한다가 됩니다. 그러므로 빈칸에 들어갈 말은 기계를 우리 자신으로 인식한다.

Ⅲ. 기계를 우리 자신으로 인식한다와 같은 내용의 선지는 ⑤번 'adjusts what it considers body to include the tool', '몸이라고 인식하는 것에 도구를 포함하도록 조정한다'가 됩니다.

Ⅰ. Even when / we / do / something (as apparently simple as picking up a screwdriver), / our brain / automatically ________________________.

　　구▶ 'as A as B'는 'B와 같은 A'로 해석하시면 됩니다.
　　　- 우리가 드라이버를 집는 것만큼 보기에 간단한 일을 할 때도, 우리의 뇌는 자동적으로 ________한다고 합니다.

Ⅱ. We / can literally feel / things (with the end (of the screwdriver)).

　　구▶ 우리는 글자 그대로 드라이버의 끝 부분으로 그것을 느낄 수 있다고 합니다.

Ⅲ. When / we / extend / a hand, (holding the screwdriver), / we / automatically take / the length (of the latter / into account).

　　구▶ 'take A into account'는 'A를 고려하다'를 의미합니다.
　　　- 'the latter'은 '드라이버'를 지칭합니다.
　　　- 드라이버를 잡고 손을 뻗을 때, 우리는 자동적으로 드라이버의 길이를 고려한다고 합니다.

Ⅳ. We / can probe / difficult-to-reach places (with its extended end), and comprehend / what / we / are exploring.

* probe: 탐색하다

　　구▶ 우리는 그것의 확장된 끝과 함께 닿기 어려운 곳을 탐색할 수 있고 우리가 탐색하고 있는 것을 이해할 수 있다고 합니다.

Ⅴ. Furthermore, we / instantly regard / the screwdriver (we / are holding) / as "our" screwdriver, and get / possessive (about it).

　　구▶ 'regard A as B'는 'A를 B로 간주하다'를 의미합니다.
　　　- 게다가, 우리는 즉각적으로 우리가 잡고 있는 드라이버를 우리의 드라이버로 간주하고 그것에 대한 소유욕을 갖게 된다고 합니다.
　　* possess (소유하다) + -ive (형용사형 접사) = possessive - 소유하는, 소유욕

Ⅵ. We / do / the same (with the much more complex tools) (we / use), (in much more complex situations).

　　구▶ 우리는 훨씬 더 복잡한 상황에서도 우리가 사용하는 훨씬 더 복잡한 도구를 가지고도 똑같이 한다고 합니다.
　　독▶ 똑같이 한다는 것은 도구를 우리의 도구로 간주하고 도구에 대한 소유욕을 갖게된다로 이해하시면 됩니다.

Ⅶ. The ^{s}cars / (we / pilot) / instantaneously and automatically **become** / ourselves.

구▶ 우리가 조종하는 차들은 즉각적으로 그리고 자동적으로 우리 스스로가 된다고 합니다.

독▶ 'become'을 통해서 결과를 제시하니 중심 문장!

Ⅷ. **Because of this**, when / someone / bangs / his fist (on our car's hood) (after / we / have irritated / him / at a crosswalk), / we / take / it / personally.

구▶ 그것 때문에 우리가 횡단보도에서 누군가를 짜증나게 한 후에 그 사람이 우리 자동차를 주먹으로 칠 때, 우리는 그것을 개인적인 일로 받아들인다고 합니다.

독▶ 'Because of'로 인과관계를 제시하므로 중심 문장!
  - Ⅶ번 문장에서 제시된 우리가 조종하는 순간 우리 스스로가 된다는 내용으로 인해 어떤 사람이 자동차를 치는 것을 우리 개인적인 일로 받아들인다고 합니다.

* fist - 주먹

Ⅸ. This / is / not always reasonable.

구▶ 그것은 항상 합리적인 것은 아니라고 합니다.

Ⅹ. **Nonetheless**, (without the extension / of self into machine), it / would be / impossible / to drive.

구▶ 'It be동사 + 형용사 + to-V'는 가주어/진주어 의심
  - 'It'이 지칭하는 대상이 존재하지 않으므로 가주어/진주어
  - 그럼에도 불구하고, 기계로 우리 자신의 확장 없이는, 다루는 것이 불가능하다고 합니다.

독▶ 'Nonetheless'를 통해서 역접을 이루니 중심 문장!
  - 우리 자신을 기계로 확장해야 기계를 다룰 수 있다고 합니다.

다음 빈칸에 들어갈 말로 가장 적절한 것을 고르시오.

> Development can get very complicated and fanciful. A fugue by Johann Sebastian Bach illustrates how far this process could go, when a single melodic line, sometimes just a handful of notes, was all that the composer needed to create a brilliant work containing lots of intricate development within a coherent structure. Ludwig van Beethoven's famous Fifth Symphony provides an exceptional **example** of how much mileage a classical composer can get out of a few notes and a simple rhythmic tapping. The opening da-da-da-DUM that everyone has heard somewhere or another ___________________ throughout not only the opening movement, **but** the remaining three movements, like a kind of motto or a connective thread. Just as we don't always see the intricate brushwork that goes into the creation of a painting, we may not always notice how Beethoven keeps finding fresh uses for his motto or how he develops his material into a large, cohesive statement. **But** a lot of the enjoyment we get from that mighty symphony **stems from** the inventiveness behind it, the impressive development of musical ideas.
>
> * intricate: 복잡한 ** coherent: 통일성 있는

해설 [정답 : ②]

Ⅰ. 모든 사람들이 어디선가 들어본 시작 부분의 'da-da-da-DUM'은 일종의 'motto' 혹은 연속적인 실처럼 시작 부분뿐만 아니라 나머지 세 부분을 통틀어서 ___________________ 하다고 합니다.
　 'da-da-da-DUM'이 나머지 세 부분을 통틀어 어떻게 되는 지를 지문에서 찾으면 됩니다.

Ⅱ. Ⅵ번 문장에서 우리의 즐거움은 음악적 아이디어를 통한 인상적인 전개를 통해서 얻는다고 했으므로 우리가 어디에서나 들어보며 즐거움을 느낀 'da-da-da-DUM'은 음악적 아이디어와 독창성을 보여주는 것임을 알 수 있습니다. 하지만 쉽지 않습니다. 그러면 Specific들을 정리해 봅시다.

　Specific 1 - 'fugue'는 하나의 멜로디 라인, 때로는 소수의 음표를 통해서 복잡한 전개들을 포함한 찬란한 작품을 만들었다.
　Specific 2 - 베토벤은 일부의 음표와 단순한 리듬감 있는 두드림을 통해 많은 이득을 얻었다.
　Specific 3 - 베토벤은 그의 'motto'의 새로운 사용들을 생각하였고 그러면서 통일성 있는 진술을 그의 작품에 포함하였다.
　Specific 4 - 우리가 베토벤의 교향곡에서 즐거움을 느끼는 것은 독창성이다.
　　　　　　 이러한 Specific들을 통해 추론할 수 있는 내용은 '하나의 멜로디 라인이나 소수의 음표를 통해서도 그것들의 신선한 사용과 복잡한 전개를 통해 좋은 작품을 만들 수 있다'입니다. 'da-da-da-DUM'과 연결해보면 'da-da-da-DUM'이란 하나의 멜로디 라인이 신선한 사용과 복잡한 전개가 이루어졌음을 알 수 있습니다.

Ⅲ. '신선한 사용과 복잡한 전개'와 관련된 선지는 ②번 'appears in an incredible variety of ways', '놀라울 만한 다양한 방식으로 나타나다.'가 됩니다.

* 정말 어려운 문제입니다. 정답 선지인 ②번을 제외한 나머지 선지들의 선택률이 모두 15% 이상입니다. 즉, 대부분의 수험생들이 찍었습니다. 그 이유는 어려운 단어들이 포함되어 있습니다. 예를 들어 'fugue'는 '푸가'로 해석됩니다. '푸가'는 '하나의 성부(聲部)가 주제를 나타내면 다른 성부가 그것을 모방하면서 대위법에 따라 쫓아가는 악곡 형식'이라고 합니다. 'fugue'을 의미하며, 지엽적인 단어이기 때문에 대부분의 수험생들이 몰랐을 것이라고 판단됩니다. 또한 'motto'는 일반적인 뜻인 '좌우명'이 아닌 곡에서의 '반복 악구'로 해석되었습니다. 만약 'motto'를 '좌우명'으로 해석했다면 '제목'으로 잘못 이해했을 수도 있습니다. 또한 'motto'가 '반복 악구'라는 뜻으로 해석된다는 것은 네이버 어학 사전에도 안나옵니다. 'fugue'와 'motto'를 정확히 해석하는 것은 매우 사후적입니다. 그러므로 밑에 제시된 문장 분석에서는 'fugue'와 'motto'를 해석하지 않고 이 지문을 이해해보겠습니다.

Ⅰ. Development / can get / very complicated and fanciful.

> 구 'get'이 2형식 동사로 사용될 경우 보어를 가질 수 있으며, 'be 동사'와 같은 뜻이 됩니다.
> - 전개는 매우 복잡하고 특별할 수 있다고 합니다.

Ⅱ. A fugue (by Johann Sebastian Bach) / illustrates / how far this process / could go, (when a single melodic line, (sometimes just a handful of notes), / was / all (that the composer / needed to create / a brilliant work (containing / lots of intricate development) (within a coherent structure)).

* intricate: 복잡한 ** coherent: 통일성 있는

> 구 'Johann Sebastian Bach'의 'fugue'는 하나의 멜로디 라인, 때로는 단지 소수의 음표가 작곡가가 통일성 있는 구조안에서 많은 복잡한 전개들을 포함한 찬란한 작품을 만들기 위해서 필요한 모든 것일 때, 그 과정이 (= 하나의 멜로디 라인이나 소수의 음표를 통해 복잡한 전개를 만드는 과정이) 얼마나 멀리 갈 수 있을지를 (= 얼마나 위대한 지를) 설명한다고 합니다.

> 독 'fugue'가 하나의 멜로디 라인이나 소수의 음표로 복잡한 전개를 포함한 찬란한 작업을 만드는 것이 얼마나 위대한지를 보여준다고 합니다.

Ⅲ. Ludwig van Beethoven's famous Fifth Symphony / provides / an exceptional **example** (of how much mileage a classical composer / can get (out of a few notes and a simple rhythmic tapping).

> 구 'Ludwig van Beethoven'의 유명한 5번 교향곡은 클래식 작곡가가 몇 개의 음표와 단순한 리듬감 있는 탭핑을 (= 두드림을) 통해 얼마나 많은 이익을 얻을 수 있는지를 보여주는 예외적인 예시를 제공한다고 합니다.

> 독 'example'이 제시되었습니다. 'how 절'에 대한 예시이므로 중심 문장이 됩니다. 'example'이 제시되었을 때 어떠한 것에 대한 예시인지 신중히 파악하셔야 합니다. 보통 앞 문장에 대한 예시이지만 이 문장에서처럼 한 문장 안에 중심 내용과 예시가 같이 있을 수도 있습니다.
> - Ⅱ번 문장에서의 'fugue'와 같이 소수의 음표나 멜로디 라인을 통해서 찬란한 작품을 만드는 것을 보여준 것이 베토벤의 5번 교향곡이라고 합니다.

* mileage - 이익

Ⅳ. The opening da-da-da-DUM (that everyone / has heard (somewhere or another)) ________________
(throughout not only the opening movement, **but** the remaining three movements), (like a kind of
motto or a connective thread).

구 ‘not only A but (also) B’는 ‘A뿐만 아니라 B도’를 의미합니다.
  - 모든 사람들이 어디선가 들어본 시작 부분의 ‘da-da-da-DUM’은 일종의 ‘motto’ 혹은 연속적인 실처럼
  시작 부분뿐만 아니라 나머지 세 부분을 통틀어서 ________________________하다고 합니다.
독 ‘but’이 제시되었으므로 중심 문장

Ⅴ. Just as we / don’t always see / the intricate brushwork (that goes into / the creation of a painting),
we / may not always notice / how Beethoven / keeps finding / fresh uses (for his motto) or how
he / develops / his material (into a large, cohesive statement).

구 마치 우리가 그림을 만드는 복잡한 붓질을 항상 볼 수는 없는 것처럼 우리는 어떻게 베토벤이 그가
‘motto’의 신선한 사용을 발견하는지 혹은 어떻게 그가 크고 통일성 있는 진술에서 그의 작품을 전개할
수 있는지를 항상 알아차릴 수는 없다고 합니다.
독 우리는 베토벤이 그의 ‘motto’를 어떻게 새롭게 사용하는 방식을 찾았는지 알 수 없고 그의 통일성
있는 진술 안에서 어떻게 그의 작품을 전개하는 지를 알 수 없다고 합니다.

Ⅵ. **But** a lot of the enjoyment (we / get (from that mighty symphony)) **stems from** / the inventiveness
(behind it, the impressive development of musical ideas).

구 그러나 우리가 그 강력한 교향곡에서 (= 베토벤의 5번 교향곡에서) 얻을 수 있는 수 많은 즐거움은 그것
뒤의 (= 강력한 교향곡 이면의) 독창성 즉, 음악적 아이디어의 인상적인 전개에서 비롯된다고 합니다.
독 ‘But’이 제시되었으므로 앞 뒷 문장 중심 문장, ‘stems from’을 통해 인과관계를 나타내므로 중심
문장입니다.
  - 우리가 비록 베토벤이 어떻게 ‘motto’를 새롭게 사용하는 지와 어떻게 ‘motto’를 새롭게 사용하며
  통일성 있는 진술을 가지며 전개할 수 있는지는 모르지만 베토벤의 5번 교향곡을 통해서 얻는 즐거움은
  독창성 즉, 베토벤의 새로운 ‘motto’의 사용이라고 합니다.

다음 빈칸에 들어갈 말로 가장 적절한 것을 고르시오.

　Emma Brindley has investigated the responses of European robins to the songs of neighbors and strangers. **Despite** the large and complex song repertoire of European robins, they were able to discriminate between the songs of neighbors and strangers. When they heard a tape recording of a stranger, they began to sing sooner, sang more songs, and overlapped their songs with the playback more often than they did on hearing a neighbor's song. As Brindley suggests, the overlapping of song may be an aggressive response. **However**, this difference in responding to neighbor versus stranger occurred only when the neighbor's song was played by a loudspeaker placed at the boundary between that neighbor's territory and the territory of the bird being tested. If the same neighbor's song was played at another boundary, one separating the territory of the test subject from another neighbor, it was treated as the call of a stranger. Not only does this result demonstrate that ________________________, **but** it also shows that the choice of songs used in playback experiments is highly important.

* robin: 울새 ** territory: 영역

해설 [정답 : ④]

Ⅰ. 그 결과는 ______을 입증할 뿐만 아니라 그것은 (= 그 결과는) 재생 실험에 사용되는 노래의 선택이 매우 중요하다는 것을 보여준다고 합니다. 재생 실험에서 어떠한 결과가 나왔는 지를 찾으면 됩니다.

Ⅱ. 지문에서 재생 실험을 진행하면서, 이웃 새보다 낯선 새에게 공격적인 반응인 노래를 겹치는 행동을 보였다고 합니다. 하지만
Specific 1 - Ⅴ번 문장에서 이웃 새의 노래가 그 이웃 새의 영역과 실험 대상인 새의 영역 사이 경계에서 들릴 때만 이웃 새로 간주했다고 합니다.
Specific 2 - 만약 이웃 새의 노래가 그 이웃 새가 아닌 다른 이웃 새와의 경계에서 들린다면 낯선 새로 간주했다고 합니다.

종합하면 이웃 새가 노래를 부르더라도 장소에 따라서 다르게 반응했음을 알 수 있습니다.

Ⅲ. 그러므로 빈칸에 들어갈 말은 '장소에 따라서 다르게 반응한다'입니다. 이와 같은 내용의 선지는 ④번 'the robins associate locality with familiar songs', '울새가 장소를 친숙한 노래와 연결시킨다'가 됩니다.

Ⅰ. Emma Brindley / has investigated / the responses (of European robins) (to the songs / of neighbors and strangers).

* robin: 울새

> 구▶ Emma Brindley는 이웃 새와 낯선 새의 노래에 유럽 울새의 반응에 대해서 조사했다고 합니다.

Ⅱ. **Despite** the large and complex song repertoire (of European robins), / they / were / able to discriminate / between the songs of neighbors / and strangers.

> 구▶ 'between A and B'는 'A와 B 사이'를 의미합니다.
> - 크고 복잡한 유럽 울새의 노래 레퍼토리에도 불구하고, 그들은 (= 울새들은) 이웃 새와 낯선 새의 노래 차이를 구별할 수 있었다고 합니다.

> 독▶ 'Despite'가 제시되었으므로 중심 문장
> - 유럽 울새의 노래가 복잡함에도 불구하고 낯선 새와 이웃 새를 구별할 수 있었다고 합니다.

Ⅲ. When / they / heard / a tape recording of a stranger, / they / began / to sing sooner, sang / more songs, <u>and (began, sang, overlapped를 연결)</u> / overlapped / their songs (with the playback) more often than / they did (on hearing a neighbor's song).

> 구▶ 'overlap A with B'는 'A를 B와 겹치게 하다'를 의미합니다
> - 낯선 새의 테이프 녹음 소리를 들었을 때, 이웃의 노래를 들었을 때 보다 그들은 (= 울새들은) 더 빨리 노래를 부르고 더 많은 노래를 불렀으며, 더 자주 자기 노래를 재생된 노래와 겹치도록 불렀다고 합니다.

> 독▶ Ⅱ번 문장에서 제시된 울새가 이웃 새와 낯선 새의 노래를 듣고 구별할 수 있었던 것을 구체화하여 보여주고 있습니다

Ⅳ. As Brindley / suggests, / the overlapping of song / may be / an aggressive response.

> 구▶ Brindly가 제시하는 것처럼 노래를 겹치게 하는 것은 공격적인 반응이라고 합니다.

Ⅴ. **However**, this difference (in responding / to neighbor versus stranger) / occurred only / when / the neighbor's song / was played (by a loudspeaker) (placed at the boundary / between that neighbor's territory and the territory (of the bird) (being tested)).

** territory: 영역

> 구▶ 'in V-ing'는 'V함에 있어서'를 의미합니다.
> - 하지만, 낯선 새에 대하여 이웃 새에 반응함에 있어서 차이는 오직 이웃 새의 영역과 실험 대상이 되고 있는 그 새의 (= 이웃 새와 낯선 새의 차이를 구별하는 그 새의) 영역 사이의 경계에 놓인 확성기로 그 이웃 새의 노래를 틀었을 때만 발생했다고 합니다.

> 독▶ 'However'이 제시되었으므로 앞 뒷 문장 중심 문장
> - Ⅲ번, Ⅳ번 문장에서 노래를 겹치게 하는 것은 공격적인 반응이고 이러한 반응은 낯선 새에게 보였고 이웃 새에게는 보이지 않았다고 합니다. 하지만 이웃 새에 대하여 공격적인 반응을 보이지 않은 것은 오직 이웃 새의 영역과 반응을 보이는 새의 영역 사이에서 이웃 새의 노래가 들렸을 때만 발생했다고 합니다.

Ⅵ. If the same neighbor's song / was played (at another boundary), / one (separating the territory of the test subject / from another neighbor), it / was treated / as the call of a stranger.

> 구▶ 'separate A from B'는 'B로부터 A를 분리하다'를 의미합니다.
> - 'treat A as B'는 'A를 B로 취급하다, 다루다'를 뜻합니다.
> - 만약 같은 이웃의 노래가 다른 영역에서 즉, 실험 대상의 영역을 또 다른 이웃 새의 영역과 분리해 주는 것에서 (= 경계에서) 틀었을 경우, 그것은 낯선 새의 울음으로 다루어 졌다고 합니다.

> 독▶ 이웃 새의 노래를 이웃 새와 실험 대상인 새의 영역 사이가 아닌 다른 새와의 영역 경계에서 틀었을 경우 낯선 새로 취급했다고 합니다.

Ⅶ. Not only does this result / demonstrate / that ＿＿＿＿＿＿＿＿＿＿＿＿＿＿＿＿＿＿, **but** it / also shows / that / the choice of songs (used in playback experiments) / is / highly important.

> 구▶ 'not only A but also B'는 'A뿐만 아니라 B도'를 의미합니다.
> - 그 결과는 ＿＿＿＿을 입증할 뿐만 아니라 그것은 (= 그 결과는) 재생 실험에 사용되는 노래의 선택이 매우 중요하다는 것을 보여준다고 합니다.

> 독▶ 'but'이 제시되었으므로 중심 문장
> - 장소가 해당 이웃의 영역 경계가 아니라면 즉, 다른 이웃과의 경계라면 낯선 새로 간주했다고 합니다. 그러므로 같은 노래라면 지역을 고려해야 하고, 같은 지역이라면 해당 지역을 경계로 하는 이웃의 노래여야 하므로 노래 선택도 중요하다는 것을 알 수 있습니다.

08 21학년도 6월 평가원 31번 (정답률 34%)

다음 빈칸에 들어갈 말로 가장 적절한 것을 고르시오.

> **Research** with human runners challenged conventional wisdom and found that the ground-reaction forces at the foot and the shock transmitted up the leg and through the body after impact with the ground ＿＿＿＿＿＿＿ as runners moved from extremely compliant to extremely hard running surfaces. **As a result**, researchers gradually began to believe that runners are subconsciously able to adjust leg stiffness prior to foot strike based on their perceptions of the hardness or stiffness of the surface on which they are running. **This view** suggests that runners create soft legs that soak up impact forces when they are running on very hard surfaces and stiff legs when they are moving along on yielding terrain. **As a result,** impact forces passing through the legs are strikingly similar over a wide range of running surface types. **Contrary to** popular belief, running on concrete is not more damaging to the legs than running on soft sand.
>
> * compliant: 말랑말랑한 ** terrain: 지형

해설 [**정답 : ①**]

Ⅰ. 달리는 사람에 대한 연구는 사회적 통념에 도전하고 발에 작용하는 지면 반발력과 지면에 부딪히고 난 후 다리 위로 몸을 통해 전달되는 충격은 달리는 사람이 매우 말랑말랑한 지표면에서 매우 단단한 지표면으로 옮겨 갔을 때 ＿＿＿＿＿하다고 합니다. 말랑말랑한 지표면에서 단단한 지표면으로 달라질 때 충격의 변화를 찾으면 됩니다.

Ⅱ. Paraphrasing으로 풀이할 경우 비슷하다가 들어가면 됩니다.
   Specific 1. 딱딱한 지표면에서는 다리가 부드러워지고 말랑말랑한 지표면에서는 다리가 딱딱해진다.
   Specific 2. 다리로부터 전해지는 충격력은 지표면에서 두드러지게 비슷하다.
   Specific 3. 콘크리트를 달릴 때가 부드러운 모래를 달릴 때보다 해롭지 않다.
   이를 종합해보면 지표면에 따른 충격력은 차이가 없다가 됩니다. 즉 빈칸에 들어갈 말은 차이가 없다는 것입니다.

Ⅲ. 차이가 없다와 내용이 관련된 선지는 ①번 'varied little', '차이가 없다'가 됩니다.

Ⅰ. **Research** (with human runners) / challenged / conventional wisdom / and found / that the ground-reaction forces / (at the foot) / and the shock (transmitted up the leg / and through the body) (after impact / with the ground) / ＿＿＿＿＿＿＿ / as runners / moved (from extremely compliant / to extremely hard running surfaces).

* compliant: 말랑말랑한

구▶ 'from A to B'는 'A부터 B까지'를 의미합니다.
   - 달리는 사람에 대한 연구는 사회적 통념에 도전하고 발에 작용하는 지면 반발력과 지면에 부딪히고 난 후 다리 위로 몸을 통해 전달되는 충격은 달리는 사람이 매우 말랑말랑한 지표면에서 매우 단단한 지표면으로 옮겨 갔을 때 ＿＿＿＿＿＿하다고 합니다.

독▶ 연구가 제시되었으므로 중심 문장!

Ⅱ. <u>As a result</u>, researchers / gradually / began to believe / that / runners / are subconsciously able to adjust / leg stiffness (prior to foot strike) based on / their perceptions (of the hardness / or stiffness / of the surface / on which / they / are running).

> 구 ▶ 'prior to A'는 'A 이전에'를 의미합니다.
> - 결과적으로 연구자들은 달리는 사람은 자신이 달리고 있는 지표면의 강도나 경직도에 대한 그들의 인식을 기반으로 발이 닿기 전에 다리의 경직도를 잠재의식적으로 조정할 수 있다고 믿기 시작했다고 합니다.

> 독 ▶ 'As a result'를 통해서 결과를 제시하므로 중심 문장!

* stiffness - 경직성, 경직도
** sub (아래) + consciously (의식적으로) - 잠재의식적으로

Ⅲ. This view / suggests / that / runners / create / soft legs (that / soak up / impact forces) / when they / are running / on very hard surfaces / and stiff legs / when / they / are moving / along on yielding terrain.

** terrain: 지형

> 구 ▶ 이 견해에 따르면 달리는 사람은 매우 단단한 지표면을 달릴 때, 충격력을 흡수하는 푹신한 다리를 만들고 물렁한 지형에서 움직일 때 경직된 다리를 만든다고 합니다.

* soak up - 흡수하다, 빨아들이다
** yielding - 물렁한

Ⅳ. <u>As a result</u>, impact forces / (passing through the legs) are / strikingly similar (over a wide range / of running surface types).

> 구 ▶ 결과적으로, 다리를 통해 전해지는 충격력은 아주 다양한 지표면 유형에서 두드러지게 비슷하다고 합니다.

> 독 ▶ 'As a result'로 결과를 제시하므로 중심 문장!
> - 딱딱한 지표면에서는 말랑해지고 말랑한 지표면에서는 딱딱해지는 다리로 인해서 다른 지표면 유형들로부터 전달되는 충격력이 비슷하다고 합니다.

Ⅴ. <u>Contrary to</u> popular belief, / running (on concrete) / is not / more damaging / to the legs / than / running / on soft sand.

> 구 ▶ 대중의 믿음과는 반대로, 콘크리트에서 달리는 것은 부드러운 모래에서 달리는 것보다 다리에 해롭지 않다고 합니다.

> 독 ▶ 'Contrary to'는 '~와 반대로'를 의미하므로 역접의 표현 중심 문장!

다음 빈칸에 들어갈 말로 가장 적절한 것을 고르시오.

> The growth of academic disciplines and sub-disciplines, such as art history or palaeontology, and of particular figures such as the art critic, helped produce principles and practices for selecting and organizing what was worthy of keeping, **though** it remained a struggle. Moreover, as museums and universities drew further apart toward the end of the nineteenth century, and as the idea of objects as a highly valued route to knowing the world went into decline, collecting began to lose its status as a worthy intellectual pursuit, especially in the sciences. The really interesting and important aspects of science were increasingly those invisible to the naked eye, and the classification of things collected no longer promised to produce cutting-edge knowledge. The term "butterfly collecting" could come to be used with the adjective "mere" to indicate a pursuit of ＿＿＿＿＿＿＿ academic status.
>
> * palaeontology: 고생물학 ** adjective: 형용사

해설 [정답 : ③]

Ⅰ. "나비 수집"이라는 용어는 ＿＿＿＿＿한 학문적 지위의 추구를 나타내기 위해서 "단지"라는 형용사와 사용되었다고 합니다. 우리는 "나비 수집"이라는 용어가 학문적 지위를 어떻게 나타냈는지를 찾으면 됩니다.

Ⅱ. Specific 1 - 학과의 성장과 인물의 성장은 가치있는 것을 선택하고 정리하는 것에 도움이 되었지만 여전히 힘든 것으로 남았다고 합니다.
　　Specific 2 - 수집이 가치 있는 지적 추구로써의 지위를 상실했다고 합니다.
　　Specific 3 - 수집된 것을 분류하는 것이 더 이상 최첨단의 지식을 만들어 내지 못한다고 합니다.
　　즉, "나비 수집"은 수집하는 것과 관련된 용어이므로 학문적 지위가 '힘든 것, 지적 추구를 못하는 것, 지식을 만들지 못하는 것'으로 되었다고 합니다.
　　이 내용을 'Generalization'하면 빈칸에 들어갈 말은 '하락한 혹은 중요하지 않은'이 들어가야 합니다.

Ⅲ. '하락한 혹은 중요하지 않은'과 같은 맥락의 선지는 ③번 'secondary (부차적인, 중요하지 않은)'이 됩니다.

Ⅰ. The growth / of academic disciplines and sub-disciplines, (such as art history or palaeontology), and (of academic disciplines와 of particular figures를 연결) of particular figures (such as the art critic), / helped / produce / principles and practices (for selecting and organizing / what was worthy of keeping), **though** it / remained / a struggle.

* palaeontology: 고생물학

구 'help + RV (동사원형) + O'는 'O를 V하는 것을 돕다'를 의미합니다.
- 'struggle'은 '힘겹게 나아가다'를 의미하는 데 명사로 사용되었으므로 '힘겹게 나아가는 것', 즉 '힘든 것'으로 해석하시면 됩니다.
- 학과와 미술사학이나 고생물학과 같은 하위 학과의 성장, 그리고 미술 비평과 같은 특정 인물의 성장은 지킬만한 가치가 있는 것을 선택하고 조직화하기 위한 원칙과 관행을 만드는 것에 도움이 되었지만 그것은 힘든 것으로 남아 있다고 합니다.

 ‘though’가 제시되었으므로 중심 문장
- 하위 학과를 포함하여 다양한 학과의 성장과 특정 인물의 성장은 가치있는 것을 선택하고 정리하는 것에 도움이 되었지만, 가치있는 것을 선택하고 정리하는 것은 힘든 것으로 남아 있다고 합니다.

Ⅱ. Moreover, as museums and universities / drew further apart (toward the end of the nineteenth century), / and as the idea of objects (as a highly valued route / to knowing the world) / went into decline, / collecting / began to lose / its status (as a worthy intellectual pursuit), (especially in the sciences).

 게다가 19세기 말로 향하며 박물관과 대학이 더욱 멀어지게 되었고, 세계를 아는 것에 있어서 매우 가치 있는 경로로서 대상이라는 개념이 하락하면서, 수집하는 것은 특히 과학에서 가치 있는 지적 추구로써의 지위를 상실하기 시작했다고 합니다.

 Ⅰ번 문장에서 제시된 수집하는 것의 어려움에 이어서 수집하는 것의 지적인 가치가 상실되기 시작했다고 합니다.

* ‘draw (끌어당기다) + apart (분리된 이미지)
= draw apart - 멀어지도록 끌어당기다 ⇒ 분리하다, 멀어지다

Ⅲ. The really interesting and important aspects (of science) were increasingly / those invisible (to the naked eye), / and the classification (of things collected) no longer / promised / to produce / cutting-edge knowledge.

 과학의 흥미롭고 중요한 측면은 점점 더 눈으로 보이지 않는 것들이 되었고, 수집된 것을 분류하는 것은 더 이상 최첨단의 지식을 만들어내지 못했다고 합니다.

 Ⅱ번 문장에서 제시된 수집의 지적 가치 상실을 재진술하고 있습니다

*   classify - 분류하다
** cutting edge - 최첨단의

 ‘cutting edge’가 왜 최첨단을 의미하나요?

 다양한 주장이 있지만, 이해하기 좋은 주장은 창을 깎는 것에서 유래했다는 것입니다. 창을 깎는다면 가장 앞 부분이자 끝 부분을 잘라야 합니다. 그러므로 ‘cutting edge’는 ‘끝 부분을 자르는 것’이고 ‘창의 앞 부분, 날카로운 부분’을 의미하게 됩니다. 이 의미가 시간이 지나면서 ‘가장 앞부분’을 의미하게 되었고 시대 나 유행의 가장 앞인 ‘최첨단의’ 의미를 가지게 되었다고 합니다.

Ⅳ. The term "butterfly collecting" / could come (to be used with the adjective "mere") (to indicate / a pursuit of ________________ academic status).

** adjective: 형용사

 "나비 채집"이라는 용어는 ________한 학문적 지위의 추구를 나타내기 위해서 "단지"라는 형용사와 사용되었다고 합니다.

10 25학년도 수능 34번 (정답률 33%)

다음 빈칸에 들어갈 말로 가장 적절한 것을 고르시오

> Centralized, formal rules can ______________. The rules of baseball don't just regulate the behavior of the players; they determine the behavior that constitutes playing the game. Rules do not prevent people from playing baseball; they create the very practice that allows people to play baseball. A score of music imposes rules, **but** it also creates a pattern of conduct that enables people to produce music. Legal rules that enable the formation of corporations, that enable the use of wills and trusts, that create negotiable instruments, and that establish the practice of contracting all make practices that create new opportunities for individuals. And we have legal rules that establish roles individuals play within the legal system, such as judges, trustees, partners, and guardians. True, the legal rules that establish these roles constrain the behavior of individuals who occupy them, **but** rules also create the roles themselves. Without them an individual would not have the opportunity to occupy the role.
>
> * constrain: 속박하다

해설 [정답 : ⑤]

Ⅰ. 빈칸 문장은 중앙 집권화되고 공식적인 규칙은 __________할 수 있다고 합니다. 우리는 규칙들이 어떠한 작용을 하는지를 찾으면 됩니다.

Ⅱ. 지문을 보면 다양한 예시들이 나열되어 있습니다. 예시들이 나열될 경우 가장 좋은 풀이법은 Generalization입니다. 이를 위해 지문의 Specific을 정리하면 다음과 같습니다.
  Specific 1 – 야구의 규칙은 야구를 못하도록 통제하는 것이 아닌 야구를 할 수 있게 하는 관행이다.
  Specific 2 – 음악에서의 악보라는 규칙은 사람들이 음악을 만들 수 있게 하는 행동 양식이 된다.
  Specific 3 – 모든 법적인 규칙은 개인들을 위한 새로운 기회를 만들며 역할을 맡을 수 있게 한다.
  이 Specific의 공통점은 규칙을 통해서 무엇인가를 할 수 있게 하는 관행이나 행동 양식이 된다는 것입니다. 이를 통해 빈칸에 들어가야 할 말은 '관행이나 행동 양식이 된다'가 됩니다.

Ⅲ. '관행이나 행동 양식이 된다'와 같은 내용의 선지는 'facilitate productive activity by establishing roles and practices', '역할과 관행을 확립함으로써 생산적인 활동을 촉진한다'입니다.

* 29%의 수험생이 ②번 선지 'lead people to reevaluate their roles and practices in a society', '사람들이 사회에서의 자기 역할과 행동을 재평가하도록 유도한다'를 골랐습니다. 규칙은 사람들에게 그 행동을 할 수 있게 하는 관행이나 행동 양식을 제공하는 것이지, 스스로의 역할과 행동에 대해서 재평가 즉, 반성하고 피드백을 받도록 유도하는 것이 아닙니다. 이는 Keyword를 통한 함정 선지로 Generalization을 통해 예시들에서 공통점을 뽑아 냈다면 '모든 예시에서 재평가한다는 말은 없었는데?'라고 지울 수 있는 선지입니다.

Ⅰ. Centralized, formal rules / can ______________.

  구 중앙 집권화되고 공식적인 규칙은 __________할 수 있다고 합니다.

  독 중앙 집권화되고 공식적인 규칙이 무슨 특징이 있는지를 찾으면 됩니다.

Ⅱ. The rules of baseball / don't just regulate / the behavior of the players; they / determine / the behavior (that constitutes / playing the game).

> 구 ';'는 'and'나 'but'과 같은 접속사의 역할을 합니다.
> - 야구 규칙은 단지 선수들의 행동을 규제하는 것만이 아니라, 경기하는 것을 구성하는 행동을 결정한다고 합니다.
> 독 야구 규칙은 선수들의 행동뿐만 아니라 경기에서의 행동을 결정한다고 합니다.

Ⅲ. Rules / do not prevent / people / from playing baseball; they / create / the very practice (that allows / people / to play baseball).

> 구 'prevent A from V-ing'는 'A가 V-ing하는 것을 막다'를 의미합니다.
> - 'the very + N (명사)'는 명사 강조 표현으로 '바로 그 명사'로 해석하시면 됩니다.
> - 'allow A to-V'는 'A가 V하는 것을 허락하다 / A가 V를 할 수 있다.'를 뜻합니다.
> - 규칙은 사람들이 야구를 하지 못하게 막는 것이 아니라, 그들이 (= 규칙들이) 야구를 할 수 있게 하는 바로 그 관행을 만드는 것이라고 합니다.
> 독 야구에서 규칙은 사람들을 야구를 못하도록 통제하는 것이 아니라 야구를 할 수 있도록 하는 관행이라고 합니다.

Ⅳ. A score of music / imposes / rules, **but** it / also creates / a pattern of conduct (that enables / people / to produce music).

> 구 'enable A to-V'는 'A가 V하는 것을 가능하게 하다'를 의미합니다.
> - 악보는 규칙을 부과하지만, 그것은 또한 사람들이 음악을 만들 수 있게 하는 행동 양식을 만들어 내기도 한다고 합니다.
> 독 'but'이 제시되었으므로 중심 문장
> - Ⅱ번, Ⅲ번 문장에서 야구의 규칙이 야구를 할 수 있도록 하는 관행을 만드는 것에 이어서 음악에서도 악보라는 규칙이 음악을 만들 수 있게 하는 행동 양식을 만들어 낸다고 합니다.

Ⅴ. Legal rules (that enable / the formation of corporations, that enable / the use of wills and trusts, that create / negotiable instruments, and that establish / the practice of contracting) / all make / practices (that create / new opportunities for individuals).

> 구 기업을 형성하는 것을 가능하게 하는, 의지와 신뢰의 사용을 가능하게 하는, 협상 기구를 만들어 내는, 계약의 관행을 설립하는 법적인 규칙은 모두 개인들을 위한 새로운 기회를 만들 수 있는 관행을 만든다고 합니다.
> 독 모든 법적 규칙 즉, 법규들이 개인들을 위한 새로운 기회를 만든다고 합니다.

* 'wills and trusts'가 '유언장과 신탁금', 그리고 'negotiable instruments'가 '양도성 증권'을 뜻합니다. 하지만 이러한 단어들을 수능장에서 알 리가 없습니다. 'wills and trusts'를 '의지와 신뢰', 'negotiable instruments'를 '협상가능한 기구'로 해석하셔도 이해하는 데 이상없으니 이상한 단어들에 꽂히지 맙시다.

Ⅵ. And we / have / legal rules (that establish / roles (individuals play within the legal system), such as judges, trustees, partners, and guardians).

구▶ 그리고 우리는 판사, 신탁 관리자, 동업자, 후견인과 같은 법률 시스템 내에서 개인이 수행하는 역할을 확립하는 법규가 있다고 합니다.

독▶ 법규는 우리가 법적인 시스템 안에서 할 수 있는 역할들을 확립한다고 합니다.

Ⅶ. True, the legal rules (that establish / these roles) constrain / the behavior of individuals (who occupy them), **but** rules / also create / the roles themselves.

* constrain: 속박하다

구▶ 실제로, 이러한 역할을 확립하는 법규는 그 역할을 차지하는 사람들의 행동을 제약하지만, 규칙 스스로가 또한 역할들을 만들어 낸다고 합니다.

독▶ 'but'이 제시되었으므로 중심 문장
- 법규들이 어느 정도 행동들을 제한하기는 하지만 규칙을 통해서 다른 역할들이 만들어 진다고 합니다.

Ⅷ. (Without them) an individual / would not have / the opportunity (to occupy the role).

구▶ 그것들이 (= 법규들이) 없으면 개인은 역할을 차지할 기회를 얻지 못할 것이라고 합니다.

독▶ 법규, 즉 규칙들이 없으면 우리는 역할을 맡을 수 없다고 합니다.

11 24학년도 수능 33번 (정답률 20%)

다음 빈칸에 들어갈 말로 가장 적절한 것을 고르시오.

> There have been psychological studies in which subjects were shown photographs of people's faces and asked to identify the expression or state of mind evinced. The results are invariably very mixed. In the 17th century the French painter and theorist Charles Le Brun drew a series of faces illustrating the various emotions that painters could be called upon to represent. What is striking about them is that＿＿＿＿＿＿. What is missing in all this is any setting or context to make the emotion determinate. We **must** know who this person is, who these other people are, what their relationship is, what is at stake in the scene, and the like. In real life as well as in painting we do not come across just faces; we encounter people in particular situations and our understanding of people cannot somehow be precipitated and held isolated from the social and human circumstances in which they, and we, live and breathe and have our being.
>
> * evince: (감정 따위를) 분명히 나타내다 ** precipitate: 촉발하다

해설 [정답 : ⑤]

Ⅰ. 빈칸 문장에서 그 그림들의 놀라운 점은 ＿＿＿＿＿＿＿＿라고 합니다.

Ⅱ. 빈칸 앞 Ⅲ번 문장에서는 'Brun drew a series of faces illustrating the various emotions' 화가인 Brun이 다양한 감정을 보여주는 얼굴 그림들을 그렸다고 했으므로 이 그림들의 특징에 대한 단서들을 지문에서 파악해야 합니다.

Specific 1 - 먼저 Ⅴ번 문장에서는 'What is missing in all this is any setting or context to make the emotion determinate', 이 모든 것에서 빠진 것은 감정을 확정적인 것으로 만드는 환경이나 맥락이라고 합니다.

Specific 2 - Ⅴ번 문장을 보충 설명하는 Ⅵ번 문장에서는 'We must know who this person is, who these other people are, what their relationship is ……', 우리는 이 사람이 누구인지, 다른 사람들이 누구인지, 어떤 관계인지 등을 알아야 한다고 합니다.
여기서 Ⅵ번 문장의 내용은 Ⅴ번 문장에서 환경, 그리고 맥락의 예시가 되며, 이를 통해 그림 속의 환경에 대한 정보가 없을 경우, 그림 속 인물의 감정을 확정적으로 파악할 수가 없다는 것을 알 수가 있습니다.

Ⅲ. 이로 추론해볼 때,
얼굴 그림의 표정이 서로 다르다 - 하지만 얼굴 그림 속 맥락을 알 수 없으므로 그림의 감정을 파악할 수 없다 - 그러므로 얼굴 표정이 다른 그림으로 대체되더라도 상관이 없다는 내용으로 연결되며, 이로 미루어 보아 정답은 ⑤번 'any number of them could be substituted for one another without loss', '어떤 수의 얼굴 그림이든 손실 없이 서로 대체될 수 있었다'가 됩니다.

* 난해하고 추상적인 내용, 실험, 심리학 지문, 실생활 적용, 연관점을 파악하기 어려운 실험 예시 등 까다로운 요소가 많이 섞여 있는 문제입니다. 다만 주제와 완전히 동떨어진 선지가 많아 정답을 골라 낼 수는 있습니다. 다만 최근 빈칸 문제의 추세는 직접적인 언급 지점을 찾는 것이 아닌, 어느 정도 인과 관계 파악 과정이 섞이는 문제가 많아지기 때문에 소거법 외에도 지문의 내용으로 정답을 추론하는 것은 분명히 필요한 과정입니다.

Ⅰ. There / have been / psychological studies / in which / subjects / were shown photographs of people's faces and / asked to identify the expression or state of mind evinced.

* evince: (감정 따위를) 분명히 나타내다

구 피실험자에게 사람들의 얼굴 사진을 보여주고 분명히 나타나는 표정이나 마음 상태를 파악하도록 요청하는 심리학 연구가 있었다고 합니다.

독 실험 과정이 언급됩니다.

Ⅱ. The results / are invariably very mixed.

구 그 결과는 언제나 매우 엇갈린다고 합니다.

독 실험의 결과를 먼저 언급하며, 엇갈렸다는 것은 피실험자들이 사진의 표정이나 마음 상태를 서로 다르게 파악했다는 것을 알 수 있습니다.

Ⅲ. In the 17th century the French painter and theorist Charles Le Brun / drew a series of faces illustrating the various emotions / that / painters / could be called upon to represent.

구 17세기에 프랑스의 화가이자 이론가인 Charles Le Brun은 화가가 표현해 달라고 요청받을 수 있는 다양한 감정을 분명히 보여주는 일련의 얼굴 그림을 그렸다고 합니다.

Ⅳ. What / is striking (about them) / is / that _____________________.

구 그 그림들에서 놀라운 점은 _____________라고 합니다.

독 실험의 과정 중 일부였던 얼굴 사진들의 특징에 관한 문장입니다.

Ⅴ. What / is missing (in all this) / is any setting or context to make / the emotion / determinate.

구 이 모든 것에서 빠진 것은 감정을 확정적인 것으로 만드는 어떤 환경이나 맥락이라고 합니다.

독 그림에서 감정을 확정적으로 알 수 있게 하는 환경과 맥락이 없다는 것을 알 수 있으며, 이는 Ⅳ번 문장에서 이어지는 내용이 됩니다.

Ⅵ. We / **must** know / who / this person / is, who / these other people / are, what / their relationship / is, what / is at stake in the scene, and the like.

구 간접의문문이 사용되면서 S + V 순으로 문장이 구성됩니다.
- 우리는 이 사람이 누구인지, 다른 이 사람들이 누구인지, 그들은 어떤 관계인지, 그 장면에서 관건이 무엇인지 등을 알아야 한다고 합니다.

독 'must'가 제시되었으므로 중심 문장
- 문장의 간접의문문은 모두 Ⅴ번 문장의 감정을 알 수 있게 하는 환경과 맥락의 예시가 되며, 이러한 요소들의 부재로 인해 사람들의 감정을 제대로 파악할 수 없기 때문에 실험의 결과가 서로 엇갈렸다는 것을 알 수 있습니다.

Ⅶ. In real life as well as in painting / we / do not come across just faces; we / encounter / people in particular situations and our understanding of people / cannot somehow be precipitated and held isolated from the social and human circumstances / in which / they, and we, / live and breathe and have / our being.

** precipitate: 촉발하다

구▶ 그림에서뿐만 아니라 실생활에서도 우리는 단지 얼굴만 우연히 마주치는 것이 아니며, 우리는 특정한 상황에서 사람들을 마주치고, 사람들에 대한 우리의 이해는 그들과 우리가 살아 숨 쉬고 존재하는 사회적, 인간적 상황으로부터 고립된 채 그럭저럭 촉발되어 보유될 수는 없다고 합니다.

독▶ 실험의 내용을 실생활로 확대하면서 지문을 마무리합니다.
이를 대조할 경우, 마주친 사람들에 대한 이해는
- 그림 속 사람들의 감정은 살아 숨 쉬고 존재하는 사회적, 인간적 상황으로부터 배제된 채
- 사진 속 맥락과 환경에 대한 이해 없이 보유될 수 없다
- 이해될 수 없다로 정리할 수 있습니다.

Chapter
03
빈칸 파생 유형

01 23학년도 수능 21번 (정답률 65%)

밑줄 친 **make oneself public to oneself**가 다음 글에서 의미하는 바로 가장 적절한 것은?

Coming of age in the 18th and 19th centuries, the personal diary became a centerpiece in the construction of a modern subjectivity, at the heart of which is the application of reason and critique to the understanding of world and self, which allowed the creation of a new kind of knowledge. Diaries were central media through which enlightened and free subjects could be constructed. They provided a space where one could write daily about her whereabouts, feelings, and thoughts. Over time and with rereading, disparate entries, events, and happenstances could be rendered into insights and narratives about the self, and allowed for the formation of subjectivity. It is in that context that the idea of "the self [as] both made and explored with words" emerges. Diaries were personal and private; one would write for oneself, or, in Habermas's formulation, one would __________. By making the self public in a private sphere, the self also became an object for self-inspection and self-critique.

* disparate: 이질적인 ** render: 만들다

해설 [정답 : ①]

Ⅰ. 함축의미 추론은 밑줄 친 부분을 빈칸으로 인식해야 합니다. 다이어리는 개인적이고 사적인 것이며, 누군가는 그들 스스로를 위해 썼으며, 혹은 Haberman's의 공식에서, 누군가는 __________도 했다고 합니다. 스스로를 위해 쓰지 않은 사람들이 어떻게 행동하였는지를 찾으면 됩니다.

Ⅱ. 지문의 Ⅳ번과 Ⅴ번 문장에서 다이어리를 통해 스스로에 대해 생각하게 되며, 자아라는 개념이 발현될 수 있다고 합니다. 이를 다음 문장인 Ⅵ번 문장과 연결하면 스스로를 위해 다이어리를 씀으로써 자아를 발현할 수도 있고 다른 방식으로 표현할 수도 있다고 합니다. Ⅶ번 문장에서 다이어리를 씀으로써 자아를 다른 방식으로 표현하는 것 중 하나인 자아를 공적으로 만드는 것은 자아 성찰과 자아 비평을 하게 된다고 하므로 빈칸에 들어갈 말은 '자아 성찰과 자아 비평'이 됩니다.

Ⅲ. '자아 성찰과 자아 비평'과 같은 내용의 선지는 ①번 선지 'use writing as a means of reflecting on oneself', '스스로를 성찰하는 수단으로써의 글을 이용하는 것'이 됩니다.

Ⅰ. Coming of age (in the 18th and 19th centuries), the personal diary / became / a centerpiece (in the construction of a modern subjectivity), (at the heart of which / is / the application (of reason and critique) (to the understanding of world and self), which allowed / the creation of a new kind of knowledge.

> **구** ‘, which’는 계속적 용법으로 사용될 수 있습니다. 계속적 용법으로 사용될 경우 ‘이는 ~하다’로
> 해석하시면 됩니다.
> - 18, 19세기에 개인 다이어리는 근대적 주체성을 구축하는데 중심이 되었는데, 그것의 중심에는 세계와
>   자아를 이해하는 것에 대한 이성과 비평의 적용이 있었고 이는 새로운 종류의 지식 창조를 허락했다고
>   합니다.

> **독** 개인 다이어리를 통해서 세계와 자아를 이해할 수 있어 새로운 종류의 지식을 만들 수 있었다고
> 합니다.

Ⅱ. Diaries / were / central media (through which enlightened and free subjects / could be constructed.)

> **구** 다이어리들은 그것을 통해 계몽되고 자유로운 주체가 구성될 수 있도록 하는 중심 매체였다고 합니다.

> **독** 다이어리를 통해서 계몽되고 자유로운 주체의 사람이 될 수 있다고 합니다.

Ⅲ. They / provided / a space (where one / could write daily (about her whereabouts, feelings, and thoughts)).

> **구** 그것들은 (= 다이어리들은) 개인이 자신이 어디갔는지, 감정 그리고 생각에 대해서 매일 쓸 수 있는
> 공간을 제공했다고 합니다.

Ⅳ. (Over time and with rereading), disparate entries, events, and happenstances / could be rendered (into insights and narratives (about the self)), and allowed for / the formation of subjectivity.

* disparate: 이질적인 ** render: 만들다

> **구** 시간이 지나는 것과 다시 읽은 것은 함께 이질적인 항목, 사건 및 우연이 스스로에 대한 통찰과
> 이야기로 만들어지고 주관성의 형성을 허락한다고 합니다.

> **독** 다이어리를 시간이 지나 다시 읽음으로써 이질적인 목록들과 사건들이 스스로에 대한 통찰과 이야기로
> 만들어질 수 있고 이는 주체성을 형성하도록 한다고 합니다.

Ⅴ. It is (in that context) that the idea (of “the self [as] both made and explored with words”) / emerges.

> **구** ‘It + be동사 + that’이 생략되어도 완전한 문장이 형성되는 것을 통해 강조 구문임을 알 수 있습니다.
> - ‘both A and B’는 ‘A와 B 둘다’를 의미합니다.
> - 단어로 만들어지고 탐색되는 자아에 대한 개념이 발현될 때는 이러한 상황이라고 (= 다이어리를 통해
>   주체성을 형성하는 상황이라고) 합니다.

> **독** Ⅳ번 문장을 재진술하여 다이어리를 통해 주체성을 형성하는 과정에서 자아라는 개념이 나타난다고
> 합니다.

Ⅵ. Diaries / were / personal and private; one / would write (for oneself), or, (in Habermas's formulation), one / would **make / oneself / public to oneself**.

> 구 'make + O + O.C'는 'O를 O.C하게 만들다'를 의미합니다.
> - 다이어리는 개인적이고 사적인 것이며, 누군가는 그들 스스로를 위해 썼으며, 혹은 Haberman's의 공식에서 (= 명확한 표현에서), 누군가는 그들 스스로를 공개적으로 만들기도 했다고 합니다.

> 독 누군가는 스스로를 위해 다이어리를 썼고 누군가는 다이어리를 다른 사람들에게 보여줌으로써 스스로를 공개적으로 만들기도 했다고 합니다.

Ⅶ. By making / the self / public (in a private sphere), the self / also became / an object (for self-inspection and self-critique).

> 구 'by V-ing'는 'V함으로써'를 뜻합니다.
> - 'make + O + O.C'는 'O를 O.C하게 만들다'를 의미합니다.
> - 스스로를 사적 영역에서 공개적으로 만듦으로써, 자아는 또한 자기 점검과 자기 비판의 대상이 되었다고 합니다.

> 독 스스로에 대한 내용인 다이어리를 공개적으로 만듦으로써 자기 반성을 하게 되었다고 합니다.

밑줄 친 **a nonstick frying pan**이 다음 글에서 의미하는 바로 가장 적절한 것은?

How you focus your attention plays a critical role in how you deal with stress. Scattered attention harms your ability to let go of stress, **because** even though your attention is scattered, it is narrowly focused, for you are able to fixate only on the stressful parts of your experience. When your attentional spotlight is widened, you can more easily let go of stress. You can put in perspective many more aspects of any situation and not get locked into one part that ties you down to superficial and anxiety-provoking levels of attention. A narrow focus heightens the stress level of each experience, **but** a widened focus turns down the stress level **because** you're better able to put each situation into a broader perspective. One anxiety-provoking detail is less important than the bigger picture. It's like transforming yourself into _______________. You can still fry an egg, **but** the egg won't stick to the pan.

* provoke: 유발시키다

해설 [정답 : ④]

Ⅰ. 빈칸 문장에서는 그것은 너를 _____________로 변형시키는 것과 같다고 합니다.

Ⅱ. 비유적으로 쓰인 'a nonstick frying pan' '달라붙지 않는 프라이팬'에 대한 설명은 빈칸 다음 문장에서 먼저 정리합니다. 'You can still fry an egg, but the egg won't stick to the pan' 여전히 달걀을 부칠 수 있으나, 달걀이 팬에 달라붙지 않을 것이다. 이것은 빈칸에서 네가 하는 것이므로 지문에서 다시 네가 해야 하는 것에 대해 정리하면 다음과 같습니다.
Ⅲ번 문장: 'When your attentional spotlight is widened, you can more easily let go of stress' - 너의 주의의 초점이 넓어지면, 스트레스를 더 쉽게 해소할 수 있다.
Ⅳ번 문장: 'You can put in perspective many more aspects of any situation' - 상황의 더 많은 측면을 균형 있는 시각으로 볼 수 있다.
Ⅴ번 문장: 'widened focus turns down the stress level because you're better able to put each situation into a broader perspective' - 초점이 넓으면 상황을 더 넓은 시각으로 볼 수 있기 때문에 스트레스 수준이 낮아진다.
이를 정리하면 주의의 초점이 넓어지면, 상황을 더 균형적으로 바라볼 수 있으므로, 스트레스의 수준이 낮아진다는 것이 지문의 주제임을 알 수 있습니다. 여기서 달걀을 부칠 수 있지만(스트레스를 해소할 수 있지만), 달걀이 프라이팬에 들러붙지 않는다(스트레스를 해소하는 능력이 손상되지 않을 것이다)는 빈칸의 내용은, 이를 비유적으로 표현한 것이므로 이와 관련된 내용이 들어가야 합니다.

Ⅲ. 이와 비슷한 내용의 선지는 ④번 'having a larger view of an experience beyond its stressful aspects', 스트레스를 주는 측면을 넘어 경험에 대한 더 넓은 시각을 갖는 것이 됩니다. 그러므로 정답은 ④번이 됩니다.

Ⅰ. How / you / focus / your attention / plays / a critical role in how / you / deal with stress.

> 구 네가 주의를 집중하는 방식은 네가 스트레스에 대처하는 방식에 중요한 역할을 한다고 합니다.

> 독 주의를 집중하는 방식과 스트레스 대처 사이의 관계에 대해 언급하고 있습니다.

Ⅱ. Scattered attention / harms / your ability to let go of stress, **because** even though your attention / is scattered, it is narrowly focused, for you are able to fixate only on the stressful parts (of your experience).

> 구 주의가 분산되면 스트레스를 해소하는 능력이 손상되는데, 왜냐하면 너는 주의가 분산되더라도, 너의 경험 중 스트레스가 많은 부분에만 집착할 수 있으므로, 주의가 좁게 집중되기 때문이라고 합니다.

> 독 'because'가 제시되었으므로 중심 문장
> - 주의가 분산될 경우, 스트레스가 잘 해소되지 않는다고 합니다.

Ⅲ. When / your attentional spotlight / is widened, you / can more easily let go of stress.

> 구 주의의 초점이 넓어지면, 너는 스트레스를 더 쉽게 해소할 수 있다고 합니다.

> 독 Ⅱ번 문장과는 반대로 주의가 넓게 퍼지면 스트레스가 더 잘 해소된다고 합니다.

Ⅳ. You / can put in perspective many more aspects of any situation / and not get locked into one part / that / ties / you down to superficial and anxiety-provoking levels of attention.

* provoke: 유발시키다

> 구 너는 어떤 상황이라도 그 상황의 더 많은 측면을 균형 있는 시각으로 볼 수 있으며, 피상적이고 불안을 유발하는 주의 수준으로 너를 옭아매는 한 부분에 갇히지 않을 수 있다고 합니다.

> 독 Ⅲ번 문장의 원인에 대해서 설명하는 문장입니다.

Ⅴ. A narrow focus / heightens / the stress level of each experience, **but** a widened focus / turns down / the stress level **because** you're better able to put each situation (into a broader perspective).

> 구 초점이 좁으면 각 경험의 스트레스 수준이 높아지지만, 초점이 넓으면 너는 각 상황을 더 넓은 시각으로 더 잘 볼 수 있기 때문에 스트레스 수준이 낮아진다고 합니다.

> 독 'but', 'because'가 제시되었으므로 중심 문장
> - Ⅱ, Ⅲ, Ⅳ번 문장의 내용을 정리한 문장입니다.

Ⅵ. One anxiety-provoking detail / is / less important than the bigger picture.

> 구 불안감을 유발하는 하나의 세부 사항은 더 큰 전체적인 상황보다 덜 중요하다고 합니다.

> 독 불안감(=스트레스)에 대한 하나의 세부 사항을 보는 것은 주의의 초점이 좁아진 경우, 전체적인 상황을 보는 것은 초점이 넓어진 것과 관련이 있습니다.

Ⅶ. It's like transforming yourself into **a nonstick frying pan**.

> 구　'transform A into B'는 'A를 B로 변형하다'를 의미합니다
>   - 그것은 너 자신을 달라붙지 않는 프라이팬으로 변형시키는 것과 같다고 합니다.

> 독　스트레스의 초점에 대한 글의 주제를 비유를 들어 설명하고 있습니다.

Ⅷ. You / can still fry / an egg, **but** the egg / won't stick / to the pan.

> 구　너는 여전히 달걀을 부칠 수 있지만, 그 달걀이 팬에 들러붙지 않을 것이라고 합니다.

> 독　'but'이 제시되었으므로 앞뒤 중심 문장
>   - 짧지만 지문의 주제를 파악하기 위해선 반드시 이해해야 하는 비유 문장입니다.
>   - 달걀을 부친다-스트레스를 해소한다
>   달걀이 팬에 달라붙는다-달걀(스트레스)을 부치(해소하)는 능력이 손상된다-주의의 초점이 분산되었다.
>   달걀이 팬에 달라붙지 않는다-달걀(스트레스)을 부치(해소하)는 능력이 손상되지 않는다-주의의 초점이
>   넓어졌다.

밑줄 친 **an empty inbox**가 다음 글에서 의미하는 바로 가장 적절한 것은?

　The single most important change you can make in your working habits is to switch to creative work first, <u>reactive work</u> second. This means blocking off a large chunk of time every day for creative work on your own priorities, with the phone and e-mail off. I used to be a frustrated writer. Making this switch turned me into a productive writer. **Yet** there wasn't a single day when I sat down to write an article, blog post, or book chapter without a string of people waiting for me to get back to them. It wasn't easy, and it still isn't, particularly when I get phone messages beginning "I sent you an e-mail two hours ago...!" By definition, this approach goes against the grain of <u>others' expectations and the pressures they put on you</u>. It takes willpower to switch off the world, even for an hour. It feels uncomfortable, and sometimes people get upset. **But** it's better to disappoint a few people over small things, than to abandon your dreams for ________ . **Otherwise**, you're sacrificing your potential for the illusion of professionalism.

해설 [정답 : ②]

Ⅰ. 함축의미 추론은 밑줄 친 부분을 빈칸으로 인식해야 합니다. 그러나 작은 것으로 몇몇 사람들을 실망하게 하는 것이 __________을 위해 너의 꿈을 버리는 것보다는 낫다고 합니다. 무엇이 사람들을 화나게 하고 무엇을 위해 꿈을 버리는 상황이 발생하는 지를 찾으면 됩니다.

Ⅱ. 지문에서 창조적인 일을 먼저하고 대응하는 일을 나중에 하는 변화는 좀 더 생산적인 사람이 되도록한다고 합니다. 하지만 이러한 전환은 사람들을 실망시킬 수 있다고 합니다. 빈칸 문장의 꿈은 창조적인 일에 해당하고 사람들은 대응하는 일보다 창조적인 일을 우선시하는 것에 의해서 실망하게 된다고 합니다. 즉, 대응하는 일을 위해서 창조적인 일을 버리는 것보다 사람들을 실망하는 것이 낫다는 내용이 빈칸문장에서 서술되어야 하므로 빈칸에 들어갈 말은 '대응하는 일' 혹은 이를 구체화한 '사람들의 기대와 압박'이 들어가야 합니다.

Ⅲ. '대응하는 일' 혹은 '사람들의 기대와 압박'에 해당하는 선지는 ②번 선지 '다른 사람들의 요구를 충족하려고 시도하는 것'입니다.

Ⅰ. The single most important change (you / can make (in your working habits)) / is / to switch to / creative work first, reactive work second.

> 구▶ 네가 일하는 습관에서 만들 수 있는 가장 중요한 한 가지 변화는 창조적인 일을 먼저하고 대응하는 일을 뒤에 하도록 전환하는 것이라고 합니다.

* switch to A - A로 전환하다

Ⅱ. This / means / blocking off / a large chunk / of time every day (for creative work / on your own priorities), (with / the phone and e-mail off).

> 구▶ 그것은 (= 창조적인 일을 먼저하고 대응하는 일을 뒤에 하는 것은) 너의 우선순위에 따라 창조적인 일을 위해 전화기와 이메일을 끈 채, 많은 시간을 차단하는 것이라고 합니다.

* block (막다) + off (완전히) - 차단하다
** priority - 우선순위

Ⅲ. I / used to be / a frustrated writer.

> 구▶ 'used to-V'는 'V하곤 했다'를 의미합니다.
> - 나는 좌절에 빠진 작가였다고 합니다.

Ⅳ. Making this switch / turned / me / into a productive writer.

> 구▶ 'turn A into B'는 'A를 B로 바꾸다'를 의미합니다.
> - 그러한 전환은 (= 창조적인 일을 먼저하고 대응하는 일을 뒤에 하는 전환은) 나를 생산적인 작가로 바꾸었다고 합니다.

Ⅴ. **Yet** there wasn't / a single day / when I / sat down to write / an article, blog post, or book chapter (without a string (of people) (waiting for / me (to get back to them))).

> 구▶ 그러나 내가 기사나 블로그 게시글 혹은 책의 한 챕터를 쓰기 위해서 앉았을 때, 사람들이 나의 답장을 기다리는 것이 없는 날이 하루도 없었다고 합니다.

> 독▶ 'Yet'이 제시되었으니 앞 뒷 문장 중심 문장
> - 내가 창조적인 일을 먼저하고 대응하는 일을 나중에 하자 사람들이 내가 기사나 블로그 게시글을 쓸 때마다 나의 답장을 기다렸다고 합니다.
> - 내가 기사나 블로그 게시글 혹은 책의 한 챕터를 쓰는 것은 Ⅰ번 문장의 'creative work', '창조적인 일'에 해당하고 내가 사람들에게 답장하는 것은 Ⅰ번 문장의 'reactive work', '대응하는 일'에 해당합니다.

Ⅵ. It / wasn't / easy, / and it / still isn't, / particularly when I / get / phone messages (beginning "I / sent / you / an e-mail two hours ago...!")

구▶ 그것은 (= 사람들에게 답장하는 것을 나중에 하는 것은) 쉽지 않았고 여전히 쉽지 않다, 특히 내가 "2시간 전에 이메일을 보냈다"로 시작하는 메시지를 받을 때 그렇다고 합니다.

Ⅶ. By definition, this approach / goes against / the grain (of others' expectations and the pressures they put on you). It / takes / willpower (to switch off / the world, even for an hour).

구▶ 명백히, 그러한 접근은 (= 창조적인 일을 먼저하고 대응하는 일을 나중에 하는 접근은) 다른 사람들의 기대와 그들이 너에게 가하는 압박에 반대 방향에 해당한다. 그것은 (= 사람들의 기대와 반대 방향으로 가는 것) 단 한시간이더라도 세상에 대한 스위치를 끄는 의지를 가지고 있다고 합니다.

* go (가다) + against (~와 반대되는 이미지) = go against - 반대 방향으로 가다

Ⅷ. It / feels / uncomfortable, and sometimes people / get / upset. **But** it's better / to disappoint / a few people (over small things), / than to abandon / your dreams (for **an empty inbox**.)

구▶ 'it + be동사 + 형용사 + to-V'는 가주어/진주어입니다.
  - 그것은 (= 사람들의 기대와 반대 방향으로 가는 것은) 불편하고 때때로 사람들을 화나게 한다. 그러나 빈 수신함을 위해 자신의 꿈을 포기하는 것보다, 사소한 것에 대해 몇몇 사람들을 실망하게 하는 것이 낫다고 합니다.

독▶ 'But'이 제시되었으니 앞 뒷 문장 중심 문장
  - 사람들의 기대와 반대 방향으로 가는 것은 (= 창조적인 일을 우선시 하는 것은) 불편하고 사람들을 화나게 할 수 있으나 빈 수신함을 위해 꿈을 포기하는 것보다는 낫다고 합니다.

Ⅸ. **Otherwise**, you're sacrificing / your potential / for the illusion of professionalism.

구▶ 'sacrifice A for B'는 'B를 위해 A를 희생시키다'를 의미합니다.
  - 그렇지 않으면 전문성이라는 환상을 위해 너의 잠재력을 희생시킨다고 합니다.

독▶ 'Otherwise'이 제시되었으니 앞 뒷 문장 중심 문장
  - 전문성은 사람들에 대한 전문성으로 대응하는 일에 해당하고 너의 잠재력은 창조적인 일에 해당합니다.

밑줄 친 **journey edges**가 다음 글에서 의미하는 바로 가장 적절한 것은?

Many ancillary businesses that today seem almost core at one time started out as __________.
For example, retailers often boost sales with accompanying support such as assembly or installation services. Think of a home goods retailer selling an unassembled outdoor grill as a box of parts and leaving its customer's mission incomplete. When that retailer also sells assembly and delivery, it takes another step in the journey to the customer's true mission of cooking in his backyard. Another example is the business-to-business service contracts that are layered on top of software sales. Maintenance, installation, training, delivery, anything at all that turns do-it-yourself into a do-it-for-me solution originally **resulted from** exploring the edge of where core products intersect with customer journeys.

* ancillary: 보조의, 부차적인 ** intersect: 교차하다

해설 [정답 : ⑤]

Ⅰ. 오늘날 거의 핵심인 것처럼 보이는 많은 보조 사업들이 옛날에 __________로 시작했다고 합니다. 보조 사업들이 어떻게 시작했는지를 찾으면 됩니다.

Ⅱ. 모든 스스로 하는 것에서 대신 해주는 해결책으로 바꾸는 것은 핵심 제품이 고객의 여정과 교차하는 곳의 가장자리를 탐구함으로써 부차적인 서비스가 생겨났다고 합니다. 즉 핵심 제품을 고객이 사용하기까지 필요한 것을 제공해주는 것을 탐구하는 것으로 시작되었다고 합니다. 그러므로 빈칸에 들어갈 말은 핵심 제품을 고객이 사용하기까지 필요한 것을 제공해 주는 것이 됩니다.

Ⅲ. 핵심 제품을 고객이 사용하기까지 필요한 것을 제공해 주는 것과 같은 내용인 선지는 ⑤번 'providing extra services beyond customers' primary purchase', '고객의 기본적인 구매를 넘어 추가 서비스를 제공하는 것'이 됩니다.

Ⅰ. Many ancillary businesses (that / today / seem / almost core at one time) started out / as **journey edges**.

* ancillary: 보조의, 부차적인

구 오늘날 거의 핵심인 것처럼 보이는 많은 보조 사업들이 여정의 끝으로 시작했다고 합니다.

Ⅱ. **For example**, retailers / often boost / sales (with accompanying support (such as assembly or installation services)).

　　구▶ 예를 들어, 소매업자들은 조립이나 설치 서비스와 같이 동반하는 지원을 통해 판매를 증가시킨다고 합니다.

　　독▶ 'For example'이 제시되었으니 Ⅰ번 문장 중심 문장!
　　　- 부차적인 산업 = 조립이나 설치 서비스와 대응됩니다.
　　* assembly – 조합

Ⅲ. Think of / a home goods retailer (selling an unassembled outdoor grill) / as a box (of parts) and leaving / its customer's mission / incomplete.

　　구▶ 조립되지 않은 야외 그릴을 부품 상자로 판매하고 고객의 임무를 미완성 상태로 두는 가정용품 소매업자를 생각해 보라고 합니다.

　　독▶ Ⅰ번 문장에 대한 예시가 구제화되어 제시되고 있습니다.

Ⅳ. When that retailer / also sells / assembly and delivery, / it / takes / another step (in the journey) (to the customer's true mission (of cooking) (in his backyard)).

　　구▶ 그 소매업자가 또한 조립과 배달도 판매할 때, 그것은 고객이 자신의 마당에서 요리하는 자신의 진정한 임무를 향한 여정에 또 다른 한걸음을 내딛는 것이라고 합니다.

　　독▶ 진정한 임무인 요리에 한층 가까워지게 할 수 있다고 합니다.

Ⅴ. Another example / is / the business-to-business service contracts (that / are layered (on top of software sales)).

　　구▶ 'layer'은 '층'을 의미하지만 동사로 사용되었으므로 '층하다' ⇒ '겹겹이 쌓이다'를 의미합니다.
　　　- 다른 예시로 소프트웨어 판매에 겹겹이 쌓이는 기업 대 기업 간 서비스 계약이라고 합니다.

Ⅵ. Maintenance, installation, training, delivery, anything / (at all) (that / turns / do-it-yourself / into a do-it-for-me solution) originally **resulted from** / exploring the edge (of where / core products intersect (with customer journeys)).

　　　　　　　　　　　　　　　　　　　　　　　　　　　　　** intersect: 교차하다

　　구▶ 'turn A into B'는 'A를 B로 변경하다'를 의미합니다.
　　　- 유지, 설치, 교육, 배달, 스스로 하는 것에서 대신 해주는 해결책으로 바꾸는 무엇이든 원래 핵심 제품이 고객의 여정과 교차하는 곳의 가장자리를 탐구함으로써 생겨났다고 합니다.

　　독▶ 'result from'이 제시되었으니 중심 문장!
　　　- 소비자의 영역과 교차하는 곳을 탐구함으로써 대신 해주는 해결책이 비롯된다고 합니다.

밑줄 친 "**view from nowhere**"가 다음 글에서 의미하는 바로 가장 적절한 것은?

> Our view of the world is not given to us from the outside in a pure, objective form; it is shaped by our mental abilities, our shared cultural perspectives and our unique values and beliefs. This is not to say that there is no reality outside our minds or that the world is just an illusion. It is to say that our version of reality is precisely that: our version, not the version. There is no single, universal or authoritative version that makes sense, other than as a theoretical construct. We can see the world only as it appears to us, not "as it truly is," **because** there is no "as it truly is" without a perspective to give it form. Philosopher Thomas Nagel argued that there is no "__________," **since** we cannot see the world except from a particular perspective, and that perspective influences what we see. We can experience the world only through the human lenses that make it intelligible to us.
>
> * illusion: 환영

해설 [정답 : ⑤]

Ⅰ. 함축의미 추론은 밑줄 친 부분을 빈칸으로 인식하면 됩니다. 철학자 Thomas Nagel은 "________"은 없다고 주장하였는데, 왜냐하면 우리는 특정한 관점 없이는 세상을 볼 수 없고, 그 관점이 우리가 보는 것에 영향을 끼치기 때문이라고 합니다. 지문에서 어떠한 것을 부정하였는 지를 찾으면 됩니다.

Ⅱ. 지문의 Ⅰ번 문장에서 순수하고 객관적인 형태의 세상에 대한 관점은 존재하지 않으며 우리의 생각에 의해 형성된 관점만이 존재한다고 합니다. 또한 지문의 다른 문장들에서 이를 재진술하여 우리의 생각에 의해 형성된 관점이 없으면 우리는 세상을 이해할 수 없고 있는 그대로의 세상은 존재하지 않는다고 합니다. 즉, 지문에서 객관적인 세상에 대한 관점을 부정하였으므로 "view from nowhere"은 객관적인 세상에 대한 관점을 의미하게 됩니다.

Ⅲ. "객관적인 세상에 대한 관점"과 같은 내용의 선지는 ⑤번 선지 '편견이 없으면서 객관적인 세계관'이 됩니다.

* ①번 선지 '주관적인 견해에 영향을 받는 현실 인식'은 글의 주제에 해당하지만 "view from nowhere"가 의미하는 것과 반대 내용에 해당합니다. 21번 함축의미 유형은 Chapter 3-1에서 배웠듯 주제를 묻는 경우도 있지만 주제와 반대되는 내용을 묻는 경우도 있습니다. 즉, 주제를 찾는 것이 아니라 빈칸처럼 해당 부분과 같은 내용을 지문에서 찾아야 합니다. 또한 "view from nowhere" 앞에 'no'가 있는 것에 주의해야 합니다.

Ⅰ. Our view of the world / is not given (to us) (from the outside in a pure, objective form); it /

is shaped (by our mental abilities, our shared cultural perspectives and our unique values and

beliefs).

- **구** 'give + I.O + D.O'의 4형식이 수동태로 사용될 경우 'be given to I.O by D.O'의 형태로도 쓰일
수 있습니다.
  - 세상에 대한 우리의 관점은 외부에서 순수하고 객관적인 형태로 우리에게 주어지는 것이 아니라,
  그것은 (= 세상에 대한 우리의 관점은) 우리의 정신적 능력, 우리의 공유된 문화적 관점, 그리고 우리의
  독특한 가치와 신념에 의해서 구성된다고 합니다.

- **독** 세상에 대한 우리의 관점은 객관적인 세계에 대한 관점이 아닌 우리의 정신적 능력, 우리의 공유된
문화적 관점 등, 즉, 우리의 생각들에 의해서 형성된다고 합니다.

Ⅱ. This / is not to say / that there / is / no reality (outside our minds) / or that the world / is / just

an illusion.

* illusion: 환영

- **구** 그것은 (= 우리의 생각들에 의해 세상에 대한 우리의 관점이 형성되는 것은) 우리의 마음 외부에는
현실이 없다거나 세상이 단지 환영이었다는 것을 말하는 것이 아니라고 합니다.

Ⅲ. It / is to say / that our version of reality / is precisely that: our version, not the version.

- **구** 이것은 (= 우리의 생각들에 의해 세상에 대한 우리의 관점이 형성되는 것은) '우리의' 현실에 대한
버전이 정확하게 우리의 버전이지 '그' 버전이 아니라고 합니다.

- **독** Ⅰ번 문장과 연결하여 보면 우리의 현실에 대한 버전은 우리의 버전 (= 우리의 생각들에 의해 형성된
관점)이지 '그' 버전 (= 객관적인 세상에 대한 관점)이 아니라고 합니다.

Ⅳ. There / is / no single, universal or authoritative version (that makes sense), (other than as a

theoretical construct).

- **구** 이론적인 구성물이 아닌 단일하거나, 보편적이거나 권위적으로 이해될 수 있는 버전은 없다고 합니다.

- **독** 이론적인 구성물이 (= 이론적으로만 말할 수 있는 것이) 아니라면 다른 사람과 일치하거나 다른 사람을
따라야 하는 세상을 보는 관점은 없다고 합니다.

Ⅴ. We / can see / the world only as it / appears (to us), not "as it truly is," **because** there / is / no "as it truly is" (without a perspective (to give / it / form)).

> 구▶ 'give + I.O + D.O'는 'I.O에게 D.O를 주다'를 의미합니다.
> - 우리는 세계를 '있는 그대로'가 아니라 그것이 (= 세상이) 우리에게 나타나는 것만 볼 수 있는데, 그것에 (= 세상에) 형태를 주는 관점 없이는 '있는 그대로'가 없기 때문이라고 합니다.

> 독▶ 'because'가 제시되었으므로 중심 문장
> - 우리는 관점이 없다면 세상을 있는 그대로 볼 수 없다고 합니다. Ⅰ번 문장과 연결해보면, 세상을 보는 객관적인 관점이란 존재하지 않으며, 우리의 생각에 의한 관점이 있어야 세상을 이해할 수 있다고 합니다.

Ⅵ. Philosopher Thomas Nagel / argued / that there is / no **"view from nowhere,"** **since** we / cannot see / the world (except from a particular perspective, / and that perspective / influences / what we / see.

> 구▶ 철학자 Thomas Nagel은 "입장이 없는 관점"은 없다고 주장하였는데, 왜냐하면 우리는 특정한 관점 없이는 세상을 볼 수 없고, 그 관점이 우리가 보는 것에 영향을 끼치기 때문이라고 합니다.

> 독▶ 'since'가 제시되었으므로 중심 문장
> - 관점이 우리가 세상을 보는 것에 영향을 끼치기 때문에 관점이 없다면 세상을 볼 수 없다고 합니다. Ⅰ번 문장을 재진술하고 있습니다.

Ⅶ. We / can experience / the world (only through the human lenses) (that make / it / intelligible (to us)).

> 구▶ 'make + O + O.C'는 'O를 O.C하게 만들다'를 의미합니다.
> - 우리는 그것을 (= 세계를) 이해할 수 있게 만드는 인간의 렌즈들을 (= 우리의 관점들을) 통해서만 세계를 경험할 수 있다고 합니다.

밑줄 친 **the role of the 'lion's historians**가 다음 글에서 의미하는 바로 가장 적절한 것은?

There is an African proverb that says, 'Till the lions have their historians, tales of hunting will always glorify the hunter'. The proverb is about power, control and law making. Environmental journalists **have to** play ________________. They **have to** put across the point of view of the environment to people who make the laws. They **have to** be the voice of wild India. The present rate of human consumption is completely unsustainable. Forest, wetlands, wastelands, coastal zones, eco-sensitive zones, they are all seen as disposable for the accelerating demands of human population. **But** to ask for any change in human behaviour — whether it be to cut down on consumption, alter lifestyles or decrease population growth — is seen as a violation of human rights. **But** at some point human rights become 'wrongs'. It's time we changed our thinking so that there is no difference between the rights of humans and the rights of the rest of the environment.

해설 [정답 : ②]

I. '**the role of the 'lion's historians**'가 빈칸이라고 생각하고 빈칸에 들어갈 말을 찾아야 합니다. 환경 저널리스트들은 _________의 역할을 해야만 한다고 합니다. 어떤 것을 해야만 하는지 찾으면 됩니다.

II. 환경 저널리스트들은 법을 만드는 사람들에게 환경의 관점을 이해시켜야만 하고 야생 인도의 목소리가 되어야만 한다고 합니다. 또한 인간의 권리와 환경의 권리에 차이가 없기 위해서 우리의 생각을 바꾸어야 한다고 하므로 빈칸에 들어갈 말은 사람들에게 환경의 관점을 이해시킨다 혹은 인간의 권리와 자연의 권리가 차이가 없다는 생각을 하게한다가 됩니다.

III. 선지 중 사람들에게 환경의 관점을 이해시킨다 혹은 인간의 권리와 자연의 권리가 차이가 없다는 생각을 하게 한다와 같은 내용이 선지는 ②번 'urging a shift to sustainable human behaviour for nature', '자연을 위한 인간의 지속 가능한 행동으로 변화를 촉구'가 됩니다.

I. There is / an African proverb (that says), 'Till the lions / have / their historians, / tales (of hunting) / will always glorify / the hunter'.

구 "사자들이 자신들의 역사가를 갖게 될 때까지, 사냥 이야기는 언제나 사냥한 자를 미화할 것이다."라는 아프리카 속담이 있다고 합니다.

* proverb - 속담

** tale - 이야기

*** glory (영광) + -ify (~화 하다는 동사형 접사) = glorify - 영광화하다 ⇒ 미화하다

II. The proverb / is / about power, control and law making.

구 이 속담은 권력, 통제 그리고 법 제정에 관한 것이라고 합니다.

Ⅲ. Environmental journalists / **have to** play / **the role of the 'lion's historians'**.

> **구** 환경 저널리스트는 '사자의 역사가' 역할을 수행해야만 한다고 합니다.

> **독** 'have to'가 제시되었으므로 중심 문장!

Ⅳ. They / **have to** put across / the point of view (of the environment) (to people who make / the laws).

> **구** 'put'은 '두다', 'across'는 '전체를 가로지르는 이미지' 'put across the point'는 '그 점은 전체를 가로질러 두다' ⇒ '그 점을 이해시키다'로 이해하시면 됩니다.
> - 그들은 법을 만드는 사람들에게 환경에 대한 관점을 이해시켜야 한다고 합니다.

> **독** 'have to'가 제시되었으므로 중심 문장
> - 'they'가 Ⅲ번 문장 'Environmental journalists'를 지칭하므로 'the role of the 'lion's historians'가 환경에 대한 관점을 법을 만드는 사람에게 이해시키는 것과 관련이 있음을 알 수 있습니다.

Ⅴ. They / **have to** be / the voice (of wild India).

> **구** 그들은 인도 야생 자연의 목소리가 되어야 한다고 합니다.

> **독** 'have to'가 제시되었으므로 중심 문장
> - 'they'가 Ⅲ번 문장 'Environmental journalists'를 지칭하므로 역시 'the role of the 'lion's historians'가 인도 야생 자연의 목소리가 되는 것과 관련이 있고 환경에 대한 관점을 법을 만드는 사람에게 이해시키는 것이 인도 야생 자연의 목소리가 되는 것으로 재진술되고 있다는 것도 알 수 있습니다.

Ⅵ. The present rate (of human consumption) is / completely unsustainable.

> **구** 현재 인간 소비 수치는 완전히 지속 불가능하다고 합니다.
> * un- (부정) + sustain (지속하다) + -able (가능한) = unsustainable - 지속 불가능한

Ⅶ. Forest, wetlands, wastelands, coastal zones, eco-sensitive zones, they / are all seen as / disposable (for the accelerating demands / of human population).

> **구** 숲, 습지, 황무지, 해안, 환경 민감 지역 모두 가속화되고 있는 인구 수요를 위해 이용할 수 있는 것처럼 보인다고 합니다.
> * wet (젖은) + land (땅) = wetland - 습지
> ** waste (낭비된) + land (땅) = wasteland - 황무지
> *** eco (환경의) + sensitive (민감한) = eco-sensitive - 환경에 민감한

Ⅷ. **But** to ask (for any change in human behaviour) — whether it be to cut down / on consumption, alter lifestyles or / decrease population growth — is seen as / a violation of human rights.

> 구▶ 'whether A, B, or C'는 'A이든, B이든, C이든'으로 해석하시면 됩니다.
> - 그러나, 소비를 줄이는 것이든 생활 습관을 바꾸는 것이든 혹은 인구 성장을 줄이는 것이든 인간의 행동에 어떤 변화를 요구하는 것은 인권 침해로 여겨진다고 합니다.

> 독▶ 'But'이 존재하므로 앞 뒷 문장 모두 중심 문장!
> - 숲, 습지등 인구 수요를 위해서 사용될 수 있는 것처럼 보이지만 인간의 행동에 변화를 요구하는 (= 법을 만드는 사람에게 환경의 관점을 이해시키는 것)은 인권의 위반이라고 이해하시면 됩니다.

Ⅸ. **But** (at some point) human rights / become / 'wrongs'.

> 구▶ 그러나 어느 순간, 인권이 잘못된 것이 된다고 합니다.

> 독▶ 인권이 잘못된 것이 된다는 것 ⇒ 인권을 위반해도 상관없다 ⇒ 인간의 행동에 변화를 요구할 수 있다는 것으로 이해하시면 됩니다.

Ⅹ. It's time (we / changed / our thinking) / so that there / is / no difference (between the rights of humans and the rights of the rest of the environment).

> 구▶ 'so that'은 '~를 위해서'를 의미합니다.
> - 'between A and B'는 'A와 B사이'를 뜻합니다.
> - 인간의 권리와 나머지 환경의 권리 사이에 차이가 없도록 우리의 생각을 바꿔야 할 때라고 합니다.

> 독▶ 인간과 환경의 권리 사이에 차이가 없도록 우리의 생각을 바꾼다.
> = 인간의 행동에 변화를 요구한다는 것을 재진술하므로 중심 문장!

밑줄 친 <u>**send us off into different far corners of library**</u>가 다음 글에서 의미하는 바로 가장 적절한 것은?

> You may feel there is something scary about an algorithm deciding what you might like. Could it mean that, if computers conclude you won't like something, you will never get the chance to see it? Personally, I really enjoy being directed toward new music that I might not have found by myself. I can quickly get stuck in a rut where I put on the same songs over and over. That's why I've always enjoyed the radio. **But** the algorithms that are now pushing and pulling me through the <u>music library are perfectly suited to finding gems that I'll like</u>. My worry originally about such algorithms was that they might **drive** everyone into certain parts of the library, leaving others lacking listeners. Would they **cause** a convergence of tastes? **But** thanks to the nonlinear and chaotic mathematics usually behind them, this doesn't happen. A small divergence in my likes compared to yours can ________________.
>
> * rut: 관습, 틀 ** gem: 보석 *** divergence: 갈라짐

해설 [정답 : ①]

Ⅰ. 빈칸 문장에서는 네가 좋아하는 것과 비교하여 내가 좋아하는 것의 작은 갈라짐이 ______________ 한다고 했습니다.

Ⅱ. Ⅲ번 문장에서 나는 스스로 발견하지 못한 새로운 음악으로 안내받는 것을 좋아한다고 했습니다. Ⅵ번 문장에서 이러한 역할을 수행하는 알고리즘이 내가 좋아할 보석을 찾는데 적합하다고 했으므로, 빈칸 문장의 'A small divergence'는 이 알고리즘을 통해 본인이 들어보지 못한 새로운 장르의 음악을 듣는 것을 말하며, 빈칸에는 자신이 좋아할 음악을 찾을 수 있다는 내용이 들어가야 합니다.

Ⅲ. 이와 같은 내용의 선지는 ①번 'lead us to music selected to suit our respective tastes', '우리를 각각 자신의 취향에 맞도록 선택된 음악으로 이끌다'가 됩니다. 그러므로 정답은 ①번이 됩니다.

* ④번 선지를 Ⅶ번 문장의 'drive everyone into certain parts of the library'로 이해할 수도 있습니다. 그러나 Ⅸ번 문장에서 그런 일은 일어나지 않고 알고리즘을 긍정적으로 평가하고 있으며, "우리가 새로운 음악가를 찾도록 만든다"는 ④번 선지는 알고리즘을 부정적으로 평가하기 때문에 ①번이 정답이 됩니다.

Ⅰ. You / may feel / there is / something scary (about an algorithm deciding (what / you / might like)).

구▶ 너는 네가 좋아할지도 모를 것을 결정하는 알고리즘에 대해 뭔가 무서운 것이 있다고 느낄 수 있다고 합니다.

독▶ 일반적인 사람들이 알고리즘에 대해 느끼는 두려운 감정을 언급하고 있습니다.

Ⅱ. Could / it / mean / that, if / computers / conclude / you won't like / something, you / will never get / the chance (to see / it)?

구▶ 그것은 당신이 뭔가를 좋아하지 않을 것이라고 컴퓨터가 결론을 내린다면 당신은 그것을 볼 기회를 절대로 얻지 못할 수도 있다는 뜻인가?

독▶ 지문 초반의 의문문은 반대되는 내용이 나올 가능성이 높습니다.
기회를 결코 얻지 못할까? → 실제로는 아니다.

Ⅲ. Personally, I / really enjoy / being directed (toward new music / that / I / might not have found / by myself).

구▶ 개인적으로, 나는 스스로는 발견하지 못했을 새로운 음악 쪽으로 안내받는 것을 정말 좋아한다고 합니다.

독▶ Ⅱ번 문장과 반대되는 내용입니다.

Ⅳ. I / can quickly / get stuck / in a rut / where / I / put on the same songs / over and over.

* rut: 관습, 틀

구▶ 나는 같은 노래를 계속 반복해서 넣는 틀에 빨리 갇힐 때가 있다고 합니다.

독▶ 알고리즘이 없을 때 새로운 음악을 안내받지 못하는 것에 대한 예시 문장입니다.

Ⅴ. That's / why / I've always enjoyed / the radio.

구▶ 그래서 나는 항상 라디오를 즐겨 듣는다고 합니다.

Ⅵ. **But** the algorithms / that / are now pushing / and pulling / me (through the music library) are perfectly suited / to finding gems / that / I'll like.

** gem: 보석

구▶ 그러나 지금 뮤직 라이브러리를 통해 나를 밀고 당기는 알고리즘은 내가 좋아할 보석을 찾는데 완벽하게 적합하다고 합니다.

독▶ 'But'을 통해서 내용이 전환되므로 앞 뒷 문장 중심 문장
 - 알고리즘이 음악을 결정하는 것을 'pushing and pulling'으로 비유했으며, 내가 좋아하는 노래를 'gems'를 통해 비유적으로 표현하고 있습니다.

Ⅶ. My worry / originally (about such algorithms) was / that / they / **might drive** / everyone into / certain parts (of the library), leaving / others / lacking listeners.

> 구▶ 'drive A into B'는 'A를 B로 유도하다'를 의미합니다.
> - 원래 그런 알고리즘에 대한 나의 걱정은 모든 사람을 라이브러리의 특정 부분으로 몰아넣고 나머지 부분은 듣는 이들이 적은 상태가 되게 만들 수 있다는 것이었다고 합니다.

> 독▶ 'drive'를 통해 인과 관계를 제시하므로 중심 문장
> - 모든 사람들이 뮤직 라이브러리의 특정 부분에 몰입하게 되고 나머지 부분은 듣지 않는다고 합니다.

Ⅷ. Would / they / **cause** / a convergence (of tastes)?

> 구▶ 그것은 취향의 수렴을 일으킬 것인가?

> 독▶ 'cause'가 제시되었으므로 중심 문장
> - Ⅶ번 문장의 걱정을 'convergence of tastes', 취향의 수렴으로 바꿔 말하고 있습니다.

Ⅸ. **But** thanks / to the nonlinear and chaotic mathematics (usually behind them), this / doesn't happen.

> 구▶ 그러나 일반적으로 그 (= 알고리즘) 배후에 있는 비선형적이고 불규칙적인 수학 덕분에 이런 일은 발생하지는 않는다고 합니다.

> 독▶ 'But'이 제시되었으므로 앞 뒤 문장 중심 문장
> - Ⅷ번 문장의 '취향의 수렴'이 일어나지 않는다고 합니다.

Ⅹ. A small divergence / (in my likes) compared to yours / can **send us off into different far corners of library**.

*** divergence: 갈라짐

> 구▶ 여러분이 좋아하는 것과 비교하여 내가 좋아하는 것의 작은 갈라짐이 우리를 라이브러리의 다른 먼 쪽으로 보낼 수 있다고 합니다.

> 독▶ 'small divergence'는 Ⅲ번 문장에서 언급된 새로운 음악 쪽으로 안내받는 것을 의미합니다.

밑줄 친 **from their _verandas_**가 다음 글에서 의미하는 바로 가장 적절한 것은?

　　Around the turn of the twentieth century, anthropologists trained in the natural sciences began to reimagine what a science of humanity **should** look like and how social scientists **ought to** go about studying cultural groups. Some of those anthropologists insisted that one **should** at least spend significant time actually observing and talking to the people studied. Early ethnographers such as Franz Boas and Alfred Cort Haddon typically traveled to the remote locations where the people in question lived and spent a few weeks to a few months there. They sought out a local Western host who was familiar with the people and the area (such as a colonial official, missionary, or businessman) and found accommodations through them. Although they did at times venture into the community without a guide, they generally did not spend significant time with the local people. **Thus**, their observations were primarily conducted _______________.

　　　　　　　　* anthropologist: 인류학자 　** ethnographer: 민족지학자

해설 [정답 : ③]

Ⅰ. 밑줄 친 부분을 지워 빈칸으로 인식해야 합니다. 그래서 '_from their verandas_'를 지우고 빈칸으로 인식합니다. 그러므로 그들의 관찰은 _______하게 수행되었다고 합니다. 우리는 지문에서 그들이 누구인지 그들의 관찰은 어떻게 수행되었는지를 찾으면 됩니다.

Ⅱ. 지문을 통해 관찰하는 그들은 초기 민족지학자들임을 알 수 있습니다. 또한 몇몇 인류학자들은 연구되는 사람을 실제로 관찰하고 연구되는 사람과 대화를 해야한다고 주장했지만, 초기의 민족지학자들은 지역 주민들과 상당한 시간을 보내지 않았다고 합니다. 그러므로 빈칸에 들어가야할 말은 지역 주민들과 많은 시간을 보내지 않았다가 되어야 합니다.

Ⅲ. 지역 주민들과 많은 시간을 보내지 않았다와 대응되는 선지는 ③번 'engaging in little direct contact with the people being studied', '연구되고 있는 사람들과 직접적인 접촉을 거의 하지 않았다'가 됩니다.

Ⅰ. Around the turn of the twentieth century, anthropologists (trained in the natural sciences) / began to reimagine / what a science of humanity / **should** look like and how social scientists / **ought to** go (about studying cultural groups).

　　　　　　　　　　　　　　　　　　* anthropologist: 인류학자

구 20세기에 이르면서, 자연 과학에서 훈련받은 인류학자들은 인류의 과학이 (= 인류학이) 무엇처럼 보여야만 하는지와 사회 과학자들이 문화 집단 연구를 어떻게 시작해야만 하는지에 대해서 다시 생각하기 시작했다고 합니다.

독 'should'와 'ought to'가 제시되었으므로 중심 문장
- 인류학자들이 인류학이 무엇처럼 보여야 하고 문화 집단 연구를 어떻게 시작해야 할지 생각했다고 합니다.

Ⅱ. Some of those anthropologists / insisted / that one / **should** (at least) spend / significant time actually observing and talking to the people studied.

> 구▶ 몇몇 그러한 인류학자들은 적어도 상당한 시간을 연구되는 사람들을 관찰하거나 연구되는 사람들과 이야기하는 데 소비해야만 한다고 주장했다고 합니다.

> 독▶ 'should'가 제시되었으므로 중심 문장
> - 인류학자들 중 일부는 인류학의 연구에서 반드시 연구되는 사람을 관찰하거나 연구되는 사람들과 이야기를 해야 한다고 합니다.

Ⅲ. Early ethnographers (such as Franz Boas and Alfred Cort Haddon) / typically traveled to the remote locations (where the people (in question) lived) and spent / a few weeks (to a few months there).

** ethnographer: 민족지학자

> 구▶ Franz Boas와 Alfred Cort Haddon과 같은 초기 민족지학자들은 일반적으로 연구되고 있는 사람들이 살고 있는 외딴 지역으로 가서 그곳에서 몇 주에서 몇 달을 소비했다고 합니다.

> 독▶ 초기 민족지학자들은 (≒ 인류학자들은) Ⅱ번 문장에서 제시된 것처럼 연구되고 있는 사람을 관찰하고 연구되고 있는 사람과 대화하기 위해서 연구되는 사람이 살고 있는 지역으로 가서 몇 주에서 몇 달을 지냈다고 합니다.

Ⅳ. They / sought out / a local Western host (who was familiar with / the people and the area) (such as a colonial official, missionary, or businessman) and found / accommodations through them.

> 구▶ 그들은 (= 초기 민족지학자들은) (식민지 관료, 선교사 혹은 사업가와 같이) 주민들과 그 지역에 친숙한 지역 서양인 호스트를 찾고 그들을 통해서 (= 지역 서양인 호스트를 통해서) 숙박 시설을 구했다고 합니다.

> 독▶ 초기 민족지학자들은 연구되고 있는 사람이 살고 있는 지역으로 가서 연구해야 하는 사람이 아닌 그 지역의 사람과 지리를 잘 알고 있는 서양인 호스트를 먼저 찾았다고 합니다.

Ⅴ. Although they / did (at times) venture into / the community (without a guide), they / generally did not spend / significant time (with the local people).

> 구▶ 동사의 앞에 있는 'do, did'는 동사를 강조하기 위한 표현에 해당합니다. '정말 V하다'로 해석하시면 됩니다.
> - 그들이 (= 초기 민족지학자들이) 가끔은 가이드 없이 정말 그 지역 사회를 탐험하기도 했지만, 대개 그들은 (= 초기 민족지학자들은) 상당한 시간을 지역 주민들과 보내지 않았다고 합니다.

> 독▶ 연구되는 사람들이 있는 지역으로 간 초기 민족지학자들은 지역 주민들과 많은 시간을 보내지는 않았다고 합니다.

Ⅵ. **Thus**, their observations / were primarily conducted **from their *verandas***.

> 구▶ 그들의 (= 초기 민족지학자들의) 관찰은 그들의 '베란다'에서 수행되었다고 합니다.

> 독▶ 'Thus'가 제시되었으므로 중심 문장
> - 초기 민족지학자들의 관찰이 '베란다'에서 이루어졌다, 즉, 밖에서 바라보기만 했다는 내용입니다.

밑줄 친 **don't knock the box**가 다음 글에서 의미하는 바로 가 적절한 것은?

By expecting what's likely to happen next, you prepare for the few most likely scenarios so that you don't **have to** figure things out while they're happening. It's **therefore** not a surprise when a restaurant server offers you a menu. When she brings you a glass with a clear fluid in it, you don't **have to** ask if it's water. After you eat, you don't **have to** figure out why you aren't hungry anymore. All these things are expected and are **therefore** not problems to solve. Furthermore, imagine how demanding it would be to always consider all the possible uses for all the familiar objects with which you interact. *Should I use my hammer or my telephone to pound in that nail?* On a daily basis, functional fixedness is a relief, not a curse. **That's why** you **shouldn't** even attempt to consider all your options and possibilities. You can't. If you tried to, then you'd never get anything done. **So** ___________. Ironically, **although** it limits your thinking, it also makes you smart. It helps you to stay one step ahead of reality.

해설 [정답 : ①]

Ⅰ. 빈칸 문장에서는 그래서 ______하다고 합니다. 지문에서 어떤 원인에 의해 발생되는 결과를 찾으면 됩니다.

Ⅱ. 지문에서 몇 가지 준비한 시나리오 덕분에 예상한 일에 대해서는 문제가 없다고 합니다. 하지만 모든 가능성을 고려한다면 소모적이고 이로 인해서 모든 선택권과 가능성을 고려하는 것을 시도하지 말라고 합니다. 모든 가능성을 고려한다면 소모적이라는 것이 원인 모든 선택권과 가능성을 고려하는 것을 시도하지 말라고 하는 것이 결과이므로 빈칸에 들어갈 말은 모든 선택권과 가능성을 고려하지 말라가 됩니다.

Ⅲ. 모든 선택권과 가능성을 고려하지 말라와 같은 내용의 선지는 ①번 'Deal with a matter based on your habitual expectations', '너의 습관적인 예상에 기반을 두어 문제를 다루다'가 됩니다. '습관적인 예상'은 지문 초반에서 제시한 '몇 가지 준비한 시나리오'에 대응됩니다.

Ⅰ. By expecting / what's likely to happen next, / you / prepare for / the few most likely scenarios / so that you / don't **have to** figure / things / out (while / they're happening).

> 구▶ 'by V-ing'는 'V함으로써'를 의미합니다.
> - 'so that'은 '~하기 위해서'를 뜻합니다.
> - 다음에 무슨 일이 일어날지 예상함으로써, 너는 그것들이 일어나는 동안에 상황 파악을 할 필요가 없도록 하기 위해서 가장 가능성이 높은 몇 가지 시나리오를 준비한다고 합니다.

> 독▶ 'have to'가 제시되었으니 중심 문장!

Ⅱ. It's **therefore** not / a surprise / when / a restaurant server / offers / you / a menu.

> 구▶ 'offer A B'는 'A에게 B를 제공하다'를 의미합니다.
> - 따라서 음식점 종업원이 너에게 메뉴를 제공하는 것은 놀랄 일이 아니라고 합니다.

> 독▶ 'therefore'을 제시하여 결과를 보여주므로 중심 문장!
> - 우리가 몇 가지 시나리오를 준비하기 때문에 종업원이 메뉴를 제공하는 것이 놀랄 일이 아니라고 합니다.

Ⅲ. When / she / brings / you / a glass (with a clear fluid in it), / you / don't **have to** ask / if / it's / water.

> 구▶ 'bring A B'는 'A에게 B를 가져오다'가 뜻합니다.
> - 'if 절'이 목적절로 쓰일 경우 'if' = 'whether'로 되어 '~인지 아닌지'를 의미합니다.
> - 그녀가 너에게 투명한 액체가 담긴 유리잔을 가져올 때, 너는 그것이 물인지 아닌지 묻지 않아도 된다고 합니다.

> 독▶ 'have to'가 제시되었으니 중심 문장!
> - 몇 가지 시나리오를 준비함으로써 발생하는 효과를 제시하고 있습니다.

Ⅳ. After / you / eat, / you / don't **have to** figure out / why / you / aren't / hungry anymore.

> 구▶ 먹고 나서 너는 왜 더 이상 배가 고프지 않은지 이해할 필요가 없다고 합니다.

> 독▶ 'have to'가 제시되었으니 중심 문장!
> - 역시 시나리오를 준비함으로써 발생하는 상황을 제시합니다.

Ⅴ. All these things / are expected / and are **therefore** not / problems to solve.

> 구▶ 그 모든 것들은 예상되며 따라서 해결해야 할 문제가 아니라고 합니다.

> 독▶ 'therefore'이 제시되었으므로 중심 문장!
> - 우리가 준비한 시나리오에서 예상된 것은 문제가 되지 않는다고 합니다.

Ⅵ. Furthermore, imagine / how demanding it / would be to always consider / all the possible uses (for all the familiar objects with which / you / interact).

> 게다가, 네가 상호작용하는 모든 익숙한 물건들에 대한 모든 사용 가능한 방법들에 대해 항상 고려하는 것이 얼마나 소모적인지 상상해보라고 합니다.

Ⅶ. *Should I use my hammer or my telephone to pound in that nail?* On a daily basis, functional fixedness / is / a relief, / not a curse.

> 저 못을 박기 위해서 나의 망치나 나의 전화기 중 어떤 것을 사용해야 할까? 매일에 있어서 기능적 고정성은 저주가 아니라 안도 (= 해방)라고 합니다.

> 모든 것을 고려하는 것은 힘들기 때문에 기능적으로 고정된 것은 해방이라고 합니다.

Ⅷ. That's **why** / you / **shouldn't** even attempt to consider / all your options and possibilities. You / can't. If / you / tried to, then / you'd never get / anything done.

> 그것이 네가 모든 선택권과 가능성을 고려하는 시도를 하지 않아야만 하는 이유이다.
> 너는 할 수 없다. 만약 네가 시도한다면 너는 아무것도 하지 못할 것이라고 합니다.

> 'That's why'와 'should'를 제시하므로 중심 문장!
> - 모든 선택권과 가능성을 고려하지 말라고 하며 이를 재진술하여 만약에 시도한다고 하더라도 아무것도 할 수 없다고 합니다.

Ⅸ. **So don't knock the box.** Ironically, **although** / it / limits / your thinking, / it / also makes / you / smart.

> 그래서 박스를 두드리지 마라. 역설적으로, 비록 그것이 너의 생각을 제한하지만 그것이 또한 너를 똑똑하게 만든다고 합니다.

> 'So'와 'although'가 제시되었으므로 중심 문장!

Ⅹ. It / helps / you / to stay / one step (ahead of reality).

> 'help + O + to-V'는 'O가 V하는 것을 돕다'를 의미합니다.
> - 그것은 네가 현실보다 한 발 앞서도록 도와준다고 합니다.

10 24학년도 9월 평가원 21번

밑줄 친 "**The best is the enemy of the good**"이 다음 글에서 의미하는 바로 가장 적절한 것은?

Gold plating in the project means needlessly enhancing the expected results, namely, adding characteristics that are costly, not required, and that have low added value with respect to the targets — **in other words**, giving more with no real justification other than to demonstrate one's own talent. Gold plating is especially interesting for project team members, as it is typical of projects with a marked professional component — **in other words**, projects that involve specialists with proven experience and extensive professional autonomy. In these environments specialists often see the project as an opportunity to test and enrich their skill sets. There is **therefore** a strong temptation, in all good faith, to engage in gold plating, namely, to achieve more or higher-quality work that gratifies the professional **but** does not add value to the client's requests, and at the same time removes valuable resources from the project. As the saying goes, _________________.

* autonomy: 자율성 ** gratify: 만족시키다

해설 [정답 : ②]

Ⅰ. 빈칸 문장에서는 속담에 있듯이, _________________라고 합니다. 영어 글은 기본적으로 양괄식이 많기 때문에 빈칸에 들어갈 내용을 찾기 위해서는 처음 3~4줄을 잘 살펴봐야 합니다.

Ⅱ. 지문 Ⅰ번 문장에서부터 'Gold plating'에 관한 내용이 언급되고 있습니다.
    이 Gold plating에 대한 정보를 지문에서 정리하면 다음과 같습니다.
    Ⅰ번 문장: 'adding characteristics that are costly, not required'
    - 비용이 많이 들고, 필요하지 않은 특성을 추가한다.
    Ⅰ번 문장: 'low added value with respect to the targets'
    - 목표와 관련하여 부가가치가 낮은 특성을 추가한다.
    Ⅰ번 문장: 'giving more with no real justification other than to demonstrate one's own talent'
    - 자신의 재능을 증명하는 것 이외에 어떠한 진실한 정당화도 하지 않고 더 많은 것을 제공한다.
    Ⅳ번 문장: 'to achieve more or higher-quality work that gratifies the professional but does not add value to the client's requests, and at the same time removes valuable resources from the project.'
    - 더 많은 것을 성취하거나 또는 더 높은 품질의 일을 해내지만, 이 더 높은 품질의 일은 고객의 요청에는 가치를 추가하지 않고 전문가 스스로를 만족시키며, 이러한 행위의 결과는 프로젝트에서 자원을 소모한다. 이를 정리하면 전문가들이 자기 능력을 테스트하고 강화하는 것은 Ⅰ번 문장의 필요하지 않은 특성이며, 고객의 요청과 귀중한 자원은 Ⅰ번 문장의 목표와 관련하여 정당화된 부가가치가 높은 특성을 지칭합니다. 지문은 이러한 gold plating을 불필요한 행위로 인식하고 있고, 밑줄 친 부분에서도 이를 'enemy'로 표현하고 있으므로 이러한 gold plating의 부정적인 특성이 빈칸에 들어가야 합니다.

Ⅲ. 이와 비슷한 내용의 선지는 ②번 'Raising work quality only to prove oneself is not desirable', 자신을 증명하기 위해서만 일의 질을 높이는 것은 바람직하지 않다는 것이 됩니다. 그러므로 정답은 ②번이 됩니다.

Ⅰ. Gold plating (in the project) / means (needlessly) / (enhancing the expected results), (namely), (adding characteristics (that are costly, not required), and (that have low added value (with respect to the targets)) — **in other words**, (giving more (with no real justification) (other than to demonstrate one's own talent)).

구▶ 'no(not) A ~ other than B는 B를 제외하고는 A가 없다. 즉, B만이 존재한다.'라고 해석한다고 합니다. 여기서 'other than'은 ~을 제외하고는'의 뜻이라고 합니다.
- '골드 플레이팅'은 프로젝트에서 불필요하게 예상 결과를 향상하는 것을 의미한다고 합니다. 즉, 비용이 많이 들지만 요구되지 않는 특성을 추가하고 이 특성은 낮은 가치를 목표에 추가하는 것인데 다시 말해서, 실질적인 근거=(정당성)없이 자신의 재능을 보여주기 위해 더 많이 제공하는 것을 말한다고 합니다.

독▶ 'in other words'가 제시되었으므로 중심 문장
- 한 문장의 호흡이 매우 긴 문장이었습니다. 정답에 관한 모든 근거가 있었습니다. 하지만, 'no(not) ~ other than, ~외에는 없다'라는 표현이 어려웠기에 이러한 종류의 숙어 표현에 주의가 필요합니다.

Ⅱ. Gold plating / is especially / interesting (for project team members), (as It / is / typical (of projects) (with a marked professional component)) — **in other words**, projects (that / involve specialists (with proven experience and extensive professional autonomy)).

* autonomy: 자율성

구▶ '골드 플레이팅'은 특히 프로젝트를 하는 팀 구성원들에게 흥미롭다고 합니다. 왜냐하면 전문적인 구성요소가 두드러진 프로젝트에서 일반적으로 나타나기 때문인데, 즉 다시 말해서, 검증된 경험과 광범위한 전문 자율성을 지닌 전문가들이 참여하는 프로젝트라는 의미라고 합니다.

독▶ 'in other words'가 제시되었으므로 중심 문장
- Ⅰ번 문장에 나온 '골드 플레이팅'을 하는 이유로 '골드 플레이팅'이 발생하는 조건 중 하나인 '검증된 경험과 광범위한 전문 자율성을 지닌 전문가들이 참여하는 프로젝트'를 설명하고 있습니다.

Ⅲ. (In these environments) specialists / often see / the project (as an opportunity to test and enrich their skill sets).

구▶ 이러한 환경에서 전문가들은 종종 프로젝트를 자신들의 기술을 시험하고 풍부하게 만들 수 있는 기회로 여깁니다.

Ⅳ. There / is **therefore** / a strong temptation, (in all good faith), (to engage (in gold plating)), namely, (to achieve / more or higher-quality work) (that / gratifies / the professional) **but** does not / add / value (to the client's requests), and (at the same time) removes valuable resources (from the project).

** gratify: 만족시키다

구▶ 따라서, 선의로 '골드 플레이팅'에 참여하고픈 강한 유혹이 있다고 합니다. (이 유혹이란) 즉, 더 많거나 혹은 더 높은 품질의 업무를 성취하기 위함인데, 이때 이(높은 품질의)업무는 전문가에게는 만족을 주지만, 고객의 요청에는 가치를 더 부여하지 못하고, 동시에 그 프로젝트에서 가치있는 자원을 없앤다고 합니다.

독▶ 'therefore'과 'but'이 제시되었으므로 중심 문장
- Ⅲ번 문장에서 언급한 '전문가의 골드 플레이팅'의 결과를 설명합니다.

Ⅴ. As the saying goes, **"The best is the enemy of the good".**

구▶ 속담에 이르길, "최고는 좋은 것의 적이다"이라고 합니다.

독▶ 'As S + V, 주어가 동사함에 따라'의 표현은 '인과관계'를 나타내는 표현이므로 주제문장입니다.

11 25학년도 6월 평가원 21번 (정답률 35%)

밑줄 친 **Burnout hasn't had the last word**가 다음 글에서 의미하는 바로 가장 적절한 것은?

> To balance the need for breadth (everyone feels a bit burned out) and depth (some are so burned out, they can no longer do their jobs), we **ought to** think of burnout not as a state but as a *spectrum*. In most public discussion of burnout, we talk about workers who "are burned out," as if that status were black and white. A black-and-white view cannot account for the variety of burnout experience, **though**. If there is a clear line between burned out and not, as there is with a lightbulb, then we have no good way to categorize people who say they are burned out but still manage to do their work competently. Thinking about burnout as a spectrum **solves this problem**; those who claim burnout but are not debilitated by it are simply dealing with a partial or less-severe form of it. They are experiencing burnout without being burned out. _______________________.
>
> * debilitate: 쇠약하게 하다

....

해설 [정답 : ②]

Ⅰ. 빈칸 문장은 문장 전체이며 번아웃은 마지막 진술을 하지 않았다고 합니다. 그러므로 지문으로부터 번아웃의 특징을 파악하여 정리해야 합니다.

Ⅱ. 번아웃이 사람이 지치는 것임을 고려한다면, 먼저 Ⅰ번 문장에서는 'we ought to think of burnout not as a state but as a spectrum' 우리는 번아웃을 "상태"가 아니라 "범위"로 간주해야 한다고 합니다. 직접적으로 파악하기에 애매모호한 이 문장의 내용은 뒷 문장에서 구체화되는데, Ⅱ번 문장: 'workers who "are burned out," as if that status were black and white' - "번아웃 된" 노동자에 대해 그 상태가 흑백 상태인 것처럼 이야기한다.
Ⅲ번 문장: 'black-and-white view cannot account for the variety of burnout' - 흑백 논리의 관점은 번아웃의 다양성을 설명할 수 없다.
이를 정리해보면, 우리가 번아웃을 상태로 간주한다면, 사람이 번아웃 되었다 or 번아웃 되지 않았다와 같은 흑백 논리를 적용하지만, 이는 번아웃을 제대로 설명할 수 없다고 합니다. 뒤따라 Ⅳ번 문장에서 언급되는 'people who say they are burned out but still manage to do their work competently' 번아웃 되었다고 말하지만, 여전히 자기 일을 해내는 사람들의 사례 역시 번아웃을 상태로 가정하면 발생하는 번아웃 사례의 오류를 언급하고 있습니다. 그렇다면 번아웃을 상태가 아니라 범위로 간주하는 것이 무엇을 의미하는 것인지가 지문의 주제와 가깝고, 이는 다음 Ⅴ번 문장에서 알 수 있습니다. Ⅴ번 문장에서는 'those who claim burnout but are not debilitated by it are simply dealing with a partial or less-severe form' 번아웃이라고 주장하지만 그것에 의해 쇠약해지지 않는 사람(역시 Ⅳ번 문장과 같은 사례)은 부분적이거나 덜 심각한 형태를 다루고 있다고 했습니다. 이는 Ⅰ번 문장에서 번아웃을 상태(번아웃이거나 번아웃이 아님)로 인식했을 때 해결할 수 없었던 문제를 번아웃을 범위(심각한 번아웃이거나 덜 심각한 번아웃이다)로 인식하는 것을 통해 해결할 수 있다는 것을 보여주고 있습니다. Ⅵ번 문장의 번아웃 되고 있지 않으면서 번아웃을 경험한다는 내용 역시 번아웃의 세기가 심각하지 않은 사람에 관한 올바른 설명이 되며, 밑줄 친 문장 역시 번아웃을 범위로 인식하는 것과 관련된 내용이 들어가야 합니다.

Ⅲ. 이와 관련된 선지는 ②번 'There still exists room for a greater degree of exhaustion', 탈진의 정도가 더 클 수 있는 여지가 여전히 있다가 됩니다. 번아웃이 마지막 진술을 하지 않았다는 것은 마지막 진술에 따라 번아웃의 범위가 더 늘어날 수 있다는 것과 같고, 이는 탈진(=번아웃)의 범위가 더 커질 수 있다는 것을 의미합니다. 그러므로 정답은 ②번이 됩니다.

* 내용상으로 모든 문장이 유기적으로 연결되어 있어서 중요하지 않은 문장이 없고 주제 파악도 쉽지 않으면서 매력적인 오답 선지까지 집어넣은 고난이도 문제입니다. 지문에서 state와 spectrum의 차이점을 파악하는 것을 핵심으로 잡고 차근차근 그 가지를 뻗어 나가면서 지문을 전체적으로 이해해야 하는 지문입니다.

** ⑤번 선지는 지문에서 탈진의 정도는 개인의 인식에 의해 형성되는 것이 아니라, 탈진이 얼마나 되었는가를 사람들이 인식하는 것에 의해 형성된다는 내용이므로 오답 선지입니다.

Ⅰ. To balance the need for breadth (everyone / feels / a bit burned out) and depth (some / are / so burned out, they / can no longer do / their jobs), we / **ought to** think / of burnout not as a state but as a *spectrum*.

   구▶ 'balance A and B'는 'A와 B의 균형을 맞추다'를 의미합니다.
- 'not A but B'는 'A가 아니라 B'라고 해석하시면 됩니다.
- 폭 (= 모두가 약간 지쳤다고 느낀다)과 깊이 (= 일부는 너무 지쳐서 더는 일을 할 수 없다)에 대한 필요의 균형을 맞추기 위해, 우리는 번아웃을 '상태'가 아니라 '범위'로 간주해야 한다고 합니다.

   독▶ 'ought to'로 조건을 언급하므로 중심 문장
- 번아웃의 폭과 깊이의 균형을 맞추는 것은 번아웃에 제대로 적응하는 것을 의미하며, 이를 위한 조건이 나열되고 있습니다.

   * broad (넓은) + -th (명사형 접사) = breadth – 너비, 폭

Ⅱ. In most public discussion (of burnout), we / talk about workers (who "are burned out," as if that status / were / black and white).

   구▶ 번아웃에 대한 대부분의 대중적 논의에서, 우리는 '번아웃 된' 노동자에 대해, 마치 그 상태가 흑백 상태인 것처럼 이야기한다고 합니다.
   독▶ 번아웃을 상태로 간주하는 경우에 관해서 언급하고 있습니다.

Ⅲ. A black-and-white view / cannot account for the variety (of burnout experience), **though**.

   구▶ 그러나, 흑백 논리의 관점은 번아웃 경험의 다양성을 설명할 수 없다고 합니다.
   독▶ 'though'가 역접의 의미로 제시되었으므로 중심 문장
- 번아웃 상태로 간주하면 안 된다는 Ⅰ번 문장의 원인으로, 이 경우 경험의 다양성을 설명할 수 없다는 점을 언급하고 있습니다.

Ⅳ. If there is / a clear line / between burned out / and not, as there / is with a lightbulb, then we / have / no good way to categorize / people (who say / they / are burned out / but still manage / to do / their work competently).

> 구▸ 'between A and B'는 'A와 B 사이'를 의미합니다.
>
> - 전구의 경우 그런 것처럼, 번아웃 상태와 그렇지 않은 상태 사이에 명확한 경계가 있다면, 자신이 번아웃 되었다고 말하지만 여전히 용케도 자기 일을 유능하게 해내는 사람들을 분류할 수 있는 좋은 방법이 없다고 합니다.
>
> 독▸ '전구는 켜져 있다 - 켜져 있지 않다'라는 yes or no의 경계가 존재하며, 번아웃을 상태로 간주하는 경우 역시 '번아웃 되었다 - 번아웃 되지 않았다'는 경계가 존재하게 됩니다. 그런데 번아웃이 되었는데도 일을 하는 노동자들은 이 경계 안에 포함되지 않기 때문에 설명할 수 없으며, 이는 Ⅲ번 문장을 설명하는 내용입니다.

Ⅴ. Thinking about burnout as a spectrum **solves / this problem**; those (who / claim / burnout but are not debilitated by it) / are simply dealing with a partial or less-severe form of it.

* debilitate: 쇠약하게 하다

> 구▸ 'think about A as B'는 'A를 B로 간주하다'를 의미합니다.
>
> - 번아웃을 범위로 간주하면 이러한 문제를 해결할 수 있는데, 번아웃을 주장하지만 그것에 의해 쇠약해지지 않는 사람은 그것의 부분적이거나 덜 심각한 형태를 다루고 있을 뿐이라고 합니다.
>
> 독▸ 문제 해결 방법을 제시하므로 중심 문장
>
> - Ⅳ번 문장에서 언급된 다양한 사례를 설명하지 못하는 문제를 번아웃을 범위로 간주하는 것으로 해결하게 되고, 이는 Ⅰ번 문장의 구체적인 사례가 됩니다.
> - 번아웃(상태 인식): 번아웃 상태이다 or 번아웃 상태가 아니다의 흑백 논리로 정리됩니다. 하지만 이 경우 번아웃 되었지만 일을 하는 노동자의 사례를 설명할 수 없습니다.
> - 번아웃(범위 인식): 번아웃의 심각성이 범위로 구분됩니다. 이 경우 번아웃의 범위가 심한 사람과 심하지 않은 사람으로 나뉘기 때문에 위의 문제를 해결할 수 있습니다.

Ⅵ. They / are experiencing / burnout / without being burned out.

> 구▸ 그들은 번아웃 되고 있지 않으면서 번아웃을 경험하고 있다고 합니다.
>
> 독▸ Ⅴ번 문장에서 이어 번아웃을 범위로 인식했을 경우에서 이어지는 문장입니다.
>
> - 번아웃을 경험하고 있지만 번아웃 되고 있지 않은 노동자들은 번아웃의 세기가 심각하지 않은 경우이며, 이 경우 상태 인식으로 설명할 수 없었던 노동자들을 설명할 수 있다는 것을 알 수 있습니다.

 22학년도 수능 21번 (정답률 34%)

밑줄 친 <u>**whether to make ready for the morning commute or not**</u>이 다음 글에서 의미하는 바로 가장 적절한 것은?

Scientists have no special purchase on moral or ethical decisions; a climate scientist is no more qualified to comment on health care reform than a physicist is to judge the causes of bee colony collapse. The very features <u>that create expertise in a specialized domain</u> **lead to** ignorance in many others. In some cases lay people — farmers, fishermen, patients, native peoples — may have relevant experiences that scientists can learn from. **Indeed**, in recent years, scientists have begun to recognize this: the Arctic Climate Impact Assessment includes observations gathered from local native groups. **So** our trust **needs to** be limited, and focused. It **needs to** be very particular. Blind trust will get us into at least as much trouble as no trust at all. **But** without some degree of trust in our designated experts — the men and women who have devoted their lives to sorting out tough questions about the natural world we live in — we are paralyzed, **in effect** not knowing ___________________________.

* lay: 전문가가 아닌 ** paralyze: 마비시키다 *** commute: 통근

해설 [정답 : ②]

Ⅰ. 밑줄 친 부분을 빈칸으로 인식하여 빈칸 문장부터 해석하면 그러나 우리의 평생을 우리가 사는 자연 세계에 관한 어려운 질문들을 처리하는 데 인생을 헌신한 사람들에 대한 어느 정도의 신뢰가 없으면, 우리는 마비되고 ________를 알 수 없다고 합니다.

Ⅱ. 과학자들은 특정한 영역에 대해서는 전문성을 가지고 있지만 다른 영역에 대해서는 무지하다고 합니다. 그러므로 과학자들의 신뢰는 특정 부분에 대해서 제한적이여야 한다는 내용이 주제입니다. 하지만 빈칸 문장에서는 주제와 달리 과학자들을 완전히 신뢰하지 않을 때에 대해서 제시하므로 주제와는 반대 내용이 빈칸에 들어가야 합니다. 즉, 우리가 과학자들을 완전히 신뢰하지 않는다면 과학자들이 전문성을 가지고 있는 부분에서도 신뢰하지 않게 되므로 과학자들이 전문성을 가지고 있는 영역을 알지 못하게 됩니다. 그러므로 빈칸에 들어갈 말은 과학자들이 전문성을 가지고 있는 영역이 됩니다.

Ⅲ. 과학자들이 전문성을 가지고 있는 영역과 같은 내용의 선지는 ②번 선지 '전문화된 전문가들에 의해 제공된 쉽게 적용할 수 있는 정보'가 됩니다.

* 지문에서는 'lay people'은 과학자들이 배울 수 있는 경험을 가지고 있는 사람으로 서술되어 있으며, 전문성을 가지고 있는 사람은 'scientist'로 서술됩니다. ④번 선지에서는 'scientist'에 해당하는 'specialist'와 'lay people' 모두 정보를 만들어 내는 것으로 제시되었지만 지문에서는 'scientist'에 해당하는 'speicalist'가 만드는 정보에 대해서 제시되었으므로 오답 선지가 됩니다.

Ⅰ. Scientists / have / no special purchase (on moral or ethical decisions); a climate scientist / is (no more) qualified / to comment on / health care reform / than / a physicist / is to judge the causes of bee colony collapse.

> 구 ‘no more A than B’는 ‘A가 아닌 것은 B가 아닌 것과 같다’로 이해하시면 됩니다.
> - ‘be qualified to-V’는 ‘V할 자격이 주어지다’를 의미합니다.
> - 과학자들은 도덕적 혹은 윤리적 결정에 대해서 특별한 구매가 (= 강점이) 없다. 기후 과학자들이 건강 보호 개혁에 (= 의료 개혁에) 대해서 말할 자격이 없는 것은 물리학자가 꿀벌 집단 붕괴의 원인들을 판단할 자격이 없는 것과 같다고 합니다.

> 독 과학자들이 자신들이 전문적으로 아는 것이 아닌 도덕적 윤리적 결정에 대해서는 특별한 강점이 없다고 합니다.

Ⅱ. The very features (that / create / expertise (in a specialized domain)) **lead to** / ignorance (in many others).

> 구 ‘The very + N’는 ‘N’을 강조하는 구문으로 ‘바로 그 N’으로 해석하시면 됩니다.
> - 바로 그 특별한 영역에서 전문성을 만드는 그 특징은 다른 많은 것들에 대해서 무지를 야기한다고 합니다.

> 독 ‘lead to’가 제시되었으므로 중심 문장
> - Ⅰ번 문장에서 과학자들이 본인들의 전문화된 영역이 아닌 것에 대해서는 강점이 없다는 내용을 재진술하여 Ⅱ번 문장에서 특정한 영역에서 전문성을 가진다는 것은 다른 영역에서는 무지를 가져온다고 합니다.

Ⅲ. (In some cases) lay people — (farmers, fishermen, patients, native peoples) — / may have / relevant experiences (that / scientists / can learn from).

* lay: 전문가가 아닌

> 구 몇몇 경우에는, 전문가가 아닌 농부, 어부, 환자, 토착민과 같은 사람들이 과학자들이 배울 수 있는 관련된 경험을 가질 수도 있다.

> 독 과학자가 아니더라도 과학자가 배울 수 있는 경험들을 전문가가 아닌 사람들이 가지고 있을 수도 있다고 합니다.

Ⅳ. **Indeed**, (in recent years), scientists / have begun / to recognize / this: the Arctic Climate Impact Assessment / includes / observations (gathered from local native groups).

> 구 사실상, 최근에는, 과학자들이 그것을 (= 전문가가 아닌 사람들에게도 배울 수 있는 경험이 있다는 것을) 인식하기 시작했다. 북극 기후 영향 평가는 지역 토착 집단들로부터 모은 관찰을 포함한다고 합니다.

> 독 ‘Indeed’는 재진술의 표현이므로 중심 문장이고 예시도 등장하는 것을 알 수 있습니다.
> - 과학자들이 전문가가 아닌 사람들에게도 배울 수 있는 경험이 있다는 것을 인식하기 시작하고 연구에 포함하기 시작했다고 합니다.

Ⅴ. **So** our trust / **needs to** be limited, and focused. It / **needs to** be / very particular.

> 구▶ 그래서, 우리의 신뢰는 제한되고 집중될 필요가 있다. 그것은 매우 특정할 필요가 있다고 합니다.

> 독▶ ‘So’와 ‘need to’가 제시되었으므로 중심 문장입니다.
> - 전문가가 아닌 사람들이 과학자들보다 더 잘 알 수 있고 특정한 영역에서 전문성을 가진다는 것은 다른 영역에서 무지를 야기하므로 우리는 특정한 영역에 전문성이 있는 사람에 대해서 신뢰를 특정한 영역으로 제한하고 특정할 필요가 있다고 합니다.

Ⅵ. Blind trust / will get / us / into (at least) as much trouble as no trust at all).

> 구▶ ‘as much A as B’는 ‘B만큼이나 A하다’를 의미합니다.
> - ‘get + O + into trouble’은 ‘O에 문제를 발생시키다’를 뜻합니다.
> - 맹목적인 신뢰는 신뢰가 전혀 없는 것만큼이나 우리에게 문제를 발생시킨다고 합니다.

> 독▶ Ⅱ번 문장에서 제시된 특정한 영역에서 전문성을 가지는 것은 다른 영역에서 무지를 야기하므로 전문가에 대한 맹목적인 신뢰는 신뢰가 전혀 없는 즉, 전문성을 가지는 특정한 영역에 대해서도 믿지 못하는 것만큼이나 문제를 발생시킨다고 합니다.

Ⅶ. **But** (without some degree (of trust) (in our designated experts)) — (the men and women (who / have devoted / their lives / to sorting out / tough questions (about the natural world / we / live in)) — we / are paralyzed, **in effect** not knowing / **whether to make ready for the morning commute or not**.

> ** paralyze: 마비시키다 *** commute: 통근

> 구▶ ‘devote + O + to N’은 ‘N을 위해서 O를 헌신하다’를 의미합니다.
> - ‘whether to-V or not’은 ‘V를 할지 말지’를 뜻합니다.
> - 그러나, 우리의 우리가 사는 자연 세계에 대해서 거친 질문을 처리하기 위해서 그들의 인생을 헌신한 사람들인 지정된 전문가들에 대한 적절한 신뢰없이, 우리는 마비되고, 사실상 아침 통근을 위해 준비해야 할지 말아야 할지를 알지 못할 것이라고 합니다.

> 독▶ ‘But’이 제시되었으니 앞 뒷 문장+ 중심 문장, ‘in effect’는 재진술의 표현이므로 중심 문장
> - Ⅵ번 문장에서 제시된 맹목적 신뢰도 위험하지만, 한 영역에 인생을 헌신하여 전문성을 얻은 전문가들에 대한 신뢰가 없다면 우리는 마비된다고 합니다. 즉, Ⅵ번 문장에서 제시된 맹목적인 신뢰와 같이 위험한 아무 신뢰가 없는 것 역시 위험하다고 합니다.

13 22학년도 9월 평가원 21번　　　　　　　　　　　　　　　　　　(정답률 31%)

밑줄 친 **Flicking the collaboration light switch**가 다음 글에서 의미하는 바로 가장 적절한 것은?

______________________________ is something that leaders are uniquely positioned to do, **because** several obstacles stand in the way of people voluntarily working alone. For one thing, the fear of being left out of the loop can keep them glued to their enterprise social media. Individuals don't want to be — or appear to be — isolated. For another, knowing what their teammates are doing provides a sense of comfort and security, **because** people can adjust their own behavior to be in harmony with the group. It's risky to go off on their own to try something new that will probably not be successful right from the start. **But** even though it feels reassuring for individuals to be hyperconnected, it's better for the organization if they periodically go off and think for themselves and generate diverse — if not quite mature — ideas. **Thus**, it becomes the leader's job to create conditions that are good for the whole by enforcing intermittent interaction even when people wouldn't choose it for themselves, without making it seem like a punishment.

* intermittent: 간헐적인

해설 [정답 : ②]

Ⅰ. 밑줄 친 Flicking the collaboration light switch 부분을 빈칸으로 인식합니다. 빈칸 문장에서는 ______________이 리더들이 실행하도록 독특하게 설정된 것인데, 왜냐하면 몇몇 장애물들이 사람들이 혼자 일하는 것을 가로막기 때문이라고 합니다.

Ⅱ. 지문의 내용은 다음과 같이 요약됩니다.
Ⅱ번 문장: fear of being left out of the loop can keep them glued to their enterprise social media- 루프를 벗어나는 것에 대한 두려움 때문에 그들은 기업의 소셜 미디어에 집착한다.
Ⅲ번 문장: Individuals don't want to be isolated- 개인은 고립되는 것을 원하지 않는다.
Ⅴ번 문장: It's risky to go off on their own to try something new- 새로운 것을 시도하기 위해 혼자 떠나는 것은 위험하다.
윗 문장들은 모두 빈칸 문장의 혼자 일하는 것을 가로막는 장애물에 대한 설명이며, 이 내용은 다음 Ⅵ번 문장에서 전환됩니다. Ⅵ번 문장에서는 'it's better for the organization if they periodically go off and think for themselves and generate diverse ideas', 주기적으로 떠나 스스로 생각하고 다양한 아이디어를 만들어내는 것이 더 좋다고 했고, Ⅶ번 문장에서는 'enforcing intermittent interaction even when people wouldn't choose it for themselves', 사람들이 스스로 선택하지 않을 때에도 간헐적인 상호작용을 시행하는 것이 리더의 일이라고 했습니다. 그러므로 함께 일하는 것들보다는 스스로 생각하는 것이 조직에게 더 좋다는 것이며, 그렇게 하도록 도와주는 것이 리더의 일이라는 것입니다. 그러므로 리더의 일은 사람들이 스스로 생각해보게 하는 것이므로 밑줄 친 부분은 이와 같은 뜻의 내용이 되어야 합니다.

Ⅲ. 정답은 ②번 선지 having people stop working together and start working individually, 사람들이 함께 일하는 것을 멈추고 개인적으로 일하기 시작하도록 하는 것이 되어야 합니다.

Ⅰ. **Flicking the collaboration light switch** is / something / that leaders / are uniquely positioned to do,

because / several obstacles / stand (in the way (of people) voluntarily working alone).

> 구▸ 협업의 전등 스위치를 휙 누르는 것은 고유하게 지도자들이 해야 하는 위치에 있는 것인데, 왜냐하면 자발적으로 혼자 일하는 사람들에게 여러 장애물이 방해되기 때문이라고 합니다.

> 독▸ 'because'가 존재하므로 중심 문장
> - 밑줄 친 부분을 빈칸처럼 인식한다면, 빈칸은 지도자들이 해야 하는 것이며, 이와 관련된 내용을 지문에서 파악해야 합니다.

Ⅱ. For one thing, the fear (of being left out of the loop) can keep / them / glued to their enterprise social media.

> 구▸ 'keep + O + O.C'는 'O가 O.C하도록 지키다/머무르다'를 의미합니다.
> - 우선, 상황을 잘 모르고 혼자 남겨진다는 두려움은 그들이 계속 자신들의 기업 소셜 미디어에 매달리도록 할 수 있다고 합니다.

> 독▸ Ⅰ번 문장의 'several obstacles'에 대한 부연설명 첫 번째로 혼자 남겨지는 두려움이 제시되고 있습니다.

* glue (풀) + to (~에게) - glued to ~에게 달라붙다, 매달리다.

Ⅲ. Individuals / don't want / to be — or appear to be — isolated.

> 구▸ 개인들은 고립되거나 고립된 듯 보이는 것을 원치 않는다고 합니다.

> 독▸ Ⅱ번 문장의 연결선상에 있는 문장입니다.

Ⅳ. For another, knowing (what / their teammates / are doing) / provides / a sense (of comfort) and security, **because** / people / can adjust / their own behavior / to be (in harmony with the group).

> 구▸ 'adjust + O + to-V'는 'O가 V하도록 조정하다'를 의미합니다.
> - 또 다른 이유로는, 자신들의 팀 동료들이 무엇을 하고 있는지 아는 것이 편안하고 안전하다는 느낌을 제공하는데, 사람들은 그들 자신의 행동을 집단과 조화를 이루도록 조정할 수 있기 때문이라고 합니다.

> 독▸ 'because'가 존재하므로 중심 문장
> - Ⅱ, Ⅲ번 문장에 이은 또 다른 이유가 나열됩니다. 고립된 것을 피하고, 동료와 함께 일하는 것을 원하는 것은 모두 Ⅰ번 문장의 혼자 일하는 사람들을 방해하는 요소임을 알 수 있습니다.

* adjust - 조정하다

Ⅴ. It's / risky / to go off / on their own (to try something new / that / will probably not be / successful right (from the start)).

구▶ 'It + be동사 + 형용사 + to-V'는 '가주어/진주어'를 의미합니다.
- 아마도 바로 처음부터 성공적이지 않을 뭔가 새로운 것을 시도하기 위해 홀로 벗어나는 것은 위험하다고 합니다.

독▶ Ⅳ번 문장과 연결되는 문장입니다.

Ⅵ. **But** even though / it / feels / reassuring / for individuals / to be hyperconnected, it's / better / for the organization / if / they periodically / go off / and think for / themselves / and generate / diverse — if not quite mature — ideas.

구▶ 'to-V' 앞에 존재하는 'for N'은 'to-V'의 의미상 주어에 해당합니다.
- 하지만 사람들이 과잉연결되는 것이 안도감이 든다고 느낄지라도, 그들이 주기적으로 (조직을) 벗어나 스스로 생각하여 그다지 성숙하지는 않더라도 다양한 아이디어를 창안하는 것이 조직을 위해 더 좋다고 합니다.

독▶ 'But'이 등장하므로 앞 뒷 문장 중심 문장
- 핵심 문장입니다. 조직적으로 일하는 것이 아닌, 개인적으로 생각해보는 것이 조직을 위해 더 좋다는 것이며, Ⅱ~Ⅴ번 문장의 모든 내용은 개인적으로 일하는 것에 대한 방해물과 관련된 내용입니다.

* mature - 성숙한

Ⅶ. **Thus**, it / becomes / the leader's job / to create conditions / that / are good for / the whole / by enforcing intermittent interaction / even when / people / wouldn't choose / it / for themselves, without making / it / seem like a punishment.

* intermittent: 간헐적인

구▶ 'make + O + O.C'는 'O가 O.C하도록 만들다'를 의미합니다.
- 따라서, 사람들이 그것을 스스로 선택하지 않는 때에도, 처벌처럼 보이게 하지 않으면서 간간이 일어나는 상호작용을 시행함으로써, 전체에게 유익한 여건을 조성하는 것이 지도자의 임무가 된다고 합니다.

독▶ 'Thus'가 등장하므로 중심 문장
- 빈칸이 리더가 해야 하는 것임을 알 수 있다면 Ⅶ번 문장이 곧 빈칸의 내용이 됩니다. 리더는 조직원들이 그것을 선택하지 않아도, 스스로 일하게 하도록 설정하는 것이 리더의 역할이라는 것입니다.

01 23학년도 수능 40번 (정답률 74%)

다음 글의 내용을 한 문장으로 요약하고자 한다. 빈칸 (A), (B)에 들어갈 말로 가장 적절한 것은?

> Craftsmanship, a human desire that has ___(A)___ over time in diverse contexts, often encounters factors that ___(B)___ its full development.

"Craftsmanship" may suggest a way of life that declined with the arrival of industrial society — **but** this is misleading. Craftsmanship names an enduring, basic human impulse, the desire to do a job well for its own sake. Craftsmanship cuts a far wider swath than skilled manual labor; it serves the computer programmer, the doctor, and the artist; parenting improves when it is practiced as a skilled craft, as does citizenship. In all these domains, craftsmanship focuses on objective standards, on the thing in itself. Social and economic conditions, **however**, often stand in the way of the craftsman's discipline and commitment: schools may fail to provide the tools to do good work, and workplaces may not truly value the aspiration for quality. And **though** craftsmanship can reward an individual with a sense of pride in work, this reward is not simple. The craftsman often faces conflicting objective standards of excellence; the desire to do something well for its own sake can be weakened by competitive pressure, by frustration, or by obsession.

* swath: 구획

해설 [정답 : ①]

Ⅰ. 요약 문장에서 장인정신, 즉, 다양한 상황에서 시간이 지남에 따라 (A)한 인간의 욕구는 종종 그 완전한 발전을 (B)하는 요소들과 마주친다고 합니다. 시간이 지남에 따라 장인정신이 어떻게 되었는지와 장인정신의 완전한 발전에 어떠한 요소들과 마주쳤는지를 찾으면 됩니다.

Ⅱ. Ⅰ번 문장에서 장인정신은 산업 사회의 도래와 함께 감소되었다고 생각되지만 이는 오해라고 합니다. 산업 사회의 도래는 시간적 표현이고 장인정신은 감소되지 않았다고 하므로 (A)에는 'decline'과 반대되는 말이 들어가야 합니다. 또한 Ⅴ번 문장에서 사회적 경제적 상황들이 장인정신을 방해한다고 하고 Ⅶ번 문장에서 경쟁적 압력, 좌절, 그리고 집착이 장인정신을 약화시킨다고 합니다. 그러므로 (B)에 들어갈 말은 '약화시키다'가 됩니다.

Ⅲ. (A)에는 decline과 반댓말이 들어가야 하므로 'persisted', '지속적인'이 정답에 해당하며 (B)에서는 약화시키다가 들어가야 하므로 'limit', '제한하다'가 정답에 해당합니다. 그러므로 정답은 ①번이 됩니다.

요 Craftsmanship, a human desire (that has / ___(A)___ over time in diverse contexts), / often encounters / factors (that ___(B)___ / its full development).

구 장인정신, 즉, 다양한 상황에서 시간이 지남에 따라 (A)한 인간의 욕구는 종종 그 완전한 발전을 (B)하는 요소들과 마주친다고 합니다.

Ⅰ. "Craftsmanship" / may suggest / a way of life (that declined with / the arrival of industrial society)
— **but** this / is / misleading.

구▶ "장인정신"은 산업 사회의 도래와 함께 추락하는 삶의 한 방식으로 제안될지도 모르지만 이 내용은 오해할 수 있다고 합니다.

독▶ 'but'이 제시되었으므로 중심 문장
- 산업 사회가 도래하면서 장인정신이 사라졌다고 생각할 수 있지만 그것은 아니라고 합니다.

Ⅱ. Craftsmanship / names / an enduring, basic human impulse, the desire (to do a job well) (for its own sake).

구▶ 장인정신은 끈기있고, 기본적인 인간의 충동, 즉 그 자체로 일을 잘하고자 하는 욕구로 뜻한다고 합니다.
* for its own sake - 어떠한 이득이나 조건없이 그 자체로

Ⅲ. Craftsmanship / cuts / a far wider swath (than skilled manual labor); it / serves / the computer programmer, the doctor, and the artist; parenting / improves when it / is practiced (as a skilled craft, as does citizenship).

* swath: 구획

구▶ 장인정신은 능숙한 노동보다 더 넓은 구획을 자르는데, 그것은 (= 장인정신은) 컴퓨터 프로그래머, 의사, 그리고 예술가들을 제공하고 (= 도움이 되고) 그것이 (= 장인정신이) 시민의식과 마찬가지로 능숙한 기술로써, 실행될 때 양육이 개선된다고 합니다.

독▶ 장인정신은 육체노동보다 더 넓은 구획에 적용되는데, 컴퓨터 프로그래머, 의사, 그리고 예술가에게 도움이 되고 장인정신이 능숙한 기술로써 실행될 때 후계자 양성에도 도움이 된다고 합니다.

Ⅳ. (In all these domains), craftsmanship / focuses on / objective standards, on the thing (in itself).

구▶ 모든 영역에서 장인정신은 객관적인 기준, 즉 그자체에 집중한다고 합니다.

독▶ Ⅱ번 문장을 재진술하여 장인정신은 일을 잘하고자 하는 욕구 그자체에 집중한다고 합니다.

Ⅴ. Social and economic conditions, **however**, / often stand in the way of / the craftsman's discipline and commitment: schools / may fail to provide / the tools (to do good work), and workplaces / may not truly value / the aspiration for quality.

구▶ 'stand in the way of A'는 'A의 길에 서 있다.'로 A가 하고자 하는 길을 막는 이미지로 생각하시면 됩니다. 그래서 'stand in the way of A'는 'A를 방해하다'로 해석하시면 됩니다.
- 그러나, 사회적 경제적 상황이 장인의 훈련과 전념을 방해하는데, 학교가 좋은 일을 잘할 만한 도구를 제공하지 못할 수 있고, 작업장이 질을 위한 열망을 진정으로 가치있게 여기지 않을 수도 있다고 합니다.

독▶ 'however'가 제시되었으므로 앞 뒷 문장 중심 문장
- 장인정신은 그자체에 집중하지만 사회적 경제적 상황이 장인정신을 방해할 수도 있다고 합니다.

Ⅵ. And __though__ craftsmanship / can reward / an individual (with a sense of pride in work), this reward / is / not simple.

구 그리고 비록 장인정신이 일에 대한 자부심으로 개인에게 보상할 수도 있지만, 그러한 보상은 (= 일에 대한 자부심은) 간단한 것이 아니라고 합니다.

독 'though'가 제시되었으므로 중심 문장
- 장인정신이 일에 대한 자부심을 보상으로 줄 수도 있지만 일에 대한 자부심을 간단하게 얻을 수 있는 것이 아니라고 합니다.

Ⅶ. The craftsman / often faces / conflicting objective standards of excellence; the desire (to do something well for its own sake) / can be weakened (by competitive pressure, by frustration, or by obsession).

구 장인들은 종종 훌륭함에 대한 상충되는 객관적 기준에 직면하게 되고, 그 자체로 잘하고자 하는 욕구는 (= 장인정신은) 경쟁적 압력과 좌절 그리고 집착에 의해 약화될 수 있다고 합니다.

독 장인들은 훌륭함에 대한 상충되는 기준에 맞닥뜨리게 되고 압력과 좌절 그리고 집착에 의해 장인정신이 약화될 수도 있다고 합니다.

다음 글의 내용을 한 문장으로 요약하고자 한다. 빈칸 (A), (B)에 들어갈 말로 가장 적절한 것은?

Scientific explanations can be made either by seeking the ___(A)___ number of principles covering all observations or by finding general ___(B)___ drawn from individual phenomena.

Philip Kitcher and Wesley Salmon have suggested that there are two possible alternatives among philosophical theories of explanation. One is the view that scientific explanation consists in the *unification* of broad bodies of phenomena under a minimal number of generalizations. According to this view, the (or perhaps, a) goal of science is to construct an economical framework of laws or generalizations that are capable of subsuming all observable phenomena. Scientific explanations organize and systematize our knowledge of the empirical world; the more economical the systematization, the deeper our understanding of what is explained. The other view is the *causal/mechanical* approach. According to it, a scientific explanation of a phenomenon consists of uncovering the mechanisms that produced the phenomenon of interest. This view sees the explanation of individual events as primary, with the explanation of generalizations flowing from them. **That is,** the explanation of scientific generalizations comes from the causal mechanisms that produce the regularities.

* subsume: 포섭(포함)하다 ** empirical: 경험적인

해설 [**정답 : ①**]

Ⅰ. 요약 문장에서는 과학적 설명은 모든 관찰에 적용되는 (A)한 수의 원칙들을 찾거나 개별 현상으로부터 도출된 일반적인 (B)를 발견함으로써 이루어진다고 합니다. 과학적 설명에 대해서 어떠한 수의 원칙들을 찾아야 하는지와 일반적인 어떤 것을 발견해야 하는 지를 찾으면 됩니다.

Ⅱ. Ⅱ번 문장에서 Ⅰ번 문장에서 제시된 두 가지의 대안 중 한 가지를 제시합니다. 또한 과학적 설명이 최소한의 일반화 아래에서 광범위한 많은 현상들의 통합을 구성하는 관점이라고 합니다. 원칙과 일반화는 유사한 어휘로 (A)에 들어가야 할 말이 '최소한'이라는 것을 알 수 있습니다. 또한 Ⅵ번 문장에서 두 관점 중 다른 관점은 현상을 만드는 메커니즘을 발견하는 것이라고 합니다. 이러한 메커니즘은 Ⅷ번 문장에서 규칙성을 만들어 낸다고 하므로 (B)에 들어갈 말은 '메커니즘, 규칙'이 됩니다.

Ⅲ. (A)에는 최소한이 들어가야 하므로 'least', '최소한의'가 정답에 해당하며 (B)에서는 메커니즘, 규칙이 들어가야 하므로 'patterns', '패턴들'이 정답에 해당합니다. 그러므로 정답은 ①번이 됩니다.

Ⅰ. Philip Kitcher and Wesley Salmon / have suggested / that / there / are / two possible alternatives (among philosophical theories / of explanation).

> 구 Philip Kitcher와 Wesley Salmon은 설명에 대한 철학적 이론들 중 두 가지 가능한 대안이 있다고 제안했다고 합니다.

Ⅱ. One / is / the view / that / scientific explanation / consists in / the *unification* (of broad bodies of phenomena) (under a minimal number of generalizations).

> 구 한 가지는 과학적 설명이 최소한의 일반화 아래에서 광범위한 많은 현상들의 통합을 구성하는 관점이라고 합니다.

> 독 Ⅰ번 문장에서 제시된 두 가지 대안 중 한 가지를 제시하고 있습니다.

Ⅲ. According to this view, the (or perhaps), a goal of science / is to construct / an economical framework (of laws or generalizations) (that / are capable of / subsuming all observable phenomena).

* subsume: 포섭(포함)하다

> 구 그러한 관점에 따르면 (= 과학적 설명이 최소한의 일반화로 많은 현상들을 설명하는 관점에 따르면) 과학의 목표는 모든 관찰할 수 있는 현상을 포섭할 수 있는 법칙이나 일반화의 경제적인 틀을 구성하는 것이라고 합니다.

> 독 첫 번째 관점에 따르면, 과학의 목표는 모든 현상들을 설명할 수 있는 법칙이나 일반화를 만드는 것이라고 합니다.

Ⅳ. Scientific explanations / organize and systematize / our knowledge of the empirical world; the more economical the systematization, the deeper our understanding (of what / is explained).

** empirical: 경험적인

> 구 'The + 비교급 A, The + 비교급 B'는 'A하면 할수록 더 B하다'를 의미합니다.
> - 과학적 설명들이 경험적인 세계의 우리 지식을 조직하고 체계화하고, 그 체계가 더 경제적일수록 (= 적은 수의 법칙이나 일반화로도 많은 현상을 설명할수록), 설명되는 것에 대한 우리의 이해는 더 깊어진다고 합니다.

Ⅴ. The other view / is / the *causal/mechanical* approach.

> 구 다른 관점은 인과 관계적/기계론적 접근이라고 합니다.

> 독 Ⅰ번 문장에서 제시된 두 가지 관점 중 마지막 관점이 제시되었습니다.

Ⅵ. According to it, a scientific explanation (of a phenomenon) / consists of / uncovering the mechanisms (that / produced / the phenomenon of interest).

[구] 다른 관점에 따르면, 현상에 대한 과학적 설명은 관심있는 현상을 만들어내는 메커니즘을 밝혀내는 것으로 구성되어 있다고 합니다.

[독] 두 번째 관점은 현상을 만드는 과정을 밝혀내는 것이라고 합니다.

Ⅶ. This view / sees / the explanation of individual events / as primary, (with the explanation (of generalizations) / flowing from them).

[구] 'see A as B'는 'A를 B로 간주하다'를 의미합니다.
- 'with + N + V-ing/p.p'는 'With 분사구문'으로 'N이 V를 하다/당하다'로 해석하시면 됩니다.
- 그러한 관점은 (= 두 번째 관점은) 개별 사건들의 설명을 일차적으로 보고, 일반화에 대한 설명이 그것들로부터 (= 개별 사건들의 설명들로부터) 흘러나온다고 본다고 합니다.

Ⅷ. **That is**, the explanation of scientific generalizations / comes from / the causal mechanisms (that / produce / the regularities).

[구] 즉, 과학적 일반화에 대한 설명은 규칙성을 만드는 인과 메커니즘으로부터 온다고 합니다.

[독] 'That is'가 제시되었으므로 중심 문장
- 첫 번째 관점과 두 번째 관점을 통합하여, 첫 번째 관점인 일반화는 두 번째 관점인 인과 관계로부터 비롯된다고 합니다.

다음 글의 내용을 한 문장으로 요약하고자 한다. 빈칸 (A), (B)에 들어갈 말로 가장 적절한 것은?

Depending on the ____(A)____ of a project, the capacity of designers to ____(B)____ team-based working environments can be just as important as their personal qualities.

A striving to demonstrate individual personality through designs **should** not be surprising. Most designers are educated to work as individuals, and design literature contains countless references to 'the designer'. Personal flair is without doubt an absolute necessity in some product categories, particularly relatively small objects, with a low degree of technological complexity, such as furniture, lighting, small appliances, and housewares. In larger-scale projects, **however**, even where a strong personality exercises powerful influence, the fact that substantial numbers of designers are employed in implementing a concept can easily be overlooked. The emphasis on individuality is **therefore** problematic — rather than actually designing, many successful designer 'personalities' function more as creative managers. A distinction **needs to** be made between designers working truly alone and those working in a group. In the latter case, management organization and processes can be equally as relevant as designers' creativity.

* strive: 애쓰다 ** flair: 재능

해설 [정답 : ①]

Ⅰ. 요약 문장에서는 프로젝트의 (A)에 따라 팀 기반 작업 환경을 (B)하는 디자이너의 능력이 그들의 개인적 특성 못지않게 똑같이 중요할 수 있다고 합니다.

Ⅱ. Ⅳ번 문장에서는 더 큰 규모의 프로젝트에서, 상당한 수의 디자이너가 계획을 실행하는 데 참여한다는 사실이 간과된다고 합니다. 이것은 디자이너의 능력이 규모에 따라 구분되므로 (A)에는 규모와 관련된 단어가 들어가야 합니다.
Ⅳ번과 Ⅴ번 문장에서는 성공한 디자이너들이 실제로 디자인하기보다는 관리자로서의 기능을 더 많이 한다고 했습니다. 그러므로 작업 환경을 관리하는 것이 디자이너의 중요한 능력이므로 (B)에는 관리한다는 것과 관련된 단어가 들어가야 합니다.

Ⅲ. 그러므로 (A)에는 크기라는 뜻의 'size', (B)에는 조정하다는 뜻의 'coordinate'가 들어가야 합니다. 그러므로 정답은 ①번이 됩니다.

요 Depending / on the ____(A)____ of a project, the capacity (of designers / to ___(B)___ team-based working environments) can be / just as important as / their personal qualities.

구 프로젝트의 (A)에 따라 팀 기반 작업 환경을 (B)하는 디자이너의 능력이 그들의 개인적 특성 못지않게 똑같이 중요할 수 있다고 합니다.

Ⅰ. A striving (to demonstrate / individual personality (through designs)) **should not be** / surprising. Most designers / are educated / to work / as individuals, and design literature / contains / countless references / to 'the designer'.

* strive: 애쓰다

구▶ 디자인을 통해 개인의 개성을 보여주기 위한 노력은 놀라운 것이 아닐 것이라고 합니다, 또한 대부분의 디자이너는 개인으로 일하도록 교육받고, 디자인 문헌은 '그 디자이너'에 대한 무수히 많은 언급을 담고 있다고 합니다.

독▶ 'should'가 제시되었으므로 중심 문장입니다.
- 디자인의 역할 중 하나가 개인의 개성을 보여주는 것이며, 또 대부분의 디자이너들은 개인으로 일한다고 합니다.

Ⅱ. Personal flair / is (without doubt) / an absolute necessity (in some product categories), particularly relatively small objects, with a low degree (of technological complexity), such as furniture, lighting, small appliances, and housewares.

** flair: 재능

구▶ 개인적인 재능이 일부 상품 범주에서는 절대적으로 필요한 것임에는 의심할 여지가 없는데, 가구, 조명, 소형 가전, 그리고 가정용품들과 같은, 낮은 단계의 기술적 복잡성을 가진 상대적으로 작은 물건들에서 특히 그렇다고 합니다.

독▶ 개인적인 재능은 Ⅰ번 문장에서 개인적으로 디자이너들이 일하는 것에 대한 것을 말하며, 이러한 행동이 낮은 단계의 제품들에서는 필요하다고 합니다.

Ⅲ. In larger-scale projects, **however**, even / where / a strong personality / exercises / powerful influence, the fact / that / substantial numbers (of designers) / are employed / in implementing / a concept / can easily be overlooked.

구▶ 그러나, 더 큰 규모의 프로젝트에서, 심지어 강한 개성이 강력한 힘을 발휘하는 곳에서도, 상당한 수의 디자이너가 계획을 실행하는 데 참여한다는 사실이 쉽게 간과될 수 있다고 합니다.

독▶ 'however'가 제시되었으므로 앞 뒷 문장 중심 문장
- 소규모에서 대규모로 프로젝트의 규모가 커질 때는 개인적으로 일하는 것이 아닌, 많은 디자이너들이 함께 일하는 경우로 내용이 전환되고 있습니다.

Ⅳ. The emphasis (on individuality) is / therefore problematic — rather than actually designing, many successful designer 'personalities' / function / more (as creative managers).

구▶ 그러므로 개성에 대한 강조는 문제가 있는데, 많은 성공한 디자이너 '유명 인사들'이 실제로 디자인하기보다는 창의적인 관리자로서의 기능을 더 많이 한다고 합니다.

독▶ 디자인뿐만이 아닌, 규모가 큰 집단을 관리하는 것이 성공적인 디자이너의 역할이라고 말하고 있는 문장입니다.

Ⅴ. A distinction / **needs to** be made / between designers (working truly alone) and those (working / in

a group).

 진정으로 혼자 일하는 디자이너와 집단을 이루어 일하는 디자이너는 구분되어야 한다고 합니다.

 'need to'가 제시되었으므로 중심 문장
- 개인과 단체 디자이너가 비교되고 있습니다.

Ⅵ. In the latter case, management organization and processes / can be / equally as relevant as

designers' creativity.

 후자의 경우, 관리 조직과 과정들이 디자이너들의 창의성 못지않게 똑같이 의미 있을 수 있다고
합니다.

 집단으로 일하는 디자이너 역시 창의성만큼이나 중요할 수 있다는 내용입니다.

다음 글의 내용을 한 문장으로 요약하고자 한다. 빈칸 (A), (B)에 들어갈 말로 가장 적절한 것은?

In a technology and information society, human beings, whose bodily movement is less ___(A)___, appear to have gained increased mobility and power, and such a mobility-related human condition raises the issue of social ___(B)___.

Mobilities in transit offer a broad field to be explored by different disciplines in all faculties, in addition to the humanities. **In spite of** increasing acceleration, **for example** in travelling through geographical or virtual space, our body becomes more and more a passive non-moving container, which is transported by artefacts or loaded up with inner feelings of being mobile in the so-called information society. Technical mobilities turn human beings into some kind of terminal creatures, who spend most of their time at rest and who **need to** participate in sports in order to balance their daily disproportion of motion and rest. Have we come closer to Aristotle's image of God as the immobile mover, when elites exercise their power to move money, things and people, **while** they themselves do not **need to** move at all? **Others, at the** bottom of this power, are victims of mobility-structured social exclusion. They cannot decide how and where to move, **but** are just moved around or locked out or even locked in without either the right to move or the right to stay.

해설 [정답 : ①]

Ⅰ. 요약 문장에서 기술과 정보 사회에서, 신체의 움직임이 덜 (A)되는 사람은 증가된 이동성과 힘을 얻는 것처럼 보이고, 그러한 이동성과 관련된 사람의 상황은 사회적 (B)의 문제를 일으킨다고 합니다. 신체의 움직임이 어떠한 사람들이 증가된 이동성과 힘을 갖게 되는지와 이동하는 것과 관련된 사람의 상황이 어떠한 문제를 일으키는지를 찾으면 됩니다.

Ⅱ. Ⅰ~Ⅲ번 문장에서 이동성이 증가하였지만 사람들은 움직이지 않는다는 내용이 제시되고 있고, Ⅳ번 문장에서 엘리트들이 그들의 힘을 발휘하여 돈, 물건, 사람들을 옮기지만 그들 스스로는 움직일 필요가 없다고 합니다. 그리므로 (A)에는 필요가 들어가야 합니다. Ⅴ번과 Ⅵ번 문장에서 엘리트들이 움직이는 것에 관여하는 권력에서 가장 밑에 있는 사람들은 이동성이 구조화된 사회적 배제이고 권리가 없다고 하므로 (B)에 들어갈 말은 배제가 됩니다.

Ⅲ. (A)에는 필요가 들어가야 하므로 'necessary', '필수적인'이 정답에 해당하며 (B)에서는 배제가 들어가야 하므로 'inequality', '불평등'이 정답에 해당합니다. 그러므로 정답은 ①번이 됩니다.

> **요** (In a technology and information society), human beings, (whose bodily movement / is less ___(A)___), appear to have gained / increased mobility and power, and
>
> such a mobility-related human condition / raises / the issue of social ___(B)___.

> **구** 기술과 정보 사회에서, 신체의 움직임이 덜 (A)되는 사람은 증가된 이동성과 힘을 얻는 것처럼 보이고, 그러한 이동성과 관련된 사람의 상황은 사회적 (B)의 문제를 일으킨다고 합니다.

Ⅰ. Mobilities (in transit) / offer / a broad field (to be explored by different disciplines) (in all faculties), (in addition to the humanities).

> **구** 통행에서 이동성은 인문학뿐만 아니라 모든 학부의 다양한 학과에 의해 탐구될 수 있는 넓은 분야를 제공한다고 합니다.

> **독** 이동성이 탐구할 수 있는 넓은 분야를 모든 학부에 제공했다고 합니다.

* discipline – 학과
** faculty - 학부

Ⅱ. (**In spite of** increasing acceleration), **for example** (in travelling through geographical or virtual space), our body / becomes / more and more a passive non-moving container, (which is transported (by artefacts) or loaded up with / inner feelings of being mobile (in the so-called information society)).

> **구** 'in V-ing'는 'V함에 있어서'를 의미합니다.
> - ', which'는 계속적 용법으로 사용될 수 있습니다. '그래서 ~하다'로 해석하시면 됩니다.
> - 'load'는 '싣다'라는 의미가 있습니다. 'up'은 '윗 방향의 이미지'로 'load up'은 '위에 싣다'라는 의미가 됩니다. 어떠한 감정이나 느낌을 위에 싣게 되는 것은 그 감정이나 느낌을 느끼고 있다는 내용으로 이해하시면 됩니다.
> - 예를 들어, 증가하는 속도에도 불구하고 지질학적 공간이나 가상의 공간을 여행함에 있어서, 우리의 몸은 더욱더 수동적이고 움직이지 않는 컨테이너가 되어가고 있는데, 그래서 인공물에 의해 운반되고, 이른바 정보 사회에서 움직인다는 내적 느낌이 든다고 합니다.

> **독** 'In spite of'가 제시되었으므로 중심 문장, 'for example'이 제시되었으므로 앞 문장 중심 문장
> - 우리의 몸이 직접 움직이는 것이 차와 같은 인공물에 의해서 이동하게 되고, 로드 뷰와 같은 기술을 통해 가상의 공간에서 이동하게 되니 우리는 인공물에 의해 옮겨지는 느낌을 받게 된다고 합니다.

Ⅲ. Technical mobilities / turn / human beings / into some kind of terminal creatures, (who spend / most of their time (at rest)) and (who **need to** participate in / sports (in order to balance / their daily disproportion of motion and rest)).

> **구** 'turn A into B'는 'A를 B로 바꾸다'를 의미합니다.
> - 관계 대명사절이 긴 경우 수식하는 명사 뒤가 아닌 문장 맨 뒤에 제시되게 됩니다. 이 문장에서 2개의 'who'는 모두 'human beings'를 수식합니다.
> - 기술적 이동성은 인간을 마지막에 도달한 (= 죽기 직전인) 생물체의 하나로 바꾸는데, 인간은 대부분의 시간을 휴식을 취하고 그들의 (= 인간의) 일상적인 움직임과 휴식의 불규칙을 조정하기 위해서 운동에 참여할 필요가 있다고 합니다.

> **독** 'need to'가 제시되었으므로 중심 문장.
> - 사람들은 차와 같은 인공물의 발달에 의해서 이동하기 위한 움직임이 줄어 들었기 때문에 죽어가는 생물체 중 하나가 되었고 이를 해결하기 위해 사람들이 운동에 참여할 필요가 있다고 합니다.

IV. Have we / come / closer (to Aristotle's image of God) (as the immobile mover), when elites / exercise / their power (to move money, things and people), **while** they themselves / do not **need to** move at all?

> 구▶ 엘리트가 (= 귀족들이) 돈, 물건 그리고 사람을 이동시키기 위해서 그들의 힘을 행사하는 반면, 그들 스스로는 (= 엘리트들 스스로는) 움직일 필요가 없을 때, 우리는 아리스토텔레스의 움직이지 못하는 움직이는 사람으로서 신의 이미지에 가까워졌냐는 질문을 하고 있습니다.

> 독▶ 'while'과 'need to'가 제시되었으므로 중심 문장.
> - 우리가 걷거나 뛰지는 않지만 차를 타고 이동을 할 수 있는 것처럼 스스로 움직이지 않고 이동을 할 수 있는 것이 아리스토텔레스가 말한 신의 이미지와 가까워진 것인지에 대한 질문을 하고 있습니다.

V. Others, (at the bottom of this power), / are / victims of mobility-structured social exclusion.

> 구▶ 그 권력의 가장 밑에 있는 다른 사람들은 이동성으로 구조화된 사회적 배제의 피해자가 된다고 합니다.

VI. They / cannot decide / how and where to move, **but** are just moved around or locked out or even locked in (without either the right to move or the right to stay).

> 구▶ 'how/where + to-V'는 '어떻게 V할지/어디서 V할지'로 해석하시면 됩니다.
> - 'but' 뒤에 주어인 'they'가 생략된 구조입니다. 앞 절과 같은 주어일 경우 생략할 수 있습니다.
> - 'lock'은 '갇히다'를 의미합니다. 'out'는 내보내는 이미지로 'lock out'은 '갇혀있다 내보내다, 즉 내쳐지다'라는 의미를 가집니다. 'in'은 안에 있는 이미지로 'lock in'은 '안에 갇혀있다'를 뜻을 가지게 됩니다.
> - 'either A or B'는 'A 혹은 B'를 의미합니다.
> - 그들은 (= 권력의 가장 밑에 있는 사람들은) 어떻게 움직일지와 어디에서 움직일지를 결정할 수 없지만, (그들은) 움직일 권리와 머무를 권리없이 옮겨지거나 내쳐지거나 갇힌다고 합니다.

> 독▶ 'but'이 제시되었으므로 중심 문장.
> - 엘리트들이 스스로 움직이지 않고 이동할 수 있게 하는 권력의 가장 밑에 있는 사람들은 움직일 권리와 머무를 권리없이 엘리트들에 의해 옮겨지고 내쳐지고 갇히게 된다고 합니다.

다음 글의 내용을 한 문장으로 요약하고자 다. 빈칸 (A), (B)에 들어갈 말로 가장 적절한 것은?

> For English aristocrats, planting trees served as statements to mark the ___(A)___ ownership of their land, and it was also considered to be a(n) ___(B)___ of their loyalty to the nation.

The idea that planting trees could have a social or political significance appears to have been invented by the English, **though** it has since spread widely. According to Keith Thomas's history Man and the Natural World, seventeenth- and eighteenth-century aristocrats began planting hardwood trees, usually in lines, to declare the extent of their property and the <u>permanence</u> of their claim to it. "What can be more pleasant," the editor of a magazine for gentlemen asked his readers, "than to have the bounds and limits of your own property preserved and continued from age to age by the testimony of such living and growing witnesses?" Planting trees had the additional advantage of <u>being regarded as</u> a patriotic act, **for** the Crown had declared a severe shortage of the hardwood on which the Royal Navy depended.

* aristocrat: 귀족 ** patriotic: 애국적인

해설 [정답 : ③]

Ⅰ. 요약 문장에서는 영국 귀족들에게, 나무를 심는 것은 자신의 땅에 대한 (A) 소유권을 표시하기 위한 역할을 하였고 그것은 (= 나무를 심는 것은) 또한 국가에 대한 그들의 충성심을 (B)하는 것으로 고려되었다고 합니다. 나무를 심는 것이 어떠한 소유권을 표시하기 위한 것인지, 또한 나무를 심는 것이 국가에 대한 충성심을 어떻게 하는 지를 찾으면 됩니다.

Ⅱ. Ⅱ번 문장에서 17, 18세기 귀족들이 나무를 심는 것은 그들의 재산 범위와 재산에 대한 권리의 영속성을 선언한 것이라고 합니다. 그러므로 (A)에 들어갈 말은 재산의 정도 혹은 영속성이 들어가야 합니다. Ⅳ번 문장에서 나무를 심는 것은 또한 애국적인 행위로 여겨졌다고 하고 요약 문장에서는 국가에 대한 충성심이 (B)하다고 합니다. 그러므로 (B)에 들어갈 말은 여겨지다가 됩니다.

Ⅲ. (A)에는 영속성이 들어가야 하므로 'lasting', '지속적인'이 정답에 해당하며 (B)에서는 여겨지다가 들어가야 하므로 'exhibition', '전시, 표현'이 정답에 해당합니다. 그러므로 정답은 ③번이 됩니다.

요▸ For English aristocrats, / planting trees / served as / statements (to mark / the __(A)__ ownership of their land), / and it / was also considered to be / a(n) ___(B)___ of their loyalty to the nation.

* aristocrat: 귀족

구▸ 영국 귀족들에게, 나무를 심는 것은 자신의 땅에 대한 (A) 소유권을 표시하기 위한 역할을 하였고 그것은 (= 나무를 심는 것은) 또한 국가에 대한 그들의 충성심을 (B)하는 것으로 고려되었다고 합니다.

Ⅰ. The idea (that planting trees / could have / a social or political significance) / appears / to have been invented (by the English), **though** it / has since spread widely.

구▶ 나무를 심는 것이 사회적 혹은 정치적 중요성을 가진다는 생각은, 비록 이후에 널리 퍼졌지만, 영국인들에 의해서 개발된 것처럼 보인다고 합니다.

독▶ 'though'가 제시되었으므로 중심 문장
- 비록 나무를 심는 것이 사회적 혹은 정치적 중요성을 가진다는 생각이 널리 퍼졌지만 그 생각은 영국인들이 개발했다고 합니다.

Ⅱ. (According to Keith Thomas's history Man and the Natural World), seventeenth- and eighteenth-century aristocrats / began / planting hardwood trees, (usually in lines), (to declare / the extent of their property and (the extent와 the permanence를 연결) the permanence of their claim to it).

구▶ Keith Thomas의 역사서 Man and the Natural World에 따르면, 17세기와 18세기 귀족들은 그들의 재산 정도와 재산에 대한 권리의 영속성을 선언하기 위해서 단단한 나무를 심기 시작했다고 합니다.

Ⅲ. "What can be more pleasant," / the editor of a magazine for gentlemen / asked / his readers, "than to have / the bounds and limits (of your own property) (preserved and continued / from age to age (by the testimony / of such living and growing witnesses))?" (""된 부분 전부 D.O)

구▶ 'from A to B'는 'A부터 B까지'를 의미합니다.
- 신사들을 위한 잡지의 편집자는 그들의 독자에게 "그러한 살아있고 성장하는 증인들의 증언에 의해서 너의 재산의 경계와 한계가 보존되고 지속되게 하는 것보다 무엇이 더 즐거울 수 있겠는가?"라고 물었다고 합니다.

독▶ "그러한 살아 있고 성장하는 증인들"은 Ⅱ번 문장에서 제시된 단단한 나무들을 비유적으로 제시한 것입니다. 그러므로 나무들을 심는 것을 통해서 재산이 보존되고 지속성을 갖게 된다고 합니다.

Ⅳ. Planting trees / had / the additional advantage of (being regarded as a patriotic act), **for** the Crown / had declared / a severe shortage of the hardwood (on which the Royal Navy / depended).

** patriotic: 애국적인

구▶ 'regard A as B'는 'A를 B라고 간주하다'를 의미합니다.
- 'for S V'는 'S가 V하기 때문이다'를 뜻합니다.
- 나무를 심는 것은 애국적인 행동으로 여겨지는 추가적 이점을 가졌는데, 군주가 영국 해군이 의존하는 단단한 나무가 부족하다고 선언했기 때문이라고 합니다.

독▶ 'for'이 '~때문에'로 사용되어 인과 관계를 제시하므로 중심 문장
- 왕이 단단한 나무가 부족하다고 선언했으므로 이를 해결할 수 있는 단단한 나무를 심는 행동은 애국적인 것으로 보여졌다고 합니다.

다음 글의 내용을 한 문장으로 요약하고자 한다. 빈칸 (A), (B)에 들어갈 말로 가장 적절한 것은?

Since fossilization and fossil discovery are affected by ____(A)____ conditions, the fossil evidence of a taxon cannot definitely ____(B)____ its population size or the times of its appearance and extinction.

Some environments are more likely to **lead to** fossilization and subsequent discovery than others. **Thus**, we cannot assume that more fossil evidence from a particular period or place means that more individuals were present at that time, or in that place. It may just be that the circumstances at one period of time, or at one location, were more favourable for fossilization than they were at other times, or in other places. Likewise, the absence of hominin fossil evidence at a particular time or place does not have the same implication as its presence. As the saying goes, 'absence of evidence is not evidence of absence'. Similar logic suggests that taxa are likely to have arisen before they first appear in the fossil record, and they are likely to have survived beyond the time of their most recent appearance in the fossil record. **Thus**, the first appearance datum, and the last appearance datum of taxa in the hominin fossil record are likely to be conservative statements about the times of origin and extinction of a taxon.

* subsequent: 다음의 ** hominin fossil: 인류 화석

*** taxa: taxon(분류군)의 복수형

해설 [정답 : ③]

Ⅰ. 화석화와 화석의 발견은 (A) 조건에 영향을 받기 때문에, 분류균의 화석 증거는 명백하게 그 개체군의 규모와 등장 시기, 멸종 시기를 (B)할 수 없다고 합니다. 화석화와 화석의 발견이 어느 것의 영향을 받는지, 그리고 이것이 개체군의 규모, 등장 시기, 멸종 시기에 어떠한 영향을 끼치는지를 찾으면 됩니다.

Ⅱ. 환경이 화석화와 차후 발견을 야기할 가능성이 높다고 하므로 (A)에는 환경이 들어가야 합니다. 또한 우리는 화석을 통해서 그 당시나 그 장소에 개체가 얼마나 있었는지 알 수 없다고 합니다. 그러므로 (B)에서 'cannot'을 고려하여 알다가 들어가야 합니다.

Ⅲ. (A)에서 환경과 같은 내용의 선지는 'environmental', '환경적인'이 됩니다. (B)에서 알다와 같은 내용의 선지는 'clarify', '증명하다'가 됩니다. 그러므로 정답은 ③번이 됩니다.

Ⅰ. Some environments / are more likely to **lead to** / fossilization and subsequent discovery / than others.

* subsequent: 다음의

구▶ 어떤 환경은 다른 환경보다 화석화가 이루어지고 이후에 발견으로 이어질 가능성이 더 높다고 합니다.

독▶ 'lead to'가 제시되었으므로 중심 문장!

　- 환경 ⇒ 화석화와 발견의 가능성을 높임으로 이해하시면 됩니다.

Ⅱ. **Thus**, we / cannot assume / that / more fossil evidence / (from a particular period or place) / means / that / more individuals / were / present (at that time, or in that place).

> 구▶ 그러므로, 우리는 특정한 기간과 장소로부터 더 많은 화석 증거가 나오는 것은 그 당시나 그 장소에 더 많은 개체가 존재함을 의미한다고 추정할 수 없다고 합니다.

> 독▶ 'Thus'가 제시되었으므로 중심 문장!
> - 몇몇 환경이 화석화되기 좋음 ⇒ 화석이 많다고 개체가 많았다고 할 수 없음으로 이해하시면 됩니다.

Ⅲ. It / may just be / that the circumstances (at one period of time, or at one location), / were / more favourable (for fossilization) / than / they / were / at other times, or in other places.

> 구▶ 그것은 어느 시기나 어느 장소의 상황이 다른 시기나 다른 장소에서보다 화석화에 더 유리했다고 합니다.

> 독▶ Ⅱ번 문장을 재진술하므로 중심 문장!

Ⅳ. Likewise, the absence (of hominin fossil evidence / at a particular time or place) does not have / the same implication / as its presence.

** hominin fossil: 인류 화석

> 구▶ 마찬가지로, 특정 시기나 장소에 인류 화석 증거가 없다는 것은 그것이 존재했을 때와 같은 암시를 가지지 않는다고 합니다.

Ⅴ. As the saying / goes, 'absence of evidence / is / not evidence of absence'.

> 구▶ '증거의 부재가 부재의 증거가 될 수 없다'고 합니다.

> 독▶ Ⅱ번 문장을 재진술하고 있습니다.

Ⅵ. Similar logic / suggests / that / taxa / are likely to have arisen (before they / first appear (in the fossil record)), and / they / are likely to have survived / (beyond the time / of their most recent appearance in the fossil record).

*** taxa: taxon(분류군)의 복수형

> 구▶ 비슷한 논리는 분류군은 화석 기록에 처음 나타나기 전에 발생했을 가능성이 있고, 그들은 가장 최근 화석 기록에 등장하는 시기 이후에도 살아남았을 가능성이 있다고 합니다.

Ⅶ. **Thus**, the first appearance datum, and the last appearance datum of taxa (in the hominin fossil record) are likely to be / conservative statements (about the times / of origin and extinction / of a taxon).

> 구▶ 따라서 인류 화석 기록에 있어서 첫 번째로 등장한 분류군의 자료와 마지막으로 등장한 분류군의 자료는 한 분류군의 기원과 멸종 시기에 대해 보수적으로 진술할 가능성이 있다고 합니다.

> 독▶ 'Thus'가 제시되었으므로 중심 문장!
> - 화석 기록에 의해서 등장 시기와 멸종 시기를 알 수 없음 ⇒ 정확히 모르므로 보수적으로 (= 적게) 진술할 가능성이 있다로 이해하시면 됩니다.

다음 글의 내용을 한 문장으로 요약하고자 한다. 빈칸 (A), (B)에 들어갈 말로 가장 적절한 것은?

While historical fiction reconstructs the past using ____(A)____ evidence, it provides an inviting description, which may ____(B)____ people's understanding of historical events.

Research for historical fiction may focus on under-documented ordinary people, events, or sites. Fiction helps portray everyday situations, feelings, and atmosphere that recreate the historical context. Historical fiction adds "flesh to the bare bones that historians are able to uncover and by doing so provides an account that while not necessarily true provides a clearer indication of past events, circumstances and cultures." Fiction adds color, sound, drama to the past, as much as it invents parts of the past. And Robert Rosenstone argues that invention is not the weakness of films, it is their strength. Fiction can allow users to see parts of the past that have never — for lack of archives — been represented. **In fact**, Gilden Seavey explains that if producers of historical fiction had strongly held the strict academic standards, many historical subjects would remain unexplored for lack of appropriate evidence. Historical fiction **should, therefore**, not be seen as the opposite of professional history, **but** rather as a challenging representation of the past from which both public historians and popular audiences may learn.

해설 [정답 : ②]

Ⅰ. 요약 문장에서는 역사 소설은 (A) 증거를 사용하여 과거를 재구성하지만, 그것은 매력적인 설명을 제공하는데, 그것이 역사적 사건에 대한 사람들의 이해를 (B)하게 할 수도 있다고 합니다.

Ⅱ. Ⅰ번 문장에서 역사 소설이 집중하고 있는 측면을 이야기합니다. 역사 소설의 주안점은 문서화가 부족한 분야입니다. Ⅲ번 문장에서 역사가들의 연구에 살을 붙여준다는 추가 정보를 줍니다. 즉, 문서화가 부족한 부분에 가능성 있는 정보를 추가해주는 역할이란 뜻입니다. Ⅳ번 문장에서 역사 소설이 어떻게 살을 붙여주는가에 대한 구체적인 예시를 설명합니다. Ⅴ번 문장에서 그러한 살을 붙이는 행위에 대한 장점을 설명하고 있습니다. 정리해보면, 문서화가 되지 않은(불충분한) 분야 즉, 정보가 부족한 부분에 살을 더해주는(풍부하게) 역할이라는 점이 역사 소설의 장점입니다.

Ⅲ. 그러므로 (A)에는 불충분하다는 뜻의 'insufficient'가, (B)에는 풍부하게 한다는 뜻의 'enrich'가 들어가야 합니다. 그러므로 정답은 ②번이 됩니다.

Ⅰ. Research (for historical fiction) / may focus on / under-documented ordinary people, events, or sites.

　구▶ 역사 소설의 연구는 문서화가 부족한 일반인, 사건, 또는 장소에 중점을 둘 수 있다고 합니다.

　독▶ 항상 첫 문장에서 핵심 내용을 잘 파악해야 합니다. 글 전체를 지배할 핵심어는 '역사 소설의 연구'이고 그 핵심 속성이 '문서화가 부족한 일반인, 사건, 또는 장소'입니다.

Ⅱ. Fiction / helps / portray everyday situations, feelings, and atmosphere (that / recreate / the historical context).

　구▶ 소설은 역사적 맥락을 재현하는 일상적인 상황, 감정, 그리고 분위기를 묘사하는 데 도움을 준다고 합니다.

　독▶ Ⅰ번 문장의 '문서화가 부족한 일반인, 사건, 또는 장소'에 대한 설명입니다.

Ⅲ. Historical fiction / adds / "flesh (to the bare bones (that historians / are able to uncover) and (by doing so) provides / an account) (that (while not necessarily true) / provides / a clearer indication (of past events, circumstances and cultures."))

　구▶ 역사 소설은 "역사학자들이 발굴할 수 있는 맨 뼈에 '살'을 붙여주며, 그렇게 함으로써 반드시 사실일 필요는 없지만 과거의 사건, 상황, 그리고 문화에 대한 더 명확한 지시를 제공한다고 설명합니다."

　독▶ Ⅱ번 문장의 '일상적인 상황, 감정, 그리고 분위기를 묘사하는 데 도움'을 설명하고 있습니다.

Ⅳ. Fiction / adds / color, sound, drama (to the past), (as much as it / invents / parts of the past).

　구▶ 소설은 과거에 색상, 소리, 드라마를 추가하며, 과거의 일부를 발명한다고 합니다.

　독▶ '과거의 사건, 상황, 그리고 문화에 대한 더 명확한 지시를 제공'을 설명합니다.

Ⅴ. And Robert Rosenstone / argues / (that invention / is / not the weakness of films, it / is / their strength).

　구▶ 그리고 Robert Rosenstone은 발명이 영화의 약점이 아니라 그들의 강점이라고 합니다.

　독▶ 고유명사, 즉, 사람의 이름이나 구체적 수치, 장소의 명칭 등은 앞서 나온 내용을 보강하는 설명입니다. 그러므로 논지가 계속 같은 방향으로 전개된다는 것을 알 수 있습니다.

Ⅵ. Fiction / can allow / users / to see parts of the past (that have never — for lack of archives — been represented).

　구▶ 소설은 사용자에게 기록 보관소의 부족으로 인해 표현되지 않은 과거의 일부를 볼 수 있게 해준다고 합니다.

　독▶ '기록 보관소의 부족'은 Ⅰ번 문장의 '문서화가 부족한'을 다시 설명합니다.

Ⅶ. **In fact**, Gilden Seavey / explains / (that (if producers of historical fiction / had strongly held / the strict academic standards), many historical subjects / would remain / unexplored (for lack of appropriate evidence)).

구 사실, Gilden Seavey는 역사 소설의 제작자들이 엄격한 학술적 기준을 강하게 지켰다면, 적절한 증거가 부족하기 때문에 많은 역사적 주제들이 탐구되지 않았을 것이라고 합니다.

독 다시, 특정 인물의 목소리를 빌려 위의 문장들과 같은 논지를 전개합니다.

Ⅷ. Historical fiction / **should, therefore**, not / be / (seen as the opposite of professional history), **but** (rather (seen) as a challenging representation of the past) (from which both public historians and popular audiences / may learn).

구 따라서 역사 소설은 전문 역사의 반대가 아니라, 공공 역사학자와 대중적인 관객 모두가 배울 수 있는 과거의 도전적인 표현으로 볼 필요가 있다고 합니다.

독 '역사 소설은 전문 역사의 반대가 아니라'라는 표현은 단순 대립 즉, '갑'과 '갑이 아니다'라는 표현이 아니라 '갑의 범주(범위)를 제외한 나머지 범주'라는 표현으로 다른 범주를 나타냅니다. 정리해보면, 단순 대립은 '갑 vs 갑이 아니다'로 나타낼 수 있고 다른 범주는 '갑 vs 갑의 범위를 제외한 나머지'라고 이해할 수 있습니다. 이러한 표현은 복잡한 논지를 전개할 때 평가원이 자주 사용하기 때문에 중요합니다. 여기 문장에서 응용해보면, 역사 소설은 전문 역사를 제외한 나머지에 들어간다고 볼 수 있습니다. 말장난 같지만 '전문 역사의 반대'는 부정적인 의미를 가지고 있는 반면에, '전문 역사를 제외한 나머지'에 포함되면 긍정적인 의미를 가질 수도 있습니다.

08 25학년도 9월 평가원 40번 (정답률 53%)

다음 글의 내용을 한 문장으로 요약하고자 한다. 빈칸 (A), (B)에 들어갈 말로 가장 적절한 것은?

In animal cries, each call ___(A)___ a different message, which limits the number of possible messages, **whereas** human language creates an unlimited number of messages using a ___(B)___ set of distinctive sounds.

Human speech differs from the cries of other species in many ways. One very important distinction is that all other animals use one call for one message as the general principle of communication. This means that the number of possible messages is very restricted. If a new message is to be included in the system, a new sound **has to** be introduced, too. After the first few tens of sounds it becomes difficult to invent new distinctive sounds, and also to remember them for the next time they are needed. Human speech builds on the principle of combining a restricted number of sounds into an unlimited number of messages. In a typical human language there are something like thirty or forty distinctive speech sounds. These sounds can be combined into chains to form a literally unlimited number of words. Even a small child, who can communicate by only one word at a time, uses a system for communication that is infinitely superior to any system utilized by any other animal.

해설 [정답 : ①]

Ⅰ. 요약문에서 동물의 울음소리에서 각각의 울음소리는 서로 다른 메시지를 (A)하므로 가능한 메시지의 수가 제한되는 반면에, 인간의 언어는 (B) 수의 독특한 소리 집합을 사용하여 무한한 수의 메시지를 만들어 낸다고 합니다. 동물에서 각각의 소리가 다른 메시지들을 어찌하는지와 인간에서 구별된 소리의 수가 어찌되는지를 찾으면 됩니다.

Ⅱ. Ⅱ번 문장에서 매우 중요한 한 가지 차이는 다른 모든 동물들은 의사소통의 일반적인 원칙으로 하나의 메시지에 하나의 울음소리를 사용한다는 것이라고 합니다. 즉 인간 외 동물들은 하나의 소리에 하나의 메시지를 나타낸다는 것이므로 (A)에 들어갈 말은 나타내다가 됩니다. Ⅵ번 문장에서 인간의 말은 제한된 수의 소리를 결합하여 무제한적인 수의 메시지를 만들어 내는 원리에서 만들어진다고 합니다. 즉 인간도 제한한 수의 구별된 소리들을 사용하므로 (B)에 들어갈 말은 제한된이 됩니다.

Ⅲ. (A)에는 나타내다가 들어가므로 'represents', '대표하다, 나타내다' (B)에는 제한된이 들어가므로 'finite', '유한한, 한정된'이 들어가야 합니다. 그래서 정답은 ①번이 됩니다.

요▶ In animal cries, each call / ___(A)___ / a different message, (which limits / the number of possible messages), **whereas** human language / creates / an unlimited number of messages (using a ___(B)___ set of distinctive sounds).

구▶ 동물의 울음소리에서 각각의 울음소리는 서로 다른 메시지를 (A)하므로 가능한 메시지의 수가 제한되는 반면에, 인간의 언어는 (B) 수의 독특한 소리 집합을 사용하여 무한한 수의 메시지를 만들어 낸다고 합니다.

독▶ 'whereas'가 제시되었으므로 중심 문장
 - 동물의 소리는 서로 다른 메시지를 (A)하지만 인간의 언어는 (B) 수의 소리를 이용하여 무한한 수의 메시지를 만들어 낸다고 합니다. 동물의 소리와 인간의 언어 간 차이를 찾으면 됩니다.

Ⅰ. Human speech / differs from / the cries of other species (in many ways).

구▶ 인간의 말은 다른 종의 울음소리와 여러 가지 부분에서 다르다고 합니다.

독▶ 인간의 말과 다른 종의 소리가 다르다고 합니다.

Ⅱ. One very important distinction / is / that all other animals / use / one call (for one message) (as the general principle of communication).

구▶ 매우 중요한 한 가지 차이는 다른 모든 동물들은 의사소통의 일반적인 원칙으로 하나의 메시지에 하나의 울음소리를 사용한다는 것이라고 합니다.

독▶ 인간의 말과 다른 종의 소리의 차이 중 하나는 인간을 제외한 동물들은 하나의 메시지에 하나의 소리를 사용한다고 합니다.

Ⅲ. This / means / that the number of possible messages / is very restricted.

구▶ 그것은 (= 동물이 하나의 메시지에 하나의 소리를 사용하는 것은) 가능한 메시지의 수가 매우 제한적임을 의미한다고 합니다.

독▶ 인간을 제외한 동물들이 하나의 메시지에 하나의 소리를 사용한다는 것은 사용 가능한 메시지의 수가 제한적임을 의미한다고 합니다.

Ⅳ. If a new message / is to be included (in the system), a new sound / **has to** be introduced, too.

구▶ 새로운 메시지가 시스템에 포함되려면, 새로운 소리도 도입되어야만 한다고 합니다.

독▶ 'has to'가 제시되었으므로 중심 문장
 - 하나의 소리에 하나의 메시지만 담을 수 있으니, 새로운 메시지를 위해서는 새로운 소리가 필요하다고 합니다.

Ⅴ. (After the first few tens of sounds) it becomes / difficult / to invent new distinctive sounds, and also to remember them for the next time (they are needed).

> 구 ▶ 'It becomes (혹은 2형식 동사인 seem, appear 등) + 형용사 + to-V'는 가주어/진주어를 나타냅니다.
> - 처음 몇십 개의 소리가 있고 난 후에는 새로운 독특한 소리를 만들어 내는 것과 다음에 필요할 때 그것들을 (= 새로운 소리들을) 기억하는 것이 매우 어렵다고 합니다.

> 독 ▶ 새로운 소리를 만들어 내는 것뿐만 아니라 나중에 필요할 때 새로운 소리가 가지는 의미와 새로운 소리들을 기억하는 것이 어렵다고 합니다.

Ⅵ. Human speech / builds on / the principle (of combining a restricted number of sounds into an unlimited number of messages).

> 구 ▶ 'combine A into B'는 'A를 B에 결합하다'를 의미합니다.
> - 인간의 말은 제한된 수의 소리를 무제한적인 수의 메시지에 결합하는 원리에서 만들어 진다고 합니다.

> 독 ▶ 인간은 동물과 같이 제한된 소리를 가지지만 이 소리들을 결합하여 정말 많은 수의 메시지를 만든다고 합니다.

Ⅶ. (In a typical human language) there are / something (like thirty or forty distinctive speech sounds).

> 구 ▶ 전형적인 인간의 언어에서 대략 30개 또는 40개의 독특한 말 소리들이 있다고 합니다.

> 독 ▶ 인간은 30개에서 40개 정도의 소리가 있다고 합니다.

Ⅷ. These sounds / can be combined (into chains) (to form a literally unlimited number of words).

> 구 ▶ 이 소리들을 연쇄적으로 결합하여 말 그대로 무제한적인 수의 단어를 만들어 낼 수 있다고 합니다.

> 독 ▶ 인간의 30개에서 40개의 소리들을 결합하여 무제한 수의 단어 즉, 메시지들을 만들어 낼 수 있다고 합니다.

Ⅸ. Even a small child, (who can communicate by only one word at a time), / uses / a system (for communication (that is infinitely superior to / any system utilized by any other animal)).

> 구 ▶ 심지어 한 번에 한 단어로만 의사소통을 할 수 있는 어린아이도 다른 어느 동물이 활용하는 어떤 시스템보다 엄청 더 뛰어난 의사소통 시스템을 사용한다고 합니다.

> 독 ▶ 한 단어로만, 한 소리로만 의사소통하는 어린아이도 여러 가지 메시지를 전달할 수 있다고 합니다.

다음 글의 내용을 한 문장으로 요약하고자 한다. 빈칸 (A), (B)에 들어갈 말로 가장 적절한 것은?

> The survival characteristics that an organism currently carries may act as a(n) ____(A)____ to its adaptability when the organism finds itself coping with changes that arise in its ____(B)____ .

> The evolutionary process works on the genetic variation that is available. It follows that natural selection is unlikely to lead to the evolution of perfect, 'maximally fit' individuals. **Rather**, organisms come to match their underlined environments by being 'the fittest available' or 'the fittest yet': they are not 'the best imaginable'. Part of the lack of fit arises **because** the present properties of an organism have not all originated in an environment similar in every respect to the one in which it now lives. Over the course of its evolutionary history, an organism's remote ancestors may have evolved a set of characteristics — evolutionary 'baggage' — that subsequently constrain future evolution. For many millions of years, the evolution of vertebrates has been limited to what can be achieved by organisms with a vertebral column. Moreover, much of what we now see as precise matches between an organism and its environment may equally be seen as constraints: koala bears live successfully on Eucalyptus foliage, **but**, from another perspective, koala bears cannot live without Eucalyptus foliage.
>
> * vertebrate: 척추동물

해설 [정답 : ②]

Ⅰ. 요약 문장에서는 한 생물체가 가지고 있는 생존 특성은 생물체가 그것의 (B)에서 발생하는 변화에 대처하는 상황에 있을 때 적응성의 (A)가 될 수 있다고 합니다. 그러므로 (A)는 생물체의 특성이 적응성에 미치는 영향, (B)는 변화가 발생하는 조건과 관련된 내용이 들어가야 합니다.

Ⅱ. Ⅲ번 문장에서는 'organisms come to match their environments', 생물체는 환경에 맞춰지게 된다고 했습니다. 이것은 생물체가 자신의 능력을 환경에 맞추기 위해서 일어나는 변화의 조건이라고 볼 수 있으므로 (B)에는 환경과 관련된 단어가 들어가야 합니다. 또한 Ⅶ번 문장에서는 'precise matches between an organism and its environment may equally be seen as constraints', 생물체와 환경 간의 정확한 일치로 보이는 것의 대부분은 제약으로 볼 수 있다고 했는데, 이것은 현재 자신의 생존 특성은 환경의 변화에 따라 바꾸어야 할 때 제약으로 작용한다는 요약 문장과 같은 내용이므로 (A)에는 제약과 관련된 단어가 들어가야 합니다.

Ⅲ. 그러므로 (A)에는 장애물이라는 뜻의 'obstacle'이, (B)에는 환경이라는 뜻의 'surroundings'가 들어가야 합니다. 그러므로 정답은 ②번이 됩니다.

Ⅰ. The evolutionary process / works / on the genetic variation / that / is / available.

　　구▶ 진화 과정은 이용 가능한 유전적 변이에 작용한다고 합니다.

Ⅱ. It / follows / that / natural selection / is unlikely to lead to the evolution of perfect, 'maximally fit' individuals.

　　구▶ 따라서 자연 선택이 완벽하고 '최대로 적합한' 개체의 진화로 이어질 가능성은 작다고 합니다.

　　독▶ Ⅰ번 문장의 결과 문장입니다. 진화는 완벽한 형태로 이어지지 않는다고 합니다.

Ⅲ. **Rather**, organisms / come to match their <u>environments</u> (by being 'the fittest available' or 'the fittest yet'): they / are not / 'the best imaginable'.

　　구▶ 'by V-ing'는 'V를 함으로써'를 의미합니다.
　　　- 그보다, 생물체는 '가능한 가장 적합한' 또는 '아직은 가장 적합한' 상태로 환경에 맞춰지게 되는데, 즉 그들이 '상상할 수 있는 가장 좋은 것'은 아니라고 합니다.

　　독▶ 역시 Ⅰ번 문장의 결과입니다. '상상할 수 있는 가장 좋은 것'은 Ⅱ번 문장의 최대로 적합한 형태의 재진술이며, 그것은 이루어지지 않고 '아직은 가장 적합한' 형태의 진화로 이어진다고 합니다.

Ⅳ. Part (of the lack (of fit)) / arises / **because** / the present properties (of an organism) / have not all originated in an environment similar (in every respect to the one / in which / it / now lives).

　　구▶ 적합성 결여의 일부는 생물체가 가진 현재의 특성 모두가 그 생물체가 현재 살고 있는 환경과 모든 면에서 유사한 환경에서 유래한 것이 아니기 때문에 발생한다고 합니다.

　　독▶ 적합성이 결여된 부분은 Ⅲ번 문장의 '아직 가장 적합한' 형태의 진화의 재진술이며, 그 원인은 현재 생물체의 특성이 환경과 유사하지 않기 때문이라고 합니다.

Ⅴ. Over the course (of its evolutionary history), an organism's remote ancestors / may have evolved / a set of characteristics — evolutionary 'baggage' — that / subsequently constrain / future evolution.

　　구▶ 진화 역사의 과정에서, 생물체의 먼 조상들은 후속적으로 미래의 진화를 제약하는 일련의 특성들—진화적 '짐'—을 진화시켰을 수도 있다고 합니다.

　　독▶ 여기서 미래의 진화를 제약하는 특성(=진화적 짐)이 진화의 적합성을 결여시키는 원인이 됩니다.

Ⅵ. For many millions of years, the evolution (of vertebrates) / has been limited to what / can be

achieved (by organisms (with a vertebral column)).

* vertebrate: 척추동물

구▶ 수백만 년 동안 척추동물의 진화는 척추를 가진 생물체에 의해 달성될 수 있는 것으로 제한되어 왔다고
합니다.

독▶ Ⅴ번 문장의 예시 문장이며, 척추동물의 진화는 척추가 존재하는 생물체만이 가능한 것은 Ⅴ번 문장의
미래의 진화를 제약하는 특성에 대한 예시가 됩니다.

Ⅶ. Moreover, much (of what / we / now see as precise matches (between an organism and its

environment)) may equally be seen as <u>constraints</u>: koala bears / live successfully on Eucalyptus

foliage, **but**, from another perspective, koala bears / cannot live without Eucalyptus foliage.

구▶ 'between A and B'는 'A와 B 사이'를 의미합니다.
- 게다가, 현재 생물체와 그 환경 간의 정확한 일치로 보이는 것들의 대부분은 제약으로도 볼 수 있는데,
코알라는 유칼립투스 잎으로 성공적으로 생활하지만, 다른 관점에서는 코알라는 유칼립투스 잎 없이는
살 수 없다고 합니다.

독▶ 'but'이 제시되었으므로 중심 문장
- 코알라(생물체) 유칼립투스 잎(환경)
코알라는 유칼립투스 잎으로 생활한다(생물체와 환경 간의 정확한 일치)
코알라는 유칼립투스 잎 없이는 살 수 없다(환경이 생물체를 제약)

다음 글의 내용을 한 문장으로 요약하고자 한다. 빈칸 (A), (B에 들어갈 말로 가장 적절한 것은?

Many Americans, believing that materialism keeps them from _____(A)_____ social values, feel detached from most others, **but** this is actually a fairly _____(B)_____ concern.

 Research from the Harwood Institute for Public Innovation in the USA shows that people feel that 'materialism' somehow comes between them and the satisfaction of their social needs. **A report** entitled *Yearning for Balance*, based on a nationwide survey of Americans, **concluded** that they were 'deeply ambivalent about wealth and material gain'. A large majority of people wanted society to 'move away from greed and excess toward a way of life more centred on values, community, and family'. **But** they also felt that these priorities were not shared by most of their fellow Americans, who, they believed, **had become** 'increasingly atomized, selfish, and irresponsible'. **As a result** they often felt isolated. **However**, the report says, that when brought together in focus groups to discuss these issues, people were 'surprised and excited to find that others share[d] their views'. **Rather than** uniting us with others in a common cause, the unease we feel about the loss of social values and the way we are drawn into the pursuit of material gain is often experienced as if it were a purely private ambivalence which cuts us off from others.

* ambivalent: 양면 가치의

해설 [정답 : ②]

Ⅰ. 물질주의가 사회적 가치를 (A)하는 것을 막는다고 믿는 많은 미국인들은 대다수의 다른 사람들로부터 떨어진 듯 하지만, 이것은 실제로 상당히 (B)한 우려라고 합니다. 미국인들이 물질주의가 사회적 가치를 어떻게 하는 것을 막는다고 믿는지, 그리고 그 우려가 어떠한 우려인지를 찾으면 됩니다.

Ⅱ. 대다수의 사람들은 탐욕과 과잉에서 벗어나 좀 더 가치, 공동체, 가족 중심의 삶의 방식으로 향하기를 원하지만 이기적이고 무책임한 사람들 때문에 공유되기 힘들다고 합니다. 즉 탐욕과 과잉에 해당하는 물질주의로 인해서 가치, 공동체, 가족 중심의 삶의 방식으로 향하기 힘든 것이므로 (A)에 들어갈 말은 원하다가 됩니다. 한편 공유되기 힘들다고 생각한 사람들이 그 주제에 대해서 다른 사람과 의논하자 그들의 관점이 다른 사람들과 공유되고 있는 것을 발견하고 놀란다고 합니다. 즉 (B)에 들어갈 말은 모두가 됩니다.

Ⅲ. (A)에서 원하다와 같은 내용의 선지는 'pursuing', '추구하는'이 되고 (B)에서 모두와 같은 내용이 선지는 'common', '공통의'가 됩니다. 그러므로 정답은 ②번이 됩니다.

Ⅰ. Research (from the Harwood Institute for Public Innovation / in the USA) shows / that / people / feel / that / 'materialism' somehow / comes (between them / and the satisfaction (of their social needs)).

> **구** 'between A and B'는 'A와 B 둘 다'를 의미합니다.
> - 미국 'Harwood Institute for Public Innovation'의 연구는 사람들이 '물질주의'가 그들과 그들의 사회적 욕구 사이에서 오는 것을 느꼈다고 합니다.

> **독** 연구가 제시되었으므로 중심 문장!

Ⅱ. A report (entitled *Yearning for Balance*), (based on / a nationwide survey of Americans), **concluded** that / they / were / 'deeply ambivalent (about wealth and material gain)'.

* ambivalent: 양면 가치의

> **구** 미국인에 대한 전국적인 조사를 토대로 한 '*Yearning for Balance*'로 이름 붙여진 보고서는 그들이 '부와 물질적 이익에 관해 대단히 양면 가치적'이라고 결론지었다고 합니다.

> **독** 연구의 결과가 제시되었으므로 중심 문장!
> - 미국인들이 부와 물질적 이익에 관해 양면 가치적이라고 합니다.

Ⅲ. A large majority (of people) / wanted / society (to 'move away from / greed and excess) (toward a way of life (more centred on values, community, and family))'.

> **구** 대다수의 사람들은 사회가 '탐욕과 과잉에서 벗어나 좀 더 가치, 공동체, 가족 중심의 삶의 방식으로 향하기'를 원했다고 합니다.

Ⅳ. **But** they / also felt / that / these priorities / were not shared / by most of their fellow Americans, / who, (they believed), / **had become** / 'increasingly atomized, selfish, and irresponsible'.

> **구** 그러나, 그들은 또한 그들의 우선순위가 대부분의 '개별화되고 이기적이며, 무책임해진' 미국인에게 공유되어 질 수 없다고 느꼈다고 합니다.

> **독** 'But'과 'become'이 제시되었으므로 중심 문장!
> - 그들이 좀 더 가치, 공동체, 가족 중심의 삶의 방식으로 향하기를 원하지만 이기적이며 무책임한 대부분의 미국인에게 공유될 수 없다고 느꼈다고 합니다.

* atomize - 개별화하다, 세분화하다

Ⅴ. **As a result** they / often felt / isolated.

> **구** 결과적으로, 그들은 고립되어 있다고 느꼈다고 합니다.

> **독** 'As a result'를 통해서 결과를 제시하므로 중심 문장!
> - 대부분의 미국인에게 그들의 가치관이 공유될 수 없으므로 고립되어 있다고 느꼈다고 합니다.

Ⅵ. **However**, the report / says, / that / when (brought together in focus groups (to discuss these issues)), / people were 'surprised and excited to find / that / others / share[d] / their views'.

구▶ 하지만, 그 보고서는 이러한 문제를 논의하기 위해서 초점집단으로 모였을 때, 사람들은 '다른 사람들이 그들의 견해를 공유한다[했다]는 것을 알게 되어 놀라고 흥분'했다고 합니다.

독▶ 'However'가 제시되었으므로 앞 뒷 문장 중심 문장!
  - 사람들이 고립되었다고 느꼈지만 실제로는 많은 사람들이 그들의 관점을 공유하고 있음을 알 수 있다고 합니다.

Ⅶ. Rather than uniting / us / with others (in a common cause), / the unease / (we / feel about the loss of social values) and the way / (we / are drawn / into the pursuit (of material gain)) / is often experienced / as if / it / were / a purely private ambivalence (which / cuts / us off from others).

구▶ 'unite A with B'는 'A를 B와 결합시키다'를 의미합니다.
  - 'as if'는 '마치 ~인 것처럼'을 뜻합니다.
  - 'cut A off from B'는 'A를 B로부터 분리하다'를 나타냅니다.
  - 사회적 가치의 상실과 물질적 이익의 추구로 끌려 들어가는 방식에 대해 우리가 느끼는 불안감은, 다른 사람들과 우리를 공동의 원인으로 결합시키기보다는, 마치 우리를 다른 사람들과 단절시키는 순전히 개인의 양면 가치인 것처럼 경험된다고 합니다.

다음 글의 내용을 한 문장으로 요약하고자 한다. 빈칸 (A), (B)에 들어갈 말로 가장 적절한 것은?

> It is ____(A)____ to understand political power in other cultures through our own notion of it **because** ideas of political power are not ____(B)____ across cultures.

From a cross-cultural perspective the equation between public leadership and dominance is questionable. What does one mean by 'dominance'? Does it indicate coercion? Or control over 'the most valued'? 'Political' systems may be about both, either, or conceivably neither. The idea of 'control' would be a bothersome one for many peoples, **as for instance** among many native peoples of Amazonia where all members of a community are fond of their personal autonomy and notably allergic to any obvious expression of control or coercion. The conception of political power as a coercive force, while it may be a Western fixation, is not a <u>universal</u>. It is very unusual for an Amazonian leader to give an order. If many peoples do not view political power as a coercive force, nor as the most valued domain, then the leap from 'the political' to 'domination'(as coercion), and from there to 'domination of women', is a shaky one. As Marilyn Strathern has remarked, the notions of 'the political' and 'political personhood' are cultural obsessions of our own, <u>a bias long reflected in anthropological constructs</u>.

* coercion: 강제 ** autonomy: 자율
*** anthropological: 인류학의

해설 [정답 : ③]

Ⅰ. 정치권력에 대한 우리 자신의 개념을 통해서 다른 문화에서의 정치권력을 이해하는 것은 (A)한데, 왜냐하면 정치권력에 대한 생각은 여러 문화에 걸쳐 (B)하지 않기 때문이라고 합니다. 이를 통해 우리는 지문에서 정치권력의 개념에 대한 내용이 제시될 것임을 알 수 있습니다. 또한 정치권력에 대한 우리의 개념을 다른 문화에 적용하는 것이 어떤지 그리고 정치 권력에 대한 생각이 여러 문화에 걸쳐 어떠한지를 찾으면 됩니다.

Ⅱ. 강제적인 힘으로써 정치 권력에 대한 개념은 보편적이지 않고 이러한 '정치적인 것'에 대한 개념은 인류학적 구성에서 오랫동안 반영된 편견이라고 합니다. 그러므로 (A)에 들어갈 말은 오랫동안 반영된 편견이 되고, (B) 앞에 not이 있으므로 (B)에 들어갈 말은 보편적이다가 됩니다.

Ⅲ. (A)에서 오랫동안 반영된 편견과 같은 선지는 'misguided', '잘못 이해된'이 되고, (B)에서 보편적이다 와 같은 선지는 'uniform', '균일한'이 됩니다. 그러므로 정답은 ③번이 됩니다.

요 It / is / ____(A)____ / to understand political power (in other cultures) (through our own notion of it) **because** ideas (of political power) / are not / ____(B)____ across cultures.

구 'It'이 지칭하는 대상이 없으므로 가주어/진주어입니다.
- 정치권력에 대한 우리 자신의 개념을 통해서 다른 문화에서의 정치권력을 이해하는 것은 (A)한데, 왜냐하면 정치권력에 관한 생각은 여러 문화에 걸쳐 (B)하지 않기 때문이라고 합니다.

독 (B)하지 않아서 우리의 정치권력에 대한 개념을 통해 다른 문화의 정치권력을 이해하는 것은 (A)하다고 합니다.

Ⅰ. (From a cross-cultural perspective) the equation (between public leadership and dominance) / is /
questionable.

> 구 'between A and B'는 'A와 B 사이의'를 의미합니다.
> - 비교 문화적 관점에서 지도력과 지배력 사이의 동등성은 의심스럽다고 합니다.

* question (질문하다) + -able (가능한) = questionable - 질문 가능한 ⇒ 의심스러운

Ⅱ. What does one / mean (by 'dominance')? Does it / indicate / coercion? Or control over 'the most
valued'? 'Political' systems / may be (about both, either, or conceivably neither).

* coercion: 강제

> 구 '지배력'이 의미하는 것은 무엇인가? 강제를 나타내는 것인가? 혹은 '가장 가치 있는 것'에 대한
> 통제인가? '정치적' 시스템은 둘 다에 관한 것일 수도, 둘 중 하나에 관한 것일 수도, 혹은 아마도
> 둘 다에 관한 것이 아닐 수도 있다고 합니다.

> 독 정치 시스템에서 지배력에 관한 의미가 정해지지 않은 것을 보여주고 있습니다.

Ⅲ. The idea of 'control' / would be / a bothersome one (for many peoples), **as for instance** (among
many native peoples of Amazonia) (where all members (of a community) are fond of
their personal autonomy / and notably allergic to / any obvious expression of control or coercion).

** autonomy: 자율

> 구 'be fond of A'는 'A를 좋아하다'를 의미합니다.
> - 'be allergic to A'는 'A에 알레르기가 있다', 즉 'A를 싫어하다'를 뜻합니다.
> - '통제'라는 개념은 많은 사람들에게 괴로운 것인데, 예를 들어 모든 공동체의 구성원이 개인의 자율을
> 좋아하고 통제나 강제에 대한 어떠한 표현도 싫어하는 아마존의 많은 원주민 사람들과 같다고 합니다.

> 독 'as for instance'를 통해서 예시를 제시했으므로 중심 문장!
> - 아마존의 많은 부족들이 개인의 자율성을 좋아하고 통제와 강제를 싫어하는 것처럼 통제라는 생각이
> 누군가에게는 괴로운 것이라고 합니다.

* bother (괴롭히다) + some (무언가) = bothersome - 괴로운 것, 성가신 것

Ⅳ. The conception (of political power as a coercive force), (while it may be / a Western fixation),
is not a universal.

> 구 강제적인 힘으로서 정치권력의 개념은, 서양의 고정관념일지도 모르지만, 보편적이지 않다고 합니다.

> 독 정치권력의 개념이 보편적이지 않다는 내용이 Ⅱ번 문장에서 보여준 지배력의 의미가 정해지지 않은
> 것을 재진술하고 있습니다.

* fix (고정하다) + -ation (명사형 접사) = fixation - 고정된 것 ⇒ 고정관념

Ⅴ. It / is / very unusual / for an Amazonian leader / to give an order.

> **구** 'It be동사 + 형용사 + to-V'는 가주어/진주어 의심
> - 'It'이 지칭하는 대상이 없으므로 가주어/진주어
> - 'to-V' 앞 'for N'는 의미상 주어
> - 아마존의 지도자가 명령을 내리는 것은 매우 이상하다고 합니다.

> **독** 강제를 통한 정치 권력의 개념이 보편적이지 않은 것을 서양의 고정관념과는 달리 아마존의 지도자가
> 명령 (=강제)를 내리는 것이 이상하다는 것을 통해 재진술하고 있습니다.

Ⅵ. If many peoples / do not view / political power / as a coercive force, (nor as the most valued

domain), / then the leap (from 'the political' to 'domination'(as coercion), and from there to

'domination of women',) / is / a shaky one.

> **구** 'view A as B'는 'A를 B로 간주하다'를 의미합니다.
> - 'from A to B'는 'A로부터 B로'를 의미합니다.
> - 많은 사람들이 정치권력을 강제적인 힘 혹은 가장 가치 있는 영역으로 간주하지 않는다면, '정치적인
> 것'에서 (강제로서의)'지배' 그리고 '여성에 대한 지배'로 넘어가는 것은 불안정한 것이라고 합니다.

> **독** Ⅴ번 문장에서 아마존 부족의 지도자가 명령을 내리는 것이 이상하다는 것을 Ⅵ번 문장에서 재진술하여
> 많은 사람들이 정치권력을 강제적인 힘으로 보지 않으므로 정치가 강제적인 지배로 넘어가는 것이
> 불안정하다고 합니다.

* shake (흔들다) + -y (형용사형 접사) = shaky - 흔들리는 ⇒ 불안정한

Ⅶ. As Marilyn Strathern / has remarked, / the notions (of 'the political' and 'political personhood')

are cultural obsessions (of our own), <u>a bias long reflected in anthropological constructs</u>.

*** anthropological: 인류학의

> **구** Marilyn Strathern이 말한 것처럼 '정치적인 것'과 '정치적 개성'이라는 개념은 우리 자신의 문화적
> 집착으로, 인류학적 구성 개념에 오랫동안 반영된 편견이라고 합니다.

> **독** Marilyn Strathern의 주장을 인용하여 정치가 강제적인 지배로 해석되는 것이 불안정하다는 내용을
> 재진술하고 있습니다.

다음 글의 내용을 한 문장으로 요약하고자 한다. 빈칸 (A), (B)에 들어갈 말로 가장 적절한 것은?

Although the computer is clearly _____(A)_____ at handling information in a decontextualized way, it interferes with our making _____(B)_____ judgments related to the broader context, as can be seen in policymaking processes.

The computer has, to a considerable extent, solved the problem of acquiring, preserving, and retrieving information. Data can be stored in effectively unlimited quantities and in manageable form. The computer makes <u>available</u> a range of data unattainable in the age of books. It packages it effectively; style is no longer needed to make it accessible, nor is memorization. In dealing with a single decision separated from its context, the computer supplies tools unimaginable even a decade ago. **But** it also diminishes perspective. **Because** information is so accessible and communication instantaneous, there is a diminution of <u>focus on its significance, or even on the definition of what is significant</u>. This dynamic may encourage policymakers to wait for an issue to arise rather than anticipate it, and to regard moments of decision as a series of isolated events rather than part of a historical continuum. When this happens, manipulation of information replaces reflection as the principal policy tool.

* retrieve: (정보를) 추출하다 ** diminution: 감소

해설 [정답 : ①]

Ⅰ. 요약문에서는 컴퓨터는 정보를 처리하는 데 있어서 (A)하지만, 더 넓은 맥락과 연결 지어서 (B) 판단을 내리는 것을 방해한다고 합니다.

Ⅱ. Ⅲ번 문장에서는 컴퓨터는 다양한 데이터를 이용할 수 있게 한다고 합니다. 그러므로 컴퓨터는 정보를 처리하는 데 있어서 굉장히 좋다는 것이 (A)의 내용이 됩니다. 빠른 정보 처리력과 같은 컴퓨터의 장점과 관련된 내용은 'But'이 포함된 Ⅵ번 문장에서부터 전환됩니다. Ⅶ번 문장에서는 정보에 매우 쉽게 접근하고 의사소통이 순간적이기 때문에, 그것의 중요성이나 중요한 것의 정의에 관한 관심 집중이 감소한다고 합니다. 그러므로 (B)에는 중요한 판단과 비슷한 내용이 들어가야 합니다.

Ⅲ. 그러므로 (A)에는 'competent', '유능한'이 들어가야 되고 (B)에는 'comprehensive', '종합적인'이 들어가야 합니다. 그러므로 정답은 ①번이 됩니다.

 Although the computer is clearly ____(A)____ at handling information in a decontextualized way, it interferes with our making ____(B)____ judgments related to the broader context, as can be seen in policymaking processes.

 비록 컴퓨터가 탈문맥화 방식으로 정보를 처리하는 것에 분명히 (A)하지만, 그것은 (= 컴퓨터는) 더 넓은 맥락과 연관된, 입법 과정처럼 보일 수 있는 (B)한 판단을 내리는 것을 방해한다고 합니다.

 'Although'가 제시되었으므로 중심 문장
- 컴퓨터는 정보를 처리하는 데 있어서 (A)하지만, 더 넓은 맥락과 연결 지어서 (B) 판단을 내리는 것을 방해한다고 합니다.

Ⅰ. The computer / has, (to a considerable extent), / solved / the problem (of acquiring, preserving, and retrieving information).

* retrieve: (정보를) 추출하다

 컴퓨터는 정보를 획득하고, 보존하고, 추출하는 문제를 상당한 정도로 해결했다고 합니다.

Ⅱ. Data / can be stored (in effectively unlimited quantities / and in manageable form).

 데이터는 사실상 무한량으로, 그리고 다루기 쉬운 형태로 저장될 수 있다고 합니다.

 컴퓨터를 통해 데이터를 많이 그리고 쉽게 저장할 수 있다고 합니다.

Ⅲ. The computer / makes / <u>available</u> / a range (of data) (unattainable in the age of books).

 'make + O + O.C'는 'O가 O.C하도록 만들다'를 의미합니다. 다만 이 문장에서 O와 O.C가 도치되어 있습니다.
- 컴퓨터는 책의 시대에는 얻을 수 없는 다양한 데이터를 이용할 수 있게 한다고 합니다.

 Ⅰ번 문장의 재진술입니다.

Ⅳ. It / packages / it / effectively; style / is no longer needed to make / it / accessible, nor is / memorization.

 'make + O + O.C'는 'O가 O.C하도록 만들다'를 의미합니다.
- 그것(컴퓨터)은 그것(데이터)을 효과적으로 짜임새 있게 담고, 그것을 이용할 수 있게 만들기 위한 (특수한) 방식은 더는 필요하지 않으며 암기도 또한 필요하지 않다고 합니다.

 계속해서 컴퓨터의 장점이 나열되고 있습니다.

Ⅴ. In dealing with / a single decision (separated / from its context), / the computer / supplies / tools / unimaginable / even a decade ago.

 'In V-ing'는 'V함에 있어서'를 의미합니다.
- 맥락과 분리된 단 한 가지 결정을 처리할 때 컴퓨터는 10년 전만 해도 상상할 수 없었던 도구들을 제공한다고 합니다.

Ⅵ. **But** it / also diminishes / perspective.

> **구** 하지만 그것은 또한 관점을 감소시킨다고 합니다.

> **독** 'But'으로 내용이 전환되므로 앞 뒷 문장 중심 문장
> - 컴퓨터에 대한 단점으로 지문이 전환됩니다.

Ⅶ. **Because** information / is / so accessible / and communication / instantaneous, there / is / a diminution (of focus on / its significance, or even / on the definition / of what / is / significant).

** diminution: 감소

> **구** 정보에 매우 쉽게 접근할 수 있고 의사소통이 순간적이기 때문에, 그것의 중요성이나 심지어 중요한 것의 정의에 관한 관심 집중이 감소한다고 합니다.

> **독** 'Because'로 원인이 언급되므로 중심 문장
> - Ⅵ번 문장에 대한 보충 설명입니다. 컴퓨터를 통해 정보에 간단하게 접근이 가능하기 때문에 정보에 대한 중요성, 그 중요성에 대한 관심이 감소하는 것입니다.

* instant (즉시) + -aneous - instantaneous 즉각적인

Ⅷ. This dynamic / may encourage / policymakers / to wait for an issue (to arise) / rather than (anticipate it), / and to regard / moments of decision / as a series of isolated events / rather than part (of a historical continuum).

> **구** 'regard A as B'는 'A를 B로써 간주하다'를 의미합니다.
> - 이런 역학은 정책 입안자들이 쟁점을 예상하기보다는 발생하기를 기다리게 하고, 결정의 순간을 역사적인 연속의 일부라기보다는 일련의 고립되어 일어나는 일로 간주하게 한다고 합니다.

> **독** Ⅶ번 문장에서 컴퓨터의 단점으로 언급된 정보의 중요성에 대한 감소가 정책 결정에도 적용된다는 내용으로 이어집니다. 정보의 중요성을 판단하는 능력을 감소시켜 정책을 굉장히 수동적이고 단편적으로 바라보게 된다는 것입니다.

* anticipate - 예상하다
** continue (계속하다) + -um - continuum (연속체)

Ⅸ. When / this / happens, manipulation (of information) / replaces / reflection / as the principal policy tool.

> **구** 'replace A as B'는 'A를 B로 대체하다'를 의미합니다.
> - 이런 일이 일어나면, 정보 조작이 주요한 정책 도구로서 반영을 대체한다고 합니다.

> **독** 정보의 중요성이 감소하는 것이 정보 조작과 같은 폐단으로 이어진다는 것입니다.

13 25학년도 6월 평가원 40번

(정답률 43%)

다음 글의 내용을 한 문장으로 요약하고자 한다. 빈칸 (A), (B)에 들어갈 말로 가장 적절한 것은?

> **Although** economic growth can be somewhat ____(A)____ in diminishing a country's risk of famine, direct approaches to helping the affected people play a(n) ____(B)____ role in this process.

There is a tendency, once the dust of an emergency has settled down, to seek the reduction of famine vulnerability primarily in enhanced economic growth, or the revival of the rural economy, or the diversification of economic activities. The potential <u>contribution</u> of greater economic success, if it involves vulnerable groups, cannot be denied. At the same time, it is important to recognize that, no matter how fast they grow, countries where a large part of the population derive their livelihood from uncertain sources cannot hope to prevent famines without specialized entitlement protection mechanisms involving direct public intervention. Rapid growth of the economy in Botswana, or of the agricultural sector in Kenya, or of food production in Zimbabwe, explains at best only a small part of their success in preventing recurrent threats of famine. The <u>real achievements</u> of these countries lie in having provided direct public support to their populations in times of crisis.

* famine: 기아 ** vulnerability: 취약

해설 [정답 : ②]

Ⅰ. 요약 문장에서는 비록 경제 성장이 국가의 기근 위험을 줄이는 데 어느 정도 (A) 일 수 있지만, 피해를 입은 사람들을 돕는 것에 대한 직접적인 접근이 이 과정에서 (B) 역할을 한다고 합니다. (A)는 경제 성장이 국가의 기근 위험에 미치는 영향, (B)는 (A)의 과정에서 피해자들을 돕는 것이 미치는 영향과 관련된 내용을 찾아야 합니다.

Ⅱ. Ⅱ번 문장에서는 'contribution of greater economic success, if it involves vulnerable groups, cannot be denied', 경제적 성공에 대한 잠재적 기여는 그것이 취약 계층에 영향을 미친다면 부인할 수 없다고 했습니다. 이것은 경제적 성공이 기여하는 점이 존재한다는 것을 의미하므로 (A)에는 이와 관련된 내용이 들어가야 합니다. 또한 Ⅴ번 문장에서는 'real achievements of these countries lie in having provided direct public support to their populations in times of crisis.', 이들 국가들의 진정한 성과는 위기 상황에서 국민들에게 직접적인 공적 자원을 제공했다는 데 있다고 했습니다. 이는 자원을 국가가 국민에게 직접 제공하는 것이 진정한 성과라고 볼 수 있으므로 (B)에는 이와 관련된 내용이 들어가야 합니다.

Ⅲ. 그러므로 (A)에는 효과적이라는 뜻의 'fruitful'이, (B)에는 중요하다는 뜻의 'critical'이 들어가야 합니다. 그러므로 정답은 ②번이 됩니다.

 Although / economic growth / can be / somewhat ____(A)____ (in diminishing / a country's risk of famine), direct approaches (to helping the affected people) / play / a(n) ____(B)____ role / in this process.

* famine: 기아

 'in V-ing'는 'V-ing 함에 있어서'를 의미합니다.
- 비록 경제 성장이 한 국가의 기근 위험을 줄임에 있어서 어느 정도 (A)일 수 있지만, 피해를 입은 사람들을 돕는 것에 대한 직접적인 접근이 이 과정에서 (B) 역할을 한다고 합니다.

 'Although'가 제시되었으므로 중심 문장
- 경제 성장이 국가의 기근 위험을 줄이는 데 미치는 영향이 (A), 피해를 입은 사람들을 돕는 것이 미치는 영향이 (B)에 관한 내용입니다.

Ⅰ. There / is / a tendency, once the dust (of an emergency) / has settled down, (to seek / the reduction (of famine vulnerability primarily)) (in enhanced economic growth), / or the revival of the rural economy, / or the diversification of economic activities).

** vulnerability: 취약

 일단 비상사태의 소요가 진정되고 나면, 주로 강화된 경제 성장이나 지방 경제의 회복, 혹은 경제 활동의 다각화에서 기근 취약성 감소를 모색하는 경향이 있다고 합니다.

 비상사태가 진정되고 난 다음, 경제 성장으로 기근의 감소를 추구하는 내용이 언급되고 있습니다.
* settle (정착하다) + down (아래) = settle down - 진정되다
** rural - 시골의

Ⅱ. The potential <u>contribution</u> (of greater economic success), if / it / involves / vulnerable groups, / cannot be denied.

 더 큰 경제적 성공의 잠재적 기여는, 만약 그것이 취약 계층에 영향을 미친다면, 부인할 수 없다고 합니다.

 기근에 경제적 성장이 기여하는 것은 부인할 수 없다고 했으므로, 경제 성장이 취약 계층의 기근 감소에 효과적이라고 볼 수 있습니다.

Ⅲ. At the same time, it / is / important / to recognize / that, no matter how fast they / grow, countries (where a large part of the population / derive / their livelihood / from uncertain sources) / cannot hope / to prevent famines (without specialized entitlement protection mechanisms / involving direct public intervention.)

 'derive A from B'는 'A를 B로부터 유래하다'를 의미합니다.
- 그와 동시에, 아무리 빠르게 성장하더라도, 인구의 상당수가 그들의 생계를 불확실한 원천으로부터 유래하는 국가는 직접적인 공적 개입을 포함하는 특화된 재정 지원 혜택의 보호 방법 없이는 기근 예방을 기대할 수 없다는 점을 인식하는 것이 중요하다고 합니다.

 경제발전이 기근에 효과는 있지만, 경제발전만으로는 기근을 해결할 수 없으며, 국가가 직접적으로 개입하여 재정 지원 혜택의 보호 방법이 필요하다고 말하고 있습니다.
* entitle (자격을 주다, 제목을 붙이다) + -ment (명사형 접사) = 자격

Ⅳ. Rapid growth (of the economy / in Botswana), or (of the agricultural sector / in Kenya), or (of food production / in Zimbabwe), / explains (at best) only a small part of their success (in preventing / recurrent threats of famine.)

> **구** 보츠와나의 경제, 케냐의 농업 부문, 혹은 짐바브웨의 식량 생산의 급속한 성장은 기껏해야 기근의 반복되는 위협을 방지하는 데 있어 그들이 성공한 작은 일부분만을 설명할 뿐이라고 합니다.

> **독** 문장에서 언급된 사례들은 모두 Ⅲ번 문장에서 언급한 정부가 직접적으로 개입한 사례가 아니기 때문에 기근 방지의 원인을 온전히 설명하지 못하는 경우를 의미합니다.

* re (다시) + current (현재의) = recurrent - 반복되는

Ⅴ. The real achievements (of these countries) / lie in having provided / direct public support to their populations (in times of crisis).

> **구** 이들 국가의 진정한 성과는 위기 상황에서 국민들에게 직접적인 공적 지원을 제공했다는 데 있다고 합니다.

> **독** Ⅳ번 문장에서 이어지는 내용으로, 기근에 관한 이 국가들의 성과는 Ⅲ번 문장에서 언급된 국민들에게 직접적으로 제공했다는 것으로 설명할 수 있다는 것을 보여주고 있습니다.

memo